suhrkamp taschenbuch
wissenschaft 1820

Unter den Bedingungen der Globalisierung können wir uns internationale Politik nicht länger nur als Machtspiel von Nationalstaaten vorstellen. Neue Mechanismen der Koordination bilden sich in vielfältigen Bereichen inter- und transnationaler Politik heraus und begünstigen überraschenderweise das Aufkommen kommunikativer Formen der Problemlösung. Dieses Grundmotiv von Jürgen Habermas' Handlungs- und Gesellschaftstheorie führt zu den zentralen Fragen dieses Bandes: Auf welche Weise lässt sich das anarchische Moment kommunikativer Freiheit in der internationalen Politik am ehesten zur Geltung bringen? Unter welchen Randbedingungen lässt sich überlegene Verhandlungsmacht in Argumentation verstricken? Und schließlich: Wie kann verhindert werden, dass die neuen Formen des Regierens die traditionellen Formen demokratischer Koordination beschädigen?

Peter Niesen ist Professor für Politikwissenschaft an der Technischen Universität Darmstadt.
Benjamin Herborth ist wissenschaftlicher Mitarbeiter am Institut für Politikwissenschaft an der Johann Wolfgang Goethe-Universität Frankfurt am Main.

Anarchie der kommunikativen Freiheit

Jürgen Habermas und die Theorie der internationalen Politik

Herausgegeben von Peter Niesen
und Benjamin Herborth

Suhrkamp

Bibliografische Information der Deutschen Nationalbibliothek
Die Deutsche Nationalbibliothek verzeichnet diese Publikation in der Deutschen Nationalbibliografie; detaillierte bibliografische Daten sind im Internet über http://dnb.d-nb.de abrufbar.

suhrkamp taschenbuch wissenschaft 1820
Erste Auflage 2007

Druck: Druckhaus Nomos, Sinzheim
Printed in Germany
Umschlag nach Entwürfen von
Willy Fleckhaus und Rolf Staudt
ISBN 978-3-518-29420-8

1 2 3 4 5 6 – 12 11 10 09 08 07

Inhalt

Peter Niesen

Anarchie der kommunikativen Freiheit – ein Problemaufriss

Die Arbeiten von Jürgen Habermas werden in der Politikwissenschaft breit rezipiert, vor allem in den Teildisziplinen der Politischen Theorie und der Internationalen Beziehungen (IB). In der Politischen Theorie und Ideengeschichte nimmt Habermas den Rang eines zeitgenössischen Klassikers des politischen Denkens ein; auch in den Internationalen Beziehungen ist sein Werk paradigmenbildend geworden. Nicht zufällig knüpfte die ZIB-Debatte – benannt nach der *Zeitschrift für Internationale Beziehungen*, die seit 1994 als zentrales Forum der deutschsprachigen Diskussion dient – an Habermas' Kommunikationstheorie an.[1] Diese Debatte hat sich seither als ein Brennpunkt der Teildisziplin etabliert, der für ihr Selbstverständnis nicht unerheblich ist und beachtliche internationale Wirkung entfaltet.[2] Innerhalb der Politischen Theorie hat die von Habermas inspirierte Theorie deliberativer Demokratie nicht nur vielfältige Innovationen angeregt, sie dient inzwischen auch als ein belastbarer Brückenkopf zur empirisch arbeitenden Politikwissenschaft.[3] Allerdings liefen die Rezeptionsprozesse von Politischer Theorie und Internationalen Beziehungen bisher bestenfalls parallel; über die wesentlichen Anstöße, die von Habermas' Arbeiten ausgehen, gibt es bisher – von wenigen Ausnahmen abgesehen – kaum intensiven Austausch.

Dass die Diskussionen bisher zumeist jeweils fachimmanent verlaufen, zeigt sich auch daran, dass für die beiden Fächer unter-

1 Zur ZIB-Debatte siehe die Beiträge von B. Herborth und Th. Saretzki in diesem Band.

2 Vgl. die Beiträge in *Die neuen internationalen Beziehungen*, hg. von G. Hellmann, K. D. Wolf und M. Zürn, Baden-Baden 2003.

3 K. v. Beyme, *Die politischen Theorien der Gegenwart*, 8. Aufl., Wiesbaden 2000, S. 39; A. Bächtiger, J. Steiner (Hg.), *Acta Politica* 40/2 und 40/3 (2005) (Sonderausgabe: Empirical Approaches to Deliberative Politics), S. 153-397; S. Chambers, »Deliberative democratic theory«, in: *Annual Review of Political Science* 6 (2003), S. 307-326.

schiedliche Theorieteile und Bezugstexte in Habermas' Werk zentral sind. Die Politische Theorie knüpft eng an die rechts- und demokratietheoretischen Schriften (*Faktizität und Geltung*, 1992; *Die Einbeziehung des Anderen*, 1996) sowie die politische Soziologie an (*Strukturwandel der Öffentlichkeit*, 1962), während für die Internationalen Beziehungen die *Theorie des kommunikativen Handelns* (2 Bde., 1981), Habermas' gesellschaftstheoretisches Hauptwerk, den wichtigsten Anknüpfungspunkt darstellt. Es ist die Argumentationstheorie, das Zentrum von Habermas' später ausgearbeiteter Konzeption deliberativer Politik, die für beide Teildisziplinen so etwas wie einen thematischen Schnittpunkt darstellt. Die Internationalen Beziehungen nähern sich diesem Zentrum über die Frage, wie Koordination zwischen Staaten auf der Basis sprachlicher Verständigung möglich ist, während die Politische Theorie sich für die argumentationstheoretischen Grundbegriffe einer deliberativen Demokratie interessiert, die ihrerseits in einer Diskurstheorie der praktischen Vernunft verwurzelt ist. Beide Teildisziplinen unterscheiden mithin ein mehr oder weniger anspruchsvolles Konzept des Argumentierens von anderen Modi der Generierung von Überzeugungen und der Aggregation von Präferenzen. Beiden gemeinsam ist die Konzentration auf den Beitrag, den sprachliche Verständigung zu vernünftiger Problemlösung leistet, doch der Stellenwert ist jeweils ein anderer. Zugespitzt ließe sich sagen, dass die Politische Theorie vor allem nach der *Legitimität* von Praktiken und Institutionen fragt, während sich das Interesse der Internationalen Beziehungen auf die *Kreativität* von Interaktionen richtet und nach Erklärungen für sie sucht.

Dieser Band, der auf eine von der Deutschen Forschungsgemeinschaft und den Freunden der Johann Wolfgang Goethe-Universität geförderte Konferenz in Frankfurt am Main zurückgeht, konfrontiert beide Stränge der Forschung miteinander. Er versammelt diskurstheoretische Ansätze zur internationalen Politik, die teils normative und methodische Überlegungen, teils institutionentheoretische Reflexionen und empirische Forschungsdesigns in den Mittelpunkt stellen. Alle Beiträge knüpfen kritisch an Habermas' Arbeiten an. Einige von ihnen widmen sich ausdrücklich den Schwierigkeiten, die in der bisherigen politikwissenschaftlichen Rezeption aufgetreten sind; andere versuchen, mit Mitteln der Habermas'schen Theorie über diese hinauszugehen. Eine Replik von Jürgen Habermas auf die hier versammelten Beiträge beschließt den Band.

Für eine Auseinandersetzung zwischen Internationalen Beziehungen und Politischer Theorie sind die Ausgangsbedingungen derzeit nicht ungünstig. Dies liegt einerseits daran, dass sich die Fragestellungen angenähert haben. Die zentralen Fragestellungen der Politischen Theorie sind heute kaum weniger als die der Internationalen Beziehungen von den Phänomenen der Globalisierung, der grenzüberschreitenden Erzeugung und Bearbeitung politischer Problemlagen sowie des Funktionszuwachses globaler und regionaler Institutionen bestimmt. Diese historischen Entwicklungen sorgen andererseits dafür, dass beide Teildisziplinen ihr theoretisches Instrumentarium erweitern mussten, und in dieser Veränderung liegt eine zentrale Voraussetzung für den Rückgriff auf diskurstheoretische Kategorien. Beide Fächer rücken mehr und mehr von der traditionellen Beschreibung internationaler Politik ab, in der voneinander unabhängige und füreinander opake Akteure sich in einem anarchischen Weltsystem äußerlich aneinander abarbeiten. Die Plausibilität einer solchen Beschreibung war noch für das realistische Paradigma der Internationalen Beziehungen unbestritten; dies gilt nicht weniger für die auf den Nationalstaat konzentrierte Rechts- und Gerechtigkeitstheorie von Hobbes bis zum frühen Rawls. Ein wesentliches Motiv von Habermas' Arbeiten ist, dass diese gleichsam subjektphilosophischen Grundbegriffe für die zeitgenössische Theoriebildung in diagnostischer wie in kritischer Absicht unbrauchbar geworden sind. Stattdessen soll in gesellschaftstheoretischer ebenso wie in normativer Hinsicht auf intersubjektivistische Kategorien zurückgegriffen werden. Unter diesen Kategorien nimmt die einer kommunikativen Vernunft, die sich in der Ausübung der kommunikativen Freiheit von Individuen geltend machen kann, einen zentralen Rang ein. Der Titel dieses Bandes kombiniert daher den traditionellen Grundbegriff der Internationalen Beziehungen, Anarchie, mit dem grundlegenden Phänomen, auf das Habermas' politische Theorie aufbaut, der kommunikativen Freiheit. In den folgenden Abschnitten dieses Beitrags soll zunächst die Grundfigur einer Anarchie der kommunikativen Freiheit kurz umrissen (I) und dann die ursprüngliche Aufnahme des kommunikationstheoretischen Ansatzes in den Internationalen Beziehungen geschildert werden (II). In einem nächsten Schritt wird der Erweiterung dieses Ansatzes auf die Erforschung von Governance-Strukturen jenseits des Staates nachgegangen (III). Schließlich werden Neuansätze zur Diskurstheorie der Demokratie jenseits des Nationalstaats erörtert (IV).

I

In der Einleitung zu seinem demokratietheoretischen Hauptwerk *Faktizität und Geltung* nimmt Habermas einen Einwand auf, der gegen die von ihm entwickelte Gesellschaftstheorie des kommunikativen Handelns ebenso wie gegen seine Diskurstheorie der praktischen Vernunft erhoben wurde. Politisch, so lautete der Vorwurf, liefen diese Theorien sämtlich auf ein utopisches Ideal der Herrschaftslosigkeit hinaus. Eine politische Theorie, die allen Ernstes soziales Handeln über Verständigungsprozesse koordinieren wolle, könne keine anderen als anarchistische Konsequenzen haben.[4] Tatsächlich lässt Habermas nirgendwo einen Zweifel daran, dass soziales Handeln, in dem die Beteiligten Geltungsansprüche erheben, die sie notfalls gegen Einwände verteidigen wollen, mit einem hohen Risiko des Scheiterns behaftet ist. Praktische Diskurse reagieren auf solches Scheitern, indem sie sich für den vorbehaltlosen Austausch von Zweifeln, Einwänden und Gegengründen öffnen und allen möglicherweise Betroffenen Zugang und Rederecht gewähren. In solchen Diskursen steht die Wahrheit des Behaupteten nicht weniger auf dem Spiel als die Richtigkeit praktischer Vorschläge oder die Wahrhaftigkeit der Akteure; sie setzen sich damit aber ebenfalls in hohem Maße dem Risiko bleibender Dissense aus. Überdies scheinen die anspruchsvollen Voraussetzungen, denen praktische Diskurse genügen müssen, weit von den Verhältnissen einer politischen Koordination entfernt zu sein, die unter dem Druck knapper Zeit und hoher Komplexität abläuft und nicht zuletzt in kollektiv verbindlicher, das heißt: zwingender Form vorgenommen werden soll. Das wirft eine schwierige Frage auf. Wie kann einerseits soziale Koordination über die vernünftige Einsicht der Individuen erfolgen, gleichzeitig aber, sozusagen als Ausfallbürgschaft, die glaubwürdige Androhung von Zwangsgewalt zur Verfügung stehen? Der

4 Vgl. O. Höffe, *Politische Gerechtigkeit*, Frankfurt am Main 1989, S. 441.

Anarchismus-Einwand spitzt diese Konfrontation zu dem Vorwurf zu, eine *politische* Theorie des kommunikativen Handelns müsse einem anarchischen Ideal verpflichtet bleiben. Sie könne daher nicht nur nicht zwischen legitimer und illegitimer Herrschaft unterscheiden, sondern sei überhaupt geeignet, politische Autorität zu destabilisieren.

Habermas weist diesen Einwand in seinen »Beiträgen zu einer Diskurstheorie des Rechts und des demokratischen Rechtsstaats«, wie der Untertitel zu *Faktizität und Geltung* lautet, zurück. Dort macht er geltend, dass eine Theorie legitimer politischer Herrschaft in Form einer Diskurstheorie der Demokratie entwickelt werden kann. In groben Zügen lautet seine Antwort auf den Anarchismus-Einwand, dass Individuen politische Autonomie in rechtlich gebundener Form ausüben, indem sie in rechtlich konstituierten Prozessen von ihrer kommunikativen Freiheit Gebrauch machen. Unter kommunikativer Freiheit versteht Habermas die Möglichkeit, zu den Äußerungen eines Gegenübers und den mit ihnen erhobenen, auf intersubjektive Anerkennung angewiesenen Geltungsansprüchen Stellung zu nehmen.[5] Die Ausgestaltung politischer Institutionen, inklusive ihrer entidealisierenden Mechanismen wie dem Repräsentations- oder Mehrheitsprinzip, soll sich danach richten, dass die Ausübung kommunikativer Freiheit in ihnen zu allgemein zustimmungsfähigen Ergebnissen führen kann.

Um politisch wirksam zu werden, darf sich der Gebrauch kommunikativer Freiheit aber nicht in einem Entdeckungsverfahren erschöpfen. Er muss, so die These in *Faktizität und Geltung*, mit staatlicher Macht gekoppelt werden, indem die diskursiv erzeugte »kommunikative Macht« ihrerseits administrative Machtausübung instruiert und autorisiert.[6] Dabei spielen zwei Dimensionen der Kommunikation eine gleichermaßen notwendige, nicht aufeinander zurückführbare Rolle: Einerseits die Deliberationen, die in formellen rechtsetzenden Gremien wie Parlamenten stattfinden – andererseits, und ebenso wesentlich, die informellen, ihrerseits »anarchischen« Kommunikationsströme einer politischen Öffentlichkeit,[7] die die Aktivitäten im legislativen Zentrum des politischen Systems umschließen. Innerhalb des Staates erschien somit

5 J. Habermas, *Faktizität und Geltung*, Frankfurt am Main 1992, S. 152.

6 Ebd., S. 186.

7 Ebd., S. 374.

die Verschränkung zwischen kommunikativer Freiheit und politischer Koordination geleistet, der Anarchie-Einwand abgewehrt. Allerdings zeigte sich bald, dass das Modell weniger vor theoretischen als vor empirisch-historischen Herausforderungen stand.

So kohärent das Modell innerstaatlicher deliberativer Politik auch erscheint – es muss zu dem Zeitpunkt unter Druck geraten, in dem die unterstellte Omnikompetenz des demokratischen Staates prinzipiell in Zweifel gezogen wird. Bevor wir uns jedoch in den folgenden Abschnitten den Chancen und Problemen widmen, die mit einer Horizonterweiterung über die Grenzen des Staates hinaus verbunden sind, soll noch zweierlei festgehalten werden. Zwei Merkmale der ursprünglichen Konstruktion deliberativer Politik sind in unserem Zusammenhang von Bedeutung. Für die Politische Theorie ist erstens entscheidend, dass kommunikative Institutionen den an der Rechtsetzung beteiligten Individuen die Einnahme der anspruchsvollen Einstellung kommunikativer Freiheit letztlich freistellen. Eine politische Theorie muss sich nicht nur faktisch auf erfolgsorientierte Akteure einstellen, sie ist auch keine Moraltheorie, die stets mit der kooperativen Einstellung der Beteiligten rechnen darf. Sie muss bereit sein, antagonistisches Handeln im diskursiven Gewande zuzulassen: Bürgerinnen und Bürger können an den rechtlich konstituierten Prozessen, die die freie Beteiligung aller absichern, entweder erfolgsorientiert teilnehmen oder gleich ganz wegbleiben, ohne damit demokratische Regeln zu verletzen. Diese normative Überlegung erleichtert es Habermas, sich auf der Ebene der Beschreibung demokratischer Politik von den beteiligten Subjekten zu entfernen und eine genuin intersubjektivistische Perspektive auf den Ablauf »anonymer Kommunikationskreisläufe« einzunehmen. Die abstraktere Beschreibung löst die Ausübung kommunikativer Freiheit zu einem gewissen Grad von den Intentionen der Beteiligten ab. Dies ist von besonderer Bedeutung für die politischen Öffentlichkeiten, in denen ja »anarchische« Kommunikationen frei flottieren.

Zweitens behauptet Habermas, dass dem Gebrauch kommunikativer Freiheit trotz seines Beitrags zur hierarchischen Steuerung der Gesellschaft eine subversive Bedeutung zukommt. Damit gibt er dem Gedanken einer Anarchie kommunikativer Freiheit eine überraschende Wendung. Mit der Ausarbeitung einer Theorie legitimer politischer Herrschaft werden nicht alle Konnotationen von Anarchie beseitigt. *Innerhalb* der gewaltbewehrten Entscheidungsprozesse soll nämlich ein genuin anarchisches Moment der Diskurstheorie zu seinem Recht kommen: »Einen anarchischen Kern hat freilich jenes Potential entfesselter kommunikativer Freiheiten, von dem die Institutionen des demokratischen Rechtsstaats zehren müssen.«[8] Selbst stabile politische Institutionen stehen mithin unter dem permanenten Druck kommunikativer Herausforderungen. Die in formellen und informellen Debatten verwirklichte kommunikative Freiheit soll stets in der Lage sein, bestehende Herrschaftsverhältnisse von innen her in Frage zu stellen. In, nicht anstelle von institutionellen Zusammenhängen soll ihr anarchisches Potential geltend gemacht werden.

II

Anfang der 1990er-Jahre, als *Faktizität und Geltung* erscheint, wird in den Internationalen Beziehungen ein dem gegen die *Theorie des kommunikativen Handelns* gerichteten Anarchismus-Einwand genau zuwiderlaufendes Projekt diskutiert. Für die dominante Tradition in den Internationalen Beziehungen, das realistische Paradigma, ist die anarchische Logik des Staatensystems ein grundlegendes, unabänderliches Faktum. In seiner Hobbes'schen Beschreibung resultiert dieser anarchische Zustand bekanntlich daraus, dass niemand sich seiner Sicherheit erfreuen kann, solange keine gewalthabende Instanz dafür einsteht, sie im Falle eines Angriffs zu garantieren. Auch wenn Hobbes sich in erster Linie für die Beendigung des Naturzustandes zwischen Personen interessiert, so scheinen doch die kriegerischen Merkmale, die er dem Naturzustand zwischen den Individuen zuschreibt, der internationalen Anarchie abgelesen zu sein.[9] Allerdings steht dort gerade nicht die Lösung in Aussicht, die sich Hobbes für das Sicherheitsproblem zwischen Individuen angeboten hatte: die Unterwerfung unter eine gemeinsame, verbindlich entscheidende Zwangsgewalt. Weil es sich für rationale, ausschließlich eigeninteressierte Akteure stets lohnen kann, Abmachungen zu brechen, um den eigenen Vorteil zu mehren, scheinen Sicherheitsprobleme zwischen ihnen nicht dauerhaft ge-

8 J. Habermas, *Faktizität und Geltung*, a. a. O. (Anm. 5), S. 10, vgl. S. 228 f.

9 Vgl. Richard Tuck, *The Rights of War and Peace*, Oxford 1999, S. 136-141.

löst werden zu können. Anarchie erscheint als der natürliche und auch der permanente Zustand des internationalen Systems.

Wenn Harald Müller im Jahre 1994 auf Habermas' Kommunikationstheorie zurückgreift, um Übereinkünfte zwischen Staaten zu rekonstruieren, steht daher die Überwindung eines Hobbes'schen, auf instrumentellen Vorteil beschränkten Verständnisses von rationaler Interaktion im Vordergrund. Müllers Beobachtung war, dass eine Reihe von Ergebnissen internationaler Verhandlungen sich nicht vollständig innerhalb des Rahmens eigeninteressierter Rationalität erklären ließen. An Beispielen wie den Osloer Verhandlungen zwischen Israelis und Palästinensern ließ sich zeigen, wie sprachliche Verständigung – Müller zufolge das »wesentliche Medium internationaler Politik« – eine die zwischenstaatliche Anarchie zumindest kompensierende Bindungskraft entfalten kann. Der Rekurs auf Habermas' Kommunikationstheorie diente dazu, Fälle funktionierender Kooperation zwischen Staaten als in einem erweiterten Sinne rational zu erklären.[10]

Harald Müller, Thomas Risse und andere haben mit einer Reihe von Forschungsprojekten an diese ursprüngliche Einsicht angeknüpft, wobei sich eine Fülle von Folgeproblemen ergab, deren Erörterung in diesem Band unternommen wird. Das vielleicht prominenteste Problem ist das des »strategischen Argumentierens«. Verständigungsorientiertes und strategisches Sprechhandeln werden über ihre jeweilige Handlungsorientierung voneinander unterschieden: Ersteres richtet sich vorbehaltlos nach den besten präsentierten Gründen, letzteres nach vorher feststehenden eigenen Interessen. Nun könnte man versucht sein, Sprechhandlungen ihre Orientierungen an der Oberfläche abzulesen und zu vermuten: Begründungen sind verständigungsorientiert, Drohungen strategisch. So könnten Handlungsorientierungen mit Handlungsmodi gleichgesetzt werden. Das eine fände sich in Argumentationen (*arguing*), das andere in Verhandlungen wieder (*bargaining*). Dass eine solche Parallelisierung nicht aufgeht, kann man sich an Beispielen wie dem folgenden klar machen. »Draußen stehen unzufriedene Mitarbeiter«, sagt der Gewerkschaftsvertreter in den Tarifverhandlungen,

10 Harald Müller, »Internationale Beziehungen als kommunikatives Handeln. Zur Kritik der utilitaristischen Handlungstheorien«, in: *Zeitschrift für Internationale Beziehungen* 1 (1994), S. 15-44, 37.

»ich kann nur davor warnen, dass sie bei einem unbefriedigenden Ergebnis in einen wilden Streik treten werden.«[11] Diese Warnung ist zumindest an der Oberfläche keine Drohung, kein klarer Fall von *bargaining*. Es handelt sich um ein Argument, möglicherweise um einen guten, überzeugenden Grund, aber wohl nicht um einen in verständigungsorientierter Einstellung vorgebrachten Hinweis auf objektive, unveränderliche Situationsmerkmale. Beispiele wie dieses nötigen uns zu einer Unterscheidung zwischen Handlungsorientierungen und den entsprechenden Handlungstypen einerseits und Kommunikationsmodi oder -funktionen andererseits: Wie Beiträge in einem Gespräch funktionieren, ist zumindest teilweise unabhängig davon, mit welcher Absicht sie hervorgebracht werden. Die Stärken der Kommunikationsmodi von *arguing* und *bargaining* liegen, so Thomas Saretzki, auf verschiedenen Gebieten. Während *arguing* für die Lösung kognitiver Probleme geeignet ist, bietet sich *bargaining* für die Lösung von Verteilungskonflikten an. Unter Gesichtspunkten der Legitimität müsse vor allem argumentativ geklärt werden, wo argumentiert und wo im *bargaining*-Modus verhandelt werden soll. Während Müller und Risse inzwischen zu einer Konzentration auf den Kommunikationsmodus (*arguing/bargaining*) auf Kosten der Handlungsorientierung (kommunikativ/strategisch) tendieren, betont Saretzki die Notwendigkeit einer zweigleisigen Erforschung von Modi und Orientierungen.

Zwischen einem taktischen und einem verständigungsorientierten Einsatz von Argumenten ist allerdings an der Oberfläche nur schwer zu unterscheiden. Die Kreativität heutiger Forschungsvorhaben zeigt sich nicht zuletzt darin, wie sie versuchen, genuinem Argumentieren und wirklicher, im Gegensatz zu bloß vorgeblicher Überzeugung durch das bessere Argument auf die Spur zu kommen. Manchmal allerdings sind beide Verwendungsweisen von Argumenten von ihren produktiven Wirkungen her gesehen nicht unbedingt auseinanderzudividieren. Wir haben bereits oben gese-

11 In Anlehnung an J. Elster, »Strategic Uses of Argument«, in: *Barriers of Conflict Resolution*, hg. von K. Arrow u. a., New York 1995, S. 236-257. Die maßgebliche Auseinandersetzung mit Habermas' Kommunikationstheorie im Vergleich zu Elsters Unterscheidung zwischen *arguing* und *bargaining* stammt von Th. Saretzki, »Wie unterscheiden sich Argumentieren und Verhandeln?«, in: *Verhandeln und Argumentieren. Dialog, Interessen und Macht in der Umweltpolitik*, hg. von V. von Prittwitz, Opladen 1996, S. 19-39.

hen, wie von kommunikativer Freiheit in politischen Arenen innerhalb des demokratischen Staates ein taktischer und erfolgsorientierter Gebrauch gemacht werden kann. Aber auch in internationalen Zusammenhängen lässt sich beobachten, dass das rhetorisch eingesetzte Argument nicht umsonst zu haben ist: Es kann auf den Akteur zurückschlagen und ihn unter Konsistenzdruck setzen. In einem solchen Fall handelt es sich um argumentative »Selbstverstrickung« (Risse), die unter bestimmten Bedingungen ebenfalls bindende Kraft entfalten kann. Es liegt allerdings – im Gegensatz zum Kontext des demokratischen Staates, der die Akteure zur Not mit Mitteln der Hierarchie einbindet – auf der internationalen Ebene nicht auf der Hand, in welchen sozialen und institutionellen Kontexten auch strategisches Argumentieren eine wirksame Bindung der Akteure entfalten kann, und die Untersuchung solcher Effekte steckt erst in den Anfängen.

Auch ein dem strategischen Argumentieren genau entgegengesetztes Phänomen spielt in der politischen Realität eine Rolle, nämlich strategische Interessenvertretung in verständigungsorientierter Absicht. Nicole Deitelhoff untersucht in ihrem Beitrag, wie machtlose Teilnehmer an internationalen Verhandlungen sich gezwungen sehen, publizistischen Druck auszuüben, um mächtige Akteure dazu zu nötigen, sich Argumentationen zu stellen. Die Drohungen mit öffentlicher Bloßstellung und Beschuldigung (*shaming, blaming*), wie sie von Nichtregierungsorganisationen formuliert werden, sind offensichtlich keine Argumente – sie können aber strategisch dienlich sein, um unbewegliche Unternehmen und Staaten in einen Argumentationsmodus hineinzuzwingen.

III

Nachdem Habermas' Kommunikationstheorie sich in der Analyse internationaler Verhandlungen bewährt hatte, haben Autoren der Internationalen Beziehungen in einem nächsten Schritt ihren Forschungsansatz verallgemeinert. Während verständigungsorientierte Verhandlungen im einfachsten Fall – in nur schwach institutionalisierten, bilateralen Verhandlungen – zur Lösung eines Sicherheitsproblems beitragen, können ihre strukturellen Elemente auch in multilateralen inter- und transnationalen Koordinationsformen aufgesucht werden, die zum Teil in einer deutlich stärker institutionalisierten Form ablaufen. Neben Sicherheitsfragen tritt nun ein erweitertes inhaltliches Spektrum von Politikfeldern (Menschenrechte, Überlebensfragen der Menschheit wie Ökologie und medizinische Versorgung, soziale Gerechtigkeit, Arbeitsschutz, schließlich auch Strafgerechtigkeit). Nicht mehr allein die Anarchie-Überwindung durch deliberative Diplomatie steht im Blickfeld, sondern das gesamte Feld globaler Governance-Phänomene. Charakteristisch für diese »neuen Formen des Regierens« jenseits des Staates ist, dass die Koordination zwischen den beteiligten Parteien horizontal und nichthierarchisch abläuft: Man versucht, unter offiziell gleichberechtigten Vertretern zu allgemein akzeptablen Übereinkünften, nicht kompetitiven Mehrheitsbeschlüssen zu kommen. Wenn alle Teilnehmer zur Zustimmung bewegt werden müssen, eröffnen sich Möglichkeiten für einen deliberativen Politikstil; dies wirke sich, wie Thomas Risse in seinem Beitrag festhält, auch förderlich auf die Legitimität und damit auf die Chancen zur nachhaltigen Befolgung der resultierenden Vereinbarungen aus.

An der Konzentration auf effektive Problemlösung und nachhaltige, belastbare Beachtung zeigt sich aber auch ein Problem, das Benjamin Herborth aufgreift. Es betrifft nicht zuletzt die Tauglichkeit von Habermas' Konzeptionierung der internationalen Politik als »Kritische Theorie«.[12] Wenn der Beitrag der geltungsorientierten Kommunikationstheorie in der Erklärung sozialer Koordination und Befolgung aufgeht, inwiefern kann dann die Theorie noch dazu dienen, ein kritisches Potential gegenüber faktischen Koordinationsleistungen geltend zu machen? Orientiert man sich nicht implizit an erwünschten Ergebnissen, die inhaltlich bereits festzuliegen scheinen – menschenrechtsschützenden Vereinbarungen, umweltschonenden Abmachungen, der Übereinkunft über die effektive Strafverfolgung von Regierungskriminalität? Wird die kommunikative Handlungstheorie nicht dadurch zu implizit funktionalistischen Erklärungen herangezogen, indem sie das Erreichen vorher feststehender Standards von Angemessenheit bloß noch ratifiziert? Liegt ein anarchischer Kern der kommunikativen Freiheit nicht auch darin, dass sie jenseits staatlicher Grenzen in der Lage

12 Vgl. dazu auch den vorzüglichen Überblick von C. Humrich, »Kritische Theorie«, in: *Theorien der Internationalen Beziehungen*, hg. von S. Schieder und M. Spindler, Opladen 2003, S. 421-448.

sein kann, selbst funktionierende Koordination noch als kritischer Maßstab zu begleiten?

Mit der Verwendung des Legitimitätsbegriffs hat die Governance-Forschung jedenfalls eine wichtige Brücke zur normativen Theoriebildung geschlagen. Wo »Legitimität« nicht nur zur Erklärung von faktischer Zustimmung und stabiler Regelbefolgung verwendet wird, sondern auch die Vorstellung von Akzeptabilität oder Befolgungswürdigkeit mit sich führen soll, muss geklärt werden, was der Beitrag deliberativer Politik zur Erzeugung von zustimmungswürdigen Normen ist. Die Governance-Forschung konzentriert sich hier auf den Input, den zivilgesellschaftliche Organisationen in internationale Verhandlungssysteme einbringen. An überraschenden, nicht antizipierbaren Wendungen lässt sich, wie Nicole Deitelhoff zeigt, im Einzelfall die erfolgreiche Mobilisierung von Argumenten nachvollziehen, ohne dass man sich deswegen Illusionen über den generellen argumentativen Einfluss von zivilgesellschaftlichen Organisationen hingeben müsste. Aufgrund ihrer Doppelfunktion als Beteiligte an internationalen Verhandlungen und als Akteure einer globalen Öffentlichkeit erscheinen solche Organisationen als attraktive Kandidaten für eine »Demokratisierung globalen Regierens«. Doch welchen Beitrag können sie leisten? Stellt die zivilgesellschaftliche Partizipation jenseits des Staates funktionale Äquivalente für innerstaatliche demokratische Praktiken bereit? Der gegenwärtige Zustand globaler Zivilgesellschaft gibt – misst man ihn mit Patrizia Nanz und Jens Steffek an einer Reihe anspruchsvoller Kriterien von der Unabhängigkeit bis zur Transparenz der Akteure – nicht zu übermäßigen Hoffnungen Anlass.

Mit der Verwendung einer normativen Begrifflichkeit, dies zeigt der Beitrag von Nanz und Steffek, öffnet sich die Theorie deliberativen Regierens gegenüber der Perspektive einer »klassischen« Rechts- und Demokratietheorie. Deliberative Qualitätssteigerung und demokratische Autorisierung müssen sich aber nicht in dieselbe Richtung bewegen.[13] Sie können eine durchaus gegenläufige Dynamik entwickeln. Wenn internationale Koordination – sei es bilateral, sei es in multilateralen Zusammenhängen – zuweilen einem deliberati-

13 Vgl. W. E. Scheuerman, »Critical Theory Beyond Habermas«, in: *The Oxford Handbook of Political Theory*, hg. von J. S. Dryzek, B. Honig und A. Phillips, Oxford 2006, S. 85-105.

ven Modus nahekommt, wie ist dann die vorbehaltlose Diskussion aus demokratietheoretischer Perspektive zu bewerten? Drohen sich nicht Repräsentanten, selbst wenn sie aufrichtig dem besseren Argument zu folgen versuchen, von ihrer demokratischen Autorisierung zu verabschieden? Lösen sich nicht in internationalen Expertendiskursen alle Bindungen auf, denen Parlamente und die öffentliche Meinung der Nationalstaaten ihre Vertreter unterworfen haben? Werden nicht alle Beauftragungen und Restriktionen hinfällig, die aus Gründen der demokratischen Programmierung der Verwaltung, der Gewaltenteilung und der Abwehr von exekutiver Selbstermächtigung in nationalstaatlichen Demokratien eingezogen wurden, wenn ihre Vertreter international ausschließlich dem Zwang des besseren Arguments verpflichtet sind?

IV

Wie können also die Kreativität und Legitimität deliberativer Politik jenseits staatlicher Grenzen gemeinsam zur Geltung gebracht werden? Ganz offensichtlich stehen gegenwärtig auf globaler Ebene weder Äquivalente des Staates noch der Demokratie zur Verfügung, um deliberative Politik in einen institutionell kontrollierbaren, juristisch nachvollziehbaren Rahmen einzubetten. Solange dies nicht der Fall ist, sind faktische Verlagerungen von Regelungskompetenzen jenseits des Staates zunächst einmal mit entdemokratisierenden und rechtsstaatlich problematischen Effekten verbunden. Im vorliegenden Band vertreten vor allem Harald Müller und Ingeborg Maus die These, dass transnationale Legitimitätsdefizite nur im Rekurs auf eine nicht aufzuweichende einzelstaatliche Souveränität in einem omnilateral vertraglich fortgebildeten Völkerrecht behoben werden könnten. Die Frage ist, ob es überhaupt eine demokratische Alternative zu diesem Ansatz geben kann.

Habermas hatte in *Faktizität und Geltung* in Bezug auf innerstaatliche Verhältnisse die These vertreten, dass *nur* das demokratische Verfahren in seiner deliberativen Interpretation in der Lage ist, unter heutigen gesellschaftlichen Bedingungen legitime Herrschaft zu erzeugen. Seine nachfolgenden Arbeiten zur Theorie der internationalen Politik dokumentieren den Versuch, diese These auch auf regional-suprastaatlicher Ebene – etwa im Hinblick auf die Europäische Union – und auf internationaler Ebene zur Geltung zu bringen. Aber lässt sich das diskurstheoretische Verständnis legitimer politischer Koordination überhaupt vom demokratischen Rechtsstaat ablösen?

Für die Entwicklung von Habermas' politischer Theorie seit den 90er-Jahren des vergangenen Jahrhunderts war eine Weichenstellung in *Faktizität und Geltung* von Bedeutung. Dort hatte Habermas zwar eine interne Beziehung zwischen Demokratie und Recht, nicht aber zwischen Demokratie und Staat angenommen.[14] Während Demokratie ohne Recht daher als Oxymoron erschien, wurde der Staat eher als bisher alternativloses Vehikel der Institutionalisierung von demokratischer Rechtsetzung und Rechtsdurchsetzung eingeführt. Seine Eignung für diese Aufgaben ergab sich einerseits daraus, dass der Rechtsstaat im Innern über den Code administrativer Macht auf eine rationale Weise operiert. Vor allem sprach für den Staat der bereits erwähnte Umstand, dass staatliche Machtausübung an der Inputseite ihrer legislativen Programmierung durch kommunikative Macht autorisiert werden kann. Diese begrifflichen Weichenstellungen erklären, warum Habermas' Arbeiten zur internationalen politischen Theorie verschieden enge Kopplungen von politischer Koordination und Staatlichkeit ausprobieren konnten, ohne den Bezug zur demokratischen Legitimation zu suspendieren.[15] Das Schlagwort einer »Weltinnenpolitik ohne Weltregierung« soll wenigstens die begriffliche Möglichkeit offenhalten, mit der Vorstellung von demokratischer Autonomie jenseits staatlicher Formen einen Sinn zu verbinden.

In jüngeren Arbeiten greift Habermas auf den Begriff einer »weltbürgerlichen Verfassung« zurück, die als rechtlicher Rahmen der

14 Siehe zum Folgenden Kapitel III und IV in *Faktizität und Geltung,* a. a. O. (Anm. 5), sowie P. Niesen und O. Eberl, »Demokratischer Positivismus: Habermas und Maus«, in: *Neue Theorien des Rechts*, hg. von S. Buckel, R. Christensen und A. Fischer-Lescano, Stuttgart 2006, S. 3-28.

15 Drei unterschiedliche Zugriffe auf die Problematik finden sich in »Kants Idee des ewigen Friedens«, in: J. Habermas, *Die Einbeziehung des Anderen*, Frankfurt am Main 1996, S. 192-236; »Die postnationale Konstellation und die Zukunft der Demokratie«, in: J. Habermas, *Die postnationale Konstellation*, Frankfurt am Main 1998, S. 91-169, sowie »Hat die Konstitutionalisierung des Völkerrechts noch eine Chance?«, in: J. Habermas, *Der gespaltene Westen,* Frankfurt am Main 2004, S. 113-193.

Weltpolitik fungieren, aber nicht notwendigerweise eine einheitliche politische Form – und damit auch keinen Staatscharakter – annehmen soll. Während Sicherheits- und Menschenrechtsfragen von einer zentralen *supranationalen* Agentur, einer reformierten UNO, reguliert werden sollen, bleiben politische Fragen des globalen Wohlstandsgefälles, ökologische Fragen und solche kultureller Verständigung der Regelung durch *transnationale* Verhandlungssysteme vorbehalten. Beide Säulen einer Weltverfassung sollen Anschluss an den Demokratiebegriff halten, wenn auch auf verschiedene Weise. Die globale Menschenrechtspolitik wahrt den Anschluss, nicht nur weil sie über gewählte Vertreter autorisiert ist, sondern auch, weil sie an die Lernprozesse erinnert, die im Kampf um gleiche Rechte sozusagen stellvertretend bereits in nationalstaatlichen Demokratien abgelaufen sind. Transnationale Koordination läuft dagegen strukturell agonal ab; sie musste sich bisher mit der inneren Demokratisierung der Verhandlungspartner begnügen. Beide Typen der Koordination sollen, wenn sie denn Anspruch auf Legitimität erheben wollen, von transnationalen Öffentlichkeiten begleitet werden, die sich tendenziell zu einer »Weltöffentlichkeit« im Singular zusammenschließen können.

In seiner ausführlichen Replik auf die Beiträge dieses Bandes aktualisiert Habermas die Architektonik seiner Theorie internationaler Politik und nimmt Präzisierungen und Modifikationen an ihr vor. Einige Herausforderungen seien hier kurz skizziert. Denkt man sich eine Revision des Institutionensystems internationaler Politik von der politischen Öffentlichkeit her, deren historische Herausbildung Habermas in seiner Habilitationsschrift *Strukturwandel der Öffentlichkeit* beschrieben hatte, so gibt es für die empirische Erweiterung von Öffentlichkeiten über nationalstaatliche Grenzen hinweg eine Reihe von Indizien. Diese Phänomene können aber, wie Nancy Fraser argumentiert, nichts daran ändern, dass die in demokratietheoretischer Hinsicht entscheidenden beiden Fragen noch offen sind: Inwiefern können transnationale Öffentlichkeiten auch nur einigermaßen inklusiv strukturiert sein, so dass die von grenzüberschreitender Machtausübung Betroffenen sich als Gleiche beteiligen können? Und vor allem: Auf welche Institutionen können transnationale Öffentlichkeiten Druck ausüben, um die sich in ihnen bildende öffentliche Meinung auch effektiv zur Geltung zu bringen?

Rainer Forst nähert sich in einer Reflexion über globale Gerechtigkeit demselben Phänomen. Er zeigt an einem Gedankenexperiment auf, wie strukturell ungerechte Beziehungen zwischen den reichen OECD-Staaten und den Ländern des Südens nicht etwa humanitäre Hilfspflichten, sondern politische Gerechtigkeitspflichten erzeugen. Solche politischen Pflichten aber können nicht unabhängig von der Schaffung transnationaler Institutionen erfüllt werden, von Institutionen, die einerseits die politische Autonomie der Individuen respektieren und so an das demokratische Motiv bei Habermas anschließen, und die andererseits auch die Profiteure einer ungerechten globalen Eigentumsordnung unter Rechtfertigungsdruck setzen. Gesucht sind gleichermaßen responsive wie effektive globale Institutionen, die zur Bearbeitung von Gerechtigkeitsfragen in der Lage sind.

Aus der Perspektive der Politischen Theorie ergibt sich unmittelbar die Frage, ob eine solche Problembearbeitung möglich ist, ohne wenigstens über funktionale Äquivalente zum Staat, dem historischen Vehikel demokratischer Politik, zu verfügen. Umstritten ist bereits, was die konzeptuellen Erfordernisse sind, die an die Institutionen jenseits des Nationalstaates gestellt werden müssen. Rainer Schmalz-Bruns nimmt die Debatte über globale Gerechtigkeit auf, um einige »unentbehrliche Momente von Staatlichkeit« abzustekken, die demokratischer Politik, die diesen Namen verdienen soll, zur Verfügung stehen müssen. Schmalz-Bruns richtet die Aufmerksamkeit vor allem auf zwei Bedingungen. Erstens müsse der Nettoverlust an gesellschaftlicher Gestaltungsmacht, den die Abtretung organisierter Handlungsfähigkeit etwa an supranationale und internationale Organisationen mit sich bringt, von diesen Institutionen aufgefangen werden. Zweitens müsse, damit demokratische Politik sich nicht völlig einer spontan-evolutiven Veränderung von Governance-Formen ausliefere, auf einer »reflexiven« Ebene für die bewusste Veränderbarkeit dieser Institutionen Sorge getragen werden.

Auch unterhalb der Ebene einer Globalverfassung spielt der Verfassungsbegriff jenseits des Staates eine wichtige Rolle. Trotz der gegenwärtigen Unsicherheit über die Zukunft einer positiven Unionsverfassung hat der auf europäischer Ebene seit Längerem zu beobachtende Konstitutionalisierungsprozess hier eine Schrittmacherfunktion. Erik O. Eriksen untersucht die Chancen für eine deliberative Legitimation einer europäischen Verfassung – sei es auf repräsentativer Ebene, im Verfassungskonvent, sei es auf direktdemokratischer Ebene, in den Bürgerschaften der EU-Staaten. Er empfiehlt eine Abschwächung des Habermas'schen Deliberationsmodells, um einerseits eine stärkere Entidealisierung der Demokratietheorie vorzunehmen, andererseits den gesteigerten Dissenspotentialen postnationalstaatlicher Politik entgegenzukommen. Auch Interimskonsense, wie sie der Vertrag über eine Verfassung für Europa darstelle, könnten als »working agreement« eine begrenzte Stabilität entfalten. Antje Wiener betont ebenfalls die aus kultureller Diversität resultierende Umstrittenheit von Verfassungsnormen jenseits des Nationalstaates, die für sie nicht nur von empirischer, sondern auch von methodischer Bedeutung für die Internationalen Beziehungen sind. Zwar würdige Habermas' Argumentationstheorie den Umstand, dass die Bewältigung von Dissens stets vor dem Hintergrund dichter kultureller Einbettung der Streitenden vor sich gehe. Allerdings stelle sie sich nicht in hinreichendem Umfang den Interpretationskonflikten, die sich auch unter der Voraussetzung eines geteilten Normenhaushalts ergeben. Die grundsätzliche semantische Umstrittenheit von Normen, die auch im Konstitutionalisierungsprozess der EU weiterbestehe, infiziere selbst auf der Oberfläche konsentierte, aber unsichtbar weiterhin divergierende Normverständnisse.

Einen Kontrapunkt zu allen Versuchen, Begriffe wie »Verfassung« oder »deliberative Legitimation« jenseits der staatlichen Ebene anzusiedeln, setzt Ingeborg Maus. Ihre Fundamentalkritik stützt sich auf rechtsstaatliche und demokratietheoretische Argumente: Sie kritisiert die nichtautorisierte »Emergenz« neuer Herrschaftsstrukturen, insbesondere die Verselbständigung exekutiver Entscheidungskompetenz sowie die Ermächtigung justizieller und nicht zuletzt militärischer Eliten durch die quasikonstitutionelle Festschreibung von Menschenrechten.

Auch Hauke Brunkhorst macht darauf aufmerksam, dass deliberativer Politik jenseits des Staates in vielen Fällen der *demos* abhandengekommen ist. Er teilt Maus' Überzeugung, dass, um von deliberativer Demokratie sprechen zu können, ein Element begriffsnotwendig sei, das bisher nur innerhalb staatlicher Zusammenhänge geltend gemacht werden konnte: die egalitäre Beteiligung der Bürgerinnen und Bürger an Entscheidungen, die zu ihrer vollständigen Inklusion in diskursive Zusammenhänge hinzutreten müsse. Mit Habermas hält Brunkhorst allerdings eine Entkopplung von Staatlichkeit und Demokratie für möglich. Vor dem Hintergrund einer zunehmenden Transnationalisierung sozialer und administrativer Macht müssten einerseits organisationsrechtliche Fesseln sicherstellen, dass kreative, sich von positiven Verfassungen emanzipierende Formen des Regierens wenigstens durch Gesetzesbindung im Zaum gehalten werden könnten. Der anarchischen Selbstermächtigung der Unternehmen und Apparate stellt Brunkhorst andererseits die Macht einer »unbezähmbaren« Öffentlichkeit entgegen.

Christoph Humrich teilt mit Maus das Motiv einer immanenten Kritik an Habermas, entwickelt diese aber in die strikt entgegengesetzte Richtung: Habermas nehme die einzelstaatliche Souveränität diagnostisch wie kritisch noch zu ernst. Humrich zufolge leidet Habermas' Theorie der internationalen Politik darunter, dass er die eigenen intersubjektivistischen Grundbegriffe nicht konsequent genug auf das Völkerrecht anwende und damit die Lernerfahrungen unterschätze, denen staatliche Akteure sich in der Fortentwicklung des Völkerrechts gar nicht verschließen könnten.

So viel zur Konstellation des Bandes und zum Zuschnitt seiner Beiträge. Es bleibt die Hoffnung nachzutragen, dass der vorliegende Band auch performativ eine Einschätzung der Politikwissenschaft korrigieren kann, die Habermas noch in der Einleitung zur *Theorie des kommunikativen Handelns* festgehalten hatte. Dort war moniert worden, dass praktische »Fragen der Legitimität aus der wissenschaftlichen Betrachtung aus[geschlossen]« oder zu »empirische[n] Fragen eines jeweils deskriptiv zu erfassenden Legitimitätsglaubens« heruntergestuft würden.[16] Heute scheinen sowohl die Beiträge der Internationalen Beziehungen im Anschluss an die ZIB-Debatte als auch die Beiträge der Politischen Theorie einen paradigmatischen Wandel innerhalb der Politikwissenschaft zu dokumentieren. Selbst wenn Fragen der Handlungs- und Institutionentheorie, Fragen von Recht, Legitimität und Demokratie kontrovers bleiben, so werden sie doch nicht von vornherein eingezwängt in eine Semantik der Zweckrationalität. Ein erweiterter, an intersubjektive Verständigung anknüpfender Vernunftbegriff scheint für die empirisch wie

16 J. Habermas, *Theorie des kommunikativen Handelns,* Bd. 1, Frankfurt am Main 1981, zit. nach der 3. Aufl. 1985, S. 18.

für die normativ arbeitenden Autorinnen und Autoren gleichermaßen anschlussfähig zu sein und den Austausch zwischen den Subdisziplinen von Politischer Theorie und Internationalen Beziehungen zu erleichtern. Die Beschäftigung mit Fragen gesellschaftlicher Rationalität in einem nicht rein instrumentellen Sinn ist innerhalb der deutschsprachigen Politikwissenschaft jedenfalls wieder auf der Tagesordnung.

Nicole Deitelhoff

Was vom Tage übrig blieb

Inseln der Überzeugung im vermachteten Alltagsgeschäft internationalen Regierens

1. Der Internationale Strafgerichtshof: Normgenese durch Interessenwandel?

Nach vierjährigen Verhandlungen beschloss 1998 eine überwältigende Mehrheit von 120 Staaten mit der Annahme des Statuts von Rom die Errichtung des Internationalen Strafgerichtshofes (IStGH), der gravierende Verstöße gegen das humanitäre Völkerrecht im Bereich von Völkermord, Kriegsverbrechen und Verbrechen gegen die Menschlichkeit verfolgen soll. Der IStGH hat mittlerweile Ermittlungen zur Situation im Kongo und neuerdings im Sudan aufgenommen. Seine erfolgreiche Einrichtung stellt für viele Beobachter eine Überraschung dar; zugleich ist sie Ausdruck eines erstaunlichen normativen Wandels.[1] Denn während die Strafverfolgung schwerer Verletzungen des humanitären Völkerrechts zuvor primär als Pflicht von Staaten begriffen wurde, also im Höchstfall eine Pflicht zur *nationalen* Strafverfolgung umfasste,[2] wird mit dem Statut von Rom für solche Verbrechen nunmehr eine *internationale* Pflicht zur Strafverfolgung von Individuen begründet. Dieser Normwandel ist umso erstaunlicher, als der IStGH direkt in einen Kernbereich von Staatlichkeit und nationaler Souveränität eingreift: die Strafrechtskompetenz.[3]

Fälle erfolgreicher Normgenese wie dieser werfen für rationalistische IB-Theorien Probleme auf: Sie werten Normen als das Ergeb-

1 Vgl. G. Stuby, »Internationale Strafgerichtsbarkeit und staatliche Souveränität«, in: *Strafgerichte gegen Menschheitsverbrechen. Zum Völkerstrafrecht 50 Jahre nach den Nürnberger Prozessen*, hg. von G. Hankel und G. Stuby, Hamburg 1995, S. 447 f.

2 Wie etwa unter dem *Grave-breaches*-System der Genfer Konventionen; vgl. H. Roggemann, »Auf dem Weg zum ständigen Internationalen Strafgerichtshof«, in: *Zeitschrift für Rechtspolitik* 10 (1996), S. 388-394, hier S. 393.

3 D. Wippman, »The International Criminal Court«, in: *The Politics of International Law*, hg. von C. Reus-Smit, Cambridge 2004, S. 152.

nis der Machtverteilung (Neorealismus) oder der Interessenkongruenz rationaler Akteure (neoliberaler Institutionalismus). Beide Deutungsweisen reichen im vorliegenden Fall nicht aus, um die Normgenese zu erklären. Weder hatte die Mehrheit der Staatengemeinschaft zu Beginn des Verhandlungsprozesses ein erkennbares Interesse an dieser Norm, noch gab es einen hegemonialen Akteur oder eine Gruppe, die sie auch gegen den Willen der Staatenmehrheit hätte vorantreiben können. Die Großmächte bevorzugten die partielle Ermächtigung zu internationaler Strafverfolgung, wie sie sich in den Ad-hoc-Tribunalen widerspiegelte, in denen die Großmächte die Kontrolle über die Institutionen wahren konnten, während sie einer Norm internationaler Strafverfolgung ablehnend gegenüberstanden. Die Verfechter einer Norm internationaler Strafverfolgung waren dagegen die verhandlungsschwachen Akteure: eine Koalition aus Klein- und Mittelmächten und ein Nichtregierungsorganisationen-Netzwerk. Dass trotz dieser ungünstigen Ausgangslage eine überwältigende Mehrheit das Statut verabschiedet hat, das heute bereits über hundert Staaten ungeachtet der anhaltenden Gegnerschaft der USA ratifiziert haben, macht dagegen deutlich, dass rationale Interessen und Machtverhältnisse nicht ausreichen, um die Genese einer Norm internationaler Strafverfolgung erklären zu können. Vielmehr scheinen sich die Interessen während des Prozesses gewandelt zu haben.

Konstruktivisten sprechen von der Macht der Überzeugung von Normunternehmern.[4] Überzeugung soll einen Prozess auszeichnen, in dem die moralische Einsicht staatlicher Akteure in einem Diskurs mit Normunternehmern eine Norm generiert.[5] Ausgeblendet bleibt

4 M. Finnemore und K. Sikkink, »International Norm Dynamics and Political Change«, in: *International Organization* 52 (1998), S. 887-921; dies., »Taking Stock: The Constructivist Research Program in International Relations and Comparative Politics«, in: *Annual Review of Political Science*, 4 (2001), S. 391-416.

5 Normunternehmer, auch *norm-entrepreneurs* oder Normadvokaten genannt, beziehen sich im Allgemeinen auf all jene Akteure, die sich aktiv für eine neue Norm einsetzen (P. A. Sabatier, »Advocacy-Koalitionen, Policy-Wandel und Policy-Lernen: Eine Alternative zur Phasenheuristik«, in: *Policy-Analyse. Kritik und Neuorientierung* (Politische Vierteljahresschrift Sonderheft 24), hg. von A. Héritier, Opladen 1993, S. 116-148). Im Normalfall bilden Nichtregierungsorganisationen (NGOs) die Kernzellen solcher Normunternehmer. Immer öfter bilden sich aber Netzwerke, innerhalb deren auch staatliche Akteure und internationale Organisationen eine Rolle spielen.

allerdings, wie und warum staatliche Akteure ihre Interessen verändern. Empirische Studien verweisen weniger auf moralische Einsichten als auf Druck. Dort ist von *public pressure* und *social coercion* als *Blaming-* und *Shaming*-Aktivitäten die Rede. Beide Faktoren verweisen auf eine rationalistische Erklärung. Da sie die Kosten der Nichteinigung über öffentlichen Druck erhöhen, sind Staaten als rationale Nutzenmaximierer »gezwungen«, der Norm zuzustimmen. Überzeugung stellt dann nicht mehr als einen »soziologisch aufgeblähten« Begriff für klassische Gegenmachtbildung dar, mit dem Akteure zu einem Verhalten gebracht werden, das sie sonst nicht anstreben würden. Ein Interessenwandel lässt sich damit nicht erklären. Auch hier liegt das Problem auf der handlungstheoretischen Ebene. Normunternehmer handeln, wie Konstruktivisten argumentieren, strategisch.[6] Wenn das aber der Fall ist, dann kommen sie *prima facie* kaum für Überzeugungsprozesse in Frage.

Konstruktivisten betonen aber auch die *Framing*-Prozesse dieser Akteure, um zu beschreiben, wie sich veränderte Situationswahrnehmungen ausdrücken. Mit Hilfe von *frames* werden die jeweiligen Normkandidaten an bestehende normative Kontexte angebunden, um ihre Angemessenheit zu verdeutlichen. Solche *frames* stoßen auf Resonanz und wirken handlungsleitend. Allerdings sind wir hier mit einem ganz ähnlichen Problem konfrontiert, wie es auch rationalistischen Analysen anhaftet. So wie Rationalisten stabile Interessen voraussetzen müssen, so verweisen die *Framing*-Argumente der Konstruktivisten auf stabile Normen. Das diesem Argument zugrunde liegende normenregulierte Handeln basiert darauf, dass Akteure jenen Normen folgen, die in ihrer sozialen Umwelt als Standards der Angemessenheit akzeptiert sind. Dann haben aber neue normative Ansprüche, die sich erst gegen solche etablierten Standards durchsetzen müssen, kaum eine Chance, anerkannt zu werden.[7] Genau dies ist umgekehrt der Erklärungsgegenstand von Überzeugungsprozessen, wenn es um Normengenese geht.

6 R. Price, »Reversing the Gun Sights. Transnational Civil Society Targets Land Mines«, in: *International Organization* 52 (1998), S. 613-644.

7 M. Finnemore und K. Sikkink, »International Norm Dynamics«, a. a. O. (Anm. 4), S. 897 f.

2. Die Bedingungen verständigungsorientierten Handelns

Mit dem Konzept verständigungsorientierten Handelns ließe sich diese Problematik auflösen. Jedoch scheint es auf zu anspruchsvollen Kontextbedingungen zu basieren, um in der Politik zur Geltung kommen zu können. Verständigungsorientiertes Handeln impliziert eine ideale Sprechsituation, in der Akteure problematisch gewordene Geltungsansprüche unter Bedingungen gleichen und öffentlichen Zugangs sowie Zwanglosigkeit thematisieren können. Zugleich müssen die Interaktionsteilnehmer über geteilte Maßstäbe verfügen, um die Güte von Argumenten bemessen zu können: Sie müssen hinreichend überlappende Lebenswelten teilen. Sind diese Bedingungen schon im normativ integrierten nationalstaatlichen Gefüge nur annäherungsweise vorhanden, so gilt dies umso mehr für die globale Ebene. Zwar lassen sich Substrate einer Vergesellschaftung auch auf globaler Ebene entdecken. Dazu zählen im Rahmen fundamentaler Institutionen Souveränität, internationales Vertragsrecht und multilaterale Diplomatie,[8] aber auch jene Normen, die aus Regimen hervorgegangen sind.[9] Die Substanz dieser Normen ist jedoch einerseits kaum jener lebensweltlichen Dichte nationaler Gesellschaften gleichzusetzen,[10] noch sind sie andererseits in der Lage, das Dissens-, aber auch Ausbeutungsrisiko, das Akteure immer tragen, wenn sie sich auf eine verständigungsorientierte Interaktion einlassen, annähernd so zu minimieren oder zu kompensieren, wie es eine Aufgabe des Rechtsstaats ist.

Die Institutionalisierung im Nationalstaat, die Akteuren die Bürden spontaner, unverregelter Verständigung abnimmt, das heißt die kommunikative Vernunft gleichsam in die Verfahren implantiert,[11] ist im globalen Rahmen so nicht vorhanden. Darum ist eine weiter-

8 C. Reus-Smit, »The Constitutional Structure of International Society and the Nature of Fundamental Institutions«, in: *International Organization* 51 (1997), S. 555-590.

9 H. Müller, »Internationale Beziehungen als kommunikatives Handeln. Zur Kritik der utilitaristischen Handlungstheorien«, in: *Zeitschrift für Internationale Beziehungen* 1 (1994), S. 15-44, hier S. 28.

10 C. Rustin, »Habermas, Discourse, and International Justice«, in: *Alternatives* 24 (1999), S. 167-192.

11 J. Habermas, *Erläuterungen zur Diskursethik*, Frankfurt am Main 1991, S. 162;

gehende Stützung durch normative und institutionelle Strukturen eine wesentliche, wenn auch nicht hinreichende Bedingung für die Ermöglichung von Überzeugung in der internationalen Politik. Institutionen begünstigen verständigungsorientiertes Handeln, indem sie Interaktionen gegen alternative Mechanismen der Handlungskoordination wie Macht und Interesse abschirmen; gleichzeitig können die in ihnen verkörperten Werte und Normen als unproblematisches Hintergrundwissen den Verständigungsbedarf zumindest teilweise abdecken.[12]

Natürlich erfüllen selbst solche Institutionen nur einen Teil jener Funktionen, die ihnen auf nationalstaatlicher Ebene zukommen. Sowohl bei Habermas als auch in der Regierungslehre gilt in Fragen der Beständigkeit von *arguing* als Prämisse, was in der internationalen Politik gerade nicht existiert: der Schatten der Hierarchie oder die »Rute im Fenster«.[13] Während sich Interaktionsteilnehmer in nationalen Gesellschaften darauf verlassen können, dass ihre Rechte auch außerhalb eines Konsenses durch die Rechtsgarantie des Staates gewährleistet sind, müssen Akteure in internationalen Verhandlungen ein weitaus größeres Risiko tragen, von strategisch eingestellten Verhandlungspartnern ausgebeutet zu werden.[14] Gleichwohl sollte man dieses Defizit nicht überschätzen. Zum einen werden internationale Verhandlungen regelmäßig kritisch von transnationalen Öffentlichkeiten begleitet, die oftmals in Form von Nichtregierungsnetzwerken dazu beitragen können, Argumentationsprozesse zu zivilisieren, indem sie Argumente filtern, Interaktionsfolgen thematisieren, marginalisierte Positionen in den Beratungsprozess einbringen und Argumente in einen

ders., *Faktizität und Geltung. Beiträge zur Diskurstheorie des Rechts und des demokratischen Rechtsstaats*, Frankfurt am Main 1992, S. 414.

12 Vgl. M. Müller, »Vom Dissensrisiko zur Ordnung der Internationalen Staatenwelt«, in: *Zeitschrift für Internationale Beziehungen* 3 (1996), S. 367-379; R. Schmalz-Bruns, »Die Theorie Kommunikativen Handelns – Eine Flaschenpost«, in: *Zeitschrift für Internationale Beziehungen* 2 (1995), S. 347-361.

13 F. W. Scharpf, *Interaktionsformen. Akteurzentrierter Institutionalismus in der Politikforschung*, Opladen 1992.

14 Vgl. U. Willems, »Moralskepsis, Interessenreduktionismus und Strategien der Förderung von Demokratie und Gemeinwohl«, in: *Interesse und Moral als Orientierungen politischen Handelns*, hg. von U. Willems, Baden-Baden 2003, S. 9-100, hier S. 55.

Rechtfertigungszirkel überführen.[15] Zum anderen sind die staatlichen Akteure in Verhandlungen in ihrer überwiegenden Mehrzahl ausgebildete Diplomaten; sie verfügen zumeist über langjährige Erfahrung und Expertise auf ihrem Gebiet. Sie stehen in einem mehr oder weniger regelmäßigen Kontakt miteinander und verfügen über eine gemeinsame Sprache, diejenige der Diplomatie und des internationalen Rechtsdiskurses.[16] Diese Gemeinsamkeiten der Ausbildung und der Expertise produzieren zumindest schwache Solidaritäten. Hinzu tritt, dass die Kultur der Diplomatie selbst den Akteuren auch Kriterien zur Verfügung stellt, die sie die Absichten ihrer Verhandlungspartner einschätzen lassen;[17] diese Kultur beinhaltet prozedurale Normen, anhand deren Diplomaten kontrollieren können, ob ihr Gegenüber an einer Verständigung orientiert ist (*to negotiate in good faith*). Dennoch sind selbst solche weitergehenden Institutionalisierungen kaum der Regelfall internationaler Verhandlungen.[18] Aber der normative und institutionelle Kontext von Verhandlungen ist nicht notwendig statisch. Zu einem gewissen Grad liegt es auch an den Akteuren selbst, wie sich der Kontext ihrer Interaktion gestaltet.

Mit dieser Wendung lassen sich Überzeugungsprozesse auch mit der sozialkonstruktivistischen Forschung zur Macht der Überzeugung von Normunternehmern verbinden. Denn es lässt sich vermuten, dass insbesondere NGOs ihre Ressourcen nutzen, um die normativen und institutionellen Bedingungen von Normgenerierungsprozessen so zu beeinflussen, dass sie den Anforderungen an verständigungsorientiertes Handeln nahekommen. Die NGOs, die als organisierter Teil transnationaler Öffentlichkeiten an diesen Prozessen teilhaben, profitieren besonders von einer verständigungsorientierten Interaktion. Denn weder verfügen sie im Allgemeinen über formale Rede- oder gar Entscheidungsrechte, noch können sie auf klassische Machtpotentiale wie militärische oder ökonomische

15 M. Lynch, »The Dialogue of Civilisations and International Public Spheres«, in: *Millennium* 29 (2000), S. 307-330.

16 H. Bull, *The Anarchical Society. A Study of Order in World Politics*, New York 1977.

17 Vgl. L. G. Lose, »Communicative Action and the World of Diplomacy«, in: *Constructing International Relations. The Next Generation*, hg. von K. M. Fierke und K. E. Jørgensen, Armonk 2001, S. 179-201.

18 F. Schimmelfennig, »Rhetorisches Handeln in der Internationalen Politik«, in: *Zeitschrift für Internationale Beziehungen* 4 (1997), S. 219-254, hier S. 225.

Stärke zurückgreifen. Im Regelfall haben diese Akteure nur kommunikative Ressourcen, auf die sie ihr Gewicht stützen können: Argumente und Öffentlichkeit. Ihnen fehlt prinzipiell schon die simple Teilnahmeberechtigung an internationalen Diskursen, so dass sie gezwungen sind, sich die Beachtung ihrer Anliegen strategisch zu erkämpfen.[19] Die von Sozialkonstruktivisten beschriebenen *Shaming-*, *Blaming-* und *Framing-*Aktivitäten sind dann weniger direkter Bestandteil von Prozessen der Überzeugung als vielmehr ihrer Ermöglichung. Daraus folgt aber nicht, dass diese Akteure im klassischen Sinne strategisch handeln, denn sie sind eindeutig normativ orientiert. Stattdessen handelt es sich vielmehr um verständigungsorientiertes Handeln unter umgekehrten Vorzeichen: Durch ihre notgedrungene Außenperspektive auf internationale Diskurse sind sie gleichsam gezwungen, ihre moralischen Forderungen wie Interessen in den Prozess einzubringen.[20]

Diese strategische »Nötigung« verdeutlicht zugleich, dass mit einer vollständigen Transformation von Verhandlungen in rationale Diskurse nicht zu rechnen ist, sondern dass es vielmehr um partielle Annäherungen an rationale Diskurse innerhalb von Verhandlungen geht, deren Verlauf und Ergebnis mehr als fragil ist. Die Ergebnisse solcher Verhandlungen laufen daher kaum auf einen rationalen Konsens hinaus. Stattdessen sind nur Inseln der Überzeugung zu erwarten. Gleichwohl ergibt sich schon aus dem idealen Charakter der Grundbedingungen von Verständigung, dass Konsens selbst unter annähernd idealen Bedingungen kaum je zu erwarten ist. Hinzu kommt der Faktor Zeit, der Akteure dazu nötigt, an einem gewissen Punkt die Verständigung abzubrechen und auf anderem Wege zu einer Einigung zu kommen. Solange diese Einigung zukunftsoffen ist und hinreichend von Verständigungsleistungen durchdrungen, hat sie zumindest den Charakter eines vernünftigen und fairen Einverständnisses für sich.[21]

19 Vgl. T. Brühl, *Nichtregierungsorganisationen als Akteure internationaler Umweltverhandlungen*, Frankfurt am Main 2003.

20 M. Th. Greven und U. Willems, »Moralische Forderungen in der Politischen Gesellschaft«, in: *Forschungsjournal Neue Soziale Bewegungen* 8 (1995), S. 76-90.

21 J. Habermas, *Die Einbeziehung des Anderen. Studien zur politischen Theorie*, Frankfurt am Main 1996; ders., *Kommunikatives Handeln und detranszendentalisierte Vernunft*, Stuttgart 2001.

3. Inseln der Überzeugung in realen Verhandlungen

Angesichts dieser Überlegungen kann es in empirischen Untersuchungen nicht darum gehen, rationale Diskurse in Reinform aufzufinden. Ebenso wenig ist es sinnvoll, rivalisierende Hypothesen abzubilden, anhand deren verständigungsorientiertes Handeln gegenüber anderen Handlungstypen getestet wird. Vielmehr muss das Ziel darin liegen, zu überprüfen, inwiefern die rekonstruierten förderlichen Bedingungen dieses Konzepts vorhanden waren, sich verändert und die Ergebnisse beeinflusst haben. Aus den obigen Überlegungen zu den Bedingungen von Verständigung und Diskurs lässt sich die grobe Annahme gewinnen, dass Normunternehmer gezielt normative und institutionelle Verknüpfungen konstruieren, um einen rationalen Diskurs zu ermöglichen. Im Folgenden soll die These begründet werden, dass diese Heuristik zur Ermöglichung von Überzeugung geeignet ist, die erfolgreiche Errichtung des IStGH zu erklären. Dazu wurden die Verhandlungen auf *Wendepunkte* untersucht, das heißt solche Phasen, in denen große Meinungsumschwünge zu beobachten waren, die sich nicht mit alternativen Faktoren wie Macht, öffentlichem Druck, Ausgleichszahlungen oder Koppelgeschäften erklären ließen, die also auf einen Interessenwandel durch Überzeugung hinzudeuten schienen. Mittels einer Prozessanalyse wurden zu diesem Zweck über die Zeitachse erstens die Entwicklung der Positionen zum Verhandlungsgegenstand untersucht, zweitens die normativen Berufungsgrundlagen oder *frames* der Positionen, und drittens wurden die institutionellen Merkmale der Verhandlungen beobachtet. Damit wurde rekonstruktiv die Annahme geprüft, ob solche Wendepunkte von Verschiebungen der normativen Berufungsgrundlagen (verändert sich die normative Binnenstruktur hin zu eher verallgemeinerungsfähigen Prinzipien, die den Bedingungen rationaler Diskurse entsprechen?) und der institutionellen Rahmenbedingungen (lassen sich Veränderungen dieser Rahmenbedingungen beobachten, die den Anforderungen an rationale Diskurse zuträglich sind?) begleitet werden. Zusätzlich wurde untersucht, inwiefern Veränderungen von den Akteuren selbst hervorgebracht wurden und ob sie Auswirkungen auf Verlauf und Ergebnis des Prozesses hatten.

3.1. Die Verhandlungsgeschichte des IStGH

Bereits auf der Gründungsagenda der Vereinten Nationen stand im Zusammenhang mit der Kodifikation der Nürnberg-Prinzipien die Idee, einen ständigen Strafgerichtshof zu etablieren. So sah noch die Völkermord-Konvention von 1948 ein internationales Tribunal vor. Das Vorhaben scheiterte aber an den aufbrechenden ideologischen Spannungen zwischen den einstigen Alliierten, die die Aussichten auf einen Gerichtshof, der auch Staatsoberhäupter verurteilen könnte, obsolet werden ließ.[22] Erst mit Ende des Kalten Krieges kam das Thema als Vorschlag, einen Strafgerichtshof einzurichten, um den internationalen Drogenhandel einzudämmen, wieder auf die Tagesordnung der Generalversammlung. Die Generalversammlung erneuerte daraufhin ihren Auftrag an die Völkerrechtskommission (ILC), ein Statut für ein Tribunal auszuarbeiten. Überschattet (und gefördert) wurden diese Entwicklungen durch die Einsetzung der Ad-hoc-Tribunale für das ehemalige Jugoslawien (ICTY) 1993 und Ruanda (ICTR) 1994 durch den Sicherheitsrat vor dem Hintergrund der Greueltaten in den Bürgerkriegen auf dem Balkan und dem Völkermord in Ruanda. Unter diesen Vorzeichen beschloss die Generalversammlung 1994, einen Vorbereitungsausschuss einzusetzen, der allen Staaten offenstand, um auf der Grundlage des Entwurfs ein Statut für einen Strafgerichtshof zu erörtern und gegebenenfalls auf einer Konferenz durch einen völkerrechtlichen Vertrag zu beschließen.[23]

22 Vgl. Ch. M. Bassiouni, *The Statute of the International Criminal Court: A Documentary History*, Ardsley, NY 1998, S. 15. Dessen ungeachtet schritt aber die Kodifikation des Völkerstrafrechts voran, und in den 1980er-Jahren war mit der Völkermordkonvention (1948), den Genfer Konventionen und ihren Zusatzprotokollen (1949 und 1977), der Anti-Apartheids-Konvention (1974) sowie der Anti-Folter-Konvention (1984) das materielle Fundament gelegt. Allerdings begründeten diese Regelungen unter dem Weltrechtsprinzip »nur« eine nationale Strafverfolgungspflicht durch die Staaten (vgl. dazu K. Ambos, »Zur Bestrafung von Verbrechen im internationalen, nicht-internationalen und internen Konflikt«, in: *Humanitäres Völkerrecht: Politische, Rechtliche und Strafgerichtliche Dimensionen*, hg. von J. Hasse, E. Müller und P. Schneider, Baden-Baden 2001, S. 325-353).

23 1995 handelte es sich noch nicht um einen Vorbereitungsausschuss, sondern um ein Ad-hoc-Komitee, das den Staaten die Gelegenheit geben sollte, sich mit dem ILC-Entwurf vertraut zu machen. Zu Details und ausführlichen Belegen vgl. N. Deitelhoff, *Überzeugung in der internationalen Politik. Grundzüge einer Diskurstheorie internationalen Regierens*, Frankfurt am Main 2006.

Der ILC-Entwurf sah eine semipermanente Einrichtung vor, die bei Bedarf aktiviert werden konnte und die für Völkermord, Verbrechen gegen die Menschlichkeit, Kriegsverbrechen und Aggressionshandlungen zuständig sein sollte. Mit Ausnahme von Verbrechen des Völkermords und Überweisungen des Sicherheitsrats sollte der Gerichtshof nur tätig werden können, wenn sowohl Territorialstaat als auch Gewahrsamsstaat seiner Zuständigkeit für das Verbrechen zugestimmt hatten (*state consent*; Art. 21). Der Beitritt zum Vertrag galt dabei nicht automatisch als Zustimmung zu seiner Zuständigkeit über die Kernverbrechen, sondern war gesondert durch ein *Opting-in*-System geregelt, innerhalb dessen Staaten wählen konnten, über welche Deliktgruppen sie die Zuständigkeit für welchen Zeitraum akzeptieren wollten (Art. 22). Darüber hinaus war der Gerichtshof stark vom Sicherheitsrat abhängig. Außer dem Sicherheitsrat konnten nur Vertragsstaaten eine Untersuchung auslösen (Art. 25).

Insgesamt war dies ein extrem konservativer Entwurf, der die Souveränität der Staaten so weit wie möglich unangetastet ließ und vollständig auf deren Konsens für sein Vorgehen beziehungsweise auf die Aktivierung durch den Sicherheitsrat angewiesen war. Die normative Grundlage des Statuts stellte eine Ermächtigung zur internationalen Strafverfolgung dar, keine Pflicht dazu. Die Kommentare der Kommission zu den einzelnen Vorschlägen offenbaren die zugrunde liegenden Beweggründe: *practicality*, *realism* und, damit eng verbunden, *widest possible adherence* sind die dominanten Begründungsmuster.[24] Man war überzeugt, dass Staaten nicht bereit wären, stärkere Eingriffe in ihre Souveränität hinzunehmen, und dass der Sicherheitsrat als Koalition der Großmächte das Statut nur dann unterstützen würde, wenn es ihm auch hinreichend flexibel zur Verfügung stünde.[25]

Bereits die Verhandlungen im Vorbereitungsausschuss (1996-1998) verdeutlichten, dass der Entwurf keineswegs unumstritten war. Spätestens ab 1997 offenbarte sich eine dominante Konfliktlinie zwischen jenen Staaten, die einen unabhängigen und starken Ge-

24 ILC, »Report of the International Law Commission on the Work of its Forty-Sixth Session«, in: *UN-Dokumentation* A/49/10, 1994, S. 31; vgl. auch Ch. M. Bassiouni, *The Statute of the International Criminal Court*, a. a. O. (Anm. 22), S. 17.

25 Vgl. ILC, »Report of the International Law Commission«, a. a. O. (Anm. 24), S. 36, 38, 85-88.

richtshof anvisierten, und den in erster Linie um ihre Souveränität besorgten Staaten, die für einen Gerichtshof warben, der dem Sicherheitsrat unterstellt sein sollte und eine gleichsam unbefristete Verlängerung der Ad-hoc-Gerichtshöfe bedeutet hätte. Vor Beginn der Vertragskonferenz im Juni 1998 in Rom umfasste der Vorschlagstext daher noch über 99 Einzelartikel mit mehr als 1300 alternativen Formulierungsoptionen. Dennoch stimmten am Ende der fünfwöchigen Verhandlungen 120 Staaten für den Entwurf des Verhandlungssekretariats. 21 enthielten sich, und sieben stimmten dagegen: der Jemen, Katar, Libyen, Israel, der Irak, China und die USA.

Der inzwischen aktive Gerichtshof verfügt über weitreichende Kompetenzen. Unter seine Zuständigkeit fallen Kriegsverbrechen (auch im nichtinternationalen Konflikt), Verbrechen gegen die Menschlichkeit (auch in Friedenszeiten), Völkermord und – soweit es noch definiert werden kann – Aggression (Art. 5). Den Kern der Jurisdiktion des IStGH bildet der Grundsatz der Komplementarität. Im Gegensatz zu den Ad-hoc-Tribunalen übt er eine subsidiäre Jurisdiktion aus. Er wird nur tätig, wenn der Nachweis erbracht werden kann, dass nationalstaatliche Gerichte entweder nicht willens oder aufgrund eines Zusammenbruchs der Gerichtsbarkeit nicht in der Lage sind, ihren Strafverfolgungspflichten nachzukommen (Art. 17). Seine Zuständigkeit wird zu Beginn auch nicht universell sein. Er kann nur dort tätig werden, wo entweder Täterstaat (Nationalzugehörigkeit des Verdächtigen) oder Tatortstaat (auf dessen Territorium das betreffende Verbrechen begangen wurde) das Statut ratifiziert[26] oder der Zuständigkeit für den speziellen Fall zugestimmt haben (Art. 12). Diese Einschränkung kann umgangen werden, wenn der Sicherheitsrat eine Angelegenheit an den Gerichtshof überweist (Art. 13b). Der Sicherheitsrat hat auch das Recht, Verfahren vor dem IStGH zu stoppen. Allerdings müssen

26 Die Bindung der Akzeptanz der Zuständigkeit an die Ratifikation des Statuts, die auch als »inhärente« Jurisdiktion bezeichnet wird, stellt eine einschneidende Abkehr vom traditionellen Prinzip des Staatenkonsenses dar (vgl. R. S. Lee, »The Rome Conference and its Contribution to International Law«, in: *The International Criminal Court: The Making of the Rome Statute*, hg. von R. S. Lee, Den Haag 1999, S. 1-40, hier: S. 28). Traditionell bedeut im Völkerrecht die Ratifikation eines Vertrages, der einen Gerichtshof begründet, nicht automatisch auch die Zustimmung zu seiner Zuständigkeit.

hierzu die Mitglieder mit qualifizierter Mehrheit zustimmen, ohne dass eines der ständigen Sicherheitsratsmitglieder sein Veto einlegt (Art. 16). Dieses sogenannte »umgekehrte Veto« schränkt die Einflussmöglichkeit des Sicherheitsrats stark ein, denn dadurch genügt schon ein Veto, um den Versuch, ein Verfahren zu stoppen, scheitern zu lassen. Eine besondere Stärke des Gerichtshofs liegt darin, dass er über einen unabhängigen Ankläger verfügt, der aus eigener Initiative Ermittlungen aufnehmen kann (Art. 14-15).

Dieser grobe Vergleich zwischen dem ILC-Entwurf von 1994 und dem verabschiedeten Statut von 1998 zeigt deutlich, wie stark sich die Einschätzung des Verhandlungsgegenstands im Verlauf des Prozesses gewandelt hat. In allen zentralen Fragen weicht das Statut gravierend vom ILC-Entwurf ab. Trotz der Einschränkungen hinsichtlich der Jurisdiktion (Zustimmungsregime) sowie der Rolle des Sicherheitsrats (Blockade-Möglichkeit) beinhaltet das Statut eine eindeutige Pflicht zur internationalen Strafverfolgung. Dieser Wandel lässt sich als Resultat von Überzeugungsprozessen rekonstruieren.

3.2. Wendepunkte in den Verhandlungen

Die Verhandlungsgeschichte offenbart zwei Wendepunkte. Der erste lässt sich auf den Übergang zwischen Ad-hoc-Komitee 1995 und Beginn der Vorbereitungsausschuss-Sitzungen 1996 datieren. Während noch 1995 viele Staaten, darunter prominent die Großmächte, die Wünschbarkeit eines IStGH anzweifelten, war diese Opposition mit Beginn der Ausschuss-Sitzungen verschwunden. Die Verhandlungen traten damit in eine neue Phase: Nicht mehr das »Ob« eines Strafgerichtshofs war (zumindest verhandlungsöffentlich) umstritten, sondern seine Form.[27] Wie bereits im Ad-hoc-Komitee zeichneten sich auch im Ausschuss unterschiedliche Ansichten ab. Dahinter standen zum einen kulturell unterschiedlich geprägte Vorstellungen über das richtige Rechtssystem, aber vor allem war zum anderen die normative Grundlage des Gerichtshofs selbst umstritten. Diese Kontroverse betraf vorrangig die Fragen, die zentral für die Genese einer Norm internationaler Strafverfolgung waren. Da-

27 Vgl. H.-P. Kaul, »Auf dem Weg zum Weltstrafgerichtshof. Verhandlungsstand und Perspektiven«, in: *Vereinte Nationen* 45 (1997), S. 177-181, hier S. 177.

zu zählten insbesondere das Verhältnis zum Sicherheitsrat (Veto-Recht), die Frage, wie Fälle vor den IStGH gebracht werden können (unabhängiger Ankläger), und die Zuständigkeitsbeschränkung (*state consent*; *opt-in*; Inhärenz).

Der zweite Wendepunkt lag zwischen 1997 und 1998, als sich die Mehrheitsverhältnisse hinsichtlich dieser strittigen Fragen enorm wandelten. Noch bis 1997 schien die Mehrheit der Delegationen restriktive Positionen zum IStGH zu vertreten. Unter der Führung der ständigen Mitglieder des Sicherheitsrates (P5) propagierte eine Gruppe von Staaten eine weitgehende Kontrolle des Gerichtshofs durch den Sicherheitsrat, lehnte die inhärente Zuständigkeit für Kriegsverbrechen und Verbrechen gegen die Menschlichkeit (teilweise auch für Völkermord) ab und forderte stattdessen ein *State-Consent-* oder ein *Opt-in*-System. Darüber hinaus war sie gegen einen unabhängigen Ankläger, stand also insgesamt hinter dem ILC-Entwurf.

Dem stand eine seit 1996 auf mehr als 40 Staaten angewachsene Gruppe von Klein- und Mittelmächten gegenüber, die als *Like-Minded*-Plattform gemeinsame Prinzipien entwickelten und ihre Strategien zunehmend koordinierten.[28] Die *Like-Minded*-Staaten warben für eine inhärente Jurisdiktion über die Kernverbrechen, einen unabhängigen Ankläger und wollten die Rolle des Sicherheitsrates so weit wie möglich begrenzen. Sie wollten sicherstellen, dass der Gerichtshof ungeachtet aller politischen Konstellationen Straftaten ahnden konnte. Sie wurden durch eine NGO-Koalition unterstützt (Coalition for an International Criminal Court, CICC), die 1997 bereits ca. 200 Einzelorganisationen umfasste. Außerhalb dieser beiden Lager war die große Mehrheit der Delegationen aber keiner der Positionen zuzurechnen. Während von einigen angenommen werden durfte, dass sie keinen Gerichtshof wünschten, auch wenn sie das offiziell nicht kundtaten, hatte der überwiegende Teil, unter dem sich viele Entwicklungsländer sowie GUS-Staaten befanden, keinen kohärenten Verhandlungsansatz entwickelt und unterstützte teils *Like-Minded-*, teils P5-Positionen.

28 Ebd., S. 181. Die *Like-Minded*-Gruppe umfasste zu Beginn ca. 40 Mitglieder, darunter fast alle europäischen Länder außer Großbritannien und Frankreich, zahlreiche afrikanische Staaten, lateinamerikanische und karibische Länder. Im Verlauf wuchs die Gruppe stetig auf über 60 Mitglieder an; ab 1997 gehörte ihr auch Großbritannien an.

Position	Rolle des Sicherheitsrats			
	LM	P5	U	N
1996 PrepCom	54 %	13 %	33 %	46
1998 Rom	47 %	6 %	47 %	76
	Unabhängiger Ermittler			
	LM	P5	U	N
1996 PrepCom	16 %	60%	24 %	25
1998 Rom	80 %	18 %	2 %	86
	Inhärente Zuständigkeit			
	LM	P5	U	N
1996 PrepCom	28 %	68 %	4 %	21
1998 Rom	73 %	25 %	2 %	55

Legende: LM: *Like-Minded*-Positionen; P5: P5-Position; U: Unentschieden/ Alternative Positionen; N: Gesamtzahl aller dokumentierten Stellungnahmen pro Thema und Jahr.

Tabelle 1: Anteil von *Like-Minded*- und P5-Positionen[29] zwischen 1996 und 1998 in Prozent aller Stellungnahmen in drei ausgewählten Themenstellungen

Auf der letzten Sitzung des Ausschusses 1998 kristallisierte sich daher deutlich heraus, dass vor der Vertragskonferenz kein Konsens hinsichtlich der strittigen Fragen zu erreichen war. Trotzdem hatte sich das Verhältnis zwischen den Verhandlungspositionen gravierend verändert. In den Auftaktstatements war es nunmehr die Mehrheit, die ein progressives Statut forderte. Insbesondere Staaten

29 Für 1997 steht keine Dokumentation zur Verfügung, sondern nur Reports der NGOs. Darauf wurde nicht zurückgegriffen.

aus Regionen wie Afrika und der GUS, aber auch Lateinamerika, die in den Ausschuss-Sitzungen zur eher schweigenden und restriktiv orientierten Mehrheit gezählt wurden, unterstützten, häufig auch in regionalen Gruppen, *Like-Minded*-Positionen.[30] Dazu zählten die Southern African Development Community (SADC), eine Reihe westafrikanischer Staaten, die meist frankophon waren, aber mit Abstrichen auch die RIO-Gruppe (Kolumbien, Mexiko, Panama, Venezuela, Argentinien, Brasilien, Peru, Uruguay, Bolivien, Chile, Costa Rica, die Dominikanische Republik, Ecuador, El Salvador, Guatemala, Honduras, Nicaragua und Paraguay, vgl. *Tabelle 1*).[31]

Zumindest dieser zweite Wendepunkt ließ sich mit alternativen Faktoren kaum erklären. Zum einen vollzog sich der Wandel offen gegen bestehende Machtverhältnisse: Es war die Position der Großmächte, die ins Abseits geriet. Zum anderen ließen sich zumindest anhand der Datenlage weder Ausgleichszahlungen noch Koppelgeschäfte etwa durch die *Like-Minded*-Gruppe erkennen.[32] Gleichwohl sind spezifische Positionswechsel auf innenpolitische Faktoren zurückzuführen. Dazu gehört insbesondere der Wechsel Großbritanniens in das Lager der *Like-Minded*-Gruppe. Dieser Wechsel erfolgte, kurz nachdem die *Labour*-Partei in Großbritannien in die Regierungsverantwortung kam, was allerdings nicht den breiten Umschwung unter Entwicklungsländern und GUS-Staaten erklären kann. Auch öffentliche Proteste sind hier nicht einschlägig, denn

30 Vgl. Ch. K. Hall, »The Sixth Session of the UN Preparatory Committee on the Establishment of an International Criminal Court«, in: *American Journal of International Law* 92 (1998), S. 548-556, hier S. 556.

31 Dabei war gerade die RIO-Gruppe bedeutsam. Sie veranschaulichte den starken Positionswechsel der regionalen Führungsmacht Brasilien, die lange eindeutig zu den restriktiven Staaten gezählt hatte (vgl. Human Rights Watch, »Latin America Favors Strong International Court« ⟨http://www.hrw.org/press98/july/icclatn.htm⟩, 1998, überprüft am 15. 1. 2003).

32 In Interviews wurden sowohl *Like-Minded*-Delegationen, aber auch Nichtregierungsorganisationen daraufhin befragt, ob es ihres Wissens zu Koppelgeschäften oder Ausgleichszahlungen (wie der Gewährung von Entwicklungshilfe gegenüber Drittweltländern o.Ä.) gekommen sei. Die einzige Hilfestellung, die beschrieben wurde, war allerdings die Zusage von *Like-Minded*-Staaten gegenüber Drittweltländern, sie bei der Umsetzung des Statuts mit Fachpersonal zu unterstützen (Interviews deutsche Delegation Richard Dicker, Human Rights Watch, und Christopher Hall, Amnesty International, Juli und September 2002).

die Öffentlichkeit spielte bis zur Vertragskonferenz in Rom eine nur untergeordnete Rolle. Dagegen lässt sich die Vermutung, dass dieser Wandel auf Überzeugungsmomente zurückzuführen ist, durch eine Analyse der den Positionen zugrunde liegenden normativen Begründungsmuster plausibilisieren.

3.3. Die normativen Grundlagen

Eine Inhaltsanalyse der Verhandlungsdokumente verdeutlicht, dass den beiden Positionen auch unterschiedliche normative Vorstellungen über einen IStGH zugrunde lagen.[33] Unkontrovers war von Beginn an der Maßstab, anhand dessen sich Vorschläge und Positionen zur Ausgestaltung des Gerichtshofs sollten messen lassen können. Der Gerichtshof musste effektiv sein, das heißt, er musste in der Lage sein, die ihm zugedachten Aufgaben zu lösen. *Effectiveness* ist in nahezu allen Stellungnahmen zwischen 1995 und 1998 und schon zuvor im Bericht der ILC und des Ad-hoc-Komitees der zentrale Maßstab, um Argumente zu stützen. Die inhaltliche Auslegung von Effektivität variierte aber erheblich. Grob lassen sich zwei Rahmungen (*frames*) unterscheiden:

In der ersten Rahmung, *political reality*, ist Effektivität gleichzusetzen mit universeller Akzeptanz (*universal acceptability and adherence*). Nur ein Gerichtshof, den alle Staaten akzeptieren, kann seine Aufgaben auch wahrnehmen.[34] Und diese Akzeptanz lässt sich nur erreichen, wenn die Ausgestaltung des IStGH den politischen Realitäten und nicht einem prinzipiengeleiteten Ideal folgt: »If we approach the court from an academically pure perspective, without regard for political realities [...], we will have wasted our time. The US has consistently cautioned against unrealistic propositions that would create a court that would be ineffective.«[35] Die Gründung eines IStGH muss pragmatisch angegangen werden, damit sich die

33 Vgl. ausführlich N. Deitelhoff, *Überzeugung in der Politik*, a. a. O. (Anm. 23).

34 »United Nations Diplomatic Conference of Plenipotentiaries on the Establishment of an International Criminal Court, Offical Records, Volume II«, in: *UN-Dokumentation* A/CONF/183.13, 1998, S. 75, China.

35 »Statement by Jamison S. Borek, Deputy Legal Adviser United States Department of State«, in: *USUN press release 182* ⟨http://ww.iccnow.org/documents/statements/governments/US1PrepCmt1Nov95.pdf⟩, 1995, 30. 9. 2004.

Staatengemeinschaft an diese Idee gewöhnen kann. Zwar ließe sich argumentieren, dass die Berücksichtigung der Realitäten ein Gebot der Klugheit sei und es darum gehe, die zu gründende Institution an die bestehenden Institutionen anzuschließen. Gleichwohl verbirgt sich dahinter mehr: Es geht dezidiert um *political reality* versus *principled ideals*, das heißt um Machtfragen. So kennzeichnet der Delegierte Singapurs mit politischen Realitäten die »[...] diversity of regional interests, different stages of development and social and cultural traditions and the positions of the major powers in order to achieve a broad consensus and build an effective working institution«.[36] *Political reality* umschreibt die bestehenden Macht(ungleich)gewichte im internationalen System, auf die der Gerichtshof Rücksicht zu nehmen hätte beziehungsweise an die er sich anpassen müsste. Hinzu tritt in dieser Rahmung oftmals eine Grundskepsis gegenüber dem IStGH und der Sicherung von Frieden und Stabilität: »However, [the ICC] should not compromise the principal role of the UN and in particular of the Security Council in safeguarding world peace and security.«[37]

Es handelt sich bei dieser Rahmung um ein konservativ-bewahrendes normatives Modell. *Universal acceptance* beschreibt nicht, was alle gleichermaßen voneinander erwarten dürfen. Im Gegenteil wehrt das *framing* gerade prinzipiengeleitetes Handeln ab und propagiert ein politische Macht konservierendes Modell, dem alle zustimmen können, ohne ihre partikularen Interessen zurückstellen zu müssen. Dieses *framing* ließ sich eindeutig den Positionen der P5 zuordnen. Es erfasst den IStGH als ein primär (macht)politisches Instrument, das unter Sicherheits- und Souveränitätserwägungen erörtert werden muss. Dieser klare Machtbezug, der durch die Anlehnung an das Politikfeld Sicherheit, das traditionell die Großmächte begünstigt, noch verfestigt wird, ist kaum geeignet, verständigungsorientiertes Handeln zu befördern.

Daneben entwickelte sich jedoch eine alternative Deutung, *public interest*. Darin bezieht sich *effectiveness* darauf, dass der Gerichtshof universell tätig werden können muss, »regardless of national, political or other identity of the perpetrators«.[38] Diese Rahmung ist in

36 »United Nations Diplomatic Conference«, a. a. O. (Anm. 34), S. 82, Singapur.

37 Ebd., S. 75, China.

38 »Statement of H. E. Ljerka Mintas Hodak«, Stellvertretender Ministerpräsident von Kroatien ⟨http://www.un.org/icc/index.htm⟩, 1998.

den Stellungnahmen der NGOs von Beginn an dominant, wird aber zunehmend auch von den *Like-Minded*-Staaten verwendet. Danach soll der Gerichtshof die Kompetenz haben, bestehende Machtverhältnisse zu durchbrechen. Die Unabhängigkeit und Unparteilichkeit des Gerichtshofs von beziehungsweise gegenüber staatlichen Interessen und Machtfragen ist das leitende Motiv: Er soll kein exklusives Instrument von oder für Staaten sein, sondern der Menschheit dienen.[39] Der Gerichtshof gilt als Projekt des öffentlichen Interesses, das nicht durch Einzelinteressen und Macht beeinflusst sein darf. »That statute must also ensure the court's independence from political concerns and pressures, especially those reflecting the particular rather than the universal, the exclusive rather than the inclusive.«[40] Diese normative Rahmung zeichnet gleichsam das Negativ von *political reality*: Der IStGH soll die politischen Realitäten nicht bewahren oder sich ihnen gar anpassen, er soll sie verändern und durchbrechen. Er soll alle – Staaten wie Individuen – gleich behandeln, und das heißt überall dort eingreifen, wo es notwendig erscheint.

Der *public-interest frame* ist eine progressive Rahmung, die mit einem Universalisierungsanspruch auftritt: Es geht um die internationale Gemeinschaft als ganze, um gleiche Rechte und Pflichten für alle. Es wird dezidiert ein prinzipiengeleitetes Handeln gefordert, »[that] must not be clouded by politics' formulation of what the law is«.[41] Die Gründung eines Gerichtshofs stellt insofern »a moral and historic duty«[42] dar, der sich niemand entziehen kann. Der IStGH ist kein politisches, sondern ein Rechtsinstrument, das gegen politische Konstellationen abzuschirmen ist. Daher muss der IStGH unter Bezug auf allgemeine Prinzipien erörtert werden: Unparteilichkeit, Gleichheit und Fairness. Durch den Bezug auf universalis-

39 General Assembly, »Statute of Proposed International Criminal Court Should be Based on State Sovereignty Principles, Legal Committee is Told«, in: *UN press release* GA/L/3045, 22. 10. 1997, Österreich.

40 »United Nations Diplomatic Conference«, a. a. O. (Anm. 34), S. 73, Vatikanstaat.

41 Philippinen, »Statement by Ambassador Rail Ilustre Goco before the Sixth Committee of the 52nd General Assembly, Regarding Agenda Item 150: Establishment of an International Criminal Court«, ⟨http://www.iccnow.org/documents/statements/governments/Philippines6thComm23Oct97.pdf⟩, 1997, 30. 9. 2004.

42 General Assembly, »Statue of Proposed International Criminal Court Should be Based on State Sovereignty Principles ...«, a. a. O. (Anm. 39), Senegal.

tische Prinzipien kann dieses *framing* als überaus zuträglich für verständigungsorientiertes Handeln gewertet werden.

Dem ILC-Entwurf lag eindeutig die normative Rahmung von *political reality* zugrunde.[43] Auch im *Ad-hoc*-Komitee und in der Generalversammlung blieb dieses Modell lange Zeit dominant. Einen wirklichen Umschwung zeitigte erst das Jahr 1997. Dieser Umschwung verstetigte sich 1998, wie eine Analyse der Stellungnahmen der Staatendelegierten zum Auftakt der Vertragskonferenz in Rom zeigt, als *public interest* zur dominanten normativen Berufungsgrundlage erwuchs.

Der Trend stützt die Vermutung, dass die Genese einer Norm internationaler Strafverfolgung auf Überzeugungsprozesse zurückzuführen beziehungsweise von diesen affiziert ist. Zum einen legt er nahe, dass der Wandel in den Positionsveränderungen auf einen Wandel der darunterliegenden normativen Einstellungen zurückzuführen ist. Die Positionsveränderungen korrelieren mit denen der normativen *frames*. Zum anderen, und das ist der zentralere Punkt für die Rekonstruktion von Überzeugung und Diskurs, zeigt die Analyse der normativen *frames*, dass sich die argumentative Binnenstruktur des Diskurses im Hinblick auf universalistische Rechts- und Gerechtigkeitsvorstellungen verschiebt. *Public interest* ist ein prinzipiengeleiteter *frame*: Er betont Gleichheit und Fairness und verneint partikulare Ansprüche. Die Existenz dieses *frame*, seine Entwicklung hin zum dominanten Begründungsanspruch innerhalb der Verhandlungen sowie die Tatsache, dass die Positionsänderungen mit ihm korrelieren, lässt es plausibel erscheinen, dass Überzeugungsprozesse stattgefunden haben. Dabei lässt sich zeigen, dass diese für rationale Diskurse sprechende Binnenstruktur der Argumentation auch mit Veränderungen der institutionellen Merkmale des Prozesses einherging.

43 Vgl. ILC, »Report of the International Law Commission«, a. a. O. (Anm. 24), S. 31; J. Joakim, »The Singapore Plan: Maximizing the Power of the ICC«, in: *New England International and Comparative Law Annual* 4 (1998), S. 211-220.

3.4. Das institutionelle Setting

Traditionell waren die Vorarbeiten zum IStGH der Völkerrechtskommission (ILC) zugeordnet, die weder für ihre progressive Haltung noch für ihre Geschwindigkeit berühmt ist. Die ILC ist der Idee nach ein reines Expertengremium, so dass von einem geteilten professionellen Wissenshintergrund gesprochen werden kann. Dieses Setting scheint einem diskursiven Verfahren außerordentlich zuträglich zu sein. Institutionell entkoppelt es den politischen Entscheidungsprozess von der Entscheidungsgrundlage, die an Experten überwiesen wird, welche unabhängig von partikularen Interessen beraten.[44] Jedoch ist dieses Gremium zutiefst von den politischen Konfliktlinien in der Generalversammlung und insbesondere im Rechtsausschuss durchdrungen.[45]

Der Übergang von der Kommission zum Vorbereitungsausschuss veränderte das institutionelle Gefüge allein schon dadurch, dass der Beratungsgegenstand nun erstmals auf die politische Agenda gehoben wurde und so allen Mitgliedsstaaten und auch NGOs zur Beratung offenstand. Allerdings erforderte die Diskussion eines IStGH eine hohe juristische Expertise, denn damit war zugleich der Entwurf eines internationalen Strafgesetzbuches und einer Strafprozessordnung verbunden. Daher war ein Großteil der Delegierten juristisch ausgebildet, während – oftmals höherrangige – politische Diplomaten zu Beginn der Sitzungen in der Minderheit waren. Das Entscheidungsverfahren basierte auf Konsens, das heißt, nur Regelungen, denen alle Delegierten zustimmten, wurden als Entwurfsartikel angenommen. Allerdings kam es im ersten Jahr kaum zu Einigungen; stattdessen produzierten die Delegierten eine mehr als 300-seitige Vorschlagskompilation, in der multiple, teilweise konträr ausgerichtete Vorschläge zu einzelnen Fragen nebeneinander standen.[46] Dies war dem Gegenstand der Verhandlungen geschuldet. Diese zeichneten sich zwar durch ihre Expertiseorientiertheit aus; umgekehrt offenbarten die Komplexität und der schiere Umfang der Thematik aber, dass der Grad an vorhandener Expertise

44 Vgl. F. Scharpf, *Interaktionsformen*, a. a. O. (Anm. 13).

45 Vgl. J. Crawford, »The ILC Adopts a Statute for an International Criminal Court«, in: *American Journal of International Law* 89 (1995), S. 404-416, hier S. 408.

46 Vgl. F. Benedetti und J. L. Washburn, »Drafting the International Criminal Court

und Personalausstattung zwischen den Delegationen erheblich variierte.[47] Neben ungleichen Ressourcen existierte auch ein generelles Misstrauen, der IStGH sei ein Projekt westlicher Staaten und insbesondere der Großmächte, das zu keinem anderen Zweck gedacht sei, als deren Dominanz über die Entwicklungsländer zu festigen beziehungsweise ihnen nicht genehmes Verhalten abstrafen zu können. Hinzu trat der kulturell geprägte Kontext vieler Verhandlungsaspekte. Vertreterinnen aus *Common-Law*-Systemen trafen auf Diplomaten aus *Civil-Law*-Systemen und auf Vertreter aus Rechtssystemen, die auf der Scharia basierten. Je nach kultureller Prägung hatten die Diplomaten daher teilweise sehr konträre Vorstellungen darüber, welches System das beste für den IStGH sei.

Insgesamt müssen die geteilten lebensweltlichen Grundlagen innerhalb dieses Settings daher als eher gering eingeschätzt werden. Zwar war formal ein diskursives Verfahrenssetting durch gleiche Zugangs- und Partizipationsrechte sowie offene Diskussionsbedingungen und Konsensverfahren gewährleistet; zudem war durch die Teilnahme von NGOs die Bedingung öffentlichen Argumentierens gegeben, dem stand aber – wie so oft in multilateralen Verhandlungen – eine nur geringe normativ geprägte lebensweltliche Überlappung zwischen den Akteuren entgegen. Hinzu kam die faktische Einschränkung durch ungleich verteilte materielle und informationelle Ressourcen.

Diese Problematik war innerhalb der komplexen Verhandlungssituation in New York nicht aufzulösen. Insbesondere die *Like-Minded*-Staaten und das NGO-Netzwerk nahmen sich der Problematiken mangelnder geteilter lebensweltlicher Grundlagen und Dominanzbefürchtungen an. Neben verschiedenen Versuchen, innerhalb des Verhandlungsgeschehens in New York die institutionellen Rahmenbedingungen so zu verändern, dass sie Diskurs und Überzeugung zuträglich waren, war dabei die Organisation alternativer Foren von besonderer Bedeutung. *Like-Minded*-Delegationen in Zusammenarbeit mit NGOs, aber auch die NGOs selbst entwickelten regionale Diskursforen, um dem mangelnden Informa-

Treaty: Two Years to Rome and an Afterword on the Rome Diplomatic Conference«, in: *Global Governance* 5 (1999), S. 1-38, hier S. 5, 11.

47 Ch. M. Bassiouni, »Negotiating the Treaty of Rome on the Establishment of an International Criminial Court«, in: *Cornell International Law Journal* 32 (1999), S. 443-469, hier S. 460.

tionsstand und zugleich den speziellen Befürchtungen in diesen Regionen entgegenzutreten. Zwischen 1997 und 1998 organisierten sie Konferenzen in Lateinamerika, in verschiedenen Teilen Afrikas und Asiens, im Pazifikraum sowie in Mittel- und Osteuropa für die prospektiven Rom-Delegierten, um die Konferenz vorzubereiten. Die regionalen Foren waren größtenteils ähnlich strukturiert und als diskursive Lernprozesse angelegt, die dem Idealbild rationaler Diskurse sehr nahe kamen.[48] Die eingeladenen Delegationen, aber auch ein Großteil der Experten und NGOs, die an diesen Konferenzen teilnahmen, stammten jeweils aus derselben Region, das heißt, sie hatten ähnliche Problemwahrnehmungen hinsichtlich des IStGH, sie teilten ähnliche kulturelle Hintergründe, Rechtssysteme und eine gemeinsame Geschichte. Die lebensweltlichen Kontexte waren daher erheblich reichhaltiger als in den Verhandlungen in New York. Darüber hinaus waren die Konferenzen abgeschottet vom politischen Entscheidungsdruck und als offene Diskussionen angelegt, durch die die gemeinsame Wissensbasis zwischen den Delegationen erhöht werden sollte und die Delegierten sich auf die Vertragskonferenz vorbereiten konnten. Sie gewährten Staatendelegierten und Nichtregierungsvertretern gleiche Partizipations- und Mitspracherechte, und zahlreiche Experten erläuterten unvoreingenommen die Streitpunkte. Die gemeinsamen Positionen, die aus vielen dieser Konferenzen, etwa Pretoria, Dakar oder Budapest, hervorgingen, entsprachen *allesamt* dem *public-interest frame*. Sie entwickelten also Positionen, die auf verallgemeinerungsfähigen Gerechtigkeitsvorstellungen beruhten. Dabei interpretierten *Like-Minded*-Delegierte diese regionalen Prozesse explizit als Überzeugungsleistung:

Wo die Überzeugungsarbeit gut funktioniert hat, war eine Vorbereitungskonferenz in Budapest kurz vor Rom. [...] Das Ziel sollte sein, dass wir uns gemeinsam auf die Rom-Konferenz vorbereiten, und so saßen da ca. 60 Leute, je drei Delegierte pro Land, die NGO-Vertreter und die deutsche Delegation. [...] Wir wollten die vermutlichen Schlüsselfragen von Rom diskutieren. (Die Idee war; N. D.), wir stellen jetzt erst mal die Modelle dar und dann entscheiden wir uns für das beste Modell. Und dann habe ich ungefähr so zehn Fragenkomplexe vorbereitet und habe jeder Delegation

48 Vgl. M. Glasius, »Expertise in the Cause of Justice: Global Civil Society Influence on the Statute for an International Criminal Court«, in: *Global Civil Society 2002*, hg. von M. Glasius, M. Kaldor und H. Anheiner, Oxford 2002, S. 137-168, hier S. 150 f.

einen als Auftrag gegeben, sie sollten zu diesem Thema vortragen und Vorschläge machen, wie wir das behandeln. Dann haben wir alles durchgespielt: Welche Modelle gibt es? Welche Optionen? Was sind Vor- und Nachteile? Dann haben wir in der Aussprache versucht, zu Agreements zu kommen, und zum Schluss haben wir ein gemeinsames Papier verfasst, was so ziemlich das beste Papier war, das je zu gemeinsamen Grundpositionen in einer Vorbereitungskonferenz zustande gekommen ist. Das war eine hochproduktive Konferenz, und hier spielte wieder die Homogenität eine herausragende Rolle. Alle kamen aus Ost- oder Mitteleuropa [...]. Diese Konferenz war neuartig, und es war auch für diese Staaten eher ungewöhnlich, dass wir den NGO-Vertretern gleiches Mitspracherecht zubilligten.[49]

Der Blick auf das institutionelle Setting und seine Veränderungen erhärtet die Vermutung, dass die Norm internationaler Strafverfolgung auf Überzeugung und rationalen Diskurs zurückzuführen ist. Der Umschwung in den Verhandlungspositionen lässt sich auf Veränderungen in den normativen *Frames* zwischen 1997 und 1998 zurückführen, die wiederum mit Veränderungen des institutionellen Settings ab 1997 korrelieren, welche den formalen Bedingungen rationaler Diskurse nahekommen. Zugleich wird deutlich, dass diese Veränderungen auf bewusste Anstrengungen seitens der Akteure selbst, der Delegationen sowie der NGOs, zurückzuführen sind.

3.5. Like-Minded-Staaten und NGOs – New Diplomacy?

Die große Mehrheit der NGOs vertrat schon in den frühen 1990er-Jahren ein normatives *framing*, das den Gerichtshof im Sinne des *Public-interest*-Modells als Grundbedingung für Frieden und Sicherheit darstellte. Einen wesentlichen Hebel boten ihnen die Ad-hoc-Tribunale. Die Tribunale wurden unter Berufung auf Kapitel VII der UN-Charta eingerichtet und ausdrücklich als Maßnahme begründet, um der Wiederherstellung von Frieden in der Balkanregion beziehungsweise in Ruanda zu dienen. NGOs nutzten die öffentlichen Verlautbarungen, die viele Staaten im Kontext der Ad-hoc-Tribunale gemacht hatten, um Raum für ihren *frame* zu schaffen: »Governments really made very strong statements but of course

49 Interview mit der deutschen Delegation, Juli 2002.

in a different context and it was very easy to use these statements against them to push them further.«[50]

Die Verbindung zwischen Recht und Frieden wurde im *political-reality frame* explizit in Frage gestellt. NGOs machten die Diskrepanzen in den Aussagen der Staaten, die sich nunmehr auf eine mögliche Gefährdung von Sicherheit und Frieden durch den IStGH beriefen, öffentlich und werteten solche Verhaltensweisen als Ausdruck selektiven Machtdenkens. Das zeigte Wirkung: Schon in der ersten Sitzung des Vorbereitungsausschusses sprach sich kein Staat mehr *öffentlich* gegen den IStGH aus: »Governments were trapped by their own rhetoric [...]. There was a framework of discussion that made it very difficult for them to be hypocritical [...]«.[51] Nicht Überzeugung, sondern das von Sozialkonstruktivisten oft beschriebene *shaming* und *blaming*[52] erklärte damit auch den ersten Wendepunkt innerhalb der Verhandlungen.

Neben diesen *Reframing*-Bemühungen waren die NGOs auch an der Veränderung der institutionellen Merkmale der Verhandlungen beteiligt, wobei sie aber zumeist im Verbund mit den *Like-Minded*-Staaten agierten. Für die Klein- und Mittelmächte, die sich schon institutionell benachteiligt fühlten,[53] war die Zusammenarbeit mit den NGOs auch ein Mittel, um ihre eigene Position zu stärken, indem sie sich auf die Unterstützung der »Zivilgesellschaft« berufen und auf die breite Expertise der NGOs zurückgreifen konnten. Für die NGOs hatte die Zusammenarbeit umgekehrt den Vorteil, dass sie direkte Ansprechpartner für ihre Anliegen hatten, die sie oftmals gegenüber anderen Staaten vertreten konnten.[54]

50 Interview mit Amnesty International.

51 Ebd.

52 A. Liese, *Staaten am Pranger. Zur Wirkung internationaler Regime auf die innerstaatliche Menschenrechtspolitik*, Wiesbaden 2006; Th. Risse, A. Jetschke und H. P. Schmitz, *Die Macht der Menschenrechte. Internationale Normen, kommunikatives Handeln und politischer Wandel in den Ländern des Südens*, Baden-Baden 2002.

53 S. v. Schorlemer, »Verrechtlichung contra Entrechtlichung. Die internationalen Sicherheitsbeziehungen, in: *Verrechtlichung. Baustein für Global Governance?*, hg. von B. Zangl und M. Zürn, Bonn 2004, S. 76-98, hier S. 78.

54 International Service for Human Rights, »The International Criminal Court: Towards a Fair and Effective Human Rights Tribunal«, in: *Human Rights Dossier No. 2*, Appendix 1, 5, 1998, S. 16.

3.6. Diskurs und Überzeugungseffekte

Die rekonstruierten Überzeugungsprozesse nahmen entscheidenden Einfluss auf den Verlauf und das Ergebnis des Verhandlungsprozesses. Sie veränderten sowohl den Verhandlungsstil, den Rahmen zulässiger Verhandlungsstrategien und -argumente und schließlich auch den Möglichkeitsraum der Verhandlungsergebnisse. Die gemeinsamen Bemühungen von *Like-Minded*-Delegierten und NGO-Koalition hatten einen zunächst paradox erscheinenden Effekt auf die Verhandlungen: Sie minimierten den Einfluss traditioneller Verhandlungsblöcke. In multilateralen Verhandlungen kommt es oftmals zu extrem antagonistischen Konstellationen zwischen Verhandlungsblöcken, etwa zwischen den blockfreien Staaten, der Arabischen Liga und den OECD-Ländern etc., die von generellem Misstrauen gegeneinander und dementsprechend abwehrenden Verhandlungsstilen geprägt sind. Solche Konstellationen resultieren oftmals in Verhandlungsergebnissen, die dem kleinsten gemeinsamen Nenner entsprechen. Der Verhandlungsprozess zum IStGH hat diese Konfrontation über weite Strecken vermieden. Das lag insbesondere an der *Like-Minded*-Gruppe, die zunehmend Staaten aller Gruppierungen in ihren Kreis integrierte und damit über die klassischen Konfliktlinien hinweggriff.

Das *Public-interest*-Modell basierte auf universalistischen Gerechtigkeitsprinzipien, die ungeachtet regionaler und ethischer Differenzen Geltung beanspruchen und daher auf Widerhall stoßen konnten. In den regionalen Foren mündeten institutionelle Struktur und normative Binnenstruktur der Argumentation zusammen in erfolgreiche Überzeugungsprozesse.

Diese Inseln der Überzeugung dienten als Reservoir für Gründe, auf die innerhalb der Verhandlungen zurückgegriffen werden konnte. Je mehr der *public-interest frame* in den Vordergrund trat, umso weniger wurden alternative Referenzmuster akzeptiert. Dieser Effekt lässt sich beispielhaft an der Verhandlungsstrategie der US-Delegation verdeutlichen, die trotz ihrer eher restriktiven Haltung lange als ernst zu nehmender Verhandlungspartner wahrgenommen wurde. Ihr Argument, dass die USA eine besondere Verantwortung trügen, weil sie als Großmacht den größten Truppenanteil bei Friedensmissionen stellten, wurde als durchaus legitim angesehen. Diese Haltung änderte sich aber, als die US-amerikanische Glaubwürdigkeit zunehmend in Frage gestellt wurde.[55] Zwar argumentierten auch die USA, dass sie einen effektiven, handlungsfähigen und starken Gerichtshof wollten. Ihr Verständnis davon war aber, wie in der Inhaltsanalyse dargelegt, ein anderes als das der *Like-Minded*-Delegierten und der NGOs. Hier zeigten die *Reframing*-Prozesse ihre Wirkung. *Public interest* war zur dominanten normativen Grundlage erwachsen. Effektivität bedeutete nicht Rücksichtnahme auf die Partikularinteressen der Staaten, sondern dass der Gerichtshof überall sollte eingreifen können. Die Argumentation der USA wurde unter diesem dominanten *framing* daher als Heuchelei beziehungsweise »Codewort für Verwässerungen«[56] wahrgenommen und erschütterte die Verhandlungsposition der US-Delegation. Als die USA auf der argumentativen Ebene nicht genügend Unterstützung fanden, gingen sie zu *Bargaining*-Taktiken über. So drohten sie Entwicklungsländern, ihnen die Militärhilfe zu streichen, wenn sie nicht die US-amerikanische Position unterstützen würden. Die öffentlichen Drohungen der US-Delegation, aber auch des Pentagons riefen unter den Delegierten Empörung hervor. Die starre Haltung veranlasste viele Staaten, nunmehr für ein Verhandlungspaket zu werben, auch wenn die USA diesem Paket nicht zustimmen würden.[57] Obschon die Überzeugungsprozesse also nicht mehr als Inseln innerhalb eines vermachteten Diskurses waren, konnte offener Machteinsatz gegen die bereits erbrachten Überzeugungsleistungen nichts mehr bewirken.

Neben solchen Einwirkungen auf den Verlauf der Verhandlungen war das einschneidendste Ereignis aber die Veränderung der Mehrheitsverhältnisse im Laufe des Verhandlungsprozesses. Während es bis 1997 so aussah, als würde es entweder keinen Strafgerichtshof oder aber eine Art permanenten Ad-hoc-Gerichtshof geben, zeichnete sich mit der Vertragskonferenz in Rom die Möglichkeit eines IStGH ab, der eine Norm internationaler Strafverfolgung inkorpo-

55 Vgl. B. S. Brown, »The Statute of the ICC: Past, Present, and Future«, in: *The United States and the International Criminal Court. National Identity and International Law*, hg. von S. B. Sewall und C. Kayser, Lanham 2000, S. 61-84, hier S. 63.

56 H.-P. Kaul, »Durchbruch in Rom. Der Vertrag über den Internationalen Strafgerichtshof«, in: *Vereinte Nationen* 46 (1998), S. 125-130, hier S. 126.

57 L. Weschler, »Exceptional Cases in Rome. The United States and the Struggle for an ICC«, in: *The United States and the International Criminal Court*, a. a. O. (Anm. 55), S. 85-114, hier S. 100.

rieren würde. Trotz der Tatsache, dass die *Like-Minded*-Plattform zu Beginn der Rom-Konferenz bereits auf über 60 Staaten angewachsen war und auf weit mehr Zustimmung aus den Regionen hoffen durfte, blieb ein Konsens aus. Angesichts dieses Stillstands legte der Vorsitzende des Plenarausschusses in der dritten Konferenzwoche zwei Papiere vor, die sukzessive die vorhandenen Optionen zu den umstrittenen Fragen verengten. Die Debatten dazu machten deutlich, dass ein Konsens nicht zu erreichen war, zugleich zeigten sie aber auch, dass die übergroße Mehrheit zum Verhandlungsansatz der *Like-Minded*-Gruppe tendierte.[58] Diese Erkenntnis war vor allem den NGOs zu verdanken, die die Debatten verfolgten und die Positionen der Staaten in Statistiken zusammenfassten, die allen Delegationen sofort zugänglich gemacht wurden: »This information bypassed the diplomatic niceties of the consensus procedure, weakening the negotiating position of the United States, just as an actual vote might have done.«[59] Auf der Grundlage der Debatten entschied sich der Vorsitzende unter heftigem Protest insbesondere der USA, ein Kompromisspaket zu schnüren und dieses dem Plenarausschuss am 17. Juli vorzulegen. In einer nichtöffentlichen Abstimmung nahm der Plenarausschuss das Verhandlungspaket schließlich mit 120 Ja-Stimmen, sieben Nein-Stimmen und 21 Enthaltungen an.

Das verabschiedete Statut verdeutlicht die Dominanz der *Like-Minded*-Gruppe und der NGOs. Viele ihrer zentralen Forderungen finden sich im Statut wieder: ein unabhängiger Ankläger, inhärente Jurisdiktion, die begrenzte Rolle des Sicherheitsrats, die Einbeziehung von nichtinternationalen Konflikten in die Jurisdiktion sowie die Kodifikation von geschlechtsspezifischen Verbrechen und die Berücksichtigung von Opferrechten. Wie zu erwarten, stellt das Ergebnis aber keinen rationalen Konsens dar, sondern einen hart aus-

58 In der Orientierungsdebatte zum zweiten Diskussionspapier des Büros dokumentierten die NGOs in den Kernfragen, dass 85 Prozent der Delegationen den Korea-Vorschlag für die Jurisdiktion befürworteten (inhärente Jurisdiktion), 83 Prozent einen unabhängigen Ankläger inklusive der Sicherung durch eine Vorverhandlungskammer wünschten und die große Mehrheit der Staaten unterschiedliche Varianten des Singapur-Vorschlags für die Rolle des Sicherheitsrats anvisierten (Umgekehrtes Veto; vgl. »The Virtual Vote«, in: *On the Record* 1: 21, 16. 7. 1998; ⟨www.advocacynet.org/news_vire/news_125.html⟩; 22. 4. 2002).

59 B. S. Brown, »The Statue of the ICC«, a. a. O. (Anm. 55), S. 64.

gehandelten Kompromiss. Er zeigt sich in der Ausnahmeregelung für Kriegsverbrechen, die es Staaten erlaubt, die Zuständigkeit des IStGH für Kriegsverbrechen für ihre Nationalangehörigen für sieben Jahre auszusetzen. Er drückt sich auch in der Regelung aus, dass entweder Täter- oder Tatortstaat zustimmen müssen, bevor der IStGH seine Zuständigkeit erklären kann. Nichtsdestoweniger war selbst dieser Kompromiss durch Überzeugung und Verständigungsleistungen beeinflusst. Die Analyse konnte einen Wendepunkt in den Verhandlungen zwischen 1997 und 1998 ausmachen, als die Verhandlungspositionen sich gegen die Haltung der Großmächte entwickelten. Dieser Wendepunkt wurde begleitet von einer Veränderung der normativen Einschätzung der Verhandlungsmaterie hin zu Rechts- und Gerechtigkeitsprinzipien. Diese Veränderungen konnten mit den konzertierten Aktivitäten von *Like-Minded*-Staaten und NGOs in Zusammenhang gebracht werden, die die normative und institutionelle Einbettung der Verhandlungen bewusst zu verändern suchten, um die Chancen von Diskurs und Verständigung zu erhöhen.

Hervorzuheben ist dabei, dass diese als »Inseln der Überzeugung« charakterisierten diskursiven Momente eher exklusiver Natur waren. Überzeugungsprozesse waren nicht etwa dort wahrscheinlicher, wo der Zugang zum Diskurs erweitert wurde, sondern dort, wo er explizit beschränkt wurde, mit der Absicht, dichtere Lebensweltbezüge der Teilnehmer sicherzustellen. Das bestätigt die bereits konstatierte nur »dünne« lebensweltliche Fundierung der internationalen Beziehungen, die, um Überzeugung zu ermöglichen, auf den Rückhalt entgegenkommender Strukturen aus ethisch geprägten Gemeinschaften angewiesen bleibt. Erst innerhalb der exklusiven Diskurse, die sich aus vorgängigen Solidaritäten und Vertrauen speisten, konnte das normative *reframing*, das an universelle Prinzipien appellierte, Früchte tragen. Wie erwartet waren es die verhandlungsschwachen Akteure, die darum bemüht waren, die Chancen von Verständigung zu erhöhen. Den NGOs ist das *public-interest framing* zuzurechnen, auf das sich später auch die *Like-Minded*-Staaten beriefen, und sie waren entscheidend daran beteiligt, sowohl die lebensweltlichen Bedingungen als auch die institutionellen Merkmale der Verhandlungen zu verändern. Dabei agierten sie aber, insbesondere wenn es um die Veränderungen der institutionellen Faktoren ging, nicht allein, sondern im Verbund mit *Like-Minded*-Staaten. Es ließ sich zeigen, dass – nicht überraschend – die Normunternehmer zu Beginn zumeist strategisch orientiert sind. Der Ansatz der *Like-Minded*-Staaten, unter Berücksichtigung der gemeinsamen Prinzipien nach Positionen zu suchen, denen alle zustimmen konnten, selbst wenn das hieße, eigene Maximalpositionen aufzugeben, stieß zunächst auf den vehementen Widerstand der NGOs. Das änderte sich aber, je mehr einzelne NGO-Vertreter durch die enge Zusammenarbeit mit den *Like-Minded*-Staaten in den Diskurs integriert wurden, also die Außen- mit einer Innenperspektive des Diskurses tauschen konnten. Hier veränderte schließlich das Umfeld den Akteur, der es mitgeschaffen hatte.[60]

4. Inseln der Überzeugung und internationales Regieren. Was blieb vom Tage übrig?

Es darf als gesichert gelten, dass ohne diese »Inseln« eine Norm internationaler Strafverfolgung nicht hätte etabliert werden können. Darüber hinaus lässt sich auch jenseits der reinen Normgenese ein Effekt feststellen, wenn man die für völkerrechtliche Verhältnisse rasante Geschwindigkeit betrachtet, mit der das Statut weltweit ratifiziert worden ist. 104 Staaten, darunter allein 29 in Afrika, haben das Statut inzwischen ratifiziert (Stand November 2006). Diese Summe in nur acht Jahren ist außergewöhnlich hoch für multilaterale Verträge, insbesondere da die Ratifikation in vielen Staaten eine Anpassung des innerstaatlichen Rechtssystems einschloss. Die Zahl überrascht auch angesichts der anhaltenden Opposition der USA, deren Regierung sich nicht damit begnügt hat, ihre Unterschrift unter das Statut im Mai 2002 zurückzuziehen, sondern mit dem *American Servicemembers Protection Act* ein Gesetz verabschiedete, das jegliche Kooperation von US-Behörden mit dem IStGH untersagt und die Streichung von Militärhilfe an Vertragsstaaten, die nicht zu den engsten Verbündeten der USA gehören, vorsieht.[61] Die

60 Vgl. N. Deitelhoff, *Überzeugung in der Politik*, a. a. O. (Anm. 23).

61 Darüber hinaus ermächtigt das Gesetz den Präsidenten, auch militärische Mittel einzusetzen, um Staatsangehörige aus dem Gewahrsam des IStGH zu befreien (vgl. N. Deitelhoff, »Sea Change of still ›Dead on Arrival‹? Die USA und der internationale Strafgerichtshof nach dem 11. September«, in: *Weltmacht vor neuer Bedro-*

dessen ungeachtet schnelle Ratifikation durch die Staatenmehrheit, die nicht nur die europäischen »*good guys*« umfasst, lässt sich als ein möglicher Effekt benennen. Auch die jüngste Entscheidung der USA, einem Verweis der Sudan-Problematik an den IStGH im Sicherheitsrat nicht mehr im Wege zu stehen, deutet an, welchen Nachhalt Überzeugung in Bezug auf das Regieren hat.

Gleichwohl muss kritisch gefragt werden, wer hier wen überzeugt hat. Überzeugt wurden vor allen Dingen verhandlungsschwache Akteure, während die Großmächte davon scheinbar unberührt blieben. Karl W. Deutsch hat hierzu das Diktum geprägt, Macht sei, nicht lernen zu müssen. Doch selbst wenn sich dieses Diktum in der Studie vordergründig bestätigt findet, hat Überzeugung durchaus Auswirkungen auf die Mächtigen. Auch wenn es ihnen gelingt, sich der Überzeugung zu entziehen, sind sie von deren Ergebnissen betroffen. Gegen bereits erbrachte Überzeugungsleistungen konnte auch Machteinsatz nichts mehr bewirken. Inseln der Überzeugung haben das Potential, Verhandlungen gegen den Willen der traditionell Mächtigeren zu transformieren; sie verschaffen den Interessen der Verhandlungsschwachen mehr Aufmerksamkeit und befördern dadurch fairere Ergebnisse.

Die *Theorie des kommunikativen Handelns* lässt sich im Ergebnis für empirisch-analytische Forschungen fruchtbar einsetzen, wenn man sich ihres kritischen Erbes bewusst bleibt. Obgleich verbindliche Mechanismen, die Überzeugungsprozesse im innerstaatlichen Rahmen sichern sollen, auf globaler Ebene auf absehbare Zeit unerreicht bleiben werden, bedeutet das nicht, dass Prozesse der Überzeugung für internationales Regieren irrelevant wären, sondern nur, dass sie nicht idealtypisch zu verwirklichen sind.

Zugleich sollten diese Verfahren aber nicht überschätzt werden. Weder ist sichergestellt, dass alle Betroffenen an der Entscheidungsfindung teilhaben, noch, dass Machtpotentiale ohne Einfluss bleiben. Zumindest in dieser Studie war Überzeugung ein exklusives Element. Solange ein öffentlich gestifteter rechtlicher Rahmen fehlt, der analog zum demokratischen Rechtsstaat in der Lage ist, die Verfügbarkeit von Gründen zu steuern und zu entscheiden, wann Diskurse zugunsten einer Entscheidung abzubrechen sind, so

hung. Die Bush-Administration und die US-Außenpolitik nach dem Angriff auf Amerika, hg. von W. Kremp und J. Wilzewski, Trier 2003, S. 217-248).

lange obliegt es den Akteuren selbst, zu entscheiden, wann ein Einverständnis vorliegt, das heißt auch, was das beste Argument ist. »Wo [...] supranationale Verfassungen fehlen, besteht immer die Gefahr, dass sich die jeweils ›herrschenden‹ Interessen im Mantel unparteilich herrschender Gesetze hegemonial zur Geltung bringen«.[62] Eine vorrangige Aufgabe weiterer Forschung muss daher sein, zu ergründen, wie das hier vorgestellte fragile und strategisch umkämpfte Verfahren der Überzeugung in ein dem direkten Zugriff der Akteure entzogenes Verfahrensdesign internationalen Regierens übersetzt werden kann.

62 J. Habermas, *Der gespaltene Westen*, Frankfurt am Main 2004, S. 140.

Thomas Risse
Global Governance und kommunikatives Handeln

Die Diskussion über Global Governance und über neue Formen des Regierens jenseits des Nationalstaats konzentriert sich fast ausschließlich auf die Frage, ob institutionalisierte Kooperation innerhalb des internationalen Systems durch die Einbindung neuer und zumeist privater Akteure demokratischer werden und an Problemlösungskapazität dazugewinnen kann.[1] Gleichzeitig betonen viele internationale Organisationen – von den Vereinten Nationen bis zur Europäischen Kommission –, dass Prozesse des Lernens und der Policy-Diffusion zur Überwindung jener Beschränkungen beitragen können, denen hierarchische Steuerung unterliegt. Wenn wir Prozesse des Lernens und der Policy-Diffusion aber als inhärent sozial und intersubjektiv verstehen, dann erweisen sich kommunikative Praktiken schnell als diejenigen Mikromechanismen, über die Ideen verbreitet und neue Denkweisen erlernt werden. Damit treten Argumentieren und Begründen in den Vordergrund der Diskussion über neue Formen des Regierens.

Dieser Artikel befasst sich mit argumentativem und kommunikativem Handeln als wesentlichen Instrumenten nichthierarchischer Steuerungsformen von Global Governance. Die Handlungslogik, auf der das Argumentieren beruht, unterscheidet sich signifikant sowohl von der »konsequentialistischen Logik« der Rational-Choice-Theorie als auch von der »Logik der Angemessenheit« des soziologischen Institutionalismus. Argumentieren stellt einen Lernmechanismus bereit, der es den Akteuren ermöglicht, neue Informationen aufzunehmen, ihre Interessen im Lichte zusätzlichen empirischen und moralischen Wissens neu zu bewerten und – was am wichtigsten ist – reflexiv und kollektiv die Geltungsansprüche von

1 Dies ist eine überarbeitete Übersetzung von Thomas Risse, »Global Governance and Communicative Action«, in: *Government and Opposition* 39 (2004), S. 288-313. Ich danke Mathias Koenig-Archibugi und David Held für ihre Kommentare zu einem Entwurf dieses Artikels. Robin Celikates und Eva Engels danke ich für die ausgezeichnete Übersetzung aus dem Englischen.

Normen und Standards angemessenen Verhaltens zu bestimmen. Argumentieren und Überzeugen können demnach als Medien einer »weichen Steuerung« nicht nur die Legitimität von Global Governance erhöhen, indem verschiedene betroffene Parteien ein Mitspracherecht bekommen, sondern auch die Problemlösungsfähigkeit von Governance-Institutionen durch Deliberation steigern.

Im Folgenden werde ich zunächst mein Verständnis von Global Governance definieren und klären, welche Stellung argumentativem und kommunikativem Handeln in diesem Konzept zukommt. Darauf folgen konzeptuelle Bemerkungen über das Argumentieren selbst, verbunden mit Befunden aus empirischen Forschungsergebnissen zu multilateralen Verhandlungen. Anschließend diskutiere ich, wie sich Prozesse des Argumentierens und Deliberierens im Rahmen von Global Governance auf Prozesse der Regelsetzung und der Regeldurchsetzung auswirken. Der Aufsatz schließt mit einigen Bemerkungen zum Verhältnis von Argumentation und Legitimität im Kontext von Global Governance.

Global Governance und die Diskussion über die »neuen« Formen von Governance

Bevor ich mich der Frage zuwende, in welchem Verhältnis Argumentieren und kommunikatives Handeln zur Global Governance stehen, möchte ich einige in der Diskussion verbreitete Verwirrungen aufklären. Der Begriff »Governance« ist in den Sozialwissenschaften ein solches Schlagwort geworden, dass er sich zur Bezeichnung einer Vielzahl von Phänomenen eingebürgert hat. In der weitestmöglichen Definition bezeichnet »Governance« jede Form der Herstellung oder Aufrechterhaltung politischer oder sozialer Ordnung.[2] Eine engere Sichtweise ist im Bereich der Internationalen Beziehungen von Autoren wie Ernst-Otto Czempiel und James N. Rosenau vertreten worden.[3] Dieser Auffassung zufolge bezeich-

2 Vgl. O. E. Williamson, *Markets and Hierarchies. Analysis and Anti-Trust*, New York 1975; sowie die ziemlich breite Konzeption der Commission on Global Governance, *Our Global Neighbourhood*, Oxford 1995.

3 Vgl. *Governance Without Government. Order and Change in World Politics*, hg. von E.-O. Czempiel und J. Rosenau, Cambridge 1992. Vgl. auch die hervorragende Diskussion in R. Mayntz, *New Challenges to Governance Theory*, Jean Monnet Pa-

net »governance without government« – »Regieren ohne Regierung« – Regelungsstrukturen, die sich in erster Linie auf nichthierarchische Steuerungsformen stützen. Mit anderen Worten: Governance wird beschränkt auf die Herstellung politischer Ordnung in Abwesenheit eines Staates, der über ein legitimes Monopol der Gewaltanwendung verfügt und dazu in der Lage ist, Gesetze und andere Regeln mit Autorität durchzusetzen. Nun gibt es weder einen Weltstaat noch eine Weltregierung, auch wenn der Sicherheitsrat der Vereinten Nationen über eine begrenzte Autorität zur Durchsetzung von Ordnung und Frieden im globalen Maßstab verfügt. Soweit es im internationalen System Regelstrukturen und institutionelle Kontexte gibt, bedeutet das demnach fast *per definitionem*, dass wir es mit »governance without government« zu tun haben.

Demgegenüber erscheint es zweckmäßiger, den Governance-Begriff zwischen einer engen und einer weiten Konzeptualisierung anzusiedeln und ihn mit Renate Mayntz als »das Gesamt aller nebeneinander bestehenden Formen der kollektiven Regelung gesellschaftlicher Sachverhalte« zu verstehen.[4] Diese Begrifflichkeit umfasst damit »governance by government«, also staatliche Steuerung, »governance with government«, also Kooperationsformen zwischen privaten und staatlichen Akteuren, sowie schließlich das bereits erwähnte »governance without government«.[5]

Die beiden Letzteren werden gemeinhin als »neue« Formen von Governance bezeichnet, und im Folgenden möchte ich mich darauf konzentrieren.[6] Denn gegenwärtig entstehen vielfältige internationale Institutionen, die sich systematisch von herkömmlichen zwischenstaatlichen Regimen oder internationalen Organisationen (IOs) unterscheiden. Die Internet Corporation for Assigned Names and Numbers (ICANN) reguliert das Internet, obwohl es sich um eine Nichtregierungsorganisation handelt. Private Rating-Agentu-

pers, Florenz 1998; dies., »Common Goods and Governance«, in: *Common Goods. Reinventing European and International Governance*, hg. von A. Héritier, Lanham 2002, S. 15-27.

4 R. Mayntz, »Governance im modernen Staat«, in: *Governance – Regieren in komplexen Regelsystemen*, hg. von A. Benz, Wiesbaden 2004, S. 65-76, hier 66.

5 Vgl. dazu auch M. Zürn, *Regieren jenseits des Nationalstaates. Globalisierung und Denationalisierung als Chance*, Frankfurt am Main 1998.

6 Die sogenannten »neuen« Formen des Regierens sind alles andere als neu. In der Geschichte finden wir vielfältige Formen von Governance, an denen nichtstaatliche Akteure beteiligt waren, zum Beispiel in der Kolonialgeschichte.

ren beanspruchen autoritatives, konsensuales und legitimes Wissen über die Kreditwürdigkeit von Unternehmen oder sogar von Staaten und spielen dadurch eine äußerst wichtige Rolle auf den internationalen Finanzmärkten. Der Global Compact der Vereinten Nationen bringt Unternehmen zusammen, die sich freiwillig verpflichten, internationale Menschenrechts- und Umweltschutznormen einzuhalten. In diesen Fällen können wir die Entstehung von Governance-Strukturen jenseits des Staates beobachten, die aus privaten Autoritäten, privaten Regimen oder einer Mischung aus öffentlichen und privaten Akteuren bestehen.[7] Insbesondere gibt es auf der internationalen Ebene eine zunehmende Anzahl von öffentlich-privaten Partnerschaften (*public-private partnerships*: PPPs), von denen einige international regelsetzend tätig sind, wie etwa die World Commission on Dams. Andere PPPs – wie der Global Compact und weitere globale Steuerungsarrangements – konzentrieren sich auf die Regeldurchsetzung oder die Bereitstellung von Dienstleistungen.[8]

Diese »neuen« Formen von Governance lassen sich durch zwei Eigenschaften charakterisieren (vgl. *Abbildung 1*):

- die Einbeziehung nichtstaatlicher Akteure wie etwa Unternehmen, private Interessengruppen oder Nichtregierungsorganisationen (NGOs) in Governance-Strukturen (Akteursdimension);
- die Betonung nichthierarchischer Formen der Steuerung (Steuerungsformen).

Während sich ein Großteil der Literatur über die neuen Formen von Governance mit der Akteursdimension beschäftigt, also mit der

7 Vgl. die Diskussion in *The Emergence of Private Authority in Global Governance*, hg. von R. B. Hall und Th. J. Biersteker, Cambridge 2002; *Private Authority and International Affairs*, hg. von C. A. Cutler, V. Haufler und T. Porter, Albany 1999; V. Haufler, »Crossing the Boundary between Public and Private. International Regimes and Non-State Actors«, in: *Regime Theory and International Relations*, hg. von V. Rittberger, Oxford 1993, S. 94-111; W. Reinicke, *Global Public Policy. Governing without Government?*, Washington, D. C. 1998; ders. und F. Deng, *Critical Choices. The United Nations, Networks, and the Future of Global Governance*, Ottawa 2000.

8 Vgl. *Public Private Policy Partnerships*, (PPPs), hg. von P. V. Rosenau, Cambridge, MA 2000; T. A. Börzel und Th. Risse, »Public-Private Partnerships. Effective and Legitimate Tools of International Governance?«, in: *Complex Sovereignty. Reconstituting Political Authority in the 21st Century*, hg. von E. Grande und L. W. Pauly, Toronto 2005, S. 195-216.

beteiligte Akteure/ Steuerungsformen	*nur öffentliche Akteure*	*öffentliche und private Akteure*	*nur private Akteure*
hierarchisch: von oben; (Androhung von) Sanktionen	• traditioneller Nationalstaat • supranationale Institutionen (EU, teilweise auch WTO)[9]	• Privatisierung und Outsourcing öffentlicher Funktionen an private Akteure	• Unternehmenshierarchien
nichthierarchisch: positive Anreize; Verhandeln; nichtmanipulatives Überzeugen (Lernen, Argumentieren etc.)	• internationale Regime • internationale Organisationen	• öffentlich-private Partnerschaften und Netzwerke	• private Regime • privat-private Partnerschaften (NGOs, Unternehmen)

Abbildung 1: Neue Formen der Global Governance[10]

Einbeziehung privater Akteure in Formen der Global Governance, werde ich mich auf die Steuerungsformen konzentrieren. In *Abbildung 1* bezieht sich hierarchische Steuerung auf klassische Staatlichkeit im Sinne Webers oder Eastons (Politik als »verbindliche Allokation von Werten für eine gegebene Gesellschaft«) und beinhaltet die Fähigkeit von Staaten, das Recht mittels Sanktionen durchzusetzen und – nötigenfalls – Gewalt anzudrohen. Im internationalen System fehlen hierarchische Formen der Steuerung, mit Ausnahme etwa supranationaler Organisationen wie der Europäischen Union, in der europäisches Recht autoritativ durchgesetzt werden kann und in der Staaten mittels qualifizierter Mehrheitsentscheidungen überstimmt werden können.

Kein moderner Staat kann jedoch allein auf Zwang und Hierar-

9 Das soll nicht bedeuten, dass es innerhalb von Nationalstaaten oder der EU keine nichthierarchische Steuerung gibt. Die neuen Formen der Governance spielen sich in diesen institutionellen Kontexten jedoch »im Schatten der Hierarchie« ab.

10 In den beiden grau unterlegten Kästchen finden sich die »neuen« Formen von Governance. Quelle: T. A. Börzel und Th. Risse, »Public-Private Partnerships«, a. a. O. (Anm. 8).

chie bauen, um Recht durchzusetzen. Der Hauptunterschied zwischen modernen Staaten und Global Governance besteht nicht darin, dass die Ersteren keine nichthierarchischen Formen der Steuerung kennen, sondern darin, dass die Letztere sich *allein* auf nichthierarchische Steuerungsformen stützen muss, da es keine Weltregierung gibt, die über ein legitimes Monopol der Gewaltanwendung verfügt. Mit Bezug auf diese nichthierarchischen Formen der Steuerung können wir nun zwei Modi unterscheiden, die sich auf unterschiedliche Formen sozialen Handelns und sozialer Kontrolle beziehen:

1. Nichthierarchische Steuerung kann darin bestehen, Akteure durch positive Anreize und Sanktionen zur Regelsetzung und dann zur Einhaltung von Normen und Regeln zu bewegen. Hier wird auf die Kosten-Nutzen-Rechnungen der Akteure Einfluss genommen, so dass diese die Normeinhaltung als in ihrem wohlverstandenen Eigeninteresse liegend wahrnehmen. Im Hinblick auf die Normsetzung wäre an dieser Stelle das Verhandeln durch *bargaining* zu erwähnen, wobei zweckrationale Akteure versuchen, auf der Basis bestehender Identitäten und Interessen durch Geben und Nehmen Übereinkünfte zu erzielen. Diese Form der nichthierarchischen Steuerung folgt im Wesentlichen einer Logik der instrumentellen Rationalität, wie sie im Rahmen von Rational-Choice-Theorien konzeptionalisiert werden. Die Akteure werden als egoistische Nutzenmaximierer oder -optimierer angesehen, die bestimmte Regeln akzeptieren, weil diese in ihrem eigenen Interesse liegen. Freiwillige Normeinhaltung resultiert hier aus eigeninteressiertem Verhalten.
2. Ein zweiter Modus nichthierarchischer Steuerung beruht auf der Legitimität der fraglichen Regeln und Normen.[11] Der Grundgedanke ist hier, dass Akteure Normen und Regeln umso eher freiwillig einhalten, je stärker sie von deren Legitimität überzeugt sind. Die Legitimität einer Regel kann aus der Überzeugung resultieren, dass die Norm selbst moralisch gültig ist, sie kann sich aber auch der Überzeugung von der Gültigkeit der Verfahren verdanken, in denen die Regel entstanden ist. Freiwillige Normeinhaltung beruht hier auf der Anerkennung einer bestimmten Lo-

11 Vgl. hierzu auch I. Hurd, »Legitimacy and Authority in International Politics«, in: *International Organization* 53 (1999), S. 379-408.

gik der Angemessenheit.[12] Wie aber kommen Akteure dazu, eine neue Logik der Angemessenheit zu akzeptieren? Entweder indem sie das soziale Wissen erwerben, um in einer bestimmten Gesellschaft angemessen funktionieren zu können, oder indem sie anfangen, an die moralische Gültigkeit der fraglichen Normen und Regeln zu glauben. In beiden Fällen beruhen die diesem Modus der sozialen Steuerung zugrunde liegenden Mikro-Mechanismen auf Prozessen des Lernens und der Überzeugung.

Diese zweite Form der nichthierarchischen Steuerung stellt deshalb eine Verbindung her zwischen Theorien des kommunikativen Handelns, der deliberativen Demokratie und der »neuen« Formen von Global Governance. Argumentieren und Überzeugen folgen einer Logik des sozialen Handelns und der Interaktion, die sich deutlich von jener unterscheidet, die in Rational-Choice-Theorien zugrunde gelegt wird. Bevor ich mich wieder der Frage zuwende, wie Global Governance und kommunikatives Handeln zusammenhängen, sind einige Begriffsklärungen angebracht.

Argumentation und Deliberation: Begriffsklärungen[13]

Wenn Akteure in bestimmten Kontexten, etwa in multilateralen Verhandlungen, deliberieren, geht es ihnen darum, in einem gemeinsamen Kommunikationsprozess herauszufinden,

- ob ihre Annahmen über die Welt und über Kausalzusammenhänge innerhalb der Welt zutreffend sind (theoretischer Diskurs) oder
- ob Normen angemessenen Verhaltens gerechtfertigt werden können und welche Normen unter welchen Umständen anzuwenden sind (praktischer oder moralischer Diskurs).

12 Vgl. zur »Logik der Angemessenheit« im Unterschied zur »Logik des Konsequentialismus« J. G. March und J. P. Olsen, *Rediscovering Institutions*, New York 1989; dies., »The Institutional Dynamics of International Political Orders«, in: *International Organization* 52 (1998), S. 943-969.

13 Vgl. zum Folgenden Th. Risse, »›Let's Argue!‹ Communicative Action in International Relations«, in: *International Organization* 54 (2000), S. 1-39; C. Ulbert und Th. Risse, »Deliberately Changing the Discourse: What Does Make Arguing Effective«, in: *Acta Politica* 40 (2005), S. 351-367.

In Argumentationen versuchen die Akteure zum einen, die mit kausalen oder normativen Aussagen erhobenen Geltungsansprüche in Frage zu stellen, und zum anderen, sich sowohl über die Interpretation der Situation als auch über die Rechtfertigung der ihr Handeln anleitenden Prinzipien und Normen kommunikativ zu einigen. Argumentative Rationalität bedeutet, dass die Teilnehmer eines Diskurses offen dafür sind, sich von besseren Argumenten überzeugen zu lassen, und dass Machtverhältnisse und soziale Hierarchien in den Hintergrund treten.[14] Argumentatives und deliberatives Verhalten ist ebenso zielorientiert wie strategische Interaktionen. Das angestrebte Ziel ist aber nicht die Verwirklichung der eigenen gegebenen Präferenzen, sondern das Erreichen eines vernünftigen Konsenses. Die Interessen, Präferenzen und Situationswahrnehmungen der Akteure sind nicht länger einfach gegeben, sondern unterliegen diskursiven Herausforderungen. Unter der Herrschaft argumentativer Rationalität versuchen Akteure nicht, ihre gegebenen Interessen oder Präferenzen zu maximieren oder durchzusetzen, sondern die erhobenen Geltungsansprüche in Frage zu stellen und zu rechtfertigen. Sie sind zudem dazu bereit, ihre Weltsicht und sogar ihre Interessen im Lichte des besseren Arguments zu ändern. Mit anderen Worten, argumentative und diskursive Prozesse stellen die Wahrheit von Ansprüchen in Frage, die mit Identitäten, Interessen und Normen einhergehen.

Jürgen Habermas führt verständigungsorientiertes Handeln wie folgt ein:

> [Ich] spreche von *kommunikativen* Handlungen, wenn die Handlungspläne der beteiligten Aktoren nicht über egozentrische Erfolgskalküle, sondern über Akte der Verständigung koordiniert werden. Im kommunikativen Handeln sind die Beteiligten nicht primär am eigenen Erfolg orientiert; sie verfolgen ihre individuellen Ziele unter der Bedingung, dass sie ihre Handlungspläne auf der Grundlage gemeinsamer Situationsdefinitionen aufeinander abstimmen können.[15]

14 Jürgen Habermas nennt dies kommunikatives Handeln (*Theorie des kommunikativen Handelns*, 2 Bde., Frankfurt am Main 1981). Da Kommunikation im Bereich des sozialen Handelns und der Interaktion – auch des strategischen Handelns (s. u.) – jedoch allgegenwärtig ist, bevorzuge ich die Bezeichnung ›argumentative‹ Rationalität, da das Ziel eines solchen kommunikativen Verhaltens darin besteht, einen argumentativen Konsens über die mit Normen oder Aussagen über die Welt verbundenen Geltungsansprüche zu erreichen.

15 Ebd., Bd. 1, S. 385. Vgl. zum Folgenden auch: *Verhandeln und Argumentieren. Dia-*

Kommunikatives Handeln hat das Erreichen vernünftiger Verständigung zum Ziel. Im Modus der Argumentation versuchen Akteure, sich gegenseitig davon zu überzeugen, ihre kausalen oder prinzipiengeleiteten Überzeugungen zu ändern, um einen vernünftigen Konsens über Geltungsansprüche zu erzielen. In den Worten Harald Müllers:

> Stoßen Akteurskollektive – Staaten – in ihrem internationalen Umfeld auf die Grenzen rein strategischen Handelns, so wissen sie immer intuitiv und durch Erfahrung, daß das Handlungsrepertoire aller Akteure – ihr eigenes und das ihrer Gegner – die Alternative Verständigungshandeln enthält ... Sie wissen ebenfalls, daß dieses Handlungsrepertoire die dauernde Koexistenz und Kooperation mit dem Kommunikationspartner ermöglicht.[16]

Argumentative Rationalität im Habermas'schen Sinn beruht auf mehreren Vorbedingungen. Erstens erfordert das argumentative Streben nach einem Konsens die Fähigkeit zur Empathie, also dazu, die Dinge mit den Augen des Interaktionspartners zu sehen. Zweitens müssen die Akteure eine »gemeinsame Lebenswelt« teilen, ein Reservoir geteilter Interpretationen der Welt und ihrer selbst. Die gemeinsame Lebenswelt besteht aus einer geteilten Kultur, einem gemeinsamen System von als legitim erachteten Normen und Regeln und der sozialen Identität von Akteuren, die in der Lage sind, miteinander zu kommunizieren und zu handeln.[17] Sie versorgt die argumentierenden Akteure mit einem Repertoire kollektiver Interpretationen, auf die sie sich beziehen können, wenn sie Wahr-

log, Interessen und Macht in der Umweltpolitik, hg. von V. von Prittwitz, Opladen 1996; Th. Saretzki, »Wie unterscheiden sich Argumentieren und Verhandeln?«, in: *Verhandeln und Argumentieren*, a. a. O., S. 19-39; L. G. Lose, »Communicative Action and the Social Construction of Diplomatic Societies. Communication and Behavior in the Real World«, Vortrag im Rahmen des Femmoller Workshop, 24.-28. Juni 1998; E. O. Eriksen und J. Weigård, »Conceptualizing Politics. Strategic or Communicative Action?«, in: *Scandinavian Political Studies*, 20 (1997), S. 219-241.

16 H. Müller, »Internationale Beziehungen als kommunikatives Handeln. Zur Kritik der utilitaristischen Handlungstheorien«, in: *Zeitschrift für Internationale Beziehungen* 1 (1994), S. 15-44, hier S. 28. Vgl. auch N. C. Crawford, *Argument and Change in World Politics. Ethics, Decolonization, and Humanitarian Intervention*, Cambridge 2002.

17 J. Habermas, *Theorie des kommunikativen Handelns*, a. a. O. (Anm. 14), Bd. 2, S. 209.

heitsansprüche erheben. Zugleich reproduzieren das kommunikative Handeln und seine alltägliche Praxis die gemeinsame Lebenswelt.

Schließlich müssen die Akteure einander als Gleiche anerkennen und über den gleichen Zugang zum Diskurs verfügen, der auch anderen Teilnehmern offenstehen und seiner Natur nach öffentlich sein muss. In diesem Sinn wird davon ausgegangen, dass Macht-, Gewalt- und Zwangsverhältnisse fehlen, wenn eine argumentative Verständigung angestrebt wird. Damit verbunden ist die Achtung zweier Prinzipien: zum einen universelle Achtung beziehungsweise die Anerkennung aller betroffenen Parteien als Teilnehmer des Diskurses und zum anderen die Anerkennung des gleichen Rechts aller Teilnehmer, Argumente vorzubringen oder Geltungsansprüche zu hinterfragen.[18] Damit wird allerdings nicht behauptet, dass Versuche, eine argumentative Einigung zu erzielen, frei von Machtasymmetrien sind. Im wirklichen Leben gibt es keine »ideale Sprechsituation«. Trotzdem wird genau eine solche ideale Sprechsituation kontrafaktisch unterstellt, sobald Akteure in einen argumentativen Diskurs eintreten. Wenn wir einander zu verstehen versuchen, wenn wir in diesem Sinne zu deliberieren beginnen, müssen wir annehmen, dass Machtverhältnisse und andere Asymmetrien für diese Zeit in den Hintergrund treten.

Zusammenfassend und an Saretzki anschließend lässt sich sagen, dass das idealtypische Argumentieren im Sinne eines Anführens von Gründen in modaler, struktureller und prozeduraler Hinsicht sowie anhand möglicher beobachtbarer Ergebnisse analytisch vom Verhandeln (*bargaining*) unterschieden werden kann.[19] In *Abbildung 2* werden Argumentieren und Verhandeln/*bargaining*[20] als

18 L. G. Lose, »Communicative Action and the Social Construction of Diplomatic Societies«, a. a. O. (Anm. 15), S. 9.

19 Vgl. Th. Saretzki, »Wie unterscheiden sich Argumentieren und Verhandeln?«, a. a. O. (Anm. 15), S. 32-36; sowie J. Elster, »Arguing and Bargaining in Two Constituent Assemblies«, in: *University of Pennsylvania Journal of Constitutional Law* 2 (2000), S. 345-421.

20 Leider existiert im Deutschen die englische Unterscheidung zwischen Verhandlungen als *negotiations* und *bargaining* nicht. Ich werde mich daher im Folgenden bemühen, immer wieder deutlich zu machen, wann Verhandeln als zweckrationales und instrumentelles *bargaining* auf der Basis fixer Präferenzen der Akteure gemeint ist.

Kommunikationsmodus/ Eigenschaften	*Argumentieren*	*Verhandeln/ »bargaining«*
Modal	empirische und normative Aussagen mit Geltungsansprüchen (Kriterien der Überprüfung: empirischer Beweis und Konsistenz oder im Fall normativer Aussagen Unparteilichkeit und Konsistenz); Grundlage: »argumentative Macht« im Sinne guter Begründungen	pragmatische Forderungen mit Glaubwürdigkeitsansprüchen (Kriterien der Überprüfung: Glaubwürdigkeit des Sprechers); Grundlage: »Verhandlungsmacht« im Sinne materieller und ideeller Ressourcen und Exit-Optionen
Prozedural	Reflexiv	sequenziell
mögliches beobachtbares Ergebnis	vernünftiges Einverständnis; Akteure unterwerfen sich dem besseren Argument und ändern ihre Interessen/ Präferenzen entsprechend	Kompromiss ohne Veränderung der Präferenzen/ Interessen
Strukturell	triadisch (Sprecher und Hörer müssen sich auf eine externe Autorität berufen, um Geltungsansprüche zu erheben)	dyadisch (nur wechselseitige Überprüfung zählt)

Abbildung 2: Argumentieren und Verhandeln als Kommunikationsmodi

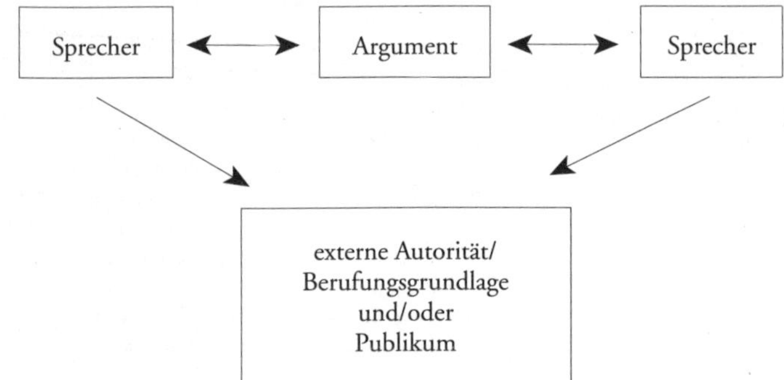

Abbildung 3: Die triadische Struktur des Argumentationsprozesses

Idealtypen definiert, die die Endpunkte eines Kontinuums darstellen.[21]

Zudem handelt es sich beim Argumentieren um einen reflexiven Prozess, der nicht in voneinander unabhängigen Sequenzen abläuft, sondern vielmehr durch einen Austausch von Argumenten gekennzeichnet ist, der in einem gemeinsamen, im Laufe der Kommunikation anzupassenden Bezugsrahmen gründet.

Schließlich kann das Argumentieren durch seine triadische Struktur von *bargaining* unterschieden werden (vgl. *Abbildung 3*). Zweckrational verhandelnde Akteure bewerten Züge in Verhandlungen allein auf der Grundlage ihrer eigenen Nutzenfunktionen sowie ihrer privaten Informationen, während Geltungsansprüche wie jene der Wahrhaftigkeit der Sprecher, der Wahrheit der empirischen Behauptung oder der Richtigkeit einer normativen Forderung in den Hintergrund treten und für die Verhandlungssituation kaum von Bedeutung sind. Das ist die dyadische Struktur des Verhandelns als *bargaining*. Dritte Parteien können in Verhandlungssituationen als Vermittler präsent oder für die Einhaltung von Verpflichtungen zuständig sein. Aber das Verhandeln selbst weist keinen Bezug auf gemeinsame Werte oder geteiltes Wissen auf. Wenn Versprechungen oder Drohungen ausgesprochen werden, muss die andere Partei abschätzen, wie glaubwürdig diese sind; die normative Gültigkeit des

21 Vgl. Eriksen und Weigård, »Conceptualizing Politics: Strategic or Communicative Action?«, a. a. O. (Anm. 15), S. 227.

Vorgehens hingegen ist im Kontext einer reinen Verhandlung irrelevant.

Im Unterschied dazu gehört zum Argumentieren stets der Bezug auf eine von beiden Seiten anerkannte externe Autorität zur Beglaubigung der empirischen oder normativen Behauptungen. In internationalen Verhandlungen können solche Berufungsgrundlagen aus bereits zuvor ausgehandelten Verträgen, allgemein anerkannten Normen, wissenschaftlichen Befunden und anderen Formen konsensfähigen Wissens bestehen. In jedem Fall gibt es unterschiedliche äußere Berufungsgrundlagen, auf die sich Sprecher beziehen können, um ihre Ansprüche zu begründen. Ein besonderer Fall einer solchen triadischen Situation tritt auf, wenn Sprecher vor einem Publikum argumentieren, das als Richter über das »bessere Argument« fungiert. Die Sprecher berufen sich in einem solchen Fall nicht einfach nur auf eine externe Autorität, sondern können das Publikum selbst als externe Autorität zu einem Teil des reflexiven Prozesses werden lassen.

Argumentieren und Verhandeln: Empirische Beobachtungen

Inzwischen liegen eine Reihe empirischer Forschungsergebnisse vor, die Argumentationsprozesse in verschiedenen Verhandlungssituationen untersucht haben. Dabei sind vor allem drei empirische Beobachtungen hervorzuheben.[22] Erstens zeigt sich, dass Sprechakte des Argumentierens und des Verhandelns (im Sinne von *bargaining*) in der Realität gewöhnlich gemeinsam auftreten, selbst wenn man analytisch streng zwischen den Kommunikationsmodi des Argumentierens und des *bargaining* unterscheiden muss (vgl. *Abbildung 2* oben). Reines Argumentieren beziehungsweise deliberatives und wahrheitsorientiertes Verhalten tritt ebenso selten auf wie reines *Bargaining*-Verhandeln beziehungsweise der bloße Austausch von Forderungen, Drohungen, Versprechungen und Ähnli-

22 Die folgenden Bemerkungen beziehen sich u. a. auf Ergebnisse eines von der Volkswagen Stiftung geförderten Forschungsprojektes zur Rolle argumentativen Handelns in multilateralen Verhandlungen, das von Harald Müller und mir geleitet wurde. Für einen Überblick über die Ergebnisse vgl. C. Ulbert und Th. Risse, »Deliberately Changing the Discourse«, a. a. O. (Anm. 13).

chem. Vielmehr stellen Argumentieren und *bargaining* in ihrer Reinform die beiden Endpunkte eines Kontinuums dar; die meisten tatsächlichen Kommunikationsprozesse finden irgendwo dazwischen statt. Selbst in einem harten *Bargaining*-Prozess tendieren Akteure dazu, ihre Ansprüche immer auch mit Bezug auf allgemein akzeptierte Normen und konsensfähiges Wissen zu rechtfertigen. Umgekehrt setzen argumentierende Akteure Gründe oft auch strategisch ein, um die jeweiligen Verhandlungspartner von der Gültigkeit und der Möglichkeit der Rechtfertigung ihrer Ansprüche zu überzeugen. Die Beobachtung, dass in Verhandlungen eigentlich immer argumentiert wird und dass Begründungen fast überall vorgetragen werden, sollte deshalb nicht mit der Behauptung verwechselt werden, dass das Anführen von Gründen immer Wirkung zeigt und stets Einfluss auf das Ergebnis hat. Stattdessen führt diese Beobachtung dazu, dass sich der Fokus des Forschungsinteresses verschiebt: Anstatt zu untersuchen, ob in der einen oder anderen Phase einer Verhandlung eher der Modus des Argumentierens oder jener des *bargaining* dominiert, müssen wir die Bedingungen identifizieren, unter denen das Argumentieren zu Änderungen in den Überzeugungen der Akteure führt und damit den Verhandlungsprozess und seine Ergebnisse beeinflusst. Statt einfach zu stipulieren, *dass* die Akteure vernünftige Argumente verwenden, um ihre Handlungen und ihre Interessen zu rechtfertigen, sollten wir darauf achten, unter welchen Bedingungen das Argumentieren und das Anführen von Gründen tatsächlich einen Unterschied macht.

Eine zweite empirische Beobachtung betrifft die Frage, was argumentierende und verhandelnde Akteure in ihren Interaktionen motiviert und woran sie sich orientieren. Müssen wir notwendigerweise unterstellen, dass argumentierende Akteure nach der Wahrheit streben, um an ihre Gegenüber Geltungsansprüche herantragen oder solche Ansprüche in Frage stellen zu können? Eine bestimmte Interpretation der Habermas'schen *Theorie des kommunikativen Handelns* legt nahe, dass Deliberation nur möglich ist, wenn wir bei den Akteuren verständigungsorientierte Motivationen unterstellen. Diese Annahme stellt die empirische Forschung vor fast unüberwindbare Probleme. Denn empirisch ist es fast unmöglich, mit Sicherheit zu bestimmen, welche Handlungsorientierungen den Interaktionen argumentierender und verhandelnder Akteure zugrunde liegen. Bei multilateralen Verhandlungen können wir sogar getrost das Gegenteil verständigungsorientierter Motivationen annehmen. Diplomaten werden im Allgemeinen nicht dafür bezahlt, dass sie sich auf einen gemeinsamen Prozess der Wahrheitssuche begeben, sondern dafür, dass sie die Interessen ihres Landes möglichst effektiv durchsetzen. Eine gewisse zweckrationale Interessenorientierung der Akteure muss also bei multilateralen Verhandlungen unterstellt werden.

Trotzdem lässt sich empirisch beobachten, dass die Ergebnisse vieler internationaler Verhandlungen nicht zu erklären sind, ohne kommunikative Überzeugungsprozesse bei den Akteuren in Rechnung zu stellen. Das gilt für das Rom-Statut des Internationalen Strafgerichtshofs (IStGH) genauso wie für den Vertrag über das Verbot von Landminen oder die Konvention gegen die schlimmsten Formen von Kinderarbeit der Internationalen Arbeits-Organisation (ILO).[23]

Wie ist dieses Puzzle zu erklären? Es ist durchaus möglich, dass sich Akteure an einem Austausch von Argumenten und Gründen beteiligen, ohne ihnen ein heroisches Streben nach Wahrheit unterstellen zu müssen. Unter bestimmten Umständen müssen selbst instrumentell-rationale und strategisch motivierte Akteure in einen ernsthaften Dialog mit ihren Gegenübern eintreten und Begründungen liefern, um den Verlauf und das Ergebnis der Verhandlungen zu beeinflussen. Ritualisierte Rhetorik, die wieder und wieder dieselben Argumente vorbringt, ist in Verhandlungen oftmals kontraproduktiv (sie ermöglicht es Akteuren zwar, manches zu blockieren, aber kaum je, den Verlauf der Gespräche positiv zu gestalten). Selbst Akteure mit ursprünglich strategischen Motivationen müssen häufig in Prozesse des Argumentierens einsteigen, um auf Verhandlungen Einfluss nehmen zu können. Sie müssen Wahrhaftigkeit und Offenheit gegenüber dem »besseren Argument« demonstrieren. In Ermangelung eines besseren Ausdrucks habe ich

23 Vgl. N. Deitelhoff, »Arguing and bargaining in multilateral negotiations: the case of the ICC«, unv. Ms., Frankfurt am Main 2003; den Beitrag von N. Deitelhoff in diesem Band; C. Ulbert, »Arguing and bargaining in multilateral negotiations: case study on the ILO ›Worst Forms of Child Labor Convention‹«, unv. Ms., Berlin 2003; S. Wisotzki, »The ban on anti-personnel mines: a case of effective persuasion«, unv. Ms., Frankfurt am Main 2004; C. Ulbert und Th. Risse, »Deliberately Changing the Discourse«, a. a. O. (Anm. 13).

vorgeschlagen, diesen Prozess »argumentative Selbstverstrickung« zu nennen.[24]

Diese Beobachtung können wir auf der Grundlage der oben genannten triadischen Struktur des Argumentierens im Vergleich mit der dyadischen Struktur des *bargaining* erklären. In der Folge ist es nicht mehr notwendig, die Handlungsorientierungen der Verhandlungsparteien zu bestimmen, um nachzuweisen, dass Argumentieren den Verlauf von Verhandlungen beeinflusst. Vielmehr sollten wir unsere Aufmerksamkeit auf den institutionellen Kontext richten, in dem Argumentieren stattfindet. Betrachten wir etwa die Situation in einem Gerichtssaal: Wir können davon ausgehen, dass sowohl die Staatsanwälte als auch die Anwälte der Verteidigung im Gerichtssaal instrumentell motiviert sind. Dennoch müssen sie das Publikum (die Richter und/oder die Jury) überzeugen, indem sie sich auf allgemein anerkannte rechtliche Prinzipien und Normen beziehen. Richter und Jurymitglieder sind gesetzlich dazu verpflichtet, Argumenten gegenüber offen zu sein. Deshalb müssen sich Sprecher in einem Gerichtssaal der Logik des Argumentierens unterwerfen, wenn sie ihre Positionen vertreten. Der institutionelle Kontext und die Situation in einem Gericht garantieren mithin, dass die triadische Struktur des Argumentierens zur Geltung kommt. Anders ausgedrückt: Die institutionellen Rahmenbedingungen, Regeln und Strukturen, unter denen Verhandlungsprozesse stattfinden, beeinflussen zum großen Teil, ob sich argumentative Rationalität durchsetzen kann oder nicht.

Auch die dritte Beobachtung betrifft den institutionellen Kontext von Verhandlungen. In der theoretischen Literatur gibt es eine Kontroverse, ob argumentative Rationalität sich eher hinter verschlossenen Türen oder eher vor den Augen der Öffentlichkeit durchsetzen kann. So hat Jon Elster auf die zivilisierenden Wirkungen öffentlicher Diskurse hingewiesen. Wer im öffentlichen Raum argumentiert, muss zumindest so tun, als wären seine egoistischen Interessen mit dem Gemeinwohl vereinbar.[25] Dagegen behauptet Jeffrey Checkel, dass Argumentieren vor allem hinter verschlossenen Türen

24 Th. Risse, »International Norms and Domestic Change. Arguing and Communicative Behavior in the Human Rights Area«, in: *Politics & Society* 27 (1999), S. 526-556.

25 Vgl. J. Elster, »Introduction«, in: ders. (Hg.), *Deliberative Democracy*, Cambridge 1998, S. 1-18. Zum Folgenden siehe J. Checkel, »Why comply? Social Learning

und in Geheimverhandlungen zum Erfolg führt, die die verhandelnden Akteure in die Lage versetzen, unter Hintanstellung ihrer eigenen Interessen problemlösungsorientiert zu argumentieren und notfalls auch gegen die Instruktionen der eigenen Regierung zu handeln.

Empirische Forschung zeigt, dass beide Positionen unter bestimmten Bedingungen recht haben und dass dies wiederum vom institutionellen Kontext abhängig ist. Argumentieren hinter verschlossenen Türen führt vor allem dann zum Erfolg, wenn Geheimhaltung die Verhandlungspartner in einem ansonsten harten *bargaining*-Prozess davon entlastet, für die eigenen argumentativen und Verhandlungskonzessionen zur Rechenschaft gezogen zu werden, als hätten sie »nationale Interessen« verraten. Viele multilaterale Verhandlungssysteme sehen deshalb insbesondere in Verhandlungskrisen spezielle Verfahren vor, in denen hinter verschlossenen Türen argumentative Überzeugungsprozesse festgefahrene Situationen wieder flottmachen sollen. Was das Argumentieren im öffentlichen Raum angeht, so zeigt sich, dass es entscheidend darauf ankommt, ob die Sprecherinnen und Sprecher erstens die Verteilung der Präferenzen ihrer Zuhörerschaft kennen oder nicht und ob sie zweitens auf die Zustimmung der Zuhörerschaft angewiesen sind. Je unsicherer sie über die Interessen und Präferenzen ihrer Zuhörer sind und je mehr sie deren Konsens brauchen, umso eher werden sie an allgemeinen Normen und Werten orientierte Begründungen vortragen und ihre Zuhörerschaft argumentativ zu überzeugen versuchen. Hier kommt dann die triadische Struktur des Argumentierens zum Zuge.

Zusammengefasst ergibt sich aus diesen empirischen Befunden, dass es entscheidend auf den institutionellen Kontext von Verhandlungssystemen und weniger auf die Handlungsorientierungen der Akteure ankommt, ob Argumentieren und argumentative Rationalität sich durchsetzen können.

and European Identity Change«, in: *International Organization* 55 (2001), S. 553-588.

Kommunikatives Handeln und Global Governance

Ich wende mich nun wieder der Frage zu, wie die Diskussion um Global Governance mit den theoretischen und empirischen Erkenntnissen zu den Rahmenbedingungen argumentativen Handelns zusammengebracht werden kann. Meines Erachtens gibt es drei Verbindungslinien zur Diskussion über »neue« Formen von Governance, wie ich sie oben definiert habe:

- Im Hinblick auf Prozesse der Regelsetzung gilt, dass Argumentieren und Überzeugen Modi sozialen Handelns sind, mittels deren die Präferenzen und sogar die Identitäten von Akteuren in Verhandlungsprozessen hinterfragt und verändert werden können.
- Im Hinblick auf die Implementation und Einhaltung von Regeln gilt, dass so verstandenes kommunikatives Handeln von entscheidender Bedeutung ist für soziale Lernprozesse, die als Mechanismen zur Sozialisation von Akteuren in neue (internationale) Normen und Regeln fungieren.
- Nicht zuletzt stehen Argumentieren und Überzeugen, wie die Diskussion über deliberative Demokratie gezeigt hat, in direktem Zusammenhang mit den Problemen von Legitimität und Verantwortlichkeit im Rahmen einer Global Governance. Auf diesen Punkt werde ich unten in den Schlussfolgerungen zurückkommen.

Argumentieren und Regelsetzung

Wie oben ausgeführt wurde, gibt es zwei idealtypische Weisen, in denen Akteure zu einer Vereinbarung über neue Normen und Regeln kommen können.[26] Durch Geben und Nehmen in Verhandlungen ausgehandelte Kompromisse beziehen sich auf kooperative Übereinkünfte, die auf vorhandenen Interessen und Präferenzen aufbauen. Vernünftige Konsense beruhen auf einer freiwilligen Zustimmung zu Normen und Regeln, die durch Argumentieren und Überzeugen erreicht wird. Woran aber erkennen wir einen vernünf-

26 Eine dritte und vierte Weise würde in Abstimmungen und im Zwang bestehen, die hier jedoch nicht weiter berücksichtigt werden. Nur sehr wenige internationale Gremien greifen in ihren Aushandlungssystemen auf Abstimmungen zurück. Zwang wiederum gründet letztlich in angedrohter Gewaltanwendung und ist mit freiwilliger Zustimmung unvereinbar.

tigen Konsens? Anders als bei einem Verhandlungskompromiss, dem die Akteure aus ganz unterschiedlichen Gründen zustimmen können, erfordert der vernünftige Konsens, dass Akteure für ihre Zustimmung ähnliche Gründe und Rechtfertigungen angeben.[27] Dieses Kriterium lässt sich im Übrigen empirisch überprüfen.

Tatsächlich gehen *bargaining* und Argumentieren in der Realität aber gewöhnlich Hand in Hand (s. o.). Die meisten Verhandlungspartner rechtfertigen ihre Präferenzen, indem sie sich auf allgemeine Prinzipien und Normen berufen, und gehen zugleich davon aus, dass diese Normen von allen Teilnehmern geteilt werden. Sie setzen Argumente instrumentell ein und handeln somit rhetorisch.[28] Selbst Rhetorik ist jedoch der triadischen Struktur des Argumentierens unterworfen. Rhetorische Gründe können von anderen Sprechern als instrumentell in Frage gestellt werden, und deshalb müssen die rhetorischen Akteure ihre Wahrhaftigkeit im Argumentationsprozess unter Beweis stellen. Wer sich einmal auf Argumentieren eingelassen hat, und sei es aus rhetorischen Gründen, kann nur schwer auf einen Modus des knallharten *bargaining* umschalten.[29]

Wie aber können wir erkennen, ob Argumente in einem Verhandlungsprozess tatsächlich eine Rolle gespielt haben? Woher wissen wir, ob die »Macht des besseren Arguments« den Sieg davontrug? Als Erstes wäre zu prüfen, ob wir das Ergebnis der Aushandlung tatsächlich aus den Interessen der Akteure zu Beginn des Prozesses ableiten können. Wenn wir dabei auf »Überraschungen« und unerwartete Ergebnisse stoßen oder auf Übereinkünfte, die über den kleinsten gemeinsamen Nenner hinausgehen, muss *im Laufe* der Verhandlungen etwas geschehen sein. Nun gilt es, den Aushandlungsprozess selbst genauer unter die Lupe zu nehmen. Wir können den Prozess nachzeichnen, indem wir Sprechakte entweder als Verhandeln oder als Argumentieren identifizieren.[30] Als Zweites wäre

27 Vgl. hierzu J. Steffek, »The Legitimation of International Governance. A Discourse Approach«, in: *European Journal of International Relations* 9 (2003), S. 249-275, hier S. 264.

28 Vgl. F. Schimmelfennig, »Liberal Norms, Rhetorical Action, and the Enlargement of the EU«, in: *International Organization* 55 (2001), S. 47-80; ders., *The EU, NATO, and the Integration of Europe: Rules and Rhetoric*, Cambridge 2003.

29 Vgl. Th. Risse, »International Norms and Domestic Change«, a. a. O. (Anm. 24).

30 Vgl. für ein solches Vorgehen K. Holzinger, »Verhandeln statt Argumentieren

dann zu prüfen, ob Fortschritte bei der Einigung durch typische Methoden des Verhandelns wie etwa *issue linkages*, Paketlösungen, Versprechungen oder Drohungen erzielt worden sind und/oder ob wir Elemente eines vernünftigen Konsenses in Bezug auf Prinzipien und Normen identifizieren können. Insgesamt ist also ein genaues Nachvollziehen des Prozesses notwendig, um herauszufinden, ob Überzeugungsprozesse tatsächlich eine Rolle gespielt und zur Veränderung der *Policy*-Präferenzen oder sogar der Akteursinteressen an bestimmten Ergebnissen geführt haben.

Empirische Untersuchungen zeigen, dass Argumentieren und Überzeugen in bestimmten Phasen des Verhandlungsprozesses besonders wirksam sind.[31] Zunächst sind Überzeugungsprozesse insbesondere bei der Festlegung der Agenda und den Vorverhandlungen relevant. Wie gelangen neue Fragen auf die Agenda der Global Governance? Gewöhnlich bemühen sich »Politik- und Normunternehmer« aller Art darum, sie in einer möglichst vorteilhaften Fassung zu lancieren.[32] Dieses *framing* überzeugt, indem es etwa alte Fragen neu beleuchtet, an bereits vorhandene Überzeugungen anknüpft oder der Global Governance ein neues Problemfeld erschließt. Des Weiteren wird Argumentieren relevant, wenn es Krisen in der Verhandlungssituation zu überwinden gilt. Viele Verhandlungsprozesse scheitern oder enden in einer Sackgasse, weil die Akteure sich auf ihre jeweiligen Präferenzen versteifen und dadurch kaum Spielraum für Kompromisse bleibt. Der Wechsel in den Argumentationsmodus kann einen Ausweg aus diesen Verhandlungsblockaden anbieten, da er es den Akteuren erlaubt, ihre Interessen und Präferenzen nochmals zu überdenken und Informationen in einem neuen Licht zu sehen.

Je größer die Rolle des Argumentierens in Verhandlungsprozessen ist, desto eher ist zu beobachten, dass materiell benachteiligte Ak-

oder Verhandeln durch Argumentieren? Eine empirische Analyse auf der Basis der Sprechakttheorie«, in: *Politische Vierteljahresschrift*, 42 (2001), S. 414-446; dies., »Kommunikationsmodi und Handlungstypen in den Internationalen Beziehungen«, in: *Zeitschrift für Internationale Beziehungen* 8 (2001), S. 243-286.

31 Vgl. zum Folgenden C. Ulbert und Th. Risse, »Deliberately Changing the Discourse«, a. a. O. (Anm. 13).

32 Vgl. R. A. Payne, »Persuasion, Frames, and Norm Construction«, in: *European Journal of International Relations* 7 (2001), S. 37-61; W. A. Gamson, *Talking Politics*, Cambridge 1992.

teure – zum Beispiel NGOs oder Vertreter kleinerer Staaten – dadurch gestärkt werden. Auch wenn das ernsthafte Streben nach Wahrheit in internationalen Verhandlungen gewöhnlich ebenso wenig vorkommt wie ideale Sprechsituationen, können institutionelle Arrangements, die den Akteuren Nachdenken und Deliberation ermöglichen oder sie sogar dazu zwingen, für ausgeglichene Positionen zwischen den materiell Mächtigen und den eher Ohnmächtigen sorgen. Zumindest gilt, dass diejenigen, die über ideelle Ressourcen wie moralische Autorität oder konsensuales Wissen verfügen, gegenüber den rein materiell Mächtigen in internationalen Verhandlungen gestärkt werden, wenn deren institutionelle Rahmenbedingungen argumentative Verständigung begünstigen.

Dieser Punkt lässt sich an öffentlich-privaten Kooperationspartnerschaften mit Beteiligung verschiedener Sektoren wie dem Global Compact der Vereinten Nationen illustrieren, in dessen Rahmen Staaten, internationale Organisationen, private Firmen und internationale Nichtregierungsorganisationen (INGOs) gemeinsame Problemlösungen erarbeiten. Wenn in solchen Kontexten allein materielle Verhandlungsmacht entscheidend wäre, müssten solche Netzwerke von Staaten, internationalen Organisationen und privaten Firmen dominiert werden, da diese gewöhnlich über größere materielle Ressourcen verfügen als etwa INGOs, Expertengemeinschaften oder transnationale *Advocacy*-Netzwerke. Je eher diese trisektoralen Netzwerke und öffentlich-privaten Partnerschaften aufgrund ihrer institutionellen Struktur Lernprozesse und den wechselseitigen Austausch von Ideen und Wissen privilegieren, um die Problemlösungsfähigkeit von Global Governance zu verbessern, desto größer müsste die Bedeutung argumentativer Rationalität werden. In der Folge ist zu erwarten, dass ideelle Ressourcen, wie die Wissensmacht von Expertengemeinschaften oder die moralische Autorität von INGOs, für solche Netzwerke zunehmend wichtig werden. Der Global Compact etwa ist ausdrücklich als Lern-Netzwerk konzipiert, das über Prozesse des Argumentierens und des Überzeugens, des Benennens und Beschämens operiert.[33] Unter-

33 Vgl. J. G. Ruggie, »The Theory and Practice of Learning Networks. Corporate Social Responsibility and the Global Compact«, in: *Journal of Corporate Citizenship* 10 (2002), S. 27-36; I. Hurd, »Labour Standards through International Organisations. The Global Compact in Comparative Perspective«, in: *Journal of Corporate Citizenship* 11 (2003), S. 99-111.

nehmen verpflichten sich zur Achtung internationaler Menschenrechte und Umweltnormen, obwohl ein Mechanismus zur Durchsetzung fehlt und nur begrenzte Möglichkeiten der Überwachung vorhanden sind. Dahinter steht die Idee, die Einhaltung von Regeln sei letztlich durch Gruppendruck und Überzeugung zu gewährleisten. Ob der Global Compact oder andere globale Partnerschaften ihre Ziele tatsächlich durch Prozesse des Lernens und Argumentierens allein erreichen werden, bleibt abzuwarten. Die bisherigen Erfahrungen sind bestenfalls gemischt. Noch wissen wir wenig über die spezifischen Bedingungen, unter denen solche Netzwerke erfolgreich argumentative Überzeugungs- und Lernprozesse institutionalisieren.[34]

Zusammenfassend lässt sich sagen, dass viele transnationale trisektorale Netzwerke der Global Governance ausdrücklich auf Lern- und Überzeugungsprozesse als »neue« Formen des Regierens setzen, um die eigene Problemlösungsfähigkeit zu vergrößern. Die Erforschung der Erfolgsbedingungen dieser Kooperationspartnerschaften steht allerdings noch am Anfang.

Argumentieren und Normeinhaltung

Lernen und Überzeugen spielen nicht nur in multilateralen Verhandlungen und trisektoralen Netzwerken eine Rolle, sie sind auch Mechanismen zur Sozialisation von Akteuren in neue Regeln. Aktuell besteht eines der Hauptprobleme von Global Governance darin, die größer werdende Kluft zwischen der Akzeptanz und Anerkennung internationaler Normen auf der einen und der Einhaltung dieser Regeln auf der anderen Seite zu verringern.[35] In der internationalen Politik gibt es nicht etwa einen Mangel an Regeln und

34 Ein von Marianne Beisheim, Andrea Liese und mir geleitetes Forschungsprojekt im Rahmen des DFG-Sonderforschungsbereichs 700 »Governance in Räumen begrenzter Staatlichkeit« untersucht diese Frage jetzt im Einzelnen. Vgl. ⟨http://www.sfb-governance.de/forschung/projektbereiche/projektbereich_d/d1/index.html⟩.

35 Vgl. zu den Problemen der Normeinhaltung im Allgemeinen K. Raustiala und A.-M. Slaughter, »International Law, International Relations, and Compliance«, in: *Handbook of International Relations*, hg. von W. Carlsnaes, Th. Risse und B. A. Simmons, London 2002, S. 538-558.

Normen, sondern wir leben in einem äußerst stark regulierten und verrechtlichten internationalen System.[36]

Nehmen wir etwa die Menschenrechte: Im internationalen System gibt es keinen Staat, der nicht zumindest eine der völkerrechtlichen Menschenrechtskonventionen unterzeichnet und ratifiziert hat. Um ein anerkanntes Mitglied der internationalen Gemeinschaft zu bleiben, ist es unumgänglich, die menschenrechtlichen Normen des Völkerrechts anzuerkennen. Schon ein flüchtiger Blick auf die jährlichen Berichte von Amnesty International oder Human Rights Watch zeigt jedoch, dass sich die *Einhaltung* völkerrechtlicher Menschenrechtsnormen nicht entsprechend verbessert hat.[37] Ähnliches scheint auch auf den Bereich internationaler Umweltnormen zuzutreffen. Während wir in beiden Bereichen eine wahre Normenflut beobachten können,[38] scheint zugleich die Lücke zwischen der Anerkennung internationaler Normen und der Regeleinhaltung stetig größer zu werden.

Es stellt sich die Frage, wie die Staaten und andere Akteure in die nachhaltige Einhaltung internationaler Normen hineinsozialisiert werden können. Anders gefragt: Unter welchen Bedingungen internalisieren Akteure die Logik der Angemessenheit internationaler Normen, so dass ihre Einhaltung zur Gewohnheit wird? Natürlich spielen materielle Anreize und die Androhung von Sanktionen bei der Erzeugung von Folgebereitschaft gegenüber internationalen Normen eine große Rolle. Die Sozialisation von Akteuren in solche Normen erfordert jedoch mehr als die einfache Manipulation von Kosten-Nutzen-Kalkülen. Auf der Grundlage rein instrumenteller Rationalität würde man erwarten, dass Akteure gegen kostenintensive Regeln sofort verstoßen, sobald materielle Anreize und/oder die Androhung von Sanktionen nicht länger gegeben sind. Deshalb

36 Vgl. »Legalization and World Politics«, in: *International Organization* 54 (2000), (Sondernummer hg. von J. L. Goldstein u. a.); *Verrechtlichung – Baustein für Global Governance*, hg. von B. Zangl und M. Zürn, Bonn 2004.

37 Vgl. auch L. Camp Keith, »The United Nations International Covenant on Civil and Political Rights. Does It Make a Difference in Human Rights Behavior?«, in: *Journal of Peace Research* 36 (1999), S. 95-118; A. Liese, *Staaten am Pranger. Zur Wirkung internationaler Regime auf die innerstaatliche Menschenrechtspolitik*, Wiesbaden 2006.

38 Vgl. M. Finnemore und K. Sikkink, »International Norm Dynamics and Political Change«, in: *International Organization* 52 (1998), S. 887-917.

kann nachhaltige Folgebereitschaft nur durch ein gewisses Maß an Regelinternalisierung erreicht werden.

An dieser Stelle wird nun das Argumentieren und werden Überzeugungsprozesse relevant. Sanktionen und manipulative Anreizstrukturen allein können den willentlichen Bruch internationaler Regeln nicht verhindern. Man kann die Akteure – private ebenso wie Regierungen – jedoch in Argumentationsprozesse einbinden, um sie von der normativen Angemessenheit internationaler Regeln und der Notwendigkeit, sie als Verhaltensmaßstab anzuerkennen, zu überzeugen. Unsere eigenen Untersuchungen zur Einhaltung völkerrechtlicher Menschenrechtsnormen haben ergeben, dass Argumentieren und Überzeugen vor allem in den späteren Phasen eines Sozialisationsprozesses eine große Rolle spielen.[39] Zunächst werden regelverletzende Regierungen häufig durch eine Kombination aus internationalem Druck, Anreizen (wie etwa den EU-Beitrittskriterien) und der Androhung von Sanktionen zu Zugeständnissen in Menschenrechtsfragen gezwungen. Später, nachdem die Regierungen völkerrechtliche Verträge unterzeichnet und ratifiziert haben, gewinnen Benennen und Beschämen und damit kommunikatives Handeln an Bedeutung.

Wir konnten immer wieder beobachten, dass Regierungen, denen Menschenrechtsverletzungen vorgeworfen wurden, gezwungen waren, mit NGOs wie etwa Amnesty International in einen Dialog über die Anwendbarkeit internationaler Normen einzutreten. Regelverletzende Regierungen akzeptierten die Normen zunächst rein rhetorisch, um den internationalen und nationalen Druck zu verringern. Argumentative Zugeständnisse waren Teil eines größeren Zusammenhangs taktischer Konzessionen. Zu Beginn gab es keinen Dialog zwischen den regelverletzenden Regierungen und ihren Kritikern; stattdessen richteten sich die Argumente an verschiedene Zuhörerschaften im In- und Ausland. Beide Seiten versuchten, diese für sich zu gewinnen, entweder um den internationalen Druck auf die regelverletzenden Regierungen zu erhöhen oder um die eigene Gesellschaft auf einen nationalistischen Diskurs einzuschwören.

39 Vgl. *The Power of Human Rights. International Norms and Domestic Change*, hg. von Th. Risse, St. C. Ropp und K. Sikkink, Cambridge 1999; Th. Risse, A. Jetschke und H. P. Schmitz, *Die Macht der Menschenrechte. Internationale Normen, kommunikatives Handeln und politischer Wandel in den Ländern des Südens. Weltpolitik im 21. Jahrhundert*, Baden-Baden 2002.

Im Laufe dieses Prozesses verstrickten sich die regelverletzenden Regierungen jedoch zunehmend in die oben erläuterte triadische Struktur des Argumentierens. Es handelt sich hier um ein gutes Beispiel für die Notwendigkeit des Argumentierens im öffentlichen Raum, vor einer internationalen Öffentlichkeit, auf deren Wohlwollen man aus verschiedenen Gründen angewiesen ist (zum Beispiel um Entwicklungshilfeleistungen zu erhalten).

Wenn regelverletzende Regierungen sich darauf einließen, rhetorische Zugeständnisse zu machen und die Gültigkeit von Menschenrechtsnormen anzuerkennen, so stellte dies eine diskursive Öffnung dar, die ihre weitere Infragestellung durch die Kritiker ermöglichte: Wenn ihr sagt, dass ihr die Menschenrechte anerkennt, warum verletzt ihr sie dann systematisch? Die übliche Antwort war, dass solche Verletzungen überhaupt nicht stattfänden oder dass es sich um Einzelfälle handle. Im Diskurs rückte damit die Frage ins Zentrum, ob die Regelverletzungen tatsächlich nur isolierte Ereignisse sind oder ob sie systematisch auftreten. So wurde nicht mehr über die Gültigkeit der Norm diskutiert, sondern über die lokale Situation und die Interpretation des geltenden Rechts. Zugleich akzeptierten sich beide Seiten zunehmend als ernstzunehmende Gesprächspartner. Damit näherte sich der öffentliche Diskurs stetig den Bedingungen eines argumentativen Dialogs an, wie ich ihn oben skizziert habe. Erstens behandelten beide Seiten einander als gleichberechtigte Teilnehmer des Diskurses. Zweitens begannen sie, durch die Akzeptanz der grundlegenden Norm der Menschenrechte eine gemeinsame Lebenswelt zu teilen.

Unser Material belegt einen Prozess, an dessen Anfang rhetorisches Handeln und strategische Anpassung an externen Druck stehen, der aber in argumentatives Verhalten mündet. Wie kann man dies erklären? Regierungen steigen selten freiwillig in einen Argumentationsprozess ein, sondern werden meist durch den Druck aktiver lokaler und transnationaler Netzwerke zum Dialog genötigt. Mit der Zeit ähnelt der Dialog jedoch immer weniger einem rhetorischen Austausch, in dem beide Seiten Argumente nur einsetzen, um ihre existierenden Interessen und Verhaltensweisen zu rechtfertigen. Selbst diese »erzwungenen Dialoge« weisen nach und nach all die Eigenschaften eines wahrhaft argumentativen Austauschs auf. Beide Seiten akzeptieren einander als Gesprächspartner, versuchen, zu einer gemeinsamen Bestimmung der Menschenrechtslage zu kommen und sich zu einigen, welche Normen in dieser Lage anzuwenden sind. Zudem wiederholen die Akteure im öffentlichen Diskurs nicht einfach ihre Argumente, sondern gehen zunehmend detailliert auf die Argumente ihrer Gesprächspartner ein. Die scheinbaren »argumentativen Zugeständnisse« haben dann durchaus reale Konsequenzen für die öffentliche Auseinandersetzung und das tatsächliche Verhalten. Alles in allem verhalten sich die Akteure, als nähmen sie an einem moralischen Diskurs teil. Genau das bezeichnet Habermas als kommunikative Rationalität im Sinne einer kontrafaktischen Unterstellung der idealen Sprechsituation. Es zeigt sich, dass transnationale Öffentlichkeiten unter bestimmten Bedingungen eine institutionelle Struktur darstellen, die argumentative Rationalität zum Zuge kommen lässt.

Die im Bereich der internationalen Menschenrechtspolitik gewonnenen Erkenntnisse legen nahe, dass Argumentieren und Überzeugen für Sozialisationsprozesse zentral sind, durch welche die Folgebereitschaft von – öffentlichen oder privaten – Akteuren internationalen Normen gegenüber garantiert werden soll. In diesem Zusammenhang ist es interessant zu beobachten, dass internationale Organisationen diese Mechanismen in trisektoralen Netzwerken zunehmend einsetzen, um etwa Unternehmen dazu zu bringen, völkerrechtlichen Menschenrechts- und Umweltnormen Folge zu leisten. Viele multinationale Unternehmen sind für die Prozesse des Benennens und Beschämens besonders empfindlich, weil diese sich schnell zu Verbraucherboykotts ausweiten lassen. In der Folge akzeptieren solche Unternehmen die soziale Verantwortung, indem sie sich zur Einhaltung verschiedener internationaler Normen verpflichten (vgl. nochmals den Global Compact). Auch wenn dies zunächst ein taktisches Manöver sein mag, ist das häufig nur der Anfang eines längeren Prozesses. *Advocacy*-Netzwerke und INGOs beginnen, das Verhalten des Unternehmens zu überwachen und die Einhaltung der eingegangenen Verpflichtungen anzumahnen. So kommt ein Prozess des Argumentierens und Überzeugens in Gang, dessen Logik und Mechanismen weitgehend mit denjenigen übereinstimmen, die die oben geschilderte Interaktion von Menschenrechtsnetzwerken und regelverletzenden Regierungen aufweist.

Argumentieren und die Legitimität von Global Governance

Dieser Artikel hat bisher in erster Linie theoretisch-konzeptionell und empirisch-analytisch argumentiert. Es gibt jedoch auch einen normativen Zusammenhang zwischen Argumentieren und Überzeugen einerseits und der Debatte um Global Governance andererseits. Hier geht es vor allem um die Frage nach der Legitimität globalen Regierens. Je mehr internationale Regelungssysteme und Institutionen in die nationale Politik und das Alltagsleben eingreifen, desto mehr stellt sich die Frage nach den Legitimationsgrundlagen von Global Governance. In diesem Zusammenhang behaupten Vertreter der deliberativen Demokratie, dass Deliberation signifikant zur Steigerung der demokratischen Legitimität von Govern-ance beiträgt, vor allem in Situationen, in denen demokratische Repräsentation oder Wahlverfahren keine realistischen Optionen darstellen.[40] Die Grundidee ist dabei, dass es in der Demokratie letztlich darum gehe, den von einer bestimmten sozialen Regel betroffenen Parteien die Teilnahme an einem deliberativen Prozess zu ermöglichen, in dem sie sich wechselseitig von der normativen Gültigkeit bestimmter Regeln überzeugen können. Wenn die Akteure ein begründetes Einverständnis erreichen, so erhöht das die Legitimität der Regel entscheidend und garantiert dadurch ein hohes Maß an freiwilliger Normeinhaltung auch ohne Sanktionen. In den Worten Ian Hurds: »Wenn ein Akteur eine Regel für legitim hält, motiviert ihn nicht länger allein die Furcht vor Strafe oder eigeninteressierte Kalkulation, sondern vielmehr ein inneres Gefühl der moralischen Verpflichtung dazu, sie zu befolgen.«[41] Solch ein inneres Gefühl der moralischen Verpflichtung, das auf der Akzeptanz der einer Norm zugrunde liegenden Logik der Angemessenheit beruht, bedarf eines gewissen Grads an moralischer Überzeugung.

40 Vgl. zu deliberativer Demokratie und Global Governance vor allem D. Held, *Democracy and the Global Order. From the Modern State to Cosmopolitan Governance*, Cambridge 1995; K. D. Wolf, *Die Neue Staatsräson – Zwischenstaatliche Kooperation als Demokratieproblem in der Weltgesellschaft*, Baden-Baden 2000; J. Bohman und W. Regh, *Deliberative Democracy. Essays on Reason and Politics*, Cambridge, MA 1997; J. Elster, *Deliberative Democracy*, a. a. O. (Anm. 25).

41 I. Hurd, »Legitimacy and Authority in International Politics«, a. a. O. (Anm. 11), S. 387.

Vertreter der deliberativen Demokratie propagieren deshalb die These, dass durch Deliberation und Argumentieren nicht nur das Partizipationsdefizit von Global Governance angegangen, sondern auch das freiwillige Einhalten selbst unbequemer Regeln gefördert wird, weil Legitimitätslücken beseitigt werden.

Im Bereich der Global Governance stehen den institutionellen Maßnahmen zur Steigerung der deliberativen Qualität der Entscheidungsfindung jedoch große Hindernisse entgegen.[42] Erstens ist die Einbeziehung aller betroffenen Parteien in Verfahren der Regelsetzung nur schwer in die Tat umzusetzen. Oft ist unklar, wer die Interessenvertreter überhaupt sind, wen sie repräsentieren und wem gegenüber sie verantwortlich sind. Nehmen wir das Beispiel trisektoraler Politik-Netzwerke: (Demokratische) Staaten sind ihren Bürgern gegenüber verantwortlich und internationale Organisationen gegenüber den Staaten, während Unternehmen ihren Aktionären und INGOs ihren Mitgliedern gegenüber verantwortlich sind. Sind diese Verantwortlichkeitsbeziehungen aber alle gleichermaßen legitim? Und wie können diejenigen in den sogenannten »Multi-Stakeholder«-Prozessen repräsentiert werden, die von den entsprechenden Entscheidungen und Regelsetzungen zwar betroffen sind, die aber keine Chance haben, Staaten, internationale Organisationen oder die beteiligten nichtstaatlichen Akteure zur Rechenschaft zu ziehen?

Zweitens geht es bei der Auswahl von Mitgliedern in deliberativen Gremien mit politischer Entscheidungsmacht auch immer um Inklusion und Exklusion. Wer soll rein, wer muss draußen bleiben, und wer entscheidet eigentlich über Inklusion und Exklusion? Bei der Etablierung von trisektoralen Netzwerken der Global Governance sind solche Fragen hart umkämpft. Dieses Problem wird durch die Tatsache verschärft, dass spezifische Betroffeneninteressen gewöhnlich sehr viel einfacher organisiert und repräsentiert werden können als diffuse Interessen. Das übliche Beispiel im nationalen Bereich bezieht sich auf die Differenz in der Organisierbarkeit von Agrarinteressen im Vergleich zu Verbraucherinteressen. Aber ähnliche Probleme ergeben sich auch im globalen Maßstab.

42 Für eine ausführliche Diskussion dieser Probleme und eine erste empirische Überprüfung der Legitimität »neuer« Formen von Global Governance vgl. jetzt K. Dingwerth, *The Democratic Legitimacy of Transnational Rule-Making. Normative Theory and Empirical Practice*, Dissertation, Freie Universität Berlin 2005.

Drittens stellt sich die Frage, wie tatsächlich gewährleistet werden kann, dass Deliberation und Argumentieren zu einer qualitativen Verbesserung der Multi-Stakeholder-Netzwerke beitragen. Institutionelle Regeln sind erforderlich, damit Akteure überhaupt in die Lage versetzt werden, in einen reflexiven Prozess der Argumentation einzusteigen. Institutionen müssen Akteuren Anreize bieten, ihre eigenen Interessen und Präferenzen kritisch zu evaluieren, wenn der Argumentationsprozess über wechselseitiges Informieren und das Äußern eigener Präferenzen hinausgehen soll. An dieser Stelle geht es auch um Zielkonflikte zwischen Transparenz und Öffentlichkeit trisektoraler Netzwerke einerseits und der Effektivität deliberativer Prozesse andererseits. Wie oben diskutiert, zeigen viele Verhandlungssysteme, dass Argumentieren besonders gut hinter verschlossenen Türen funktioniert, also außerhalb der Öffentlichkeit. Ein verständigungsorientierter Konsens kann unter Umständen einfacher erreicht werden, wenn die Deliberationen vertraulich bleiben und die Akteure nicht gezwungen werden, ihre Positionsänderungen vor einem kritischen Publikum zu rechtfertigen. Hinter verschlossenen Türen können die Verhandlungsführer oft Ideen und Gedanken freier und einfacher austauschen als in der Öffentlichkeit, wo sie Unnachgiebigkeit demonstrieren müssen. Dennoch wird Transparenz gewöhnlich als ein notwendiges Mittel zur Steigerung der demokratischen Legitimität von Global Governance angesehen. Wenn wir die deliberative Qualität von Global Governance nur durch weitere Transparenzeinbußen steigern können, wird der Netto-Gewinn an demokratischer Legitimität und Verantwortlichkeit die Anstrengung vielleicht gar nicht wert sein.

Das führt mich zu einem letzten Punkt, nämlich den potentiellen Konflikten zwischen Verantwortlichkeit und Deliberation. Verhandlungsführer – ob nun Diplomaten oder private Akteure in trisektoralen Netzwerken – sind zunächst verpflichtet, die Interessen ihrer Organisationen zu repräsentieren. Sie sind in erster Linie gegenüber denjenigen rechenschaftspflichtig, die sie in die Verhandlungen geschickt haben. Das bedeutet, dass ihre Beteiligung an Deliberationen und Überzeugungsprozessen durchaus Beschränkungen unterliegt. Was passiert, wenn Verhandlungsführer im Laufe der Verhandlungen die Seiten wechseln, weil sie sich von den besseren Argumenten haben überzeugen lassen? Natürlich sind Verhandlungsführer nicht einfach Sprachrohre der Präferenzen ihrer Auftraggeber ohne eigenen Entscheidungsspielraum. Wenn sich die Verhandlungsführer allerdings von den Argumenten der Gegenseite dazu bringen lassen, die Seite zu wechseln, wirft das Fragen nach der Verantwortlichkeit auf. Zumindest wird man fordern müssen, dass sie sich auf einen »zweistufigen« Argumentationsprozess einlassen, das heißt versuchen, auch ihre Auftraggeber zu Präferenzänderungen zu bewegen.[43] Es reicht nicht aus, deliberative Verfahren in multilateralen Verhandlungen zu institutionalisieren. Vielmehr muss es einen kommunikativen Rückkopplungsprozess in die Umwelt etwa der nationalen Gesellschaften geben, denen gegenüber die verhandelnden Akteure verantwortlich sind. Andernfalls würde man Verantwortlichkeit und Legitimität der Effizienz opfern. Ein solches »zweistufiges« Argumentieren kann auch notwendig sein, um den potentiellen Zielkonflikt zwischen der Effektivität von Deliberation hinter verschlossenen Türen und der normativ gebotenen Transparenz und Öffentlichkeit von Verfahren zu überwinden.

Für dieses Problem existieren eine Reihe institutioneller Lösungsansätze. Ich habe in diesem Aufsatz die These vertreten, dass nicht so sehr die individuelle Motivation der Akteure als vielmehr der soziale und institutionelle Kontext entscheidend dafür ist, ob Argumentieren und kommunikatives Handeln wirksam werden können. Die Schaffung angemessener Institutionen von Global Governance und die Transformation der existierenden Institutionen in Diskursarenen ist demnach von zentraler Bedeutung. Hier wird sich letztlich entscheiden, ob die Legitimität von Global Governance durch Deliberation erhöht werden kann.

Aus dem Englischen von Robin Celikates und Eva Engels

43 »Zweistufiges Argumentieren« ist analog zu Putnams »Zwei-Ebenen-Spielen« zu verstehen; vgl. R. Putnam, »Diplomacy and Domestic Politics. The Logic of Two-Level Games«, in: *International Organization* 42 (1988), S. 427-460. Ich danke Mathias König-Archibugi und David Held für diesen Hinweis.

Patrizia Nanz und Jens Steffek

Zivilgesellschaftliche Partizipation und die Demokratisierung internationalen Regierens[1]

> Das Ideal wäre nicht ein allseits einheitlich kompetenter Demos, sondern ein arbeitsteiliger demokratischer Prozeß, der hinreichend offen ist für das Entstehen spezialisierter Öffentlichkeiten und Foren und dennoch hinreichend integrativ und organisiert, um zu praktischen Lösungen zu gelangen.
> *Bernhard Peters*[2]

Seit dem Zweiten Weltkrieg hat sich eine Vielzahl internationaler Organisationen und Regime entwickelt, die Elemente von Rechtsetzung, exekutivem Vollzug oder gerichtlicher Kontrolle aufweisen. Derzeit gibt es rund 5900 intergouvernementale Organisationen und Netzwerke.[3] Diese Institutionen haben sich jedoch nicht einfach nach dem Beispiel des Nationalstaats westlich-liberaler Prägung herausgebildet. Sie sind oftmals gekennzeichnet durch eine streng funktionale Spezialisierung auf die Regelung konkreter Problemlagen (zum Beispiel Umweltschutz, Schutz des geistigen Eigentums etc.), von einer fehlenden Einordnung in eine supranationale Hierarchie sowie von einer starken Vernetzung mit nichtstaatlichen Akteuren. Die Legitimität einer auf diese Weise zunehmend funktional ausdifferenzierten Weltpolitik ist seit einigen Jahren in die wissenschaftliche und öffentliche Diskussion geraten. Bemängelt wird, dass internationale Institutionen in zuneh-

1 Dieses Kapitel basiert auf den empirischen Recherchen unseres Forschungsprojekts »Partizipation und Legitimation in internationalen Organisationen« im DFG-Sonderforschungsbereich 597 »Staatlichkeit im Wandel« an der Universität Bremen ⟨www.sfb597.uni-bremen.de⟩. Wir danken den Teilnehmern der Konferenz »Intersubjektivität und internationale Politik« und besonders Peter Niesen für hilfreiche Kommentare.

2 B. Peters, *Die Integration moderner Gesellschaften*, Frankfurt am Main 1993, S. 352.

3 Quelle: Union of International Associations ⟨http://www.uia.org/organizations/⟩, 15. März 2006.

mendem Maße verbindliches Recht für demokratische Gesellschaften setzen, ihre Entscheidungen aber von nicht gewählten Diplomaten, Bürokraten und Experten getroffen werden sowie dass die Verfahren der Rechtsetzung kaum zu durchschauen sind und an der Öffentlichkeit vorbeigehen. Da ihnen eine direkte Legitimation durch eine Weltbürgerschaft fehlt, sind sie nur indirekt demokratisch legitimiert, nämlich vermittelt über (gewählte) nationale Regierungen. Eine überzeugende repräsentativ-parlamentarische Lösung dieses Legitimationsproblems ist nicht in Sicht.

Vor diesem Hintergrund wird Global Governance in der Theorie der Internationalen Beziehungen als »Gesamtarrangement von *Governance by, with and without Governments*«[4] verstanden, als komplexes Regieren jenseits des Nationalstaats, an dem verschiedenste Akteure (staatliche, wirtschaftliche und zivilgesellschaftliche) in einem Mehrebenensystem beteiligt sind. Die Legitimität von Global Governance wird dabei häufig an normativen Kriterien gemessen, die (meist implizit) der deliberativen Demokratietheorie entnommen sind. So werden nicht Parlamente, sondern öffentliche Rechtsetzungsverfahren unter deliberativer Beteiligung aller Betroffenen zum Maßstab einer ›legitimen‹ Rechtsetzung erhoben.[5] Vielerorts wird der Zivilgesellschaft eine zentrale Rolle bei der Demokratisierung globalen Regierens zugeschrieben.[6] Es scheint an der Zeit zu sein, diese Behauptung einer Demokratisierung der Global Governance durch zivilgesellschaftliche Partizipation sowohl theoretisch als auch empirisch unter die Lupe zu nehmen. Dabei gilt es, die impliziten Voraussetzungen einer Demokratisierung durch zivilgesellschaftliche Partizipation in der Deliberationstheorie explizit zu verorten und ihre Annahmen empirisch zu überprüfen.

In diesem Beitrag möchten wir im ersten Teil rekonstruieren, welchen Stellenwert die Zivilgesellschaft in Habermas' deliberativer Demokratietheorie – und insbesondere im ›Schleusenmodell‹ – hat. In Teil II werden wir untersuchen, wie sich dieses für den National-

4 M. Zürn, *Regieren jenseits des Nationalstaats*, Frankfurt am Main 1998, S. 166.

5 B. Zangl und M. Zürn, »Make Law, Not War: Internationale und transnationale Verrechtlichung als Baustein für Global Governance«, in: *Verrechtlichung – Baustein für Global Governance*, hg. von B. Zangl und M. Zürn, Bonn 2004, S. 12-45.

6 Vgl. etwa R. Payne und N. Samhat, *Democratizing Global Politics*, Albany, NY 2004, S. 56 f.; J. A. Scholte, »Civil Society and Democratically Accountable Global Governance«, in: *Government and Opposition* 39 (2004), S. 211-233.

staat entwickelte Modell so umformulieren lässt, dass es für das globale Regieren fruchtbar gemacht werden kann. Wir stellen also die Frage nach den notwendigen (freilich keineswegs hinreichenden) Bedingungen für eine Demokratisierung globalen Regierens durch zivilgesellschaftliche Partizipation. Wir möchten zeigen, dass die Beteiligung der Zivilgesellschaft am globalen Regieren in zweierlei Hinsicht vielversprechend ist für deren Demokratisierung. Zum einen können zivilgesellschaftliche Organisationen neue Themen, Interessen und Anliegen der lokalen Bevölkerung in die Mechanismen globalen Regierens einbringen, indem sie direkt am Regelsetzungsdiskurs der Global Governance teilnehmen. Zum anderen tragen sie zur Herausbildung einer globalen Öffentlichkeit bei, in der Politikalternativen einer öffentlichen Prüfung unterzogen werden können.[7]

Im dritten Teil des Beitrags werden wir die Ergebnisse unseres Forschungsprojekts »Partizipation und Legitimation in internationalen Organisationen« vorstellen. Ziel des Projektes ist es, zu untersuchen, inwiefern bereits bestehende Verfahren zur Beteiligung der Zivilgesellschaft am internationalisierten Regieren geeignet sind, das vorab skizzierte Demokratisierungspotential zu verwirklichen. Im vierten Teil des Aufsatzes möchten wir einige weiterführende Überlegungen zur Legitimität der zivilgesellschaftlichen Organisationen selbst anstellen und aufzeigen, wie diese empirisch untersucht werden kann.

I. Die Rolle der Zivilgesellschaft im Schleusenmodell

Die Kernstruktur deliberativer Politik bilden Verfahren von Beratungen und Beschlussfassungen. Die zentralen Bedingungen für solche Verfahren sind, dass sie sich in argumentativer Form vollziehen, das heißt durch den Austausch von Informationen und Gründen, und dass sie inklusiv und öffentlich sind: Alle von den Beschlüssen möglicherweise Betroffenen haben gleiche Chancen des Zugangs und der Teilnahme. Jürgen Habermas schlägt eine diskurstheoretische Lesart dieser ›idealen Prozedur‹ vor, die der komplexen

7 P. Nanz und J. Steffek, »Global Governance, Participation, and the Public Sphere«, in: *Government and Opposition* 39 (2004), S. 314-335.

Verzahnung und Interdependenz von Staat, Recht und Zivilgesellschaft Rechnung tragen will. Entgegen der Vorstellung einer im ganzen deliberativ gesteuerten Gesellschaft trennt er zwischen ›Staat‹ und ›Gesellschaft‹ und entwickelt das Konzept einer ›zweigleisig‹ verlaufenden deliberativen Politik, die zwischen dem (auf kollektiv bindende Entscheidungen spezialisierten) politischen System einerseits und der (vom Entscheidungsdruck entlasteten) autonomen Öffentlichkeit andererseits unterscheidet.

Habermas knüpft dabei an Bernhard Peters' soziologisches Schleusenmodell an, das die Kommunikations- und Entscheidungsprozesse des politischen Systems auf einer Achse Zentrum – Peripherie anordnet. Der Kernbereich des politischen Systems besteht aus dem parlamentarischen Komplex, Regierung und Verwaltung sowie dem Gerichtswesen. Den peripheren Kontext bildet eine zivilgesellschaftliche Infrastruktur. Dazwischen gibt es komplexe Netzwerkstrukturen zwischen öffentlicher Verwaltung und privaten Organisationen, Interessengruppen, Verbänden und Lobbyisten, die in unterschiedlichem Maße Kooperationsbeziehungen eingehen und Koordinationsfunktionen bei der Umsetzung öffentlicher Funktionen haben. Daneben existieren (sozusagen noch weiter in der Peripherie angesiedelt) intermediäre Strukturen in der politischen Öffentlichkeit, die weniger die Implementierung beschlossener Politiken als vielmehr deren Formulierung und die Artikulation von Problemen als ihre Aufgabe ansehen.

Im Zentrum konzentrieren sich also die politischen Entscheidungen, jedoch

> ist die Legitimität der Entscheidung abhängig von Meinungs- und Willensbildungsprozessen in der Peripherie. Das Zentrum ist ein System von Schleusen, das viele Prozesse im Bereich des politisch-rechtlichen Systems passieren müssen, aber das Zentrum kontrolliert die Richtung und die Dynamik dieses Prozesses nur in begrenztem Maß [...]. Die Idee der Demokratie beruht schließlich darauf, dass die politischen Willensbildungsprozesse, die im hier skizzierten Schema einen peripheren oder intermediären Status haben, für die politische Entwicklung ausschlaggebend sein sollen.[8]

Aber solche Prozesse müssen in jedem Fall durch die Institutionen des Zentrums hindurchgeleitet werden, um effektiv und legitim zu sein. Die Idee des Peters'schen Modells ist, dass Verfahren und

8 B. Peters, *Die Integration moderner Gesellschaften*, a. a. O. (Anm. 2), S. 340 f.

Kommunikationsbedingungen der demokratischen Meinungs- und Willensbildung die Schleuse sind für die diskursive Rationalisierung der politischen Entscheidungen. Nur so kann verhindert werden, dass die administrative oder die soziale Macht der intermediären Strukturen gegenüber der kommunikativen Macht, die sich im parlamentarischen Komplex bildet, die Oberhand gewinnen. Der rechtsstaatlich regulierte Machtkreislauf wird freilich auch dann außer Kraft gesetzt, wenn die Zivilgesellschaft im Ganzen zu schwach ist, um gesellschaftliche Interessen und Anliegen überhaupt zu artikulieren.

Peters' auf institutionellen Realismus bedachte Demokratietheorie (siehe das Motto unseres Beitrags) unterscheidet zwei Modi der Arbeitsweise des politischen Systems: den Routine- und den Problemmodus. Die meisten Aktivitäten laufen nach Routinen ab und verarbeiten auf diese Weise effizient eine Vielzahl komplexer Probleme. In Fällen veränderter Problemlagen allerdings tritt ein außerordentlicher Problemverarbeitungsmodus in Kraft, der durch Krisenbewusstsein und erhöhte öffentliche Aufmerksamkeit gekennzeichnet ist. Um vom parlamentarischen Komplex aufgenommen und bearbeitet zu werden, müssen spontane Meinungsbildungsprozesse Probleme wirkungsvoll und überzeugend thematisieren. Welche institutionellen Kanäle und Mechanismen größere Problemlösungskompetenz aufweisen und welche zu illegitimer Problemverdrängung oder Verselbständigung von administrativer Macht gegenüber demokratisch erzeugter Macht führen, bleibt eine empirische Frage.

Habermas gibt dem soziologischen Schleusenmodell eine normative Wendung. Dem Diskursbegriff der Demokratie entspricht die Idee der Volkssouveränität als kommunikativ erzeugte Macht, die aus der Interaktion zwischen rechtsstaatlich institutionalisierter Willensbildung und mobilisierten Öffentlichkeiten entspringt. Die deliberative Politik bleibt letztlich auf »die Initiativen meinungsbildender Assoziationen [...] angewiesen, die sich weitgehend spontan bilden und regenerieren, jedenfalls direkten Zugriffen des politischen Apparats nur schwer zugänglich sind«.[9] Die Volkssouveränität hat ihre Grundlage in der organisierten Zivilgesellschaft, deren Auf-

9 J. Habermas, *Faktizität und Geltung. Beiträge zur Diskurstheorie des Rechts und des demokratischen Rechtsstaats*, Frankfurt am Main 1992, S. 366.

gabe es ist, gesellschaftliche Problemlagen an die politische Öffentlichkeit weiterzuleiten. Die organisierte Zivilgesellschaft – definiert als nichtstaatliche und nichtökonomische Assoziationen auf freiwilliger Basis – bleibt bei Habermas in der Lebenswelt verankert und entzieht sich dem Zugriff des politischen Systems. Nach außen autonom, ist sie nach innen strukturiert durch »egalitäre und offene Organisationsformen«.[10] Ihren Handlungsspielraum selbst begrenzend, können zivilgesellschaftliche Akteure nur Einfluss in Form von öffentlicher Meinung erwerben, nicht aber politische Macht. Die Verzahnung mit dem politischen Zentrum geschieht durch die Mitwirkung der Parteien bei der politischen Willensbildung sowie durch die politische Partizipation der Bürger (zum Beispiel durch Wahlen).

II. Die Rolle der Zivilgesellschaft in der Global Governance

Das Schleusenmodell demokratischer Legitimation, das der organisierten Zivilgesellschaft einen Platz im Institutionengefüge und in den Politiksetzungsprozessen zuweist, ist bei Peters und Habermas eng mit den institutionellen Bedingungen des Nationalstaats verknüpft. Es stellt sich also die Frage, ob es sich so umformulieren lässt, dass es auch für das globale Regieren als normative Folie nutzbar gemacht werden kann. Beschreiben wir zunächst kurz die Kennzeichen globalen Regierens im Vergleich zum Regieren im demokratisch verfassten Nationalstaat. Im globalen Regieren lässt sich kein politisches Zentrum ausmachen, um das herum sich die Zivilgesellschaft als Peripherie anordnen könnte. Es verzweigt sich in einer Vielzahl von internationalen Organisationen und Regimen, die sich häufig auf die Regulierung spezifischer Problemlagen spezialisieren (*issue-specific organizations*), keine klare Einordnung in eine supranationale Hierarchie aufweisen und nicht als Teile eines Weltstaates verstanden werden können. Den meisten internationalen Institutionen fehlt ein parlamentarischer Komplex (wichtigste Ausnahme ist die Europäische Union), sie weisen aber Elemente zentralisierter Rechtsetzung, exekutiven Voll-

10 Ebd., S. 443.

zugs oder gerichtlicher Kontrolle beziehungsweise Streitschlichtung auf.

Auffällig ist, dass sich internationale Organisationen zum Teil direkt mit einflussreichen wirtschaftlichen und zivilgesellschaftlichen Akteuren vernetzen, um sich auf bestimmte Ziele zu einigen. So werden auf – von internationalen Institutionen organisierten – themenspezifischen Konferenzen Regulierungsoptionen unter Beteiligung von Wirtschaftsverbänden und zivilgesellschaftlichen Akteuren diskutiert und sogenannte *guidelines* formuliert. Aufgrund dessen besteht die Gefahr, dass sich im globalen Regieren die Macht des administrativen Komplexes durch intergouvernementale Verhandlungssysteme zuungunsten einer ohnehin nicht ausreichend demokratisch erzeugten Macht verselbständigt. Dies lässt allerdings auch hoffen, dass eine international organisierte Zivilgesellschaft auf die Regelungsbetroffenen quasi direkt legitimierend durchgreifen könnte.

Wie ist die globale Zivilgesellschaft beschaffen? Sie ist gespalten in Assoziationen und Netzwerke, die Missstände globalen Regierens aufdecken und die Weltöffentlichkeit mobilisieren (zum Beispiel Attac, Weltsozialforum), und nicht profitorientierte Nichtregierungsorganisationen (NGOs), die mit internationalen Institutionen kooperieren und ihr Expertenwissen dort einbringen (zum Beispiel Amnesty International, Human Rights Watch etc.). Erstere kontrollieren öffentlich die Privatisierung von Global Governance zwischen mächtigen Bürokratien und wirtschaftlichen Lobbys. Letztere werden zum einen in politische Entscheidungsprozesse eingebunden, zum anderen werden ihnen Dienstleistungsaufgaben wie zum Beispiel die Implementierung von Projekten übertragen. So führt etwa die Weltbank über 70 Prozent ihrer Entwicklungsprojekte in Zusammenarbeit mit NGOs durch.[11] Diese zivilgesellschaftlichen Organisationen stehen also in direktem Kontakt zu den Zentren administrativer Macht. Soweit bestimmte Gruppen ihre Anliegen auf internationalen Konferenzen nicht repräsentiert sehen, mobilisieren sie wiederum die Öffentlichkeit und formulieren alternative Politiken.

Welches sind nun die notwendigen Bedingungen für eine Demokratisierung globalen Regierens, und welche Bedeutung hat die

11 Quelle: ⟨http://siteresources.worldbank.org/CSO/Resources/World_Bank_Civil_Society_Progress_Report_2002-2004.pdf⟩, aufgerufen am 2. Februar 2006.

transnationale Zivilgesellschaft in diesem Prozess?[12] Für normative demokratietheoretische Konzeptionen besteht ein grundlegender Zusammenhang zwischen Demokratie, Öffentlichkeit und Legitimität. Ohne angemessene demokratische Verfahren und eine angemessene Öffentlichkeit kann eine politische Ordnung nicht als legitim im Sinne von anerkennungswürdig gelten.[13] Mit anderen Worten: Um im normativen Sinne als legitim gelten zu können, erfordern bindende politische Ordnungen und Entscheidungen auf internationaler Ebene adäquate Formen von demokratischer Entscheidungsbeteiligung und öffentlicher Deliberation. Wir gehen im Weiteren von der demokratietheoretischen Prämisse aus, dass politische Regelsetzung auf internationaler Ebene an demokratischer Legitimität gewinnen kann, wenn die Anliegen und Interessen der Regelungsbetroffenen verstärkt in den Beratungs- und Entscheidungsprozess aufgenommen werden.[14] Angesichts der besonderen Rahmenbedingungen der internationalen Politik kommt der organisierten Zivilgesellschaft dort eine besondere Bedeutung zu. Erstens können zivilgesellschaftliche Organisationen (ZGOs) Anliegen und Interessen von Bürgern direkt an internationale Organisationen übermitteln und sind damit eine wichtige Ergänzung zur territorial fragmentierten Interessenrepräsentation durch Regierungsvertreter. Wir sprechen hier metaphorisch von ZGOs in ihrer Funktion als ›Transmissionsriemen‹, der Anliegen von der gesellschaftlichen Ebene aufnimmt und diese unter Umgehung der Regierungsebene direkt zu den internationalisierten Entscheidungsgremien trägt.[15]

Damit ZGOs diese Funktion erfüllen können, sind bestimmte in-

12 Die transnationale Zivilgesellschaft ist eine notwendige, aber natürlich keine hinreichende Bedingung für die Demokratisierung internationalen Regierens. Hinzukommen müssten auf internationaler Ebene eine ausgebildete *rule of law*, Grundrechte etc.

13 Zum Beispiel J. Habermas, *Faktizität und Geltung. Beiträge zur Diskurstheorie des Rechts und des demokratischen Rechtsstaats*, Frankfurt am Main 1992; B. Manin, »On Legitimacy and Political Deliberation«, in: *Political Theory* 15 (1987), S. 338-368.

14 P. Nanz und J. Steffek, »Legitimation durch Deliberation? Die Rolle der Zivilgesellschaft«, in: *Europäische Zivilgesellschaft*, hg. von M. Knodt und B. Finke, Wiesbaden 2005, S. 79-102.

15 P. Nanz und J. Steffek, »Global Governance, Participation and the Public Sphere«, a. a. O. (Anm. 14), S. 314-335.

stitutionelle Voraussetzungen auf internationaler Ebene nötig. Es müssen partizipative Arrangements geschaffen werden, in denen Regierungsdelegationen, also die Entscheidungsträger, in einen Dialog mit den Vertretern einer transnational organisierten Zivilgesellschaft treten. Das Ideal wären also deliberative Foren an der Schnittstelle zwischen der gouvernementalen und der zivilgesellschaftlichen Sphäre. Inwiefern bestehende partizipative Arrangements bereits die institutionellen Voraussetzungen für einen solchen politischen Dialog schaffen, wird im folgenden Abschnitt kritisch überprüft.

Wenn zivilgesellschaftliche Organisationen als Transmissionsriemen zwischen einer transnationalen Bürgerschaft und internationalen Organisationen fungieren, befördern sie jedoch nicht nur politische Anliegen ›von unten nach oben‹. Der Transmissionsriemen kann auch in die umgekehrte Richtung laufen, indem aktuelle, politisch relevante Informationen aus den Foren internationalisierten Regierens zurück an die zivilgesellschaftliche Basis getragen werden. ZGOs machen internationale Politikprozesse durchschaubarer und ermöglichen die politische Meinungsbildung und die Formulierung politischer Alternativen auf der Ebene der zivilgesellschaftlichen Basis. Wichtig ist dabei, dass ZGOs die auf der internationalen Ebene gewonnenen (oftmals technisch sehr komplexen) Informationen nicht nur weitergeben, sondern auch aufbereiten, und das heißt ihre Bedeutung für den gesellschaftlichen Kontext der Bürger konkretisieren und erklären.

Es ist jedoch offensichtlich, dass der Informationsfluss in vertikaler Richtung nur diejenigen Bürger erreicht, die bereits Teil der *organisierten* Zivilgesellschaft sind – sei es als Mitglieder von ZGOs oder als Unterstützer, die aktiv auf die angebotenen Informationen zugreifen. Durch Informationsvermittlung zwischen internationalen Organisationen und einer organisierten zivilgesellschaftlichen Basis ist natürlich noch nicht sichergestellt, dass *alle* regelungsbetroffenen Bürger am Informationsfluss teilhaben können. Dies lässt sich allein dadurch sicherstellen, dass ZGOs die Informationen über internationales Regieren, ihre kritische Gegenexpertise und die formulierten politischen Alternativen auch einer breiteren Medienöffentlichkeit zugänglich machen. Wir haben in dem in *Abbildung 1* dargestellten Modell versucht, diese Dimension der Informationsvermittlung durch die seitlichen Verzweigungen deutlich zu ma-

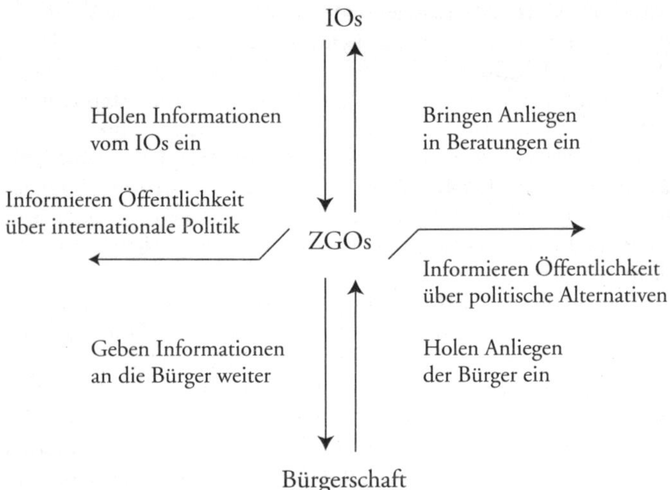

Abbildung 1: ZGOs als Transmissionsriemen zwischen internationalen Organisationen (IOs), der Weltbürgerschaft und den Medien – ein normatives Modell.

chen. ZGOs informieren nicht nur ihren eigenen Unterstützerkreis, sondern auch die Medien und spielen damit eine wichtige Rolle bei der Entstehung einer transnationalen politischen Öffentlichkeit.

Diese öffentlichkeitsgenerierende Funktion ist auf internationaler Ebene von besonderer Bedeutung. Während in modernen Nationalstaaten das Bestehen einer solchen politischen Öffentlichkeit vorausgesetzt werden kann, ist sie auf internationaler Ebene (selbst in der Europäischen Union) nur rudimentär entwickelt. Inwiefern ZGOs bereits zur Entstehung einer transnationalen Öffentlichkeit beitragen, können wir in diesem Beitrag aus Platzgründen nicht näher diskutieren. Wir konzentrieren uns stattdessen allein auf die vertikale Dimension des vorgestellten Modells: die Bedingungen für zivilgesellschaftlichen Input bei internationalen Organisationen. Im folgenden Abschnitt werden wir solche Bedingungen zivilgesellschaftlicher Partizipation bei internationalen Organisationen, wie sie derzeit bestehen, untersuchen. Zu fragen ist hier also nach prozeduralen Legitimationskriterien für die neuartigen institutionellen Arrangements von Global Governance.

III. Partizipation und Legitimation in internationalen Organisationen: Ergebnisse der empirischen Forschung

a) Bewertungskriterien

Wie in Abschnitt I dargestellt, ist die Partizipation zivilgesellschaftlicher Organisationen[16] eine zentrale Bedingung für die Demokratisierung internationalen Regierens. Sie kann eine Verbindung herstellen zwischen den Institutionen internationalen Regierens und den Bürgern, die von den Entscheidungen dieser Institutionen betroffen sind. Wie gut und zuverlässig sie diese Vermittlungsfunktion erfüllen kann, hängt maßgeblich von den Rahmenbedingungen ab, unter denen ZGOs in den Foren des internationalen Regierens mitarbeiten. Deren Analyse und ihre Rückwirkungen auf die transnational organisierte Zivilgesellschaft ist Gegenstand unserer empirischen Forschungsarbeit. Dabei geht es uns nicht allein darum, die Funktionsweise der Partizipationsforen und die Strategien der beteiligten Akteure zu beschreiben. Das eigentliche Forschungsziel ist eine Abschätzung der demokratischen Qualität der institutionellen Arrangements. Um diese demokratische Qualität empirisch bestimmen zu können, haben wir einen Kriterienkatalog entwickelt, der die normativen Anforderungen an diese institutionellen Arrangements beschreibt.[17]

Zunächst ist (1) der direkte und rechtlich abgesicherte Zugang zu internationalisierten Beratungsprozessen eine unerlässliche Voraussetzung für demokratisierende Partizipationsarrangements. Gleiches gilt (2) für die Transparenz der Entscheidungsfindung und den Zugang nichtstaatlicher Akteure zu entscheidungsrelevanten Informationen. Auch in dieser Hinsicht muss die Zivilgesellschaft rechtlich verankerte Zugangsrechte haben, um auf Augenhöhe mit Re-

16 Unter zivilgesellschaftlichen Organisationen verstehen wir all jene nichtstaatlichen, nicht profitorientierten Akteure, die an politischen Beratungsprozessen teilnehmen mit dem Ziel, diese auf dem Wege der Argumentation zu beeinflussen.

17 Den verwendeten Kriterienkatalog können wir an dieser Stelle nur skizzieren. Für eine ausführlichere Diskussion der Kriterien siehe P. Nanz und J. Steffek, »Assessing the Democratic Quality of Deliberation in International Governance: Criteria and Research Strategies«, in: *Acta Politica* 40 (2005), S. 368-383.

gierungsvertretern agieren zu können. Des Weiteren müssen die von der Zivilgesellschaft vorgebrachten Argumente tatsächlich Eingang in den Beratungsprozess finden. Wir fassen dies mit dem Begriff der (3) Responsivität. Gemeint ist damit, dass Regierungsvertreter die zivilgesellschaftlichen Argumente einer kritischen Überprüfung unterziehen und gleichzeitig ihre eigenen Positionen rechtfertigen sollen. Nur unter dieser Bedingung ist sichergestellt, dass es zu einer Revision der jeweiligen Positionen im Lichte der von anderen vorgebrachten Argumente kommen kann. Das Kriterium der (4) Inklusion operationalisiert die demokratietheoretische Forderung nach gleichen Einflussmöglichkeiten für alle potentiell von einer politischen Entscheidung Betroffenen. In unserem konkreten Forschungskontext bedeutet dies, dass die Anliegen aller Gruppen der transnationalen Bürgerschaft, auch der materiell am stärksten benachteiligten, im Beratungsprozess präsent sein müssen. Dies kann empirisch durch Mechanismen des Empowerment erreicht werden, etwa auf dem Wege der finanziellen oder technologischen Hilfe.

Der genannte Kriterienkatalog dient in unserem Forschungsprojekt einer empirischen Analyse partizipativer Arrangements in 32 internationalen Organisationen, Regimen und der Europäischen Union (EU). Dabei konnten die Kriterien *Zugang* und *Transparenz* in allen Fällen abgefragt werden. Zur Operationalisierung dieser beiden Kriterien wurden wiederum 20 Einzelindikatoren bestimmt, anhand deren die entsprechenden Beteiligungsverfahren evaluiert wurden.[18] Die Analyse von *Responsivität* und *Inklusion* beschränkte sich auf fünf vertiefte Fallstudien, da sie eine umfangreiche, computergestützte Textanalyse voraussetzt. Bei der Auswahl dieser Fallstudien haben wir auf eine möglichst große Varianz der institutionell abgesicherten Zugangsbedingungen Wert gelegt.

18 Für Details der Studie siehe *Civil Society Participation in Global and European Governance: A Cure for the Democratic Deficit?*, hg. von J. Steffek, C. Kissling und P. Nanz, Houndmills (i. E.).

b) Zugang und Transparenz

Aus Platzgründen können die Projektergebnisse an dieser Stelle nur überblicksartig dargestellt werden. Eines der interessantesten Resultate ist die zunehmende Formalisierung der Beziehungen zwischen internationalen Organisationen und der transnationalen Zivilgesellschaft. Dies zeigt sich insbesondere darin, dass mittlerweile die Hälfte der untersuchten Organisationen ZGOs akkreditiert. Wir interpretieren diese Selektivität insofern positiv, als akkreditierte ZGOs im Gegenzug bestimmte Beteiligungsrechte erhalten, was ihre Partizipation in vielen Fällen auf eine rechtlich stärker abgesicherte Basis stellt. Wichtigste Ausnahme in dieser Hinsicht ist bis heute die EU, die kein Verzeichnis derart ›privilegierter Partner‹ erstellt hat.[19] Die verstärkte Formalisierung der wechselseitigen Beziehungen kommt auch darin zum Ausdruck, dass immer mehr internationale Organisationen eigene Abteilungen einrichten, die sich um die Belange der zivilgesellschaftlichen Partner kümmern und als institutionelle Anlaufstelle zur Verfügung stehen.

Im Hinblick auf Transparenz und Zugang zu Dokumenten zeichnet sich ebenfalls eine deutliche Verbesserung ab. Viele internationale Organisationen, darunter auch traditionell stark abgeschirmte wie etwa die Welthandelsorganisation (WTO), stellen inzwischen fast alle offiziellen Dokumente im Internet zur Verfügung. Dies gilt in vielen Fällen auch für die Mitschriften politischer Beratungen und gegenwärtig diskutierter Verhandlungstexte. Damit wird sowohl der organisierten Zivilgesellschaft als auch interessierten Bürgern der Zugang zu politisch relevanten Informationen erleichtert.

Was den Zugang zivilgesellschaftlicher Organisationen zu politischen Beratungsprozessen angeht, bietet sich derzeit noch ein sehr uneinheitliches Bild. Grundsätzlich ist zu bedenken, dass es im internationalen Regieren verschiedene Kategorien politischer Beratungen gibt: an erster Stelle das Phänomen spezieller, oft zielgruppenorientierter *outreach-meetings*, in denen Konsultationen zwischen Vertretern von ZGOs und Mitarbeitern internationaler Organisationen stattfinden. Staatenvertreter nehmen an vielen dieser

19 Auf mögliche negative Nebenwirkungen der Akkreditierung kommen wir in Teil IV zurück.

Treffen jedoch nicht oder nur in sehr kleiner Zahl teil. Zudem beschränken sich diese Treffen oft auf einen allgemeinen Meinungsaustausch und stehen nicht in direkter Verbindung zu konkreten Regelungsvorhaben oder legislativen Texten.

Diese Frühphase des Beratungsprozesses kann abgegrenzt werden von den intergouvernementalen Verhandlungen, die einer politischen Entscheidung direkt vorausgehen. Zugang zu diesen Prozessen wird häufig – aber durchaus nicht immer – restriktiver gehandhabt. Zu beachten ist dabei, dass Zugang für Beobachter nicht zwangsläufig auch konkrete Beteiligungsmöglichkeit im Sinne von Rederecht bedeutet. Allerdings fanden wir in 83 Prozent der Fälle, in denen ZGOs als Beobachter zugelassen waren, auch ein verbrieftes Rederecht. Die konkrete Ausgestaltung dieser Interventionsmöglichkeit variiert stark zwischen den einzelnen internationalen Organisationen und reicht von einer Fragestunde am Anfang oder Ende des Treffens bis hin zur Möglichkeit, jederzeit während der Beratungen das Wort zu ergreifen.

Trotz dieser zahlreichen Unterschiede im Detail lassen sich Zugangsrechte einigermaßen aussagekräftig anhand der Politikbereiche aufschlüsseln, in denen die jeweiligen internationalen Organisationen aktiv sind. Die allgemein schwächsten Partizipationsrechte finden sich im Politikfeld Währung und Finanzen. Hier gibt es tatsächlich noch Organisationen, wie etwa die Bank für internationalen Zahlungsausgleich (BIZ), die sich jeder Interaktion mit nichtstaatlichen Akteuren verweigern. Auch die Europäische Zentralbank und der Internationale Währungsfonds (IWF) konsultieren die organisierte Zivilgesellschaft nur bei sehr seltenen Gelegenheiten und schirmen ihre Entscheidungsprozesse hermetisch ab. Der Grund für die Geheimhaltung liegt hier oft darin, dass ein vorzeitiges Bekanntwerden bestimmter Entscheidungen, wie etwa Kreditvergaben oder Bewertungen der Kreditwürdigkeit bestimmter Länder durch den IWF, zu kontraproduktiven Spekulationen auf den Finanzmärkten führen kann.

Ähnlich verschlossen bleibt auch der Bereich der internationalen Handelsregulierung. Sowohl die WTO als auch die Generaldirektion Handel der EU konsultieren zwar die Zivilgesellschaft in speziellen Veranstaltungen. Zugang zu den eigentlichen politischen Beratungsprozessen bleibt ihnen jedoch verwehrt. Die Begründungen für diese Geheimhaltung sind nur in wenigen Fällen nachvollziehbar. So könnten Kompromisse zwischen Regierungen im Fall von Zollsenkungen erschwert werden, wenn mächtige nationale Lobbyverbände sofort von Konzessionen erführen, die ihre Regierung am Verhandlungstisch angedeutet hat. In der WTO wird die Zivilgesellschaft jedoch auch von Beratungen auf Komitee-Ebene ausgeschlossen, in denen es gar nicht um Zollsenkungen geht, sondern um Themen wie ›Handel und Umwelt‹ oder ›Handel und Entwicklung‹. Interessant ist in dieser Hinsicht der Kontrast zwischen der WTO und der Weltorganisation für geistiges Eigentum (WIPO), die wesentlich offener für nichtstaatliche Akteure ist.

Eine bemerkenswerte Entwicklung zeichnet sich im Bereich der internationalen Sicherheit ab. Mit der Abkehr von den klassischen ›High Politics‹ der Militärallianzen hin zu friedenssichernden Maßnahmen und Aufgaben hat sich auch das Verhältnis zur Zivilgesellschaft gewandelt. Während etwa Staatenvertreter in der Nato noch unter sich bleiben, arbeitet die OSZE bereits stark mit ZGOs zusammen. Auch dies hat einen klaren funktionalen Hintergrund. Bei der Friedenssicherung in destabilisierten oder von Bürgerkriegen zerrütteten Gebieten, wie etwa auf dem Balkan, sind häufig konkrete Projekte zu implementieren, die eine internationale Organisation nicht in Eigenregie umsetzen kann.

Diese zunehmende Bedeutung von ZGOs für die Arbeit von projektorientierten internationalen Organisationen lässt sich besonders gut im Bereich der humanitären Hilfe und wirtschaftlichen Zusammenarbeit ablesen. Hier öffnet die intensive Kooperation im Bereich der Projektumsetzung den ZGOs häufig auch die Tür zu politischen Entscheidungsprozessen. Ähnliche Ergebnisse erbrachten unsere Studien im Politikfeld Menschenrechte. Auch hier sind internationale Organisationen oft auf nichtstaatliche Akteure angewiesen, und zwar insbesondere in der Überwachung der Menschenrechtslage vor Ort. Dies können intergouvernementale Gremien wie der Menschenrechtsrat der Vereinten Nationen nicht selbst leisten. Ähnliches gilt für das Politikfeld Umweltschutz, das erst unter maßgeblicher Mitarbeit nichtstaatlicher Akteure überhaupt auf die internationale politische Agenda gehoben wurde. Angesichts der Wissensabhängigkeit der Politik in diesem Feld haben sich hier intensive Kooperationen mit einschlägigen ZGOs, aber auch mit unabhängigen Wissenschaftlern entwickelt, die bei vielen Beratungsprozessen hinzugezogen werden. Die empirische Politikwissenschaft spricht bei diesen Expertennetzwerken von *epistemic communities.*[20]

Insgesamt lässt sich also ein klarer Trend in Richtung auf eine deutlich gesteigerte Transparenz internationaler Organisationen und eine stärker formalisierte Interaktion mit ZGOs feststellen. Die konkreten Partizipationsmöglichkeiten für ZGOs hängen jedoch stark vom jeweiligen Politikfeld ab. Organisationen, die institutionell auf intergouvernementale Verhandlungen zugeschnitten sind, bleiben nach wie vor geschlossen. Mehr Zugang für die organisierte Zivilgesellschaft findet sich dagegen in jenen Organisationen, die von ihrer Mitarbeit in den entscheidungsfernen Phasen internationaler Politik profitieren, also Agenda-Setting, Datensammlung, Projektimplementierung und Überwachung der Einhaltung von Abkommen. Insbesondere im Bereich der Projektimplementierung und bei der Überwachung internationaler Schutzstandards sind Regierungen und internationale Organisationen in hohem Maße auf die Mitarbeit nichtstaatlicher Akteure angewiesen.

Mit anderen Worten: Regierungsvertreter öffnen ihre Beratungsforen vorwiegend dann, wenn sie sich von der Mitarbeit nichtstaatlicher Akteure Vorteile versprechen, die den Autonomieverlust aufwiegen, der durch die Offenlegung interner politischer Prozesse entsteht. Unsere Untersuchung hat jedoch auch gezeigt, dass es weitere Faktoren gibt, die die institutionelle Öffnung internationaler Organisationen gegenüber der Zivilgesellschaft beeinflussen können. Die öffentlichkeitswirksamen Kampagnen von Nichtregierungsorganisationen gegen die geschlossenen ›Clubs‹ der Staatenvertreter, so etwa gegen die WTO und den IWF, die in den 1990er-Jahren stattfanden, haben den Öffnungsprozess in den betroffenen Organisationen angestoßen und ihre Agenda für neue Themen geöffnet. Somit sind es nicht allein konkrete Kooperationsgewinne, die ZGOs den Zugang zu Politiksetzungsprozessen in internationalen Organisationen öffnen. Der Erfolg von öffentlichen Kampagnen belegt, dass internationale Organisationen um ihre Reputation besorgt sind und dass es gelingen kann, diese Reputation zu unterminieren, indem ihr undemokratischer Charakter öffentlich ange-

20 P. Haas, »Introduction: Epistemic Communities and International Policy Coordination«, in: *International Organization* 46 (1992), S. 1-35.

prangert wird. Es ist also unter Umständen auch die Angst vor öffentlicher Delegitimation, die internationale Organisationen dazu bewegt, sich ZGOs zu öffnen.

c) Responsivität und Inklusion

Im Hinblick auf *Responsivität* und *Inklusion* erbrachte unsere Studie ebenfalls bedenkliche Befunde. Selbst in den internationalen Organisationen, in denen die Zivilgesellschaft über weitgehende Partizipationsrechte verfügt, gelingt es den ZGOs nur selten, ihre Anliegen erfolgreich in den Verhandlungsprozess einzubringen. Dies belegt eine vertiefende Fallstudie zum World Summit on Information Society (WSIS). In diesem von der UNO organisierten Verhandlungsprozess war die organisierte Zivilgesellschaft zwar an allen Beratungen beteiligt. Mit zunehmender Beratungsdauer wurde es jedoch auch dort für nichtstaatliche Akteure schwieriger, Änderungen am Verhandlungstext zu erreichen. Beim ersten Weltinformationsgipfel wuchs daher die Frustration aufseiten der zivilgesellschaftlichen Vertreter, was zur Androhung einer ›Gegenerklärung‹ zum offiziellen Deklarationstext führte.

Weitere vertiefende Fallstudien zum Politiksetzungsprozess in der EU belegen diesen Trend. Während Konsultationen in der Frühphase der Beratungen für den Input der Zivilgesellschaft noch offen sind, sinken die Einflussmöglichkeiten für ZGOs mit der Fortdauer der Verhandlungen rapide. Auf europäischer Ebene wird dies augenfällig durch den Übergang der Verhandlungen in den Rat, der ZGOs im Gegensatz zur Kommission keinen Zugang mehr gewährt. Dies verdeutlicht erneut, wie stark die bestehende Machtasymmetrie zwischen staatlichen und nichtstaatlichen Akteuren die internationale Politik prägt. Selbst unter vergleichsweise guten Zugangsbedingungen sind ZGOs keineswegs gleichberechtigte Diskussionspartner, deren politische Argumente in gleichem Maße gewürdigt werden wie diejenigen der Staatenvertreter.

Aus demokratietheoretischer Sicht ist zudem die Frage bedeutend, ob die Beteiligung der Zivilgesellschaft allen potentiell von der Regelung betroffenen Gruppen gleichermaßen Gehör verschafft. Demokratische Beratungs- und Entscheidungsmechanismen müssen sicherstellen, dass es nicht zu einer systematischen Vernachlässigung der Anliegen und Interessen materiell schwacher oder schlecht organisierter Gruppen kommt. Partizipation in internationalen Regelsetzungsprozessen setzt fachliche Expertise sowie finanzielle und personelle Ressourcen voraus. Dieses Problem stellt sich nicht nur den ZGOs, sondern auch bestimmten Regierungsdelegationen. So umfassten die Delegationen der USA und der EU bei den jüngsten Klimaschutzverhandlungen 76 beziehungsweise 88 Personen, darunter zahlreiche Spezialisten aus Fachministerien und Agenturen mit einschlägiger Expertise, während viele Entwicklungsländer nur zwei oder drei Diplomaten ohne spezifische Fachkompetenz zu den Beratungen schicken konnten. Sofern es unter zivilgesellschaftlichen Akteuren ähnliche Asymmetrien gibt, würde dies die bestehenden Ungleichgewichte auf Staatenebene noch verstärken.

Bei unserer empirischen Analyse der Inklusivität von Beratungsgremien fiel auf, dass in vielen globalen Gremien zivilgesellschaftliche Gruppen aus der nördlichen Hemisphäre klar dominieren, während Entwicklungsländer, insbesondere die Least Developed Countries, auch auf zivilgesellschaftlicher Ebene nur sehr schwach vertreten sind. So kamen bei der WTO-Ministerkonferenz in Hongkong im Dezember 2005 rund 63 Prozent der registrierten und zur Teilnahme zugelassenen ZGOs aus Europa, den USA und Kanada, dagegen nur 5 Prozent aus Lateinamerika und 6,5 Prozent aus Afrika.[21] Nun sind ZGOs anders als Staaten in den betreffenden Verhandlungen keinem nationalen Interesse verpflichtet. Viele idealistisch motivierte ZGOs der nördlichen Hemisphäre sprechen ja ausdrücklich im Namen regelungsbetroffener Bürger aus Entwicklungsländern. Zumindest theoretisch sind hier also potentiell Synergieeffekte zwischen Nord und Süd, aber auch zwischen ZGOs und Regierungsdelegationen aus dem Süden möglich. Es ist jedoch erstaunlich, dass gerade Regierungsvertreter aus dem Süden eine stärkere Rolle von ZGOs im internationalen Regieren oftmals ablehnen. Die politische Agenda von ZGOs aus dem Norden und Staatenvertretern aus dem Süden ist also nicht notwendigerweise deckungsgleich. Insgesamt bilden zivilgesellschaftliche Aktivitäten bestehende Ungleichheiten auf der Ebene der Staatenvertreter also geradezu spiegelbildlich ab.

21 Quelle: Eigene Berechnungen auf der Grundlage von WTO-Daten, die unter ⟨http://www.wto.org/english/thewto_e/minist_e/min05_e/list_ngo_e.pdf⟩ verfügbar sind, aufgerufen am 13. Februar 2006.

Zusammenfassend lässt sich sagen, dass die vorgefundenen partizipativen Arrangements bei internationalen Organisationen aus normativer Sicht defizitär sind. Während sich im Hinblick auf Transparenz in jüngster Zeit deutliche Fortschritte verzeichnen lassen, bleiben die direkten Zugangsmöglichkeiten von ZGOs in vielen Politikbereichen sehr beschränkt. Es fehlt vor allem an rechtlich abgesicherten Formen der Beteiligung an Politiksetzungsprozessen. Zudem konnte Responsivität gouvernementaler Strukturen gegenüber dem argumentativen Input aus der organisierten Zivilgesellschaft nur in Ausnahmefällen nachgewiesen werden. Aus demokratietheoretischer Sicht problematisch ist auch, dass ZGOs aus der südlichen Hemisphäre bei internationalen Organisationen oftmals unterrepräsentiert sind. Die Chance der Bürger zur effektiven Selbstorganisation in der Zivilgesellschaft ist im globalen Maßstab betrachtet nach wie vor höchst ungleich verteilt. Diese Erkenntnis verweist jedoch auch darauf, dass es für eine vollständige Abschätzung des Demokratisierungspotentials zivilgesellschaftlicher Einbindung nicht ausreicht, allein die prozeduralen Rahmenbedingungen zu analysieren, die die institutionalisierten Interaktionen zwischen ZGOs und internationalen Organisationen prägen. Wir kommen nicht umhin, auch die organisierte Zivilgesellschaft selbst einer kritischen Analyse zu unterziehen.

IV. Wie legitim sind ZGOs?

Das in diesem Beitrag vorgestellte normative Modell geht davon aus, dass die organisierte Zivilgesellschaft an zentraler Stelle in internationalisiertes Regieren eingebunden ist und als Übermittler politischer Anliegen und Interessen zwischen der Weltbevölkerung und den Zentren internationalen Regierens fungiert. Der organisierten Zivilgesellschaft kommt also im politischen Beratungsprozess eine wichtige Vermittlungsfunktion zu. Diese Konzeptionalisierung der Rolle zivilgesellschaftlicher Akteure ist natürlich voraussetzungsreich. Wir gehen hier explizit nicht davon aus, dass die organisierte Zivilgesellschaft Bürger im herkömmlichen Sinne repräsentieren kann. Ihre Organisationsstruktur folgt transnationalen, sektoralen Linien mehr als nationalen. Sie vermittelt bestimmte politische Anliegen, oftmals nur auf ein Politikfeld begrenzt, ohne diese aggregieren oder gegen andere Güter oder Interessen abwägen zu müssen. Dennoch müssen auch die Repräsentanten einer transnationalen und sektoral fragmentierten Zivilgesellschaft bestimmte normative Kriterien erfüllen, um als legitime Akteure in der internationalen Politik gelten zu können.

Unabhängigkeit

Zivilgesellschaftliche Organisationen sind Ausdruck der politischen Selbstorganisation von Bürgern in modernen Gesellschaften und zeichnen sich dadurch aus, dass sie von staatlichen Strukturen unabhängig sind, sowohl organisatorisch als auch finanziell. Aus diesem Grund ist es geboten zu überprüfen, ob zivilgesellschaftliche Organisationen, die in der internationalen Politik aktiv sind, wirklich als ›unabhängige Stimme‹ engagierter Bürger angesehen werden dürfen. Nicht selten werden ZGOs von Staaten oder internationalen Organisationen gegründet, um bestimmte Aufgaben zu übernehmen. Man spricht hier im englischsprachigen Diskurs auch von QUANGOs, ›Quasi-Autonomous Non-Governmental Organizations‹. Darüber hinaus kann es zu großer finanzieller Abhängigkeit einzelner ZGOs von internationalen Organisationen kommen, insbesondere wenn diese in der Projektimplementierung aktiv sind. Dies kann zu einem Verlust der Unabhängigkeit und Kritikfähigkeit führen, bis hin zur Entstehung klassischer bürokratischer Pathologien, wie etwa der Tendenz, eigene Projektergebnisse zu schönen, um zukünftige Projektfinanzierung sicherzustellen.[22] Eine Kooptation von ZGOs durch Regierungen oder internationale Organisationen läuft dem Grundgedanken einer Selbstorganisation der Bürger zuwider, so dass die Legitimität derartiger Organisationen in Frage steht.

Akkreditierung bei internationalen Organisationen und privilegierte Partnerschaft mit diesen, wie in Abschnitt III beschrieben, können im Hinblick auf die Unabhängigkeit der Zivilgesellschaft ebenfalls kontraproduktiv wirken. Insofern gilt es, kritisch zu hinterfragen, ob die Vorteile einer solchen Praxis, wie rechtlich klar ab-

22 Dieses Phänomen wurde unter anderem beschrieben in A. Cooley und J. Ron, »The NGO Scramble: Organizational Insecurity and the Political Economy of Transnational Action«, in: *International Security* 27 (2002), S. 5-39.

gesicherte Partizipationsrechte und ein besserer Überblick über die Identität und Art der aktiven ZGOs, nicht durch die Nachteile einer zunehmenden Kooptation aufgewogen werden. Auch die zunehmende Professionalisierung vieler ZGOs auf internationaler Ebene, also ihre Anpassung an ein diplomatisches Umfeld in Arbeitsweise, Auftreten und Diktion, birgt zweifellos die Gefahr einer Kooptation durch internationale Organisationen oder staatliche Strukturen.

Offenheit für Anliegen der Bürger

Wir sind im oben skizzierten normativen Modell einer Demokratisierung internationalen Regierens durch zivilgesellschaftliche Partizipation davon ausgegangen, dass ZGOs Anliegen von Bürgern unter Umgehung nationalstaatlicher Kanäle in die Foren des internationalen Regierens einbringen. Diese Übermittlungsfunktion können ZGOs jedoch nur erfüllen, wenn sie offen sind für einen Input der Bürger und responsiv gegenüber Veränderungen der politischen Agenda auf bürgerschaftlicher Ebene. Zweifellos arbeiten verschiedene Typen von ZGOs in dieser Hinsicht unter sehr verschiedenen Voraussetzungen. Organisationen mit einer starken Mitgliederbasis haben oftmals interne Mitbestimmungsstrukturen, durch die die Mitglieder die Agenda und die politischen Positionen der Organisation direkt beeinflussen können. Bei sozialen Bewegungen und Grassroots-NGOs ist der Abstand zwischen aktiven Mitgliedern und Repräsentanten nach außen hin üblicherweise noch geringer. Dagegen können hochprofessionalisierte ZGOs, die als lose Expertennetzwerke aufgebaut sind, oft nur indirekt, also über den Umweg der Medien oder der Meinungsforschung, auf gewandelte Interessenlagen der Bürger aufmerksam werden und darauf reagieren.

Dies soll nicht heißen, dass bestimmte Typen von ZGOs *a priori* legitimer sind als andere. Auch Expertennetzwerke sind in der Lage, gesellschaftlich relevante Anliegen in den Foren der internationalen Politik zu vertreten. Ihr Status verschafft ihnen dabei Zugang zu Entscheidungsträgern und verhilft so ihrer kritischen Gegenexpertise zu Gehör. Zudem wirken sie als Vermittler, die wichtige ›Übersetzungsleistungen‹ erbringen, in dem Sinne, dass sie die möglichen

Folgen hochgradig technischer Entscheidungen für das Alltagsleben der Bürger erkennen und öffentlich zum Ausdruck bringen. Von einer legitimen ZGO (im Sinne unseres normativen Modells) können wir jedoch nur sprechen, wenn sich auch diese Organisation offen und responsiv gegenüber dem ›Input von unten‹ zeigte.

Transparenz

In unserer normativen Bewertung von partizipativen Strukturen bei internationalen Organisationen haben wir besonderes Augenmerk auf deren institutionelle Transparenz und einen gesicherten Zugang zu politisch relevanten Informationen gerichtet. Dieses Kriterium muss auch bei einer Bewertung der Legitimität von ZGOs zur Anwendung kommen. Es ist zu fragen, inwiefern ZGOs interessierten oder kritisch fragenden Bürgern Auskunft geben über ihre internen Arbeitsweisen, ihr politisches Programm und ihre Finanzierungsquellen. Gerade weil ZGOs nicht direkt über Wahlen oder andere Sanktionsmechanismen verantwortlich zu machen sind, ist ihre Transparenz nach außen wichtig für ihre Legitimität.

Die in diesem Abschnitt skizzierten Kriterien sollen eine breitangelegte empirische Untersuchung anleiten, in der ZGOs selbst im Mittelpunkt der Analyse stehen werden. Unsere diesbezüglichen Forschungsarbeiten sind derzeit im Gang, so dass an dieser Stelle noch keine abschließenden Ergebnisse präsentiert werden können. Einzelergebnisse aus anderen Studien lassen aber den Schluss zu, dass die dargestellten normativen Dimensionen durchaus problematisch sind und eine kritische Analyse der Arbeitsweise von ZGOs notwendig ist.[23]

V. Schlussbemerkungen

Ausgehend von den Arbeiten von Jürgen Habermas und Bernhard Peters haben wir im ersten Teil dieses Beitrags zunächst die Bedeutung der Zivilgesellschaft für die politische Willensbildung in demokratischen Systemen unterstrichen. Im zweiten Teil haben wir

23 V. Collingwood und L. Logister, »State of the Art: Addressing the INGO ›Legitimacy Deficit‹«, in: *Political Studies Review* 3 (2005), S. 175-192.

skizziert, wie sich die demokratietheoretische Bedeutung zivilgesellschaftlicher Akteure verändert, wenn Politiken nicht mehr im nationalstaatlichen Kontext, sondern auf der internationalen Ebene formuliert werden. Jenseits des Nationalstaats gibt es mit Ausnahme der EU kein gewähltes Parlament, das als demokratisch gewähltes, politisches Zentrum im Sinne des Schleusenmodells fungieren könnte. Zudem existiert bisher auch keine funktionierende politische Öffentlichkeit, aus der heraus zivilgesellschaftliche Akteure ein derartiges politisches Zentrum belagern könnten.

Dementsprechend verändert sich auch die Rolle zivilgesellschaftlicher Akteure jenseits des Nationalstaates. In der internationalen Politik haben ZGOs zunächst eine öffentlichkeitschaffende Funktion, indem sie die Politiksetzungsprozesse der internationalen Organisationen transparenter machen und an die gesellschaftlichen Kontexte der Bürger rückkoppeln. Daneben, und grundlegend anders als bei Peters und Habermas, kommt ihnen auch eine direkt vermittelnde Funktion zwischen den Foren internationalisierter Regelsetzung und der Weltbürgerschaft zu. Diese Vermittlungsleistung wird erst durch ihre institutionalisierte Einbindung in die Beratungsforen des internationalen Regierens ermöglicht.

Zivilgesellschaftliche Akteure wirken also einerseits ›von außen‹ auf Prozesse der politischen Entscheidungsfindung ein, indem sie Regelungsvorschläge öffentlich kommentieren und kritisieren. Dies kann auf nationaler Ebene geschehen, indem nationale Regierungsvertreter über nationale Medien mit den Anliegen der Zivilgesellschaft konfrontiert werden. Es kann aber auch durch transnationale Aktivitäten geschehen, bei denen internationale Organisationen als Ganzes in den Mittelpunkt gestellt werden. Daneben wirken zivilgesellschaftliche Akteure jedoch potentiell, sozusagen ›von innen‹, an internationalisierten Entscheidungsprozessen mit, indem sie die bürgerschaftlichen Anliegen direkt in die Beratungsgremien einbringen.

Im dritten Teil dieses Beitrags haben wir die bereits bestehenden Formen derartiger zivilgesellschaftlicher Partizipation empirisch analysiert. Ziel war es, abzuschätzen, inwiefern die Arbeitsweise dieser Foren und Gremien demokratischen Kriterien entspricht. Das Fazit unserer empirischen Untersuchung fällt skeptisch aus. Insgesamt betrachtet kann derzeit von einer nennenswerten Demokratisierung von internationalen Organisationen durch eine institutionalisierte Einbindung der Zivilgesellschaft noch nicht die Rede sein. Zugangs- und Partizipationsrechte nichtstaatlicher Akteure bleiben in vielen internationalen Organisationen defizitär, auch wenn sich die Situation je nach Politikfeld unterschiedlich darstellt. Die Responsivität der Entscheidungsträger gegenüber zivilgesellschaftlich vorgebrachten Anliegen ist auch unter günstigen institutionellen Rahmenbedingungen schwach. Prozesse politischer Willensbildung werden somit auch auf internationaler Ebene »in hohem Maße beeinflusst von den Opportunitätsstrukturen, die vom institutionellen Zentrum des rechtlich-politischen Systems bestimmt werden«.[24] Beratungen in den Foren internationalisierten Regierens bleiben geprägt von manifesten Machtdifferenzen zwischen den beteiligten Akteuren.

24 B. Peters, *Die Integration moderner Gesellschaften*, a. a. O. (Anm. 2), S. 330.

Thomas Saretzki

Argumentieren, Verhandeln und Strategie

Theoretische Referenzen, begriffliche Unterscheidungen und empirische Studien zu *arguing* und *bargaining* in der internationalen Politik

1. Einleitung

Seit Mitte der 1990er-Jahre finden die Arbeiten von Jürgen Habermas auch in der Theorie internationaler Beziehungen gesteigerte Aufmerksamkeit. In der deutschsprachigen Diskussion wurde die Rezeption in diesem Teilbereich stark durch eine Debatte geprägt, die ab 1994 in der neu gegründeten *Zeitschrift für Internationale Beziehungen* stattgefunden hat. Diese nach dem Kürzel der Zeitschrift durchweg »ZIB-Debatte« genannte Diskussion war jedoch insofern durch einen spezifisch selektiven Zugriff auf die Arbeiten von Habermas gekennzeichnet, als hier nicht das gesamte Werk, sondern vornehmlich sein handlungstheoretisches Konzept, insbesondere die Unterscheidung zwischen strategischem und kommunikativem Handeln, aufgegriffen und diskutiert wurde. Ausgelöst wurde die Debatte durch einen Beitrag von Harald Müller mit dem programmatischen Titel »Internationale Beziehungen als kommunikatives Handeln«. Müller vertrat die Ansicht, Rational-Choice-Ansätze könnten die zunehmende Kooperation und Lernprozesse in den internationalen Beziehungen nicht zureichend erklären. Habermas' Theorie des kommunikativen Handelns stelle gegenüber den verbreiteten Modellen utilitaristischen Handelns »die vollständigere und daher erklärungskräftigere« Handlungstheorie dar und schaffe »einen kohärenten theoretischen Rahmen« für die Forschung in den Internationalen Beziehungen.[1]

Vertreter von Rational-Choice-Ansätzen haben der vorgeschlagenen Verschiebung der handlungstheoretischen Perspektive »from

1 H. Müller, »Internationale Beziehungen als kommunikatives Handeln. Zur Kritik der utilitaristischen Handlungstheorien«, in: *Zeitschrift für Internationale Beziehungen* 1 (1994), S. 15-44, hier S. 37, 39.

strategic to communicative action«[2] widersprochen. In der anschließenden theoretischen Debatte tauchte bald die Forderung auf, die unter Rekurs auf Habermas skizzierten Forschungsprogramme auch empirisch einzulösen.[3] Dieser Forderung haben zwei der Protagonisten, die in der ZIB-Debatte für eine Orientierung an Habermas' handlungstheoretischem Konzept eingetreten waren, in bemerkenswerter Konsequenz mit einem gemeinsam geleiteten empirischen Forschungsprojekt über multilaterale Verhandlungen entsprochen.[4] In der kategorialen und konzeptionellen Grundlegung dieses empirischen Forschungsprojekts war allerdings neben der Habermas'schen Entgegensetzung von strategischem vs. kommunikativem Handeln eine andere begriffliche Unterscheidung in den Vordergrund des Forschungsdesigns getreten, nämlich die Unterscheidung zwischen *arguing* und *bargaining*,[5] verbunden mit einer Perspektive »from bargaining to arguing«.[6] Damit stellt sich die Frage, in welchem Verhältnis diese beiden begrifflichen Unterscheidungen und die damit einhergehenden theoretischen Referenzen zueinander stehen.

Im Folgenden möchte ich zunächst an den Kontext erinnern, in dem die Unterscheidung von *arguing* und *bargaining* in die sozialwissenschaftliche Diskussion eingeführt wurde (2.). Anschließend soll auf die kategoriale und konzeptionelle Grundlegung eingegangen werden, die Müller und Risse in ihrem gemeinsamen Forschungsprojekt über multilaterale Verhandlungen in der internationalen Politik vorgenommen haben (3.1.). Müller und Risse haben

2 H. Müller, »International Relations as Communicative Action«, in: *Constructing International Relations: The Next Generation*, hg. von K. Fierke und K. E. Jørgensen, Armonk, N. Y. 2001, S. 160-178, hier S. 175.

3 Vgl. H. Müller, »Internationale Beziehungen als kommunikatives Handeln«, a. a. O. (Anm. 1), S. 38 f.; Th. Risse-Kappen, »Reden ist nicht billig. Zur Debatte um Kommunikation und Rationalität«, in: *Zeitschrift für Internationale Beziehungen* 2 (1995), S. 171-184, hier S. 182.

4 H. Müller und Th. Risse, »Arguing and Persuasion in Multilateral Negotiations. Grant Proposal to the Volkswagen Foundation«, Berlin und Frankfurt am Main 2001.

5 J. Elster, »Arguing and Bargaining in Two Constituent Assemblies«, The Storrs Lectures, Yale Law School, 1991.

6 N. Deitelhoff und H. Müller, »Theoretical Paradise – Empirically Lost? Arguing with Habermas«, in: *Review of International Studies* 31 (2005), S. 167-179, hier S. 170.

auf der Basis einer spezifischen Interpretation von ersten empirischen Befunden aus diesem Projekt (3.2.) nicht nur ihr Forschungsdesign verändert und die tragenden Begriffe neu bestimmt (3.3.), sondern darüber hinaus auch insgesamt neue handlungstheoretische Konzepte und Perspektiven für die Theorie internationaler Beziehungen formuliert. Diese weisen nicht nur in verschiedene Richtungen, sondern unterscheiden sich auch deutlich von dem gemeinsamen Ausgangspunkt, der *Theorie kommunikativen Handelns* von Jürgen Habermas (3.4.).

2. Argumentieren und Verhandeln: Begriffliche Unterscheidungen

In der Diskussion um kommunikatives vs. strategisches Handeln einerseits, *arguing* vs. *bargaining* andererseits entsteht bei der Lektüre einer ganzen Reihe von Beiträgen der Eindruck, dass diese beiden Unterscheidungen mehr oder weniger synonym verwendet und demselben Autor zugeschrieben werden. Die Unterscheidung von *arguing* vs. *bargaining* stammt aber nicht von Habermas. Sie wurde vielmehr von Jon Elster in die Diskussion eingeführt – und dies weniger in kongenialer Grundhaltung, sondern eher in kritischer Absicht gegenüber der handlungstheoretischen Konzeption, die Habermas in seiner Theorie des kommunikativen Handelns entwickelt hat.[7]

Elster versteht *arguing* und *bargaining* als zwei idealtypische »modes of communication«.[8] Der Modus des Verhandelns wird durch den Bezug auf eine bestimmte Handlungsorientierung eingeführt (»bargaining, oriented towards a compromise between interest groups«). Im Unterschied dazu wird der Modus des Argumentierens nicht durch den Bezug auf eine andere Orientierung, sondern durch den Hinweis auf bestimmte normative Ideale erläutert, die sich als »constraints« auf die Kommunikation auswirken (»argument and discussion, constrained by ideals of impartiality and con-

7 Vgl. die erste Kritik bei J. Elster, »The Market and the Forum: Three Varieties of Political Theory«, in: *Foundations of Social Choice Theory*, hg. von J. Elster und Aanund Hylland, Cambridge 1986, S. 103-132, hier S. 112-120.

8 J. Elster, »Arguing and Bargaining in Two Constituent Assemblies«, a. a. O. (Anm. 5), S. 1.

sistency«). Im Fortgang seiner begrifflichen Erläuterung hat Elster den Unterschied zwischen *arguing* und *bargaining* dann mit Bezug auf die jeweils verfolgten »purposes« und die erhobenen »claims« bestimmt. Durch den Bezug auf die (vorab feststehenden) Zwecke der Beteiligten als primäre Dimension der Begriffsbestimmung werden beide Kommunikationsmodi gleichermaßen im Rahmen einer konsequentialistischen Perspektive interpretiert. Auch der Modus des *arguing* erscheint in dieser Bestimmung von vornherein als persuasiv angelegte erfolgsorientierte Kommunikationsstrategie, die nicht auf die Klärung von kognitiven Problemen, sondern auf die Veränderung von sachbezogenen Meinungen und normativen Einstellungen eines »Opponenten« ausgerichtet ist.[9]

Wenn man Elster vom Ansatz her folgt und *arguing* und *bargaining* als »modes of communication« verstehen will, dann müsste auch ihre begriffliche Bestimmung auf den Modus der Kommunikation abstellen. Die Definition eines Kommunikationsmodus wäre nicht final, sondern modal anzulegen. Ich habe daher vorgeschlagen, bei der begrifflichen Bestimmung der Unterschiede von Argumentieren und Verhandeln nicht das Wozu, sondern nur das Wie der Kommunikation ins Zentrum einer enger gefassten Definition zu stellen: Wie werden die unterschiedlichen »claims«, mit denen die Beteiligten in den Kommunikationsprozess eintreten, in dem jeweiligen Modus begründet und geprüft? Mit diesem Vorschlag können zwar wichtige Elemente von Elsters weiterer Erläuterung des Unterschieds von *arguing* und *bargaining* aufgenommen werden, seine einseitige Interpretation und Verwendung der Unterscheidung in der Perspektive eines Rational-Choice-Ansatzes muss aber nicht gleich mit übernommen werden.[10]

Elster hat seine Unterscheidung von *arguing* und *bargaining* im Rahmen einer Untersuchung über zwei verfassunggebende Ver-

9 »To argue is to engage in communication for the purpose of *persuading* an opponent, i. e. to make the other change beliefs about factual or normative matters ... To bargain is to engage in communication for the purpose of *forcing* or *inducing* the opponent to accept one's claim« (J. Elster, ebd., S. 3).

10 Th. Saretzki, »Wie unterscheiden sich Argumentieren und Verhandeln? Definitionsprobleme, funktionale Bezüge und strukturelle Differenzen von zwei verschiedenen Kommunikationsmodi«, in: *Verhandeln und Argumentieren. Dialog, Interessen und Macht in der Umweltpolitik*, hg. von V. von Prittwitz, Opladen 1996, S. 19-39, hier S. 32 f.

sammlungen eingeführt, der Federal Convention in Philadelphia von 1787 und der Assemblée Constituante in Paris 1789-1791. Bei diesem Vergleich steht nicht das Interesse an einer umfassenden historischen Rekonstruktion und Erklärung von Verlauf und Ergebnis dieser Konstitutionalisierungsprozesse im Vordergrund. Elster geht es stärker um eine Art retrospektive Analyse und Bewertung der Kommunikationsformen, die nach seiner Konzeptualisierung in der Theorie des kommunikativen Handelns (*arguing*) und in Rational-Choice-Ansätzen (*bargaining*) von zentraler Bedeutung sind. Die eher implizit durchgeführte Evaluation der Kommunikationsmodi erfolgt bei Elster weniger anhand der Voraussetzungen, sondern vorwiegend mit Blick auf die möglichen Folgen (für Stabilität, Transparenz oder Innovativität) politischer Prozesse. Dabei bleibt im Rahmen dieser konsequentialistischen Betrachtungsweise kausalanalytisch gesehen vielfach unklar, ob die (unterschiedlich bewerteten) Folgen von Kommunikationsprozessen nun stärker dem gewählten Kommunikationsmodus (*arguing* oder *bargaining*), den Handlungsorientierungen der beteiligten Akteure, den Themen oder den Rahmenbedingungen und gesellschaftlichen Kontexten zuzuschreiben sind.[11] Angesichts dieser vielfach ungeklärten Ursache-Wirkungs-Beziehungen erscheint es nötig, bei empirischen Untersuchungen einen analytischen Bezugsrahmen zugrunde zu legen, der es erlaubt, diese möglichen Determinanten der Genese, des Verlaufes und der Folgen von Kommunikationsprozessen zunächst einmal unabhängig voneinander zu erfassen.[12]

11 Th. Saretzki, »Arguing‹ oder Bargaining‹: Selbstbindung der Politik durch öffentliche Diskurse«, in: *Macht der Öffentlichkeit – Öffentlichkeit der Macht*, hg. von G. Göhler, Baden-Baden 1995, S. 277-311, hier S. 284-297.

12 Th. Saretzki, »Wie unterscheiden sich Argumentieren und Verhandeln?«, a. a. O. (Anm. 10), S. 23-31.

3. *Arguing* und *bargaining* in internationalen Verhandlungen: Theorie und Empirie

Als eine Schwäche derjenigen, die in der ZIB-Debatte für einen Rekurs auf Habermas' Theorie des kommunikativen Handelns plädiert hatten, galt der »missing empirical record on ›communicative action‹ in international politics«.[13] Ein gemeinsam von Müller und Risse geleitetes Forschungsprojekt über *arguing* und *bargaining* in multilateralen Verhandlungen sollte hier den Mehrwert verdeutlichen, den sich die Autoren vom Rekurs auf die handlungstheoretische Konzeption von Habermas versprachen. Gleichzeitig sollte auch auf der empirischen Ebene der Verdacht ausgeräumt werden, dass es sich bei kommunikativem Handeln nur um »cheap talk« handelt.[14] In Bezug auf die konzeptionelle Diskussion sollte das Projekt damit eine empirisch fundierte Antwort geben auf die kritische Frage: »So what? Does arguing matter?«[15]

3.1. Kategoriale und konzeptionelle Grundlegung

Müller und Risse verweisen bei ihrer Antwort auf die Frage »What is arguing?« nicht nur auf Jon Elster, sondern auch auf meinen Versuch, im Hinblick auf mögliche empirische Analysen im Bereich der Umwelt- und Technologiepolitik einige begriffliche und konzeptuelle Klärungen zur Unterscheidung von Argumentieren vs. Verhandeln herbeizuführen.[16] Auf den ersten Blick ergibt sich angesichts einer ähnlichen Struktur und einer teilweise identischen Wortwahl der Eindruck, dass es keine nennenswerten Unterschiede hinsichtlich des Begriffsverständnisses und des von mir vorgeschlagenen analytischen Bezugsrahmens gibt. Vergleicht man indessen

13 N. Deitelhoff und H. Müller, »Theoretical Paradise – Empirically Lost?«, a. a. O. (Anm. 6), S. 170.

14 Vgl. dazu Th. Risse-Kappen, »Reden ist nicht billig«, a. a. O. (Anm. 3).

15 Th. Risse, »›Let's Argue!‹: Communicative Action in World Politics«, in: *International Organization* 54 (2000), S. 1-39.

16 H. Müller und Th. Risse, »Arguing and Persuasion in Multilateral Negotiations«, a. a. O. (Anm. 4), S. 11-12; J. Elster, »Arguing and Bargaining in Two Constituent Assemblies«, a. a. O. (Anm. 5); Th. Saretzki, »Wie unterscheiden sich Argumentieren und Verhandeln?«, a. a. O. (Anm. 10).

die tabellarische Übersicht zu »Argumentieren und Verhandeln als Kommunikationsmodi«, die Müller und Risse in ihrem Projekt zugrunde gelegt haben, genauer mit den Ausgangstexten und Tabellen, auf die sie sich beziehen, dann fallen einige folgenreiche Differenzen auf.[17]

3.1.1. Definition und Charakterisierung: *Arguing* und *bargaining* als Pole eines Kontinuums?

Nach Müller und Risse werden *arguing* und *bargaining* durch die Gegenüberstellung von vier unterschiedlichen Eigenschaften unterschieden, die in dieser Tabelle definiert sind als »ideal types representing the end points of a continuum«.[18] Diese begriffliche Bestimmung wirft in verschiedenerlei Hinsicht Fragen auf. Durch die Angabe von vier parallel nebeneinander aufgeführten Eigenschaften wird die Differenz eingezogen, die meinem Vorschlag zufolge zwischen einer enger gefassten Definition dieser beiden Kommunikationsmodi einerseits und einem Bezugsrahmen für die vergleichende Analyse dieser Kommunikationsmodi in funktionaler, struktureller und prozessualer Hinsicht andererseits notwendig wäre.[19] Die Antwort auf die Frage, was einen Kommunikationsmodus definiert, fällt dadurch unterschiedlich aus. Bei der breiter ausgerichteten Begriffsbestimmung von Müller und Risse entsteht der Eindruck, dass nicht nur die von mir zugrunde gelegten modalen Definitionsmerkmale, sondern auch die drei weiteren Eigenschaften gegeben sein müssen, damit ein empirisch beobachtbarer Kommunikationsprozess als mehr oder weniger weitgehende Annäherung an den hier definierten Idealtyp klassifiziert werden kann. Eine grundlegende konzeptionelle Differenz ergibt sich darüber hinaus, wenn *arguing* und *bargaining* nicht als distinkte Kommunikationsmodi verstanden werden, sondern Endpunkte eines Kontinuums repräsentieren

17 H. Müller und Th. Risse, »Arguing and Persuasion in Multilateral Negotiations«, a. a. O. (Anm. 4), S. 12; Th. Saretzki, »Wie unterscheiden sich Argumentieren und Verhandeln?«, a. a. O. (Anm. 10), S. 35, vgl. *Abb. 2* im Beitrag von Thomas Risse in diesem Band, S. 67.

18 H. Müller und Th. Risse, »Arguing and Persuasion in Multilateral Negotiations«, a. a. O. (Anm. 4), S. 11.

19 Th. Saretzki, »Wie unterscheiden sich Argumentieren und Verhandeln?«, a. a. O. (Anm. 10), S. 32-36.

sollen. Hier bleibt angesichts der Bestimmung durch Eigenschaften in vier Dimensionen unklar, ob es sich um ein Kontinuum oder um vier unterschiedliche Kontinua handeln soll, die konzeptionell zwischen den beiden »Polen« *arguing* und *bargaining* aufgespannt werden. In jedem Fall zieht das Modell eines Kontinuums zwischen zwei Polen in analytischer Hinsicht die Frage nach sich, anhand welcher Kriterien der Punkt zwischen diesen beiden Polen bestimmt wird, an dem definitionsgemäß nicht mehr von *arguing*, sondern von *bargaining* die Rede sein soll. Die genannten modalen, prozeduralen, strukturellen und *outcome*-bezogenen Eigenschaften sind jedenfalls nicht gut mit der Vorstellung eines kontinuierlichen Übergangs auf einer Skala in Einklang zu bringen. Sie verweisen eher auf disjunkte Merkmalsausprägungen in vier unterschiedlichen Dimensionen.

3.1.2. Funktionale Bezüge und Effektivität eines Kommunikationsmodus

Wenn man *arguing* und *bargaining* als ausdifferenzierte und spezialisierte Kommunikationsmodi versteht, so lassen sich diese nach meinem Vorschlag zunächst einmal durch unterschiedliche funktionale Bezüge charakterisieren. *Arguing* ist danach ein Kommunikationsmodus, der zur Lösung kognitiver Probleme ausdifferenziert wurde, *bargaining* weist einen primären Bezug zur Bearbeitung von distributiven Problemen auf. Die unterschiedlichen funktionalen Bezüge bilden den Ausgangspunkt für die Ausdifferenzierung von unterschiedlichen Grundstrukturen (triadisch vs. dyadisch). Sie gehen auch mit unterschiedlichen Prozessen (reflexiv vs. sequenziell) einher.[20] Müller und Risse haben bei ihrer tabellarischen Übersicht zwar die strukturelle und prozessuale Charakterisierung der beiden Kommunikationsmodi übernommen, die unterschiedlichen funktionalen Bezüge, die nach meinem Vorschlag den Ausgangspunkt der strukturellen und prozessualen Differenzierung bilden, allerdings (ohne Begründung) gänzlich weggelassen.[21]

Im Rahmen einer Untersuchung, die auf die Frage nach der Effek-

20 Ebd., S. 34 f.

21 H. Müller und Th. Risse, »Arguing and Persuasion in Multilateral Negotiations«, a. a. O. (Anm. 4), S. 12.

tivität eines Kommunikationsmodus ausgerichtet ist, hat die Klärung der funktionalen Bezüge, in denen die Wirksamkeit dieses Kommunikationsmodus gemessen werden soll, allerdings eine grundlegende Bedeutung. Erst wenn man sich klar gemacht hat, in Bezug auf welche Funktionen die Wirksamkeit eines Kommunikationsmodus untersucht werden soll, kann man Aussagen darüber machen, ob und gegebenenfalls in welchem Grad dieser Modus in einem untersuchten Fall wirksam oder unwirksam gewesen ist. Das gilt insbesondere dann, wenn die Effektivität eines Kommunikationsmodus (*arguing*) im Vergleich zur Wirksamkeit eines anderen (*bargaining*) betrachtet wird. Dabei lassen sich mindestens zwei Ebenen unterscheiden.

Effektiv wäre der Kommunikationsmodus des Argumentierens nach der von mir vorgeschlagenen funktionalen Differenzierung in dem Maße, wie es gelingt, die bei einem politischen Problem ungeklärten oder umstrittenen kognitiven Fragen zu lösen, also etwa das für einen rationalen Problembearbeitungsprozess grundlegende »Problem der Problemdefinition«[22] in der Kommunikation zwischen den beteiligten Akteuren so weit zu bearbeiten, dass nicht mehr von einem schlecht definierten Problem und unklaren Problemlösungsstrategien gesprochen werden kann, sondern die Beteiligten in dem Kommunikationsprozess selbst zu intersubjektiv nachvollziehbaren Beschreibungen und Bewertungen der Probleme und Problemlösungsoptionen gekommen sind. Eine effektive kommunikative Bearbeitung der relevanten kognitiven Fragen eines politischen Problems schließt einerseits einen transparenten, intersubjektiv nachvollziehbaren Umgang mit unsicherem oder umstrittenem Wissen und mit normativen Implikationen von Problemen und Problemlösungsoptionen ein. Sie beinhaltet andererseits aber noch nicht, dass damit bereits eine kollektiv verbindliche formelle Entscheidung getroffen oder diese gar wirkungsvoll umgesetzt wäre. Die Effektivität von kollektiven Entscheidungsverfahren und Implementationsformen wäre nach meinem Vorschlag anders zu messen und anders zu beurteilen als die Frage, wie effektiv die Kommunikation in einem bestimmten Modus hinsichtlich der Bearbeitung der kognitiven Fragen gewesen ist, die mit dem politischen Problembearbeitungsprozess verbunden sind. Die Wirksamkeit der

22 Th. Saretzki, »›Arguing‹ oder ›Bargaining‹«, a. a. O. (Anm. 10), S. 300 f.

Kommunikation im Modus des *arguing* bemisst sich in einem mehrstufigen Problembearbeitungsprozess zunächst einmal an der erfolgreichen intersubjektiven Bearbeitung der Wissensprobleme, die sich im Rahmen eines politischen Problembearbeitungsprozesses stellen.

Die Frage nach der Effektivität eines Kommunikationsmodus kann darüber hinaus auch noch auf eine zweite Ebene bezogen werden. Diese lässt sich als Metaebene der Kommunikation über die Kommunikation beschreiben. Sie ergibt sich in Situationen, in denen Kommunikationsprozesse selbstreflexiv werden und die Beteiligten sich darüber verständigen, wie die Kommunikation über ein Problem verläuft oder verlaufen sollte. Diese Ebene der Kommunikation erhält eine besondere Bedeutung, wenn zwei unterschiedliche Kommunikationsmodi zur Verfügung stehen und die Beteiligten implizit oder explizit davon ausgehen, dass sie zwischen diesen Kommunikationsmodi wählen können.

Bei der Strukturierung der Kommunikation sind unterschiedliche Formen des zeitlichen Vor- und Nacheinanders oder der hierarchischen Über- und Unterordnung von *arguing* und *bargaining* denkbar. Die Kommunikation über die Angemessenheit eines Kommunikationsmodus kann – im Sinne einer reflexiven Schleife – in demselben Kommunikationsmodus erfolgen, in dem etwa ein *arguing* über das (Wie des) *arguing* oder ein *bargaining* über das (Wie des) *bargaining* stattfindet. Beim Übergang von einer Ebene der Kommunikation zur anderen kann es aber auch zu einem Wechsel des Kommunikationsmodus kommen, etwa in Form eines *arguing* über die Bedingungen des *bargaining* oder eines *bargaining* über die Bedingungen des *arguing*. Sowohl die zeitliche Abfolge von Kommunikationsmodi als auch ihre Über- und Unterordnung in Mehrebenensystemen bleiben nicht ohne Folgen für Verlauf und Ergebnis eines Kommunikationsprozesses.

So bringt die Wahl eines Kommunikationsmodus ihrerseits eine bestimmte Wahrnehmung und Bewertung des regelungsbedürftigen Problems und damit meist auch eine bestimmte Problemlösungsperspektive mit sich. Die Wahl von *bargaining* impliziert eine Definition des Problems als Verteilungsproblem, das mit den Mitteln wechselseitiger Versprechungen, Drohungen und Hinweisen auf Abwanderungsoptionen bearbeitet werden soll. Im Modus des *arguing* wird der Gegenstand der Kommunikation als kognitives

Problem behandelt, das auf der Grundlage guter Gründe und nachvollziehbarer Erkenntnisse gelöst werden kann. Die implizite Definition der Art der Probleme durch die Wahl des Kommunikationsmodus über diese Probleme präjudiziert insoweit auch die Perspektiven der Problemlösung.

Habermas hat in seiner Auseinandersetzung mit Elster die Frage nach dem Verhältnis von Diskursen und Verhandlungen vorrangig unter dem Aspekt der Legitimität behandelt und dabei im Hinblick auf eine vernünftige politische Willensbildung eine klare Verhältnisbestimmung vorgenommen. Normativ betrachtet können Verhandlungen im Modus des *bargaining* nicht aus sich heraus, sondern nur unter bestimmten Bedingungen Legitimität verbürgen. Welche Bedingungen das sind und ob diese Bedingungen in einem konkreten Fall eingehalten werden, kann nicht im Modus des *bargaining* geprüft werden.[23] Unter dem Aspekt der Legitimität erscheint in mehrstufigen Prozessen nur ein Verhältnis von Kommunikationsmodi angemessen, bei dem der Primat beim *arguing* liegt und die Bedingungen des *bargaining* im Modus des *arguing* bestimmt werden.

Empirisch gibt es aber nicht zuletzt auch unter den praktischen Experimenten einer »deliberativen Politik« Fälle, bei denen die umgekehrte Reihenfolge zu beobachten ist und der Prozess insgesamt durch ein vorgängiges *bargaining* über die Bedingungen des *arguing* geprägt wird. In solchen »verhandelten Diskursen«[24] gehen den inhaltlichen Argumentationsprozessen Verhandlungen voraus, in denen die Bedingungen des Argumentierens nach Maßgabe der »bargaining power« festgelegt und damit oft zugleich im Sinne von vorgängigen Machtkalkülen präjudiziert werden. Solche vorgängigen Festlegungen von Bedingungen des *arguing* im Modus des *bargaining* können mehr oder weniger wirksam sein. Die Effektivität eines Kommunikationsmodus ließe sich auf dieser zweiten Ebene der Kommunikation über die Kommunikation daran messen, ob ein Wechsel des Kommunikationsmodus in mehrstufigen Kommunikationsprozessen direkte oder indirekte Wirkungen auf den Verlauf und das Ergebnis eines Kommunikationsprozesses entfaltet.

23 J. Habermas, *Faktizität und Geltung. Beiträge zur Diskurstheorie des Rechts und des demokratischen Rechtsstaats*, Frankfurt am Main 1992, S. 203-207 und S. 408-415.

24 Th. Saretzki, »Verhandelte Diskurse? Probleme der Vermittlung von Argumentation und Partizipation am Beispiel des TA-Verfahrens zum ›Anbau von Kultur-

3.1.3. Mögliche beobachtbare Ergebnisse als Definitionsmerkmal von Kommunikationsmodi?

Statt der ausgelassenen funktionalen Bezüge führen Müller und Risse bei ihrer Bestimmung von *arguing* und *bargaining* ein anderes definierendes Charakteristikum ein, das sie »possible observable outcome« nennen.[25] Die Einführung eines ergebnisbezogenen Charakteristikums als definierendes Merkmal für einen Kommunikationsmodus erscheint aus mehreren Gründen problematisch.[26] Auf das erste Problem weisen Müller und Risse durch den Zusatz »possible« selbst hin. Es ist gar nicht gesichert, dass Prozesse des *arguing* und *bargaining* überhaupt zu einem bestimmten, vorab festzulegenden Ergebnis führen müssen. Sie können auch einfach im Sande verlaufen, ohne feststellbares Ergebnis abgebrochen werden oder zu anderen als den genannten Ergebnissen führen, etwa zu einer Konflikteskalation oder zum Sieg einer Seite. Wenn es am Ende aber nicht zu einem »reasoned consensus« oder zu einem »compromise« kommt, heißt das dann, dass die vorgängigen Kommunikationsprozesse nicht als *arguing* oder *bargaining* zu verstehen sind? Ein bestimmtes mögliches, in einem Kommunikationsmodus aber nicht zwingend eintretendes Ergebnis ist zur Definition eines Kommuni-

pflanzen mit gentechnisch erzeugter Herbizidresistenz‹ am Wissenschaftszentrum Berlin«, in: *Verhandeln und Argumentieren*, a. a. O. (Anm. 10), S. 135-176.

25 H. Müller und Th. Risse, »Arguing and Persuasion in Multilateral Negotiations«, a. a. O. (Anm. 4), S. 12.

26 Die Autoren verwenden mit dem Begriff »Outcome« eine Kategorie, die in der Politikwissenschaft in der Regel nicht auf Ergebnisse von Kommunikationsprozessen, sondern auf Ergebnisse von Policies nach der Implementation bezogen wird, also Effekte von politischen Maßnahmen bezeichnet, die bereits im politischen Prozess beschlossen und von den zuständigen Verwaltungseinheiten umgesetzt worden sind. Im Standardvokabular insbesondere der Policy-Forschung sind damit förmliche Entscheidungen in geregelten Entscheidungsverfahren und anschließende Implementationsbemühungen der zuständigen Verwaltungen immer schon mitgedacht, wenn von »Outcome« die Rede ist. Vor diesem Hintergrund wird durch die (nicht näher spezifizierte) Verwendung des Begriffes »Outcome« implizit eine Verbindung von Kommunikationsmodi und möglichen Ergebnissen von politischen Maßnahmen nach förmlichen Entscheidungen und administrativer Umsetzung nahegelegt, ohne die Rolle und die spezifischen Wirkungen zu untersuchen, die unterschiedliche kollektive Entscheidungsverfahren und Implementationsformen in der Regel auf das Ergebnis von politischen Problemlösungsprozessen haben.

kationsmodus nicht gut geeignet, weil die Klassifizierung von Kommunikationsprozessen im Rahmen der Unterscheidung immer erst vollständig möglich wäre, wenn diese Prozesse auch zu dem genannten Ergebnis geführt haben.

Auch das zweite Problem dieses Definitionsmerkmals wird in der Formulierung von Müller und Risse bereits benannt. Denn diese sprechen nicht nur von einem möglichen, sondern von einem beobachtbaren Ergebnis. *Arguing* und *bargaining* sollen sich im Hinblick auf das Ergebnis u. a. dadurch unterscheiden, dass die Akteure im Modus des *arguing* dem besseren Argument nachgeben und ihre Präferenzen und Interessen entsprechend verändern, während dieser Wandel von Interessen und Präferenzen im Modus des *bargaining* nicht erwartet wird. Da der definitorisch geforderte Präferenz- beziehungsweise Interessenwandel im Fall des *arguing* ursächlich mit einem Nachgeben gegenüber dem besseren Argument zusammenhängen soll und dieser Wandel nach der Begriffsbestimmung von Müller und Risse »observable« sein soll, handeln die Autoren sich an dieser Stelle durch die Kopplung von Begriffsbildung und Folgenbeobachtung ein schwieriges empirisch-theoretisches Problem ein. Wenn der Modus des *arguing* schon von seiner Definition her an die Beobachtung einer (möglichen) Folge von Argumentationsprozessen – den Präferenz- beziehungsweise Interessenwandel – gebunden wird, dann hängt bereits die Zuordnung eines Kommunikationsprozesses zu diesem Modus von der eindeutigen Identifizierung dieser möglichen Effekte der Kommunikation durch einen Beobachter ab. Ohne eindeutige Beobachtung eines Präferenz- und Interessenwandels bei den Beteiligten könnte nach dieser Begriffsbestimmung schon bei der Beschreibung und Klassifikation eines Kommunikationsprozesses gar nicht von *arguing* gesprochen werden. Umgekehrt ließe sich ein Kommunikationsprozess nach der begrifflichen Grundlegung von Müller und Risse erst dann dem Modus des *bargaining* zuordnen, wenn durch Beobachtung festgestellt werden kann, dass ein solcher Wandel von Präferenzen und Interessen nicht stattgefunden hat.

3.1.4. Kommunikationsmodi vs. Interaktionsorientierungen

Die Unterscheidung von *arguing* und *bargaining* ist im Anschluss an Elster vielfach so aufgenommen worden, als sei sie mehr oder weniger identisch mit der Habermas'schen Unterscheidung von kommunikativem und strategischem Handeln. Demgegenüber hatte ich in meinem Beitrag zur Unterscheidung von Argumentieren und Verhandeln dafür plädiert, bei den konzeptionellen und kategorialen Grundlagen für empirische Untersuchungen von Kommunikationsprozessen zunächst einmal klar zwischen Kommunikationsmodi einerseits und Interaktionsorientierungen andererseits zu unterscheiden, die Kommunikationsmodi Argumentieren und Verhandeln also begrifflich unabhängig von Interaktionsorientierungen zu definieren, um dann auf der Basis einer empirisch offenen Begriffsbestimmung in vergleichenden empirischen Untersuchungen prüfen zu können, in welchen Kontexten welche Akteure versuchen, welche Themen in welchem Kommunikationsmodus zu bearbeiten – und welcher Interaktionsorientierung sie dabei folgen. Hintergrund dieses Vorschlags war die Beobachtung, dass sich Akteure auch in diskursiv angelegten partizipativen Verfahren (aus dem Bereich der Umwelt- und Technologiepolitik) in Kommunikationsprozessen *de facto* sowohl beim Argumentieren als auch beim Verhandeln von unterschiedlichen Orientierungen leiten lassen können. Den Blick auf diese Faktizität unterschiedlicher Optionen, so das Argument für die vorgeschlagene differenzierende Begriffsstrategie, sollte man sich bei der Formulierung eines analytischen Bezugsrahmens für empirische Untersuchungen nicht dadurch verstellen, dass ein spezifischer Kommunikationsmodus (*arguing*) schon begrifflich jeweils nur zusammen mit einer ganz bestimmten Interaktionsorientierung denkbar ist. Wenn die Beobachtung zutrifft, dass Kommunikationsmodi und Interaktionsorientierungen in empirischen Kontexten unabhängig voneinander variieren können, dann sollte eine begriffliche Grundlegung für die Analyse von Argumentieren und Verhandeln diesen Freiheitsgraden der Akteure in Kommunikationsprozessen zunächst Rechnung tragen und unterschiedliche Kombinationsmöglichkeiten zulassen. Greift man die verbreitete Unterscheidung von kooperativen, kompetitiven und konfrontativen Interaktionsorientierungen auf, dann wäre im

Sinne einer ersten Typisierung davon auszugehen, dass *arguing* zusammen mit einer kooperativen Interaktionsorientierung (Diskurs), aber auch zusammen mit einer kompetitiven (Debatte) oder konfrontativen Interaktionsorientierung (Disput) auftreten kann.[27]

In der begrifflichen Grundlegung ihres Forschungsprojekts hatten Müller und Risse zwar viele andere Elemente meines Vorschlags zur Unterscheidung von Argumentieren und Verhandeln aufgegriffen, auf die Argumente für eine klare analytische Unterscheidung zwischen Kommunikationsmodus und Interaktionsorientierung sind sie allerdings gar nicht eingegangen. Bei den Konsequenzen, die sie aus ihren empirischen Untersuchungen ziehen, taucht allerdings genau diese Frage erneut auf (siehe unten).

3.2. Empirische Befunde und ihre Interpretation

Das Forschungsprojekt von Müller und Risse war darauf ausgerichtet, die Rolle und die Wirkungen von *arguing* (im Unterschied zum *bargaining*) in internationalen Verhandlungen zu untersuchen:[28] »we started off to determine the empirical value of ›arguing‹ as the communicative mode of the TCA for the study of international negotiations«.[29] Im ursprünglichen Forschungsdesign wurde *arguing* wie eine unabhängige Variable betrachtet. Prozess und Ergebnis von multilateralen Verhandlungen wurden als abhängige Variable eingeführt. Als Untersuchungsgegenstände hatten Müller und Risse acht multilaterale Verhandlungen ausgewählt, von denen die meisten bereits alle Phasen eines internationalen Verhandlungsprozesses durchlaufen hatten.[30] Erste Untersuchungen brachten nach Auffassung der Autoren nun drei wichtige vorläufige Befunde. Zwei dieser vorläufigen Befunde nahmen die Autoren zum Anlass, eine grund-

27 Th. Saretzki, »Wie unterscheiden sich Argumentieren und Verhandeln?«, a. a. O. (Anm. 10), S. 24-28.

28 C. Ulbert, Th. Risse und H. Müller, »Arguing and Bargaining in Multilateral Negotiations«, Paper presented to the Conference on ›Empirical Approaches to Deliberative Politics‹, Florenz 2004, S. 1.

29 N. Deitelhoff und H. Müller, »Theoretical Paradise – Empirically Lost?«, a. a. O. (Anm. 6), S. 170.

30 H. Müller und Th. Risse, »Arguing and Persuasion in Multilateral Negotiations«, a. a. O. (Anm. 4), S. 26-34.

legende Rekonzeptualisierung ihres Forschungsdesigns und eine Neubestimmung der begrifflichen Grundlagen ihrer Untersuchung vorzunehmen.

3.2.1. Ubiquität von *arguing*

Ursprünglich ging es bei der Untersuchung um die Frage, »whether arguing occurs in international relations«.[31] Gegenüber konkurrierenden Theorien sollte gezeigt werden, dass internationale Verhandlungen keineswegs nur – wie nach den Rational-Choice-Modellen zu erwarten – durch den Modus des *bargaining* geprägt sind. In dem Projekt wurde allerdings nicht ein beliebiges, sondern ein phasenspezifisch unterschiedlich stark ausgeprägtes Vorkommen der beiden Kommunikationsmodi erwartet. Die Autoren gingen von der Annahme aus, dass jeweils einer der beiden Kommunikationsmodi in einer bestimmten Phase des Verhandlungsprozesses dominieren würde. Hinweise auf eine solche Dominanz hätten sich etwa aus dem gehäuften Auftreten bestimmter Sprechakte in unterschiedlichen Phasen der Verhandlungsprozesse ergeben können. Das Forschungsdesign sah deshalb eine differenzierte Betrachtung unterschiedlicher Verhandlungsphasen vor.[32] Nach ersten Analysen konnten die Autoren die Annahme einer phasenspezifischen Variation des Auftretens von *arguing* aber nicht bestätigen: »a clear sequence in different phases of the negotiations was not discernible«.[33]

In der Interpretation ihrer vorläufigen Befunde sehen die Autoren allerdings nicht nur die Annahme eines phasenspezifisch unterschiedlich dominanten Auftretens der Kommunikationsmodi unbestätigt. Vielmehr erscheint ihnen die Unterscheidung von *arguing* und *bargaining* jetzt selbst insofern problematisch, als die Kommunikationsmodi empirisch nicht ohne Weiteres als solche zu erkennen seien. Analytisch und konzeptionell könne man zwar zwischen *arguing* und *bargaining* unterscheiden, »in der Realität« würden bei-

31 C. Ulbert u. a., »Arguing and Bargaining in Multilateral Negotiations«, a. a. O. (Anm. 28), S. 3.

32 H. Müller und Th. Risse, »Arguing and Persuasion in Multilateral Negotiations«, a. a. O. (Anm. 4), S. 13-15.

33 N. Deitelhoff und H. Müller, »Theoretical Paradise – Empirically Lost?«, a. a. O. (Anm. 6), S. 171.

de aber gewöhnlich zusammen vorkommen.[34] Auf der Ebene der empirischen Analyse sei es nicht möglich, Prozesse des *arguing* unabhängig von Prozessen des *bargaining* zu identifizieren. Empirisch würden beide »simultan« auftreten: »arguing could not be isolated empirically from bargaining«.[35] Ungeachtet dieser Probleme, den Modus des *arguing* im Rahmen ihrer Untersuchung auf einer empirischen Ebene eindeutig identifizieren zu können, meinen die Autoren allerdings, einen empirischen Befund für alle untersuchten Verhandlungen festhalten zu können. Diesen generalisierbaren Befund bezeichnen sie als »ubiquity of arguing«:[36] »Arguing and reason-giving are all-pervasive during all phases of international negotiations.«[37]

Diese Interpretation der vorläufigen empirischen Befunde enthält Verallgemeinerungen und Schlussfolgerungen, die nicht ganz unproblematisch sind und die eine Reihe von Anschlussfragen aufwerfen. Das gilt insbesondere, wenn man die methodologischen Schwierigkeiten bei der Identifizierung der Kommunikationsmodi in Rechnung stellt, die von den Autoren selbst hervorgehoben werden. Eine vorschnelle Verallgemeinerung stellt die Formel von der »Ubiquität des Argumentierens« dar. Diese generalisierende Diagnose stützt sich empirisch nur auf einen negativen Befund, nämlich die Tatsache, dass es im Rahmen dieses Forschungsprojekts nicht möglich war, *arguing* in bestimmten Phasen der untersuchten Verhandlungen als dominanten Kommunikationsmodus zu identifizieren. Aus dem Umstand, dass die phasenspezifische Dominanz eines der beiden Kommunikationsmodi im Rahmen der durchgeführten Vorstudien nicht eindeutig nachgewiesen werden konnte, folgt allerdings noch nicht unmittelbar, dass Argumentieren nun als ein überall und jederzeit in gleicher Weise »alles durchdringender« Kommunikationsmodus gelten kann. Bevor eine solche unspezifi-

34 C. Ulbert und Th. Risse, »Deliberately Changing the Discourse: What Does Make Arguing Effective?«, in: *Acta Politica* 40 (2005), S. 351-367, hier S. 352.

35 N. Deitelhoff und H. Müller, »Theoretical Paradise – Empirically Lost?«, a. a. O. (Anm. 6), S. 171.

36 Vgl. C. Ulbert u. a., »Arguing and Bargaining«, a. a. O. (Anm. 28), S. 2; C. Ulbert und Th. Risse, »Deliberately Changing the Discourse«, a. a. O. (Anm. 34), S. 352; N. Deitelhoff und H. Müller, »Theoretical Paradise – Empirically Lost?«, a. a. O. (Anm. 6), S. 171 f.; vgl. auch den Beitrag von Thomas Risse in diesem Band.

37 C. Ulbert u. a., »Arguing and Bargaining«, a. a. O. (Anm. 28), S. 1.

sche Verallgemeinerung als generalisierter empirischer Befund zur Grundlage weiterer konzeptioneller Überlegungen gemacht wird, wäre zunächst einmal näher zu prüfen, ob unabhängig von der Frage nach einer Dominanz in bestimmten vorher festgelegten Verhandlungsphasen nicht in anderer Hinsicht spezifische Muster der Verteilung und Abfolge oder spezifische Ausprägungen dieses Kommunikationsmodus festzustellen sind.

Ohne eine solche Prüfung überzeugt es nicht, wenn aus der allgemeinen Diagnose »Ubiquität des Argumentierens« sogleich praktisch orientierte Schlussfolgerungen für relativ konkrete Policy-Empfehlungen abgeleitet werden. So ziehen die Autoren auf der Basis ihres allgemeinen Befundes etwa die Empfehlung Scharpfs in Zweifel, regulative und distributive Aspekte von politischen Problemen in Verhandlungsprozessen nacheinander zu behandeln,[38] obwohl diese Empfehlung angesichts der behaupteten »Ubiquität« von *arguing* allein noch nicht als problematisch erscheint. Überdies weisen Ulbert und Risse bei der Zusammenfassung ihrer Fallstudien an anderer Stelle selbst darauf hin, dass *arguing* und *bargaining* in bestimmten Phasen von Verhandlungsprozessen eine spezifische und zum Teil auch dominante Rolle spielen: »It is true that bargaining dominates when it comes to the actual process of deciding who gets what (or has to give something; i. e., when a previously defined ›cake‹ has to be divided up).«[39]

In der vorliegenden Fassung führt die Formel von der »Ubiquität des Argumentierens« zu einer Trivialisierung der ursprünglich angenommenen Wirkungszusammenhänge – etwa nach dem Motto: »Argumentiert wird immer und überall.« Was die Autoren in der ZIB-Debatte selbst zwar nicht als erklärungsbedürftigen, aber doch als erklärungskräftigen Faktor in die Theorie internationaler Beziehungen einführen wollten, erscheint nun als triviales Begleitphänomen internationaler Verhandlungen, dem selbst keine spezifische Bedeutung als Medium oder Movens eines politischen Wandels mehr zukommt.

38 Ebd., S. 2.

39 C. Ulbert und Th. Risse, »Deliberately Changing the Discourse«, a. a. O. (Anm. 34), S. 364.

3.2.2. Nichtidentifizierbarkeit von Interaktionsorientierungen und Motiven der Akteure

Ausgehend von den Positionen, die Müller und Risse in der ZIB-Debatte vertreten hatten, zielte ihr gemeinsames Forschungsprojekt zunächst darauf ab, die Rolle und den Einfluss kommunikativen Handelns in internationalen Verhandlungen im Rahmen einer empirischen Untersuchung aufzuzeigen. Kommunikatives Handeln hatten die Autoren dabei ursprünglich im Sinne von Habermas so interpretiert, dass in empirischen Analysen nicht nur ein bestimmter Kommunikationsmodus (*arguing*) zu identifizieren wäre, sondern auch eine bestimmte (verständigungsorientierte) Handlungsorientierung der beteiligten Akteure: »In our project, we were screening diplomatic negotiations in order to confirm or disaffirm the presence of sequences of communicative action with the related actor orientation.«[40]

Ihr Forschungsprojekt ging folglich von der Annahme aus, dass der Kommunikationsmodus des *arguing* mit der Interaktionsorientierung verbunden ist, die nach ihrer Interpretation der Theorie des kommunikativen Handelns zusammen mit dem Modus des *arguing* zu erwarten wäre. Auch diese Annahme konnte indessen durch die ersten vorläufigen Befunde ihres Projekts nicht bestätigt werden: »our assumption that arguing as a mode of communication involved a truth-seeking actor-orientation was not confirmed«.[41] Die Autoren machen dafür zunächst Probleme des Datenzugangs und der Datenerhebung bei den untersuchten internationalen Verhandlungen verantwortlich.[42] Sie sehen allerdings darüber hinaus grundsätzliche methodologische Probleme der empirischen Umsetzung eines Forschungsdesigns zur Analyse von Verhandlungsprozessen, das auch die Interaktionsorientierungen der beteiligten Verhandlungspartner mit einbezieht. Über diese Interaktionsorientierungen, so die Position der Autoren nach Abschluss der Vorstudien, könnten auf der Ebene empirischer Analyse nämlich gar keine gesicherten Aussagen gemacht werden: »it is empirically impossible to ascertain with any certainty the interaction orientations of our ne-

40 N. Deitelhoff und H. Müller, »Theoretical Paradise – Empirically Lost?«, a. a. O. (Anm. 6), S. 178.

41 Ebd., S. 170.

42 Ebd., S. 171.

gotiators«.[43] Aus dem Gebrauch von Argumenten seien keine Rückschlüsse auf die Interaktionsorientierungen der Akteure möglich, die diese Argumente vorgetragen haben: »for methodological as well as practical reasons it proved impossible to infer from the use of arguments the interaction orientations of actors«.[44]

Damit war ein weiteres Ziel des ursprünglichen Forschungsdesigns in Frage gestellt, zu dessen »original aims« es u. a. gehörte, »to discover instances of authentic persuasion (rationally motivated agreement)«.[45] Da die Autoren sich nicht in der Lage sahen, im Rahmen ihrer empirischen Untersuchung gesicherte Aussagen über die Orientierungen und Motive der beteiligten Akteure zu machen, konnten sie auch ihr ursprüngliches Ziel nicht erreichen, Fälle von »authentischem Überzeugungswandel« zu entdecken. Die Nichtidentifizierbarkeit der Orientierungen und Motive der Akteure stand dem, so die Autoren, im Wege: »The authenticity of a ›persuasion conversion‹ as proof of actors' orientation was thus impossible to confirm.«[46]

Die Probleme bei der Identifikation von Orientierungen und Motiven der Akteure in Verhandlungsprozessen bieten für Müller und Risse einen weiteren Anlass, in dem Projekt grundlegende kategoriale und konzeptionelle Veränderungen ihres Forschungsdesigns vorzunehmen. Auf einer kategorialen Ebene haben sie den Begriff des *arguing* neu bestimmt. Dabei wurde die Definition dieses Kommunikationsmodus von der Handlungsorientierung der Akteure abgekoppelt: »By arguing we now refer to a certain type of speech act regardless of the orientations an actor holds.«[47]

Darüber hinaus halten die Autoren es nach den vorläufigen Befunden ihrer Untersuchungen und den Ergebnissen anderer Studien aber auch konzeptionell gar nicht mehr für nötig, die Interaktionsorientierungen der beteiligten Akteure zu identifizieren, um Effekte des Argumentierens in Verhandlungsprozessen nachweisen

43 C. Ulbert u. a., »Arguing and Bargaining in Multilateral Negotiations«, a. a. O. (Anm. 28), S. 2; vgl. auch C. Ulbert und Th. Risse, »Deliberately Changing the Discourse«, a. a. O. (Anm. 34), S. 363.

44 N. Deitelhoff und H. Müller, »Theoretical Paradise – Empirically Lost?«, a. a. O. (Anm. 6), S. 171.

45 Ebd., S. 177.

46 Ebd., S. 171.

47 Ebd., S. 172.

zu können. Unter bestimmten institutionellen Rahmenbedingungen müssten sich nämlich auch »strategically motivated actors« an dem Austausch von Argumenten beteiligen, um den Verlauf von Verhandlungen in ihrem Sinne beeinflussen zu können.[48] Die Autoren verweisen hier u. a. auf Studien zur internationalen Menschenrechtspolitik.[49] In diesem Politikfeld hätten sich menschenrechtsverletzende Staaten zunächst »aus instrumentell-strategischen Gründen auf die Rechtfertigung ihrer Handlungsweisen« eingelassen, um »mit internationalem, auch materiellem Druck fertig zu werden«, seien dann aber im Verlauf von Verhandlungen in einen Prozess der »argumentativen Selbstverstrickung« geraten, der ihnen mehr argumentative Zugeständnisse abverlangt hätte, als sie ursprünglich zu geben bereit waren. »Im Unterschied zur Habermas'schen Theorie kommunikativen Handelns«, so die konzeptionelle Schlussfolgerung von Risse, müsse man »nicht länger Verständigungsbereitschaft als Handlungsorientierung der Akteure unterstellen, damit argumentative Verständigung in Gang kommt und gelingt.«[50]

48 Ebd., S. 171.

49 Vgl. Th. Risse, »International Norms and Domestic Change: Arguing and Communicative Behavior in the Human Rights Area«, in: *Politics & Society* 27 (1999), S. 529-559, sowie ders., A. Jetschke und H. P. Schmitz, *Die Macht der Menschenrechte. Internationale Normen, kommunikatives Handeln und politischer Wandel in den Ländern des Südens*, Baden-Baden 2002.

50 Th. Risse, »Konstruktivismus, Rationalismus und Theorien Internationaler Beziehungen – warum empirisch nichts so heiß gegessen wird, wie es theoretisch gekocht wurde«, in: *Die neuen Internationalen Beziehungen. Forschungsstand und Perspektiven in Deutschland*, hg. von G. Hellmann, K. D. Wolf und M. Zürn, Baden-Baden 2003, S. 99-132, hier S. 114. An dieser Stelle scheinen sich die Autoren nicht nur deutlich von zentralen Annahmen der Handlungstheorie zu entfernen, deren empirisch-analytischen »Mehrwert« sie mit ihrem Projekt eigentlich demonstrieren wollten. Die zuletzt gewählte Formulierung über »gelingende« Verständigung wirft darüber hinaus in evaluativer Hinsicht die Frage auf, anhand welcher Kriterien das Gelingen oder Misslingen der in Gang gekommenen argumentativen Verständigung gemessen werden soll. Soll hier schon ein faktisch erzielter Konsens der Beteiligten als solcher ausreichen, oder bedarf es weiterer prozess- und ergebnisbezogener Kriterien, damit von einer »gelingenden« argumentativen Verständigung gesprochen werden kann?

4. Die Rekonzeptualisierung des Forschungsdesigns

Angesichts der Probleme, die aufgetreten sind beim Versuch, im Rahmen der Untersuchung eine phasenspezifische Verortung der Kommunikationsmodi vorzunehmen und die Interaktionsorientierungen der Akteure zu identifizieren, haben die Autoren eine Reformulierung ihrer Untersuchungsziele und eine Rekonzeptualisierung ihres Forschungsdesigns vorgenommen. Der Fokus der Untersuchung soll sich angesichts der empirischen und methodologischen Probleme nun nicht mehr vorrangig auf den Kommunikationsprozess selbst richten, sondern stärker auf den sozialen Kontext, in dem die Verhandlungen stattfinden. Die Fragestellung zielt auf die Identifizierung der (Kontext-)Faktoren, unter denen *arguing* in internationalen Verhandlungen »effective« werden kann und den Prozess oder das Ergebnis der Verhandlungen beeinflusst. Im Hinblick auf diese Frage formulieren die Autoren dann eine Reihe von Hypothesen zur möglichen Wirkung, die ausgewählte Kontextfaktoren auf die Rolle von *arguing* und *bargaining* in internationalen Verhandlungen haben. Ergänzend fragen sie danach, ob die Effektivität spezifischer Argumente durch bestimmte Merkmale des Argumentationsprozesses bestimmt wird.[51]

4.1. Handlungstheoretische Perspektiven

Was von den Autoren hier lediglich als Verschiebung des Untersuchungsfokus – weg von der Handlungsebene, hin zu Kontextfaktoren – beschrieben wird, stellt sich bei näherem Durchdenken auch konzeptionell und kategorial als sehr viel grundlegendere Veränderung der Fragestellung und des zugrunde liegenden Erklärungsansatzes dar. Allerdings findet diese Veränderung – anders als man nach der ZIB-Debatte erwarten könnte – nicht so sehr innerhalb der handlungstheoretischen Grundlegung statt. Die Rekonzeptualisierung erfolgt vielmehr durch einen Wechsel von einem hand-

51 Th. Risse, »Konstruktivismus, Rationalismus und Theorien Internationaler Beziehungen«, a. a. O. (Anm. 50), S. 114 f.; C. Ulbert u. a., »Arguing and Bargaining«, a. a. O. (Anm. 28), S. 10-17; N. Deitelhoff und H. Müller, »Theoretical Paradise – Empirically Lost?«, a. a. O. (Anm. 6), S. 172, 176.

lungstheoretischen zu einem institutionalistischen beziehungsweise strukturtheoretischen Bezugsrahmen. Diese strukturorientierte Rekonzeptualisierung lässt allerdings auch die handlungstheoretische Grundlegung selbst nicht unberührt. Der Wechsel »from purely action theoretical terms to more structural elements«, so Deitelhoff und Müller, »was accompanied by a relaxation of certain characteristics of communicative action«.[52]

Das explanative Potential, das Müller und Risse dem *arguing* im Kontext der ZIB-Debatte bei der Erklärung von internationalen Verhandlungen noch zuschreiben wollten, wird in dem veränderten Forschungsdesign deutlich abgeschwächt. Konzeptionell wird *arguing* nun nicht mehr als unabhängige Variable betrachtet, die einen Wandel in Verhandlungen erklären kann, sondern als »ubiquitär« vorkommende Konstante: »arguing is less a variable but more a constant in negotiations«.[53] Eine überall auftretende »Konstante« kann indessen schwerlich als bestimmende Kraft für die Erklärung von Veränderungen konzeptualisiert werden. Begrifflich geht die Verschiebung der Aufmerksamkeit von der handlungstheoretischen Ebene hin zu Kontextfaktoren mit einem reduzierten Verständnis von *arguing* einher.

> Hence, this also meant that we reduced arguing – with the focus on its effectiveness – to the formal characteristics of the approximation of an ideal discourse situation and hence relaxed the conditions of rationality. We analysed arguments regardless of the strategic or communicative orientations of actors. Arguing, then, is simply reason-giving, which gains its influence from its triadic nature: actors need either a third party – an audience – or a shared reference point as an instrument for adjudicating between claims.[54]

Als *arguing* soll danach offenbar die Angabe von Gründen als solche gelten. Argumentieren wird nicht mehr als Kommunikationsmodus verstanden, der mit bestimmten Rationalitätsunterstellungen einhergeht oder mit bestimmten Handlungsorientierungen der Akteure verbunden ist. Argumentieren wird im Kontext dieses veränderten Untersuchungsdesigns zu einem Modus der Kommunikation, der in erster Linie durch bestimmte Kontextfaktoren und Strukturen geprägt ist. Nach dieser Neubestimmung kann die Angabe von

52 N. Deitelhoff und H. Müller, »Theoretical Paradise – Empirically Lost?«, a. a. O. (Anm. 6), S. 177.

53 Ebd., S. 172.

54 Ebd., S. 176 f.

Gründen innerhalb dieser Kontexte dann offenbar auch instrumentell verstanden werden.

Nach der Rekonzeptualisierung ihres Forschungsdesigns scheinen Müller und Risse mit ihrer begrifflichen Entkopplung von *arguing* und Verständigungsorientierung nun im Hinblick auf das Verhältnis von Kommunikationsmodi und Interaktionsorientierungen auf den ersten Blick bei einer ähnlichen Position angekommen zu sein, wie ich sie in meinem Beitrag zur begrifflichen Unterscheidung und analytischen Dimensionierung von Argumentieren und Verhandeln vorgeschlagen hatte. Sieht man genauer hin, dann gehen Müller und Risse indessen mit ihren Annahmen über die Nichtidentifizierbarkeit von Interaktionsorientierungen und Motiven in einer Hinsicht deutlich über meinen Vorschlag hinaus. Während ich lediglich vorgeschlagen hatte, in empirischen Analysen davon auszugehen, dass Kommunikationsmodi und Interaktionsorientierungen unabhängig voneinander variieren können,[55] legen Müller und Risse nun die Schlussfolgerung nahe, dass es gar nicht möglich sei, die Interaktionsorientierungen der beteiligten Akteure in empirischen Analysen von internationalen Verhandlungen zu identifizieren, und dass deshalb ganz auf diese Untersuchungsdimension zu verzichten sei. Die vorgebrachte Begründung für den Verzicht auf die Analyse der Interaktionsorientierungen nimmt dabei Züge eines Unmöglichkeitstheorems an: »the mind is not accessible, and the orientation behind the speech acts remains private information«.[56]

Diese Begründung wirft die Frage auf, ob die recht kategorisch formulierte Position über die Unzugänglichkeit der Handlungsorientierungen und Motive der Akteure – konsequent genommen – nicht auf eine Abkehr von einem handlungstheoretisch fundierten Ansatz hinausläuft, der den Intentionen der Akteure eine Bedeutung für das Verständnis und die Erklärung ihres Handelns zuschreibt. Mit der hier formulierten Position wird nicht nur der »Wert« der Theorie kommunikativen Handelns für eine empirische Analyse von Verhandlungsprozessen in Frage gestellt (den die Autoren doch demonstrieren wollten), sondern auch der empirische Nutzen aller anderen Ansätze, die den Interaktionsorientierungen

55 Th. Saretzki, »Wie unterscheiden sich Argumentieren und Verhandeln«, a. a. O. (Anm. 10), S. 27.

56 N. Deitelhoff und H. Müller, »Theoretical Paradise – Empirically Lost?«, a. a. O. (Anm. 6), S. 171.

der Akteure eine Relevanz für die Analyse politischer Prozesse zuweisen.[57] Darüber hinaus werden auch einige Annahmen des eigenen Untersuchungsdesigns problematisch: Wenn der Verstand so unzugänglich ist, wie hier postuliert wird, woher will man dann beispielsweise wissen, ob die Präferenzen der Akteure im Modus des *bargaining* tatsächlich so fix sind (und bleiben), wie Müller und Risse das in ihrer Definition der beiden Kommunikationsmodi unterstellt haben?

Angesichts der begrenzten Fallzahl, eines eingeschränkten Zugangs zu den untersuchten Prozessen und möglicher alternativer Untersuchungsmethoden wäre erst noch näher zu prüfen, inwieweit diese Befunde bestimmten Spezifika der ausgewählten Fälle, den Zugangsproblemen des Forschungsteams oder den Untersuchungsmethoden *dieser* Untersuchung geschuldet sind. Es stellt sich die Frage, ob die Autoren hier nicht zu vorschnellen Verallgemeinerungen gekommen sind, die sich nicht widerspruchsfrei mit ihren theoretischen Annahmen und methodologischen Positionen zusammenfügen. So verweist Müller an anderer Stelle selbst ausdrücklich auf eine indirekte »relatively reliable method of authenticity testing«,[58] mithin auf methodologisch auszuweisende Zugänge zum Untersuchungsbereich, die eine Analyse von Interaktionsorientierungen und Motiven von Akteuren nicht von vornherein als unmögliche Mission erscheinen lassen. Im Unterschied zu Müller und Risse würde ich daran festhalten, dass es in einer handlungstheoretisch angelegten Analyse wenig sinnvoll erscheint, auf die Frage nach den Interaktionsorientierungen der Akteure zu verzichten.

57 Wie etwa der akteurzentrierte Institutionalismus, vgl. F. Scharpf, *Interaktionsformen. Akteurzentrierter Institutionalismus in der Politikforschung*, Opladen 2000, S. 110-122.

58 H. Müller, »Arguing, Bargaining and All That: Communicative Action, Rationalist Theory and the Logic of Appropriateness in International Relations«, in: *European Journal of International Relations* 10 (2004), S. 395-435, hier S. 417.

4.2. Vom kommunikativen zum normenregulierten oder zurück zum konsequentialistischen Handeln?

Über das Redesign ihres Forschungsprojektes hinaus haben Müller und Risse einige weitergehende Perspektiven für die Konzeptualisierung der handlungstheoretischen Grundlagen in den internationalen Beziehungen formuliert und dabei erkennbar unterschiedliche Akzente gesetzt.[59] Im Rahmen der ZIB-Debatte hatten beide in der Theorie des kommunikativen Handelns einen gegenüber anderen Ansätzen »umfassenderen Handlungsbegriff« gesehen[60] oder daraus zumindest eine eigenständige »Logik des Argumentierens« abgeleitet, die als dritte unabhängige Handlungslogik – neben der bekannten »Logik des Konsequentialismus« und der »Logik der Angemessenheit« von March und Olsen – einen eigenen Eckpunkt in einem gleichseitigen Dreieck unterschiedlicher Handlungslogiken markieren sollte.[61] Nach dem Durchgang durch die »Niederungen empirischer Forschung«[62] scheinen beide den selbst propagierten Ausgangspunkt eher zu verlassen, allerdings in unterschiedliche Richtungen. Müller marschiert entschieden und ohne langen Blick zurück in Richtung einer Logik der Angemessenheit, während Risses Perspektive eher von einer Logik des Konsequentialismus geprägt wird.

Für Müller stellt die diagnostizierte »Ubiquität« und das »simultane Auftreten« von *arguing* und *bargaining* in internationalen Verhandlungen ein neues konzeptionelles Puzzle für die Theorie internationaler Beziehungen dar.[63] Denn es sei nicht klar, in welchem theoretischen Rahmen man die empirisch beobachtete »Koexistenz« dieser beiden Kommunikationsmodi erklären könne. Da *arguing* und *bargaining* prima facie zu zwei unterschiedlichen Theorien – Rational Choice und Theorie des kommunikativen Han-

59 H. Müller, »Arguing, Bargaining and All That«, a. a. O. (Anm. 58), sowie der Beitrag von Thomas Risse in diesem Band.

60 H. Müller, »Internationale Beziehungen als kommunikatives Handeln«, a. a. O. (Anm. 3), S. 26.

61 J. G. March und J. P. Olsen, *Rediscovering Institutions. The Organizational Basis of Politics*, New York 1989; Th. Risse, »Let's Argue«, a. a. O. (Anm. 15).

62 Th. Risse, »Konstruktivismus, Rationalismus und Theorien Internationaler Beziehungen«, a. a. O. (Anm. 50), S. 123.

63 H. Müller, »Arguing, Bargaining and All That«, a. a. O. (Anm. 58), S. 396.

delns – gehörten, erscheine diese Koexistenz theoretisch möglich, wenn man den Rufen nach einer Integration oder gar Synthese von »rationalistischen« und »konstruktivistischen« Theorien folge. Diese beiden Theorien seien aber nicht ohne Weiteres in einem Rahmen zu integrieren, da sie unterschiedliche Ontologien und Handlungslogiken voraussetzten, über deren Unverträglichkeit man nicht einfach hinweggehen könne. Eine kohärente Integration von »rationalistischen« und »konstruktivistischen« Ansätzen erscheint für Müller erst dann denkbar, wenn man annimmt, dass der Wechsel zwischen den beiden Kommunikationsmodi durch Normen und Regeln gesteuert wird, die von den an internationalen Verhandlungen Beteiligten geteilt werden.

Eine Kompatibilität zwischen den handlungstheoretischen Konzeptionen ließe sich herstellen, wenn man davon ausgehe, dass auch das strategische Handeln im Wesentlichen regelgeleitet sei. Das Dreieck der von Risse unterschiedenen Handlungslogiken löst sich aus der Perspektive Müllers auf »into a simple hierarchy whereby consequentialism and communicative action both follow the logic of appropriateness«.[64] Im Rahmen eines derart hierarchisierten Modells unterschiedlicher Handlungslogiken finde auch das »simultane Auftreten« von *arguing* und *bargaining* eine einfache Lösung. Beide Kommunikationsmodi erscheinen danach als unterschiedliche Formen eines normenregulierten Verhaltens, das einer übergeordneten Logik der Angemessenheit unterliege. Um die widersprüchlichen Ontologien der unterschiedlichen Handlungsmodi miteinander vereinbaren zu können, sei eine umfassende Handlungstheorie zu entwickeln, in deren Rahmen *arguing* und *bargaining* als gleichermaßen legitim angesehen werden. Müller geht davon aus »that the logic of communication and the logic of consequences can be integrated if we assume a superior logic of appropriateness«. Die Annahme einer beide Kommunikationsmodi übergreifenden Logik der Angemessenheit zielt vor allem auf ein verändertes Verständnis von *bargaining*. Das Konzept von *bargaining* als Ausdruck normfreien strategischen Handelns sei aufzugeben. »Bargaining is itself a norm-regulated, fully legitimate and sanctioned mode of behaviour under the right circumstances.«[65] Wie *arguing* sei auch *bar-*

64 Ebd., S. 396; vgl. Th. Risse, »Let's Argue«, a. a. O. (Anm. 15), S. 4.

65 H. Müller, »Arguing, Bargaining and All That«, a. a. O. (Anm. 58), S. 411.

gaining ein durch Normen reguliertes Verhalten, das der Logik der Angemessenheit unterliegt. »Either is better understood to be subject to a logic of appropriateness that defines the different circumstances which legitimate the respective behaviours.«[66]

Müllers Versuch, die aufgedeckten Widersprüche zwischen empirischen Befunden und theoretischen Konzepten aufzulösen, indem er im Bereich der Theorie eine einfache Hierarchie zwischen unterschiedlichen Handlungslogiken postuliert, kommt einer bemerkenswerten Kehrtwende gleich. Diese Kehrtwende kann allerdings im Hinblick auf die vorgeschlagene konzeptionelle Alternative nicht recht überzeugen. Sie führt Müller überdies in neue Widersprüche – insbesondere zu den theoretischen Konzepten, die er zehn Jahre zuvor in der ZIB-Debatte und danach lange selbst als »umfassendere« handlungstheoretische Grundlage für die Internationalen Beziehungen vertreten hat. Das neue konzeptionelle Puzzle, das Müller im Anschluss an das Forschungsprojekt konstruiert hat, erscheint von der Diagnose her voreilig, von der vorgeschlagenen Lösung her als unangemessene konzeptionelle Vereinfachung eines komplexen Vermittlungszusammenhangs.

Was den empirischen Ausgangspunkt der Diagnose angeht, so interpretiert Müller das »simultane Auftreten« von *arguing* und *bargaining* sogleich als Problem der Theorie, nicht der Empirie. *Arguing* und *bargaining* werden unmittelbar – »at face value« – unterschiedlichen Gesellschaftstheorien zugerechnet. Die andernorts selbst angesprochenen praktischen und methodologischen Probleme der Erhebung, Interpretation und Klassifikation von empirischen Daten über Kommunikationsprozesse in und um internationale Verhandlungen bleiben hier weitgehend unberücksichtigt. Bevor man vom empirischen Ausgangspunkt des konstruierten Puzzles direkt auf die Ebene der Theorie wechselt und auf dieser Ebene nach Lösungen in der möglichen »Versöhnung« konkurrierender Theorien und ihrer widersprüchlichen ontologischen Voraussetzungen sucht, hätte es nahegelegen, zunächst mögliche Probleme im Verhältnis von Theorie und Empirie genauer in den Blick zu nehmen. Wenn man etwa die angesprochenen Zweifel an der Diagnose des »ubiquitären« beziehungsweise »simultanen Auftretens« von *arguing* und *bargaining* in Rechnung stellt, dann gibt es

66 Ebd., S. 414.

Grund zu der Annahme, dass sich die unterstellte Ubiquität und Gleichzeitigkeit des Auftretens dieser Kommunikationsmodi in internationalen Verhandlungen bei einer differenzierteren Analyse in der Mehrzahl der Fälle empirisch als mehr oder weniger geordnetes Nacheinander von unterschiedlichen Sprechhandlungen beschreiben lässt. Die »Koexistenz« der Kommunikationsmodi wäre dann aber weit weniger »puzzling«, als es nach Müller zunächst scheinen mag.[67] Überdies hat die konzeptionelle Diskussion um *arguing* vs. *bargaining* gezeigt, dass empirisch beobachtbare Kommunikationsprozesse, die dem Modus des Argumentierens oder Verhandelns folgen, nicht unmittelbar zu bestimmten Gesellschaftstheorien »gehören« und diesen auch nicht einfach »at face value« zugeordnet werden können.

Was die vorgeschlagene Auflösung der ausgemachten Widersprüche im Bereich der Theorie durch die Einführung einer einfachen Hierarchie unter den unterschiedlichen Handlungslogiken angeht, so provoziert diese Konzeptualisierung angesichts der bekannten Kritik an dem Handlungsmodell des soziologischen Institutionalismus zunächst eine Reihe von naheliegenden Nachfragen, die auf die Grundlagen und die Vermittlungsformen der hier einfach als dominant angenommenen Logik der Angemessenheit zielen: Definieren sich die unterschiedlichen Umstände und Normen, die ein bestimmtes Verhalten legitimieren, nach dieser Logik von selbst? Wenn nicht mit einer Selbstdefinition von Situationen oder einer Selbstanwendung von Normen zu rechnen ist, in welchem Kommunikationsmodus wird im Konfliktfall über die Umstände und Normen gesprochen, die jeweils einschlägig sind und befolgt werden sollen? Wie kommen die materiellen und prozeduralen Normen selbst zustande, deren soziale Geltung vorausgesetzt wird? Wie sind sie zu interpretieren, und wie finden die beteiligten Akteure eine intersubjektiv nachvollziehbare Antwort auf die Frage, welche Normen in welchen Situationen anzuwenden sind? Aus der Annahme, »that there is virtually no completely norm-free space in international relations«,[68] folgt noch nicht, dass auch der Rekurs auf diesen normativen Raum in empirischen Handlungszusammenhängen in angemessener Weise nach dem Modell normenregulierten Han-

67 Ebd., S. 396.
68 Ebd., S. 417.

delns konzeptualisiert werden kann. Mit der vorgeschlagenen Hierarchisierung reduziert Müller einen komplexen Vermittlungszusammenhang konzeptionell einseitig zugunsten einer einfachen Über- und Unterordnung von unterschiedlichen Handlungslogiken, die dem betrachteten Zusammenspiel unterschiedlicher Kommunikationsmodi und Handlungsformen bei der Begründung, Interpretation, Anwendung und Veränderung von Normen nicht gerecht wird. Die postulierte Hierarchie von Handlungslogiken bringt Müller überdies erkennbar in einen Widerspruch zur konstruktivistischen Ausgangsposition von Risse. Dieser hatte seine konzeptionelle Einführung einer Logik des Argumentierens als dritter Logik neben derjenigen des Konsequentialismus und derjenigen der Angemessenheit u. a. damit begründet, dass die Logik der Angemessenheit wegen der Ambiguität und der daraus resultierenden Interpretations- und Anwendungsprobleme von Normen in vielen Fällen für ein bewusstes normgeleitetes Verhalten nicht ausreiche, sondern durch eine »logic of truth-seeking or arguing« ergänzt werden müsse.[69]

Mit der Einführung einer einfachen Hierarchie zugunsten der Logik der Angemessenheit möchte Müller aber nicht nur ein neues normenzentriertes Forschungsprogramm für die empirische Analyse internationaler Verhandlungen begründen, das Sprechakte des *arguing* und *bargaining* umfasst.[70] Seine Rekonzeptualisierung von »strategic action as appropriate behaviour« hat auch eine normative Stoßrichtung. Die nunmehr angestrebte konzeptionelle Neubestimmung des Verhältnisses von strategischem und kommunikativem Handeln bringt Müller in normativer Hinsicht auf die Formel »eliminating the normative dichotomy«.[71] Sein Rückgriff auf eine dominant gedachte Logik der Angemessenheit zielt insoweit auch darauf ab, eine übergeordnete konzeptionelle Grundlage zu gewinnen, von der aus »the normative denigration of ›bargaining‹«[72] nicht länger als gerechtfertigt erscheint. Eine solche »Verunglimpfung« des *bargaining* sieht Müller im Anschluss an Keck in der Theorie des kommunikativen Handelns angelegt.[73] In normativer Hinsicht ge-

69 Th. Risse, »Let's Argue«, a. a. O. (Anm. 15), S. 6.

70 H. Müller, »Arguing, Bargaining and All That«, a. a. O. (Anm. 58), S. 425.

71 Ebd., S. 414.

72 Ebd., S. 415.

73 Vgl. O. Keck, »Rationales kommunikatives Handeln in den internationalen Be-

hört es daher aus seiner Sicht zu den Aufgaben der postulierten »umfassenden Handlungstheorie«, *arguing* und *bargaining* als »gleichermaßen legitim« auszuweisen: »One has to show that negotiations are conducted within framework conditions that make communicative action – submitting to the better argument – possible, while designating the pursuit of interest – bargaining – as equally legitimate.«[74]

Mit der Kritik an der vermeintlichen »denigration« des *bargaining* und der Forderung, die Interessenverfolgung im Modus des *bargaining* als gleichermaßen legitim zu konzipieren wie das kommunikative Handeln im Modus des *arguing*, begibt sich Müller in normativer Hinsicht erkennbar in Gegensatz zu Habermas. Dieser hat erst kürzlich wieder daran erinnert, dass Kompromisse im Modus des *bargaining* im Hinblick auf den Aspekt der Legitimität indirekt an Prozesse des *arguing* gebunden bleiben und insoweit aus einer diskurstheoretischen Sicht keine von praktischen Diskursen unabhängige Legitimität beanspruchen können.[75] Verhandlungen gelten auch in der Diskurstheorie als legitime Konfliktregelungsverfahren, aber erst dann und nur so lange, wie im Zweifelsfall in praktischen Diskursen mit guten Gründen gezeigt werden kann, dass es sich bei den regelungsbedürftigen Problemen nicht um moralische oder ethische, sondern um pragmatische Fragen handelt, die einen Kompromiss zwischen partikularen Interessen zulassen.[76]

Die vorgeschlagene Hierarchisierung im Bereich der Handlungslogiken und die damit verbundenen Konsequenzen können aber auch konzeptionell im Hinblick auf die handlungstheoretische Grundlegung schwerlich als Differenzierungsgewinn gegenüber der Theorie der kommunikativen Handelns gelten. Der Wechsel zum Handlungsmodell des soziologischen Institutionalismus ermöglicht es zwar, verhandelnde Akteure im Unterschied zur ökonomischen Verhandlungstheorie verstärkt so zu beschreiben, als würden sie in erster Linie vordefinierte und zugeschriebene »bargaining roles«

ziehungen. Ist eine Verbindung von Rational-Choice-Theorie und Habermas' Theorie des kommunikativen Handelns möglich?«, in: *Zeitschrift für Internationale Beziehungen* 2 (1995), S. 5-48.

74 H. Müller, »Arguing, Bargaining and All That«, a. a. O. (Anm. 58), S. 411.

75 J. Habermas, »Concluding Comments on Empirical Approaches to Deliberative Politics«, in: *Acta Politica* 40 (2005), S. 384-392, hier S. 387 f.

76 J. Habermas, *Faktizität und Geltung*, a. a. O. (Anm. 23), S. 201-207.

wahrnehmen – wobei die Beschreibung in Begriffen der Rollentheorie ihr Handeln unter normativen Gesichtspunkten in anderem Licht erscheinen lässt.[77] Warum die Rückkehr zu einem Konzept normenregulierten Handelns – jenseits des konstruierten Puzzles – aber insgesamt eine besser geeignete Grundlage für die (erneut) geforderte »comprehensive theory of action«[78] sein soll, ist ohne einen systematischer angelegten Theorienvergleich nicht unmittelbar einsichtig, zumal Müller überhaupt nicht auf die kritischen Überlegungen eingeht, die in der bisher favorisierten Theorie des kommunikativen Handelns im Hinblick auf die Voraussetzungen und die begrenzte Reichweite dieses Handlungsmodells zu finden sind. In diesem Kontext hat Habermas unter anderem deutlich gemacht, dass etwa das sprachphilosophische Konzept der Regelbefolgung bei der Explikation kommunikativen Handelns »zu kurz greift« und der dort entwickelte Begriff kommunikativen Handelns in einer sehr viel komplexeren Weise reflexiv angelegt ist als das Modell normenregulierten Handelns, das man aus dem soziologischen Institutionalismus kennt.[79] Daraus ergeben sich (neue) konzeptionelle Widersprüche, auf die Müller im Rahmen seiner handlungstheoretischen Kehrtwende nicht eingeht. Deutlich wird allerdings, dass das Konzept kommunikativen Handelns schwerlich angemessen zu erfassen ist, wenn es im Sinne der jetzt postulierten Hierarchie einfach einer »Logik der Angemessenheit« untergeordnet werden soll.

Ähnliches gilt für das Konzept des *arguing*. Elster changiert bei der Verwendung dieses Begriffs zwischen einem Verständnis von *arguing* als normenreguliertem Verhalten und *arguing* als opportunistischem Handeln.[80] Diese Doppeldeutigkeit ist aber zugleich ein Hinweis darauf, dass *arguing* nicht einfach einer der beiden Handlungslogiken nach March und Olsen untergeordnet werden kann, wenn der Begriff auch als empirisch-analytisch orientierte Kategorie verwendet werden soll. Anders als Müller jetzt vorschlägt, ist schließlich vor allem das strategische Handeln nicht angemessen als

77 Vgl. H. Müller, »Arguing, Bargaining and All That«, a. a. O. (Anm. 58), S. 415.

78 Ebd., S. 411.

79 J. Habermas, *Theorie des kommunikativen Handelns*, Bd. 1, Frankfurt am Main 1981, S. 126-151, hier S. 143.

80 Th. Saretzki, »›Arguing‹ oder ›Bargaining‹«, a. a. O. (Anm. 10), S. 286-289; vgl. J. Elster, »Arguing and Bargaining in Two Constituent Assemblies«, a. a. O. (Anm. 5), S. 1, 6.

normenreguliertes Verhalten zu konzipieren. Die Beachtung von Regeln gehört zwar zu den Gesichtspunkten, die ein strategisch handelnder Akteur bei seinen Kalkülen in Rechnung stellen wird, wenn er seine Ziele in einem bestimmten Kontext erreichen will. Die Regulation durch Normen macht aber nicht das Spezifikum strategischen Handelns aus.[81]

4.3. Arguing als Diffusionsmechanismus?

Während Müller nach dem Durchgang durch die »Niederungen der empirischen Forschung« für eine Rekonzeptualisierung der handlungstheoretischen Grundlagen in Richtung der Logik der Angemessenheit plädiert, kommt in den Beiträgen Risses eher eine Orientierung an der Logik des Konsequentialismus zum Ausdruck. Diese Ausrichtung findet sich bereits in der begrifflichen Grundlegung des Forschungsprojekts, in dem das Merkmal »possible observable outcome« als viertes Charakteristikum zur Unterscheidung von *arguing* und *bargaining* eingeführt wurde. Eine *outcome*-orientierte Betrachtung kennzeichnet auch die Fragestellungen, die in dem Forschungsprojekt nach den ersten empirischen Befunden über das Auftreten von *arguing* in den Vordergrund gerückt werden. Das Erkenntnisinteresse richtet sich nicht auf die differenzierte Erfassung von Argumentationsprozessen oder auf die differenzierte Erklärung von Wechseln zwischen den Kommunikationsmodi. Die Frage heißt nicht: »Why arguing (or bargaining)?« Ins Zentrum wird vielmehr die Frage nach der Funktionsweise, nach effektiven Konsequenzen und nach Bedingungen einer Effektivitätssteigerung

81 In der *Theorie des kommunikativen Handelns* (Bd. 1, S. 131) erläutert Habermas den Begriff des strategischen Handelns u. a. mit Verweis auf O. Höffe (*Strategien der Humanität. Zur Ethik öffentlicher Entscheidungsprozesse*, Freiburg 1975, S. 77 f.), dem zufolge die Regeln nur eines von vier Elementen sind, aus denen sich ein strategisches Spiel zusammensetzt; neuere Konzepte politischer Strategie und politischer Strategieanalyse sind aus guten Gründen noch einmal sehr viel komplexer angelegt als spieltheoretische Modelle (s. J. Raschke, »Politische Strategie. Überlegungen zu einem politischen und politikwissenschaftlichen Konzept«, in: *Jenseits des Regierungsalltags. Strategiefähigkeit politischer Parteien*, hg. von F. Nullmeier und Th. Saretzki, Frankfurt am Main 2002, S. 207-241; R. Tils, *Politische Strategieanalyse. Konzeptionelle Grundlagen und Anwendung in der Umwelt- und Nachhaltigkeitspolitik*, Wiesbaden 2005).

gerückt: »What does make arguing effective?«[82] Nach Auswertung der empirischen Untersuchungen lautet die Antwort jetzt: »arguing works as a micro-mechanism by which new empirical insights and normative principles get diffused through communicative action«.[83] *Arguing* wird hier nicht mehr als Kommunikationsmodus betrachtet, in dem kognitive Probleme intersubjektiv bearbeitet und empirische wie normative Geltungsansprüche kritisch geprüft werden. *Arguing* erscheint vielmehr sogleich als Diffusionsmechanismus, mit dessen Hilfe neues empirisches und normatives Wissen verbreitet wird. Die Prüfung und Anerkennung des verbreiteten Wissens als »neu« und »gültig« wird in dem so als Diffusion charakterisierten Kommunikationsprozess offenbar schon vorausgesetzt. *Arguing* weist nach dieser diffusionsbezogenen Konzeption große Ähnlichkeit mit einem Kommunikationsprozess auf, den man auch als *informing* beschreiben könnte. Greift man die Charakterisierung dieses Prozesses in Begriffen der Innovationsforschung auf, dann geht diese in der Regel davon aus, dass der Diffusion einer Neuerung kreative Prozesse der Entdeckung oder Erfindung des Neuen (Invention) und seiner kritischen Prüfung und Anerkennung (Innovation) vorausgehen. Diese vorgelagerten kreativen und kritisch-konstruktiven Prozesse treten bei der hier erreichten Konzeption erkennbar in den Hintergrund. Die Effektivität des *arguing* bemisst sich in einer diffusionsorientierten Konzeption am Grad der Verbreitung von neuen Ideen und Normen, nicht unbedingt an der Qualität der Gründe, mit denen das zugrunde liegende empirische oder normative Wissen als »neu« und »gültig« gerechtfertigt wird.

Dem diffusionsbezogenen Konzept von *arguing* entspricht die zentrale Bedeutung, die der Resonanz eines neuen Arguments mit den vorhandenen empirischen und normativen Überzeugungen der Adressaten zugewiesen wird. Erfolgreiches *arguing* hängt danach entscheidend davon ab, ob es gelingt, im Kommunikationsprozess eine solche Resonanz zu erzeugen. Hier liegt auch die praxisorientierte Antwort auf die Frage, was *arguing* effektiv macht: die Herstellung eines möglichst großen Mitschwingens mit den Überzeugungen der Adressaten.[84] Konzeptionell erfolgt damit eine deutliche

82 C. Ulbert und Th. Risse, »Deliberately Changing the Discourse«, a. a. O. (Anm. 34), S. 351.

83 Ebd., S. 363.

84 Ebd., S. 361 f.

Annäherung an Modelle eines rhetorischen Handelns, das auf möglichst große Wirksamkeit und Resonanz beim Publikum angelegt ist. Was eher aus dem Blick gerät, ist die Erfahrung, dass eine solche Resonanz und weite Verbreitung in vielen historisch prominenten Fällen sehr effektiv mit rhetorischen Mitteln hergestellt wurde, die einer kritischen Überprüfung ihrer zentralen Argumentationsmuster nicht standhalten können.

Im Kontext der Diskussion um Global Governance betrachtet Risse *arguing* und kommunikatives Handeln dann nicht nur als »new modes of governance«, sondern als Instrumente einer »sanften« Steuerung. Dabei konzipiert er argumentatives und kommunikatives Handeln »als wesentliche Instrumente nichthierarchischer Steuerungsformen von Global Governance«. Die Perspektive auf Prozesse des *arguing* ist hier vom Blick auf seine Konsequenzen geprägt. Unter diesen Konsequenzen steht der Wandel von Überzeugungen im Vordergrund. »Argumentieren und Überzeugen können demnach als Medien einer ›weichen Steuerung‹« verstanden werden.[85] Gegenüber dieser instrumentell ausgerichteten Perspektive, deren konzeptionelle Nähe zu einer Logik des Konsequentialismus kaum zu übersehen ist, tritt bei Müllers Rekonzeptualisierung von *arguing* als normenreguliertem Verhalten die Orientierung an einer Logik der Angemessenheit in den Vordergrund: »Arguing is an art that must be learned and applied to norms and rules.«[86]

5. Schluss: Von der Theorie in die Niederungen empirischer Forschung – und zurück

Die deutschsprachige Debatte über die Grundlagen und die Weiterentwicklung der Theorie internationaler Beziehungen hat durch den Rekurs auf die Theorie des kommunikativen Handelns ein spezifisches Profil bekommen. Im Anschluss an die Debatte in der *Zeitschrift für Internationale Beziehungen* wuchs bei vielen Beteiligten aus dem Bereich der Internationalen Beziehungen allerdings die Neigung, sich aus der theoretischen Diskussion zurückzuziehen und sich auf die empirische Forschung zu konzentrieren. Für Risse

85 Vgl. den Beitrag von Th. Risse, in diesem Band, S. 58.

86 H. Müller, »Arguing, Bargaining and All That«, a. a. O. (Anm. 58), S. 418.

bestand der »wichtigste Beitrag der deutschsprachigen Theoriediskussion« in den Internationalen Beziehungen im Rahmen der ZIB-Debatte »in der Klärung des Verhältnisses von argumentativem und verständigungsorientiertem Handeln einerseits und zweckrationalem Handeln andererseits«.[87] Wenn man sich die impliziten und expliziten Reformulierungen von Begriffen und Konzepten vergegenwärtigt, die allein bei Müller und Risse im Rahmen ihres gemeinsamen Forschungsprojekts zu finden sind, dann wird indessen deutlich, dass hier nach dem Gang durch die »Niederungen empirischer Forschung« ein nicht unerheblicher neuer begrifflicher und konzeptioneller Klärungsbedarf entstanden ist.[88]

Klärungsbedürftig erscheint zum einen die Differenzierung des zuerst genannten Pols, den Risse mit den beiden Begriffen des argumentativen und verständigungsorientierten Handelns beschrieben hat: In welchem Verhältnis stehen sie zueinander? Klärungsbedürftig ist aber auch die begriffliche und konzeptionelle Formulierung der anderen Seite, die ihrerseits mit unterschiedlichen Begriffen gefasst wird (zweckrational beziehungsweise strategisch). Selbst bei Verwendung gleicher Kategorien ist oft nicht klar, was genau gemeint ist. Das gilt insbesondere für den Begriff des strategischen Handelns. Wenn etwa *arguing* und Deliberation als genauso strategisch bezeichnet werden wie *bargaining*, andererseits strategisches Handeln als eine Variante normenregulierten Verhaltens gelten soll, dann stellt sich die Frage, in welchem Sinn hier jeweils von »strategisch« die Rede ist, da offenkundig unterschiedliche Bedeutungen von »strategischem Handeln« und »Strategie« im Spiel sind. Der Weg in die Niederungen empirischer Forschung ist keine Einbahnstraße. Er führt auch in diesem Fall zurück zur begrifflichen und theoretischen Reflexion.

87 Th. Risse, »Konstruktivismus, Rationalismus und Theorien Internationaler Beziehungen«, a. a. O. (Anm. 50), S. 122 f.

88 Ebd., S. 123.

Benjamin Herborth

Verständigung verstehen

Anmerkungen zur ZIB-Debatte

Bereits auf den ersten Seiten seiner *Theorie des kommunikativen Handelns* stellt Jürgen Habermas der erfahrungswissenschaftlich orientierten Politikwissenschaft ein ernüchterndes Zeugnis aus:

> Sie mußte sich vom rationalen Naturrecht emanzipieren. Auch das moderne Naturrecht ging noch von der alteuropäischen Auffassung aus, wonach sich die Gesellschaft als ein politisch konstituiertes und über Rechtsnormen integriertes Gemeinwesen darstellte. Die neuen Konzepte des bürgerlichen Formalrechts boten freilich die Möglichkeit, konstruktiv zu verfahren und die rechtlich-politische Ordnung unter normativen Gesichtspunkten als einen rationalen Mechanismus zu entwerfen. Davon mußte sich eine Politikwissenschaft mit empirischer Ausrichtung radikal lösen. Diese befaßt sich mit Politik als einem gesellschaftlichen Teilsystem und entlastet sich von der Aufgabe, die Gesellschaft im ganzen zu konzipieren.[1]

Damit entlastet sie sich zugleich von einer Beantwortung der Frage nach dem Verhältnis von normativer und empirischer Forschung. Indem sie auf den Blick über (teil)disziplinäre Grenzen hinweg verzichtet, kann sich eine empiristisch verfahrende und technokratisch orientierte Politikwissenschaft auf einen normalwissenschaftlichen Forschungsbetrieb beschränken, der die Grundlagenreflexion des Fachs dann primär als Irritation wahrnehmen kann. Es erscheint *prima facie* unwahrscheinlich, dass sich an diesem Zustand ausgerechnet in der politikwissenschaftlichen Teildisziplin »Internationale Beziehungen« etwas ändern sollte. Denn der forschungsstrategische Zug, die Beziehungen zwischen Nationalstaaten als eigenlogischen Gegenstandsbereich auszuzeichnen, erfüllte nie allein die Funktion einer empirischen Beschreibung. Mit der Vorstellung einer anarchisch strukturierten Staatenwelt, in der es aufgrund der Abwesenheit einer zentralen Schiedsinstanz jenseits des National-

1 J. Habermas, *Theorie des kommunikativen Handelns*, Bd. 1, Frankfurt am Main 1981, zit. nach der 3. Auflage 1985, S. 18.

staats nicht möglich ist, kollektiv bindende Entscheidungen herzustellen, ließ sich zugleich die Selbständigkeit der Internationalen Beziehungen als akademisches Projekt begründen. Politisches Handeln unter Bedingungen zwischenstaatlicher Anarchie vollzieht sich dieser Beschreibung zufolge in einem weitgehend normfreien Raum. Wenn aber die Dynamik von Macht- und Gegenmachtbildung unvermeidlich erscheint und mit dem politischen Zentrum einer hierarchischen Entscheidungsinstanz ohnehin bereits ein offensichtlicher Adressat normativer Kritik fehlt, scheint eine maximale Distanz zwischen Internationalen Beziehungen und einer normativ orientierten Politischen Theorie erreicht.[2]

In dem Maße allerdings, in dem die Vorstellung einer anarchisch strukturierten und auf machtpolitische Parameter beschränkten Staatenwelt empirisch an Plausibilität verliert, sind die – dann etwas unglücklich so bezeichneten – Internationalen Beziehungen gezwungen, sich gesellschaftstheoretisch zu öffnen und ihre Grundbegriffe neu und umfassender zu konzipieren. Für diese Tendenz lassen sich zwar auch historische, vor allem aber wissenschaftsimmanente Gründe angeben. Denn schon bevor das Ende des Ost-West-Konflikts den überkommenen Theoriebaukasten der Internationalen Beziehungen nachhaltig diskreditierte, hatte eine theoretisch begründete Kritik eingesetzt, die sich an den rationalistischen Engführungen[3] sowohl der realistischen als auch der idealistisch-institutionalistischen Traditionslinie entzündete. Gegen die Weiterentwicklung des politischen Realismus zum szientifisch verschlankten Neorealismus durch Kenneth Waltz rekonstruierte Richard Ashley normative Gehalte in den Arbeiten der realistischen Klassiker. Und

2 Gegen eine derart zugespitzte Formulierung der Ausgangssituation lassen sich freilich sowohl historische als auch systematische Gründe angeben. Ihre Institutionalisierung als akademische Disziplin nach dem Ersten Weltkrieg verdanken die Internationalen Beziehungen eindeutig idealistischen Motiven, zudem lassen sich in den realistischen Gegenpositionen, die sich erst in Reaktion auf diese Ausgangslage ausdifferenzieren konnten, immer auch normative Gehalte rekonstruieren – etwa, im Anschluss an Hobbes, das heute wieder umstrittene Prinzip der moralischen Gleichheit aller Staaten.

3 Rationalismus bezieht sich dabei immer nur auf die instrumentalistische Perspektive der Rational-Choice-Ansätze. Diesen Sprachgebrauch kritisiert H. Alker, »Rescuing ›Reason‹ from the ›Rationalists‹. Reading Vico, Marx and Weber as Reflective Institutionalists«, in: *Millennium: Journal of International Studies* 19 (1990), S. 161-184.

gegen die neoinstitutionalistische Aneignung der idealistischen Erbmasse durch Robert Keohane machten John Ruggie und Friedrich Kratochwil die Notwendigkeit einer intersubjektivitätstheoretischen Grundlegung der Analyse reziproker Kooperationsbeziehungen deutlich.[4] In der deutschen Debatte hat Harald Müller diese Öffnung des Fachs mit seiner Rezeption der *Theorie des kommunikativen Handelns* am Problem zwischenstaatlicher Kooperation aufgegriffen. Die daran anschließende Debatte spielte sich im Wesentlichen in der *Zeitschrift für Internationale Beziehungen* (ZIB) ab, daher hat es sich eingebürgert, von der ZIB-Debatte zu sprechen.

Ich werde im Folgenden zunächst den theoretischen Kontext, in dem diese Rezeption eingesetzt hat, und die Ausdifferenzierungen der sich daran anschließenden Debatte kurz nachzeichnen, um dann die mit sympathischer Offenheit vorgetragene Selbstkritik in den jüngeren Publikationen zum Anlass zu nehmen, am Beispiel der komplementären Beziehung von formalpragmatischer Rekonstruktion und der empirisch-pragmatischen Rekonstruktion von je konkreten Signifikationsprozessen einen möglichen Weg der Verknüpfung von empirischen und normativen Forschungsperspektiven aufzuzeigen. Die Konturen eines sinnrekonstruktiven Ansatzes, der sich für die Internationalen Beziehungen als Folge einer kommunikationstheoretischen Umstellung der substantiellen Prämissen von Staatenwelt und Machtpolitik ergibt, werde ich mit Hilfe der von Ole Wæver vorgeschlagenen Theorie der Versicherheitlichung dann am Beispiel der Debatte um einen erweiterten Sicherheitsbegriff illustrieren (II). In einem dritten Schritt werde ich die gegen die Habermas-Rezeption in den Internationalen Beziehungen vorgebrachten handlungstheoretischen, institutionentheoretischen und machttheoretischen Argumente noch einmal systematisieren und aufzeigen, wie sich an jeder dieser Kritikstellen zugleich neue Forschungsperspektiven eröffnen lassen (III). Abschließend komme ich dann noch einmal auf das komplementäre, irreduzible Verhältnis von normativer und empirischer Forschung zurück (IV).

4 F. V. Kratochwil und J. G. Ruggie, »International Organization: A State of the Art on an Art of the State«, in: *International Organization* 40 (1986), S. 753-775; R. K. Ashley, »The Poverty of Neorealism«, in: *International Organization* 38 (1984), S. 225-286; dazu wiederum kritisch Kratochwil, »Errors have their Advantages«, in: *International Organization* 38 (1984), S. 305-320.

I

Innerhalb des Modells einer anarchisch strukturierten Staatenwelt stellt sich zunächst, weit unterhalb der Schwelle einer Konstitutionalisierung des Völkerrechts, die Frage, ob sich zwischen Staaten überhaupt Kooperationsformen entwickeln können, die über die spontane Bildung von Allianzen auf der Grundlage eines kurzfristigen machtstrategischen Kalküls hinausgehen. Selbst diese Frage wird von den machtpolitischen Realisten und Neorealisten skeptisch beantwortet. Da Staaten sich über die Intentionen ihrer Kooperationspartner nie völlig sicher sein könnten, seien sie zwangsläufig darauf bedacht, Kooperationsgewinne so zu verteilen, dass sich die Machtrelation nicht zu ihren Ungunsten verschiebt. Für beide Kooperationspartner gilt dies nur in dem unwahrscheinlichen Fall einer Gewinnverteilung, bei der die Machtrelation exakt gleich bleibt. Das ist modelltheoretisch konsequent gedacht, empirisch aber in hohem Maße unplausibel.

Das institutionalistische Gegenmodell der rationalistischen Kooperationstheorie führt hingegen zu empirisch plausibleren Ergebnissen, ist aber, so die Ausgangsthese von Harald Müller, unter der Annahme einer anarchisch strukturierten Staatenwelt theoretisch nicht konsistent.[5] Nur die Annahme, es handele sich in den zwischenstaatlichen Beziehungen vorwiegend um Nichtnullsummenspiele, in denen es sich für nutzenmaximierende Akteure als rational erweist, sich auf Kooperationen einzulassen, kann erklären, warum Kooperationsbereitschaft unter rationalen Akteuren prinzipiell möglich ist. Es bleibt allerdings eine logische Lücke zwischen der rationalen Kooperationsbereitschaft und einer »tatsächlichen Zusammenarbeit zwischen Staaten unter den abträglichen Bedingungen der Anarchie«. Denn sofern potentielle Kooperationspartner über die zukünftigen Intentionen des jeweils anderen keine völlige Sicherheit erlangen, müssten sie, der Logik des Modells zufolge, befürchten, dass die Kooperationsgewinne in der Zukunft gegen sie verwandt werden könnten. Ein tatsächliches Kooperationsverhalten folgt daher nicht zwingend aus dem Nachweis einer rationalen Kooperationsbereitschaft. Diese logische Lücke, so die zentrale These

5 H. Müller, »Internationale Beziehungen als kommunikatives Handeln. Zur Kritik der utilitaristischen Handlungstheorien«, in: *Zeitschrift für Internationale Beziehungen* 1 (1994), S. 15-44.

von Müller, lässt sich schließen, wenn man dem strategischen Handlungsmodell der Rational-Choice-Theorie den Begriff des kommunikativen Handelns zur Seite stellt. Nur wenn den potentiellen Kooperationspartnern wenigstens intuitiv immer schon klar ist, dass »überhaupt ein anderer Handlungsmodus – Verständigungshandeln – zur Verfügung steht«,[6] lässt sich der Schritt von der Kooperationsbereitschaft zur tatsächlichen Kooperation überhaupt theoretisch nachvollziehen.

Damit bleibt die Rezeption der Theorie des kommunikativen Handelns allerdings zunächst auf den Bannkreis der etwas sterilen Debatte zwischen Neorealisten und Neoinstitutionalisten beschränkt, in der das Diktum der Anarchie als ebenso unumstößlich galt wie die Konzeption von Staaten als einheitlichen, zweckrational handelnden Akteuren. Ausgangspunkt war also nicht, wie für Habermas, die Frage, wie Handlungskoordination möglich ist, es wurde vielmehr, gegen die starke Evidenz routinisierter Praktiken in Diplomatie und Völkerrecht, die Möglichkeit von Kooperation überhaupt in Zweifel gezogen. Die Eigenlogik argumentativ strukturierter Verhandlungsprozesse wurde also erst nachträglich in einen Problemzusammenhang eingeführt, der überhaupt nur plausibel wird, wenn man bereit ist, die voraussetzungsvollen Annahmen einer auf Staaten als Akteure transponierten Rational-Choice-Theorie nachzuvollziehen. Für die etwas sterile Debatte zwischen Neorealisten und Neoinstitutionalisten trifft damit in besonderem Maße zu, was Kant bereits sarkastisch zur Vorstellung eines dauerhaft stabilen Mächtegleichgewichts in Europa angemerkt hatte. Das fragile Kooperationsgleichgewicht zwischen rationalen Egoisten wäre »wie Swifts Haus, welches von einem Baumeister so vollkommen nach allen Gesetzen des Gleichgewichts erbauet war, daß, als sich ein Sperling drauf setzte, es so fort einfiel, ein bloßes Hirngespinst«.[7]

Im Zuge der Ausdifferenzierung der Debatte lag es daher nahe, zum einen über den rationalistisch-institutionalistischen Kontext hinauszugehen und eine stärkere Berücksichtigung der von Habermas selbst vorgenommenen institutionentheoretischen Weiterent-

6 Ebd., S. 28.

7 I. Kant, »Über den Gemeinspruch: Das mag in der Theorie richtig sein, taugt aber nicht für die Praxis«, *Werke in zwölf Bänden*, hg. von Wilhelm Weischedel, Bd. XI, 1977, S. 172.

wicklungen einzufordern,[8] zum anderen das empirische Anwendungsfeld über zwischenstaatliche Verhandlungssituationen hinaus auf Dynamiken der Normgenese und Probleme des Regierens jenseits des Nationalstaats zu erweitern. Argumentatives Handeln, so der Vorschlag von Thomas Risse, lässt sich dann als kategoriale Alternative zu sowohl rationalem als auch normgeleitetem Handeln auszeichnen, die Normen nicht ignoriert oder als stabil voraussetzt, sondern auch Prozesse der Entstehung und Veränderung von Normen in den Blick nehmen kann.[9] Dann stellt sich allerdings die Frage, wie diese Handlungstypen sich aufeinander beziehen lassen. Risse behandelt Handlungslogiken zunächst als Idealtypen, die sich analytisch unterscheiden lassen, faktisch aber immer in je spezifischen Mischungsverhältnissen auftreten. In empirischer Forschung müsste sich dann klären lassen, in welchen Kontexten bestimmte Handlungslogiken dominieren. Insbesondere in der Forschung über die nationale Durchsetzung internationaler Menschenrechtsnormen sind dabei Modelle entwickelt worden, die kommunikatives Handeln gewissermaßen als Transmissionsriemen für den Übergang von rationalem zu normgeleitetem Handeln konzeptualisiert haben. So gehen Kathryn Sikkink und Thomas Risse im Spiralmodell der Menschenrechtsentwicklung davon aus, dass repressive Staaten, die gegen Menschenrechte verstoßen, gewissermaßen in einer Zangenbewegung von transnationalen Akteuren und innerstaatlichen Oppositionsgruppen so effektiv unter Druck gesetzt werden können, dass sie eine schrittweise Durchsetzung der Menschenrechte auf lange Sicht kaum verhindern können.[10] Gerade wenn ein repressives Regime zunächst die Gültigkeit internationaler

8 Vgl. dazu R. Schmalz-Bruns, »Die Theorie des kommunikativen Handelns – Eine Flaschenpost?«, in: *Zeitschrift für Internationale Beziehungen* 2 (1995), S. 347-361, sowie M. Müller, »Vom Dissensrisiko zur normativen Ordnung der Staatenwelt«, in: *Zeitschrift für Internationale Beziehungen* 3 (1996), S. 367-379.

9 Th. Risse, »›Let's Argue!‹: Communicative Action in World Politics«, in: *International Organization* 54 (2000), S. 1-39.

10 K. Sikkink, »The Power of Principled Ideas: Human Rights Policies in the United States and Western Europe«, in: *Ideas and Foreign Policy*, hg. von J. Goldstein und R. O. Keohane, Ithaca, NY 1993, S. 139-170; *The Power of Human Rights: International Norms and Domestic Change*, hg. von Th. Risse, St. C. Ropp und K. Sikkink, Cambridge 1999; Th. Risse, A. Jetschke und H. P. Schmitz, *Die Macht der Menschenrechte. Internationale Normen, kommunikatives Handeln und politischer Wandel in den Ländern des Südens*, Baden-Baden 2002.

Menschenrechtsnormen bestreitet, bietet sich für transnationale Netzwerke und gesellschaftliche Akteure die Gelegenheit, Öffentlichkeit zu schaffen, indem sie dies skandalisieren. Dadurch kann das repressive Regime zunächst zu taktischen Konzessionen gezwungen werden, in deren Folge sich der innenpolitische Handlungsspielraum der Opposition sukzessive erweitert, bis es zu einem substantiellen Politik- oder Machtwechsel kommt, der schließlich zur Anerkennung der Menschenrechtsnormen führt. Das bloß strategische Verhalten des repressiven Staates bis hin zur Phase taktischer Konzessionen kann dabei in ein normgeleitetes Verhalten im Sinne einer Logik der Angemessenheit nur deswegen überführt werden, weil das Regime gleichsam dazu genötigt werden kann, seine Politik gegenüber innergesellschaftlichen Gruppen sowie einer transnationalen Öffentlichkeit mit Gründen zu rechtfertigen. Selbst wenn es sich dabei zunächst um einen bloß rhetorischen Gebrauch von sprachlichen Ausdrücken handelte, würden repressive Staaten unter Bedingungen eines andauernden Begründungszwangs doch sukzessive dazu gezwungen, authentisch zu argumentieren.

Bei aller modelltheoretischen Eleganz stellt sich dann allerdings die Frage, inwieweit dieser paradoxe Zwang zur Authentizität den anspruchsvollen Voraussetzungen kommunikativen Handelns noch gerecht werden kann. Risse selbst konzediert, dass zunächst von einer prinzipiellen Gleichberechtigung der Kommunikationsteilnehmer ebenso wenig ausgegangen werden kann wie von einer freien oder freiwilligen Teilnahme überhaupt.[11] Noch weit schwerwiegender erscheint mir allerdings, dass in dem Maße, in dem kommunikatives Handeln, wie gesehen, als Transmissionsriemen zwischen rationalem und normgeleitetem Handeln fungiert, die prozeduralen Grundzüge des Begriffs kommunikativer Rationalität zurückgenommen werden. Denn die erwarteten Argumentationsvorgänge sind immer schon funktional bezogen auf die Durchsetzung inhaltlich vorab bestimmter Normen. Eine solche funktionalistische Verkürzung des kommunikativen Handelns führt auf handlungstheoretischer Ebene zu einer Vernachlässigung der prinzipiellen Offenheit, die mit einem ungezwungenen Austausch von Gründen

11 Th. Risse, A. Jetschke und H. P Schmitz, *Die Macht der Menschenrechte*, a. a. O. (Anm. 10), S. 23.

einhergehen sollte. Bei der Bestimmung des empirischen Gegenstands führt sie zu einer problematischen Substantialisierung von Menschrechtsnormen, die als inhaltlich bestimmte Werte in ein der Rollentheorie entlehntes normativistisches Handlungsmodell eingespeist werden.[12]

Es liegt vor diesem Hintergrund nahe, zu unterscheiden zwischen dem anspruchsvollen Handlungstypus kommunikativen Handelns einerseits und empirisch vorfindbaren Formen des Argumentierens – *arguing* im Gegensatz zu *bargaining* – andererseits.[13] Während im Falle kommunikativen Handelns immer argumentiert werden muss, ist strategisches Handeln sowohl mit klassischem *bargaining* als auch mit zielgerichtet eingesetzten Formen des Argumentierens vereinbar. Selbst wenn sich *arguing* und *bargaining* als Kommunikationsmodi unterscheiden lassen, wäre es daher nicht zulässig, von empirisch beobachtbaren Argumentationsprozessen auf kommunikatives Handeln zu schließen. Eine aus dem kommunikativen Handeln abgeleitete Handlungslogik wäre dann in der empirischen Forschung prinzipiell nicht nachweisbar. Dann stellt sich allerdings die Frage, welche theoretischen Konsequenzen sich aus der empirischen Beobachtung von Formen des Argumentierens und Verhandelns ergeben – zumal beide in aller Regel gleichzeitig und in Kombination auftauchen. Harald Müller nimmt diese Problemlage zum Anlass, den Anspruch auf eine eigenständige Handlungstheorie zurückzuziehen und sowohl *arguing* als auch *bargaining* einer raffinierten Variante der Logik der Angemessenheit zu subsumieren.[14] Indem er

12 Damit wird im Ergebnis auch die Gleichursprünglichkeit von Volkssouveränität und Menschenrechten zurückgenommen, über die sich Menschenrechte – als kommunikationsstrukturelle Voraussetzungen demokratischer Selbstbestimmung – erst universalisieren lassen. Zu den Konsequenzen einer solchen Substantialisierung vgl. I. Maus, »Menschenrechte als Ermächtigungsnormen internationaler Politik«, in: *Recht auf Menschenrechte. Menschenrechte, Demokratie und internationale Politik*, hg. von H. Brunkhorst, W. Köhler und M. Lutz-Bachmann, Frankfurt am Main 1999, S. 276-292.

13 Vgl. dazu den Beitrag von Thomas Saretzki in diesem Band, S. 111 ff.

14 H. Müller, »Arguing, Bargaining, and all that: Communicative Action, Rationalist Theory and the Logic of Appropriateness in International Relations«, in: *European Journal of International Relations* 10 (2004), S. 395-435, hier S. 396. Vgl. in diesem Zusammenhang auch den instruktiven Vorschlag von Nicole Deitelhoff (in diesem Band), die institutionellen Bedingungen in den Blick zu nehmen, unter denen es überhaupt erst möglich wird, »Inseln der Verständigung« anzusteuern.

eine flexiblere Kombination von Handlungstypen und Kommunikationsmodi zulässt, bekommt Müller zwar ein reichhaltigeres Spektrum an sozialen Situationen in den Blick – um deren Wechselspiel erklären zu können, ist dann aber der Rückgriff auf eine rationalistische oder normativistische Hintergrundtheorie notwendig, aus deren Perspektive sich angeben lässt, wie, warum und unter welchen Bedingungen umgeschaltet wird. Welcher Kommunikationsmodus situativ dominiert, hängt für Müller dann konsequenterweise nur noch von den kontextspezifischen Vorgaben ab, die sich aus einer vorgelagerten Logik der Angemessenheit ableiten lassen. Damit wird wiederum, diesmal allerdings explizit und programmatisch, das kommunikative dem normgeleiteten Handeln logisch nachgeordnet.

II

Am Ausgang der ZIB-Debatte lässt sich also eine gewisse Ernüchterung konstatieren. Es ist bestenfalls unklar, ob empirisch nachvollziehbare Formen des Argumentierens überhaupt noch eine kategoriale Alternative zu strategisch-rationalem und normgeleitetem Handeln darstellen können. Wertvolle Überlegungen dazu finden sich in einem aktuellen Beitrag von Nicole Deitelhoff und Harald Müller, in dem die Erfahrungen aus empirischen Forschungsprojekten kritisch rekapituliert werden. Dabei erklären Deitelhoff und Müller den ursprünglich aus der ZIB-Debatte entwickelten Forschungsansatz mit bewundernswerter Offenheit für gescheitert.[15] Die Unterscheidung zwischen Erfolgs- und Verständigungsorientierung habe sich empirisch nicht nachweisen lassen, da, erstens, Handlungsmotivationen empirisch kaum nachvollziehbar seien und, zweitens, in den untersuchten Verhandlungssituationen beide Handlungstypen und Kommunikationsmodi offensichtlich gleichzeitig zu beobachten waren.

Daraus ergibt sich zum einen die Forderung, den intersubjektivitätstheoretischen Kern des kommunikativen Handelns wieder stärker in den Blick zu nehmen, denn das Nachvollziehen von subjek-

15 N. Deitelhoff und H. Müller, »Theoretical Paradise – Empirically Lost?«, in: *Review of International Studies* 31 (2005), S. 167-179.

tiven Handlungsmotivationen lag ja keinesfalls im Interesse des ursprünglichen Theorieprogramms.[16] Zum anderen stellt sich die Frage, wie ein solches konsequenter sprachpragmatisch und intersubjektivitätstheoretisch ansetzendes Programm in empirischer Forschung eingelöst werden könnte.

Dazu empfiehlt es sich meines Erachtens zu jenen grundbegrifflichen Entscheidungen zurückzugehen, die das Programm der Theorie des kommunikativen Handelns ursprünglich motiviert haben. In den Gauss Lectures hält Habermas fest:

> Die erste begriffsstrategische Entscheidung, die für ein sozialwissenschaftliches Theorieprogramm von grundlegender Bedeutung ist, besteht darin: Sinn (*meaning*) als Grundbegriff zuzulassen oder abzuweisen. ›Sinn‹ verstehe ich paradigmatisch als Bedeutung eines Wortes oder eines Satzes. Ich gehe also davon aus, daß es so etwas wie reine oder vorgängige Sprecherintentionen nicht gibt; Sinn hat oder findet immer einen symbolischen Ausdruck; Intentionen müssen stets, um zur Klarheit zu gelangen, eine symbolische Form annehmen und geäußert werden können … Wenn wir »Sinn« *a limine* als sprachlichen Sinn, also mit Bezugnahme auf die Bedeutung von Worten und Sätzen einführen dürfen, läßt sich unsere begriffsstrategische Grundentscheidung präziser fassen: es ist eine metatheoretische Entscheidung darüber, ob sprachliche Kommunikation als ein für den Gegenstandsbereich konstitutives Merkmal bestimmt werden soll.[17]

Daraus ergibt sich dann konsequent die Unterscheidung zwischen Verhalten, das beobachtet werden kann, und Handeln, das als sinnlogisch motiviert verstanden werden muss. Die Kontroverse zwischen Verhaltenserklärung und Sinnverstehen hält Habermas allerdings für so hinreichend geklärt, dass die Problematik des Sinnverstehens in der *Theorie des kommunikativen Handelns* im Wesentlichen unter dem Aspekt behandelt wird, inwiefern sich aus ihr zwingend die Rationalitätsproblematik ergibt. Auch für die Internationalen Beziehungen haben Martin Hollis und Steve Smith die

16 »Mein Ziel ist nicht die empirische Charakterisierung von Verhaltensdispositionen, sondern die Erfassung allgemeiner Strukturen von Verständigungsprozessen, aus denen sich formal zu charakterisierende Teilnahmebedingungen ableiten lassen«. (J. Habermas, *Theorie des kommunikativen Handelns*, a. a. O. [Anm. 1], Bd. 1, S. 386).

17 J. Habermas, »Vorlesungen zu einer sprachtheoretischen Grundlegung der Soziologie«, in: ders., *Vorstudien und Ergänzungen zur Theorie des kommunikativen Handelns*, Frankfurt am Main 1984, S. 12.

These von den »two stories social science always has to tell« noch einmal rekapituliert.[18] Trotz alledem bleibt allerdings weitgehend unklar, wie ein sinnverstehender Zugang für einen makrosozialen Bereich wie die internationalen Beziehungen forschungspraktisch konkretisiert werden könnte – und folglich bleibt die Problematik des Sinnverstehens virulent. Die eingangs beschriebene Bewegung, in der sich die Internationalen Beziehungen grundbegrifflich für normative und gesellschaftstheoretische Fragen zu öffnen beginnen, sieht sich immer noch einer herrschenden Meinung gegenüber, die methodisch kontrollierte Forschung mit der einheitswissenschaftlichen Logik des Hypothesentests identifiziert.[19] Selbst wenn man die geballte Kritik der postempiristischen Wissenschaftstheorie für den Moment außer Acht lässt, sprechen allerdings vor allem zwei Gründe gegen die Übernahme des neopositivistischen Methodenideals. Erstens sind Hypothesentests auch in raffinierten Forschungsdesigns schon mit dem Typus normgeleiteten Handelns logisch unvereinbar. Wenn Normen Handeln nicht determinieren, sondern ein Spektrum sinnvoll möglicher Handlungsoptionen aufspannen, kann eine sinnvolle Strategie der methodischen Geltungsüberprüfung nicht darin bestehen, aus diesen Normen spezifische Verhaltenserwartungen abzuleiten und mit dem beobachtbaren *Verhalten* abzugleichen. Von der empirischen Häufigkeit, mit der regulative Regeln eingehalten werden, lässt sich weder auf die kontrafaktische Geltung von Normen schließen noch auf die konstitutive Dimension der Eröffnung von Handlungsmöglichkeiten. Denn die Kompetenz zur Regelfolge »hängt vielmehr von intersubjektiver Geltung, das heißt von dem Umstand ab, dass a) Subjekte, die ihr Verhalten an Regeln orientieren, von diesen abweichen und b) ihr abweichendes Verhalten als Regelverstoß kritisieren können«.[20] Erst

18 M. Hollis und S. Smith, *Explaining and Understanding in International Relations*, Oxford 1991.

19 So etwa bei Th. Risse, »Konstruktivismus, Rationalismus, Theorien Internationaler Beziehungen – warum empirisch nichts so heiß gegessen wird, wie es theoretisch gekocht wurde«, in: *Die neuen Internationalen Beziehungen. Forschungsstand und Perspektiven in Deutschland*, hg. von G. Hellmann, K. D. Wolf und M. Zürn, Baden-Baden 2003, S. 99-132; P. Katzenstein, R. O. Keohane und S. Krasner, »International Organization and the Study of World Politics«, in: *International Organization* 52 (1998), S. 645-685.

20 J. Habermas, *Theorie des kommunikativen Handelns*, a. a. O. (Anm. 1), Bd. 2, S. 33.

durch die Möglichkeit, die Bedingungen des Regelfolgens kritisch zu erörtern, lässt sich der Bezug zwischen konkreter Handlung und abstrakter Regel überhaupt herstellen. Gerade diese Dimension der intersubjektiven Geltung von Regeln wird allerdings ausgeblendet, wenn die – nach Wittgenstein ausgeschlossene – private Befolgung einer Regel der statistischen Forschungslogik gemäß als einzelne unabhängige Beobachtung behandelt wird.[21] Zweitens zielt die Ableitung von spezifischen Verhaltenserwartungen zu Testzwecken grundsätzlich auf die Entdeckung empirischer Regelmäßigkeiten ab – und damit auf ein *über Zeit konstantes Verhalten*. Sobald aber aufgrund der prinzipiellen Kritisierbarkeit von Geltungsansprüchen statischen Handlungsmodellen ein Moment von Kontingenz injiziert wird, werden analytische Instrumente erforderlich, die empirische Offenheit nicht als Abweichung vom Normalmodell empirischer Regelmäßigkeit marginalisieren.

Sobald sie mit der erklärten Zielsetzung operieren, gelingende Verständigungsprozesse empirisch nachweisen zu wollen, laufen die Versuche, kommunikatives Handeln als handlungstheoretische Grundlage für die Internationalen Beziehungen fruchtbar zu machen, also Gefahr, nicht nur die zentrale Dimension der intersubjektiven Geltung von Regeln zu unterschlagen, sondern auch mit der forschungspraktischen Grundregel der Ergebnisoffenheit in Widerspruch zu geraten. An die Perspektive der formalpragmatischen Rekonstruktion, in der Habermas sich des Problems der Handlungsrationalität annimmt, kann diese forschungspraktische Grundregel allerdings bruchlos anschließen. Verständigung im Sinne des kommunikativen Handelns zeichnet sich ja gerade dadurch aus, dass sich die Ergebnisse eines ungezwungenen Austauschs von Argumenten nicht vorhersehen lassen. In den institutionentheoretischen Weiterentwicklungen konkretisiert sich diese prozedural erzeugte Offenheit als inhaltliche Unbestimmtheit demokratischer Rechtsetzungsprozesse – »die Kombination der inhaltlichen Beliebigkeit von Rechtsentscheidungen mit der Nicht-Beliebigkeit ihrer prozeduralen Voraussetzungen«.[22] Nimmt man die rekonstruktive

21 Ich komme auf diesen Punkt unten im Zusammenhang der Kritik an funktionalistischen Konzeptionen sozialen Lernens noch einmal zurück.

22 I. Maus, zustimmend zitiert in J. Habermas, *Faktizität und Geltung. Beiträge zur Diskurstheorie des Rechts und des demokratischen Rechtsstaats*, Frankfurt am Main 1992, S. 232.

und prozeduralistische Anlage der Theorie des kommunikativen Handelns und ihrer institutionentheoretischen Weiterentwicklungen zum Ausgangspunkt, zeigt sich aber, dass sich die Möglichkeiten empirischer Forschung keineswegs auf die Dienstleistungsfunktion beschränken, normativ vorgegebenen entgegenkommenden Tendenzen im Sinne sozialwissenschaftlicher Auftragsforschung empirisch nachzuspüren. In dieser Hinsicht war die englischsprachige Rezeption der *Theorie des kommunikativen Handelns* in den Internationalen Beziehungen von vornherein breiter angelegt. Anstelle einer positiven Handlungstheorie, die lediglich interne Probleme bestehender Kooperationstheorien beheben soll und sich daher auf den empirischen Nachweis kaprizieren kann, dass in den internationalen Beziehungen überhaupt argumentiert wird und welche Konsequenzen sich daraus ergeben, stand hier von vornherein die Grundlegung eines alternativen Theorieprogramms im Mittelpunkt. In diesem Sinne unterscheidet etwa Andrew Linklater in seinem an Habermas anschließenden Projekt einer kritischen Theorie der internationalen Politik eine normative, eine soziologische und eine praxeologische Dimension der Kritik. Der soziologische Beitrag besteht für Linklater vor allem in dem Nachweis der historischen Bedingtheit – und damit Veränderbarkeit – von gegebenen Formen von Inklusion und Exklusion. »The central point for present purposes is that just as human subjects can learn the rituals of exclusion which are based on hierarchical conceptions of class, ethnicity, gender or race, so can they unlearn them.«[23] So wie sich die vielfältigen Exklusionspraktiken moderner Staatlichkeit und Staatsbürgerschaft, wie Linklater im Anschluss an Charles Tilly zeigt, erst in konfliktiven historischen Prozessen herausgebildet haben, muss sich auch eine normativ gehaltvolle Perspektive moralischen Lernens erst gegen die instrumentellen Rationalisierungs- und Bürokratisierungstendenzen durchsetzen, die sich aus der kapitalistischen Modernisierung ergeben. Der soziologischen Dimension einer kritischen Theorie der internationalen Politik kommt damit die Doppelfunktion zu, bestehende Exklusionsformen sicht-

23 A. Linklater, *The Transformation of Political Community. Ethical Foundations of the Post-Westphalian Era*, Columbia 1998, S. 118. Vgl. zu Linklater auch den hervorragenden Überblicksartikel von C. Humrich, »Kritische Theorie«, in: *Theorien der internationalen Politik*, hg. von S. Schieder und M. Spindler, Opladen 2003, S. 421-447.

bar zu machen und die prinzipielle Möglichkeit ihrer Veränderung und damit Überwindung nachzuweisen. Damit ist ein Weg aufgezeichnet, wie die ergebnisoffene Forschung entgegenkommende und entgegenstehende Tendenzen gleichermaßen berücksichtigen kann.

Habermas selbst hat sich ausführlich bemüht, die Möglichkeiten moralisch-praktischen Lernens auch sozialwissenschaftlich nachzuweisen. Damit nimmt er gerade diejenigen Aspekte in den Blick, die mit seiner rationalitätstheoretisch interessierten Handlungskonzeption ohne Weiteres kompatibel sind. Bei der Analyse entgegenstehender Tendenzen ist das allerdings nicht der Fall. In der Theorie des kommunikativen Handelns werden entgegenstehende Tendenzen daher der komplementären Sphäre systemischer Integration zugeschlagen. Dass Habermas die zweistufige Architektur seiner Gesellschaftstheorie in *Faktizität und Geltung* weitgehend zurückzieht, haben Müller und Risse zum Anlass genommen, auf ein analytisches Instrumentarium zur Beobachtung entgegenstehender Tendenzen von vornherein zu verzichten. Damit ziehen sie sich genau die Kritik zu, die Habermas in der *Theorie des kommunikativen Handelns* unmittelbar vor der Einführung der Unterscheidung von System und Lebenswelt gegen den kommunikationstheoretischen Ansatz von G. H. Mead vorbringt. Indem er die systemische Funktionslogik der Gesellschaft unterschlage, handele sich Mead eine Reihe blinder Flecken ein, die für das Feld der internationalen Politik besonders ins Gewicht zu fallen scheinen:

> Die Vernachlässigung von Ökonomie, Kriegführung, Kampf um politische Macht, das Absehen von der Dynamik zugunsten der Logik gesellschaftlicher Entwicklung beeinträchtigen vor allem Meads Überlegungen zur sozialen Evolution. Gerade wenn es zutrifft, daß die soziale Integration in zunehmendem Maße durch kommunikativ erzielten Konsens gesichert werden muß, drängt sich die Frage nach den Grenzen der integrativen Kapazität verständigungsorientierten Handelns, nach den Grenzen der empirischen Wirksamkeit rationaler Motive auf.[24]

Gegen einen um die Systemintegration verkürzten, halbierten Gesellschaftsbegriff macht Habermas selbst also genau die Kritik geltend, die auch die einseitige Rezeption des kommunikativen Handelns in den Internationalen Beziehungen auf sich gezogen hat.

24 J. Habermas, *Theorie des kommunikativen Handelns*, a. a. O. (Anm. 1), Bd. 2, S. 169.

Wenngleich die theoriearchitektonischen Aufgaben der Systemintegration nicht ersatzlos ausgeblendet werden können, hat doch der Versuch einer Integration von Handlungs- und Systemtheorie in besonderem Maße Kritik auf sich gezogen. Hans Joas hat hierfür das Bild von der »unglücklichen Ehe zwischen Hermeneutik und Funktionalismus« geprägt. Für Joas ist die Unterscheidung zwischen System und Lebenswelt einer rationalitätstheoretisch enggeführten Auffassung von Handlungstheorie geschuldet.[25] Die prinzipiellen Leistungsgrenzen der Handlungstheorie, mit der Habermas die zweistufige Architektur seiner Gesellschaftstheorie begründet, ergeben sich in dieser Perspektive erst aus der begriffsstrategischen Entscheidung, soziales Handeln primär unter dem Aspekt der Handlungs*rationalität* zu diskutieren. Dass noch die komplexesten Formen nichtintendierter und verselbständigt erscheinender Handlungsfolgen auf die konkreten Praktiken bezogen bleiben, in denen sie sich reproduzieren oder auch transformieren, ist demgegenüber eine wesentliche Einsicht der Akteur-Struktur-Debatte, in der, vermittelt über die Funktionalismuskritik von Giddens, Archer und Bhaskar, sozialtheoretische Problemstellungen Eingang in die Internationalen Beziehungen gefunden haben.[26] Die kategoriale Gegenüberstellung von Handlungs- und Strukturtheorie oder Handlungs- und Systemtheorie ist in dieser Sichtweise weder zwingend noch hilfreich. Auch aus der Perspektive einer formalpragmatisch ansetzenden Theorie des kommunikativen Handelns wären jedoch Alternativen denkbar. Denn wenn die Spannung zwischen Faktizität und Geltung als der Sprache immanent gedacht wird, dann müssen sich auch faktische Exklusionen im Medium der Sprache selbst darstellen lassen. Die Analyse entgegenstehender Tendenzen dürfte folglich nicht einem logisch wie empirisch abgetrennten Bereich der Systemintegration übertragen werden; sie müsste vielmehr selbst kommunikationstheoretisch eingeholt werden. Die Erfassung

25 H. Joas, »Die unglückliche Ehe von Hermeneutik und Funktionalismus. Über Jürgen Habermas' Theorie des kommunikativen Handelns«, in: *Kommunikatives Handeln*, hg. von A. Honneth und H. Joas, Frankfurt am Main 1986, S. 144-176, hier S. 145, 150 f.

26 A. Wendt, »The Agent-Structure Problem in International Relations Theory«, in: *International Organization* 41 (1987), S. 335-370; D. Dessler, »What's at Stake in the Agent-Structure Debate«, in: *International Organization* 43 (1989), S. 441-473.

nichtintendierter Handlungsfolgen könnte sich dann nicht auf die funktional verselbständigten Bereiche der Wirtschaft (und zunächst auch: der Politik) beschränken, sondern müsste vielmehr den Ausgangspunkt einer sinnrekonstruktiven Forschungsperspektive markieren, die es erlaubt, die pragmatischen Konsequenzen – Einschließungen und Ausschließungen sowie die Eröffnung kontingenter Anschlussmöglichkeiten – je konkreter Sprechhandlungen sichtbar zu machen. Diese Dimension einer empirisch-pragmatischen Rekonstruktion von Signifikationsprozessen kann Habermas vernachlässigen, solange es ihm um eine Theorie der Handlungsrationalität geht, die ihrerseits den zentralen Baustein einer kritischen Gesellschaftstheorie liefern soll, »die ihre normativen Maßstäbe ausweisen kann« – und nicht um eine positive Handlungstheorie, die Orientierungslinien für die empirische Forschung vorzeichnen will. Dieser Ausgangspunkt erlaubt es, auf die Analyse empirisch vorfindlicher Argumentationsformen zu verzichten und rekonstruktiv die formalen Bedingungen der Möglichkeit von Verständigung zu explizieren. In der Folge geht es dann aber nicht mehr darum, *wie* argumentiert wird, sondern nur noch darum, *ob* überhaupt argumentiert wird und *in welchem Maße* dabei diese formalen Bedingungen eingehalten werden können. Will man jenseits dieser rationalitätstheoretischen Perspektive aber die ganze Fülle empirischer Tendenzen kommunikationstheoretisch in den Blick nehmen, die dem ungezwungenen Ablauf von Verständigungsprozessen entgegenstehen – oder zumindest nicht dienlich sind, muss die empirisch-pragmatische Dimension konkreter Signifikationsprozesse immer mit bedacht werden.[27]

Wie die formalpragmatische Rekonstruktion der Voraussetzungen gelingender Verständigung und die empirisch-pragmatische Rekonstruktion je konkreter Signifikationsprozesse sich ergänzen können, lässt sich am Beispiel der von Ole Wæver entwickelten Theorie der »Versicherheitlichung« (*securitization*) besonders gut illustrieren. Zum einen handelt es sich um die wohl am weitesten entwickelte sprechakttheoretisch fundierte Perspektive in den Internationalen Beziehungen, zum anderen lassen sich am Beispiel der Debatte um den erweiterten Sicherheitsbegriff gewissermaßen gegen die Inten-

27 Vgl. dazu auch J. Renn, *Übersetzungsverhältnisse. Perspektiven einer pragmatistischen Gesellschaftstheorie*, Weilerswist 2006, insb. S. 235-260.

tionen dieses empirisch-rekonstruktiven Zugriffs die Anknüpfungspunkte normativer Theorie exemplarisch aufzeigen.

Die wohlmeinende Forderung, Sicherheitsinteressen jenseits des auf den Staat bezogenen und militärisch verstandenen nationalen Interesses als gleichwertig anzuerkennen, hat insbesondere die kritische Friedensforschung erhoben.[28] Dabei wurde allerdings übersehen, welche unmittelbaren politischen Konsequenzen sich in dem Moment ergeben, in dem man sich auf eine Sicherheitssemantik einlässt. Vor diesem Hintergrund hat Ole Wæver ein sprechakttheoretisches Verständnis von Sicherheit herausgearbeitet, das es erlaubt, die pragmatischen Konsequenzen eines solchen Sprachgebrauchs in den Blick zu nehmen.[29] Wæver antwortet zunächst auf die erwähnte Kontroverse zwischen Vertretern eines engen beziehungsweise eines weiten Sicherheitsbegriffs. Dabei wirft er den Vertretern eines engen Sicherheitsbegriffs vor, sich aus einer obrigkeitsstaatlichen Perspektive heraus einseitig auf militärpolitische Aspekte zu fixieren, während er den Vertretern eines weiten Sicherheitsbegriffs nachweist, dass sie Gefahr laufen, jegliche begriffliche Trennschärfe einzubüßen, indem sie versuchen, immer weitere Aspekte des politischen Lebens als Sicherheitsprobleme zu deklarieren.

Wæver geht nun von der Beobachtung aus, dass in dieser Debatte zwar die empirische Reichweite des Sicherheitsbegriffs umstritten ist, nicht aber der Begriff selbst. Sicherheit gilt als der normativ ausgezeichnete Zustand, in dem eine gegebene Bedrohung abgewehrt werden kann, Unsicherheit als der problematische Zustand, in dem eine solche Abwehr nicht möglich ist. Dem stellt Wæver ein sprechakttheoretisches Sicherheitskonzept entgegen, das davon ausgeht, dass Bedrohungen nicht unproblematisch äußerlich gegeben sind, sondern als solche erst intersubjektiv anerkannt werden müssen. Dieser Prozess vollzieht sich Wæver zufolge im Wesentlichen über einen Sprechakt der Versicherheitlichung (*securitization*). Dabei wird ein spezifischer Umstand oder ein spezifisches Ereignis als exis-

28 Eine Kritik des erweiterten Sicherheitsbegriffs sowie einen Überblick über den Verlauf der Diskussion bietet H. Müller, »Begriff, Theorien und Praxis des Friedens«, in: *Die neuen Internationalen Beziehungen*, hg. von G. Hellmann, K. D. Wolf und M. Zürn, a. a. O. (Anm. 19), S. 209-250.

29 O. Wæver, »Securitization and Desecuritization«, in: *On Security*, hg. von R. D. Lipschutz, New York 1995, S. 46-86; B. Buzan, O. Wæver und J. de Wilde, *Security: A New Framework for Analysis*, Boulder, CO 1998, S. 21-48.

tentielle Bedrohung für eine schützenswerte politische Gemeinschaft dargestellt. Durch diese existentielle Bedrohung können außeralltägliche Mechanismen der Gefahrenabwehr (etwa militärische Gewaltanwendung) legitimiert werden, die die normalen Regeln des politischen Prozesses außer Kraft setzen.

Damit stellt Wæver von dem klassischen zweiwertigen Sicherheitsbegriff auf eine dreiwertige Sicherheitskonzeption um, in der sowohl Sicherheit als auch Unsicherheit als Ergebnis erfolgreicher Prozesse der Versicherheitlichung erscheinen, auf die erfolgreich reagiert werden kann oder nicht. Dem steht eine Situation der »*asecurity*« gegenüber, in der Prozesse der Versicherheitlichung nicht gelingen oder überhaupt nicht erst in Gang gesetzt werden, in denen der strittige Umstand also überhaupt nicht erst (erfolgreich) als Sicherheitsproblem behandelt wird. Dieser konzeptionelle Zug hat nun eine theoretische, eine methodologische und eine normative Pointe:

Theoretisch erlaubt er eine begrifflich enge, aber empirisch weite Konzeption von Sicherheit. Gesellschaft, Souveränität oder Umwelt können in Prozessen der Versicherheitlichung ebenso als existentiell bedroht gelten wie der Staat selbst. Gleichzeitig ist der Begriff hinreichend präzise, um Sicherheitsprobleme von anders gearteten Phänomenen unterscheidbar zu halten. Denn methodologisch erlaubt die Versicherheitlichungstheorie ein hohes Maß an intersubjektiver Nachvollziehbarkeit, da sich spezifische Bedingungen für eine erfolgreiche Versicherheitlichung angeben lassen. Zunächst muss eine spezifische Sicherheitsgrammatik beachtet werden, die eine existentielle Bedrohung für ein schützenswertes Referenzobjekt konstatiert, einen *point of no return* angibt und einen möglichen Ausweg auf der Grundlage außeralltäglicher Maßnahmen verheißt. Der Sprecher muss zudem in seiner herausgehobenen Rolle als legitim anerkannt sein. Schließlich können Bedrohungen zwar nie in dem Sinne objektiv sein, dass ihnen eine vorsprachliche Bedeutung anhaftet, allerdings gibt es gewissermaßen *brute facts*, die Prozesse der Versicherheitlichung insofern vereinfachen, als sie alternative Beschreibungen mit hoher Wahrscheinlichkeit zum Scheitern verurteilen. Die normative Pointe, Sicherheit nicht mehr als wünschenswerten Zustand auszuzeichnen, sondern als einen Prozess zu kritisieren, in dem die normalen Regeln des politischen Prozesses außer Kraft gesetzt werden können, ist zunächst eine eigenständige

Leistung dieser Form von sprechakttheoretischer Analyse, sie ist andererseits aber auch diskurstheoretisch unmittelbar anschlussfähig. Denn die unmittelbar an Carl Schmitt anschließende Vorstellung der Erzeugung eines Ausnahmezustands in Versicherheitlichungsprozessen wird hier gerade nicht als dezisionistisches Moment der Konstitution des Politischen ontologisiert, sondern als Abweichung von einem Modell des normalen politischen Prozesses kritisiert. Die Regeln dieses normalen politischen Prozesses lassen sich dann *ex negativo* bestimmen als deliberatives Gegenmodell zu einem Schmittianischen Moment der Versicherheitlichung zunächst bloß empirische Rekonstruktion von Sprechakten derVersicherheitlichung, die es erlaubt, empirisch auf solche Schmittianischen Momente hinzuweisen, impliziert hier immer schon einen kritischen Blick auf Abweichungen von einem deliberativen Politikmodell, das Wæver implizit als Maßstab der Kritik annehmen muss.

Am Beispiel einer sprechakttheoretischen Fassung des Sicherheitskonzepts lässt sich also exemplarisch zeigen, dass formalpragmatische Rekonstruktion und die empirische Pragmatik einer sinnrekonstruktiv verfahrenden Sozialwissenschaft sich nicht wechselseitig ausschließen müssen, sondern komplementär die pragmatischen Konsequenzen empirischer Signifikationsprozesse (etwa der Versicherheitlichung) und den in ihnen selbst angelegten Maßstab normativer Kritik in den Blick nehmen können.

III

Damit sind Konturen einer empirischen Forschungsperspektive umrissen, die mit den Intentionen und Grundbegriffen der *Theorie des kommunikativen Handelns* verschränkt ist. Die komplementäre Perspektive einer historischen Analyse entgegenkommender *und* entgegenstehender Tendenzen soll aber keineswegs eine vollständige sozialwissenschaftliche Entzauberung der kommunikativen Vernunft anzeigen. Aus der rekonstruktiven Anlage des Habermasschen Typus von normativer Theorie ergibt sich eine Reihe von Anknüpfungspunkten und Inspirationen für die empirische Forschung, die bislang nicht hinreichend ausgeschöpft worden sind. Ich werde im Folgenden die drei wesentlichen Einwände, die ich gegen die Versuche, kommunikatives Handeln für die Internationalen Beziehungen zu »operationalisieren«, geltend gemacht habe, noch einmal systematisch zusammenfassen und aufzeigen, inwiefern sich an diesen Stellen vor dem Hintergrund einer Perspektive, in der formalpragmatische und empirisch-pragmatische Rekonstruktion arbeitsteilig aufeinander bezogen sind, neue Forschungsperspektiven eröffnen.

Gegen die Versuche, Argumentieren als Baustein einer positiven Handlungstheorie für die Internationalen Beziehungen einzuführen, habe ich eingewandt, dass hier die rekonstruktive und formalpragmatische Anlage der Theorie des kommunikativen Handelns verkannt wird und in der Folge der normative Eigensinn kommunikativer Alltagspraxis verloren geht. Gegen eine handlungstheoretische Übersetzung des kommunikativen Handelns wäre prinzipiell nichts einzuwenden, wenn sie sich denn in der empirischen Forschung erfolgreich bewährte. Problematisch erscheint mir allerdings, neben den angedeuteten Hürden der empirischen Forschung selbst, dass mit dieser Übersetzung eine funktionalistische Verkürzung einhergeht, die durch den expliziten Bezug auf eine normativ gehaltvolle Gesellschaftstheorie eher verdeckt wird.

Mit der formalpragmatischen Rekonstruktion der Notwendigkeit, mit der die Geltungsansprüche auf Wahrheit, Richtigkeit und Wahrhaftigkeit kontrafaktisch unterstellt werden müssen, ist jedoch mehr gewonnen als ein begründeter, in der kommunikativen Alltagspraxis selbst verankerter Maßstab normativer Kritik. Aus der prinzipiellen Anfechtbarkeit dieser Geltungsansprüche ergibt sich, im Anschluss an Wittgenstein ein für die empirische Forschung folgenreiches Modell des Regelfolgens, das funktionalistischen Erklärungen diametral entgegensteht. Geht man von der kontrafaktischen Geltung von Regeln aus, lässt sich die intersubjektive Geltungsdimension, die damit zwingend ins Spiel gebracht ist, nämlich nicht durch empirische Beobachtungen erschließen, die sich nur auf die Häufigkeit beziehen, mit der Regeln eingehalten werden. Genau das ist aber die Perspektive einer *Compliance*-Forschung, die Regeleinhaltung funktionalistisch auf die Effizienzerfordernisse inter- und supranationaler Regime bezieht. Soziales Lernen wird dann nicht mehr als offener Transformationsprozess gedacht, sondern als inhaltlich vorgezeichnete Anpassungsleistung, die von bürokratischen Regelungsinstanzen jenseits des Nationalstaats zu Zwecken der Bestandserhaltung initiiert werden kann.[30] Dabei wird zugleich ebendieser intersubjektive Charakter der Regelfolge verkannt, wenn Legitimität als die »streng subjektive« Überzeugung der Akteure von der normativen Angemessenheit einer spezifischen Regel eingeführt wird, die am Ende einer erfolgreichen Internalisierung der Lerninhalte steht.[31] Gegen diese funktionalistischen Umdeutungen konstruktivistischer Ansätze lässt sich auf der Grundlage der prinzipiellen Umstrittenheit der Geltungsansprüche auf objektive Wahrheit, normative Richtigkeit und unmittelbare Authentizität ein Verständnis kollektiver Lernprozesse entwickeln, das ein Sensorium für die Offenheit sozialer Kämpfe besitzt, anstatt Abweichungen immer schon als Scheitern im Kontext einer totalisierenden Sozialisationsperspektive zu verbuchen.[32] Damit ist das diffizile Problem der »*faktischen* Rolle der performativ vorausgesetzten *kontrafaktischen* Annahmen« angesprochen, das Thomas McCarthy, von Habermas zustimmend zitiert, wie folgt beschreibt: »... this [move] has the effect of relocating the Kantian opposition between the real and the ideal *within* the domain of social practice«.[33] Ich habe bereits zu zeigen versucht, wie dieses Spannungsverhältnis zwischen dem Realen und dem kontrafaktischen, aber dennoch wirksamen Idealen über die Arbeitsteilung zwischen formalpragmatischer Rekonstruktion und empirisch-pragmatischer Rekonstruktion von Signifikationsprozessen so konzeptualisiert

30 So etwa bei J. Checkel, »Why Comply? Social Learning and European Identity Change«, in: *International Organization* 55 (2001), S. 553-588; ders., »Social Construction and Integration«, in: *Journal of European Public Policy* 6 (1999), S. 545-560.

31 I. Hurd, »Legitimacy and Authority in International Politics«, in: *International Organization* 53 (1999), S. 379-408; vgl. dazu auch die Kritik an diesen funktionalistischen Tendenzen bei Martin Weber, »The critical social theory of the Frankfurt School and the ›social turn‹ in IR«, in: *Review of International Studies* 31 (2005), S. 195-209.

32 Vgl. dazu die Kritik an den strukturalistischen Engführungen in der normativistisch-funktionalistischen Logik der Angemessenheit bei O. J. Sending, »Constitution, Choice, and Change. Problems with the ›Logic of Appropriateness‹ and Its Use in Constructivist Theory«, in: *European Journal of International Relations* 8 (2002), S. 443-470.

33 J. Habermas, *Kommunikatives Handeln und detranszendentalisierte Vernunft*, Stuttgart 2001, S. 11.

werden kann, dass die Gefahr vermieden wird, die normativen Gehalte des kommunikativen Handelns vorschnell in die Empirie zu projizieren.[34]

Was die empirische Forschung von den Ergebnissen einer rekonstruktiven Analyse lernen kann, zeigt sich allerdings vielleicht noch deutlicher im Feld der Institutionentheorie. In den institutionentheoretischen Weiterentwicklungen der Theorie des kommunikativen Handelns zur Diskurstheorie des Rechts und zur deliberativen Demokratietheorie, deren Vernachlässigung in der ZIB-Debatte schon früh bemängelt wurde (Schmalz-Bruns, M. Müller), wird die prozeduralistische Anlage der Theorie des kommunikativen Handelns für die Problematik der Institutionen*bildung* konkretisiert. Damit ist zunächst, wie im Fall der formalpragmatischen Rekonstruktion, der gesellschaftliche Ort bestimmt, an dem normative Kritik ansetzen kann. Ausgehend von der prinzipiellen Gleichberechtigung konkurrierender Ordnungsvorstellungen wird dabei von konkreten Fragen der inhaltlichen Ausgestaltung abstrahiert und stattdessen die verfahrensförmige Sicherstellung von Beteiligungsrechten in den Mittelpunkt gestellt.[35] In der institutionentheoretischen Konkretisierung lässt sich dieser prozeduralistische Grundzug darüber hinaus allerdings in die Form einer Hypothese für die empirische Forschung übersetzen. Gegen die simplifizierenden Lesarten, die in der Diskurstheorie immer nur das alteuropäische Einheitsdenken sehen, das sie zuvor selbst in sie hineingedeutet haben, wäre demzufolge die Bewährungschance hinreichend demokratisch verfasster Institutionen deswegen besonders groß, weil sie von vornherein darauf ausgerichtet sind, gewissermaßen als *moving target* Kritik aufzunehmen und intern zu verarbeiten. Institutionelle Stabilität in demokratischen Kontexten verdankt sich aus dieser Sicht vor allem der Fähigkeit, Kontingenz zu verarbeiten. Im Sinne

34 So auch B. Peters, »Normative Theorie und soziale Empirie«, in: *Das Interesse der Vernunft. Rückblicke auf das Werk von Jürgen Habermas seit ›Erkenntnis und Interesse‹*, hg. von St. Müller-Doohm, Frankfurt am Main 2000, S. 274-298, hier S. 291.

35 »Die eigentlich kritische Intention der Diskurstheorie liegt gerade in ihrer Beschränkung auf prozedurale Konstruktionen. Sie richtet sich gegen die heute herrschende Tendenz, inmitten einer dynamischen und hochmobilen Gesellschaft auf eine Festschreibung materialer Wertordnungen, die stets mit Exklusionen verbunden sind, zu regredieren« (I. Maus, »Habermas – Zur Rezeption von Theorie«, in: *Blätter für deutsche und internationale Politik* 44 [1999], S. 727-731).

der oben im Anschluss an Linklater diskutierten Doppelfunktion empirischer Forschung drängt sich dann die Frage auf, inwiefern in konkreten Fällen die interne Verarbeitung von Kritik in politischen Institutionen hinter die anspruchsvollen Forderungen eines prozeduralistischen Rechts auf Rechtfertigung (Forst) zurückfällt. Dafür finden sich bereits in *Strukturwandel der Öffentlichkeit* wertvolle Anregungen. Es besteht nämlich die Gefahr, dass mit der Verschiebung öffentlicher Rechtfertigungsprozeduren von der Legislative und ihrer offiziellen Repräsentation im Parlament »in den Verkehrskreis der Verwaltungen, Verbände und Parteien«[36] – und hier auch: der internationalen Organisationen – der interne Zusammenhang zwischen Deliberation und Demokratie aufgelöst und tendenziell durch eine Logik der öffentlichen Selbstdarstellung ersetzt wird:

> Die Aura der persönlich repräsentierten Autorität kehrt als ein Moment der Publizität wieder; insofern ist die moderne Publicity der feudalen Publicness durchaus verwandt. Public relations beziehen sich nicht eigentlich auf public opinion, sondern auf opinion in jenem Verstande der reputation. Öffentlichkeit wird zum Hof, *vor* dessen Publikum sich Prestige entfalten lässt – statt in ihm Kritik.[37]

Ersetzt man die »Aura der persönlich repräsentierten Autorität« durch die auf Legitimitätsstiftung und Selbstcharismatisierung angelegten Strategien der Öffentlichkeitsarbeit in internationalen Organisationen, eröffnet sich ein skeptischerer Blick auf exklusive Foren der Deliberation, die entweder – wie im Fall der europäischen Komitologie – auf Experten begrenzt bleiben oder aber – bei selektiver Teilnahme zivilgesellschaftlicher Gruppen – den politischen Entscheidungsverfahren äußerlich und vorgelagert bleiben.

Damit stellt sich, drittens, die Frage, wie Macht- und Exklusionsdynamiken integriert werden können. Indem sie die zweistufige Gesellschaftstheorie in die Erwartung von Prozessen der Sozialintegration jenseits des Nationalstaats übersetzen, haben sich Müller und Risse den Vorwurf der Machtvergessenheit eingehandelt, der dann leicht auf die gesamte Habermas-Rezeption in den Internationalen Beziehungen zurückfällt.[38] Dabei scheint sich die allgemeine

36 J. Habermas, *Strukturwandel der Öffentlichkeit. Untersuchungen zu einer Kategorie der bürgerlichen Gesellschaft*, Neuaufl., Frankfurt am Main 1990, S. 297.

37 Ebd., S. 299.

38 So etwa bei S. Mulligan, »Questioning (the Question of) Legitimacy in IR: A Reply to Jens Steffek«, in: *European Journal of International Relations* 10 (2004),

Tendenz, in paradigmatischen Lagern zu denken, teilweise zu der fehlerhaften Einschätzung zuzuspitzen, dass über Dynamiken der Macht nur reden könne, wer zuvor einen Foucault'schen Diskursbegriff akzeptiert hat. Dass Habermas sich, wenn er sich um die Explikation eines normativen Bezugspunkts gesellschaftstheoretischer Kritik bemüht, zunächst darauf konzentriert, die prinzipielle Möglichkeit unverzerrter Kommunikation nachzuweisen, impliziert aber nicht, dass er auf dem machtanalytischen Auge blind wäre. In der Theorie des kommunikativen Handelns taucht Macht zum einen als Steuerungsmedium der Politik, zum anderen im Kontext der Kolonialisierungsthese als strukturelles Ausgreifen einer funktionalistisch verkürzten Vernunft auf. Die in *Faktizität und Geltung* entwickelte Diskurstheorie des Rechts begreift Recht als Vermittlungsinstanz zwischen kommunikativer Macht, über die sich politische Herrschaftsräume konstituieren, und administrativer Macht, mit der sich innerhalb dieser Herrschaftsräume politische Entscheidungen durchsetzen lassen. Begreift man die These vom Verfall der bürgerlichen Öffentlichkeit im Strukturwandel ebenfalls als historische Erzählung der Entfaltung struktureller Macht, ergeben sich unter dem Strich fünf Machtbegriffe. Deren teils komplementäre, teils widersprüchliche Beziehung zu klären würde eine eigenständige Strukturierungsleistung erfordern, an deren Ende die Mär von der Machtvergessenheit der Frankfurter Diskursphilosophen wahrscheinlich gründlich ausgeräumt wäre. Für die handlungstheoretische Rezeption stellt sich allerdings die Frage, inwieweit die Leerstelle, die sich durch das Ausblenden der zweistufigen Architektur von System und Lebenswelt ergeben hat, gefüllt werden kann. Innerhalb der hier vorgeschlagenen Arbeitsteilung zwischen formalpragmatischer Rekonstruktion und empirisch-pragmatischer Rekonstruktion von konkreten Signifikationsprozessen käme diese Aufgabe offensichtlich Letzterer zu. Wenn pragmatisch sinnvolle Anschlussmöglichkeiten in Kommunikationsprozessen sich immer auf ein situationsspezifisch verfügbares Reservoir von Gründen beziehen – was Habermas aufgrund seines rationalitätstheoretischen Fokus nur programmatisch einführt –, die dann die inhaltliche Auseinandersetzung allerdings in aus normativer Sicht unzulässiger

S. 475-484 mit Bezug auf J. Steffek, »The Legitimation of International Governance. A Discourse Approach«, in: *European Journal of International Relations* 9 (2003), S. 249-275.

Weise vorstrukturieren, wäre ein erster Anhaltspunkt zur Identifikation von Prozessen der »semantischen Kolonialisierung« gewonnen. Vor dem Hintergrund eines hochgradig ausdifferenzierten und fragmentierten Geflechts von potentiellen Regelungsautoren in der internationalen Politik kann nämlich der inhaltliche Verlauf von Argumentationsprozessen entscheidend dadurch präfiguriert werden, aus welchen situationsspezifischen Kontexten bestimmte Institutionen hervorgegangen sind. Dass arbeitsrechtliche oder umweltrechtliche Mindeststandards in der WTO vor allem unter dem Aspekt der Wettbewerbsverzerrung zulasten von Entwicklungs- und Schwellenländern thematisiert werden können, wäre nur ein paradigmatisches Beispiel für solche Formen semantischer Kolonialisierung und argumentativer Abschließung.

IV

Was folgt aus alledem für sozialwissenschaftliche Versuche, Verständigung zu verstehen? Das empirische Interesse normativer Theorien an »entgegenkommenden Tendenzen« erfüllt für diese eine legitimatorische Funktion, wenn normative Kritik nicht hilflos der Ohnmacht des Sollens anheimfallen soll. Eine empirisch orientierte Politikwissenschaft, die sich nur darauf konzentrierte, gewissermaßen auftragsgemäß normative Vorgaben in der Realität aufzuspüren, würde allerdings nicht nur den forschungspraktischen Grundsatz der Offenheit gegenüber möglichen Resultaten verletzen. Sie liefe auch Gefahr, normative Gehalte ihres kritischen Anspruchs zu berauben und selbst affirmativ zu verfahren. Umgekehrt ist, wer sich auf der Suche nach der Antwort auf eine erfahrungswissenschaftliche Fragestellung durch ein normativ-theoretisches Paradies bewegt, empirisch schnell verloren.[39] Diesen Gefahren, so habe ich am Beispiel der arbeitsteiligen Komplementarität von formalpragmatischer Rekonstruktion der Bedingungen der Möglichkeit von Verständigung und empirisch-pragmatischer Rekonstruktion von Signifikationsprozessen zu zeigen versucht, lässt sich begegnen, wenn entgegenkommende und entgegenstehende Tendenzen gleichrangig beachtet werden.

39 N. Deitelhoff und H. Müller, »Theoretical Paradise – Empirically Lost?«, a. a. O. (Anm. 15).

Dass die Perspektiven von normativer und empirischer Forschung dabei nicht nur irreduzibel, sondern zugleich unauflöslich verschränkt sind, zeigt sich schon an der Schwierigkeit zu beurteilen, ob die Vertreter einer strikten Einteilung in die Lager normativer und empirischer Forschung eigentlich mit einer normativen oder mit einer empirischen Unterscheidung operieren. Ebenso wie die von Habermas entwickelte Form normativer Theorie sich in einem ersten Schritt ihrer faktischen gesellschaftlichen Verankerung rekonstruktiv vergewissert, scheinen in der empirischen Forschung immer wenigstens auch Spuren der faktischen Wirksamkeit kontrafaktischer normativer Unterstellungen auf. Das zeigte sich selbst dann, wenn man sich auf die Annahme eines polemischen Modells diplomatischer Kommunikation einließe, das dem kommunikativen Handeln in all seinen zentralen Dimensionen entgegengesetzt ist. An der Stelle eines Geltungsanspruchs auf Wahrheit könnte die Forderung an diplomatische Sprache rücken, so unspezifisch zu bleiben, dass sich alle Beteiligten vor aller Verständigung darin wiederfinden können; normative Geltungsansprüche stünden von vornherein unter dem Vorbehalt des Generalverdachts strategischer Täuschung; den Geltungsanspruch auf Wahrhaftigkeit verdrängt die sprichwörtliche Weisheit, Diplomaten würden »ins Ausland geschickt, um für ihr Land zu lügen«. Selbst wenn solche entgegenstehenden Tendenzen empirisch dominant erscheinen, liefert das kommunikative Handeln jedoch mehr als einen begründeten Maßstab für die normative Kritik.[40] Sofern jedes noch so strategisch durchsetzte Szenario nämlich nur als in sich sprachlich vermitteltes und sinnlogisch motiviertes gedacht werden kann, unterliegen Positionen einem allgemeinen Begründungszwang. Mit diesem Begründungszwang geht ein beständiges Dissensrisiko einher – und damit ein wenigstens latentes Transformationspotential.

40 Vgl. J. Mitzen, »Reading Habermas in Anarchy: Multilateral Diplomacy and Global Public Spheres«, in: *American Political Science Review* 99 (2005), S. 401-417, die zeigt, wie selbst im Konzert der europäischen Großmächte, dem paradigmatischen Fall der Realisten, die »visible hand« der Öffentlichkeit als Korrektiv zur »invisible hand« des Machtgleichgewichts wirksam werden konnte.

Antje Wiener
Demokratischer Konstitutionalismus jenseits des Staates?

Perspektiven auf die Umstrittenheit von Normen

Einleitung

Im Mittelpunkt dieses Beitrags steht die Frage der verfassungsrechtlichen Berücksichtigung von Vielfalt in demokratischen Ordnungen jenseits des Staates. Die empirische Grundlage bildet eine Untersuchung der Wirkung von Normen angesichts transnationaler Konstitutionalisierungsprozesse. Die Frage ist erstens, wie Vielfalt in den internationalen Beziehungen empirisch erfasst werden kann, und zweitens, wie sich die so belegte Vielfalt auf normative Überlegungen zur Umsetzung des demokratischen Konstitutionalismus beziehen lässt. Der Beitrag argumentiert, dass erstens die konstruktivistische Forschung in den Internationalen Beziehungen (IB) eine Öffnung hin zur empirischen Untersuchung der Rolle von Normen in den internationalen Beziehungen ermöglicht hat. Dabei hat sich gezeigt, dass die Wirkung von Normen wesentlich durch kontextspezifische Interaktionsprozesse bestimmt ist. Daran anknüpfend wird zweitens argumentiert, dass der in behavioristischen Fragestellungen wurzelnde moderne Konstruktivismus (welche Norm wirkt sich wie aus?) später durch den Bezug auf die Theorie des kommunikativen Handelns Legitimationsfragen in den Vordergrund gerückt hat (welche Norm zählt in einer guten Ordnung?). Drittens ist, wie im Detail auszuführen sein wird, eine normative Erweiterung auf der Grundlage der strikten Anwendung des Demokratieprinzips in Zusammenwirkung mit dem Konstitutionalismusprinzip notwendig (Welche Normbedeutung ist in einer vielfältigen Gemeinschaft akzeptabel?).[1] Denn erst durch die Berücksichtigung

1 J. Tully, »The Unfreedom of the Moderns in Comparison to their Ideals of Constitutionalism and Democracy«, in: *Modern Law Review* 65 (2002), S. 204-228; ders., »Democratic Constitutionalism«, paper presented at the Seminal Speakers Series on Democratic Constitutionalism, Queen's University Belfast, 28. 3. 2006.

dieser dritten Dimension gelingt es, die derzeit in den IB handlungstheoretisch verkürzte Umsetzung des Habermas'schen Beitrags zur Rechtsphilosophie auf demokratietheoretischer Ebene einzuholen.

Im Folgenden wird die empirische Öffnung der IB für normative Fragen im Dialog mit der Demokratietheorie in drei Schritten zusammengefasst. Der erste Schritt stellt die grundlegenden handlungstheoretischen Annahmen verschiedener politikwissenschaftlicher Studien zur Normwirkung dar. In einem zweiten Schritt werden dann drei Bewegungen in den IB von akteurzentrierten Ansätzen hin zu prinzipienzentrierten normativen Arbeiten nachvollzogen. Im dritten Schritt wird dann anhand einer Fallstudie zur Rolle von Normen mit Bezug auf moderne Verfassungsnormen (Bürgerschaft, Rechtsstaatlichkeit und Demokratie sowie Grund- und Menschenrechte) nach der Interpretation der Bedeutung dieser Normen gefragt. Hier wird das Ergebnis einer Fallstudie, die die Interpretation der Bedeutung dieser Normen zum Gegenstand hat, vorgestellt.[2] Die Fallstudie untersucht diese Bedeutung anhand assoziativer Konnotationen von vier Elitengruppen, die in den innerstaatlichen sowie transnationalen politischen Arenen von London, Berlin und Brüssel operieren. Die Leitfrage der Fallstudie richtet sich auf die Divergenz, Konvergenz oder Diffusion von Normenbedeutungen. Die Schlussfolgerungen fassen die empirischen Ergebnisse zusammen und kommen auf die Ausgangsfrage nach der Organisation von Vielfalt im Rahmen eines demokratischen Konstitutionalismus unter den Bedingungen zunehmender Transnationalität internationaler Beziehungen zurück.

2 Vgl. dazu ausführlich A. Wiener, *The Invisible Constitution – Making Normative Meaning Accountable*, unv. Ms., Belfast 2006.

Schritt 1: Konstitutionalisierungsprozesse und die Konstitution von Politik

Ausgangspunkt der folgenden Ausführungen ist in Anlehnung an Giddens das Konzept der Konstituierung, das gesellschaftlich begründete Normengenerierung und regulative Institutionenbildung in eine Wechselbeziehung stellt.[3] Entsprechend folgt die Argumentation weniger dem enger verfassungstheoretisch hergeleiteten Konzept der Konstitutionalisierung als vielmehr einem breiteren soziologischen Verständnis, das die kulturelle Einbettung von Verfassungsdynamiken betont. Das heißt:

> Verfassungen sind nicht festgelegte und unveränderbare Vereinbarungen als Ergebnis eines Gründungsmoments, sondern Verkettungen kontinuierlicher interkultureller Verhandlungen und Vereinbarungen, sei es in Übereinstimmung mit, sei es in Übertretung der Konventionen der gegenseitigen Anerkennung, der Kontinuität und des Konsenses.[4]

Während die Wechselwirkung von langwierigen Konstitutionalisierungsprozessen und der zunehmenden Verdichtung politischer Regulation als Grundlage beider Blickrichtungen angenommen werden kann,[5] versteht der hier verwendete, weitere soziologische Begriff den Konstitutionalisierungsprozess gewissermaßen als doppelte Institutionalisierung. So institutionalisieren Verfassungen die politische Gemeinschaft als Ganzes und bestehen gleichzeitig selbst aus einer Aggregation von Institutionen.[6] Vor diesem Hintergrund erscheint eine soziokulturell ansetzende Forschungsperspektive auf Konstitutionalisierungsprozesse jenseits von Staatlichkeit sinnvoll, denn sie sieht Institutionen als Ausdruck menschlichen Handelns im Umgang mit Normen und Regeln und eröffnet so die Möglichkeit zur Einbeziehung verschiedener Handlungsweisen und -strukturen in die Emergenz von ›Verfassung‹, möglicherweise bevor diese als solche benannt beziehungsweise als Dokument erkennbar wird.

3 A. Giddens, *Central Problems in Social Theory*, Berkeley 1979; ders., *The Constitution of Society*, Berkeley 1984.

4 J. Tully, *Strange Multiplicity: Constitutionalism in an Age of Diversity*, Cambridge 1995, S. 183 f.; Übersetzung aus dem englischen Original durch die Autorin.

5 E. Stein, »Lawyers, Judges, and the Making of a Transnational Constitution«, in: *American Journal of International Law* 75 (1981), S. 1-27, hier S. 1.

6 N. Onuf, »Institutions, Intentions, and International Relations«, in: *Review of International Studies* 28 (2002), S. 211-228, hier S. 218.

Die besondere Bedeutung der Verfassung als Institution der Institutionen liegt vor allem darin, dass, wie Onuf mit Bezug auf Hedley Bull ausführt, »Institutionen auch Regeln vor gesellschaftlichen Veränderungen schützen *und* die Veränderung von Regeln im Zusammenhang mit solchem Wandel ermöglichen«.[7] Über die Verschränkung von Deliberation und Demokratieprinzip wird es dann möglich, Veränderbarkeit selbst als ein konstitutives Moment demokratischer Verfassungen zu begreifen. Für die empirische Forschung stellt sich damit die Herausforderung, ein analytisches Instrumentarium zu entwickeln, mit dem sich diese Vielfalt und Veränderbarkeit empirisch darstellen lässt.

Die Politikwissenschaft stellt traditionell Gesetzmäßigkeiten fest, nach denen sich politisches Handeln bestimmen lässt oder durch die es verständlich wird. Verschiedene Grundannahmen über legitime Fragestellungen (epistemologischer Schwerpunkt) oder überzeugende Forschungsansätze und *foci* (ontologischer Schwerpunkt) stehen sich gegenüber. Grundsätzlich und leicht vereinfachend kann zwischen akteurzentrierten rationalen Handlungsmodellen, strukturellen Ansätzen und intersubjektiven Ansätzen unterschieden werden. So gehen akteurzentrierte Ansätze im Allgemeinen davon aus, dass das endogene Akteursinteresse unabhängig von exogenen Faktoren Handlungsentscheidungen bestimmt. Es folgt die grundsätzliche Logik, dass das individuelle Interesse an Machtgewinn – im Zweifelsfalle zumindest Machtstabilität oder -erhalt – die Handlungen von Akteuren bestimmt. Hier lässt sich das Gesetz, dass beispielsweise die Handlung von A durch das Interesse an Macht über B bestimmt wird, ableiten. Die Frage stellt sich dann nach der Bedingung X, unter der sich dieses Interesse am effektivsten durchsetzen lässt. Strukturelle Ansätze hingegen sehen Akteurshandeln als durch strukturelle Rahmenbedingungen beeinflusst. Akteure können dann zwar machtorientiert und rational handeln, Machtorientierung und Rationalität sind jedoch nicht einfach gegeben, sondern strukturell vermittelt. Hier geht es daher zuerst um die Bestimmung der für die Handlung relevanten Strukturen und in der Folge um die Möglichkeiten, diese entweder zu verändern oder in ihrer Stabilität zu erkennen. Wieder andere Ansätze gehen von einer Wechselseitigkeit zwischen Struktur und Akteursverhalten aus

7 Ebd., S. 222; Hervorhebung im Original.

und bringen damit eine der Soziologie entlehnte Konzeption von Intersubjektivität ein.

Dementsprechend wird Institutionen eine jeweils andere Rolle in der Analyse politischer Handlung zugewiesen. Aus dieser Rolle leiten sich dann nicht nur die politischen Strategien zur Institutionenbildung oder Institutionenveränderung ab, auch Forschungsperspektiven und -ansätze unterscheiden sich signifikant. Während einerseits Institutionen als der Erweiterung von Handlungsoptionen zuträglich (*enabling*) angesehen werden, werden sie andererseits durchaus als unkontrollierbar und handlungseinschränkend (*constraining*) wahrgenommen. Je nach Grundannahme verändert sich damit der Zugriff auf die Wirklichkeit und entsprechend nicht nur die Forschungsfragen, sondern auch das Forschungsdesign. In den IB hat die Institutionenanalyse dadurch besondere Bedeutung erlangt, dass es sich bei den hier untersuchten internationalen Organisationen (zum Beispiel EU, WTO, UN) beziehungsweise Gemeinschaften (*civilised nations*) um zunächst überstaatlich konstruierte Institutionen handelt. Damit wurde zunächst die in den IB formulierte Grundannahme der prinzipiellen Unabhängigkeit souveräner Staaten im Umfeld politischer Anarchie in den Vordergrund gerückt und Fragen nach dem Interesse an Institutionenbildung sowie der Auswirkung dieser Institutionen auf die Handlungsfähigkeit von Staaten einerseits und die Veränderung des internationalen Staatensystems andererseits in den Vordergrund gestellt. Im Folgenden sollen die signifikanteren Unterschiede der politikwissenschaftlichen Institutionenforschung kurz im Einzelnen benannt werden, um dann auf die drei Bewegungen in den IB und ihre Bedeutung für die empirische Bestimmung von Normenwirkung im Detail eingehen zu können.

Die Vielfalt politikwissenschaftlicher Analysen ist vor allem in der ständigen Herausforderung durch nicht nur national, sondern auch international geführte Diskussionen und Debatten zwischen verschiedenen Denkschulen zu verorten. Dies wird anhand der Diskussion um ›harte‹ und ›weiche‹ Institutionen im Rahmen neoinstitutionalistischer Forschungsperspektiven[8] ebenso deutlich wie in

8 A. Stone Sweet, *Judicialization and the Construction of Governance*, European University Institute, Robert Schuman Centre, Florenz 1996; J. G. March und J. P. Olsen, »The Institutional Dynamics of International Political Orders«, in: *Internatio-*

der konstruktivistischen Theoriedebatte der IB.[9] Diese Vielfalt soll im Folgenden anhand dreier Perspektiven auf die Konzeptualisierung von Handlungslogiken im Zusammenhang mit der Rolle von Normen in den internationalen Beziehungen kurz zusammengefasst werden. Dabei wird die Genese der Diskussion um Normenwirkung mit Bezug auf drei interdisziplinäre Bewegungen dargestellt, die sich innerhalb der IB als kritische Ergänzung und/oder Gegenargument zur positivistischen Logik des Konsequentialismus entwickelt haben (Stichwort ZIB-Debatte 1994-1996).

Diese Bewegungen sind jeweils durch eine spezifische Handlungslogik beziehungsweise durch ein Grundprinzip gekennzeichnet. Sie umfassen zunächst das organisationssoziologisch hergeleitete Verständnis von Normen als strukturellen Handlungsanleitungen und der entsprechenden Logik der Angemessenheit.[10] Die darauf aufbauende zweite Strömung basiert auf dem Habermas'schen Gedanken der Überzeugung durch Argumentieren, enthält jedoch gleichzeitig eine Verkürzung des Habermas'schen sozialphilosophischen Ansatzes. Denn die Logik des Argumentierens bezieht sich vor allem auf supranationale Verhandlungssituationen, deren Vermittlung mit innerstaatlichen Kontexten theoretisch wie empirisch noch weitgehend unklar bleibt.[11] Die dritte Perspektive schließt sich kritisch an die vorherigen Auffassungen zur Bedeutung des sozio-

nal Organization 52 (1998), S. 943-969.; W. W. Powell und P. DiMaggio, *The New Institutionalism in Organizational Analysis*, Chicago 1991.

9 F. Kratochwil und J. G. Ruggie, »International Organization: A State of the Art on an Art of the State«, in: *International Organization* 40 (1986), S. 753-775; B. Zangl und M. Zürn, »Argumentatives Handeln bei internationalen Verhandlungen. Moderate Anmerkungen zur post-realistischen Debatte«, in: *Zeitschrift für Internationale Beziehungen* 3 (1995), S. 341-366; *The Culture of National Security*, hg. von P. Katzenstein, New York 1996; Th. Risse, »›Let's Argue!‹: Communicative Action in World Politics«, in: *International Organization* 54 (2000), S. 1-39.

10 R. T. Morris, »A Typology of Norms«, in: *American Sociological Review* 21 (1956), S. 610-613; J. G. March und J. P. Olsen, *Rediscovering Institutions. The Organizational Basis of Politics*, New York 1989; *The Culture of National Security*, hg. von P. Katzenstein, a. a. O. (Anm. 9).

11 Th. Risse, »›Let's Argue«, a. a. O. (Anm. 9); H. Müller, »Arguing, Bargaining and All That. Communicative Action, Rationalist Theory and the Logic of Appropriateness in International Relations«, in: *European Journal of International Relations* 10 (2004), S. 395-435; C. Ulbert und Th. Risse, »Deliberately Changing the Discourse: What Does Make Arguing Effective?«, in: *Acta Politica* 40 (2005), S. 351-367.

kulturellen Kontextes für die Wirkung von Normen an. Sie konzentriert sich auf die Wiederaufnahme des Habermas'schen Gedankens von Legitimität durch Interaktion. Dabei wird das zentrale Konzept der Interaktion um eine soziokulturelle Dimension erweitert und zudem auf das Prinzip der Umstrittenheit bezogen, das sich aus der normativen politischen Theorie herleitet.

Zusammengenommen beschreiben diese drei Schritte eine zunächst soziologisch beeinflusste, bewusste Entfernung von einer rationalistischen, akteurzentrierten Logik[12] und schließlich eine normativ motivierte Hinwendung zur Interaktion als Kernprinzip des »demokratischen Konstitutionalismus«.[13] Im Folgenden sollen diese Bewegungen kurz nachgezeichnet werden (Schritt 2), um dann im Anschluss einen Einblick in die empirische Anwendung des Umstrittenheitsprinzips und seiner Bedeutung für die Diskussion um Möglichkeiten und Einschränkungen demokratischer Legitimation internationaler Beziehungen zu bieten (Schritt 3).

Schritt 2: In drei Schritten von akteurzentrierten zu interaktionistischen Perspektiven auf Normen

Akteurzentrierte Ansätze: Logik des Konsequentialismus

Akteurzentrierte Ansätze wie der Rational-Choice-Ansatz gehen davon aus, dass politische Institutionen – wie beispielsweise internationale Organisationen – Kooperationsabkommen, Verträge oder Ausschüsse von Akteuren geschaffen werden, um zusätzliche steuerbare Informationen für politische Akteure in Entscheidungssituationen zu liefern oder diese zu kontrollieren.[14] Dieser Ansatz geht prinzipiell davon aus, dass Institutionenbildung Akteursinteressen widerspiegelt und daher auch umkehrbar ist. Beispiele dieser For-

12 *The Culture of National Security*, hg. von P. Katzenstein, a. a. O. (Anm. 9); M. Finnemore, »Norms, Culture and World Politics: Insights from Sociology's Institutionalism«, in: *International Organization* 50 (1996), S. 325-347.

13 J. Tully, »The Unfreedom of the Moderns«, a. a. O. (Anm. 1); ders., »Democratic Constitutionalism«, a. a. O. (Anm. 1).

14 F. W. Scharpf, *Regieren in Europa. Effektiv und demokratisch?*, Frankfurt am Main 1999.

schungsrichtung finden sich unter anderem in der Spieltheorie und der Verhandlungssystemtheorie.[15] Diese Annahme ist durch Studien zu pfadabhängiger und zeitverschobener Institutionenbildung problematisiert worden. Als Grundproblem hat sich die Verstetigung von Institutionen herausgestellt. Das heißt, während die Institutionenbildung zu einem Zeitpunkt t_1 den Machtinteressen der betroffenen Akteure entspricht, kann nicht ausgeschlossen werden, dass sich zu einem Zeitpunkt t_2 die Machtinteressen sowie andere materielle Ressourcen verändert haben und damit die Handlungsfähigkeit der Akteure in nicht beabsichtigter Weise beeinträchtigt wird.[16] Wie Onuf schreibt, »[T]he alternative to institutions by design are those that arise as the unintended consequences of self-interested human action.«[17] Es ist also nicht ohne Weiteres anzunehmen, dass sich Prozesse der Institutionenbildung umkehren lassen. Die europäische Integrationsforschung hat dies vor allem in der zweiten und dritten Dekade europäischer Integration deutlich hervorgehoben.[18]

Strukturorientierte Ansätze: Logik der Angemessenheit

Im Gegensatz zum Primat der Handlungsfähigkeit von Akteuren in der akteurzentrierten Institutionenanalyse untersuchen strukturorientierte Ansätze die Herausbildung von Institutionen als handlungsleitenden Strukturen. Sie stützen sich auf makro- und organisationssoziologische Ansätze.[19] Institutionen werden hier als aggregierte Handlungsregeln (*behavioral rules*) verstanden. Im Unterschied dazu sehen soziologisch-konstruktivistische Ansätze Nor-

15 R. M. Axelrod, *The Evolution of Cooperation*, New York 1984; M. Zürn, *Interessen und Institutionen in der internationalen Politik. Grundlegung und Anwendung des situationsstrukturellen Ansatzes*, Opladen 1992; F. W. Scharpf, *Regieren in Europa*, a. a. O. (Anm. 14).

16 D. C. North, »The Path of Institutional Change«, in: ders., *Institutions, Institutional Change and Economic Performance*, Cambridge 1990, S. 92-104.

17 N. Onuf, »Institutions, Intentions, and International Relations«, a. a. O. (Anm. 6), S. 212.

18 P. Pierson, »The Path to European Integration: A Historical Institutionalist Analysis«, in: *Comparative Political Studies* 29 (1996), S. 123-163.

19 W. W. Powell und P. DiMaggio, *The New Institutionalism*, a. a. O. (Anm. 8); A. Kieser, *Organisationstheorien*, Stuttgart 1993.

men nicht als aggregierte Regelsätze, sondern als »single standards of behavior«.[20] Dieser Unterschied soll später noch im Detail ausgeführt werden. Zunächst ist vor allem die Feststellung wichtig, dass strukturelle, soziokulturell bedingte Einflussmechanismen in politischen Prozessen, die weder durch rechtliche noch durch politische Institutionen bestimmt sind, Wirkung zeigen. In der internationalen Politik sind vornehmlich solche Institutionen von Interesse, die das Verhalten von Akteuren signifikant beeinflussen. Das heißt, es wird mittels empirischer Forschung zum Akteursverhalten angestrebt, die Rolle und Funktion bestimmter Institutionen zu identifizieren.[21] Danach lassen sich zwei Typen von Institutionen und ihre jeweilige Wirkung unterscheiden. Einerseits wird internationalen Institutionen durch die Schaffung von Interaktionsräumen für Eliten eine Diffusionsfunktion zugesprochen. Durch den Austausch innerhalb supranationaler Kommunikationsräume werden bestimmte Normen, Ideen und Wertvorstellungen verbreitet. Diese finden durch die beteiligten Akteure ihren Weg in innerstaatliche Kontexte und tragen so zur Diffusion dieser Normen, Werte und Ideen bei. Andererseits wird Normen wie beispielsweise Menschenrechtsnormen selbst institutionelle Wirkung zugeschrieben, die dann handlungsleitenden Einfluss ausüben kann. So haben March und Olsen auf der Grundlage der Organisationssoziologie plausibel argumentiert, dass Akteure in bestimmten Situationen ihr Verhalten nach einer *Logik der Angemessenheit* ausrichten.[22] Diese Institutionen sind im Allgemeinen soziokulturellen Ursprungs und werden als »weiche« Institutionen

20 M. Finnemore und K. Sikkink, »International Norm Dynamics and Political Change«, in: *International Organization* 52 (1998), S. 887-917, hier S. 891.

21 Bisher haben diese Studien sich hauptsächlich auf die Rolle und Funktion, nicht aber die Entstehung dieser Institutionen konzentriert; so schreibt Ruggie beispielsweise: »the origins of identities and other normative factors need to be better theorized« (J. G. Ruggie, *Constructing the World Polity*, London 1998, S. 16). Siehe auch die kritische Frage: »[I]f norms are important, a second question naturally emerges: Where do norms themselves come from?« von P. Kowert und J. Legro, »Norms, Identity, and their Limits: A Theoretical Reprise«, in: *The Culture of National Security*, hg. von P. Katzenstein, a. a. O. (Anm. 9), S. 451-497, hier S. 468, sowie R. A. Payne, »Persuasion, Frames and Norm Construction«, in: *European Journal of International Relations* 7 (2001), S. 37-61.

22 J. G. March und J. P. Olsen, *Rediscovering Institutions*, a. a. O. (Anm. 10).

oder »soziale Fakten« (Ideen, Wissen, soziale Normen) bezeichnet.[23]

Beispiele für die Wirkung dieser Institutionen sind vor allem durch konstruktivistische Arbeiten in den IB sowie in der Integrationsforschung aufgezeigt worden. Diese Arbeiten folgen der Ausgangsfrage, warum – in Abwesenheit rechtlich bindender Regelsysteme oder auch ohne eine zwingende materielle Ausgangslage – Akteure Regeln befolgen.[24] Sie weisen die Diffusion von Handlungsweisen und -kulturen wie zum Beispiel von Verwaltungskultur und -kooperation einerseits sowie der Akzeptanz der leitenden Rolle von Normen wie Menschenrechten, Umwelt- oder Arbeitsstandards andererseits nach.[25] So haben beispielsweise John Meyer und seine Kollegen feststellen können, dass Verwaltungsformen, Verfassungstypen, Bildungsinstitutionen, selbst Institutionen der Sozial- oder Verteidigungspolitik als »kulturelle« Normen beziehungsweise institutionelle Verstetigungen von Verwaltungspraktiken in unterschiedliche Staaten diffundiert sind, ohne dass eine plausible Grundlage für diese Normen in den jeweiligen Anwendungskontexten vorlag.[26] Für Untersuchungen institutionellen Wandels im

23 *The Culture of National Security*, hg. von P. Katzenstein, a. a. O. (Anm. 9); J. G. Ruggie, »What Makes the World Hang Together? Neo-Utilitarianism and the Social Constructivist Challenge«, in: *International Organization* 52 (1998), S. 855-885; F. Kratochwil, *Rules, Norms, and Decisions: On the Conditions of Practical and Legal Reasoning in International Relations and Domestic Affairs*, Cambridge 1989; A. Wendt, *Social Theory of International Relations*, Cambridge 1999. Siehe dazu auch die ursprüngliche Verwendung des Begriffs *fait social* (soziologischer Tatbestand) und die Auseinandersetzung über abweichende Übersetzungen dieses zentralen Begriffs in E. Durkheim, *Die Regeln der soziologischen Methode*, hg. von R. König, Frankfurt am Main 1999, S. 38 ff.

24 A. Chayes und A. H. Chayes, »On Compliance«, in: *International Organization* 47 (1995), S. 175-205; H. H. Koh, »Why do Nations Obey International Law?«, in: *The Yale Law Journal* 106 (1997), S. 2599-2659; J. T. Checkel, »The Constructivist Turn in International Relations Theory«, in: *World Politics* 50 (1998), S. 324-348; *Law and Governance in Postnational Europe*, hg. von M. Zürn und C. Joerges, Cambridge 2005.

25 Zur Wirkung von Normendiffusion durch internationale Organisationen siehe vor allem den World-Polity-Ansatz der Stanford-Schule um John Meyer, zum Beispiel die Arbeiten von Y. N. Soysal, *The Limits of Citizenship. Migrants and Postnational Membership in France*, Chicago 1994; D. Jacobson, *Rights Across Borders: Immigration and the Decline of Citizenship*, Baltimore 1996; M. Finnemore, »Norms, Culture, and World Politics«, a. a. O. (Anm. 12).

26 Hier ist als besonders überraschend die Einrichtung von Marinestrukturen in

europäischen Integrationsprozess sind hier insbesondere Fragen nach der Diffusionsleistung supranationaler Institutionen sowie nach der Verstetigung »weicher« Institutionen relevant. So haben Studien zur »Europäisierung« von Normen im europäischen Rahmen gezeigt, wie die in Normen enthaltenen Handlungsanweisungen durch Lernprozesse in supranationalen Institutionen entstehen und dann mit unterschiedlichem Erfolg je nach strukturellen Ausgangsbedingungen sowie der zusätzlichen Einwirkung von *advocacy groups* in Binnenkontexten beispielsweise von EU-Mitgliedsstaaten *policy*verändernde Wirkung zeitigen.[27]

Intersubjektive Ansätze: Logik des Argumentierens

Intersubjektive Ansätze zur Institutionenbildung sind vor allem im Rahmen der »konstruktivistischen Wende«[28] in den IB vorangetrieben worden. Diese konstruktivistischen Ansätze gehen von der wechselseitigen Konstitution von Akteursidentitäten und Institu-

Ländern ohne Küstenzugang hervorzuheben, siehe dazu den Verweis bei J. G. Ruggie, *Constructing the World Polity*, a. a. O. (Anm. 21), S. 15.

27 Siehe als Überblick die Einleitung in *Transforming Europe. Europeanization and Domestic Change*, hg. von M. G. Cowles, J. Caporaso und Th. Risse, Ithaca, NY 2001. Für das Beispiel der Handlungsanweisungen europäischer Bürgerschaft stehen vor allem Checkels Arbeiten zur Erweiterung deutscher Bürgerschaftskonzeption auf die doppelte Staatsbürgerschaft, J. T. Checkel, »The Europeanization of Citizenship«, in: *Transforming Europe*, a. a. O., S. 180-197. Zur Wirkung von *advocacy groups* siehe insbesondere A. Klotz, *Norms in International Relations. The Struggle Against Apartheid*, Ithaca, NY 1995; K. Sikkink, »The Power of Principled Ideas. Human Rights Policies in the United States and Western Europe«, in: *Ideas & Foreign Policy. Beliefs, Institutions, and Political Change*, hg. von J. Goldstein und R. O. Keohane, Ithaca, NY 1993, S. 139-170, hier insb. S. 161; M. E. Keck und K. Sikkink, *Activists Beyond Borders*, Ithaca, NY 1998; B. Locher, *Trafficking in Women in the European Union. A Norm-Based Constructivist Approach*, unv. Diss., Bremen 2002.

28 A. Wendt, »The Agent-Structure Problem in International Relations Theory«, in: *International Organization* 41 (1987), S. 335-370; ders., »Anarchy is What States Make of it«, in: *International Organization* 46 (1992), S. 391-426; *The Culture of National Security*, hg. von P. Katzenstein, a. a. O. (Anm. 9); E. Adler, »Seizing the Middle Ground: Constructivism in World Politics«, in: *European Journal of International Relations* 3 (1997), S. 319-363; ders., »Constructivism in International Relations«, in: *Handbook of International Relations*, hg. von W. Carlsnaes, Th. Risse und B. A. Simmons, London 2002, S. 95-117; S. Guzzini, »A Reconstruction of

tionen durch politisches Handeln aus. Institutionen wird somit nicht nur regulative Verhaltens-, sondern auch konstitutive Identitäts-Wirkung zugesprochen. Anders als bei der Annahme einer exogenen Rolle von Institutionen im politischen Handlungsprozess, die durch die endogenen Akteursinteressen mobilisiert werden kann, wird hier die analytische Trennung von Institutionen, Interessen und Identitäten hinterfragt. Diese Beziehung ist insbesondere für die Erforschung der Wirkung ›weicher‹ Institutionen von Bedeutung. Einerseits zeigen diese intersubjektiven Ansätze die komplexen Implementationsgrundlagen für die Umsetzung beziehungsweise Befolgung (*compliance*) supranationaler Normen auf,[29] andererseits versuchen sie, die Herausbildung gemeinsamer Referenzrahmen durch Argumentation in Verhandlungssituationen zu verdeutlichen. Mit Habermas wird angenommen, dass bei Verhandelnden die Bereitschaft zum Sich-Überzeugenlassen durch das bessere Argument besteht, so dass Verhandlungssituationen erfolgreich durchgeführt werden können.

Die grundlegende Logik ist dabei die des Argumentierens. Dieser Ansatz bietet insbesondere für die anstehenden und aller Voraussicht nach fortdauernden Diskussionen um die europäische Verfassung eine fruchtbare – wenn auch nicht uneingeschränkt überzeugende – Forschungsgrundlage. So greift die konstruktivistische Ethik und Politik auf argumentatives Handeln nach dem Dialogmodell zurück: Konfligierende Ziele und Normen werden in einem Redehandeln argumentativ geklärt, handlungsleitende Normen vereinbart. Als Grundnorm (Moral- beziehungsweise Vernunftprinzip) fungiert, in Rekonstruktion der Kantischen Moralbegründung, das ›Prinzip der Transsubjektivität‹, wonach subjektive willkürliche Setzungen zu vermeiden sind.[30]

Problematisch und bisher wenig erforscht bleibt bei diesen Arbeiten die Auseinandersetzung mit dem soziokulturellen Ursprung der Bedeutung von Normen und mit der konstitutiven Wirkung von

Constructivism in International Relations«, in: *European Journal of International Relations* 6 (2000), S. 147-182.

29 Vgl. grundlegend zur Regelbefolgung im Kontext des internationalen Rechts A. Chayes und A. H. Chayes, »On Compliance«, a. a. O. (Anm. 24).

30 D. Nohlen, R.-O. Schultze und S. Schüttemeyer, »Verfassungsgerichtsbarkeit«, in: *Lexikon der Politik*, Bd. 7, *Politische Begriffe*, hg. von D. Nohlen, München 1998, S. 274.

Deliberationsprozessen auf die Veränderung der Bedeutung von Normen.[31] So bleibt die von Habermas konstatierte gesellschaftliche Einbettung dieser konfliktiven Aushandlungen von Normengeltung und -faktizität und damit die normativ-philosophische Dimension kommunikativen Handelns in der Regel unberücksichtigt. Hier liegt jedoch, wie unter anderem die Integrationsforschung zur Komitologie gezeigt hat, ein beachtliches Entwicklungspotential für die Rolle von Normen im Prozess europäischer Konstitutionalisierung.

Interaktionistischer Ansatz: Das Prinzip der Umstrittenheit

Eine vierte Perspektive knüpft wiederum an Giddens an, indem sie die These der »doppelten Qualität von Normen« als sozial konstruiert und handlungsleitend aufgreift.[32] Zusätzlich wird hier das Prinzip der grundsätzlichen Umstrittenheit normativer Bedeutung aufgenommen. Dabei wird davon ausgegangen, dass diese Umstrittenheit von drei Bedingungen beeinflusst wird (siehe *Übersicht 1*).

Auf der Basis dieser Kontingenzfaktoren erweitert diese vierte Perspektive die Untersuchung von Normenwirkung in internationalen Beziehungen durch die Einbeziehung der soziokulturellen Dimension der Generierung und Umsetzung von Normbedeutungen. Das Argument fußt einerseits auf der von Habermas herausgearbeiteten Wechselbeziehung von Faktizität und Geltung als einer Grundspannung in rechtsstaatlich verfassten modernen Gemeinschaften.[33] Andererseits wird jedoch argumentiert, dass Normenwirkung in posthegelianischen Gemeinschaften nicht mehr lediglich aufgrund der rechtlichen Geltung und sozialen Anerkennung empirisch ermessen werden kann. Denn in der Folge der Transnationalisierung internationaler Beziehungen und der Verbreitung von Prozessen des Regierens jenseits von Staatlichkeit wird erst durch die Erfassung

31 S. Guzzini, »A Reconstruction of Constructivism«, a. a. O. (Anm. 28); R. A. Payne, »Persuasion, Frames and Norm Construction«, a. a. O.; A. Wiener, »The Dual Quality of Norms and Governance beyond the State. Sociological and Normative Approaches to ›Interaction‹«, in: *Critical Review of International Social and Political Philosophy* 10 (2007), S. 47-69.

32 A. Wiener, »The Dual Quality of Norms«, a. a. O. (Anm. 31).

33 J. Habermas, *Faktizität und Geltung*, Frankfurt am Main 1992, S. 35.

1. Die *historische Kontingenz* normativer Bedeutung weist auf einen Wandel konstitutiver sozialer Praktiken – sowohl kultureller als auch organisatorischer – über einen Zeitraum hinweg hin. Dies ist die umfassendste Bedingung.

2. *Krisensituationen* erschweren die Anerkennung von Bedeutung auf der Grundlage gesellschaftlicher Institutionen, das heißt, der soziale Feedback-Faktor ist von reduzierter Bedeutung.

3. Der Wandel von *Governance-Prozessen*, das heißt die Ausdehnung von Praktiken des Regierens jenseits von Staatlichkeit und moderner politischer und gesellschaftlicher Grenzen, verändert die soziale Umgebung derart, dass der notwendige Referenzrahmen gesellschaftlicher Institutionen nicht mehr greift.

Übersicht 1: Zunehmende Umstrittenheit von Normen: Drei Bedingungen

der in kulturelle Praktiken eingebetteten Geltung eine allgemeine Legitimitätsgrundlage hergestellt und somit die Wirkung von Normen auch empirisch überprüfbar.

Diese Perspektive knüpft zwar an deliberative Ansätze in der politischen Theorie sowie der jüngeren Integrationsforschung an.[34] Sie legt jedoch darüber hinaus einen deutlicheren Schwerpunkt auf die soziokulturell produzierten Bedeutungsinhalte, die entsprechende Erwartungshaltung sowie die Veränderbarkeit der Interpretation von Normen. So betont Habermas beispielsweise:

> [N]achdem der praktischen Vernunft das Subjekt genommen worden ist, kann die fortschreitende Institutionalisierung von Verfahren vernünftiger kollektiver Willensbildung nicht mehr als Zwecktätigkeit, als eine sublime Art von Produktionsvorgang begriffen werden. […] Die der Beschlußfassung vorangehenden Debatten vollziehen sich unter Bedingungen eines sozialen und politisch-kulturellen Wandels, dessen Richtung von politisch gestalteten Eingriffen zwar nicht gesteuert, aber indirekt beschleunigt oder

34 J. Cohen, »Deliberation and Democratic Legitimacy«, in: *Deliberative Democracy. Essays on Reason and Politics*, hg. von J. Bohman und W. Rehg, Cambridge, MA 1997, S. 67-91; S. Benhabib, *Democracy and Difference. Contesting the Boundaries of the Political*, Princeton 1996; C. Joerges und J. Neyer, »From Intergovernmental Bargaining to Deliberative Political Processes: The Constitutionalisation of Comitology«, in: *European Law Journal* 3 (1997), S. 273-299.

gehemmt werden kann. So hat die Verfassung ihr Statisches verloren; auch wenn der Wortlaut der Normen unverändert bleibt, *ihre Interpretationen sind im Fluß*.[35]

Damit wird das geschichtswissenschaftliche Axiom der Erwartung in Verbindung mit Erfahrung für die normative und empirische Erfassung von Normenwirkung in Konstitutionalisierungsprozessen jenseits von Staatlichkeit fruchtbar gemacht.[36]

Um diese Konstitutionalisierungsprozesse soll es in der folgenden Zusammenfassung einer Fallstudie zur »unsichtbaren Verfassung« europäischer Politik gehen.[37] Die Fallstudie entfaltet diese Perspektive im Hinblick auf die zunehmende Bedeutung assoziativer Konnotationen anhand der Normendiskussion in den Theorien der IB, die neue Ansatzpunkte für die Etablierung von demokratischen und legitimen Regierungsprozessen jenseits des Staates liefert.[38] Kern dieses Arguments ist die institutionell verstetigte Garantie von kontinuierlicher Deliberation über die inhaltliche Bedeutung von Normen, Gesetzmäßigkeiten und Regeln in ihrer Wechselwirkung mit dem öffentlichem Diskurs.

Schritt 3: Fallstudie zur Bedeutung moderner Verfassungsnormen im internationalen Vergleich

Nach dem oben ausgeführten Überblick über drei Perspektiven auf die Rolle von Normen in den internationalen Beziehungen wendet sich dieser Teil der empirischen Untersuchung moderner Verfassungsnormen unter der besonderen Bedingung der Transnationalisierung von Verfassungsprozessen zu. Als Ausgangspunkt dient das Rätsel der europäischen Verfassungsdebatte in ihrer spezifischen Fragmentiertheit. An dieser Debatte lässt sich die Ausklammerung

35 J. Habermas, *Faktizität und Geltung*, a. a. O. (Anm. 33), S. 629, Hervorhebung A. W.

36 R. Esser, »Historische Semantik«, in: *Kompaß der Geschichtswissenschaft*, hg. von G. Lottes und J. Eibach, Göttingen 2000, S. 281-292.

37 Vgl. dazu ausführlich A. Wiener, *The Invisible Constitution*, a. a. O. (Anm. 2).

38 H. Müller, »Internationale Beziehungen als kommunikatives Handeln. Zur Kritik der utilitaristischen Handlungstheorien«, in: *Zeitschrift für Internationale Beziehungen* 1 (1994), S. 15-44; C. Ulbert und Th. Risse, »Deliberately Changing the Discourse«, a. a. O. (Anm. 11); C. Joerges und J. Neyer, »From International Bargaining to Deliberative Political Processes«, a. a. O. (Anm. 34).

von kontroversen assoziativen Konnotationen über die Bedeutung von Normen als ein Grundproblem internationaler Beziehungen im Zusammenhang mit Konstitutionalisierungprozessen jenseits von Staatlichkeit exemplarisch aufzeigen.

So stellen Analysen des Konstitutionalisierungsprozesses in Europa die vertikale Auseinandersetzung über verschiedene Verfassungsmodelle – also die Form – in den Vordergrund. Kernfrage ist, welches Modell von den Verhandelnden als legitim betrachtet wird und damit kompromissfähig ist. Die Bedeutung verschiedener Verfassungsformen und insbesondere auch von unterschiedlichen Normen, definiert als assoziative Konnotationen von Kernaspekten einer spezifischen Verfassungskultur, die durch eine horizontale Auseinandersetzung bestimmt werden könnte, wird damit nur unzureichend erfasst. Das heißt, die Frage, welche Bedeutungen von den handelnden Akteurinnen an die Kernnormen und Prinzipien eines bestimmten Verfassungsmodells geknüpft und welche Erwartungen entsprechend an das Modell gestellt werden, bleibt unbeantwortet. Letztlich sind es jedoch die individuellen assoziativen Konnotationen, die sich durch tägliche Interaktion ergeben und die daher, wenn sie über kulturelle Grenzen hinausgetragen werden, im internationalen Zusammenhang wirken. Letzteres ist in jeglichen internationalen Beziehungen die Grundlage alltäglichen politischen Handelns. Solange jedoch kein Raum zur Auseinandersetzung über die unterschiedliche Wahrnehmung der Normbedeutung besteht, muss diese Wirkung als potentiell konfliktträchtig konzipiert werden. Das heißt, die Erwartungen an die spezifische Bedeutung und daher auch an die Leistungs- beziehungsweise Implementationsfähigkeit von Normen divergieren (s. *Übersicht 1*). Ohne Verfahren zur Erkennung und zum Umgang mit dieser Interpretationsvielfalt spitzt sich das Konfliktpotential von Prozessen des Regierens jenseits des Staates daher insbesondere in Krisensituationen zu. Damit die so entstehenden Konflikte produktiv geweckt werden, müssen Wege gefunden werden, um das Prinzip der Umstrittenheit institutionell zu verankern. Die im Folgenden zusammengefassten Ergebnisse einer Fallstudie dienen dazu, die Annahme eines erhöhten Konfliktpotentials durch internationales Handeln und in Abwesenheit von umfassender Transnationalisierung empirisch zu erhärten.

Im Gegensatz zu der auf der Grundlage des Umstrittenheitsprinzips formulierten Erwartung von divergenten Normeninterpretationen lassen die oben aufgeführten Auffassungen (1) (Logik der Angemessenheit) und (2) (Logik des Argumentierens) Konvergenz erwarten.[39] Ähnlich wird auch von der europäischen Integrationsforschung insbesondere von Eliten eher kulturelle Harmonisierung als Divergenz erwartet.[40] Im Folgenden sollen diese Annahmen als Hypothesen formuliert und vor dem Hintergrund des Umstrittenheitsprinzips im Rahmen einer empirischen Fallstudie überprüft werden. Der Grundannahme der zunehmenden Umstrittenheit von Normen folgend, untersucht die empirische Studie, wie Divergenz, Konvergenz oder Diffusion von Normenbedeutungen entstehen. Vier Hypothesen, die hier nur verkürzt dargestellt werden können, leiten das Forschungsdesign.

Die erste Hypothese, die der liberalen Gemeinschaft, basiert auf einer ungewöhnlichen Kombination organisationssoziologischer und Kantianischer Vorstellungen der Weltgemeinschaft. Sie arbeitet mit der Grundannahme, dass die liberale Gemeinschaft, die Identität ihrer Mitglieder und die Normen, die das angemessene Verhalten innerhalb dieser Gemeinschaft strukturieren, stabile Faktoren sind. Sozialer Wandel wird ausschließlich auf der Seite der normbefolgenden Akteurin erwartet. Zusammengefasst erwartet die Hypothese der liberalen Gemeinschaft ein konvergentes Verhalten von Eliten aus Staaten, die Mitglieder in einer Reihe internationaler Organisationen wie beispielsweise der UN, der EU, der Nato, der WTO und anderer sind. Divergenz in der Interpretation von Normenbedeutung stellt für diesen Ansatz ein Rätsel dar.

Zweitens folgt nach Karl Deutsch durch das Wechselspiel von Sprache und kultureller Assimilation über Jahrhunderte hinweg ein wiederkehrendes »layer-cake pattern«.[41] Dieses Schichtkuchenmuster erwartet »a high degree of cultural assimilation and participation in extended social communication among the top layers of society; a lesser degree on the intermediate levels; and little or no assimilation

39 Siehe auch *Übersicht 2:* Normenwirkung in den IB im folgenden Abschnitt.

40 K. W. Deutsch, »The Growth of Nations: Some Recurrent Patterns of Political and Social Integration«, in: *World Politics* 5 (1953), S. 168-195.

41 Ebd., S. 170.

or participation among the mass of the population at the bottom«.[42] Das Schichtkuchenmuster stellte eine Differenz in der Assimilation an gemeinsame Standards je nach Schichtzugehörigkeit fest; im Unterschied zur breiten Bevölkerung wurde vor allem bei Eliten eine erhöhte kulturelle Assimilation festgestellt. Es folgt, dass das Schichtkuchenmuster kulturelle Harmonisierung bei Eliten *vor* allen anderen sozialen Gruppen erwartet. Anhaltende Divergenz trotz Interaktion wäre für diese Hypothese ein Rätsel.

Drittens hat eine Studie am Europäischen Hochschulinstitut in Florenz unterschiedliche nationale Identitätsoptionen entsprechend nationaler Herkunft festgestellt.[43] So wurden beispielsweise unterschiedlichen Typen nationaler Identitätsoptionen unterschiedliche Erwartungen an politische Grundmodelle europäischer Konstitutionalisierung zugeordnet: eine französische Vision von Europa als ein *upgrade* von Frankreich, eine deutsche Vision von Europa als »mehr Deutschland« und eine britische Vision von Europa als *the other*. Zusammengefasst würde die Hypothese nationaler Identitätsoptionen erwarten, dass Elitenverhalten sich eher nach nationaler Herkunft als nach dem aktuellen Interaktionskontext unterscheidet. Konvergenz zwischen Eliten unterschiedlicher nationaler Herkunft stellt für diesen Ansatz ein Rätsel dar.

Schließlich betont ein vierter, reflexiver Ansatz die doppelte – konstruktive und strukturierende – Qualität von Normen. Wie beispielsweise Giddens betont, sind die »structural properties of social systems ... both the medium and the outcome of the practices that constitute those systems«.[44] Das heißt, dass die Bedeutung einer Norm nicht lediglich auf ihrem universellen Wert und der Übereinstimmung innerhalb einer Organisation basiert, sondern zusätzlich auf kultureller Anerkennung beruht. Zusammengefasst erwartet diese *Meaning-in-use*-Hypothese, dass die Interpretation von Bedeutung sich nach der Häufigkeit von Interaktion im Kontext unterscheidet: Je mehr Interaktion im Kontext, desto wahrscheinlicher ist Konvergenz im Ergebnis. Wie Tully prägnant formuliert: »Understanding comes, if it comes at all, only *by engaging*

42 Ebd.

43 M. Marcussen, Th. Risse, D. Engelmann-Martin, H.-J. Knopf und K. Roscher, »Constructing Europe? The Evolution of French, British and German Nation-State Identities«, in: *Journal of European Public Policy* 6 (1999), S. 614-633.

44 A. Giddens, *Central Problems in Social Theory*, a. a. O. (Anm. 3), S. 69.

in the volley of practical dialogue.«[45] Unterschiedliche Interpretationen der Bedeutung von Normen in transnationalen Kontexten mit einer hohen Frequenz von Interaktionen wäre ein Rätsel für diesen Ansatz.

Die vier Hypothesen bieten eine Reihe von Indikatoren und Ansatzpunkten für das Design der Fallstudie. Erstens, welche sozialen Gruppen sollen interviewt werden? Die Wahl fällt entsprechend der Schichtkuchenhypothese auf Eliten, denn diese erwartet, dass die Wahrscheinlichkeit zur kulturellen Harmonisierung bei Eliten am höchsten ist. Zweitens, welche Grundnormen, die eine Divergenz oder Konvergenz auf der Grundlage von Elitenerwartungen erzeugen würden, sollen überprüft werden? Hier fällt die Wahl entsprechend der Hypothese der liberalen Gemeinschaft auf moderne Verfassungsnormen wie beispielsweise Bürgerschaft, Rechtsstaatlichkeit und Demokratie sowie Menschen- und Grundrechte.[46] All diese Normen stellen die Grundlage der geteilten normativen Struktur dar, die die ›zivilisierten Nationen‹ in der Weltpolitik verbindet.[47] Drittens stellt sich die Frage nach der Bestimmung bestimmter politischer Arenen, in denen Eliten operieren. Hier fällt die Wahl auf die innerstaatlichen politischen Arenen von altgedienten EU-Mitgliedsstaaten, die zusätzlich noch Mitglied in einer Reihe supranationaler Gemeinschaften sind. Diese Wahl folgt der Hypothese der liberalen Gemeinschaft, der zufolge eine steigende Anzahl von Mitgliedschaften in supranationalen Gemeinschaften eine höhere Wahrscheinlichkeit von geteilter Anerkennung und entsprechend der Angemessenheit von Normen erwarten lässt.

Viertens stellt sich die Frage nach den Gegenstandsbereichen, die untersucht werden sollen. Diese *issue areas* müssen für alle Eliten – hier definiert als Individuen mit vollem Zugang zur Teilnahme am politischen Diskurs[48] – zugänglich sein. Drei neue Politikfelder, die sich auf unterschiedliche Inhalte beziehen, erfüllen diese Bedin-

45 J. Tully, *Strange Multiplicity*, a. a. O. (Anm. 4), S. 133. Hervorhebung A. W.

46 M. Rosenfeld, »Modern Constitutionalism as Interplay between Identity and Diversity«, in: *Constitutionalism, Identity, Difference and Legitimacy: Theoretical Perspectives*, hg. von M. Rosenfeld, Durham 1994, S. 3-38.

47 M. Akehurst, *A Modern Introduction to International Law*, 6. Aufl., London 1993.

48 Diese Definition erfolgt in Erweiterung des Marshall'schen Bürgerschaftskonzepts (T. H. Marshall, *Citizenship and Social Class*, Cambridge 1950; vgl. A. Wiener, »Europäische Bürgerschaftspraxis«, in: *Kerntexte zu Citizenship*, hg. von J. Mackert, Hamburg 2007).

gung. So ist die Innen- und Justizpolitik durch das neue Politikfeld der Schengen-Politik vertreten, der Sektor der Außen- und Sicherheitspolitik ist durch das neue Feld der Erweiterungspolitik vertreten, und schließlich kommt noch das neue supranationale Feld der Verfassungspolitik hinzu. Alle Felder sind entweder hinreichend in den Medien präsent, oder aber sie fallen in den individuellen Erfahrungsbereich der Eliten beispielsweise auf der Grundlage von Reisetätigkeit. Diese Auswahl folgt der *Meaning-in-use*-Hypothese, die den individuellen Einfluss auf die Entstehung von normativen Strukturen hervorhebt, denn Eliten beziehen sich nur auf solche Bedeutungsstrukturen, zu denen sie auch Zugang haben. Die Fallstudie bezieht sich auf 53 Experteninterviews mit Beamten, Journalistinnen, Akademikerinnen, Politikern und Vertreterinnen von Interessengruppen sowie aus der Politikberatung, die alle unbeschränkten Zugang zum politischen Diskurs genießen. Die assoziativen Konnotationen, die durch die komparative qualitative und quantitative Auswertung der Fallstudie herausgefiltert und analysiert wurden, zeigen zwei Ergebnisse an. Erstens variieren die Elitengruppen in London und Berlin durchgängig in ihren jeweiligen Erwartungen an die Normbedeutung. Zweitens zeigen die beiden transnationalen Eliten, also die Deutschen und Briten in Brüssel, keine Divergenz nach nationalen Identitätsoptionen. Stattdessen ist ein stärker diffuses Muster von Wahrnehmungen dominant. Es hat sich also kein generelles Muster der Europäisierung, wie es beispielsweise nach dem Schichtkuchenmodell zu erwarten wäre, ergeben. Stattdessen entstehen »*pockets of Europeanisation*«.[49]

Ergebnisse der Fallstudie[50]

Im Folgenden werden die Ergebnisse der Fallstudie kurz zusammengefasst, um sie dann wieder an die Ausgangsfrage nach den Möglichkeiten eines demokratischen Konstitutionalismus jenseits des Staates rückzubinden. Grundlage sind die drei Bewegungen in den IB, die sich mit unterschiedlichen Grundannahmen, jedoch in der Folge eines geteilten Forschungsinteresses an der Rolle von Nor-

49 A. Wiener, *The Invisible Constitution*, a. a. O. (Anm. 2).
50 Vgl. dazu ausführlicher ebd., Kapitel 9.

	Perspektive	Annahme	Logik
1	behavioristisch	Faktizitätsannahme: Normen strukturieren Verhalten	Logik der Angemessenheit
2	verständigungs-orientiert	umstrittene Faktizität und strukturelle Qualität von Normen: Normtypen sind umstritten und Normen strukturieren Verhalten	Logik der Angemessenheit und Logik des Argumentierens
3	gesellschaftlich	umstrittene Faktizität und Geltung: Normtypen und -bedeutung sind und sollten umstritten sein; Normen und Praktiken sind wechselseitig konstitutiv	Prinzip der Umstrittenheit

Übersicht 2: Normenwirkung in den IB

men, von der akteurzentrierten rationalistischen Logik des Konsequentialismus entfernt haben und sich, wenn auch in unterschiedlichem Grade, der normativen Frage der Legitimität des Regierens jenseits von Staatlichkeit zugewandt haben. In der Konsequenz dieser drei Schritte steht nun die Frage nach der Institutionalisierung von Vielfalt angesichts der Legitimitätsprämisse des demokratischen Konstitutionalismus an.

Diese drei Perspektiven sind im Rahmen von Studien zur Normenwirkung formuliert worden. Aus der gesellschaftlichen Perspektive, die mit der Annahme der doppelten Qualität von Normen arbeitet, folgt, dass konfligierende Interpretationen von Normen in solchen Situationen erwartet werden, in denen Normentransfer zwischen verschiedenen Typen politischer Arenen in der Abwesenheit von transnationaler Interaktion stattfindet.[51] Hier kann hypothetisch formuliert werden, dass die Divergenz in der Interpretation von Bedeutung als ein stabileres Muster sowohl von der Schicht-

51 Siehe auch H. Müller, »Arguing, Bargaining and All That«, a. a. O. (Anm. 11).

kuchenhypothese als auch von der Hypothese liberaler Gemeinschaft erwartet würde. In Abwesenheit eines institutionell oder sogar konstitutionell geregelten Rahmens, der die zunehmende Vielfalt von Normeninterpretation widerspiegelt und stützt, ist dann in der Folge internationaler Verhandlungen eher eine Zunahme als eine Verringerung von politischem Konfliktpotential zu erwarten.

Da alle Individuen normatives Gepäck mit sich tragen, ist die Wahrscheinlichkeit der geteilten Wahrnehmung von rechtlicher Geltung, sozialer Faktizität und kultureller Anerkennung bei den Gruppen von Individuen, die in fortlaufender täglicher Interaktion in transnationalen Arenen stehen, am höchsten. Das bedeutet, dass Akteure, die nur temporär an internationalen Interaktionen beteiligt sind, Erwartungen haben, die durch potentiell divergierende kulturelle Erfahrungen geprägt sind (s. *Übersicht 1*). Sie treten auf der Grundlage unterschiedlicher Muster von kultureller Anerkennung ein. Wie die Fallstudie zeigt, folgt, dass selbst wenn die rechtliche Geltung von Verfassungstexten akzeptiert ist und die soziale Umgebung, etwa in internationalen Organisationen, einen Referenzrahmen für Interpretationen von dort in unregelmäßigen Abschnitten verhandelnden Eliten bietet,[52] der Faktor der kulturellen Anerkennung trotz alledem mit großer Wahrscheinlichkeit Divergenz schafft. Die jeweiligen Erwartungen an die Rolle einer bestimmten Norm unterscheiden sich also.

Dieser Einsicht folgend schlage ich vor, in empirischen Studien Variationen kultureller Anerkennung von Normen zu untersuchen. Der Vorschlag stützt sich auf die Beobachtung, dass kulturelle Kontingenz eine wesentliche Quelle für umstrittene Bedeutungen von Normen ist. Kulturelle Kontingenz ist daher ein wichtiger, empirisch jedoch weitgehend unbestimmter Faktor in der Forschung zur Normenwirkung. Er ist die Grundbedingung für die Normimplementation, denn »the validity claimed for propositions and norms ›transcends spaces and times‹; but in each case the claim ›is raised here and now, *in a specific context*, and accepted or rejected with concrete implications for social interaction‹«.[53]

Es lässt sich in der Tat feststellen, dass, während innerstaatlich ge-

52 Th. Risse, »›Let's Argue‹«, a. a. O. (Anm. 9).

53 F. Dallmayr, »Conversation Across Boundaries: Political Theory and Global Diversity«, in: *Millennium* 30 (2001), S. 331-347, hier S. 341, Hervorhebung A. W.

prägte Positionen von Eliten durch ein konsistentes Muster von »Kernoppositionen«[54] strukturiert sind, transnationale Positionen eher einem Muster der Diffusion, wenn nicht sogar der Überlappung folgen. Das bedeutet, dass unter Eliten mit innerstaatlichen *root societies* unter den Verhandelnden zunächst eine Konfliktlinie entlang unterschiedlicher Erwartungen an die Normbedeutung besteht. In der transnationalen Arena entsteht dagegen auf der Grundlage individuell verankerter assoziativer Konnotationen ein komplexeres Muster diffuser Optionen. Statt der Wahl zwischen lediglich zwei Oppositionen erlaubt diese Diffusion von Konnotationen den Verhandelnden, auf ein breiteres Spektrum an Interpretationsmöglichkeiten zu rekurrieren. Dies deutet darauf hin, dass ein Vorteil transnationaler Arrangements darin besteht, dass sie ein höheres Maß an Flexibilität zulassen.[55] Es bleibt jedoch hervorzuheben, dass ohne eine allumfassende Transnationalisierung[56] die im innerstaatlichen Vergleich festgestellte Divergenz von Interpretationsalternativen dominiert. Dies führt zu der folgenden Arbeitshypothese:

In Abwesenheit einer allumfassenden Transnationalisierung wird die Divergenz von Normenbedeutung gegenüber der Konvergenz überwiegen.

Übersicht 3: Arbeitshypothese

Im Gegensatz zu den innerstaatlich verwurzelten Eliten in London und Berlin zeigt sich bei den assoziativen Konnotationen, die von Eliten unterschiedlicher Nationalität in Brüssel geäußert wurden, tatsächlich generell keine Konvergenz auf ein bestimmtes Stichwort entsprechend ihrer Nationalität. Während also im innerstaatlichen Vergleich Kernoppositionen wie beispielsweise ›extern‹ versus ›intern‹ oder ›Gemeinschaft‹ versus ›Gesellschaft‹ bestehen, ist in Brüssel keine Konvergenz auf ein bestimmtes Stichwort festgestellt wor-

54 J. Milliken, »The Study of Discourse in International Relations: A Critique of Research and Methods«, in: *European Journal of International Relations* 5 (1999), S. 225-254.

55 Ich danke Raingard Esser für den Hinweis auf diesen Punkt.

56 Hier steht zu beachten, dass mit »allumfassend« im Gegensatz zu punktuellen unregelmäßigen Kontakten oder auch andauernden Verhandlungskontakten die soziokulturelle Einbindung in den transnationalen Kontext gemeint ist.

den. Stattdessen hat sich bei den Interviews mit den Brüsseler Eliten eine größere Bandbreite assoziativer Konnotationen ergeben, die eine beträchtliche Flexibilitätsmarge zur Interpretation der Bedeutung von Normen zeigt. Zusammengefasst sind drei Divergenztypen möglich.

Typ	Arenen
A	innerstaatlich versus innerstaatlich
B	innerstaatlich versus transnational
C	transnational versus transnational

Übersicht 4: Divergenztypen

In der Fallstudie ließen sich zwei Divergenztypen nachweisen. Die beiden innerstaatlichen Eliten bezogen sich auf zwei unterschiedliche Kernoppositionen (Divergenztyp A). Zusätzlich unterschieden sich die jeweiligen innerstaatlichen Elitegruppen von der transnationalen Gruppe in Brüssel (Divergenztyp B). Schließlich konnte der dritte Divergenztyp (Typ C), der die Kontinuität nationaler Identitätsoptionen innerhalb der Brüsseler Gruppe erwarten lässt, nicht bestätigt werden.

Schlussfolgerungen

Mit dem Blick auf das Projekt der Institutionalisierung von Umstrittenheit kann argumentiert werden, dass Flexibilität insofern demokratischer Konstitutionalisierung zuträglich ist, als sie eine Bandbreite möglicher Bedeutungen und Interpretationen zur Verfügung stellt. Daraus ergibt sich eine zweifache Konsequenz: Erstens ist es wahrscheinlich, dass die Divergenz zwischen innerstaatlichen politischen Arenen insbesondere in Krisensituationen Konflikte schafft, da sich dort die mangelnde Zugriffsmöglichkeit auf soziale Institutionen und kulturelle Anerkennung zuspitzt. Damit wird die soziokulturelle Grundlage der Interpretation von Verfassungsnormen drastisch verengt. Wenn diese Divergenz nicht auf institutioneller Ebene aufgefangen wird, zum Beispiel durch die Einführung eines Sets von Organisationsprinzipien und Handlungsanweisungen, bleibt Konflikt das wahrscheinlichere Ergebnis. Zweitens zeigt die Streuung assoziativer Konnotationen (*diffusion*) in der transnationalen Arena Flexibilität an. Es folgt daher im Hinblick auf Policy-Innovationen, dass eine Zunahme der Transnationalisierung unter Einbeziehung unterschiedlicher Ebenen und Politikfelder neue Ansatzpunkte schaffen könnte, um mit Konflikten, die sich aus (Fehl-)Interpretationen normativer Bedeutung ergeben, auf der Basis des Prinzips der Umstrittenheit umzugehen.

Eine wichtige analytische Herausforderung für den demokratischen Konstitutionalismus jenseits von Staatlichkeit liegt dann in der Formulierung eines theoretischen Ansatzes, der umstrittene Interpretationen von Verfassungsnormen greifen kann und zugleich das methodologische Werkzeug bereitstellt, um die potentiell konfliktiven Interpretationen in den diversen Arenen zu bestimmen. In der Absicht, die Annahme zu hinterfragen, dass die bloße Unterzeichnung von beziehungsweise Zustimmung zu allgemein anerkannten modernen Verfassungsprinzipien auf der supranationalen Ebene zu geteilter Praxis wie etwa der Umsetzung dieser Prinzipien in innerstaatlichen Kontexten führe,[57] hat diese Fallstudie den Grad von Vielfalt und Gemeinsamkeit der Bedeutungen moderner Verfassungsnormen auf horizontaler Ebene (im Vergleich innerstaatlicher Arenen untereinander) und vertikaler Ebene (im Vergleich zwischen innerstaatlichen und supranationalen Arenen) untersucht.

Das Ergebnis zeigt eine qualitative Divergenz zwischen den beiden innerstaatlichen Kontexten von London und Berlin, die mit wiederholt generierten Kernoppositionen auf unterschiedliche Gruppen von Stichworten reagieren. Zweitens konnte eine zusätzliche, quantitativ ermittelte Divergenz hinsichtlich des Bezugs auf vornehmlich ein Stichwort in den jeweiligen Binnenkontexten festgestellt werden. Diese steht einer Reihe von Konnotationen zu drei oder mehr Stichworten bei den beiden Elitegruppen, die innerhalb der transnationalen Arena operieren, gegenüber. Drittens zeigt die Fallstudie eine Diffusion von Bedeutungen im transnationalen Kontext.

Wenn nun der Fokus auf die demokratische Legitimität in ihrer

57 *The Power of Human Rights. International Norms and Domestic Change*, hg. von Th. Risse, St. C. Ropp, und K. Sikkink, Cambridge 1999.

vollen normativen Konsequenz aufgenommen wird, muss gefragt werden, wie geteilte normative Geltung in Abwesenheit einer verfassten Gemeinschaft und der geteilten Lebenswelt aller Teilnehmenden erzielt werden kann. Zudem muss eine konsequente Diskussion im Hinblick auf eine Verfassungsgrundlage das Phänomen von Vielfalt in Kontexten jenseits von Staatlichkeit aufgreifen. Dabei ist auf die drei Grundkriterien demokratisch organisierter Gemeinschaften zu rekurrieren. Das erste Kriterium enthält die Bedingung, dass »any system of rules or norms should be under the shared authority of those who are subject to them«.[58] Das zweite Kriterium ist im Anschluss an Habermas »(the) notion of a ›situated reason‹ or rationality which gains voice in validity claims that are ›both context-dependent and transcendent‹«.[59] Und das dritte Kriterium enthält die Annahme, dass demokratischer Konstitutionalismus – auf der Ebene weitestreichender Verallgemeinerung – auf dem Prinzip der Umstrittenheit aufbauen muss. Die Frage ist dann, ob diese drei Kriterien tatsächlich als Garantie für demokratischen Dialog in Kontexten ausreichend sind, die nicht der Hegel'schen Perspektive von »state and society in one«[60] entsprechen. Einfach formuliert, kann nun zusammenfassend und generell gefragt werden, ob die dialektische Spannung zwischen Faktizität und Geltung als Grundnorm des demokratischen Konstitutionalismus auch dann gelten kann beziehungsweise soll, wenn die Rekonstitution der Institutionen des modernen Konstitutionalismus nicht vollendet ist.

58 J. Tully, »The Unfreedom of the Moderns«, a. a. O. (Anm. 1), S. 205; ders., »Democratic Constitutionalism«, a. a. O. (Anm. 1), S. 1.

59 F. Dallmayr, »Conversation Across Boundaries«, a. a. O. (Anm. 53), S. 341.

60 S. Gordon, *Controlling the State. Constitutionalism from Ancient Athens to Today*, Cambridge, MA 1999, S. 77.

Harald Müller

Internationale Verhandlungen, Argumente und Verständigungshandeln

Verteidigung, Befunde, Warnung

Unter Rückgriff auf die Theorie kommunikativen Handelns internationale Verhandlungen zu untersuchen war gewissermaßen ein revolutionärer Akt. Das Feld wurde traditionell beherrscht von Protagonisten realistischer Machttheorie, für die Verhandlungsergebnisse eine Funktion der Machtrelationen unter den Verhandelnden sind, von Anhängern der Rational-Choice-Theorie, für die Verhandlungen das Aneinander-Abarbeiten strategisch motivierter Akteure mit zuvor fixierten Präferenzen darstellt, garniert mit dem gelegentlichen Austausch von Information unter strategischen Gesichtspunkten, und von Vertretern einer Verhandlungs-Praxeologie, denen es darum ging, wie sich aufgrund vorgängiger Erfahrung am besten Kompromisse zwischen den Parteien finden ließen. Der Rückgriff auf die Theorie kommunikativen Handelns ergab sich aus theoretischen Überlegungen und empirischen Ungereimtheiten.[1] Theoretisch war die Frage zu beantworten, ob es denn plausibel sei, dass normative Gebilde wie internationale Regime und andere aufs Akteurshandeln einwirkende Institutionen aus strikt nichtnormativen Voraussetzungen abgeleitet und gegenüber diesen Voraussetzungen stabilisiert werden könnten. Empirisch war der vielfache Befund erklärungsbedürftig, dass Fairness- und Gerechtigkeitsvorstellungen in Verhandlungen eine unübersehbare Rolle spielten, dass Machtverhältnisse keine verlässliche Voraussage der Verhand-

1 H. Müller, »Internationale Beziehungen als kommunikatives Handeln. Zur Kritik der utilitaristischen Handlungstheorien«, in: *Zeitschrift für Internationale Beziehungen* 1 (1994), S. 15-44; ders., »Spielen hilft nicht immer. Die Grenzen des Rational-Choice-Ansatzes und der Platz der Theorie kommunikativen Handelns in der Analyse internationaler Beziehungen«, in: *Zeitschrift für Internationale Beziehungen* 2 (1995), S. 371-391; Th. Risse, »›Let's Argue!‹: Communicative Action in World Politics«, in: *International Organization* 54 (2000), S. 1-39.

lungsergebnisse erlaubten und dass weniger mächtige Akteure, etwa kleine Staaten oder Nichtregierungsorganisationen, eigene Präferenzen überproportional in den Ergebnissen verankern konnten. Zudem ließ sich immer wieder die Praxis des Argumentierens unter Nutzung existierender normativer Berufungsgrundlagen beobachten.

Der folgende Beitrag fasst zunächst knapp das Konzept und die Ergebnisse des Forschungsprogramms »Kommunikatives Handeln in den internationalen Beziehungen« zusammen. Er leitet daraus die Möglichkeiten, aber auch die Grenzen des empirischen Zugriffs dieser Theorie ab. Die Definition dieser Grenzen motiviert dann die nochmalige Auseinandersetzung mit den wichtigsten Gegenargumenten rationalistischer Provenienz. Mit der Diskussion der beträchtlichen praxeologischen Konsequenzen eines Grundbefundes, nämlich der eminenten Bedeutung, aber auch der Verwundbarkeit der institutionellen Voraussetzungen argumentativen Verhandelns, schließt das Kapitel ab.

Das Forschungsprogramm

Das Forschungsprogramm »Kommunikatives Handeln in den internationalen Beziehungen« zielte zunächst darauf ab, Überzeugungsprozesse in internationalen Verhandlungen zu identifizieren. War es möglich, Situationen zu finden, in denen Akteure sich dem »Zwang des besseren Arguments« unterwarfen, obgleich ihre Präferenzen zu Verhandlungsbeginn in einer anderen Richtung festgelegt waren? Unter welchen Umständen waren solche Überzeugungsprozesse erfolgreich? Welches waren ihre institutionellen Voraussetzungen? Gab es Variationen bei Akteuren, die besonders »überzeugend« waren oder sich auffällig oft überzeugen ließen? Was waren die Quellen und Referenzsysteme erfolgreicher Argumente? Und wie wurden solche Vorgänge der Überzeugung mit den allfälligen Kooperationshindernissen in den internationalen Beziehungen, namentlich dem Sicherheitsdilemma und der relativ geringen Normdichte, dem Fehlen einer gemeinsamen Lebenswelt, fertig?

Solche Grundfragestellungen machen deutlich, worauf dieser Ansatz zielt: Es handelt sich um den Versuch, die Rolle von Moral in den internationalen Beziehungen zu untersuchen, ausgehend von der Vermutung, dass diese Suche nicht völlig ohne Ergebnis bleiben würde. Denn die Theorie des kommunikativen Handelns ist eine normative Theorie, genauer: eine Theorie, wie in der Moderne Normen ohne Rückgriff auf vermeintliche Letztgewissheiten begründet werden könnten. Sie hat daher auch ein Forschungsprogramm über die Möglichkeit konsensualer Normen in den internationalen Beziehungen motiviert (s. den letzten Abschnitt dieses Aufsatzes), das sich von dem hier vorgestellten empirischen Programm aber unterscheidet. Moralphilosophie erhebt selbstverständlich den Anspruch, dass ihre Anwendung in der Praxis möglich sei. Nur selten sieht sie ihr Ideal in der eremitischen Selbstverwirklichung außerhalb der sozialen Wirklichkeit. Daraus ergeben sich zwei Fragen, die sie mit empirischer Analyse verknüpfen. Die erste Frage lautet, ob der Anspruch auf mögliche Verwirklichung berechtigt ist: Lassen sich reale Möglichkeitsbedingungen für die Praxis kollektiver Akteure angeben, unter denen Prinzipien und Normen dieser Moralphilosophie umgesetzt werden können? Daran schließt sich die zweite Frage an, ob die Prinzipien und Normen vollständig, teilweise oder zumindest in Rudimenten in jener Praxis bereits auffindbar sind? Diese Frage enthält eine methodisch gewagte, aber gleichwohl legitime Operation, bei der das moralphilosophische Konstrukt in einen sozialtheoretischen Idealtypus transformiert wird. Nach Weber'scher Methodik dient der Idealtypus als Standard, um die Annäherung beziehungsweise die Abweichung empirischer Befunde von diesem Standard zu bestimmen und anschließend die Frage zu stellen, welche Gründe für unterschiedliche Werte in Annäherung und Abweichung geltend zu machen wären.

Die *Theorie des kommunikativen Handelns* (TkH) untersucht, wie unter bestimmten postulierten Bedingungen Einigung über den Umgang mit Problemen in der realen Welt erzielt wird – einschließlich des relativ schwierigen Problems, sich über die Maximen richtigen Tuns zu verständigen.[2] In der moralphilosophischen Konstruktion ist also ein hypothetischer Kausalpfad angelegt: Er beginnt bei bestimmten Ausgangsbedingungen – den äußeren der »idealen Sprechsituation« und der inneren des Verhaltensorientierungstypus Verständigungsorientierung – und führt durch die Abfolge von auf

2 J. Habermas, *Theorie des kommunikativen Handelns*, 2 Bde., Frankfurt am Main 1981.

drei Geltungsansprüche bezogenen Sprechakten – Wahrheit, Richtigkeit und Authentizität – zu einem Ergebnis, nämlich Einvernehmen. Es handelt sich hier nicht um die Kausalität klassischer Physik, und der Pfad ist mit allen Kontingenzrisiken sozialer Interaktion belastet. Vielmehr handelt es sich um die »Kausalität der Strukturierung«, das heißt die Einschränkung und Einräumung von Verhaltensmöglichkeiten.[3] In diesem Sinne »erklären« die Ausgangsbedingungen und der kommunikative Prozess das Resultat im Sinne der Möglichkeit, Verständigung herbeizuführen. Nun lassen sich in der Wirklichkeit der internationalen Beziehungen unzählige Verhandlungserfolge beobachten. Viele davon können wir aus den Machtverhältnissen der Verhandlungsparteien ableiten, andere aus ihren Interessenkonstellationen, wobei der Interessenbegriff weitaus komplexere Probleme aufwirft, als der realistische und der rationalistische Umgang damit suggerieren. Eine Reihe von Verhandlungsergebnissen lässt sich mit diesen Ansätzen allerdings offensichtlich nicht oder nur schwer erklären, unterzieht man sich nicht der leidigen, aber weitverbreiteten Prozedur, die Daten so lange zu drehen und zu drechseln, bis sie sich recht und schlecht den geliebten Theorien anbequemen.[4] Der Hinweis auf diese Befunde *contre cœur* der orthodoxen Theorien macht deutlich, dass nicht nur in methodischer, sondern auch in empirischer Hinsicht kein Einwand gegen die Prüfung der Frage bestehen kann, ob der in der Theorie des kommunikativen Handelns angelegte Pfad, Einvernehmen herzustellen, womöglich gelegentlich oder auch oft die Diplomaten durch das Gestrüpp internationaler Verhandlungen zum Erfolg geleitet hat. Die Antwort mag am Ende negativ ausfallen, aber die Frage als solche ist legitim.[5]

Gegenüber der ursprünglichen Neigung, unter Ausblendung der normativ-präskriptiven Momente der Theorie nur deren empirische Bewährung in den internationalen Beziehungen zu untersuchen, hat es von Anfang an berechtigte Einwände vonseiten der po-

3 A. Giddens, *The Constitution of Society. Outline of the Theory of Structuration*, Cambridge 1984.

4 Th. Risse, »›Let's Argue‹, a. a. O. (Anm. 1); N. Deitelhoff und H. Müller, »Theoretical Paradise – Empirically Lost? Arguing with Habermas«, in: *Review of International Studies* 31 (2005), S. 167-179.

5 Th. Diez und J. Steans, »A useful dialogue? Habermas and International Relations«, in: *Review of International Studies* 31 (2005), S. 127-140.

litischen Theorie gegeben.[6] Diese Einwände richteten sich keineswegs gegen die Absicht empirischer Forschung, sondern brachten Bedenken zum Ausdruck, dass in ihr das kritisch-normative Potential der TkH völlig ausgeblendet werde. Sie spielten für das Forschungsprogramm zunächst keine zentrale Rolle. Je mehr jedoch die empirische Forschung das Prekäre normativer Referenzsysteme im internationalen Raum zu identifizieren vermochte, desto virulenter wurde die Frage, wie unter den Umständen globaler Interdependenz und kultureller Fragmentierung gutes Regieren auf Weltebene möglich sei. Die Debatte über Global Governance ist in den Internationalen Beziehungen in vollem Gange. Es ist die abschließende These dieses Aufsatzes, dass die TkH in den Internationalen Beziehungen einen bedeutenden Beitrag leisten kann – und sollte.

Empirische Befunde des Forschungsprogramms

Welche Ergebnisse hat nun die innerhalb dieses Forschungsprogramms betriebene empirische Arbeit erbracht?[7] Während die herrschende Orthodoxie in internationalen Verhandlungen nur den Austausch von Drohungen, Versprechen und bestenfalls von faktischer Information oder Information über die eigenen Präferenzen zu erkennen glaubt – mit dem Ziel, das Verhalten der Gegenseite in Richtung auf Einlenken zu verändern –, hat die empirische Verhandlungsforschung mittlerweile genug Evidenz zusammengetragen, um den Schluss zu ziehen, dass das Ringen um das bessere Argument in den internationalen Beziehungen ubiquitär ist. Es ist überall dort vorzufinden, wo verhandelt wird. Zudem sind in den Verhandlungen reihenweise Positionsänderungen anzutreffen, die

6 R. Schmalz-Bruns, »Die Theorie Kommunikativen Handelns – eine Flaschenpost?«, in *Zeitschrift für Internationale Beziehungen* 2 (1995), S. 347-361; M. Müller, »Vom Dissensrisiko zur Ordnung der internationalen Staatenwelt«, in: *Zeitschrift für Internationale Beziehungen* 3 (1996), S. 133-148.

7 Zum Folgenden H. Müller, »Arguing, Bargaining and All That: Communicative Action, Rationalist Theory and the Logic of Appropriateness in International Relations«, in: *European Journal of International Relations* 10 (2004), S. 395-436; N. Deitelhoff und H. Müller, »Theoretical Paradise – Empirically Lost?«, a. a. O. (Anm. 4); siehe auch N. C. Crawford, *Argument and Change in World Politics: Ethics, Decolonization and Humanitarian Intervention*, Cambridge 2002.

im Rückgriff auf die orthodoxen Erklärungsversuche nicht plausibel zu machen sind, also nicht auf negative und positive Anreize oder faktische Informationen zurückgeführt werden können, die jedoch in Antwort auf starke Argumente der Gegenseite erfolgten. Es liegt nahe, solche *turning points* als Wirkung des besseren Arguments zu identifizieren und in dem Vorgang eine gelungene Verständigungshandlung zu sehen (siehe aber unten). Diese Befunde sind quer durch die Politikfelder robust, finden sich in der Sicherheitspolitik ebenso wie in der Umweltpolitik oder bei den Menschenrechten. Damit soll allerdings nicht suggeriert werden, dass Argumentieren unter den in Verhandlungen geäußerten Sprechakten ein Monopol hätte. Äußerungen, die eindeutig dem Sprechakttyp des *bargaining* zuzuordnen sind, treten ebenso universal auf. Dies ruft unmittelbar die Frage auf den Plan, wie das Nebeneinander von zwei Sprechakttypen, die ihrerseits mit zwei unterschiedlichen Handlungsorientierungen verknüpft werden können, überhaupt theoretisch zu vermitteln ist; setzt doch das rationalistische *bargaining* eine individualistische Sozialontologie, das Verständigungshandeln eine holistische – im Sinne von geteiltem Verstehen von Bedeutung – voraus.[8]

Um diese Frage beantworten zu können, empfiehlt sich ein genauerer Blick auf das Wesen der Diplomatie. Diplomaten sind designiert als Interessenvertreter ihrer Nationalstaaten. Es wird insoweit von ihnen erwartet, dass sie in Verhandlungen versuchen, die Positionen ihrer Auftraggeber bestmöglich durchzusetzen. *Bargaining* ist insoweit kein vom Standard abweichendes Verhalten, sondern durch die Angemessenheitslogik der Diplomatie in vollem Umfang abgedeckt: Auch der Wettbewerb, einschließlich des diplomatischen Wettstreits, ist eine vom Einverständnis der Beteiligten gedeckte Institution, also Teil der diplomatischen Lebenswelt. Zum Spektrum angemessener Handlungsweisen gehört jedoch auch der Rückgriff auf das Argumentieren. Es ist integraler Bestandteil diplomatischer Praxis, Gründe zu geben und zu fordern, auf Begründungen einzugehen und mit Mitteln der Forensik und des normativen

8 Zu einem Versuch kohärenter Erklärung aus rationalistischer Sicht vgl. H. Esser, »Die ›Logik‹ der Verständigung. Zur Debatte um ›Arguing‹ und ›Bargaining‹ in internationalen Verhandlungen«, in: *Die Institutionalisierung internationaler Verhandlungen*, hg. von F. U. Pappi, E. Riedel, P. W. Thurner und R. Vaubel, Frankfurt am Main 2004, S. 33-68.

Abwägens zwischen möglichen Verhandlungsergebnissen zu unterscheiden. Es ist auch in der empirischen Forschung deutlich geworden, dass neben dem durch *bargaining* erreichten Kompromiss und offenkundig argumentativ herbeigeführten Positionsänderungen die Kreation überraschender Verständigungslösungen ganz außerhalb der Ausgangspositionen zustande kommen kann. Dem wechselseitigen Austausch argumentativer Sprechakte wohnt also eine Kontingenz inne, die an Clausewitz' Konstruktion der »Friktion« – Kontingenz im Kriege – erinnert, nur dass sie unblutig und statt im unerbittlichen Kampf im Zeichen der Kooperation zustande kommt.[9]

In welchen Situationen der eine oder der andere Verhaltenstyp, Argumentieren oder *bargaining*, dominiert, ist aus der empirischen Evidenz bislang nicht einwandfrei abzuleiten.[10] Manches spricht dafür, dass Argumentieren Erfolge in Patt-Situationen feiert, in denen das *bargaining* ergebnislos geblieben ist, die Parteien jedoch ein Ergebnis dringend wünschen. Deutlich ist auch, dass eine dichte Institutionalisierung Argumentationen eine wirksame Stütze gibt, indem sie erprobte Referenzsysteme und eingespielte Verfahren zur Verfügung stellt. Die Oslo-Verhandlungen zwischen Israelis und Palästinensern stellen ein Beispiel für die erste Konstellation dar, und zwar eine untypisch unterinstitutionalisierte. Die Verhandlungen auf den Überprüfungskonferenzen des Atomwaffensperrvertrags mit ihrer dichten Institutionalisierung sind ein Exempel der zweiten. Andere Muster sind viel schwerer auszumachen. So haben sich Vermutungen über eine Phasenveränderung des Verhandlungsverhaltens nicht bestätigt – *bargaining* und *arguing* alternieren nicht systematisch zwischen Verhandlungsbeginn, Mittelteil und Endspiel; ebenso wenig ist zu erkennen, dass sie sich bei Rahmenentscheidungen und Ausführungen im Detail wesentlich unterscheiden oder in distributiven Verhandlungsteilen signifikant anders verteilt sind als in regulativen oder normsetzenden. Auch der Einfluss von Öffentlichkeit ist nicht eindeutig zu bestimmen; während einige Studien nahelegten, dass die intensive Teilnahme von Nichtregierungsorganisationen einen argumentativen Verhandlungsstil förderten, wiesen andere Befunde darauf hin, dass die Öffentlich-

9 H. Müller, »Arguing, Bargaining and All That«, a. a. O. (Anm. 7).

10 Zum Folgenden N. Deitelhoff und H. Müller, »Theoretical Paradise – Empirically Lost?«, a. a. O. (Anm. 4).

keit die Staatenvertreter eher zu rhetorischem Handeln – Argumentieren »zum Fenster hinaus« – veranlassten, während erst In-camera-Situationen Argumente ihrer rhetorischen Funktion entkleideten und direkt auf den Sinn fokussierten, das Gegenüber zu überzeugen. Ein bestimmter Typus des Normunternehmers – etwa Nichtregierungsorganisationen mit hohem internationalen Ansehen wie das Internationale Komitee vom Roten Kreuz im Falle des Internationalen Gerichtshofs oder der Landminenkampagne oder progressive Staaten wie die Republik Südafrika, die als erster Kernwaffenstaat im Atomwaffensperrvertrag total abgerüstet hat – führt einen Grad von unangreifbarer Authentizität in die Verhandlungen ein, der seinen Argumenten besonderes Gewicht gibt. Die Präsenz solcher Akteure, denen niemand eine *hidden agenda* unterstellt, wirkt hemmend auf *bargaining*-Verhalten und verschiebt die Gewichte zugunsten von Überzeugungsprozessen. Freilich ist gerade an Nichtregierungsorganisationen deutlich geworden, dass sie kaum Hemmungen haben, Instrumente strategischen Handelns zur Durchsetzung der von ihnen erwünschten Normen einzusetzen.[11]

Ich möchte an einem Beispiel illustrieren, wie Argumente in einem Verhandlungszusammenhang wirken können. Diese Episode ist der Überprüfungskonferenz zum Atomwaffensperrvertrag 2005 entnommen, an der ich als Mitglied der deutschen Delegation teilnahm; aus Gründen des Vertrauensschutzes kann sie nur in anonymisierter Form dargestellt werden.[12] Die Konferenz befasste sich über mehr als die Hälfte ihrer Zeit ausschließlich mit prozeduralen Fragen. Dahinter stand das Interesse einer mächtigen Vertragspartei, es gar nicht erst zu substantiellen Gesprächen kommen zu lassen, da sie glaubte, mit einer gescheiterten Konferenz besser leben zu können als mit einem inhaltlichen Konsens oder fairen Kompromiss. Innerhalb der westlichen Gruppe dominierte diese Position zunächst, weil der Vorsitzende der Gruppe, Delegierter eines mit dem erstgenannten Staate eng liierten Landes, alle Register

11 N. Deitelhoff, *Überzeugung in der Politik. Grundzüge einer Diskurstheorie internationalen Regierens*, Frankfurt am Main 2006; *The Power of Human Rights: International Norms and Domestic Change*, hg. von Th. Risse, St. C. Ropp und K. Sikkink, Cambridge 1999.

12 H. Müller, »Vertrag im Zerfall? Die gescheiterte Überprüfungskonferenz des Nichtverbreitungsvertrages und ihre Folgen«, HSFK-Report 4/2005, Frankfurt am Main.

zog, um dessen Isolierung zu verhindern, und weil die große Zahl der übrigen Mitglieder der Gruppe zu eingeschüchtert war, um aufzubegehren. Gegen Ende der zweiten Konferenzwoche jedoch brach ein Delegierter diesen Scheinkonsens. Er argumentierte, dass man hier sei, um eine für die nationale und internationale Sicherheit zentral wichtige Problematik zu bearbeiten; dass es nach geltenden Gepflogenheiten und den Präzedenzen früherer Überprüfungskonferenzen nicht vertretbar sei, weiter über nebensächliche Verfahrensfragen zu streiten, dass es im Übrigen richtig sei, die Bemühungen des Konferenzpräsidenten, den gordischen Knoten zu zerschlagen, loyal zu unterstützen und den von ihm vorgelegten prozeduralen Kompromiss mitzutragen – seine Delegation hätte jedenfalls kein Problem, ihn zu unterstützen. Innerhalb der nächsten zehn Minuten kam eine Sturzflut von Stellungnahmen anderer Länder, die diesen Delegierten unterstützten. Die mächtige Delegation stand plötzlich alleine da und musste sich auf die Position zurückziehen, keine Weisungen für eine Haltungsänderung zu haben. Der getreue Vorsitzende sprang dem Verbündeten mit dem Vorschlag bei, dem Konferenzpräsidenten mitzuteilen, die Gruppe als ganze brauche mehr Zeit, um eine Position zu seinem Verfahrensvorschlag zu finden. Der Delegierte, der den Protest angeführt hatte, remonstrierte erneut: Er selbst brauche keine weitere Zeit, offensichtlich auch die große Mehrheit der Delegierten nicht. Man sei nahe an einem Konsens, der erreicht werden könnte, wenn die noch unentschlossenen Delegationen (*de facto* also eine einzige) andere Weisungen erhielten. Er appelliere, diese Weisungen anzufordern. Binnen drei Stunden änderte sich die Position der mächtigen Delegation.

Was war geschehen? Fraglos war der Umschwung nicht Ergebnis eines Überzeugungsvorgangs innerhalb der mächtigen Delegation, sondern ihres Bestrebens, *shaming* durch Isolierung zu verhindern. Von größtem Interesse jedoch ist, wodurch dieser Wechsel erzwungen wurde. Gemessen am Standard der Macht lagen alle Vorteile aufseiten der mächtigen Delegation: nach rohen Machtindikatoren dominierte sie ohnedies, sie wurde darüber hinaus durch die Konsensregel und die Loyalität des Vorsitzenden mit zusätzlicher institutioneller Macht versehen. Dagegen hatte der protestierende Delegierte lediglich strikt normative Gründe ins Feld geführt: Die Verpflichtung der versammelten Diplomaten; die Präzedenzen; die

Loyalität dem Konferenzpräsidenten gegenüber. Diese geballte Argumentation, der die andere Seite keinen gleichwertigen Komplex normativer Gründe entgegenzusetzen hatte, befreite die übrigen Delegationen von den Fesseln des Unterwerfungszwangs, der zuvor die Gruppe beherrscht hatte. Konfrontiert mit einer überwältigenden Mehrheit, die sich auf die offensichtlich besseren Gründe stützte, wäre der mächtigen Delegation nur der Rückzug auf den begründungslosen politischen Willen geblieben nach dem Motto: Ihr habt recht, aber wir wollen das trotzdem nicht. Dieser Situation wollte man sich trotz überlegener Machtressourcen nicht aussetzen.

Die Episode stellt gewiss kein idealtypisches Verständigungshandeln dar. Sie weist aber auf die Macht des Arguments vor dem Hintergrund diplomatischer Angemessenheitslogik hin. Der bessere Grund, wenn er als solcher von der versammelten Diplomatengemeinschaft anerkannt wird, kann auch den Mächtigen binden, weil die Verweigerung, selbst wenn damit der taktische Sieg erzwungen worden wäre, ihn außerhalb dieser Gemeinschaft platziert hätte. All das geschah *in camera*, also ohne eine kontrollierende Öffentlichkeit. Damit kann auch eine gewisse Zweideutigkeit im Auftreten von Argumenten in internationalen Verhandlungen aufgeklärt werden. Der Zusammenhang zwischen Argumentieren und Verständigungshandeln ist nicht eindeutig.[13] Der Sprechakt des Begründens kann auch in strategischer oder rhetorischer Absicht ausgeführt werden. Freilich ist dabei zu berücksichtigen, dass jedes Argument auf die Präsuppositionen begründender Sprechakte verweist: dass der Sprecher ebenso wie die Zuhörerin sich damit auf die in der Praxis verankerte Erwartung einlässt, sich dem besseren Argument auch dann zu fügen, wenn es auf der Seite der Gegenpartei liegt. Der Diskurs, in dem moralische Gründe ausgetauscht werden, strukturiert eine soziale Situation ungeachtet der Ausgangsmotivationen der Akteure. Was immer ihre strategischen Absichten sein mögen, sie können sich dieser Strukturierung nur um den Preis der sozialen Isolierung entziehen. Selbst wenn wirkliche Verständigung im konkreten Fall nicht gelingt, erzwingt die hinter der Diskursstruktur stehende praxisgesättigte Erwartungsstruktur ein Quasi-Einverständnis, so als liege Verständigung realiter vor. Dies ist die

13 K. Holzinger, »Kommunikationsmodi und Handlungstypen in den Internationalen Beziehungen. Anmerkungen zu einigen irreführenden Dichotomien«, in: *Zeitschrift für Internationale Beziehungen* 8 (2001), S. 243-286.

»argumentative Falle«, in die auch strategisch orientierte Akteure gehen müssen, wenn sie sich auf das in internationalen Verhandlungen nun einmal unumgängliche Argumentieren einlassen.[14]

Diplomatische Verständigung ohne Lebenswelt? Die empirische Antwort

Die empirischen Erkenntnisse, die das Forschungsprogramm generiert hat, erlauben mittlerweile die Antwort auf den wohl gewichtigsten Einwand gegen die Anwendung der TkH in den internationalen Beziehungen. Dieser Einwand greift die Möglichkeitsbedingungen kommunikativen Handelns auf, bringt also die Theorie, um deren Anwendung es geht, gegen die Anwender in Stellung: Verständigung, so lautet er, verlange zwingend nach einem gemeinsamen Referenzsystem, das als normalerweise unhinterfragte Ressource für die alltägliche Interaktion zur Verfügung steht. Wichtiger noch, wenn es um die Richtigkeit einer Norm, um ihre Anwendung auf eine konkrete Situation oder um die Deckung des Bedarfs in einem »Normvakuum« geht, so stehe dieser Hintergrund als Quelle guter Gründe bereit, mit denen die Akteure ihren normativen Diskurs führen können. An diesem Referenzsystem fehle es in den internationalen Beziehungen. Verständigungshandeln sei daher mangels einer gemeinsamen Lebenswelt gar nicht möglich.[15]

Dieser These stehen bereits die frühen Einsichten einer der wichtigsten Theorieschulen der Internationalen Beziehungen entgegen: der »englischen Schule«. Sie versteht Weltpolitik im Rahmen einer »internationalen Gesellschaft«. Diese Gesellschaft bringt, wohlgemerkt, nicht Individuen, sondern Staaten zusammen. Ihre Interaktionen spielen sich selbst noch in der Kriegführung in geregelten Bahnen, innerhalb eines normativen Gefüges ab. Junge Staaten und

14 Th. Risse, »›Let's Argue‹«, a. a. O. (Anm. 1).

15 O. Keck, »Rationales kommunikatives Handeln in den Internationalen Beziehungen. Ist eine Verbindung von Rational-Choice-Theorie und Habermas' Theorie des kommunikativen Handelns möglich?«, in: *Zeitschrift für Internationale Beziehungen* 2 (1995), S. 5-48; ders., »Zur sozialen Konstruktion des Rational-Choice-Ansatzes. Einige Klarstellungen zur Rationalismus-Konstruktivismus-Debatte«, in: *Zeitschrift für Internationale Beziehungen* 4 (1997), S. 139-151.

Regierungen, die nach einer inneren Revolution auch die Weltpolitik umkrempeln möchten, werden mit Geduld, gelegentlich auch mit Härte in dieses normative Geflecht einsozialisiert.[16] Den Ergebnissen der englischen Schule steht die Forschung über Diplomatie zur Seite.[17] Internationale Verhandlungen werden überwiegend von Diplomaten geführt, deren Gepflogenheiten geradezu darauf angelegt sind, soziale Gemeinsamkeiten zu stärken. Da sind die viel belächelten Empfänge und Cocktailpartys, die typische diplomatische Sprache, die oft eigenartig anmutenden Routinen des diplomatischen Verkehrs – so nehmen in der Addition die Gratulationen für die Vorsitzenden von Konferenzen, Ausschüssen und Unterausschüssen einer großen Konferenz buchstäblich Stunden in Anspruch: All das schafft eine eigene Gemeinschaft, die sich von der übrigen Welt beobachtbar unterscheidet. Vom Anfängerstadium des Attachés bis hin zum Großbotschafter lernen die Diplomaten, Mitglied dieser Gemeinschaft zu werden. Der Parochialisierung, die in ihrer Rolle als Staatenvertreter zwangsläufig zu liegen scheint, wird auf diese Weise sinnvoll entgegengewirkt. So entsteht eine künstliche Lebenswelt, die auch im Falle massivster Konflikte auf substantieller Ebene einen auf ein rituelles Gerüst gestützten Hintergrund erhält. Bezeichnenderweise hat Roger Cohen in seinen Arbeiten festgestellt, dass Verständigung vor allem dann schwierig wird, wenn die Verhandlungsführung nicht Karrierediplomaten, sondern Mitgliedern anderer Ressorts oder politischen Akteuren anvertraut wird, die diese Sozialisation nicht erfahren haben.[18]

Damit ist aber nicht gesagt, dass es dem diplomatischen Verkehr an *substantiellen* Referenzsystemen mangelte. Wäre dies der Fall, müsste Verständigung aus Mangel an Ressourcen für gute Gründe scheitern, wenngleich die hier präsentierte Anekdote darauf verweist, dass auch auf die grundsätzlichsten Aufgaben der Diplomatie zurückgegriffen werden kann, um solche Gründe in einem aktuel-

16 B. Buzan, *From International to World Society? English School Theory and the Social Structure of Globalisation*, Cambridge 2004.

17 C. Jönsson, »Diplomacy, Bargaining and Negotiation«, in: *Handbook of International Relations*, hg. von W. Carlsnaes, Th. Risse und B. A. Simmons, London 2002, S. 212-234.

18 R. Cohen, »Reflections on the New Global Diplomacy: Statecraft 2500 BC to 2000 AD«, in: *Innovation in Diplomatic Practice*, hg. von J. Melissen, Basingstoke 1999, S. 1-20.

len Diskurs bereitzustellen. Substantielle Referenzsysteme stehen indes durchaus zur Verfügung, wenngleich weit weniger dicht als im Rahmen nationaler politischer Kulturen. Die wichtigste Quelle ist natürlich das Völkerrecht. Von der UN-Charta über Resolutionen des UN-Sicherheitsrates, internationale Verträge und Völkergewohnheitsrecht bis hin zum Soft Law steht ein beeindruckendes Repertoire aus Prinzipien und Normen bereit, aus denen sich die Argumentationen der Diplomatie bedienen können.[19] Auch Verhandlungsgeschichte und Präzedenzen spielen eine Rolle. Selbst nicht kodifizierte universelle Werte können als Berufungsgrundlage für Argumente dienen. Die Koordinierung der Hilfe für die Tsunami-Opfer im Südpazifik 2005 einschließlich der Durchsetzung des Zugangs der Helfer in Kampfgebiete konnte sich nicht auf geschriebenes Recht stützen, sondern rekurrierte auf das universelle Gebot der Hilfe für Menschen in Not. Wie noch zu zeigen sein wird, muss man gerade mit dieser Referenz höchst behutsam umgehen. Bemerkenswert ist jedoch immerhin, dass sie gelegentlich Verhandlungen bestimmen kann.

Die in der Theorie des kommunikativen Handelns an die Lebenswelt gerichteten Ansprüche dürfen aus einem anderen Grund in Verhandlungsprozessen zurückgeschraubt werden: Es handelt sich im Allgemeinen ja nicht um die Gesamtheit der internationalen Beziehungen, die dabei auf dem Spiel steht. Anders gesagt: In einem gegebenen Verhandlungsvorgang stehen die Verhandler selten unter dem Risiko, dass jeder beliebige Ausschnitt des normativen Hintergrunds von Weltpolitik problematisiert werden könnte. Verhandlungen sind überwiegend funktional spezialisiert, der problematisierbare Ausschnitt hat daher klare Grenzen und Konturen. Wo das nicht der Fall ist – wie etwa bei der umfassenden Reform der Vereinten Nationen –, zeigt sich schnell das enorme Problem, dass diese Verhandlungen mit Problematisierungen derart überfrachtet sind, dass weder normatives Einverständnis noch ein *Bargaining*-Kompromiss erreichbar sind, weil auch für das *bargaining* dann keine einvernehmlichen Maßstäbe für Gerechtigkeit und Fairness mehr zur Verfügung stehen. Ist jedoch die Voraussetzung einer feldspezifischen Spezialisierung der Verhandlung gegeben, dann schrumpft

19 C. Reus-Smit, »The Constitutional Structure of International Society and the Nature of Fundamental Institutions«, in: *International Organization* 51 (1997), S. 555-589.

das Lebenswelt-Problem. Selbst wenn man gegenüber der These von John Meyer und seinen Mitarbeitern skeptisch ist, dass eine universale Kultur heute bereits bestehe,[20] so scheint die Kombination von Diplomatengemeinschaft und völkerrechtlichem Normensystem ein tragfähiges Gerüst für Verständigungshandeln auch in den internationalen Beziehungen zu bieten. Diese Einsichten werden durch die Ergebnisse der Arbeiten von Nicole Deitelhoff zum Internationalen Strafgerichtshof gestützt, wonach sich Argumente als umso schlagkräftiger erweisen, je dichter das Normengefüge im Handlungsfeld ist. Die oben genannten Befunde wirksamen Argumentierens und beobachtbarer oder erschließbarer Verständigung werden durch diese Einsicht untermauert.[21]

Die ideale Sprechsituation: Empirische Annäherungen

Ein weiterer gewichtiger Einwand, der gegen den empirischen Gebrauch der TkH ins Feld geführt wurde, bezieht sich auf die »ideale Sprechsituation«. Da die internationale Politik stets von Machtstrukturen durchzogen ist, Machtverhältnisse also in jeder Phase auf Verhandlungen einwirken, sei eine Theorie, die auf derartig anspruchsvollen Voraussetzungen beruht, für die Analyse dieses Gegenstandsbereichs schlechterdings nicht zu gebrauchen.[22] Der Einwand verkennt jedoch den idealtypischen Charakter der »idealen Sprechsituation«, die nicht als Voraussetzung empirischer Sprechakte konstruiert wurde, sondern als transzendentale Operation zur Identifizierung eines reinen Typs der Produktion moralischer Grundsätze zwischen verschiedenen Sprechern. Idealtypen sind Standards für die Analyse empirischer Situationen, nicht selbst bereits empirische Hypothesen. Sie dienen der Beantwortung der Frage, wie nah oder fern empirische Situationen diesem idealisierten Situationstypus stehen. In *Faktizität und Geltung* hat Habermas selbst vorexerziert, wie durch diese Methodik die Rolle demokratischer Institutionen als praktisch verwirklichbare Annäherungen in-

20 J. Meyer, *Weltkultur. Wie die westlichen Prinzipien die Welt durchdringen*, Frankfurt am Main 2004.

21 N. Deitelhoff, *Überzeugung in der Politik*, a. a. O. (Anm. 11).

22 O. Keck, »Zur sozialen Konstruktion des Rational-Choice-Ansatzes«, a. a. O. (Anm. 15).

terpretiert werden kann, die Kommunikationsformen ermöglicht, die die geteilte Anerkennung normativer Vorgaben in der Gesellschaft erleichtern.[23]

Im selben Sinne lassen sich in den internationalen Beziehungen institutionelle Vorkehrungen identifizieren, die das vorhandene Machtgefälle zwar nicht neutralisieren, aber seinen Einfluss auf konkrete Verhandlungen mediatisieren helfen. An erster Stelle steht zunächst die souveräne Gleichheit der Staaten, die als rechtliche Fiktion zwar das politische Staatenverhältnis nicht durchgehend bestimmt, aber allen Staaten eine Berufungsgrundlage gibt, die sie zur Teilhabe an sie betreffenden Angelegenheiten ermächtigt. In vielen Verhandlungen ist diese Institution in die Regel des einstimmig zu erzielenden Ergebnisses umgesetzt. Das Unit-Veto-Prinzip gibt auch noch dem kleinsten Mitglied eine formale Handhabe, eine Verletzung eigener Interessen durch Übereinkunft aller anderen zu unterbinden. Zypern spielt diese Regel seit Beginn seiner Mitgliedschaft in der EU hinsichtlich der Türkei-Politik virtuos aus. Ehrwürdige Standards internationaler Verhandlungsergebnisse wie Reziprozität oder Sondervergünstigungen für ärmere Entwicklungsländer, die in früheren Verhandlungsphasen geschaffen und mittlerweile durch wiederholende Praxis institutionalisiert worden sind, üben eine Wirkung in die gleiche Richtung aus. Sie übertragen die Beweislast für die Legitimität von Verhandlungspositionen denen, die von diesen Standards abweichen wollen (etwa den USA im Kyoto-Protokoll). Die letzte institutionelle Vorkehrung in diesem Sinne ist der universale und/oder öffentliche Charakter von Verhandlungsforen, die den Rahmen für die »rhetorische Falle« bilden, in der sich argumentierende Staaten, die ihre Machtposition in Anschlag bringen wollen, verheddern. Das Beharren auf der eigenen, durch in der Gemeinschaft anerkannte Gründe nicht mehr gedeckten Haltung zieht einen Reputationsverlust und eine Isolationsgefahr nach sich, die auch mächtige Staaten zum Überdenken ihrer Positionen veranlasst. Die »rhetorische Falle« wirkt keineswegs ausschließlich, aber anscheinend doch am stärksten in multilateralen Kontexten, die durch strukturelle Elemente wie inklusive Teilnahme- und Entscheidungsregeln, die das Machtgefälle nivellieren,

23 J. Habermas, *Faktizität und Geltung. Beiträge zur Diskurstheorie des Rechts und des demokratischen Rechtsstaats*, Frankfurt am Main 1992.

direkte oder indirekte Teilnahme der Öffentlichkeit und ein bereits etabliertes dichtes Normengefüge gekennzeichnet sind;[24] sie enthalten mit anderen Worten Elemente der Annäherung an die ideale Sprechsituation. Dennoch befreit die empirische Arbeit von der irrigen Erwartung, den Idealtyp des Verständigungshandelns gewissermaßen eins zu eins in der Welt der internationalen Verhandlungen aufsuchen zu können; strategisches Handeln ist dort unvermeidlich Teil des Geschäfts und mit Verständigungshandeln geradezu untrennbar verwoben, denn beide sind legitime Kinder der Angemessenheitslogik der Diplomatie.

Grenzen der Empiriefähigkeit des Forschungsprogramms

Freilich lässt sich nicht leugnen, dass die empirische Operation mit der Theorie des kommunikativen Handelns auf Grenzen stößt.[25] So wäre es vergeblich, den Schwerpunkt auf die *Handlungsorientierungen* der Akteure zu legen. Es hat sich keine letztlich völlig valide Methodik entwickelt, um die Handlungsmotive der Akteure aufzuklären. Am nächsten kommt dem noch Ecker-Erhardts anonymisiertes Nachinterview, in dem Verhandler aus zeitlichem Abstand nach der Authentizität ihrer damals vorgebrachten Argumente befragt werden. Ergibt sich Übereinstimmung mit dem in der Verhandlung Vorgetragenen, steigt die Probabilität realer Überzeugungsvorgänge.[26] Freilich enthält auch diese differenzierte Methode Restungewissheiten von motiviertem Bias und unbewusst idealisierter Erinnerung.

Handlungsorientierungen sind als intramentale Vorgänge der sozialwissenschaftlichen Forschung nicht zugänglich. Damit bleibt stets ein Rest Ungewissheit, ob tatsächlich Überzeugungsvorgänge vorliegen oder die Positionsänderung der beobachteten Akteure doch auf eine andere Weise zustande kam. Hilfsweise können Indikatoren beobachtet werden wie affirmative Sprechakte, die auf

24 N. Deitelhoff, *Überzeugung in der Politik*, a. a. O. (Anm. 11).

25 Siehe N. Deitelhoff und H. Müller, »Theoretical Paradise – Empirically Lost?«, a. a. O. (Anm. 4).

26 M. Ecker-Erhardt, »Alles nur Rhetorik? Der ideelle Vorder- und Hintergrund der deutschen Debatte zur EU-Osterweiterung«, in: *Zeitschrift für Internationale Beziehungen* 9 (2002), S. 209-252.

Überzeugung hinweisen (»Diesen Punkt hatte ich vorher nicht beachtet«), die Bestätigung durch andere Diskursteilnehmer oder die Konsistenz der neu angenommenen Argumentationsstruktur mit späteren Sprechakten des frisch überzeugten Akteurs. Allerdings verlangt dies einen direkten Zugang zu den Sequenzen der Sprechvorgänge – mindestens Verbatim-Protokolle, die für internationale Verhandlungen fast nie zugänglich sind. Dass ein Forscher selbst solche Verhandlungen beobachten kann, ist ein seltenes Glück, worauf sich systematische politikwissenschaftliche Forschung leider nicht begründen lässt. Und auch diese Art teilnehmender Beobachtung ist nicht völlig risikofrei, weil die Rolle als Delegationsmitglied einen Einfluss auf die Wahrnehmung der Verhandlungsvorgänge ausüben könnte; die beiden Aspekte »Teilnahme« und »Beobachtung« sind nur im Idealfall unabhängig voneinander. Ständige Selbstbeobachtung mag das Schlimmste verhindern, Garantien gibt es gleichwohl nicht.

Das Forschungsprogramm kann die Suche nach authentischen Überzeugungsvorgängen sicherlich nicht aufgeben. Die Methodik der wenigstens probabilistischen Identifizierung von Handlungsorientierungen bleibt auf der Tagesordnung. Es wäre aber zu wenig fruchtbar, sich auf diese Frage zu kaprizieren. Das ist eine wesentliche Lektion, die diejenigen gelernt haben, die mit der Theorie des kommunikativen Handelns in den Internationalen Beziehungen arbeiten. Damit verschiebt sich der Schwerpunkt empirischer Forschung *nolens volens* vom Interesse an der Authentizität der Sprecherorientierungen zu den Zusammenhängen von Argumentationsvorgängen, Positionswechseln und deren strukturellen Bedingungen. Auch strategisch orientierte Akteure können unter der Last der Argumentation ihre Haltung ändern, wie die gerade erzählte Episode zeigt. Das Sich-Einlassen auf Argumentation, wie Diplomatie es nun einmal erfordert, zwingt die Akteure zur Konsistenz sowie zu einem immer stärker drückenden Rechtfertigungszwang, wenn die Diskursgemeinschaft mehr und mehr einem »besseren Argument« zuneigt.

Die hier diskutierten epistemologischen Schwierigkeiten zwingen zu größerer Bescheidenheit bei ontologischen Aussagen: Wir können nicht behaupten, sicher zu wissen, dass unser politisches Universum von authentischen, zuweilen der kommunikativen Rationalität verpflichteten Akteuren bevölkert sei. Wir dürfen mit gutem

Selbstbewusstsein behaupten, dass wir auf zahlreiche Akteure stoßen, die sich so verhalten, »als ob« sie derartige Eigenschaften besäßen. Im Rahmen dieser größeren Bescheidenheit behält die Theorie des kommunikativen Handelns ihren Platz in der Analyse internationaler Verhandlungen.

Von der Verwundbarkeit normativer Gemeinsamkeit: Die praxeologische Dimension des kommunikativen Handelns

Die empirische Forschung macht allerdings auch deutlich, wie dünn die Schicht des globalen einvernehmlichen Normverständnisses ist, das den Diplomaten bei ihren Verhandlungen als Berufungsgrundlage dient. Dies fällt nicht so sehr ins Auge, wenn es um Fragen technischer Koordination geht; selbst bei Auseinandersetzungen um die Distribution materieller Werte tut man sich nicht übermäßig schwer. Zwar zirkulieren unterschiedliche Konzeptionen von Gerechtigkeit; aber ein rudimentär gemeinsames Verständnis von Fairness besteht, und dies genügt zumeist als Grundlage für gewöhnliches Feilschen, bis irgendwo in der Mitte der Kompromiss erreicht wird. Die Löcher im Netzwerk des gemeinsamen Normverständnisses tun sich bei grundlegenderen moralischen Fragestellungen auf. So gibt es nicht zufällig nach wie vor keine universale Definition von Terrorismus. Die Abwägung des Wertes nationaler oder ethnischer Befreiung gegen den Wert der Gewaltfreiheit fällt je nach Standort höchst unterschiedlich aus. Augenfällig sind die Werteunterschiede auch in der Abwägung der nationalen Souveränität gegen das Prinzip der Verantwortlichkeit, also der *good governance* und insbesondere der Beachtung der Menschenrechte. Dass Souveränität irgendwo eine Grenze findet, an der die Verletzung von Menschenrechten internationales Eingreifen gebietet, ist nicht mehr umstritten, sehr wohl aber, wo diese Grenze liegt. Die allzu kühnen Behauptungen kosmopolitischer Politiktheorie, man wäre bereits im Zeitalter einer universalistischen Kultur angelangt und hätte eine solide gemeinsame Wertegrundlage, auf der sich moralische Diskurse führen, ja, operativ entscheiden ließen, ist bei Weitem verfrüht.[27]

27 *Cosmopolitan Democracy: An Agenda for a New World Order*, hg. von D. Archibugi

Ein Blick in die Völkerrechtslehrbücher unterstreicht diese Warnung. Als solidester Bestandteil internationaler Normen gilt das *ius cogens*; in einem führenden Lehrwerk ist indes zu lesen: »Wiewohl der Kreis der im Einzelnen zum *ius cogens* gehörenden Normen also unterschiedlich weit gezogen ist, scheint sich doch für das gegenwärtige Völkerrecht ein Konsens dahingehend abzuzeichnen, dass hierzu jedenfalls das Gewalt- und Interventionsverbot sowie die Achtung der grundlegenden Menschenrechte (...) zu zählen haben.«[28] Wenn schon im engsten Bestand verbindlicher Normen auf Kautelen wie »scheint sich abzuzeichnen« und »jedenfalls« nicht verzichtet werden kann, dann ist Vorsicht angezeigt, zumal dann, wenn diese Normen auch noch in Kollision geraten.

Die Kosovo-Intervention von 1999 ist in diesem Zusammenhang ein ebenso warnendes Exempel wie der Irak-Krieg von 2003, wenngleich die Problematik – zumindest aus der Perspektive unseres eigenen Kulturkreises – für den zweiten Fall offenkundiger ist als für den ersten. Die militärische Organisation einer kleinen Gruppe von Staaten zwang in beiden Fällen dem Rest der Welt ihre eigene Situationsanalyse und ihre eigene idiosynkratische Bestimmung der Grenze zwischen Souveränität und Verantwortlichkeit auf. Das gilt eben auch für den Kosovo, wenngleich der hegemoniale Diskurs im Westen dies bis heute beharrlich ignoriert. Wie sich später herausstellte, war jedes einzelne der entscheidenden Elemente der Entscheidung – die sogenannte Operation Hufeisen, das sogenannte Massaker von Rakacz, die Verhandlungsstrategie der Nato in Rambouillet, die Einschätzung der UCK als demokratische Befreiungsbewegung, die Befunde der beiseitegeschobenen OSZE-Beobachter – höchst prekär, der Vergleich mit Auschwitz bestenfalls obszön;[29] mittlerweile finden sich im Kosovo auch Massengräber mit serbischen Leichen aus der Zeit des Guerilla-Krieges. Die Entscheidung wurde unter Umgehung der vorgeschriebenen Verfahren exklusiv in der Nato getroffen; es wurde nicht einmal der Versuch un-

und D. Held, Cambridge, MA 1998; J. Meyer, *Weltkultur*, a. a. O. (Anm. 20), Th. Pogge, »Kosmopolitanismus und Souveränität«, in: *Weltstaat oder Staatenwelt*, hg. von M. Lutz-Bachmann und J. Bohman, Frankfurt am Main 2002, S. 125-171.

28 St. Hobe und O. Kimminich, *Einführung in das Völkerrecht*, 8. Aufl., Tübingen 2004, S. 174.

29 H. Loquai, *Der Kosovo-Konflikt. Wege in einen unvermeidbaren Krieg*, Baden-Baden 2000.

ternommen, symbolische Inklusivität etwa durch Thematisierung und formale Abstimmung im Sicherheitsrat, in der Vollversammlung oder in der OSZE zu erreichen. Dieses exklusive Vorgehen steht den Erfordernissen gelingender Verständigung diametral entgegen. Die sowohl in diesem Konflikt als auch global bestehende Machtasymmetrie wurde durch keine Maßnahme gemildert, sondern in aller Brutalität ausgespielt. Die Betroffenen – das wären wenigstens die OSZE-Mitglieder, vielleicht auch die serbische Opposition gewesen – wurden nicht umfassend in die Erörterungen einbezogen. Nur auf die albanische Seite hörte man (wenn auch reichlich spät, nachdem man die Versuche der friedlichen Opposition, geführt von Ibrahim Rugova, das Kosovo-Thema zu artikulieren, auf der Dayton-Konferenz geflissentlich überhört hatte).

Jürgen Habermas selbst hat am »Vorgriff auf einen künftigen weltbürgerlichen Zustand«, den der Kosovo-Krieg in westlicher Sicht darstellte, Unbehagen gezeigt und gefordert, der exklusive Vorgriff durch die westliche Allianz müsse der Einzelfall bleiben;[30] exakt das war auch die Position der rot-grünen Bundesregierung. Aber der Schaden war schon angerichtet. Das Zerreißen der in mühevoller Arbeit im 20. Jahrhundert elaborierten kollektiven Entscheidungsprozesse für den Gewalteinsatz jenseits der Selbstverteidigung zerstört das Vertrauen, auf dem der Glauben, dies sei Ausnahme, gegründet werden müsste. Denn das Postulat entbehrt der Glaubwürdigkeit. Die kategorische Forderung, dies müsse der Ausnahmefall bleiben, steht zur substantiellen und prozeduralen Rechtfertigung der Ausnahme in einem unauflöslichen logischen Widerspruch. Wenn dieser Fall den Westen zwingend zum Eingreifen veranlassen musste, wie die Rede vom erzwungenen Vorgriff auf einen künftigen weltbürgerlichen Zustand vermuten lässt, so erfordert es übermenschliche Hellsicht zu behaupten, gleiche Fälle könnten nicht wieder auftreten – schließlich handelte es sich im Kern um nichts anderes als einen von beiden Seiten mit hinreichender Brutalität geführten Sezessionskrieg, und von der Sorte beobachten wir gegenwärtig wenigstens ein Dutzend. Welcher Moral wäre dann die politische Maxime entnommen, gleiche Fälle ungleich zu behandeln? Und welche Verlässlichkeit wäre einer politischen Moral zuzuschreiben, die eine solche Maxime postulierte? Das Argument, der

30 J. Habermas, »Von der Machtpolitik zur Weltbürgergesellschaft«, in: ders., *Zeit der Übergänge*, Frankfurt am Main 2001, S. 27-39.

liberal-demokratische Teil der Staatengemeinschaft könne im Notfall hilfsweise für das Ganze handeln, öffnet die Pandora-Büchse entgrenzter Selbstermächtigung zur Gewalt. Schließlich beruhte der vorgebliche Handlungszwang der Irak-Koalition und die Legitimation ihres Angriffskriegs auf einem ähnlichen Begründungsfundament, das noch angereichert wurde durch das Gemeinwohlargument der vermeintlichen Weltgefahr, die aus den (nicht vorhandenen) irakischen Massenvernichtungswaffen entspringe, und durch die erhofften segensreichen Folgen eines Regimewechsels in Bagdad für den ganzen Nahen Osten. Diese Begründung wird indes im Vergleich zum Kosovo-Krieg nicht schon dadurch entkräftet, dass es sich um eine noch kleinere Gruppe von weltbürgerlichen Vorgreifern gehandelt hat. Entweder beide sind falsch oder keine. Und tatsächlich hat die neokonservative Theorie der Weltpolitik die Selbstermächtigung des liberalen Lagers bereits als universalen Grundsatz generalisiert.[31]

Dies sind keine Fragen, die nur die politische Theorie beschäftigen müssen. Sie sind das konkrete Problem der Regierungen derjenigen Staaten, die sich nicht der Zugehörigkeit zur privilegierten westlichen Staatengemeinschaft erfreuen und, so sollte man hinzufügen, nicht über ein nukleares Abschreckungspotential verfügen – womit eine der fatalen Folgen der liberal-imperialistischen Selbstermächtigungspraxis in den Blick gerät. Denn auf den weltbürgerlichen Zustand lässt sich nicht *pars pro toto* vorgreifen, weil der Vorgriff selbst zerstörerisch auf die Grundlagen von Verständigung wirkt. Er ist kein Gegenstand abstrakter Deliberation, sondern konkreter Erfahrung. Er zwingt die Akteure im Interesse der von ihnen vertretenen Staaten dazu, diese Erfahrung ins künftige politische Kalkül einzubeziehen. Der Einzelfall kommt daher nicht als Ausnahme zu den Akten, sondern hinterlässt irreversible Narben im Denken und Handeln der Akteure.

Diese Folgen regelwidriger Handlungen gerade der Mächtigen sind im internationalen Raum gravierender als im nationalen, weil das gemeinsame Normgefüge weniger belastbar ist. Das exklusive Spiel der Demokratien mit der Macht revitalisiert dramatisch die mächtigen Triebkräfte des Sicherheitsdilemmas, die es in einer glo-

31 D. Frum und R. Perle, *An End to Evil – How to Win the War on Terror*, New York 2004.

balisierten Welt um des schieren Überlebens willen zu überwinden gilt: das Misstrauen, die Ungewissheit über die Absichten des Gegenübers, den Zwang zur Selbsthilfe, den Wunsch, sich die dafür geeigneten Instrumente bis hin zu Massenvernichtungswaffen zuzulegen. Zugleich verstärkt die schamlose, moralisch verbrämte Machtdemonstration schon bestehende kulturalistische Ressentiments, die aus den Demütigungen der imperialistischen Epoche und aus der heutigen Asymmetrie der Weltverhältnisse resultieren. Das komplett unterschiedliche Verständnis des Verhältnisses von Souveränität und Verantwortlichkeit und seiner Auswirkungen auf Krieg und Frieden desillusioniert die Erwartungen im Hinblick auf den Grad an normativer Gemeinsamkeit und auf die Chance für deren künftiges Wachstum, wenn die stärkere Seite ihre Version mit Gewalt zur Geltung bringt. Dies macht die Einigung auf ein gemeinsames Vorgehen in vergleichbaren Einzelfällen schwerer und unterminiert zudem die Bereitschaft, sich auf allgemeine Regeln, etwa eine Kasuistik humanitärer Intervention, zu einigen. Die Konstitutionalisierung des Völkerrechts wird damit blockiert.[32]

Kurzum: Das im Völkerrecht Erreichte ist eine kostbare, aber außerordentlich verwundbare Errungenschaft. Kein aufklärerischer Optimismus sollte dazu verführen, sie für unverlierbar zu halten. Ein realistischer Blick auf die Gegenwart macht die traurige Wahrheit deutlich, dass die Basis normativer Gemeinsamkeit schmilzt, zerrieben wird zwischen einer imperialen, teils religiös unterfütterten Besserwisserei der Supermacht und einem wachsenden Zynismus der Staaten im nichtwestlichen Lager – darunter übrigens auch Demokratien wie Südafrika –, ihrem zunehmenden Rückzug auf kulturellen Parochialismus und dem Versuch, sich mit wirksamen Mitteln der Selbsthilfe zu versehen.

32 H. Müller, »Kosmopolitische Demokratie: Ein Weltkriegsprogramm«, Beitrag für das Panel »Normative und empirisch-analytische Theorie in den deutschen IB« auf der Tagung der DVPW-Sektion »Internationale Politik«, 6.-7. Oktober 2005 in Mannheim.

Schlussfolgerungen: Ausblick auf die weitere Entwicklung des Forschungsprogramms

Es wurden erst die ersten Seiten des Forschungsprogramms über kommunikatives Handeln in den internationalen Beziehungen umgeblättert. Dabei haben sich mehr Fragen als Antworten ergeben. Diese Fragen markieren allerdings zugleich Orientierungspunkte für die weitere Forschungsagenda. Künftige Schwerpunkte sehe ich vor allem in den folgenden Gebieten:

- *Topik internationaler Beziehungen:* Was zählt in welchen internationalen Kontexten als Argument und als Berufungsgrundlage? Die Argumentationstheorie, auf die das Konzept kommunikativen Handelns angewiesen bleibt, führt unweigerlich auf die Tradition der Rhetorik und damit auf die Topik zurück.[33] Die vergleichende topische Charakterisierung internationaler Verhandlungen wäre in der Lage, die weitgehend unsichtbare normative Verfassung der Weltpolitik aufzudecken und zu entziffern. Erst dann ließe sich mit größerer Sicherheit sagen, wie dünn oder dicht und wie robust oder prekär das Netzwerk jener »künstlichen Lebenswelt« ist, auf dem unsere gegenwärtigen Chancen grenzüberschreitender Verständigung beruhen.
- *Institutionelle Voraussetzungen gelingender Verständigung:* Hier hat Nicole Deitelhoff eindrucksvolle Pionierarbeit geleistet,[34] und einiges davon ist in diesem Beitrag referiert worden.
- *Mehrebenen-Diskurse:* Der Rationalismus hat zu Recht festgestellt, dass mit internationalen Verhandlungen befasste Regierungen sich der schwierigen Lage gegenübersehen, gleichzeitig in mehreren Spielen zu spielen.[35] Aus kommunikationstheoretischer Perspektive nehmen sie an Diskursen auf mehreren Ebenen teil, in denen sie die Überzeugungsvoraussetzungen im Hinblick auf Wahrheit, Richtigkeit und Authentizität zu erfüllen haben.[36] Da die Referenzsysteme dieser Ebenen sich jedoch unterscheiden, ist diese Aufgabe schwer. Aufzuklären, welches die Bedingungen sind, unter denen das gelingt oder – wie etwa in den USA im Falle

33 J. Kopperschmidt, *Argumentationstheorie zur Einführung*, Hamburg 2000.

34 N. Deitelhoff, *Überzeugung in der Politik*, a. a. O. (Anm. 11).

35 *Double-edged Diplomacy: International Bargaining and Domestic Politics*, hg. von P. Evans, H. K. Jacobsen und R. B. Putnam, Berkeley, CA 1993.

36 H. Müller, »Arguing, Bargaining and All That«, a. a. O. (Anm. 7).

des nuklearen Teststoppvertrages – misslingt, ist ein wesentliches Forschungsdesiderat.

- *Möglichkeiten universaler Normen in einer fragmentierten Welt:* Diese Fragestellung generalisiert die spezielle Problematik der Mehrebenendiskurse. Die globalisierte Welt ist auf gemeinsame Regelungen verwiesen, die ohne einen geteilten normativen Hintergrund keinen Halt finden. Dieser normative Hintergrund kann jedoch nicht durch die Präsuppositionen der Sprechsituation abgestützt werden, weil wir im internationalen Raum auf eine Reihe von Akteuren treffen, deren partikulare Ethiken das Problem, dass die unhinterfragbare transzendentale Hintergrundgewissheit von ersten normativen Prinzipien verloren gegangen ist, gar nicht kennen: Tradition oder Offenbarung geben solche Prinzipien vor. Dennoch ist es unser Schicksal, auch mit solchen Akteuren zur Verständigung zu kommen: Wie schaffen wir universale Regelungen in einer normativ fragmentierten Welt? Alle liberalen Antworten auf diese Frage leiden an der sehr unpraktischen Hypostasierung des Liberalismus als selbstverständlichen Ausgangspunkts; in der empirischen Welt internationaler Politik kann das aber nicht funktionieren. Überschießender Kosmopolitismus wirkt, wie die Bemerkungen zum Kosovo-Krieg zeigen sollten, gewaltfördernd. Es ist jedoch bislang unklar, wie eine Alternative aussehen könnte, die nicht zugleich die eigenen Werte preisgibt.[37] Hier hat die Theorie des kommunikativen Handelns als normative Theorie ein weites Betätigungsfeld.
- *Risiken der Zerstörung existierender Berufungsgrundlagen:* Die Diskussion des Kosovo-Krieges hat auch gezeigt, dass das Gewebe der normativen Gemeinsamkeit, das internationale Verständigung ermöglicht, dünn und verletzlich ist. Es ist wichtig, herauszufinden, welches die Gefährdungen sind und wie man ihnen begegnet. Offensichtlich sind plötzliche Änderungen in den Rahmenbedingungen politischen Handelns – technische Quantensprünge oder große Wirtschaftskrisen – Risikofaktoren, weil sie neue, mit dem alten Normgefüge nicht bewältigbare Herausforderungen produzieren oder die Regierenden in dramatische Norm- und Wertkonflikte stürzen. Innere Wertrevolutionen mächtiger Akteure (wie die neokonservative Revolution in den

37 H. Müller, »Kosmopolitische Demokratie«, a. a. O. (Anm. 32).

USA) bedrohen die normative Struktur der internationalen Beziehungen gleichfalls. Unter Ordnungsgesichtspunkten ist die Untersuchung der Möglichkeiten, solche Gefährdungen einzuhegen oder wirksame normative Vorkehrungen gegen ihre verderbliche Wirkung zu entwickeln, von höchstem Interesse. Die Debatte hat sich bislang im Wesentlichen in der politischen Philosophie und der politischen Theorie abgespielt und die Möglichkeit oder Unmöglichkeit universaler Ordnungsprinzipien auf einem recht hohen Abstraktionsniveau kontrovers diskutiert;[38] diese Debatte mit den konkreten Erfordernissen von Global Governance im Sinne einer IB-informierten Praxeologie zu verbinden wäre eine lohnende und zwingend notwendige Aufgabe.

Die Ernüchterung über die methodischen Grenzen, die der empirischen TkH-Forschung nach den bisherigen Erfahrungen gezogen sind, führt also keineswegs zur Resignation. Im Gegenteil, diese Forschung hat das Tor zu einer Reihe faszinierender Fragestellungen aufgestoßen, die sich mitten im Kern der Ordnungsproblematik in einer sich globalisierenden Welt befinden. *Faktizität und Geltung* muss für die Internationalen Beziehungen noch geschrieben werden, und man muss kein Prophet sein, um vorauszusagen, dass es sich eher um eine Enzyklopädie als um eine Monographie handeln wird.

38 R. Shapcott, *Justice Community and Dialogue in International Relations*, Cambridge 2001; ders., »Cosmopolitan Conversations: Justice, Dialogue and the Cosmopolitan Community«, in: *Global Society* 16 (2002), S. 221-243; A. Linklater, *The Transformation of Political Community*, Oxford 1998.

Nancy Fraser

Die Transnationalisierung der Öffentlichkeit

Legitimität und Effektivität der öffentlichen Meinung in einer postwestfälischen Welt

Es ist heute allgemein üblich, von »transnationalen Öffentlichkeiten«, »diasporischen Öffentlichkeiten«, »islamischen Öffentlichkeiten« und sogar von einer im Entstehen begriffenen »Weltöffentlichkeit« zu sprechen; und diese Redeweisen haben durchaus ihren Sinn. Immer mehr medienwissenschaftliche Forschungsarbeiten dokumentieren diskursive Arenen, die nicht an nationalen oder staatlichen Grenzen enden. Die Cultural Studies kartographieren einfallsreich die Umrisse dieser Arenen und den Verlauf von Bild- und Zeichenströmen in ihnen und durch sie hindurch.[1] Die Vorstellung einer »transnationalen Öffentlichkeit« ist intuitiv plausibel und allem Anschein nach in der sozialen Realität verankert.

Diese Vorstellung wirft aber auch ein Problem auf, da der Begriff der Öffentlichkeit nicht allein zur Beschreibung von Kommunikationsflüssen entwickelt worden ist, sondern als Beitrag zu einer normativen politischen Theorie der Demokratie. In der Demokratietheorie versteht man unter Öffentlichkeit einen Raum, in dem die

1 Vgl. etwa J. R. Bowen, »Beyond Migration. Islam as a Transnational Public Space«, in: *Journal of Ethnic & Migration Studies* 30 (2004), S. 879-894; *Globalizations and Social Movements. Culture, Power, and the Transnational Public Sphere*, hg. von J. A. Guidry, M. D. Kennedy und M. N. Zald, Ann Arbor 2000; W. Mules, »Media Publics and the Transnational Public Sphere«, in: *Critical Arts Journal* 12 (1998), S. 24-44; Th. Olesen, »Transnational Publics. New Spaces of Social Movement Activism and the Problem of Global Long-Sightedness«, in: *Current Sociology* 53 (2005), S. 419-440; R. Stichweh, »Die Entstehung einer Weltöffentlichkeit«, in: *Transnationale Öffentlichkeiten und Identitäten im 20. Jahrhundert*, hg. von H. Kaelble, M. Kirsch und A. Schmidt-Gernig, Frankfurt am Main 2002, S. 57-66; K. Tololyan, »Rethinking Diaspora(s). Stateless Power in the Transnational Moment«, in: *Diaspora* 5 (1996), S. 3-36; I. Volkmer, »The Global Network Society and the Global Public Sphere«, in: *Development* 46 (2003), S. 9-16; P. Werbner, »Theorising Complex Diasporas. Purity and Hybridity in the South Asian Public Sphere in Britain«, in: *Journal of Ethnic & Migration Studies* 30 (2004), S. 895-911.

öffentliche Meinung durch einen kommunikativen Prozess gebildet wird. Insoweit dieser Prozess inklusiv und fair ist, wird erwartet, dass Sichtweisen, die einer kritischen Überprüfung nicht standhalten können, diskreditiert werden, die übrigen dagegen bekräftigt. Dabei ist von entscheidender Bedeutung, wer an diesem kommunikativen Prozess unter welchen Bedingungen teilnimmt. Außerdem wird die Öffentlichkeit als Werkzeug verstanden, mittels dessen sich die öffentliche Meinung als politische Kraft zur Geltung bringt. In der öffentlichen Debatte wird die reflektierte Vernunft der Zivilgesellschaft mobilisiert, um die Regierenden zur Verantwortung zu ziehen und sicherzustellen, dass sich im Handeln des Staates der Wille der Bürgerinnen und Bürger ausdrückt. Die Öffentlichkeit sollte also auf eine souveräne Macht bezogen sein. Diese beiden Ideen – die *normative Legitimität* und die *politische Effektivität* der öffentlichen Meinung – sind für den Öffentlichkeitsbegriff der Demokratietheorie wesentlich.[2] Ohne sie verliert er seine kritische Kraft und seinen politischen Sinn.

Es ist jedoch alles andere als einfach, diese beiden Aspekte mit den diskursiven Arenen in Verbindung zu bringen, die wir heute »transnationale Öffentlichkeiten« nennen. Die Idee einer legitimen öffentlichen Meinung ist nur schwer mit kommunikativen Arenen zusammenzudenken, in denen die Sprecher nicht Mitglieder der gleichen politischen Gemeinschaft sind und daher nicht über gleiche Teilnahmerechte am politischen Leben verfügen. Ebenso schwer fällt es, die Idee effektiver kommunikativer Macht mit diskursiven Räumen zusammenzubringen, die nicht auf souveräne Staaten bezogen sind. Deshalb ist es keineswegs klar, was es heute heißen soll, wenn man von »transnationalen Öffentlichkeiten« spricht. Zumindest aus der Perspektive der Demokratietheorie klingt dieser Ausdruck ein wenig nach einem Oxymoron.

Dennoch sollten wir die Vorstellung einer »transnationalen Öffentlichkeit« nicht unbedacht über Bord werfen. Ich glaube, dass sie für den Versuch einer Rekonstruktion der Demokratietheorie in der gegenwärtigen »postnationalen Konstellation« unverzichtbar ist. Aber es wird nicht genügen, sich beiläufig auf solche Öf-

2 Vgl. insbesondere J. Habermas, *Strukturwandel der Öffentlichkeit,* Frankfurt am Main 1999 (1962), vor allem S. 116-121, 223 f., 326-342; sowie ders., *Faktizität und Geltung*, Frankfurt am Main 1992, vor allem S. 435-458. Im Folgenden beziehe ich mich auf diese beiden Werke als SdÖ und FuG.

fentlichkeiten zu beziehen, als wüssten wir bereits, worum es sich dabei handelt. Stattdessen müssen wir ganz von vorne anfangen und die Theorie der Öffentlichkeit auf ihre beiden wesentlichen Aspekte hin aktualisieren: auf die normative Legitimität und die politische Effektivität der kommunikativen Macht. Das erfordert einen Balanceakt: Wir müssen uns auf dem schmalen Grat zwischen zwei unbefriedigenden Ansätzen halten. Auf der einen Seite ist der empirische Ansatz zu vermeiden, der die Theorie einfach den bestehenden Realitäten angleicht und damit die normative Kraft der Theorie verspielt. Ebenso falsch wäre auf der anderen Seite die externalistische Beschwörung einer idealen Theorie, die die soziale Realität verdammt, weil ein solcher Ansatz keine kritische Zugkraft entfalten kann. Stattdessen sollten wir den kritisch-theoretischen Versuch unternehmen, gerade in der sich historisch entfaltenden Konstellation normative Standards und emanzipatorische politische Möglichkeiten aufzuspüren.

Diesem Projekt stellt sich aber eine entscheidende Schwierigkeit in den Weg. Seit Habermas' erstem Entwurf aus dem Jahr 1962 ist die Theorie der Öffentlichkeit stets durch einen »westfälischen« Denkrahmen geprägt gewesen: Stillschweigend wurde eine räumlich begrenzte politische Gemeinschaft mit eigenem Territorialstaat vorausgesetzt. Das Gleiche trifft auf fast jede egalitaristische Kritik an der Theorie der Öffentlichkeit zu, auch auf die feministische, multikulturalistische und antirassistische Kritik. Tatsächlich wurden die westfälischen Grundannahmen der Theorie der Öffentlichkeit erst in jüngster Zeit problematisiert. Erst in der Gegenwart, bedingt durch die geopolitische Instabilität nach dem Ende des Kalten Krieges, als die mit der »Globalisierung« assoziierten transnationalen Phänomene augenfälliger wurden, ist es möglich und notwendig geworden, über Öffentlichkeit in einem transnationalen Rahmen neu nachzudenken. Durch diese Phänomene sehen wir uns mit einer schwierigen Frage konfrontiert: Ist der Begriff der Öffentlichkeit in seiner Tiefenstruktur so westfälisch geprägt, dass er als kritisches Werkzeug zur theoretischen Erfassung der Gegenwart nicht mehr zu gebrauchen ist? Oder kann man ihn so rekonstruieren, dass er unter postwestfälischen Bedingungen brauchbar wird? Transnationale Öffentlichkeiten einfach so aufzufassen, als ob es sie bereits als Institutionen gäbe, ist hierfür nicht ausreichend. Wir brauchen einen Neuentwurf einer *kritischen Theorie der Öffentlich-*

keit, der es uns ermöglicht, emanzipatorische Chancen der gegenwärtigen Konstellation zutage zu fördern.

In diesem Aufsatz möchte ich die Parameter der dafür notwendigen Debatte abstecken. Ich werde keine definitiven Antworten geben, sondern das Terrain ausmessen und Fragen aufwerfen. Mein Ausgangspunkt ist aber, dass die Theorie der Öffentlichkeit prinzipiell eine wichtige kritisch-konzeptuelle Ressource ist, die, wenn möglich, nicht über Bord geworfen, sondern rekonstruiert werden sollte. Ich werde in drei Schritten vorgehen. Zunächst werde ich die impliziten westfälischen Voraussetzungen von Habermas' Theorie der Öffentlichkeit erläutern und zeigen, dass diese auch den Hauptansätzen der feministischen, antirassistischen und multikulturalistischen Kritik an Habermas zugrunde liegen. Im zweiten Schritt werde ich mehrere Aspekte der Transnationalität identifizieren, die sowohl die traditionelle Theorie der Öffentlichkeit als auch ihre Kritiker vor ein Problem stellen. Zum Schluss möchte ich erste Schritte zu einer erfolgreichen Bewältigung dieser Herausforderungen vorschlagen. Das übergreifende Ziel meines Beitrags ist dabei eine Repolitisierung der gegenwärtig von der Entpolitisierung bedrohten Theorie der Öffentlichkeit.

I. Die klassische Theorie der Öffentlichkeit und ihre radikale Kritik: Der westfälische Rahmen und seine Grenzen

Beginnen wir mit einigen analytischen Merkmalen der Theorie der Öffentlichkeit, die ich dem *locus classicus* dieser Debatten entnehme, nämlich Habermas' *Strukturwandel der Öffentlichkeit*. In diesem frühen Werk verbindet Habermas zwei Ebenen der Untersuchung, eine empirische und historische mit einer ideologiekritischen und normativen. Auf beiden Ebenen wird die Öffentlichkeit als koextensiv mit einer räumlich begrenzten politischen Gemeinschaft und einem souveränen Territorialstaat (gewöhnlich einem Nationalstaat) vorgestellt. Zugegeben, diese Identifikation geschieht nicht immer ausdrücklich. Habermas' Darstellung der Öffentlichkeit beruht aber auf mindestens sechs unausgesprochenen gesellschaftstheoretischen Vorannahmen, die alle eine westfälische Rahmung des politischen Raums als selbstverständlich voraussetzen.

1. In *Strukturwandel der Öffentlichkeit* bezieht sich die Öffentlichkeit auf einen modernen Staatsapparat, der über ein begrenztes Territorium souverän verfügt. Daher geht Habermas davon aus, dass die öffentliche Meinung sich an einen westfälischen Staat richtet, dem es prinzipiell möglich ist, die Angelegenheiten seiner Einwohner zu regeln und ihre Probleme zu lösen.[3]

2. Entsprechend werden in *Strukturwandel der Öffentlichkeit* die an der öffentlichen Debatte Teilnehmenden als Mitglieder der gleichen räumlich begrenzten politischen Gemeinschaft vorgestellt. Indem er als *telos* ihrer Diskussionen die Artikulation des allgemeinen Interesses eines *demos* fasst, das es in verbindliche Gesetze zu übertragen gelte, identifiziert Habermas die Öffentlichkeit stillschweigend mit der Bürgerschaft eines demokratischen westfälischen Staates.[4]

3. Darüber hinaus wird in *Strukturwandel* die angemessene Organisation wirtschaftlicher Beziehungen in einer politischen Gemeinschaft als Hauptthema der öffentlichen Diskussion ausgemacht. Diese werden in einer in den westfälischen Staat eingebundenen kapitalistischen Marktwirtschaft verortet, die rechtlich verfasst und im Prinzip staatlicher Regulierung unterworfen ist.[5]

4. In *Strukturwandel* wird die Kategorie der Öffentlichkeit mit modernen Medien verbunden, die verstreute Sprecher über räumliche Entfernungen hinweg in einen Kommunikationszusammenhang verstricken können. Habermas territorialisiert diese Öffentlichkeit aber stillschweigend, indem er nationale Medien in den Mittelpunkt stellt, vor allem die nationale Presse sowie den nationalen Rundfunk, geht also implizit von einer westfälischen Infrastruktur der Kommunikation aus.[6]

5. Hinzu kommt, dass in *Strukturwandel* als selbstverständlich vorausgesetzt wird, dass die öffentliche Diskussion allseitig verständlich und transparent ist. Indem Habermas ein allgemein geteiltes Medium öffentlicher Kommunikation voraussetzt, nimmt er letztlich an, dass die Debatten in einer Nationalsprache geführt werden.[7]

3 Vgl. SdÖ, S. 69-85, 148-160; sowie FuG, S. 169-173, 176-179, 426 f., 443 f., 523-525.

4 Vgl. SdÖ, S. 81-85, 116-121, 128-133, 148-160, 225-238; sowie FuG, S. 441 f., 464-467.

5 Vgl. SdÖ, S. 69-85, bes. 76; sowie FuG, S. 418-426, bes. 425-426.

6 Vgl. SdÖ, S. 122-133, 133-141; sowie FuG, S. 451 f., 454 f.

7 Vgl. SdÖ, S. 86-96, 120 f., 122-141; sowie FuG, S. 435-7, 447 f., 453-455.

6. Schließlich verortet Habermas in *Strukturwandel* die kulturellen Wurzeln der Öffentlichkeit in den Briefen und Romanen des Printkapitalismus im 18. und 19. Jahrhundert. In diesen bürgerlichen Textgattungen sei eine Art von Subjektivität entstanden, die es privaten Individuen ermöglicht habe, sich als Mitglieder der Öffentlichkeit zu verstehen.[8] Habermas führt also die Struktur der öffentlichen Subjektivität auf die gleichen landessprachlichen literarischen Formen zurück, aus denen die imaginierte Gemeinschaft der Nation entstand.[9]

Diese sechs gesellschaftstheoretischen Vorannahmen binden Habermas' frühe Konzeption der Öffentlichkeit an einen westfälischen Rahmen des politischen Raums. In *Strukturwandel der Öffentlichkeit* beziehen sich Öffentlichkeiten auf moderne Territorialstaaten und nationale Vorstellungswelten. Sicher, dieser nationale Aspekt wird kaum thematisiert; dennoch ist er implizit vorhanden, und das verweist bereits auf eine Tatsache, die Habermas inzwischen explizit gemacht hat: Historisch fällt die Entstehung moderner Öffentlichkeit mit dem Aufkommen des Nationalstaates zusammen, in dem der westfälische Territorialstaat mit der imaginierten Gemeinschaft der Nation verschmolzen ist. Habermas erklärt heute, gegenwärtige demokratische Staaten benötigten als Basis sozialer Integration keine nationale Identität mehr; vielleicht stimmt das.[10] Trotzdem hat die in *Strukturwandel* vorgelegte Konzeption von Öffentlichkeit einen nationalen Subtext. Sie setzt eine jeweils national geprägte Variante des westfälischen Rahmens voraus.

Aber das ist noch nicht alles. Dank der (nationalen) westfälischen Vorannahmen wird in *Strukturwandel* die Öffentlichkeit vom Standpunkt eines historisch spezifischen politischen Projekts aus begriffen: dem der Demokratisierung des modernen (nationalen) Territorialstaats. Ohne den westfälischen Rahmen dieses Projekts in Frage zu stellen, entwirft Habermas ein deliberatives Demokratiemodell, das genau in diesen Rahmen passt. Diesem Modell zufolge

8 Vgl. SdÖ, S. 105-107, 114-116; sowie FuG, S. 451 f. Der Ausdruck »Printkapitalismus« stammt nicht von Habermas, sondern von Benedict Anderson (*Die Erfindung der Nation*, Frankfurt am Main 2005).

9 B. Anderson, *Die Erfindung der Nation*, a. a. O. (Anm. 8).

10 J. Habermas, »Der europäische Nationalstaat – Zur Vergangenheit und Zukunft von Souveränität und Staatsbürgerschaft«, in: ders., *Die Einbeziehung des Anderen*, Frankfurt am Main 1996, S. 128-153.

bedarf die Demokratie der Erzeugung einer nationalen öffentlichen Meinung, die sich durch Prozesse territorial begrenzter öffentlicher Kommunikation in der Landessprache über die nationalen Medien bildet. Sie soll das gemeinsame Interesse der nationalen Bürgerschaft an der (vor allem volkswirtschaftlichen) Organisation ihres gemeinsamen Lebens widerspiegeln und als politische Kraft mobilisiert werden können. Öffentlichkeit soll die nationale Bürgerschaft ermächtigen, die Gesetzgeber zu beeinflussen und Amtsträger in die Verantwortung zu nehmen. Sie »rationalisiert« die politische Herrschaft im westfälischen Staat, die dem diskursiv geformten politischen Willen der nationalen Bürgerschaft entsprechen soll. Im *Strukturwandel* ist die Öffentlichkeit eine institutionelle Schlüsselkomponente der (nationalen) westfälischen Demokratie.

Auf der empirischen Ebene werden in *Strukturwandel der Öffentlichkeit* also unabgeschlossene Prozesse der Demokratisierung des westfälischen Nationalstaats beleuchtet, während auf der normativen Ebene ein Modell der deliberativen Demokratie für eine territorial begrenzte politische Gemeinschaft entworfen wird. Entsprechend dient die Öffentlichkeit als Maßstab für die Identifikation und Kritik der Demokratiedefizite tatsächlich existierender westfälischer Staaten. Habermas' frühe Theorie ermöglichte es uns zu fragen, ob alle Bürgerinnen und Bürger wirklich vollwertige Mitglieder der nationalen politischen Öffentlichkeit sind. Können alle zu gleichen Bedingungen teilnehmen? Anders gefragt: Ist das, was als nationale öffentliche Meinung gehandelt wird, *legitim*? Und kann diese Meinung die politische Macht ansammeln, die notwendig ist, um private Mächte in die Schranken zu weisen und die Handlungen der Amtsträger der Kontrolle der Bürgerinnen und Bürger zu unterwerfen? Wird im westfälischen Staat die in der Zivilgesellschaft erzeugte kommunikative Macht tatsächlich in legislative und administrative Macht übersetzt? Anders gefragt: Ist die nationale öffentliche Meinung politisch *effektiv*? Indem er solche Fragen anregte, trug *Strukturwandel der Öffentlichkeit* zur Kritik der real existierenden Demokratie im modernen westfälischen Staat bei.

Einigen Lesern war die Kritik nicht radikal genug. Die Einwände, die im Anschluss an die sehr späte englische Übersetzung vorgebracht wurden, lassen sich grob zwei Richtungen zuordnen. Die einen hinterfragten die *Legitimität* der öffentlichen Meinung und gingen dabei über die Position von Habermas hinaus. Die Vertreter dieser »Legitimitätskritik« bezogen sich vor allem auf die Verhältnisse innerhalb der Zivilgesellschaft und kamen zu der Einschätzung, dass in *Strukturwandel der Öffentlichkeit* die Existenz systemischer Hindernisse vernachlässigt werde, die manchen, die offiziell als Teilnehmende akzeptiert werden, einen tatsächlich vollwertigen und gleichberechtigten Zugang zur öffentlichen Debatte verwehren. Diesen Kritikern ging es um die Analyse der Auswirkungen von Ungleichheiten wie Klassenunterschieden und Statushierarchien auf jene Mitglieder der Zivilgesellschaft, die vom westfälischen Nationalstaat zwar prinzipiell eingeschlossen, in der Praxis aber ausgeschlossen oder marginalisiert wurden: besitzlose Arbeiter, Frauen, Arme sowie ethnische, religiöse und nationale Minderheiten.[11] Damit geriet die Legitimität dessen, was in der Demokratietheorie und in der sozialen Realität als öffentliche Meinung gehandelt wird, in die Kritik.

Eine zweite Strömung radikalisierte das Problem der *Effektivität* der öffentlichen Meinung. Mit Blick auf das Verhältnis von Zivilgesellschaft und Staat erklärten die Vertreter dieser »Effektivitätskritik«, dass in *Strukturwandel der Öffentlichkeit* die systembedingten Hindernisse, die der diskursiv erzeugten öffentlichen Meinung die politische Macht entziehen, nicht in voller Bandbreite dargestellt werden. Weil ihnen Habermas' Vorstellung einer »Refeudalisierung« der Öffentlichkeit diese Hindernisse nicht angemessen zu er-

11 The Black Public Sphere Collective, *The Black Public Sphere*, Chicago 1995; E. Brooks-Higginbotham, *Righteous Discontent. The Women's Movement in the Black Baptist Church 1880-1920*, Cambridge, MA 1993; G. Eley, »Nations, Publics, and Political Cultures. Placing Habermas in the Nineteenth Century«, in: *Habermas and the Public Sphere*, hg. von C. Calhoun, Cambridge, MA 1995; J. Landes, *Women and the Public Sphere in the Age of the French Revolution*, Ithaca 1988; N. Göle, »The Gendered Nature of the Public Sphere«, in: *Public Culture* 10 (1997), S. 61-80; M. Rabinder James, »Tribal Sovereignty and the Intercultural Public Sphere«, in: *Philosophy & Social Criticism* 25 (1999), S. 57-86; J. Rendall, »Women and the Public Sphere«, in: *Gender & History* 11 (1999), S. 475-489; M. P. Ryan, *Women in Public. Between Banners and Ballots 1825-1880*, Baltimore 1990; dies., »Gender and Public Access. Women's Politics in Nineteenth Century America«, in: *Habermas and the Public Sphere*, a. a. O.; Y. Nuhoglu Soysal, »Changing Parameters of Citizenship and Claims-making. Organized Islam in European Public Spheres«, in: *Theory and Society* 26 (1997), S. 509-527; I. Young, »Impartiality and the Civic Public. Some Implications of Feminist Critiques of Moral and Political Theory«, in: *Feminism as Critique*, hg. von S. Benhabib und D. Cornell, Minneapolis 1987, S. 56-76; M. Warner, *Publics and Counterpublics*, New York 2002.

fassen schien, versuchten sie, strukturelle Mächte zu identifizieren, die den Staat der kommunikativen Macht der Zivilgesellschaft entzogen. Die Betonung der Rolle von privater wirtschaftlicher Macht und verschanzten bürokratischen Interessen trug dazu bei, die Zweifel an der politischen Effektivität der öffentlichen Meinung in kapitalistischen Gesellschaften zu verstärken.[12]

Trotz ihrer unterschiedlichen Ausrichtung teilen beide Kritikansätze eine Grundannahme. Wie auch im *Strukturwandel* wird sowohl in der Legitimitätskritik als auch in der Effektivitätskritik die westfälische Rahmung des politischen Raums vorausgesetzt. Sicher, einige Vertreter der Legitimitätskritik stellten den nationalen Subtext der Öffentlichkeit heraus, der in Habermas' Darstellung weitgehend unausgesprochen bleibt; und indem sie seine ausschließende Wirkung auf nationale Minderheiten analysierten, versuchten multikulturalistische Kritiker, die Privilegien nationaler Mehrheiten zu beseitigen und so die Ungleichheiten zwischen den Teilnehmern der öffentlichen Debatte zu verringern. Ihr Ziel war es aber nicht, die westfälische Basis der Öffentlichkeit in Frage zu stellen; sie bemühten sich vielmehr darum, die Legitimität der öffentlichen Meinung innerhalb dieses Rahmens zu steigern. Eine analoge Zielsetzung leitete auch die Effektivitätskritiker. Sie setzten den Territorialstaat als Adressaten der öffentlichen Meinung voraus und versuchten, ihn dem diskursiv gebildeten Willen seines *demos* zu unterwerfen. Auch wenn sie über Habermas hinausgingen, verblieben diese beiden Kritikansätze mit ihren Überlegungen zur Öffentlichkeit innerhalb des westfälischen Rahmens.

Mein eigener Versuch mit dem Titel »Neue Überlegungen zur Öffentlichkeit« bildet dabei keine Ausnahme. In diesem erstmals 1991 publizierten Artikel bot ich beide der erwähnten Ansätze auf, um an dem, was ich mit Habermas das »liberale Modell bürgerlicher Öf-

12 Schon früh findet sich diese Kritik bei N. Luhmann, »Öffentliche Meinung«, in: *Politische Vierteljahresschrift* 11 (1970), S. 2-28. Vgl. auch J. Gerhards und F. Neidhardt, *Strukturen und Funktionen moderner Öffentlichkeit*, Berlin 1990; S. Aronowitz, »Is a Democracy Possible? The Decline of the Public in the American Debate«, in: *The Phantom Public Sphere*, hg. von B. Robbins, Minneapolis 1993, S. 75-92; M. Warner, »The Mass Public and the Mass Subject«, in: *The Phantom Public Sphere*, a. a. O., S. 234-256; N. Garnham, »The Media and the Public Sphere«, in: *Habermas and the Public Sphere*, hg. von C. Calhoun, a. a. O. (Anm. 11), S. 359-376.

fentlichkeit« nannte, Kritik zu üben. Mit Bezug auf die Legitimität konzentrierte ich meine Kritik auf die Auswirkungen, die Ungleichheiten innerhalb der Zivilgesellschaft auf die öffentliche Meinung haben. Gegen die liberale Ansicht, dass es Sprechern möglich ist, Status- und Klassenunterschiede einzuklammern und zu debattieren, »als ob« man gleichgestellt sei, wandte ich ein, dass soziale Gleichheit eine notwendige Bedingung politischer Demokratie ist. Angesichts der massiven faktischen Ungleichheit politischer Mitbestimmungschancen (*voice*) schien mir der einzige Weg in der Herausforderung einiger der Grundmerkmale bürgerlicher Öffentlichkeit durch soziale Bewegungen zu liegen. Gegen die liberale Vorstellung einer einzigen umfassenden Öffentlichkeit erklärte ich, dass die Entstehung subalterner Gegenöffentlichkeiten die Partizipationsmöglichkeiten der unteren Schichten in stratifizierten Gesellschaften verbessern könnte. Ich wies außerdem auf die bürgerliche und maskulinistische Parteilichkeit hin, mit der gewöhnlich bestimmt wird, was von öffentlichem Interesse ist, und stellte mich damit hinter Bewegungen wie den Feminismus, die für eine Verschiebung der Grenze zwischen Öffentlichem und Privatem eintreten. Aber auch diese Kritik setzte den westfälischen Rahmen voraus. Weit davon entfernt, das national-territoriale Verständnis von Öffentlichkeit in Frage zu stellen, kam es mir vor allem darauf an, dessen Legitimationsdefizite zu überwinden.[13]

Daneben führte ich in meinem Aufsatz auch eine Effektivitätskritik an. Ich identifizierte Kräfte, die eine Übersetzung kommunikativer Macht in administrative Macht blockieren, und stellte die verbreitete liberale Ansicht in Frage, dass eine funktionierende Öffentlichkeit immer eine scharfe Trennung zwischen Zivilgesellschaft und Staat erfordere. Hier unterschied ich die »schwachen Öffentlichkeiten« der Zivilgesellschaft, die zwar eine öffentliche Meinung, aber keine bindenden Gesetze generieren, von den »starken Öffentlichkeiten« des Staates, deren Deliberationen in souveräne Entscheidungen münden. Zudem habe ich institutionelle Arrange-

13 N. Fraser, »Neue Überlegungen zur Öffentlichkeit. Ein Beitrag zur Kritik der real existierenden Demokratie«, in: dies., *Die halbierte Gerechtigkeit*, Frankfurt am Main 2001, S. 107-150. Vgl. auch N. Fraser, »Sex, Lügen und die Öffentlichkeit. Überlegungen zur Bestätigung des Bundesrichters Clarence Thomas«, in: *Geschlechterverhältnisse und Politik*, hg. vom Institut für Sozialforschung, Frankfurt am Main 1994, S. 19-42.

ments vorgeschlagen, die Letztere gegenüber Ersteren stärker in die Verantwortung nehmen würden. Um Raum für radikaldemokratische Alternativen zu schaffen, stellte ich Habermas' Ablehnung von Hybridformen, wie etwa »quasistarker« entscheidungsbefugter Öffentlichkeiten der Zivilgesellschaft, in Frage. Aber auch damit zielte ich nicht darauf, den westfälischen Rahmen selbst in Frage zu stellen, sondern darauf, Effektivitätsdefizite der öffentlichen Meinung im westfälischen Staat zu identifizieren und auszugleichen.[14]

Beide Richtungen der Kritik halte ich immer noch für weitgehend zutreffend. Ich glaube aber inzwischen, dass keine von beiden weit genug geht, weil sie die gesellschaftstheoretischen Grundlagen aus *Strukturwandel der Öffentlichkeit*, die die Öffentlichkeit in einem westfälischen Rahmen situieren, nicht modifizieren oder auch nur hinterfragen. Beide identifizierten die Öffentlichkeit weiterhin mit der demokratischen Bürgerschaft eines Territorialstaats, dessen einheitliche Steuerung seiner Volkswirtschaft das Hauptthema der öffentlichen Debatte sei. Zudem wurde davon ausgegangen, dass diese Debatte in der Landessprache und über die nationalen Medien geführt würde. Weder die Legitimitäts- noch die Effektivitätskritik stellt demnach den westfälischen Rahmen in Frage. Beide verfolgen das gleiche Projekt wie *Strukturwandel der Öffentlichkeit*, nämlich die Stärkung deliberativer Demokratie im modernen Territorialstaat.

Das Gleiche gilt für Habermas' spätere Diskussion der Öffentlichkeit in *Faktizität und Geltung*. In diesem Werk kommt er unter anderem auf die Kategorie der Öffentlichkeit zurück und bezieht beide Linien der Kritik mit ein. Indem er die »Gleichursprünglichkeit von privater und öffentlicher Autonomie« betont, würdigt Habermas die Bedeutung emanzipatorischer sozialer Bewegungen wie der zweiten Generation des Feminismus für die Förderung der Demokratie durch mehr Gleichberechtigung und umgekehrt.[15] Die Anerkennung der wechselseitigen Abhängigkeit von sozialer Stellung und politischer Mitbestimmung schlägt sich in diesem Werk in einer Auseinandersetzung mit zuvor vernachlässigten Aspekten der Legitimitätsdefizite der öffentlichen Meinung in demokratischen Staaten nieder. Zudem ist das Problem der Effektivität ein zentrales

14 N. Fraser, »Neue Überlegungen zur Öffentlichkeit«, a. a. O. (Anm. 13).

15 Vgl. FuG, S. 506-515.

Thema von *Faktizität und Geltung*. Habermas versteht das Recht als Transmissionsriemen zur Übersetzung von kommunikativer in administrative Macht und unterscheidet so einen »offiziellen« demokratischen Machtkreislauf, in dem schwache Öffentlichkeiten starke Öffentlichkeiten beeinflussen, die wiederum den administrativen Staatsapparat kontrollieren, von einem »inoffiziellen« undemokratischen Machtkreislauf, in dem private gesellschaftliche Kräfte und verschanzte bürokratische Interessen die Gesetzgebung kontrollieren und die öffentliche Meinung manipulieren. Weil er anerkennt, dass meistens der inoffizielle Kreislauf vorherrscht, scheint mir Habermas hier ein vollständigeres Bild der Effektivitätsdefizite der öffentlichen Meinung in demokratischen Staaten zu bieten als zuvor.[16]

Ob Habermas die Einwände sowohl der Legitimitäts- als auch der Effektivitätskritiker zur völligen Zufriedenheit beantwortet, sei dahingestellt.[17] Aber selbst wenn wir das zugestehen würden, bliebe doch die Tatsache bestehen, dass auch *Faktizität und Geltung* weiterhin vom westfälischen Rahmen ausgeht. Trotz der Neuerungen gegenüber *Strukturwandel der Öffentlichkeit* wird der Adressat der öffentlichen Meinung in diesem späteren Werk immer noch als souveräner Territorialstaat begriffen, der dazu in der Lage ist, eine Volkswirtschaft im allgemeinen Interesse der nationalen Bürgerschaft zu steuern; und die Bildung der öffentlichen Meinung wird immer noch als ein Prozess gedacht, der in den nationalen Medien und vermittelt durch eine nationale Kommunikationsinfrastruktur stattfindet. Zugegeben, Habermas tritt für eine postnationalistische Form der sozialen Integration ein, die er als »Verfassungspatriotismus« bezeichnet und die den demokratischen Staat von seiner na-

16 Vgl. FuG, S. 434-436.

17 So behauptet etwa William E. Scheuerman, dass Habermas auf inkonsistente Weise zwischen zwei entgegengesetzten Standpunkten oszilliere: einer »realistischen«, resignativen und objektiv konservativen Sichtweise auf der einen Seite, die die schwerwiegenden Legitimitäts- und Effektivitätsdefizite der öffentlichen Meinung in real existierenden Demokratien akzeptiert; einer radikaldemokratischen Sichtweise auf der anderen Seite, die immer noch auf deren Überwindung zielt. Vermutlich hat Scheuerman recht. Dennoch werde ich hier davon ausgehen, dass Habermas die Vermittlung zwischen »Faktizität und Geltung« innerhalb des demokratischen Staates gelungen ist. Vgl. W. E. Scheuerman, »Between Radicalism and Resignation. Democratic Theory in Habermas' *Between Facts and Norms*«, in: *Habermas. A Critical Companion*, hg. von P. Dews, Oxford 1999, S. 153-177.

tionalistischen Verkleidung emanzipieren soll.[18] Damit verschreibt er sich jedoch effektiv einer Konzeption der Öffentlichkeit, die noch deutlicher westfälisch, weil noch ausschließlicher territorial gedacht ist.

In der Öffentlichkeitsdebatte der Kritischen Theorie gibt es also einen entscheidenden blinden Fleck. Von *Strukturwandel der Öffentlichkeit* bis *Faktizität und Geltung* haben praktisch alle Beiträge, auch meine eigenen, die Öffentlichkeit im Rahmen des westfälischen Territorialstaats verortet – während zur selben Zeit epochale historische Entwicklungen diesen Rahmen in Frage zu stellen schienen.

II. Die postnationale Konstellation: Die Problematisierung des westfälischen Rahmens

Heute ist es unübersehbar, dass der westfälische Rahmen einen blinden Fleck der Theorie der Öffentlichkeit markiert. Ob es um globale Erwärmung oder um Einwanderung geht, um Frauenrechte oder Handelsgesetze, um Arbeitslosigkeit oder den »Krieg gegen den Terrorismus«: Die Mobilisierung der öffentlichen Meinung endet gegenwärtig nur noch selten an den Grenzen der Territorialstaaten. In vielen Fällen bilden die Gesprächspartner keinen *demos* und keine politische Bürgerschaft. Oft wenden sie sich weder an einen westfälischen Staat, noch kommunizieren sie über nationale Medien. Darüber hinaus sind die verhandelten Probleme oft transterritorialer Natur und können im westfälischen Raum weder verortet noch gelöst werden. In solchen Fällen sind die Parameter des westfälischen Rahmens für die Bildung einer öffentlichen Meinung kaum noch von Bedeutung. Bislang stillschweigend akzeptierte Annahmen der Theorie der Öffentlichkeit schreien heute geradezu nach Kritik und Revision.

In dieser Situation kann es nicht überraschen, dass die Rede von »transnationalen Öffentlichkeiten«, »diasporischen Öffentlichkeiten« und der »Weltöffentlichkeit« gegenwärtig so verbreitet ist. Die Einschätzungen dieser Veränderung können zwei unterschiedlichen

18 Vgl. J. Habermas, »Volkssouveränität als Verfahren«, in: FuG, S. 600-631, hier S. 602 f.; ders., »Staatsbürgerschaft und nationale Identität«, in: FuG, S. 632-660, hier S. 642 f.

Lagern zugerechnet werden. Die einen betrachten transnationale Öffentlichkeiten als eine neue Entwicklung, die mit der Globalisierung des späten 20. Jahrhunderts einhergeht. Weil die meisten politischen Diskurse im modernen Staatensystem staatszentriert geführt worden seien, sei der westfälische Rahmen bis in die jüngste Vergangenheit für das theoretische Verständnis der Öffentlichkeit angemessen gewesen.[19] Das andere Lager behauptet, die Öffentlichkeit sei spätestens mit den Anfängen des internationalen Staatensystems im 17. Jahrhundert transnational geworden. Als Belege für den ideologischen Charakter des westfälischen Rahmens und die inhärente Grenzenlosigkeit der Öffentlichkeit werden die Aufklärungsvision der »Gelehrtenrepublik«, grenzüberschreitende Bewegungen wie der Abolitionismus und der Sozialismus sowie die Weltreligionen und die modernen Imperialismen angeführt.[20] Zweifellos haben beide Interpretationen ihre Berechtigung. Während die erste die hegemoniale Aufteilung des politischen Raums einfängt, erinnert uns die zweite zu Recht daran, dass der Aufstieg der Demokratie in den Metropolen mit kolonialer Unterwerfung und der Etablierung transnationaler Kommunikationsflüsse einherging. Ich plädiere daher für eine mittlere Position. Auch wenn die transnationale Öffentlichkeit eine lange Geschichte hat, scheint die gegenwärtige Konfiguration neu zu sein und einen weiteren epochalen »Strukturwandel der Öffentlichkeit« widerzuspiegeln. Unumstritten ist, dass die gegenwärtige Verfassung der öffentlichen Meinung den westfälischen Rahmen sprengt.

Die Implikationen dieser Aussage werden jedoch selten vollständig erfasst. Theoretiker und Beobachter transnationaler Öffentlichkeiten konzentrieren sich zumeist auf kulturelle Aspekte, etwa auf »Hybridisierung« oder »Glokalisierung«, und versäumen dabei, die für eine *kritische* Theorie wichtigsten Fragen zu stellen: Wie kann

19 D. Held, *Democracy and the Global Order. From the Modern State to Cosmopolitical Governance*, Cambridge 1995; *Global Transformations. Politics, Economics and Culture*, hg. von D. Held, D. Goldblatt, A. McGrew und J. Perraton, London 1999; *Political Space. Frontiers of Change and Governance in a Globalizing World*, hg. von Y. H. Ferguson und B. Jones, Albany 2002; S. Sassen, *Globalization and its Discontents*, New York 1998; dies., *Territory, Authority, Rights. From Medieval to Global Assemblages*, Princeton 2006.

20 M. E. Keck und K. Sikkink, *Activists Beyond Borders. Advocacy Networks in International Politics*, Ithaca 1998; *Constructing World Culture. International Nongovernmental Organizations Since 1875*, hg. von J. Boli und J. Thomas, Stanford 1999.

die öffentliche Meinung, wenn sie aus dem westfälischen Rahmen ausbricht, noch ihre kritische Funktion ausüben, also die Kontrolle der Herrschenden und die Demokratisierung des Regierens? Genauer: Können wir die *Legitimität* der öffentlichen Meinung noch sinnvoll hinterfragen, wenn die an der Diskussion Teilnehmenden keinen *demos* und keine politische Bürgerschaft mehr bilden? Und was bedeutet Legitimität in einem solchen Kontext? Parallel dazu: Können wir nach der *Effektivität* der öffentlichen Meinung noch sinnvoll fragen, wenn sich diese Meinung nicht länger an einen souveränen Staat richtet, der prinzipiell in der Lage ist, sein Gebiet zu regieren und die Probleme seiner Bürgerinnen und Bürger im Interesse aller zu lösen? Und was bedeutet Effektivität in einem solchen Kontext? Solange befriedigende Antworten auf diese Fragen ausstehen, fehlt uns eine kritische Theorie der Öffentlichkeit.[21]

Um zu verdeutlichen, worum es mir geht, werde ich nochmals auf die sechs konstitutiven Vorannahmen der Theorie der Öffentlichkeit zurückkommen, jeweils den gegenwärtigen empirischen Stand darstellen und dann klären, was aus diesen Beobachtungen für den Status der Öffentlichkeit als *kritischer* Kategorie folgt.

1. Beginnen wir mit der Annahme, dass die öffentliche Meinung einen modernen westfälischen Staat mit ungeteilter Souveränität über ein begrenztes Territorium zum Adressaten hat. Empirisch ist diese Ansicht höchst fragwürdig – und zwar nicht nur im Fall armer oder schwacher Staaten. Heute teilen sich sogar mächtige Staaten die Verantwortung für zahlreiche Schlüsselaufgaben des Regierens mit internationalen Institutionen, intergouvernementalen Netzwerken und nichtstaatlichen Organisationen. Das gilt für relativ neue Aufgaben wie den Umweltschutz, aber auch für klassische Zuständigkeiten wie die Verteidigung, die innere Sicherheit und die Durchsetzung des Zivil- und Strafrechts – Beispiele hierfür sind die Internationale Atomenergie-Organisation, Interpol, der Internatio-

21 Von einigen Autorinnen und Autoren werden diese Fragen aufgeworfen. Vgl. etwa die kritischen Untersuchungen von J. Bohman, »The Globalization of the Public Sphere. Cosmopolitan Publicity and the Problem of Cultural Pluralism«, in: *Philosophy and Social Criticism* 24 (1998), S. 199-216; ders., »Die Öffentlichkeit des Weltbürgers«, in: *Frieden durch Recht. Kants Friedensidee und das Problem einer neuen Weltordnung*, hg. von M. Lutz-Bachmann und J. Bohman, Frankfurt am Main 1996, S. 87-113; sowie M. P. Lara, »Building Diasporic Public Spheres«, in: *Recognition, Responsibility, and Rights. Ethics and Social Theory*, hg. von R. N. Fiore und H. Lindemann Nelson, Lanham 2003, S. 156-175.

nale Strafgerichtshof und die Weltorganisation für geistiges Eigentum.[22] Zugegeben, diese Institutionen werden von hegemonialen Staaten dominiert, wie vormals auch das internationale Staatensystem. Diese hegemoniale Macht wird heute jedoch offensichtlich auf eine gänzlich neue Weise ausgeübt. Heute operiert die Hegemonie in immer größerem Maße mit einem *postwestfälischen Modell der desaggregierten Souveränität.*[23] Empirisch kann diese erste Annahme der Theorie der Öffentlichkeit also nicht bestehen.

Was folgt daraus für die Theorie der Öffentlichkeit? Die Erkenntnis falsifiziert nicht nur eine der Grundlagen der Theorie, sie muss auch das Vertrauen in das *kritische* Potential der Öffentlichkeit erschüttern. Wenn Staaten keine volle Kontrolle über ihr eigenes Territorium haben, wenn ihnen die alleinige und ungeteilte Fähigkeit, Krieg zu führen und das Gesetz durchzusetzen, nicht länger zukommt, wie kann die öffentliche Meinung ihrer Bürgerschaft dann politisch effektiv sein? Selbst vorausgesetzt, dass eine legitime öffentliche Meinung sich auf faire Weise bildet und den Willen des Parlaments und der Regierung beeinflusst, bleibt die Frage: Wie soll dieser Wille unter Bedingungen desaggregierter Souveränität *durchgesetzt* werden? Kurz gesagt: Wie kann die öffentliche Meinung als kritische Kraft in einer postwestfälischen Welt effektiv sein?

2. Wenden wir uns nun der Annahme zu, dass die Öffentlichkeit mit einer nationalen Bürgerschaft zusammenfalle, die auf einem

22 *Global Transformations*, hg. von D. Held u. a., a. a. O. (Anm. 19); J. N. Rosenau, »Governance and Democracy in a Globalizing World«, in: *Re-imagining Political Community. Studies in Cosmopolitan Democracy*, hg. von D. Archibugi und D. Held, Stanford 1999; J. N. Rosenau, *Along the Domestic-Foreign Frontier. Exploring Governance in a Turbulent World*, Cambridge 1997; W. E. Scheuerman, »Economic Globalization and the Rule of Law«, in: *Constellations* 6 (1999), S. 3-25; D. Schneiderman, »Investment Rules and the Rule of Law«, in: *Constellations* 8 (2001), S. 521-537; A.-M. Slaughter, *A New World Order*, Princeton 2005; S. Strange, *The Retreat of the State. The Diffusion of Power in the World Economy*, Cambridge 1996; M. W. Zacher, »The Decaying Pillars of the Westphalian Temple«, in: *Governance without Government*, hg. von J. N. Rosenau und E.-O. Czempiel, Cambridge 1992, S. 58-101.

23 M. Hardt und A. Negri, *Empire*, Frankfurt am Main 2002; R. C. Pangalangan, »Territorial Sovereignty. Command, Title, and Expanding the Claims of the Commons«, in: *Boundaries and Justice. Diverse Ethical Perspectives*, hg. von D. Miller und S. H. Hashmi, Princeton 2001, S. 164-182; S. Sassen, *Losing Control? Sovereignty in an Age of Globalization*, New York 1995; S. Strange, *The Retreat of the State*, a. a. O. (Anm. 22).

nationalen Territorium ansässig ist und ihre gemeinsamen Interessen als allgemeinen Willen einer räumlich begrenzten politischen Gemeinschaft formuliert. Auch diese Annahme ist kontrafaktisch. Zunächst einmal widerlegen Phänomene wie Migration, Diaspora, doppelte und dreifache Staatsbürgerschaft, Zugehörigkeit zu indigenen Gemeinschaften sowie Zweit- und Drittwohnsitze die Gleichsetzung von Staatsbürgerschaft, Nationalität und territorialer Ansässigkeit. Auf dem Gebiet eines jeden Staates leben heute Menschen, die keine Staatsangehörigen sind. Die meisten Staaten sind multikulturell und/oder multinational, und jede Nationalität ist über verschiedenste Territorien verstreut.[24] Auch sind Öffentlichkeiten heute nicht mit politischen Gemeinschaften koextensiv. Oft haben ihre Mitglieder weder die gleiche Nationalität noch die gleiche Staatsbürgerschaft. Die Meinung, die sie erzeugen, steht also weder für das gemeinsame Interesse noch für den allgemeinen Willen irgendeines *demos*. Postwestfälische Öffentlichkeit sorgt nicht etwa für den Meinungsaustausch von Bürgerinnen und Bürgern mit gleichen politischen Rechten, sondern bewirkt in den Augen vieler eine Ermächtigung transnationaler Eliten, die die materiellen und symbolischen Voraussetzungen zur globalen Vernetzung besitzen.

Auch hier gerät eine Vorannahme der Theorie der Öffentlichkeit nicht nur empirisch, sondern auch konzeptuell und politisch in Schwierigkeiten. Wenn die Gesprächspartner keinen *demos* bilden, wie kann ihre kollektive Meinung dann in bindendes Recht und in Regierungspolitik übersetzt werden? Wenn nicht alle Teilnehmenden Staatsbürgerinnen sind und deshalb auch nicht offiziell über die gleichen Teilnahmerechte, den gleichen Status und die gleichen Mitbestimmungschancen verfügen, wie kann dann die von ihnen

24 *Citizenship Today. Global Perspectives and Practices*, hg. von T. A. Aleynikoff und D. Klusmeyer, Washington, DC 2001; *Theorizing Citizenship*, hg. von R. Beiner, Albany 1995; S. Benhabib, *The Rights of Others. Aliens, Residents, and Citizens*, Cambridge 2004; dies., »Transformations of Citizenship. The Case of Contemporary Europe«, in: *Government and Opposition* 37 (2002), S. 439-465; C. Husband, »The Right to be Understood. Conceiving the Multi-ethnic Public Sphere«, in: *Innovation: The European Journal of Social Sciences* 9 (1996), S. 205-215; A. Linklater, »Citizenship and Sovereignty in the Post-Westphalian European State« und U. K. Preuss, »Citizenship in the European Union. A Paradigm for Transnational Democracy?«, beide in: *Re-imagining Political Community*, a. a. O. (Anm. 22).

erzeugte transnationale öffentliche Meinung Legitimität beanspruchen?

3. Wenden wir uns der dritten Annahme zu, dass der Hauptgegenstand der öffentlichen Diskussion die staatliche Steuerung der Volkswirtschaft sei. Auch diese Annahme kann genauer Überprüfung nicht standhalten. Ein Verweis auf Produktionsverlagerungen ins Ausland, transnationale Unternehmen und Steuerflucht genügt, um zu verdeutlichen, dass eine nationale Produktion auf territorialer Basis heute weitgehend der Vergangenheit angehört. Zudem kontrollieren die Staaten die nationalen Währungen gegenwärtig nur sehr eingeschränkt, wie die Demontage der Bretton-Woods-Kapitalkontrollen und die Entstehung der rund um die Uhr operierenden elektronischen globalen Finanzmärkte zeigen. Wie die Proteste gegen WTO, IMF, Nafta und Weltbank betonen, werden die Grundregeln des Handels-, Produktions- und Finanzwesens transnational festgelegt von Einrichtungen, die eher dem globalen Kapital als irgendeiner Öffentlichkeit verantwortlich sind. Unter diesen Bedingungen ist die Annahme einer nationalen Volkswirtschaft kontrafaktisch.

Wieder gerät die kritische Funktion der Öffentlichkeit in Gefahr. Wie kann der nationalen öffentlichen Meinung Effektivität zukommen, wenn die Staaten nicht in der Lage sind, die Wirtschaft in Übereinstimmung mit dem artikulierten allgemeinen Interesse ihrer Bevölkerungen zu steuern? Wie können zudem diejenigen Akteure, die die Wirtschaft entscheidend regulieren, sich aber nicht im westfälischen Raum verorten lassen, der öffentlichen Meinung gegenüber verantwortlich gemacht werden? Und weiter: Wie kann die öffentliche Meinung der Bürgerinnen und Bürger irgendeinen Effekt haben, wenn diese Akteure die nationalen Arbeits- und Umweltbestimmungen im Namen des Freihandels entwerten, wenn sie innerstaatliche Sozialausgaben unter Berufung auf strukturelle Anpassungszwänge untersagen, wenn sie neoliberale Governance-Regeln institutionalisieren, die wesentliche Fragen öffentlichen Interesses ein für alle Mal politischer Regulierung entziehen, wenn sie, kurz gesagt, das demokratische Projekt systematisch umkehren und den Markt einsetzen, um die Politik zu zähmen, statt umgekehrt? Schließlich: Wie kann, wenn der globale Kapitalismus massiv zuungunsten der Armen dieser Welt operiert, wenn die von der gegenwärtigen Politik direkt Betroffenen deren Vor- und Nachteile unmöglich als Gleiche debattieren können, eine als öffentliche Meinung anerkannte Sichtweise auch nur im Entferntesten Legitimität besitzen?

4. Betrachten wir nun die Annahme, die öffentliche Meinung werde durch eine nationale Infrastruktur der Kommunikation vermittelt, in deren Zentrum Printmedien sowie Hörfunk und Fernsehen stehen. Diese Annahme impliziert, dass die kommunikativen Prozesse der öffentlichen Sphäre, wie dezentriert auch immer, ausreichend kohärent und politisch fokussiert sind, um zu einer »öffentlichen Meinung« zusammenzufließen. Aber auch diese Sichtweise ist nicht zu halten. Ich erinnere hier an die weite Verbreitung von teils subnationalen, teils transnationalen Nischenmedien, die keineswegs wie nationale Medien die Funktion haben, die Ausübung staatlicher Macht einer öffentlichen Prüfung zu unterwerfen. Zugegebenermaßen kann man ein paralleles Aufkommen globaler Medien beobachten, aber diese profitorientierten Unternehmen haben mehr Interesse daran, ihren internationalen Marktanteil zu vergrößern als transnationale Macht zu kontrollieren. Zudem haben zahlreiche Länder staatliche Medien mit sehr gemischten Resultaten privatisiert: Der Hoffnung auf größere Unabhängigkeit von Presse und Fernsehen sowie auf ein inklusiveres und zuschauerorientiertes Programm steht auf der anderen Seite die Ausweitung der ökonomischen Logik gegenüber sowie die wachsende Macht der Werbung und zweifelhafter Mischformen wie Talk-Radio und Infotainment. Schließlich wären noch Digital-, Breitband- und Satellitentechnologien zur unmittelbaren Informationsübertragung zu erwähnen, die direkte transnationale Kommunikation unter Umgehung staatlicher Kontrollen erlauben. Zusammengenommen signalisieren diese Entwicklungen die Denationalisierung der kommunikativen Infrastruktur.[25]

25 *Global Transformations*, hg. von D. Held u. a., a. a. O. (Anm. 19); B. Cammaerts und L. van Audenhove, »Online Political Debate, Unbounded Citizenship, and the Problematic Nature of a Transnational Public Sphere«, in: *Political Communication* 22 (2005), S. 179-196; P. Dahlgren, »The Internet, Public Spheres, and Political Communication. Dispersion and Deliberation«, in: *Political Communication* 22 (2005), S. 147-162; R. W. McChesney, *Rich Media, Poor Democracy. Communications Politics in Dubious Times*, Chicago 1999; ders., »Global Media, Neoliberalism, and Imperialism«, in: *Monthly Review* 50/10 (2001), S. 1-19; Z. Papacharissi, »The Virtual Sphere. The Internet as a Public Sphere«, in: *New Media & Society* 4

Sicher, durch diese Entwicklungen entstehen auch neue Möglichkeiten zur kritischen Bildung der öffentlichen Meinung. Mit ihnen geht aber eine generelle Desintegration und Komplexitätssteigerung der Kommunikationsflüsse einher, die allgemein zu einer Schwächung des kritischen Vermögens der Öffentlichkeit führt. Wie kann auf transnationaler Ebene eine kritische öffentliche Meinung erzeugt und als politische Kraft mobilisiert werden, wenn sich globalen Unternehmen gehörende Medien das Feld mit Nischenmedien und dezentrierten Internet-Netzwerken teilen? Wie können sich transnationale Leser-, Hörer- und Zuschauerschaften als Gleiche miteinander verständigen, wenn sie noch nicht einmal als Staatsbürger formell gleich sind? Wie, so frage ich ein weiteres Mal, kann die öffentliche Meinung unter den gegenwärtigen Umständen normativ legitim und politisch effektiv sein?

5. Wenden wir uns nun der Annahme einer geteilten Nationalsprache als Medium öffentlicher Kommunikation zu. Infolge der schon angesprochenen Bevölkerungsvermischung entsprechen Nationalsprachen nicht mehr staatlichen Grenzen. Das Problem besteht nicht nur darin, dass die offiziellen Amtssprachen auf Kosten lokaler und regionaler Dialekte durchgesetzt wurden (auch wenn das sicherlich zutrifft), sondern auch darin, dass bestehende Staaten *de facto* mehrsprachig sind, während sich Sprachgemeinschaften als territorial zerstreut erweisen und die Zahl derjenigen, die mehrsprachig sind, zunimmt. Zudem hat sich Englisch als die *lingua franca* der globalen Wirtschaft, Unterhaltungsindustrie und Wissenschaft etabliert. Trotzdem stellt Sprache weiterhin eine politische Konfliktlinie dar, die etwa Belgien (wenn auch nicht mehr Kanada) zu spalten droht und den Demokratisierungsprozess etwa in Südafrika sowie den Aufbau transnationaler Formationen wie der Europäischen Union erschwert.[26]

(2002), S. 9-36; G. Yudice, *The Expediency of Culture. Uses of Culture in the Global Era*, Durham 2004.

26 J.-B. Adrey, »Minority Language Rights Before and After the 2004 EU Enlargement. The Copenhagen Criteria in the Baltic States«, in: *Journal of Multilingual & Multicultural Development* 26 (2005), S. 453-468; N. Alexander, »Language Policy, Symbolic Power and the Democratic Responsibility of the Post-Apartheid University«, in: *Pretexts: Literary & Cultural Studies* 12 (2003), S. 179-190; M. König, »Cultural Diversity and Language Policy«, in: *International Social Science Journal* 51 (1999), S. 401-408; A. Patten, »Political Theory and Language Policy«, in: *Political Theory* 29 (2001), S. 691-715; R. Phillipson, *English-Only Europe? Challenging*

Auch diese Entwicklungen sind eine Gefahr für die kritische Funktion der öffentlichen Meinung. Inwiefern können einsprachige Öffentlichkeiten eine inklusive Kommunikationsgemeinschaft aller Betroffenen bilden? Umgekehrt gefragt: Inwiefern können Öffentlichkeiten, die politische Grenzen überschreitenden Sprachgemeinschaften und nicht politischen Gemeinschaften entsprechen, öffentliche Meinung als eine politische Kraft mobilisieren? Inwiefern können sich in neuartigen politischen Gemeinschaften wie der EU, die sowohl transnational als auch mehrsprachig sind, Öffentlichkeiten herausbilden, die den ganzen *demos* umfassen? Schließlich: Inwiefern können transnationale Öffentlichkeiten, die auf Englisch kommunizieren und damit globale Eliten und postkoloniale anglophone Sprecher auf Kosten anderer privilegieren, eine als legitim anerkannte Meinung ausbilden? Aus diesen Gründen stellt die Sprachenfrage sowohl die Legitimität als auch die Effektivität der öffentlichen Meinung in einer postwestfälischen Welt vor Probleme.

6. Wenden wir uns schließlich der Annahme zu, dass eine Öffentlichkeit eine Nationalliteratur voraussetzt, die eine geteilte gesellschaftliche Einbildungskraft bedient und damit Grundlagen der Solidarität bereitstellt. Auch diese Annahme ist heute kontrafaktisch, wie ein Blick auf die zunehmende Bedeutung kultureller Hybridität sowie auf den Aufschwung der »Weltliteratur« zeigt. Auch der Erfolg der globalen amerikanisierenden Massenunterhaltung ist hier zu nennen, ebenso wie die zunehmende Bedeutung des Visuellen innerhalb der Kultur und der relative Niedergang gedruckter und literarischer Erzeugnisse.[27] All das erschwert es, noch die Art

Language Policy, New York 2003; O. A. Payrow Shabani, »Language Policy and Diverse Societies. Constitutional Patriotism and Minority Language Rights«, in: *Constellations* 11 (2004), S. 193-216; P. Van Parijs, »The Ground Floor of the World. On the Socio-economic Consequences of Linguistic Globalization«, in: *International Political Science Review* 21 (2000), S. 217-233; K. T. Wilkinson, »Language Difference and Communication Policy in the Information Age«, in: *Information Society* 20 (2004), S. 217-229.

27 A. Appadurai, *Modernity at Large. Cultural Dimensions of Globalization*, Minneapolis 1996; K. M. DeLuca und J. Peeples, »From Public Sphere to Public Screen. Democracy, Activism, and the ›Violence‹ of Seattle«, in: *Critical Studies in Media Communication* 19 (2002), S. 125-151; U. Hannerz, *Transnational Connections. Culture, People, Places*, New York 1996; F. Jameson, *The Cultural Turn*, London 1998; P. D. Marshall, *New Media Cultures*, New York 2004; G. Yudice, *The Expediency of Culture*, a. a. O., (Anm. 25).

von (nationaler) kultureller Bildung auszumachen, die Habermas (wie auch Benedict Anderson) als Grundlage der von den Gesprächspartnern innerhalb der Öffentlichkeit geltend gemachten Subjektivität vorausgesetzt hat.[28] Im Gegenteil: Insofern Öffentlichkeiten der Unterstützung durch geteilte Inhalte gesellschaftlicher Einbildungskraft bedürfen, die in nationalen literarischen Kulturen wurzeln, ist schwer zu sehen, wie sie heute effektiv funktionieren sollen.

Im Allgemeinen werden Öffentlichkeiten demnach in allen für die öffentliche Meinung konstitutiven Dimensionen zunehmend trans- oder postnational.[29] Das »Wer« der Kommunikation ist heute oft eine Ansammlung verstreuter Gesprächspartner, die keinen *demos* konstituieren. Das »Was« der Kommunikation erstreckt sich heute über weite Teile des Globus in eine transnationale Risikogemeinschaft, der jedoch keine Solidaritäten und Identitäten gleicher Reichweite entsprechen. Das »Wo« der Kommunikation ist heute der deterritorialisierte Cyberspace. Das »Wie« der Kommunikation umfasst heute eine unüberschaubare vielsprachige Mischung aus zerfaserten und sich überlappenden visuellen Kulturen. Schließlich ist der Adressat der Kommunikation heute eine amorphe Mischung aus öffentlichen und privaten transnationalen Mächten, die weder einfach identifiziert noch verantwortlich gemacht werden können.

III. Neue Überlegungen zur Öffentlichkeit – ein zweiter Anlauf

Diese Entwicklungen werfen die Frage auf, ob und, wenn ja, wie Öffentlichkeiten heutzutage diejenigen demokratischen politischen Aufgaben erfüllen können, mit denen sie historisch verbunden waren. Ist es überhaupt vorstellbar, dass Öffentlichkeiten heute eine *legitime* öffentliche Meinung hervorbringen in dem anspruchsvollen Sinn eines wohlüberlegten Urteils über das allgemeine Interesse, das durch den Filter einer fairen und inklusiven – das heißt allen

28 B. Anderson, *Die Erfindung der Nation*, a. a. O. (Anm. 8).

29 Habermas selbst hat viele der oben genannten Entwicklungen bemerkt, die die westfälischen Annahmen der Theorie der Öffentlichkeit in Frage stellen. Vgl. seinen Aufsatz »Die postnationale Konstellation und die Zukunft der Demokratie«, in: ders., *Die postnationale Konstellation*, Frankfurt am Main 1998, S. 91-169.

potentiell Betroffenen offenstehenden – Argumentation gelaufen ist? Können Öffentlichkeiten heute darüber hinaus der öffentlichen Meinung eine hinreichende *Effektivität* verschaffen, um die verschiedenen Mächte einzudämmen, die das Leben der Gesprächspartner bestimmen? Und wenn ja, wie? Welche (institutionellen, ökonomischen, kulturellen und kommunikativen) Veränderungen wären nötig, um sich unter den gegenwärtigen Bedingungen eine genuin *kritische* und demokratisierende Rolle transnationaler Öffentlichkeiten auch nur vorstellen zu können? Welche souveränen Mächte sollen von der öffentlichen Meinung heute eingeschränkt werden? Welche Öffentlichkeiten sind für welche Mächte maßgeblich? Wer sind die maßgeblichen Mitglieder einer bestimmten Öffentlichkeit? In welchen Sprachen und durch welche Medien sollen sie kommunizieren? Und mittels welcher kommunikativen Infrastruktur?

Diese Fragen überschreiten den Rahmen der gegenwärtigen Untersuchung bei Weitem, und ich möchte hier nicht versuchen, sie zu beantworten. Vielmehr werde ich abschließend eine begriffliche Strategie vorschlagen, die zur Klärung dieser Fragen beitragen und den Weg zu möglichen Lösungen weisen kann.

Mein Vorschlag dreht sich um die beiden Merkmale, die gemeinsam die kritische Kraft des Begriffs der Öffentlichkeit in der westfälischen Ära ausgemacht haben: die normative Legitimität und die politische Effektivität der öffentlichen Meinung. Meines Erachtens stellen diese beiden Ideen unverzichtbare Elemente einer *jeden* Konzeption der Öffentlichkeit dar, die kritisch zu sein beansprucht, unabhängig von ihren soziohistorischen Bedingungen. In dieser Hinsicht stellt die gegenwärtige Konstellation keine Ausnahme dar. Nur wenn wir uns Bedingungen vorstellen können, die zur Legitimität und Effektivität der Kommunikationsflüsse der transnationalen Öffentlichkeit beitragen, kann der Begriff seine kritische Kraft und seinen politischen Sinn behalten. Ohne Legitimität und Effektivität von ihren westfälischen Prämissen zu trennen und sie für eine postwestfälische Welt zu rekonstruieren, können wir die kritische Funktion der Öffentlichkeit nicht retten.

Wenden wir uns zunächst der Frage der Legitimität zu. In der Theorie der Öffentlichkeit wird, wie wir gesehen haben, die öffentliche Meinung nur dann als legitim erachtet, wenn alle potentiell Betroffenen als Gleiche an den Deliberationen teilnehmen können, die sich mit der Organisation ihres Zusammenlebens befassen. Die Legitimität der öffentlichen Meinung erscheint aus dieser Perspektive als eine Funktion zweier analytisch verschiedener Merkmale des Kommunikationsprozesses: seiner *Inklusivität* und der *partizipatorischen Parität*. Der erste Aspekt besagt, dass die Diskussion im Prinzip all jenen offenstehen muss, für die etwas auf dem Spiel steht. Dem zweiten Aspekt zufolge müssen alle Gesprächspartner in etwa die gleichen Chancen haben, ihre Sichtweise zu äußern, Fragen auf die Agenda zu setzen, die stillschweigenden und ausdrücklichen Annahmen anderer in Frage zu stellen, zwischen den Ebenen zu wechseln und ganz allgemein auf faire Weise angehört zu werden. Während die Bedingung der Inklusivität darauf abzielt, *wer* an den öffentlichen Diskussionen teilnehmen darf, bezieht sich die Bedingung der partizipatorischen Parität darauf, *wie* – unter welchen Bedingungen – die Gesprächspartner miteinander umgehen.[30]

In der Vergangenheit sind diese beiden Bedingungen nicht immer klar unterschieden worden. Aus der Perspektive der westfälischen Ordnung wurden die Bedingungen der Inklusivität und der Parität im Ideal einer *geteilten Staatsbürgerschaft innerhalb einer begrenzten Gemeinschaft* zusammengeworfen. Wie wir gesehen haben, sind die Theoretiker der Öffentlichkeit von der unausgesprochenen Annahme ausgegangen, dass die legitimen Grenzen der Inklusion durch die Staatsangehörigkeit gezogen werden. Auch wenn es darum ging, der Idee der partizipatorischen Parität in öffentlichen Deliberationen Gehalt zu verleihen, bezogen sich die Theoretiker stillschweigend auf das Kriterium der Staatsbürgerschaft und identifizierten kommunikative Parität daher mit dem geteilten Status politischer Gleichheit innerhalb eines Territorialstaats. Die Staatsbürgerschaft diente demnach als Modell zur Bestimmung sowohl des »Wer« als auch des »Wie« der legitimen öffentlichen Meinung innerhalb der westfälischen Ordnung.

Im Ergebnis hat dies zu einer Verkürzung der Diskussionen über

30 Natürlich sind diese Bedingungen höchst idealisiert und werden in der Praxis selten erfüllt. Aber gerade diese Idealisierung hat die kritische Spitze der Theorie der Öffentlichkeit ausgemacht. Die Bezugnahme auf den Maßstab der inklusiven Kommunikation unter Gleichen hat der Theorie die Kritik existierender vermachteter öffentlicher Prozesse ermöglicht. Durch die Bloßstellung ungerechtfertigter Ausschlüsse und Ungleichheiten ist es der Theorie gelungen, ihre Adressaten zum Versuch ihrer Überwindung zu motivieren.

Legitimität geführt. Der westfälische Rahmen förderte zwar eine Debatte über die Bedingung der Parität, lenkte dabei aber von der Bedingung der Inklusivität ab. Die Voraussetzung, dass der moderne Territorialstaat die richtige Einheit und seine Bürgerinnen und Bürger die maßgeblichen Subjekte darstellen, stellte die Frage in den Vordergrund, *wie* genau die Bürger sich in der Öffentlichkeit zueinander verhalten sollten. Mit anderen Worten: Der Streit bezog sich allein darauf, was partizipatorische Parität unter den Mitgliedern einer begrenzten politischen Gemeinschaft bedeutet. Die streitenden Parteien hielten es scheinbar nicht für nötig, auch das »Wer« in Frage zu stellen. Im Rahmen der stabilen westfälischen Ordnung war es selbstverständlich, dass die nationale Bürgerschaft das »Wer« ausmacht.

Heute kann die Frage nach dem »Wer« jedoch nicht länger unter den Teppich gekehrt werden. In der gegenwärtigen transnationalen Konstellation schreit die Bedingung der Inklusivität geradezu danach, ausdrücklich problematisiert zu werden. Wir müssen uns deshalb fragen: Wenn politische Staatsbürgerschaft nicht länger zur Bestimmung der Mitglieder einer Öffentlichkeit hinreicht, wie soll die Bedingung der Inklusivität dann verstanden werden? Mit Bezug auf welches alternative Kriterium sollen wir bestimmen, wer in einer postwestfälischen Öffentlichkeit als rechtmäßiger Gesprächspartner zählt?

Die Theorie der Öffentlichkeit liefert uns bereits einen Hinweis: In ihrer klassischen habermasianischen Form wird die Idee der Inklusivität mit dem Prinzip der Betroffenheit verbunden. Die Anwendung dieses Prinzips auf die Öffentlichkeit besagt, dass alle von einer politischen Entscheidung potentiell Betroffenen die Chance zur gleichberechtigten Teilnahme an den informellen Prozessen der Meinungsbildung haben sollten, an denen sich wiederum die Entscheidungsträger auszurichten haben. Alles hängt nun davon ab, wie man das Prinzip der Betroffenheit versteht. Früher haben die Theoretiker der Öffentlichkeit in Übereinstimmung mit der westfälischen Logik angenommen, dass das Leben der Menschen am stärksten von der Verfassungsordnung des Territorialstaats beeinflusst werde, dessen Bürger sie sind. Die enge Verschränkung von Öffentlichkeit und politischer Bürgerschaft schien auch dem Prinzip der Betroffenheit zu entsprechen. Wie die Geschichte des Kolonialismus und Neokolonialismus bezeugt, war das tatsächlich aber gar nicht der Fall. Aus der Perspektive der Metropole schien der Verwechslung von Betroffenheit mit Mitgliedschaft jedoch sogar eine emanzipatorische Stoßrichtung zuzukommen, da sie half, die allmähliche Einbeziehung der untergeordneten Klassen und Statusgruppen, die zwar auf dem Territorium ansässig, aber von vollständiger politischer Partizipation ausgeschlossen waren, als aktive Staatsbürger zu rechtfertigen.

Heute ist die Idee, dass Staatsbürgerschaft an die Stelle von Betroffenheit treten könnte, nicht länger plausibel. Unter den gegenwärtigen Bedingungen ist die eigene Lebenssituation nicht mehr allein von der inneren Verfassung der politischen Gemeinschaft, deren Bürger man ist, abhängig. Selbst wenn diese sicher auch weiterhin relevant bleibt, werden ihre Effekte doch durch andere, sowohl außer- als auch nichtterritoriale Strukturen vermittelt, deren Wirkung mindestens ebenso bedeutsam ist.[31] Die Globalisierung treibt einen immer größeren Keil zwischen Betroffenheit und politische Mitgliedschaft. Deshalb stellt sich die Frage, warum das Prinzip der Betroffenheit nicht direkt zur Abgrenzung der Öffentlichkeit herangezogen werden sollte, ohne Umweg über die Staatsbürgerschaft.

Meines Erachtens eröffnet sich hier ein vielversprechender Weg zur Rekonstruktion einer kritischen Konzeption inklusiver öffentlicher Meinung in einer postwestfälischen Welt. Auch wenn ich diesem Weg hier nicht weiter folgen kann, möchte ich doch einen wesentlichen Aspekt nennen: Das Prinzip der Betroffenheit besagt, dass Menschen nicht durch geteilte Staatsbürgerschaft zu Mitgliedern einer Öffentlichkeit werden, sondern durch die wechselseitige Verstrickung in Strukturen und/oder Institutionen, die ihr Leben beeinflussen. Die maßgebliche Öffentlichkeit sollte demnach stets der Reichweite jener Strukturen entsprechen, um deren Auswirkungen auf das Leben der Einzelnen es geht.[32] Wo solche Strukturen Staatsgrenzen überschreiten, müssen die entsprechenden Öffentlichkeiten transnational sein, sonst kann die von ihnen generierte Meinung nicht als legitim gelten.

31 Th. W. Pogge, *World Poverty and Human Rights. Cosmopolitan Responsibilities and Reforms*, Cambridge 2002, insbesondere die Abschnitte »The Causal Role of Global Institutions in the Persistence of Severe Poverty« (S. 112-116) und »Explanatory Nationalism. The Deep Significance of National Borders« (S. 139-144).

32 N. Fraser, »Reframing Justice in a Globalizing World«, in: *New Left Review* 36 (2005), S. 69-88.

Im Hinblick auf die Legitimität der öffentlichen Meinung ist die Herausforderung damit klar. Um ihre kritische Stoßrichtung auch in der postwestfälischen Welt beizubehalten, muss die Theorie der Öffentlichkeit die Bedingung der Inklusivität neu interpretieren. Sie muss deren automatische Identifikation mit politischer Staatsbürgerschaft zurückweisen und die Grenzen der Öffentlichkeit neu ziehen, indem sie das Prinzip der Betroffenheit direkt auf die zu diskutierenden Fragen anwendet. Auf diese Weise kann die Frage nach dem »Wer« hinter ihrem westfälischen Schleier hervortreten. Zusammen mit der Frage nach dem »Wie«, die von ihrer Dringlichkeit nichts eingebüßt hat, tritt sie damit in der gegenwärtigen Konstellation ins Zentrum der Aufmerksamkeit. Tatsächlich sind beide Fragen, die der Inklusivität und jene der Parität, heute nicht mehr trennbar. Die öffentliche Meinung kann allein dann als legitim gelten, wenn sie das Ergebnis eines kommunikativen Prozesses ist, an dem alle potentiell Betroffenen als Gleiche teilnehmen können, *unabhängig von ihrer politischen Staatsbürgerschaft*. Auch wenn dieses neue postwestfälische Verständnis der Legitimität anspruchsvoll ist, stellt es einen genuin kritischen Maßstab zur Bewertung existierender Öffentlichkeiten in der gegenwärtigen Ära bereit.

Wenden wir uns nun dem zweiten Hauptmerkmal einer kritischen Konzeption der Öffentlichkeit zu, nämlich der politischen Effektivität der öffentlichen Meinung: Sie sollte traditionell die öffentliche Gewalt zur Verantwortung ziehen und ihre Ausübung dem wohlüberlegten Willen der Zivilgesellschaft unterstellen. Aus dieser Perspektive erscheint die Effektivität der Öffentlichkeit als Funktion zweier verschiedener Elemente, die ich als Bedingung der *Übersetzung* und als Bedingung der *Leistungsfähigkeit* bezeichnen möchte. Der Übersetzungsbedingung zufolge muss die in der Zivilgesellschaft generierte kommunikative Macht zuerst in geltendes Recht und dann in administrative Macht übersetzt werden. Der Bedingung der Leistungsfähigkeit zufolge muss die öffentliche Gewalt dazu in der Lage sein, den diskursiv gebildeten Willen, dem sie verantwortlich ist, zu implementieren. Während die Bedingung der Übersetzung den Kreislauf der kommunikativen Macht von der Zivilgesellschaft zur öffentlichen Gewalt betrifft, bezieht sich die Bedingung der Leistungsfähigkeit darauf, ob die administrative Macht die Pläne der Öffentlichkeit auch umsetzen kann – und zwar sowohl negativ, indem sie private Macht zügelt, als auch positiv, indem sie Probleme löst und das Zusammenleben organisiert.

In der Vergangenheit sind diese beiden Bedingungen der Effektivität im Lichte der westfälischen Ordnung verstanden und mit der Idee des souveränen Territorialstaats verknüpft worden. Der westfälische Staat sollte der Adressat der öffentlichen Meinung und darüber hinaus demokratisch verfasst sein, damit die Kommunikationsflüsse ungehindert von den schwachen zu den starken Öffentlichkeiten gelangen und in bindendes Recht übersetzt werden konnten. Dazu musste der westfälische Staat über die notwendigen administrativen Ressourcen verfügen, um die entsprechenden Gesetze auch implementieren und damit die Ziele der Bürger verwirklichen zu können.

Auch in diesem Fall hat das jedoch zu einer Verkürzung der Diskussion über die Effektivität geführt. Während die westfälische Ordnung das Interesse für die Übersetzungsbedingung förderte, verdeckte sie in der Tendenz die Bedingung der Leistungsfähigkeit. Die Frage stand im Vordergrund, ob denn die in der nationalen Öffentlichkeit generierte kommunikative Macht stark genug sei, um die Gesetzgebung zu beeinflussen und die staatliche Verwaltung zu beschränken. Die Auseinandersetzung konzentrierte sich dementsprechend auf den demokratischen Machtkreislauf zwischen Zivilgesellschaft und Staat. Die Leistungsfähigkeit des Staates im Hinblick darauf, die privaten Mächte zu regulieren, die das Leben der Bürger beeinflussen, wurde hingegen kaum diskutiert, da die Theoretiker der Öffentlichkeit von nationalen Volkswirtschaften ausgingen, die von den Staaten im Interesse der Staatsangehörigen gesteuert werden könnten. Sie hielten es scheinbar nicht für nötig, auch die Bedingung der Leistungsfähigkeit in Frage zu stellen.

Heute treffen diese Annahmen jedoch nicht länger zu. In der gegenwärtigen transnationalen Konstellation muss auch die Bedingung der Leistungsfähigkeit eigens thematisiert werden. Wir müssen uns fragen, ob der moderne Territorialstaat noch über die administrative Handlungsfähigkeit verfügt, um »seine« Wirtschaft zu steuern, die Integrität »seiner« Umwelt zu schützen und die Sicherheit und das Wohlergehen »seiner« Bürgerinnen und Bürger zu garantieren. Und wenn das nicht länger der Fall ist, wie ist der Aspekt der Leistungsfähigkeit dann zu verstehen? Wie können die notwendigen administrativen Fähigkeiten ausgebildet werden, und wo genau sollten sie verankert sein? Wenn der souveräne Territorialstaat im Fall transnationaler Probleme nicht mehr der Adressat der öffentlichen Meinung ist, wer übernimmt dann diese Rolle?

Auf diese Fragen finden wir in der gegenwärtigen Theorie der Öffentlichkeit kaum Antworten. Eine kritische Konzeption sollte ihre Aufmerksamkeit aber nicht länger auf die Kommunikationsflüsse in bestehenden politischen Gemeinschaften beschränken, in denen die Öffentlichkeit einem schon bekannten und konstituierten Adressaten Schranken auferlegen soll. Darüber hinaus muss sie prüfen, ob nicht neue Adressaten der öffentlichen Meinung konstruiert werden müssen, im Sinne neuer transnationaler öffentlicher Gewalten, die die administrative Fähigkeit zur Lösung transnationaler Probleme haben. Die Herausforderung ist demnach eine doppelte: Zum einen müssen neue transnationale öffentliche Gewalten geschaffen werden; zum anderen müssen sie neuen transnationalen Öffentlichkeiten gegenüber verantwortlich gemacht werden. Beide Aspekte hängen unauflöslich zusammen. Nur wenn die Theorie der Öffentlichkeit beide Bedingungen (die der Leistungsfähigkeit und die der Übersetzung) thematisiert, wird sie eine postwestfälische Konzeption kommunikativer Effektivität entwickeln können, die wirklich kritisch ist.

Die allgemeine Aufgabe ist damit klar umrissen: Wenn die Theorie der Öffentlichkeit heute eine *kritische* Theorie sein soll, muss sie ihre Vorstellungen von der normativen Legitimität und der politischen Effektivität der öffentlichen Meinung überarbeiten. Sie kann sich nicht länger damit zufriedengeben, die eine Hälfte des Bildes im Dunkeln zu belassen. Sie muss beide Ideen als zusammengesetzt aus jeweils zwei analytisch verschiedenen, aber praktisch zusammenhängenden kritischen Bedingungen verstehen. Demnach muss die Kritik der Legitimität bestehender Öffentlichkeiten nun nicht nur das »Wie«, sondern auch das »Wer« in Frage stellen. Genauer: Sie muss Parität und Inklusivität gemeinsam thematisieren, indem sie fragt: »Wessen partizipatorische Parität?« Entsprechend muss die Kritik der Effektivität nun sowohl auf die Bedingung der Übersetzung als auch auf die der Leistungsfähigkeit bestehender Öffentlichkeiten ausgedehnt werden. Indem sie beide Bedingungen zusammenschließt, muss sie neue transnationale öffentliche Gewalten ins Auge fassen, die neuen demokratischen und transnationalen Zirkulationsformen der öffentlichen Meinung gegenüber verantwortlich gemacht werden können.

Das ist sicher keine leichte Aufgabe. Aber nur wenn die Theorie der Öffentlichkeit sich dieser Situation stellt, kann sie zu einer kritischen Theorie in einer postwestfälischen Welt beitragen. Deshalb reicht es nicht aus, wenn Cultural Studies und Medienwissenschaften die bestehenden Kommunikationsflüsse untersuchen. Vielmehr muss eine kritische politische und Gesellschaftstheorie ihre zentralen Annahmen über die Legitimität und Effektivität der öffentlichen Meinung überarbeiten. Nur dann wird die Theorie ihre kritische Kraft und ihren politischen Sinn wiedergewinnen, und nur dann wird eine Theorie der Öffentlichkeit ihrem ursprünglichen Versprechen treu bleiben und einen Beitrag zum Kampf um Emanzipation leisten können.

Aus dem Amerikanischen von Robin Celikates und Eva Engels

Rainer Forst

Dialektik der Moral

Grundlagen einer Diskurstheorie transnationaler Gerechtigkeit

I

In dem facettenreichen Werk von Jürgen Habermas ist das Verhältnis von philosophischer Reflexion und einzel-, insbesondere sozialwissenschaftlicher Forschung ein durchgängiges Thema. Dabei hebt er nicht nur hervor, dass die Philosophie sich die Kraft, »im Leben zu orientieren«, bewahren muss und »von Haus aus eine Kompetenz für Grundfragen des normativen, insbesondere des gerechten politischen Zusammenlebens« hat,[1] sondern er betont auch, dass sie nur noch ohne metaphysische Rückendeckung operieren kann und auf die Kooperation mit den Einzelwissenschaften angewiesen ist, ja für sie oft nicht mehr als ein »Platzhalter« zu sein vermag.[2] Daran anschließend will ich im Folgenden zeigen, inwiefern philosophische und sozialwissenschaftliche Betrachtungsweisen einander ergänzen beziehungsweise eine nichtreduktive Einheit bilden müssen, wenn es um Fragen transnationaler Gerechtigkeit geht – die Dimension des Politischen also, die Habermas unter dem Stichwort einer »Weltinnenpolitik ohne Weltregierung« diskutiert.[3] Um nach den Institutionen solch einer Politik zu fragen, muss zuvor nach ihren Prinzipien gefragt werden, jedoch angeleitet von der Einsicht, dass die Gerechtigkeit eine (menschengemachte) Göttin ist, die in die Welt kommt, um Verhältnisse der Ungerechtigkeit zu beenden beziehungsweise zu verhindern –

1 J. Habermas, »Noch einmal: Zum Verhältnis von Theorie und Praxis«, in ders., *Wahrheit und Rechtfertigung*, Frankfurt am Main 1999, S. 324, 331.

2 Ebd., S. 328, und ders., »Die Philosophie als Platzhalter und Interpret«, in: ders., *Moralbewußtsein und kommunikatives Handeln*, Frankfurt am Main 1983.

3 J. Habermas, »Hat die Konstitutionalisierung des Völkerrechts noch eine Chance?«, in ders., *Der gespaltene Westen*, Frankfurt am Main 2004, S. 133 ff., und ders., »Eine politische Verfassung für die pluralistische Weltgesellschaft«, in: ders., *Zwischen Naturalismus und Religion*, Frankfurt am Main 2005, S. 334 ff.

sich also bereits »*bestehender* Machtverhältnisse«[4] bewusst sein muss.

In diesem Sinne stelle ich einige grundsätzliche Überlegungen zu einer *kritischen* und *politischen* Diskurstheorie transnationaler Gerechtigkeit an. Dabei ist das Wort »politisch« nicht nur auf den Gegenstandsbereich der Gerechtigkeit, also eine transnationale institutionelle »Grundstruktur«, bezogen, sondern auch methodisch gemeint, wenngleich anders als in der berühmten Wendung von Rawls hin zu einer »politischen« Konzeption der Gerechtigkeit.[5] Mit einem politischen Verständnis von Gerechtigkeit argumentiere ich, grob gesprochen, für eine Veränderung des Gerechtigkeitsdiskurses weg von »politikvergessenen« Prämissen ganz unterschiedlicher Provenienz, hin zur meiner Meinung nach ersten Frage der Gerechtigkeit – der Frage der Macht –, um von dort aus die distributiven Gesichtspunkte transnationaler Gerechtigkeit erst richtig in den Blick zu bekommen.[6]

Wie sehr philosophische und sozialwissenschaftliche Erkenntnisse in Bezug auf die Frage transnationaler Gerechtigkeit aufeinander angewiesen sind, zeigt sich in negativer Weise exemplarisch an Theorien des »explanatorischen Nationalismus«, wie Thomas Pogge sie genannt hat.[7] Dort verbindet sich die problematische *empirische* Auffassung, Unterentwicklung sei allein oder primär eine Folge »hausgemachter« Desorganisation in bestimmten Ländern – unter Ausblendung der vielen externen Faktoren solcher Fehlentwicklungen –, so mit *normativen* Gründen der Verpflichtungsabstufung im Sinne der Priorität von Nahbeziehungen, dass unklar wird, ob Ersteres Letzteres bedingt oder umgekehrt; ersichtlich ist nur, dass beides eine enge Verbindung eingeht, deren Kritik eine hinreichend informierte Analyse der vielfältigen sozialen, ökonomischen und

4 J. Habermas, »Hat die Konstitutionalisierung des Völkerrechts noch eine Chance?«, a. a. O (Anm. 3), S. 137, Hervorhebung im Original.

5 J. Rawls, *Politischer Liberalismus*, Frankfurt am Main 1998.

6 Dies sei als Beitrag zu der Diskussion um eine »Moraltheorie internationaler Beziehungen« verstanden, die Harald Müller jüngst eingefordert hat, wobei er die Notwendigkeit der normativen Rekonstruktion eines kulturübergreifenden Gerechtigkeitsverständnisses in der Zusammenarbeit mit politikwissenschaftlicher Forschung besonders hervorhebt. Ders., »Think Big! Der 11. September und seine Konsequenzen für die Internationalen Beziehungen«, in: *Zeitschrift für internationale Beziehungen* 11 (2004), S. 130.

7 Th. Pogge, *World Poverty and Human Rights*, Oxford 2002, S. 143 ff.

politischen Verhältnisse innerhalb solcher Staaten und über sie hinaus voraussetzt, die zeigen kann, über welche Situationen von »Unterentwicklung«, »Fehlentwicklung« und »Ungerechtigkeit« wir eigentlich reden – und welche Pflichten und Verpflichtungen daraus recht besehen folgen. Eine normative Theorie auf diesem Gebiet muss blind bleiben, sofern sie sich nicht sozialwissenschaftlich darüber aufklären lässt, welche »Grundstruktur« auf transnationaler Ebene eigentlich vorliegt (und wie sie sich etwa zu nationalen Strukturen verhält), doch muss diese Aufklärung selbst normativ geleitet sein. Eine in diesem Sinne »kritische« Theorie zielt auf ein »Überlegungsgleichgewicht«[8] zwischen einer Gesamtuntersuchung bestehender transnationaler Beziehungen und unseren wohlüberlegten Urteilen und Theorien über Gerechtigkeit und Moral ab. Das Verfehlen dieses Gleichgewichts kann – so meine These – zu einer Auffassung von Gerechtigkeit führen, die das Eigentliche der Gerechtigkeit verfehlt, indem sie ungerechte strukturelle und intersubjektive Verhältnisse in moralisch »schlechte« Zustände des Mangels umdeutet. Dies bezeichne ich als Dialektik der Moral.

II

Ich möchte mich diesen wahrhaft »globalen« Fragen auf dem Wege einer Abkürzung zuwenden, und zwar mit Hilfe eines Gedankenexperiments, von dem ich hoffe, dass es ein die Komplexität der Sache bündelndes Bild liefern kann.[9] Es gibt ein beeindruckendes Foto, das Sebastião Salgado in einer Goldmine in Brasilien, Serra Pelada, aufgenommen hat.[10] Es zeigt eine große Menge von Arbeitern, alle

8 Ich verwende hier auf eigene Weise einen zentralen Begriff von John Rawls, *Eine Theorie der Gerechtigkeit*, Frankfurt am Main 1975, S. 38.

9 Dabei sei auf meine weiteren Arbeiten zu dieser Thematik verwiesen, insb. »Das grundlegende Recht auf Rechtfertigung«, »Zu einer kritischen Theorie transnationaler Gerechtigkeit« und »Konstruktionen transnationaler Gerechtigkeit«, versammelt in R. Forst, *Das Recht auf Rechtfertigung*, Frankfurt am Main 2007. Das folgende Gedankenexperiment findet sich auch in meinem Aufsatz »Justice, Morality and Power in the Global Context«, in: *Real World Justice*, hg. von A. Føllesdal und Th. Pogge, Dordrecht 2005.

10 Es findet sich auf dem Cover des oben genannten Buches von Thomas Pogge (Anm. 7). Die gesamte Fotostrecke ist in S. Salgado, *Workers – Arbeiter*, Frankfurt am Main 1993, zu sehen.

gleich und erbärmlich gekleidet, die auf ihren Schultern schwere, mit Erde gefüllte Säcke steile, primitive Holzleitern hinauftragen. Blickt man auf dieses Bild – mit den gebückten Körpern der Arbeiter, dem Schmutz, der Enge der Situation –, fühlt man sogleich mit diesen Menschen, obwohl der unbeteiligte Beobachter nur schwerlich erahnen kann, was es heißt, dort zu arbeiten. Von all diesen Arbeitern schaut nur einer rechts unten auf dem Bild direkt in die Kamera.

Probieren wir nun, uns die Situation dieses Arbeiters genauer vorzustellen (wobei wir sowohl von jener Goldmine als auch davon abstrahieren, welche Maßnahmen in Brasilien unternommen werden oder worden sind, die Lage dort zu verbessern): Er hat einen Zwölfstundentag mit sehr harter Arbeit, und es besteht – gegeben seine schlechte Ausbildung, die ökonomische Situation und die Abhängigkeit der Familie von seinem Lohn – für ihn keine andere Möglichkeit, sein Einkommen zu erwirtschaften. Der Lohn, den er erhält, ist sehr karg und reicht kaum für das Nötigste. Eine Sozial- oder Krankenversicherung gibt es für ihn nicht. Die Mine selbst gehört einem Konsortium, ein Teil des Kapitals kommt von (und geht an) Personen des eigenen Landes, das meiste kommt von (und geht an) Akteure in anderen, wohlhabenderen Regionen des Globus. Würde man die Geschichte dieser Mine schreiben, müsste man bis zu frühen Kolonialzeiten zurückgehen und zeigen, inwiefern die bestehende ökonomische Situation historisch entstandene Machthierarchien reflektiert. Die Profite aus der Mine, so würde diese Geschichte zeigen, werden auf komplexe Weise verteilt – unter den Eigentümern, Partnern, dem Staat (durch Steuern) und lokalen Eliten. Aber der Arbeiter selbst ist von einem »fairen« Lohn weit entfernt.

Nun stellen Sie sich weiterhin vor, Sie seien dieser Arbeiter und erhielten eines Tages Post vom »Gerichtshof für globale distributive Gerechtigkeit«. Sie werden gebeten, vor diesem Gericht Ihre Gerechtigkeitsansprüche vorzubringen, und das Gericht würde für die Herstellung gerechter Verhältnisse sorgen. Sie reiben sich die Augen und können es nicht glauben, besonders angesichts der Aussage in dem Brief, dass nicht nur Ihnen, sondern Menschen generell in Lagen wie der Ihren Gerechtigkeit widerfahren soll. Viele andere werden ebenfalls gehört werden, und dies wird möglicherweise zu einer umfassenden Neugestaltung des internationalen Systems führen.

Sie sind freilich verunsichert, denn Sie fragen sich, ob Sie all die Mittel – besonders das nötige Wissen – haben werden, um ihre Ansprüche angemessen und überzeugend vorzubringen. Diejenigen, die Sie möglicherweise belasten müssen, werden sicher geschickt darin sein, ihre eigene Version der Geschichte vorzutragen. Aber das Gericht beruhigt Sie: Es wird Ihnen eine Reihe der besten Gesellschafts- und Gerechtigkeitstheoretiker zur Verfügung stellen.

Die Sozialwissenschaftler beginnen sogleich mit der Arbeit, und sie geben sich alle Mühe, die für Sie relevante ökonomische und politische Situation zu rekonstruieren; sie berücksichtigen die historische Dimension und die gegenwärtigen Machtverhältnisse, sowohl innerhalb Ihrer Gesellschaft als auch darüber hinaus, einschließlich der aktuellen *terms of trade*, des Goldmarkts usw. Den Rest der Arbeit sollen dann die Gerechtigkeitsexperten machen, die sich Ihrer Sache nun annehmen und mit denen Sie einige eingehende Besprechungen führen.

Dann ist der Tag der Verhandlung da. Der Richter am globalen Gerichtshof eröffnet die Sitzung, Sie werden vorgestellt, und dann beginnen Ihre Gerechtigkeitsanwälte mit ihren Darlegungen und Plädoyers.[11]

(1) Der Erste präsentiert Ihren Fall als *humanitäres* Anliegen. Es bestehe eine unbestreitbare moralische Pflicht auf Seiten eines jeden menschlichen Wesens, das über ausreichende Ressourcen verfügt, anderen, die in extremer Not sind, zu helfen. Solche Notsituationen seien durch den Mangel an den Gütern gekennzeichnet, die für die Erfüllung basaler menschlicher Bedürfnisse notwendig sind: ausreichende Ernährung, Behausung, Gesundheit, Schulbildung, Begrenzung des Arbeitstages etwa. Er führt aus, dass in der Fachwelt leider keine Einigkeit darüber bestehe, wie umfassend diese Liste von Grundgütern zu sein habe, aber sofern man sie nur minimalistisch formuliere, sei allgemeine Akzeptanz zu erwarten. Er unterstreicht mehrfach, dass es eine Forderung menschlicher Solidarität und gegenseitiger Hilfsbereitschaft sei, sicherzustellen, dass alle Menschen auf der Erde aus gravierend schlechten Lebensbedingungen gerettet werden; von »Rechten« spricht er dabei nicht.

11 Zum Zwecke der Zuspitzung der jeweiligen Plädoyers sehe ich davon ab, sie mit den Namen von Vertreterinnen und Vertretern entsprechender theoretischer Positionen zu verknüpfen.

Nun, obwohl Ihr Anwalt eine Reihe wahrer Dinge darüber gesagt hat, was an einem Leben unter schlechten Bedingungen schlecht ist, beschleicht Sie das Gefühl, dass seine Weise, Ihre Lage und Ihre Ansprüche darzulegen, fehlgeleitet ist. In normativer Hinsicht hat er das Wort »Gerechtigkeit« ebenso wenig gebraucht wie »Ungerechtigkeit«, und in institutioneller Hinsicht ist es ihm nicht gelungen, Ihre wirkliche Situation anzusprechen, was Fragen ökonomischer Ausbeutung und politischer Machtlosigkeit betrifft. Sie danken ihm folglich und entlassen ihn aus der Pflicht, Sie zu vertreten.

(2) Der Zweite, eine Anwältin, scheint erkannt zu haben, worin das Problem mit dem ersten bestand. Sie präsentiert Ihren Fall im Rahmen einer *humanistischen* Sichtweise, wie sie sich ausdrückt. Sie verwendet dabei die Rhetorik der Gerechtigkeit, doch sagt sie, dass es der Gerechtigkeit nicht darum gehe, die Gütermenge des einen mit der des anderen zu vergleichen. Eher drehe sie sich darum, ob eine jede Person eine »genügende« Menge der Güter hat, die für ein »gutes« Leben notwendig seien. Dies werde auf einer Liste von Grundfähigkeiten festgelegt und folge »absoluten« Standards, nicht komparativen. Ihr zufolge erfordert der grundlegende moralische Respekt für jedes einzelne menschliche Wesen eine Umverteilung von Gütern nach solcher Maßgabe: eine moralische Sorge um ein Lebenkönnen »in Würde«.

Sie freilich wundern sich über den Gebrauch des Wortes »Gerechtigkeit« in diesem Zusammenhang, und in der Tat geben einige der »humanistischen« Kollegen der Anwältin zu erkennen, dass sie nicht glauben, dies sei ein Argument der Gerechtigkeit, sondern eines, das einer anderen Logik folge. Aber wie auch immer, ähnlich wie bei dem ersten (humanitären) Plädoyer denken Sie, dass das zu Ihren Gunsten vorgebrachte Argument nicht wirklich treffend ist. Denn erstens wird die Ungerechtigkeit, die Sie in ihrer Situation historisch wie aktuell sehen, das heißt die Züge von Ausbeutung und Unterdrückung in ihr, gar nicht angesprochen, und zweitens würden die vorgeschlagenen Umverteilungen Ihre Situation zwar deutlich verbessern, doch zielten sie nicht darauf ab, die politischen und ökonomischen Strukturen, die zu dieser Situation führten, nachhaltig zu verändern. Es könnte vielmehr sein, dass alternative Institutionen errichtet würden, in denen die jetzigen Machthaber bestimmend blieben, nur dass sie diesmal auch humanitäre Aufgaben hätten. Sie selbst wären nach wie vor als Empfänger von wichtigen Gütern von ihnen abhängig. Dies – reiner Empfänger – blieben Sie auch, wenn neue Institutionen errichtet würden, die Ihnen die nötigen Güter zukommen ließen. Und in Ihren Augen ist dies von einer wirklichen Respektierung Ihrer Menschenwürde weit entfernt. Sie wenden sich daher einem dritten Anwalt zu, der zu verstehen scheint, was Sie meinen.

(3) Der Anwalt hat in der Tat ein klares Verständnis von der Differenz zwischen dem normativen Bereich der Gerechtigkeit beziehungsweise von *Menschenrechten* auf der einen Seite und dem Bereich humanitärer Hilfe auf der anderen; und er lässt keinen Zweifel daran, dass Ihr Fall in die erste Kategorie fällt. Er appelliert daher nicht an eine allgemeine menschliche Solidarität oder nimmt auf unklare Begriffe wie »Würde« Bezug; eher orientiert er sich an strikten Gerechtigkeitspflichten und Verpflichtungen durch Rechte. Universale Menschenrechte, so dieser Anwalt, gründen in basalen Interessen von Menschen, und darunter zählen Rechte auf Subsistenz und entsprechende Güter, was auf die unbestreitbare Tatsache »natürlicher« menschlicher Bedürftigkeit zurückzuführen sei. Weitergehende Ansprüche im Sinne distributiver Gerechtigkeit hält er nur im engeren nationalen Rahmen für gegeben, und er sieht die Erfüllung von Subsistenzrechten auch als Sache der Subsidiarität an. So sei Ihre eigene Regierung der eigentliche Adressat Ihrer Ansprüche; sie sei der wesentliche Ort des Versagens und der Ungerechtigkeit.

Diesem letzten Punkt können Sie nicht ganz widersprechen, denn Ihre Sozialwissenschaftler hatten Ihnen ja erklärt, auf welche Weise Ihre Regierung und lokale Eliten von der Goldmine profitieren, und doch denken Sie, dass auch diese Darstellung der Sache empirisch wie normativ unzureichend ist. Denn sie blendet andere Teile der Wirklichkeit aus, etwa die Rolle transnationaler Unternehmen, anderer Regierungen, internationaler Regeln etc. – und insbesondere die Art, wie fremde Akteure die Verhältnisse in Ihrem Land stützen. Mehr noch, Sie stimmen nicht mit der Weise überein, wie in dieser Darstellung die Gerechtigkeit aufgeteilt wird in minimalistische Menschenrechte und gesellschaftsinterne Angelegenheiten. Denn Gerechtigkeit, so denken Sie, sollte doch allgemein darauf gehen, gerechtfertigte Strukturen gesellschaftlicher Verhältnisse zu etablieren. Daher können die Kontexte der Gerechtigkeit nicht auf die besagte Art getrennt werden. Wer was wem aus welchem Grund schuldet, muss innerhalb eines größeren und komplexeren Rahmens erklärt werden. Sie danken folglich auch diesem Anwalt und vertrauen sich dem nächsten an.

(4) Dieser nimmt den Punkt, den Sie im Sinn hatten, auf und kritisiert die Aufteilung der Gerechtigkeit in eine »dürre« internationale und »dichtere« nationale Formen. Er glaubt, dass dort nach Gerechtigkeit verlangt wird, wo deutliche Ungleichgewichte politischer Macht und der Güterverteilung auftauchen, und er lässt keinen Zweifel daran, dass das auf der globalen Ebene der Fall ist. Auch argumentiert er für ein breiteres Verständnis eines »minimalen Lebensstandards« als Kernkriterium gerechter Verhältnisse – sowie für eine universale Pflicht der Herstellung von Institutionen für die Realisierung minimaler Gerechtigkeit.

Das von dem Anwalt vorgebrachte Argument zugunsten globaler Gerechtigkeit mit Bezug auf die Verantwortlichkeit insbesondere westlicher Gesellschaften für das Zustandekommen und die Aufrechterhaltung einer Situation globaler Ungerechtigkeit scheint Ihnen ganz richtig zu sein, und der vorgeschlagene »dünne Kernbegriff menschlichen Wohlergehens« ist, gemessen an Ihrer Lage, sehr attraktiv. Aber Sie denken, es könnte Ihnen noch besser gehen, wenn Ihr *Grundverlangen nach Gerechtigkeit* erfüllt würde, und zwar nicht primär durch den Erhalt bestimmter Güter, die Ihr Leben verbessern (so wichtig das wäre), sondern dadurch, dass Sie erkennen könnten, inwiefern das bestehende System der Ungerechtigkeit institutionell und strukturell veränderbar wäre und verändert würde – hin zu einem System, in dem Sie nicht länger bloßer Güterempfänger wären. Ob das Resultat eines gerechteren Systems dann die vorgeschlagene Güterliste wäre oder mehr als das, ist Ihnen unklar, doch nach dem, was Ihnen die Sozialwissenschaftler über die verfügbare Güter- und Ressourcenmenge gesagt haben, denken Sie über das Minimale hinaus. Wie auch immer: Das Wichtigste ist, ein handelndes *Subjekt der Gerechtigkeit* zu werden, nicht bloß ein *Objekt* oder ein *Empfänger von Gerechtigkeit* zu sein.

Als der oberste Richter dies hört, merkt er auf und sieht Sie fragend an, denn hinter dieser Argumentation könnte sich eine Infragestellung der Autorität des Gerichts selbst verbergen; doch gibt er Ihnen eine letzte Chance dafür, einen neuen Anwalt auszusuchen.

(5) Der fünfte Anwalt kommt von einer *egalitaristischen* Kanzlei. Er vertritt das Prinzip, dass eine jede Güterverteilung gegenüber allen Betroffenen gleichermaßen gerechtfertigt werden muss, und zwischen nationalen Kontexten und dem globalen sieht er keinen relevanten Unterschied. Vor dem Hintergrund einer »Präsumtion der Gleichverteilung« seien vielmehr alle Güter gleich zu verteilen, solange keine anderen Argumente (Eigentumsrechte zum Beispiel oder Verdienstansprüche wegen besonderer Anstrengungen) etwas anderes nahelegen. Dies macht die Sache für Sie ein wenig schwer nachvollziehbar, denn Ihnen ist unklar, welche Art von Gleichheit nach der Erfüllung all dieser Gesichtspunkte verbleibt. Doch der Egalitarist versichert Ihnen, dass sich Ihre Situation sehr verbessern würde.

Sie mögen ihm dies zwar glauben, aber ein ungutes Gefühl beschleicht Sie dennoch. Denn in seiner Rede verwies der Anwalt an keiner Stelle auf die Tatsachen der Ungerechtigkeiten in der Vergangenheit, und er sprach auch nicht über die institutionelle Struktur der Umverteilungsmaschinerie, die aus seiner Argumentation folgte. Wiederum fürchten Sie, als Güterempfänger behandelt zu werden, nicht als Subjekt der Gerechtigkeit, das heißt als autonomes und gleichberechtigtes Subjekt in Bezug auf die Hervorbringung von Gütern und die politischen Institutionen, die Verhältnisse der Produktion und Verteilung beeinflussen können. Wieder scheint es, als würden weder die konkrete Ungerechtigkeit Ihrer Situation noch die institutionellen Mittel, sie strukturell zu ändern, berücksichtigt.

III

Verlassen wir hier die Verhandlung – und halten das Wesentliche, das aus diesem Gedankenexperiment zu schließen ist, in sechs (kurzen und programmatischen) Schritten fest.

1. Die Frage der Gerechtigkeit ist natürlich eine moralische Frage, aber sie betrifft nur einen spezifischen Teil der Moral. Denn mit der

oben angesprochenen »Dialektik der Moral« meine ich die Tendenz (die sich auf gewisse aristotelische beziehungsweise konsequentialistische theoretische Weichenstellungen zurückführen lässt), die Gerechtigkeit nicht als eine Frage von zu rechtfertigenden intersubjektiven *Verhältnissen*, sondern als Frage der Herstellung bestimmter *Zustände* zu verstehen. Dann aber lässt sich nicht mehr sinnvoll unterscheiden zwischen jemandem, der Mangel leidet als Folge einer Naturkatastrophe etwa, und jemandem, der (im selben Maße) Mangel leidet als Folge von Ausbeutung und Unterdrückung, das heißt zwischen jemandem, dem etwas fehlt, und jemandem, dem etwas vorenthalten wird. Ebenso wenig lässt sich unterscheiden zwischen den entsprechenden Pflichten, dies zu verändern. Der Gerechtigkeit aber kommt es auf genau diesen Unterschied an, denn in dem einen Fall besteht eine moralische Hilfspflicht aus Gründen menschlicher Solidarität, im anderen Fall aber, dem von Ausbeutung und Unterdrückung, besteht ein komplexes Geflecht strikter Pflichten der Herstellung gerechter Verhältnisse. Dabei ist die historische Dimension ebenso wichtig wie eine angemessene Analyse der bestehenden Strukturen. Ersetzt man aber den Gerechtigkeitsdiskurs durch einen Hilfe- und Solidaritätsdiskurs, schneidet man die eigentliche Dimension der *Ungerechtigkeit* ab und kann folglich auch nichts Adäquates mehr über Gerechtigkeit sagen. Im Ergebnis tauchen Akteure oder Gesellschaften, die von ungerechten Verhältnissen profitieren, dann zuweilen sogar als großzügige Helfer in einer Situation globaler »Not« auf; und diejenigen, die unter Ungerechtigkeit leiden, werden zu »Notleidenden« beziehungsweise zu Hilfeempfängern und als solche zur Dankbarkeit verpflichtet. Die Strukturen, die zu ihrer Situation führen, werden schließlich sogar – wieder ist der Vergleich zu den Opfern einer Naturkatastrophe aufschlussreich – wie Naturgewalten angesehen und reifiziert. Die Dialektik der Moral besagt somit, dass ein im falschen Kontext platziertes moralisches Argument in sein Gegenteil umschlagen kann, in die Verschleierung der wirklichen, normativ relevanten Situation.

2. Deutlich wird, wie sehr hier Fehler der Gegenwartsanalyse und normative Fehler verquickt sind. Die Gerechtigkeit ist eine Sache der Moral, aber nicht nur: Sie ist auch eine Sache des Realitätssinns, der eine Konzeption der Gerechtigkeit trägt. Dann hängt freilich

sehr viel davon ab, ob wir eine angemessene Theorie globaler Strukturen und ihrer Asymmetrien haben oder haben können, sozusagen eine kritische Theorie des Status quo einschließlich seiner historischen Dimension. Ich kann nicht behaupten, eine solche Theorie läge in allen Details vor, doch ist sie unabdingbar, will man eine vollständige politische Konzeption transnationaler Gerechtigkeit ausarbeiten.[12] Anders lässt sich nämlich die entscheidende – und umstrittene – Frage, inwiefern auf globaler Ebene wirklich so etwas wie eine »Grundstruktur« existiert, also (mehr oder weniger) institutionalisierte Strukturen der Kooperation auf politischer, rechtlicher, sozialer, ökonomischer und kultureller Ebene, die im Sinne der Gerechtigkeit zu ordnen sind, gar nicht beantworten.[13] Es ist bei nüchterner Betrachtung freilich ein Euphemismus, hier von »Kooperation« zu reden; in Wirklichkeit wird man einen Komplex von Beziehungen finden, die sich zu einem sehr unübersichtlichen System von Kooperation, von Zwang und auch von Beherrschung[14] verdichten – häufig besser als Verhältnisse »negativer Kooperation« zu beschreiben. Sollte hier also von einem globalen *Kontext der Gerechtigkeit* gesprochen werden können, so ist dies zunächst in vielen Hinsichten ein Kontext von *Ungerechtigkeit* – wohl aber ein hinreichend spezifizierbarer Kontext der Hervorbringung und der Verteilung von Gütern, der nach einer gerechten Ordnung verlangt, da wechselseitig zu rechtfertigende Ansprüche aus diesem Zusammenhang hervorgehen.

Dabei muss nicht die These vertreten werden, dass es innerhalb dieses globalen sozialen Kontexts nicht auch speziellere, etwa regional, national oder supranational strukturierte, gibt.[15] Es existieren verschiedene relevante Kontexte politisch-rechtlicher Beziehungen

12 Siehe etwa die Bestandsaufnahme von D. Held u. a., *Global Transformations. Politics, Economics and Culture*, Oxford 1999.

13 So bereits Ch. Beitz, *Political Theory and International Relations*, Princeton 1979, Teil 3.

14 Dabei ist es wichtig, die Komplexität solcher Machtverhältnisse zu erfassen; in einem System »multipler Beherrschung« findet sich eine Reihe von Akteuren (von transnationalen Unternehmen über nationale Regierungen und lokale Eliten bis hin zu den schwächsten Gesellschaftsmitgliedern, insbesondere Frauen), die sich auf unterschiedliche Weise in Dominanz- und Abhängigkeitsverhältnissen befinden, wobei die Schlechtestgestellten auf mehrfache Weise beherrscht werden.

15 Vgl. die Analyse verschiedener politischer Arenen bei Habermas, »Eine politische Verfassung für die pluralistische Weltgesellschaft?«, a. a. O. (Anm. 3), S. 334 ff.

sowie der Güterproduktion und -verteilung, die spezifisch aufeinander bezogen sind. Und innerhalb dieser Kontexte bestehen verschiedene Formen von Pflichten und Verpflichtungen, zum Teil mit historischer Genealogie. Doch sofern der globale Kontext einer der (Un-)Gerechtigkeit ist, liegen hier eindeutig – primär auf Seiten der hiervon Profitierenden – Pflichten der Gerechtigkeit vor, Strukturen zu schaffen, die unter allen Betroffenen rechtfertigungsfähig sind.

3. Der Begriff der Rechtfertigung verweist auf die Gerechtigkeitsidee, die ich hier verfolge. Eine Konzeption transnationaler – und transkultureller – Gerechtigkeit muss einen allgemein akzeptablen normativen Kern haben, der dem Anspruch der Reflexivität genügt, das heißt, der seinen eigenen Universalitätsanspruch *selbst* dem kritischen Diskurs unterwirft.[16] Diese reflexive Pointe ist der größte normative Gewinn einer diskurstheoretischen Konzeption, die – in meiner Version[17] – auf dem Prinzip der Rechtfertigung beruht, welches besagt, dass niemand Normen, Regeln oder Institutionen unterworfen werden darf, die ihm oder ihr gegenüber nicht wechselseitig und allgemein ausweis- und begründbar sind. Diesem Prinzip entspricht ein grundlegendes individuelles moralisches *Recht auf Rechtfertigung*, das in moralisch-politischer Hinsicht das Zentrum einer diskursiven Konstruktion von Menschenrechten und von legitimen Strukturen politischer Herrschaft und sozialer Ordnung bildet.

Auf der Basis dieses Grund-Rechts auf Rechtfertigung lässt sich – entgegen einem weit verbreiteten Vorurteil – etwas mehr als nur Prozedurales über Gerechtigkeit sagen. Denn es ist zwischen *fundamentaler* und *maximaler* Gerechtigkeit zu unterscheiden: Erstere

16 Siehe dazu insbesondere J. Habermas, »Eine genealogische Betrachtung zum kognitiven Gehalt der Moral«, in: ders., *Die Einbeziehung des Anderen*, Frankfurt am Main 1996.

17 Auf die Unterschiede zur Diskurstheorie von J. Habermas gehe ich ein in Forst, *Das Recht auf Rechtfertigung*, Teil 1, insbesondere in »Die Rechtfertigung der Gerechtigkeit« (ursprünglich in: *Das Recht der Republik*, hg. von H. Brunkhorst und P. Niesen, Frankfurt am Main 1999). Sie betreffen hauptsächlich den normativen Status des Rechtfertigungsprinzips sowie die Frage nach einer zugleich prozeduralen und substantiellen, eigenständigen Theorie der Gerechtigkeit neben (und im Zusammenspiel mit) Theorien der Moral, des Rechts und der Demokratie.

fordert als sine qua non der politisch-sozialen Gerechtigkeit eine effektive *Grundstruktur der Rechtfertigung*, Letztere zielt auf eine vollständig diskursiv *gerechtfertigte Grundstruktur* ab. Die erste politische Aufgabe der Gerechtigkeit ist es somit, eine Grundstruktur der Rechtfertigung, in der die jeweils relevanten Institutionen, Strukturen und Verteilungen der Kritik und Legitimation seitens der Betroffenen unterzogen werden können, zu etablieren. Und so muss eine politische Theorie transnationaler Gerechtigkeit in ihrem institutionentheoretischen Teil substantielle Aussagen über entsprechende diskursiv-demokratische Strukturen auf transnationaler Ebene treffen können, denn anders kann dem Grundanspruch autonomer Personen, nicht länger bloß Objekte der Ungerechtigkeit oder auch einer Form der umverteilenden Gerechtigkeit zu sein, nicht entsprochen werden.

4. Daraus folgt, dass auch dort, wo es um die Verteilung lebensnotwendiger Güter geht – und dies steht im globalen Kontext angesichts des massenhaften Sterbens und der Armut in vielen Ländern der Erde ohne Zweifel im Vordergrund –, es strukturell gesehen zunächst einmal um die *erste Frage der Gerechtigkeit* geht: die politische Frage der *Macht*. Der Kern dessen, was Ungerechtigkeit heißt, ist mit dem Unterworfensein unter willkürliche Machtausübung bezeichnet, wie auch immer sich diese Macht als Herrschaft konkret manifestiert, und daher ist die Logik der Gerechtigkeit darauf ausgerichtet, solche Formen der Herrschaft zu überwinden. Dabei bleibt die Frage der Verteilung von größter Bedeutung, aber die Gerechtigkeit betont in erster Linie die Würde der Einzelnen, nicht länger als Subjekte ohne Rechtfertigungsautorität angesehen zu werden.[18] Theorien der Gerechtigkeit, die dies übersehen und sich allein um die »Versorgung« von Menschen kümmern, werden diesem Anspruch nicht gerecht; sie verpassen die politische Pointe der Gerechtigkeit. Politische Macht ist das erste und oberste »Grundgut« der Gerechtigkeit.

Dies gilt nicht nur auf transnationaler Ebene, sondern auch – und zunächst – innerhalb der politischen Kontexte, in denen sich illegitime Herrschaftsstrukturen auf nationaler Ebene finden. Der erste

18 Siehe R. Forst, »Die Würde des Menschen und das Recht auf Rechtfertigung«, in: *Deutsche Zeitschrift für Philosophie* 53 (2005).

Adressat der Gerechtigkeit ist und bleibt die eigene staatliche Ordnung – nur nicht der einzige.

5. So läuft eine politische Konzeption transnationaler Gerechtigkeit in institutionentheoretischer Hinsicht darauf hinaus, im globalen Rahmen ausreichende Strukturen der Rechtfertigung zu etablieren, die gegebene Machtasymmetrien in Frage stellen können. Worauf es dabei zunächst ankommt, sind Verfahren, in denen – in gewisser Weise quer zur Unterscheidung von strategischem Verhandeln und kommunikativer Argumentation – der *Zwang zum besseren Argument* institutionalisiert wird. Damit sind Verfahren gemeint, in denen keine relevanten Verhältnisse hinter einem Schleier der Rechtfertigungsunantastbarkeit verborgen bleiben, in denen also die betroffenen Akteure ihre Ansprüche nicht nur kritisch vorbringen können, sondern in denen sie – auf dem Wege der Erhöhung öffentlichen Drucks (im Zusammenspiel mit einer »globalen Zivilgesellschaft«) und mit Hilfe institutionalisierter Einspruchsrechte[19] – diejenigen, die von asymmetrischen Verhältnissen profitieren, zwingen können, ihre Legitimationsgründe – beziehungsweise das Fehlen derselben – offenzulegen. Solche Verfahren wären trotz jenes Zwangsmoments insofern »deliberativ« zu nennen, als sie diskursive Vorkehrungen dafür enthielten, höhere Niveaus reziproker Begründung anzusteuern, insbesondere durch reflexiv strukturierte Einspruchsmöglichkeiten der Betroffenen.[20] Entscheidend ist dabei, wie breit und effektiv die Beteiligungsmöglichkeiten an Beratungen und Entscheidungen über eine transnationale »Weltinnenpolitik« (Habermas) sind und in welchem Maße reziprok teilbare Begründungen in solchen Verfahren generiert werden.[21] Das Kriterium re-

19 Vgl. dazu insbesondere die Idee der »contestation« bei Ph. Pettit, *A Theory of Freedom*, Cambridge 2001.

20 Die Frage, wer von welcher Politik betroffen und welcher Rechtfertigungskontext daher für Entscheidungen geeignet ist, wird von Nancy Fraser ins Zentrum einer politischen Diskurstheorie höherer Ordnung gerückt, die sich um Diskurse des *reframing* dreht; dies., *Reframing Justice*, Spinoza-Lectures, Amsterdam 2005.

21 Welche Formen rechtlicher Verfasstheit und von Staatlichkeit dazu nötig sind, solche Verfahren effektiv zu institutionalisieren, kann ich an dieser Stelle nicht erörtern. Mit Habermas in »Hat die Konstitutionalisierung des Völkerrechts noch eine Chance?« bin ich freilich der Auffassung, dass differenzierte Prozesse der transnationalen Konstitutionalisierung auch ohne die Konstitution eines Weltstaats denk- und realisierbar sind.

ziproker Rechtfertigung ist zugleich ein substantiell-inhaltliches und eines, das seiner Natur nach allein diskursiv-prozedural eingelöst werden kann.

6. Um kurz auf mein Gedankenexperiment zurückzukommen, so ist nun ersichtlich, dass ein globaler Gerichtshof, selbst wenn es ihn gäbe, nicht hinreichend wäre, um transnationale Gerechtigkeit zu schaffen. Denn die Herstellung von Gerechtigkeit ist eine *autonome* Aufgabe derer, die nicht länger »Gerechtigkeitsempfänger« sein wollen. Die Gerechtigkeitsautorität liegt somit weder bei einem globalen Gericht noch bei Moralphilosophen oder den jeweiligen Betroffenen allein; sie liegt in einem Prozess der Rechtfertigung. Denn, so sei mit Habermas abschließend festgehalten, »in einem Aufklärungsprozeß gibt es nur Beteiligte«.[22]

22 J. Habermas, *Theorie und Praxis*, Frankfurt am Main 1982, Einleitung zur Neuausgabe 1971, S. 45.

Rainer Schmalz-Bruns

An den Grenzen der Entstaatlichung

Bemerkungen zu Jürgen Habermas' Modell einer »Weltinnenpolitik ohne Weltregierung«

Beunruhigend an den Prozessen der zunehmenden Denationalisierung von Politik, Recht, Wirtschaft und Kultur, mit denen wir insbesondere in den letzten zwei Jahrzehnten konfrontiert wurden, ist aus demokratietheoretischer Sicht vor allem der Umstand, dass die auf supra-, trans- oder internationaler Ebene zur Verfügung stehenden oder schrittweise entwickelten Handlungskapazitäten in wesentlichen Hinsichten nicht ausreichen, um den Bedeutungsverlust des Nationalstaates kompensieren zu können. Dieses Defizit mag viele und dazu von Fall zu Fall variierende Ursachen haben, und gewiss spielen dabei nationalstaatliche Interessen und Machtasymmetrien ebenso eine Rolle wie der zuletzt am Beispiel des Schicksals des EU-Verfassungsvertrags deutlich werdende elektorale Protest gegen das Ausstellen institutioneller Wechsel, die zu große Deckungslücken in den Bereichen der Sozialstaatlichkeit und Sicherheit aufweisen. Aber auch hier wird man annehmen dürfen, dass diese Affekte ihre Ursache wiederum zum Teil in institutionellen Praktiken politischer Eliten haben, die insgesamt geeignet sind, das bürgerschaftliche Vertrauen darin zu zersetzen, dass materiale Anliegen über die zur Verfügung stehenden (oder gestellten) institutionellen Mechanismen und Ressourcen tatsächlich wirkungsvoll befördert werden können.[1] In dieser Perspektive jedenfalls treten strukturelle Asymmetrien einer »ungleichzeitigen Denationalisierung« (Zürn) von (demokratischer) Politik, Recht und Ökonomie in den Blick, die dazu führen, dass in der Rechtsentwicklung Politik und Recht auseinandertreten und die dadurch aufgerissene politische Interventionslücke den Boden einer neoliberalen Umstrukturierung der Weltwirtschaft bereitet, die von einer Umstellung politischer Regelungsformen auf Marktmechanismen gekennzeichnet ist.

1 Vgl. C. Offe, »Political disaffection as an outcome of institutional practices«, unv. Ms., Berlin 2006, S. 30 ff.

Mit dieser doppelten Diagnose einer Deflationierung legitimatorischer Anforderungen an das Recht im Zeichen einer weltweiten Privatrechtsgesellschaft einerseits und der sich strukturell verengenden Spielräume interventionistischer Politik andererseits taucht Habermas die möglichen Effekte einer ausbleibenden Demokratisierung der Politik auf globaler Ebene in ein gewiss sehr grelles Licht.[2] Aber seine Diagnose hat den Vorzug, den Grund dafür hervorzuheben, dass die institutionelle Nach- und Aufrüstung der Politik in der postnationalen Konstellation nur dann, wie man vermuten kann, Aussicht auch auf praktischen Erfolg hat, wenn die »moralische Plausibilität«[3] von Institutionen gewahrt werden kann, die sich nicht nur daran bemisst, inwieweit institutionelle Regeln den Normen des öffentlichen Vernunftgebrauchs prozedurale Geltung verschaffen, sondern auch daran, dass sie einen so vermittelten politischen Willen effektiv gestaltend wirksam werden lassen: Nur dann, so die Vermutung, wenn sich die institutionellen Pfade der Stiftung demokratischer Legitimität diesseits und jenseits der Grenzen des Nationalstaates nicht zu früh verzweigen und insbesondere negative Rückkopplungseffekte einer ersatzlosen Entwertung der Institutionen des demokratischen Rechtsstaates vermieden werden können, nur dann wird man die politische Lücke schließen können, die der Prozess der ungleichen Denationalisierung bisher hinterlassen hat.

Wenn man so die Gründe resümieren kann, die Habermas' Überlegungen zu den Möglichkeiten und Perspektiven des demokratischen Projekts in der postnationalen Konstellation angetrieben haben, so wird doch auch deutlich, was Habermas dazu veranlasst hat, die Antworten auf die damit verbundenen begrifflichen und konzeptionellen Fragen nicht in der Perspektive eines monistischen Modells der kosmopolitischen Demokratie zu entwickeln und sich der traditionellen Alternative von »Weltstaat oder Staatenwelt« zunehmend zu entziehen.[4] Ausschlaggebend dafür scheinen vor allem

2 J. Habermas, »Eine politische Verfassung für die pluralistische Weltgesellschaft?«, in: ders., *Zwischen Naturalismus und Religion*, Frankfurt am Main 2005, S. 358, 364.

3 C. Offe, »Können wir unseren Mitbürgern vertrauen?«, in: *Vertrauen. Die Grundlage sozialen Zusammenhalts*, hg. von M. Hartmann und C. Offe, Frankfurt am Main 2001, S. 280 ff.

4 Vgl. dazu auch P. Niesen und O. Eberl, »Demokratischer Positivismus: Habermas/Maus«, in: *Neue Theorien des Rechts*, hg. von S. Buckel, R. Christensen und A. Fischer-Lescano, Stuttgart 2005, S. 21 ff.

praktische Erwägungen zu sein, in denen sich demokratieethische Bedenken mit einer gewissen Skepsis bezüglich der Verfügbarkeit der dazu notwendigen motivationalen, kognitiven und organisatorischen Ressourcen verbinden: Weil keineswegs klar ist, dass sich kosmopolitische Formen der Solidarität und ihre institutionellen Gestalten ohne Substanzverlust mit den aus der Existenz nationalstaatlicher Demokratien erwachsenden normativen Ansprüchen versöhnen lassen,[5] und weil einiges dafür zu sprechen scheint, dass die entfaltete (republikanische) Idee der Selbstgesetzgebung und Selbstbestimmung aus prinzipiellen Gründen auf eine partikulare Formgebung verwiesen ist,[6] richten sich seine Bemühungen in den letzten Jahren primär darauf, unter Verwendung der autonomieschonenderen Formel einer »Weltinnenpolitik ohne Weltregierung« die begrifflichen Voraussetzungen eines Modells der Mehrebenen-Demokratie zu erläutern, das es erlauben soll, die Funktionsbestimmungen demokratischer Politik in die Struktur einer arbeitsteiligen Bewirtschaftung der Legitimationsressourcen auf suprantionaler, regionaler und nationaler Ebene einzupassen.

Damit verlässt er zwar, wie schon gesagt, den monistischen Pfad einer ins Kosmopolitische erweiterten Form der Idee der republikanischen Verfassung; aber während ihm dies einerseits der Preis zu sein scheint, den man entrichten muss, um das Projekt der Demokratie nicht vollständig dem zu billigen Hohn und Spott des (realistischen) Skeptikers zu überlassen (vgl. Anm. 6), richten sich seine

5 Vgl. dazu auch R. Fine und W. Smith, »Jürgen Habermas's Theory of Cosmopolitanism«, in: *Constellations* 10 (2003), S. 469 f.

6 So notiert Habermas in der »Postnationalen Konstellation« (Frankfurt am Main 1998, S. 161), dass das selbstreferentielle Konzept kollektiver Selbstbestimmung aus logischen Gründen die Unterscheidung zwischen Mitgliedern und Nichtmitgliedern voraussetzt: Dann aber nimmt jede Konkretisierung der Idee der demokratischen Selbstbestimmung notwendig eine partikulare Gestalt an – freilich wird diese Behauptung auch an dieser Stelle so erläutert, dass am Ende unklar bleibt, ob wir diese Verklammerung von (universalistischer) Idee und (partikularer) Form begrifflich verstehen sollen oder ob ihr (lediglich) ein empirischer Status zukommt: »Dieses ethisch-politische Selbstverständnis einer spezifischen demokratischen Lebensform aber fehlt auf der Ebene der inklusiven Gemeinschaft von Weltbürgern.« Um dieser aus seiner Sicht falschen Alternative zu entkommen, mobilisiert Habermas deshalb den Hegel'schen Einwand gegen Kant, der in dem Vorwurf einer »Ohnmacht des Sollens« gipfelt, und insistiert, dass normativ noch so gut begründete Projekte dann folgenlos bleiben, wenn ihnen die Realität nicht entgegenkommt (»Eine politische Verfassung«, a. a. O. [Anm. 2], S. 339) –

Anstrengungen in der Folge doch im Kern darauf, den Eindruck zu vermeiden, dass es sich hierbei um bloße Ermäßigungen und Abstriche am normativen Gehalt der Idee der Demokratie handeln könnte – ein Impuls, der sich aber nur einlösen lässt, wenn es andererseits gelingt, die bestehenden engen begrifflichen Verklammerungen von Demokratie und Nationalstaat so weit aufzubrechen, um zeigen zu können, dass auch die Welt jenseits des Nationalstaates einen normativ plausiblen Raum der Entfaltung des Versprechens auf kollektive Selbstbestimmung bilden kann. Habermas sperrt sich also ersichtlich gegen die Vorstellung der Preisgabe der Idee eines politisch verfassten demokratischen Gemeinwesens überhaupt und möchte nicht dem postdemokratischen Impuls nachgeben, angesichts augenfälliger begrifflicher, konzeptioneller und praktischer Schwierigkeiten die demokratische Vorstellungswelt selber zu verlassen und sich zur Lösung der Probleme des kooperationsgemeinschaftlichen Zusammenspiels und Zusammenwirkens pluraler (politisch-demokratisch, ethnisch, religiös, sprachlich oder historisch gestifteter) Gemeinschaften in die ganz andere Vorstellungswelt einer etwa von Toleranz getragenen, respektvollen Koexistenz zurückzuziehen.[7] Was an solchen und ähnlichen Reaktionen markant ist, ist der Umstand, dass die gedankliche Vorbereitung eines solchen Wechsels der Vorstellungswelten dezidiert postdemokratische Züge trägt, indem wir auf eine Konstellation eingestimmt werden, in der sich der weltpolitische Sinn der Demokratie erschöpft haben könnte:

What is democracy good for? This plausibility, we submit, has to some extent faded away in Europe, partly because its opposites (imperial rule, authoritarianism, the denial of national self-determination) have disappeared form the scene, and partly also because we see that large and persistent problems of social justice defy the democratic method of rule, as the ubiquitous and, it would seem, democratically irremediable crisis and decline of welfare states indicate.[8]

andernfalls ziehe man als »Geisterseher« berechtigten »Hohn« auf sich und gebe ein leeres und in praktischer Hinsicht sogar »irreführendes« Versprechen ab (»Hat die Konstitutionalisierung des Völkerrechts noch eine Chance?«, in: ders., *Der gespaltene Westen*, Frankfurt am Main 2004, S. 143).

7 J. Habermas, »Eine politische Verfassung«, a. a. O. (Anm. 2), S. 340; vgl. C. Offe und U. K. Preuß, »The problem of legitimacy in the European polity. Is democratization the answer?«, unv. Ms., Berlin 2006, S. 28.

8 Vgl. C. Offe und U. K. Preuß, »The problem of legitimacy«, a. a. O. (Anm. 7),

Im Unterschied zu derartigen postdemokratischen Entwürfen von Gestalten einer ethisierten Weltpolitik,[9] wie sie von Offe und Preuß dann konsequent in der Idee des »Bundes« konturiert und auch in der Absicht in die Debatte eingeführt worden sind, mit dem »republikanischen Imperium« eine zur staatlichen alternative Organisationsform des Politischen ins Auge zu fassen, hält Habermas bei allen Zweifeln daran, ob ein im Zusammenhang der (liberalen) Konstitutionalisierung des Völkerrechts staatlich entkerntes Verfassungsprojekt dem Projekt der Demokratisierung noch ein ausreichendes Gerüst zur Verfügung stellen könnte, vor allem aus zwei Gründen an der Perspektive einer Demokratisierung der Weltpolitik fest: Weil es aus moralischen Gründen keine Alternative zur konsequenten Verrechtlichung der Weltpolitik zu geben scheint und weil es aus legitimationstheoretischen Gründen keine »Gesetzesherrschaft ohne Selbstgesetzgebung« geben kann.[10]

Vor der Einlösung der so umrissenen Programmatik bauen sich allerdings Hindernisse nicht nur pragmatischen und ethisch-praktischen, sondern auch begrifflichen Zuschnitts auf, auf die Habermas in den letzten Jahren in unterschiedlichen Anläufen zu reagieren versucht hat. Führt man sich diese Schritte in groben Zügen vor Augen, dann musste es (auch dem Verlauf der Debatte entsprechend) zunächst darum gehen, die in die Idee der demokratischen Selbstgesetzgebung eingelassenen ethischen Bezüge in ihren wesentlichen Gehalten abstrakter zu fassen, um sie so aus der nationalen Form ein Stück weit herauslösen und für neue Arten der Gemeinschaftsbildung öffnen zu können – dem diente in einem ersten Schritt die Umbuchung von kollektiven Identitäten auf vor allem verfassungspatriotische Einstellungen, in denen die politisch fungiblen Formen staatsbürgerlicher Solidarität nicht nur auf die abstraktere Grundlage einer »Solidarität unter Fremden« umgestellt werden sollten, sondern damit einhergehend die Substanz gesellschaftlicher Solidarität in den kognitiv gestifteten Zusammenhang kollektiver Lernprozesse gerückt werden sollte.[11] In diesem Zusam-

S. 23; vgl. auch U. Beck und E. Grande, *Kosmopolitisches Europa*, Frankfurt am Main 2004.

9 Vgl. J. Habermas, »Hat die Konstitutionalisierung des Völkerrechts noch eine Chance?«, a. a. O. (Anm. 6), S. 115.

10 Vgl. J. Habermas, ebd., S. 136.

11 Vgl. J. Habermas, »Solidarität jenseits des Nationalstaats. Notizen zu einer Dis-

menhang tritt dann auch der begriffsstrategische Sinn der epistemischen Akzentverschiebung, die Habermas vor dem Hintergrund des Modells deliberativer Demokratie in der »Postnationalen Konstellation« an der Idee demokratischer Willensbildung vorgenommen hatte,[12] nochmals deutlicher hervor – auch hier hat die epistemische Erläuterung des Sinns von Demokratie vor allem die Funktion, die kognitive Dimension demokratischer Vergemeinschaftung herauszustreichen und in der rationalen Struktur von Gründen ein elastischeres Medium politischer Integration für die Entwicklungen von Vorstellungen bezüglich der Demokratisierung schließlich auch der Weltpolitik zur Verfügung zu halten – dies freilich unter der Voraussetzung, dass Gründen diese integrative Wirkung und legitimationsstiftende Kraft nur im Rahmen rechtlich formalisierter, egalitärer Verfahren zukommen kann.[13]

Gerade diese prozeduralistisch-institutionelle Pointe des Modells deliberativer Demokratie hat Habermas schließlich in den jüngsten einschlägigen Veröffentlichungen dazu veranlasst, den Blick zunehmend auf den organisationsrechtlichen Körper zu lenken, der auf globaler Ebene in die »zu weit geschneiderten Mäntel«[14] von globalen Teilverfassungen im Rahmen u. a. der Vereinten Nationen, der Welthandelsorganisation oder der Europäischen Union erst noch hineinwachsen müsste. Damit sieht sich Habermas nunmehr vor die Aufgabe gestellt, auch im Hinblick auf den Staat jene für das Projekt der Demokratisierung der Weltpolitik unentbehrlichen Momente von Staatlichkeit in einer abstrakteren Fassung zur Verfügung zu stellen und kontextadäquat zu respezifizieren. Dies unternimmt er, wenn ich recht sehe, im Wesentlichen in zwei Schritten, wobei zunächst im Rahmen eines begrifflichen Abgleichs von Staat, Verfassung und Demokratie in einer Art Subtraktionslogik noch einmal jene Bestimmungen von Staatlichkeit herausgefiltert werden, die allzu substantialistische Züge tragen, um diese dann von jenen zu trennen, die von der Idee einer entstaatlichten Verfassung

kussion«, in: *Transnationale Solidarität*, hg. von J. Beckert u. a., Frankfurt am Main 2004, S. 225 f.

12 J. Habermas, »Die postnationale Konstellation und die Zukunft der Demokratie«, in: ders., *Die postnationale Konstellation*, Frankfurt am Main 1998, S. 166.

13 Vgl. dazu auch den Beitrag von Hauke Brunkhorst in diesem Band.

14 J. Habermas, »Hat die Konstitutionalisierung des Völkerrechts noch eine Chance?«, a. a. O. (Anm. 6), S. 132.

absorbiert oder schließlich dezentral – also im Rückgriff auf die körperschaftlichen Ressourcen der Nationalstaaten wie supra- oder internationaler Organisationen – reproduziert und mobilisiert werden könnten.

Damit übernimmt die Konstitutionalisierung gewiss auch die Aufgabe einer gleichsam nachholenden Verstaatlichung der Weltpolitik,[15] die aber die Schwelle zur Weltrepublik weder überschreiten kann noch muss, wenn und insofern richtig ist, dass wir ohne normative Verluste die begriffliche Verklammerung von Demokratie und Staatlichkeit jedenfalls so weit lockern können, dass sich der demokratische Prozess, ohne legitimatorischen Schaden zu nehmen, aus den dezentralen und ohnehin zunehmend zersplitterten Strukturen der nationalstaatlichen Konfiguration wie der sektoral aufgebauten oder aufzubauenden organisierten Handlungskompetenzen bedienen kann. Allerdings scheint mir unklar zu sein, ob die dahinterstehende Idee einer konfigurativen Form von Staatlichkeit[16] nicht doch eine architektonische Lücke hinterlässt, die mit Mitteln einer reflexiven, sozietalen und transnationalen Konstitutionalisierung der politischen Beziehungen zwischen parallel und sektoral vergemeinschafteten kollektiven Akteuren allein nicht zu schließen ist. In dieser Hinsicht jedenfalls bleiben Zweifel zurück, die sich anmelden, wenn man sich die begriffliche Perspektive auf Staatlichkeit nicht allein vom Moment der organisierten Handlungsfähigkeit vorgeben lässt, sondern wenn man, neben den kognitiven und reflexiven auch die regulativen, substitutiven, subsidiären oder kompensatorischen Funktionsbestimmungen[17] im Blick behält – damit könnte die begriffliche Schwelle, die auf dem Weg zu einer Weltinnenpolitik ohne Weltregierung zu überwinden wäre, jedenfalls höher liegen, als Habermas vermutet.

Ich muss mich im Folgenden, noch weit diesseits der Entfaltung einer begrifflichen und konzeptionellen Alternative, darauf beschränken, diese Zweifel zu vertiefen, und werde in einem ersten Schritt den Überlegungen von Habermas zur Entstaatlichung der Weltpolitik bis an jene Punkte folgen, an denen konzeptionell noch

15 Ebd.

16 Vgl. dazu jüngst auch *Staatlichkeit im Wandel*, hg. von St. Leibfried und M. Zürn, Frankfurt am Main 2006.

17 Vgl. dazu, freilich noch im nationalstaatlich gebundenen Blick, J. Habermas, *Legitimationsprobleme im Spätkapitalismus*, Frankfurt am Main 1973.

nicht domestizierte Probleme sichtbar werden (I). Vor diesem Hintergrund möchte ich dann wenigstens in groben Umrissen auf einige der konzeptionellen Herausforderungen aufmerksam machen, die sichtbar werden, wenn man Staatlichkeit als reflexive Form der Selbsteinwirkung und Selbstgestaltung demokratischer Prozesse thematisch werden lässt. Zu diesem Zweck werde ich in einem weiteren Schritt an jüngere Debatten zum Verhältnis zwischen globaler Gerechtigkeit und Globalstaatlichkeit anschließen, in denen Probleme der Gewährleistung der Moralitätsbedingungen einer demokratischen Form der Demokratisierung globaler Politik auf eine Weise thematisiert werden, die es unausweichlich erscheinen lässt, sich mit der Rolle zu befassen, die eine entsubstantialisierte Form von Staatlichkeit spielen muss, wenn sich mit der Frage nach globaler Gerechtigkeit die Grammatik von Gerechtigkeitsfragen ändert (II). In einem letzten Schritt werde ich dann versuchen, wenigstens einige provisorische konzeptionelle Schlussfolgerungen zu ziehen (III).

I

Im Rahmen seiner Bemühungen um eine begriffliche Alternative zur Weltrepublik schlägt Habermas insgesamt sechs Umstellungen am Begriffshaushalt der Politischen Theorie vor, die er selber wie folgt resümiert: Erstens mobilisiert er die föderalistische Denkfigur einer geteilten Souveränität, die er allerdings umstandslos mit dem Konzept von Mehrebenensystemen amalgamiert; zweitens setzt er mit Blick auf den Prozess der Konstitutionalisierung des Völkerrechts auf eine neuartige Verbindung des liberalen, machtbegrenzenden und des republikanischen, auf Herrschaftskonstituierung zielenden Verfassungstyps, und zwar derart, dass die republikanisch geprägten Nationalstaaten dem Prozess der globalen Verrechtlichung jene Legitimität zuführen, die dieser aus sich heraus nicht erzeugen kann. Allerdings wird dabei nicht recht deutlich, wie diese asymmetrische Verbindung den legitimationsstiftenden Zusammenhang von privater und öffentlicher Autonomie soll wahren können. In diese Lücke scheint er drittens mit der Idee von Lernprozessen zu stoßen, in denen die von Staaten initiierte liberale Konstitutionalisierung des Völkerrechts von den Bürgern auf dem Wege einer allmählichen Internalisierung angeeignet wird.[18] Dieser Programmatik, die sich auf Entwicklungen auf der internationalen Ebene bezieht, wird anschließend eine zweite Gruppe von Vorschlägen an die Seite gestellt, mit deren Hilfe geklärt werden soll, wie sich die Nationalstaaten komplementär dazu auf ihre neue, das Weltbürgerrecht befördernde Rolle einstellen können. Hier macht er viertens geltend, dass die einzelstaatliche Souveränität mehr und mehr in kooperationsgemeinschaftliche Strukturen diffundiert, während sich fünftens gleichzeitig im Hinblick auf die notwendige Zwangsbewehrung einer Rechtsordnung eine Schere zwischen der überstaatlichen Rechtsetzungskompetenz einerseits und dem beim Nationalstaat verbleibenden Gewaltmonopol öffnet, so dass sechstens nur noch geklärt werden muss, wie sich das Selbstverständnis von Nationen so ändern kann, dass es zu den genannten Entwicklungen aufzuschließen vermag – hier kommen dann erneut Lernprozesse ins Spiel, in deren Verlauf sich bei vormals autonom entscheidenden kollektiven Akteuren ein Bewusstsein von Organisationsmitgliedern einstellt, die Rechte und Pflichten haben.

An dieser Vorstellung fallen in begrifflicher Hinsicht unmittelbar mehrere Punkte ins Auge. Zunächst macht der mehrmalige Bezug auf Lernprozesse klar, dass Habermas nicht mit einem Nullsummenspiel zwischen Prozessen der gesellschaftlichen Rationalisierung und Abstraktion einerseits und der Reproduktion von Wertkonsensen andererseits rechnet, weil auch die Entwicklung und Entfaltung von solidarischen Beziehungen insgesamt unter eine kognitive Beschreibung gebracht werden kann, nach der solidarische Einstellungen den erweiterten Kooperationsbeziehungen nachwachsen und sich auf zunehmend abstrakterem Niveau unpersönlicher Beziehungen ansiedeln (so dass sich schließlich auch vor der Idee einer ins Globale erweiterten Form der nationalen Solidarität unter Rechtsgenossen keine prinzipiellen, begrifflichen Schranken errichten lassen). Während dieser Zug durchaus geeignet ist, einige der begrifflichen Blockaden aufzubrechen, die regelmäßig vor der Denationalisierung von Rechtsstaat und Demokratie errichtet werden, fällt doch auf, dass diese Lernprozesse ihren Fluchtpunkt in einer Entstaatlichung der Weltpolitik haben sollen, ohne dass es für

18 J. Habermas, »Eine politische Verfassung«, a. a. O. (Anm. 2), S. 330 ff.

die Amalgamierung beider Perspektiven, in der der europäische Prozess der Staatenbildung gleichsam von rückwärts wieder aufgerollt wird, eine eigene Begründung gäbe. Das ist deshalb umso erstaunlicher, weil die Skizze eines dualistischen Modells und der darin angelegten »neuen« Verbindung von transnational-liberaler und national-republikanischer Verfassung ebenso wie der Verbindung zwischen supranationaler Rechtsetzungskompetenz und national gehegtem Gewaltmonopol empfindliche, begrifflich-architektonische Lücken aufweist – es fehlt an einer Instanz, die so etwas wie ein gemeinsames Drittes[19] zwischen internationalen Organisationen oder supranationalen Institutionen einerseits und einzelnen Staaten andererseits bilden könnte, worauf bezogen ein horizontales Zusammenspiel in eine verlässliche, rechtlich ausgelegte Struktur überführt werden könnte.

Dieser Defekt könnte schließlich auch dem Umstand geschuldet sein, dass Habermas an dieser Stelle im Blick auf Fragen der Souveränität sowie des Gewaltmonopols nur sehr selektiv auf die begrifflich einschlägigen Aspekte des Verhältnisses von Staatlichkeit und Demokratie eingeht, wie sie an verstreuten Stellen auftauchen. Zwar ist unstreitig, dass er in der Regel in den Formulierungen, die auf die begriffliche Erläuterung des Zusammenhangs von Staat, Demokratie und Verfassung zielen, mit dem Moment der Staatlichkeit im Kern auf den Machtaspekt (oder abstrakter: auf den Aspekt der hierarchisch strukturierten Organisation von Handlungsfähigkeiten) abstellt und Staatlichkeit für sich genommen auf den Kern einer ungeregelten, dezisionistischen Gewalt reduziert.[20] In dieser Perspektive ist es denn auch zunächst naheliegend, von einem exter-

19 Diese architektonische Stelle war ja in der vernunftrechtlichen Deduktion des weltbürgerlichen Zustands bei Kant durch die Vernunft selber besetzt: Weil Habermas dieses metaphysische Gepäck aus guten Gründen ebenso loswerden möchte wie substantialistische Vorstellungen vom Staat, hat er diese Vorstellung durch die politisch-prozeduralistische Idee einer Gleichursprünglichkeit von Recht und Demokratie beziehungsweise von privater und öffentlicher Autonomie ersetzt. Wenn dieser Zusammenhang auf globaler Ebene aber nicht nachgebildet werden kann, fehlt Habermas, wie auch Fine und Smith (»Jürgen Habermas's Theory of Cosmopolitanism«, a. a. O. [Anm. 5], S. 480 ff.) notieren, ein begriffliches Argument dafür, »exactly why our response to new social conditions must take a postnational form« (S. 482).

20 Vgl. J. Habermas, »Hat die Konstitutionalisierung des Völkerrechts noch eine Chance?«, a. a. O. (Anm. 6), S. 130 und *passim*.

nen Verhältnis von Verfassung und Demokratie auf der einen Seite und Staatlichkeit auf der anderen Seite auszugehen, wonach der Staat nur ein – und nicht einmal ein notwendiges – Element dieses Arrangements bildet, so dass Habermas umstandslos den Schluss ziehen kann, dass der Staat keine notwendige Voraussetzung für Verfassungsordnungen bildet.[21] Unter dieser Voraussetzung jedenfalls könnten »[d]ie drei wesentlichen Elemente, die in der historisch erfolgreichen Gestalt des europäischen Nationalstaates tatsächlich verschmolzen worden sind – Staatlichkeit, staatsbürgerliche Solidarität und Verfassung« – jenseits des Nationalstaates auseinandertreten,[22] wenn nicht aus normativen Gründen der internen Verzahnung von Recht und Demokratie, die ja den Angelpunkt eines jeden Projekts der Demokratisierung bilden, »der normative Rahmen entstaatlichter Verfassungen [...] deshalb, wenn er mehr als eine hegemonialrechtliche Fassade abgeben soll, wenigstens indirekt an die Legitimationsflüsse der Verfassungs*staaten* angeschlossen bleiben«[23] muss.

In diesem »wenigstens indirekt« kündigt sich mithin ein normatives Problem an, das insbesondere dann nur schwer abzutragen sein dürfte, wenn man das Modell des Staates als Form der hierarchisch strukturierten Organisation von Handlungsfähigkeit auf die Formel der »Selbsteinwirkung« umstellt: »Mit dieser Unterstellung der ›politischen Beherrschbarkeit‹ steht und fällt die verfassungsrechtliche Konstruktion einer Gesellschaft, die über staatliche Agenturen gemäß dem Willen ihrer Bürger auf sich selber einwirkt. An der *Möglichkeit einer solchen Selbsteinwirkung hängt die demokratische Substanz einer Verfassung*, welche die Bürger zu Autoren der Gesetze macht, denen sie als Adressaten zugleich unterworfen sind.«[24] Dann nämlich müssen die Subjekte eines globalen Prozesses der Demokratisierung über die staatlichen Mittel selber verfügen, die es ihnen gestatten, auf die institutionelle Gestalt dieses Prozesses ebenso effektiv einzuwirken wie auf die wirtschaftlichen, sozialen und kulturellen Bestandsvoraussetzungen eines politischen Gemeinwesens, deren Einlösung die moderne Verfassung dem demokratischen

21 Ebd., S. 136.

22 Ebd., S. 135.

23 Ebd., S. 139, Hervorhebung im Original.

24 J. Habermas, »Eine politische Verfassung«, a. a. O. (Anm. 2), S. 343 f., Hervorhebung R. S.-B.

Staat aufbürdet.[25] Vor diesem Hintergrund müssten – nimmt man zudem Befürchtungen bezüglich der abnehmenden (insbesondere sozial- und wohlfahrtsstaatlichen) Gestaltungsfähigkeit des Nationalstaates ernst, oder lenkt man etwa den Blick auf die massiven Probleme globaler Gerechtigkeit – den weltbürgerlichen Subjekten des globalen Demokratisierungsprozesses Zweifel kommen, ob ihnen mit einem »Outsourcen« ihrer organisierten Handlungsfähigkeiten und effektiven Mittel zur Selbsteinwirkung an entsprechend aufgerüstete internationale Organisationen, an regionale supranationale Regime wie die EU oder an die Nationalstaaten wirklich gedient ist.

Diese Zweifel betreffen auch die Frage, ob es Habermas tatsächlich verstanden hat, der postnationalen Konstellation mit dem Projekt einer Weltinnenpolitik ohne Weltregierung nicht nur eine vorläufige und pragmatische, sondern eine begrifflich überzeugende Fassung zu geben. Letztlich sind es, in Akzentuierung der vorsichtigen Fragezeichen, die Habermas selber gesetzt hat, zwei Gründe für solche Zweifel, denen ich im Folgenden ein Stück weit nachgehen möchte: Zum einen bleibt meines Erachtens der normative Rahmen, den eine Form demokratischer Staatlichkeit dem Prozess der Konstitutionalisierung der Politik auch jenseits des Nationalstaates zur Verfügung stellen können müsste, wie in der Formel von der »Selbsteinwirkung« angedeutet wird, unterbelichtet; das hängt zum anderen auch damit zusammen, dass eine derartig dezentrierte Form der Selbsteinwirkung vor ähnlich großen kognitiven Problemen steht wie ein liberaler (und wohlgesonnener) Hegemon, weil »die von jeder Seite vorgenommene Antizipation dessen, was vernünftigerweise für alle Seiten akzeptabel ist, […] nur so geprüft werden [kann], dass der präsumtiv unvoreingenommene Vorschlag einem diskursiven Verfahren der Meinungs- und Willensbildung unterworfen ist«.[26] Letztlich ist es diese Formulierung, die daran zweifeln lässt, dass die netzwerkartigen Strukturen einer institutionell gesehen schwachen Weltöffentlichkeit zusammen mit nur lose verbundenen Mehrebenenstrukturen und sektoralen Institutionalisierungen auf der Ebene internationaler Organisationen den Anforderungen gerecht werden können, die an eine übergreifende Form

25 Ebd., S. 340 ff.

26 J. Habermas, »Hat die Konstitutionalisierung des Völkerrechts noch eine Chance?«, a. a. O. (Anm. 6), S. 183 f.

der Meinungs- und Willensbildung geknüpft werden müssten: Einer solchen Verantwortung kann nicht die kombinierte Willensbildung unterschiedlicher kollektiver Akteure, sondern nur die kollektiv-einheitliche Willensbildung der Repräsentanten von Weltbürgern gerecht werden.

II

Damit haben uns Habermas' Überlegungen in Bezug auf eine dualistische Alternative zur monistischen Idee einer Weltrepublik an einen Punkt geführt, von dem aus man die begrifflichen Bahnen, auf denen er das Projekt einer »Weltinnenpolitik ohne Weltregierung« vorantreiben möchte, noch einmal rückwärts verfolgen und insbesondere an den begrifflichen Weichenstellungen, die die Idee der Staatlichkeit betreffen, die eine oder andere (vorsichtige) Revision anmahnen kann. Zu diesem Zweck möchte ich in einem ersten Schritt auf eine in grundbegrifflicher Hinsicht sehr instruktive Auseinandersetzung zwischen Thomas Nagel einerseits und Joshua Cohen und Charles Sabel andererseits zurückgreifen, die sich thematisch an dem Zusammenhang von (Global-)Staatlichkeit und globaler sozialer Gerechtigkeit entzündet hat.[27]

Nagels These ist klar und unmissverständlich: Seiner Auffassung nach ist Gerechtigkeit (und *a limine*: globale Gerechtigkeit) aus legitimationstheoretischen Gründen an die Form des Staates gebunden, weil eine normativ gehaltvolle Ordnung überhaupt nur dort entstehen kann, wo eine zentrale Autorität zwangsbewehrt jene Regeln garantiert und durchsetzt, die im Namen aller Betroffenen ins Werk gesetzt worden sind – das heißt nur dort also, wo »individuals are both subjects in law's empire and citizens in law's republic«.[28] Diese starke und provokante These, die er auf dem Hintergrund einer mit Bezug auf Rawls entfalteten politischen Konzeption globaler Gerechtigkeit entwickelt, ist nun in unserem Zusammenhang besonders deshalb von Interesse, weil er sie sowohl gegen seine mo-

27 Th. Nagel, »The Problem of Global Justice«, in: *Philosophy & Public Affairs* 33 (2005), S. 113-147, sowie J. Cohen und C. Sabel, »Extra Republicam Nulla Justitia?«, in: *Philosophy & Public Affairs* 34 (2006), S. 147-175.

28 J. Cohen und C. Sabel, »Extra Republicam Nulla Justitia?«, a. a. O. (Anm. 27), S. 148.

nistischen, kosmopolitischen Kontrahenten wie auch gegen eine Spielart der von ihm selber vertretenen dualistischen Sicht in Stellung bringt, die zwar ein grundsätzliches Legitimationsgefälle zwischen einer nationalstaatlich domestizierten und einer globalen Politik anerkennen, aber dennoch eine normative Kontinuität derart annehmen, dass sich intensivierende Kooperations- und Interdependenzbeziehungen in einen zunehmend normativ gehaltvollen Regelungsbedarf übersetzen, dem dann seinerseits so etwas wie ein autoritätserzeugender Eigensinn eingeschrieben ist.[29] Dieser Kontinuitätsthese, auf der ja auch Habermas' nichtmonistisches Modell aufruht, setzt Nagel die These einer scharfen normativen Diskontinuität zwischen einer Welt mit und einer Welt ohne eine übergreifende, zwangsbewehrte Autorität aus im Kern zwei miteinander verbundenen Gründen entgegen: Zum einen macht er auf den vertraglichen Charakter internationaler Konventionen, Regimes oder Organisationen aufmerksam und moniert, dass schließlich nichts die Gerechtigkeit rein vertraglich gestifteter Beziehungen oder Regelungszusammenhänge garantieren könne,[30] und zum anderen bezweifelt er aus genau diesem Grund, dass entsprechende Institutionalisierungen das Niveau von Staatlichkeit annehmen könnten, von dem her ihnen auch eine legitimitätsstiftende Wirkung zuwachsen könnte.[31] Erst diese Verzahnung eines dualistischen Ansatzes mit einer These der prinzipiellen Diskontinuität aber spitzt die dahinterstehenden begrifflichen Fragen so zu, dass sie auch ein Licht auf die Probleme zu werfen verspricht, die die Habermas'sche Konzeption noch, wie angedeutet, zu durchziehen scheinen.

Wenn ich recht sehe, verteilt Nagel die begriffliche Beweislast für seine sehr starke These auf zwei Argumentationslinien, auf denen er sich gleichsam von zwei Seiten her (einmal aus der Perspektive des Nationalstaates und einmal aus jener der institutionellen Welt der internationalen Politik) dem Problem nähert und die beide in der letztlich in unserem Zusammenhang entscheidenden These interferieren, mit der er die Möglichkeit einer normativ gehaltvollen Ordnung der Weltpolitik unterhalb der Schwelle einer Weltrepublik zurückweist:

29 Ebd., S. 166 ff.
30 Th. Nagel, »The Problem of Global Justice«, a. a. O. (Anm. 27), S. 141.
31 Ebd., S. 137.

Nevertheless, I believe that the newer forms of international governance share with the old a markedly indirect relation to individual citizens and that this is morally significant. All these networks bring together representatives not of individuals, but of state functions and institutions. Those institutions are responsible to their own citizens and may have a significant role to play in support of social justice for those citizens. But a global or regional network does not have a similar responsibility of social justice for the combined citizenry of all the states involved, *a responsibility that if it existed would have to be exercised collectively by the representatives of the member states.*[32]

Die erste Argumentationslinie hat ihren Ausgangspunkt in der internen Verbindung von Gerechtigkeit und Gleichheit einerseits und (staatlicher) Souveränität andererseits.[33] Dabei wird die Verbindung zwischen Gleichheit und (sozialer) Gerechtigkeit mit Rawls als eine politische Forderung begriffen, die aus dem öffentlichen Vernunftgebrauch erwächst und sich in wechselseitig zu sichernden Ansprüchen auf institutionell verbürgte gleiche und effektive Teilhaberechte und Partizipationschancen übersetzt. Interessant wird dieses Argument aber erst dadurch, dass es um die Verbindung von Gerechtigkeit und Souveränität so ergänzt wird, dass die Realisierung von Gleichheit aus moralischen Gründen mit der staatlich vorgehaltenen Fähigkeit zur hierarchischen Selbsteinwirkung verknüpft wird:

Without the enabling condition of sovereignty to confer stability on just institutions, individuals however morally motivated can only fall back on a pure aspiration for justice that has no practical expression apart from the willingness to support just institutions should they become possible. [And] the other-regarding motives that support adherence to just institutions when they exist do not provide clear guidance where the enabling conditions for such institutions do not exist.[34]

Der staatlichen Souveränität kommt hier also, analog zum Ergänzungsverhältnis von Moral und Recht, die moralische Funktion zu, die motivationalen und kognitiven Defizite rein moralischer Einstellungen zu kompensieren. Schon aus diesem Grund scheint es unangemessen, den Status dieses Arguments, wie Cohen und Sabel,

32 Ebd., S. 139 f., Hervorhebung R. S.-B.

33 Ebd., S. 114 ff.

34 Ebd., S. 116.

auf die rein derivative Funktionsbestimmung des Staates zurückzunehmen, die normgenerative Kooperation unter Staatsbürgern durch den Einsatz von Hierarchie und Macht lediglich abzusichern[35] – vielmehr muss man Nagel hier so verstehen, dass Staatlichkeit nicht nur den Rahmen, sondern gleichsam ein Medium der normativen Integration von Bürgern darstellt. Diese viel weiter reichende These wird schließlich dadurch noch einmal unterstrichen, dass Nagel seinen Argumentationsgang mit dem Hinweis darauf abschließt, dass Staatlichkeit einen besonderen Modus des »involvement of will«[36] seitens der Mitglieder einer politischen Gemeinschaft bildet – staatliche Verhältnisse sind also, so das Ergebnis, durch eine besondere Form wechselseitiger Verantwortung der Bürger für die angemessene Realisierung der ihr gemeinschaftliches Leben strukturierenden Prinzipien gekennzeichnet, die über eine wechselseitige Verpflichtung auf reziprok-allgemeine Formen der Rechtfertigung eingelöst wird.[37]

Dieser Grundgedanke bildet dann den Rahmen für die zweite Argumentationslinie, mit der er das Problem adressiert, ob und inwieweit man unterhalb der Schwelle der Weltstaatlichkeit von einem normativen Kontinuum zwischen staatlicher und internationaler Politik sprechen kann. Und auch hier ist seine Antwort eindeutig, dass nur eine staatliche Organisationsform einen hinreichend stabilen und verlässlichen Rahmen und Horizont bildet, innerhalb dessen sich eine kollektiv-allgemeine Form der Willensbildung vollziehen kann:

> But if those institutions [internationale Organisationen, Konventionen, Verträge und Regime: R. S.-B.] do not act in the name of all the individuals concerned, and are sustained by those individuals only through the agency of their respective governments or branches of those governments, what is the characteristic in virtue of which they create obligations of justice and presumptions in favor of equal consideration for all those individuals?[38]

In der Summe präsentiert Nagel sein Argument für Staatlichkeit also in einer politischen Form, die sich von substanzontologischen Spekulationen weitgehend freihält.

35 J. Cohen und C. Sabel, »Extra Republicam Nulla Justitia?«, a. a. O. (Anm. 27), S. 160.

36 Th. Nagel, »The Problem of Global Justice«, a. a. O. (Anm. 27), S. 128.

37 Ebd., S. 130, 129.

38 Ebd., S. 142.

Dieser Umstand jedenfalls ist ausschlaggebend dafür, dass man die Erläuterung der begrifflichen Grundlagen von Nagels *strong statism* auch dann für instruktiv halten kann, wenn man seine These einer scharfen Diskontinuität nicht vertreten möchte. Ich sehe vor allem zwei argumentative Weichenstellungen, die bei ihm angelegt sind und an die man in konstruktiver Hinsicht anschließen könnte. Zum einen bringt er in legitimationstheoretischer Hinsicht die jeder Form demokratischer Willensbildung eingeschriebenen Gesichtspunkte von Gleichheit und Fairness so zur Geltung, dass sichtbar wird, in welch hohem Maße deren Realisierung von zugleich robusten und inklusiven Institutionalisierungen zehrt, die einen kollektiv-allgemeinen und nicht lediglich einen distributiv-allgemeinen Status haben. Und das gilt meines Erachtens selbst dann, wenn man andererseits Nagels vor allem voluntaristisch ausgemünzte und ethisch zugespitzte »Willensimplikationsthese« mit Habermas dann in ihren begrifflichen Konsequenzen erfolgreich entschärfen kann,

> [w]enn wir jedoch der demokratischen Willensbildung auch eine epistemische Funktion zuschreiben, gewinnen die Verfolgung eigener Interessen und die Verwirklichung politischer Freiheit die weitere Dimension des öffentlichen Vernunftgebrauchs (Kant). Dann zieht das demokratische Verfahren seine legitimierende Kraft nicht mehr nur, und nicht einmal in erster Linie, aus Partizipation und Willensäußerung, sondern aus der allgemeinen Zugänglichkeit eines deliberativen Prozesses, dessen Beschaffenheit die Erwartung auf rational akzeptable Ergebnisse begründet.[39]

Selbst eine solche Erwartung ist ja nur berechtigt, wenn Gleichheit und Fairness der entsprechenden Verfahren gewährleistet sind und wenn – wie ich hinzufügen möchte – auf diese Weise generierte, rational akzeptable Gründe auch von der berechtigten Erwartung begleitet werden, dass sie einen entscheidenden Einfluss haben. Diesen Erwartungen aber kann, soweit ich sehe, nur eine Form der Institutionalisierung entsprechen, die deutliche Züge von Staatlichkeit aufweist.

Während diese Argumentationslinie unmittelbar am Modell der deliberativen Demokratie ansetzt und versucht, dessen prozedurale Implikationen für die Demokratisierung globaler Politik auch in institutioneller Hinsicht ein Stück weiter auszuzeichnen, setzt eine

39 J. Habermas, »Die postnationale Konstellation«, a. a. O. (Anm. 12), S. 166.

weitere Reihe von Argumenten dort an, wo Nagel eine moralische Forderung nach Rechtfertigung (»request for justification«) formuliert. Zwar hat dieses Argument bei ihm vor allem die Funktion, den singulären Charakter des Nationalstaates zu unterstreichen, und er weist den moralischen Gehalt dieser Forderung entsprechend vor allem unter Bezug auf den Umstand der Nichtfreiwilligkeit der Mitgliedschaft in einer politischen Gemeinschaft aus; dennoch könnte man versucht sein, ausgehend von einem solchen »Recht auf Rechtfertigung« (Forst) den umgekehrten Weg zu gehen und von da aus nach den staatlichen Implikationen zu fragen, welche die effektive Gewährleistung und Inanspruchnahme eines solchen Rechts hätten. In dieser Perspektive wird man darauf aufmerksam, dass moderne Institutionen im Kern reflexiv strukturiert sind – eine Bestimmung, die auch in einer angemessen abstrakten begrifflichen Fassung des Verständnisses moderner Staatlichkeit zur Geltung gebracht werden könnte.[40] Gewiss benötigte man selbst dann noch zusätzliche Argumente dafür, dass und wie sich diese reflexive institutionelle Struktur mit Momenten von Staatlichkeit im engeren Sinne – also mit Fragen der Souveränität, der Kompetenz-Kompetenz, der Zentralisierung – und einer hierarchisch strukturierten Form der Selbsteinwirkung verbinden. Während ich diesem Gedanken im nächsten Abschnitt ein Stück weiter nachgehen möchte, begnüge ich mich an dieser Stelle damit, im Hinblick auf einige der Reflexionsprobleme, die sich im Zusammenhang der Demokratisierung der Weltpolitik ergeben, stichwortartig einzelne jener gedanklichen Spuren zu markieren, die in diese Richtung führen könnten:

Unter dem Titel *The Idea of a European Superstate* hat Glyn Morgan jüngst einen interessanten Vorschlag zur Rechtfertigung einer europäischen supranationalen Föderation unterbreitet.[41] Der Sache

40 Mit diesem Gedanken folge ich dem insgesamt sehr instruktiven Versuch Hitzel-Cassagnes, im Ausgang von Durkheims *Physik der Sitten und des Rechts* (Frankfurt am Main 1991, hier: S. 131) und seiner berühmten Bestimmung der Demokratie, deren »moralische Überlegenheit« in dem Umstand gründet, dass sie »die Herrschaftsform der Reflexion« ist, das Moment der Reflexivität zum grundbegrifflichen Dreh- und Angelpunkt einer Theorie politischer Institutionen zu machen: Vgl. T. Hitzel-Cassagnes, *Der Begriff des Institutionellen*, unv. Ms., Hannover 2006, insbes. S. 41-51.

41 G. Morgan, *The Idea of a European Superstate. Public Justification and European Integration*, Princeton, NJ 2005.

nach geht es dabei um die Konturierung eines inhaltlichen Vorschlags zur Begründung einer supranationalen Union, die so angelegt ist, dass sie zugleich die Euroskeptiker wie jene überzeugen können soll, die eher die Vorstellung eines postsouveränen, transnational konfigurierten Europas vertreten – eine Anforderung, die er schließlich lediglich vor dem sicherheitspolitischen Hintergrund einer weltpolitisch notwendigen europäischen Gegenmachtbildung zum US-amerikanischen Hegemon als einlösbar ansieht.[42] Was daran in dem hier angedeuteten Zusammenhang interessant und instruktiv sein könnte, ist nicht diese sicherlich sehr kontroverse materiale These, sondern vielmehr der Umstand, dass Morgan sie in einen rechtfertigungstheoretischen Rahmen einbettet, den er als »democratic standard of justification« einführt und unter den drei Gesichtspunkten eines »requirement of publicity«, eines »requirement of accessibility« und eines »requirement of sufficiency« erläutert und ausführt:[43] Obwohl es zunächst nicht vorgesehen zu sein scheint, ist meines Erachtens eine Lesart dieses Vorschlags möglich, die einen unmittelbar rechtfertigungstheoretischen Zusammenhang zwischen der Idee demokratischer Rechtfertigung und der Idee supranationaler Staatlichkeit herstellt – den Ansatzpunkt dafür könnte die Forderung einer »specific justification« bilden, die er unter dem »requirement of sufficiency« einführt und die er wie folgt qualifiziert: »An argument yields a specific justification for a policy, law, or institutional arrangement when it appeals to values, interests, or normative principles that are effectively and efficiently protected by that policy, law, or institutional arrangement.«[44]

Ein solches Argument könnte zusätzliches Gewicht und Stoßkraft gewinnen, wenn man es unter den gewiss weniger anspruchsvollen Bedingungen erläutert, denen die Idee demokratischer Verantwortlichkeit (*accountability*) genügen können müsste. Hierzu hat Marc Bovens[45] einen systematisierenden Vorschlag unterbreitet, dem sich schon von der Anlage her entnehmen lässt, in welchem Maße auch die Idee der *accountability* von institutionellen Strukturen zehrt, auf die Nagel im Zusammenhang des »request of justification« auf-

42 Ebd., S. 89 ff.

43 Ebd., S. 33 ff.

44 Ebd., S. 39.

45 M. Bovens, »Analysing and Assessing Public Accountability. A Conceptual Framework«, *European Governance Papers No. C-06-01*.

merksam gemacht hatte: Alle vier basalen Fragen (wie die daran anschließenden Klassifizierungen von Verantwortlichkeitsbeziehungen), die Bovens sich vorlegt – »to whom is account to be rendered«, »who should render account«, »about what is account to be rendered« und »why does the actor feel compelled to render account«[46] – weisen nämlich darauf hin, dass man diesen Mechanismus demokratischer Kontrolle nur aktivieren kann, wenn die je spezifischen *Principal-agent*-Beziehungen in sachlicher, sozialer, zeitlicher und normativer Hinsicht so ausgelegt sind, dass *Accountability*-Forderungen verlässlich ausgelöst, richtig adressiert und effektiv eingelöst werden.

Nun scheint offensichtlich zu sein, dass die Lösung derartiger Probleme immer auch ein Moment reflexiver Institutionalisierung enthält, die aus internen Gründen einen Bezug auf eine Form von Souveränität und aus architektonischen Gründen einen Bezug auf eine Form von hierarchischer Selbstintervention aufweisen. Ein vergleichbares Resultat scheint sich zu ergeben, wenn man in der Perspektive von Prozessen reflexiver Institutionalisierung den Blick noch einmal auf die Grammatik von Fragen globaler Gerechtigkeit zurücklenkt und mit Nancy Fraser davon ausgeht, dass es hier nicht mehr nur (und nicht einmal in erster Linie) darum geht, festzustellen, was sich die Angehörigen einer politischen Gemeinschaft schulden, sondern vielmehr darum, die Frage zu beantworten, wer als Mitglied zählen soll und welches die relevante Gemeinschaft ist.[47] Diese veränderte Grammatik gibt, folgt man Fraser, den Blick frei auf eine neue Form von Ungerechtigkeit, die sie als »meta-political misrepresentation« fasst und die in dem Versagen besteht, auf der Ebene der Entscheidungen über die Frage des »Wer« der Gerechtigkeit gleiche Partizipation herzustellen. Im Kern geht es ihr also im Sinne einer »meta-political democracy« um die Bedingungen der Demokratisierung von Institutionenpolitik oder – genauer – um die moralisch relevanten Eigenschaften von deliberativen Strukturen und Prozessen, die reflexiv die Voraussetzungen erst einholen müssten, unter denen Entscheidungen über relevante Gemeinschaften auf legitime Weise überhaupt zustande kommen und demokra-

46 Ebd., S. 15 ff.

47 N. Fraser, »Re-framing Justice in a Globalizing World«, in: *New Left Review* 36 (2005), S. 69-88.

tische Mechanismen im engeren Sinne operativ werden könnten: Die Gemeinschaft aber, die solche Entscheidungen auf legitime Weise zu treffen vermag, kann nur eine inklusive politische Gemeinschaft sein, deren Angehörige den Nagel'schen »request for justification« schon anerkannt haben und damit als Bürger einer Weltrepublik auftreten.

III

So weit habe ich versucht, rekonstruktiv einige Gründe zusammenzutragen, die dafür sprechen, dass der Entstaatlichung des globalen Konstitutionalisierungsprozesses doch begriffliche Grenzen gesetzt sein könnten, auf die man auch programmatisch reagieren müsste. Das würde in der Konsequenz einer »Weltinnenpolitik ohne Weltregierung« nicht nur auf der mittleren, transnationalen Ebene der politischen Lösung von materialen sozialen, ökonomischen und ökologischen Problemlagen Schranken auferlegen,[48] sondern es beträfe insgesamt die Logik des Zusammenspiels der unterschiedlichen Ebenen, denen Habermas auf einsinnige Weise je spezifische Aspekte einer Weltinnenpolitik zuweisen möchte.[49] Dabei hängt selbstverständlich, schon weit diesseits sehr gravierender praxeologischer Fragen, alles davon ab, welches Bild man sich von einer darauf gerichteten Perspektive der Verstaatlichung machen kann: Weit davon entfernt, hier genauere Konturen zeichnen zu können, möchte ich mich im Folgenden abschließend darauf beschränken, einige Stücke zu einem Mosaik zusammenzutragen, das sich in lockerem Anschluss an einen Gedanken Durkheims vielleicht unter der Formel einer reflexiven Globalstaatlichkeit zusammenfügen ließe. Zu diesem Zweck resümiere ich zunächst noch einmal knapp die Bezugsprobleme eines Prozesses der Konstitutionalisierung der Weltpolitik, die plausibel machen könnten, dass auch der transnationalen Konstitutionalisierung Grenzen der Entstaatlichung eingeschrieben bleiben (a), um im Anschluss dar-

48 Vgl. J. Habermas, »Hat die Konstitutionalisierung des Völkerrechts noch eine Chance?«, a. a. O. (Anm. 6), S. 134 und *passim*.

49 Vgl. dazu schon R. Schmalz-Bruns, »Deliberativer Supranationalismus«, in: *Zeitschrift für Internationale Beziehungen* 6 (1999), S. 185-244.

an einige Aspekte zu benennen, die den normativen Horizont abstecken, in dem sich die Idee einer reflexiven Globalstaatlichkeit bewegt (b).[50]

(a) Der demokratische Witz von Verfassungen (und damit die normative Pointe von Konstitutionalisierung) besteht zweifellos darin, allen Formen der supranational-administrativen Verselbständigung von Handlungszusammenhängen entgegenzuwirken, die überall dort entstehen, wo den Adressaten rechtlicher Regelungen systematisch die Chance vorenthalten wird, auf die Art solcher Regelungen selber Einfluss zu nehmen. Mit anderen Worten: Das Problem entsteht überall dort, wo der konstitutive Kreisprozess zwischen Recht und legitimer politischer Macht aufgebrochen wird, und zwar in einem doppelten Sinn. Einerseits nämlich dann, wenn die jurisgenerativen Diskurse selber nicht angemessen institutionalisiert sind, so dass man nicht davon ausgehen kann, dass die politische Meinungs- und Willensbildung in legislativen Körperschaften in zeitlicher und materialer Hinsicht hinreichend mit öffentlichen Diskursen verzahnt ist,[51] andererseits aber auch dann, wenn es, induziert durch die besonderen Strukturen transnationalen Regierens, zu einer Umkehrung des *Principal-agent*-Verhältnisses in dem Sinne kommt, dass die Agenten faktisch die politischen Prinzipale regulieren, deren Agenten sie sind.

Die daraus resultierenden Probleme administrativer Herrschaft einerseits und einer nur unvollständig beschriebenen und institutionalisierten demokratischen Autorität andererseits[52] dürften mit den Mitteln einer rein heterarchischen Struktur der pluralen Konstitutionalisierung unterschiedlicher Handlungsbereiche allein kaum zu bearbeiten sein, weil die angemessene Form des Interdependenzmanagements ja selber eine konstitutionelle Gestalt annehmen können müsste. Ähnliches scheint für die Forderung einer weitgehenden

50 Im Folgenden greife ich in Auszügen auf meinen Aufsatz »Demokratie im Prozess der Globalisierung: Herausforderungen und Perspektiven normativer politischer Theorie«, in: *Demokratie in Europa und europäische Demokratien. Festschrift für Heidrun Abromeit*, hg. von T. Hitzel-Cassagnes und Th. Schmidt, Wiesbaden 2005, S. 207-233, zurück.

51 Vgl. J. Habermas, »Constitutional Democracy: A Paradoxical Union of Contradictory Principles«, in: *Political Theory* 29, 6 (2001), S. 766-781.

52 Vgl. J. Bohman, »Constitution Making and Democratic Innovation: The European Union and Transnational Governance«, in: *Making the European Polity. Reflexive Integration in Europe*, hg. von E. O. Eriksen, London 2005.

Gewährleistung positiv verstandener individueller politischer Freiheiten zu gelten. Eine wesentliche Gestalt, in der die grundrechtliche Sicherung der effektiven Chancen individueller Teilhabe und Teilnahme am politischen Prozess realisiert werden könnte, liegt in dem Recht auf Rechtfertigung begründet, nach dem jeder von politischen Entscheidungen Betroffene die effektive Möglichkeit haben sollte, die Wirksamkeit autoritativer politischer Entscheidungen aus dem Grund zu bestreiten, dass sie nicht dem Kriterium wechselseitig-allgemeiner Rechtfertigung genügen. Während dieser kontestative Zug in der Sicherung politischer Grundfreiheiten sich vermutlich am besten gerichtlich entfalten lässt, so dass es Gerichten zukommt, einerseits die normative Qualität jener Gründe zu prüfen, auf die politische Entscheidungen rekurrieren, und andererseits die Einhaltung der prozeduralen Bedingungen demokratisch legitimer Entscheidungen zu gewährleisten, ist jedoch auch in diesem Fall wiederum schwer zu sehen, woher Gerichten in einem rein heterarchisch ausgelegten System der Konstitutionalisierung die Autorität zuwachsen sollte, derartige Entscheidungen zu fällen und zu implementieren.

Ähnliches gilt, wenn man drittens die Rolle ins Auge fasst, die demokratisch nicht legitimierten expertokratischen Gremien oder anderen paternalistischen Institutionalisierungsformen im Zusammenhang von Governance zukommt, und fordert, dass deren Autorität in dem Sinne auf Prozesse der demokratischen Autorisierung zurückgeführt werden können muss, dass die Delegation als ein autonomer Akt der Entscheidungsbetroffenen von diesen selber verstanden werden können muss: Um aber diese autopaternalistische Dimension demokratischer Selbstbestimmung aktivieren zu können, bedarf es der Institutionalisierung einer Reflexionsebene, von der aus vegetative Prozesse der Allokation von Entscheidungsmacht in erster Linie zunächst einmal sichtbar gemacht, dann aber auch beobachtet, bewertet und reguliert werden können.

Prozesse der Konstitutionalisierung müssten es also erlauben, rein evolutionäre Prozesse der Bildung von Governance-Strukturen in den Horizont einer bewussten demokratischen Gestaltung zu rücken – eine Forderung, die nicht nur bezüglich der Rationalisierung des Zusammenspiels zwischen unterschiedlichen, polyarchisch strukturierten Arenen der politischen Problemlösung und Entscheidungsfindung zu erheben wäre, sondern die auch mit Blick auf die internen Mechanismen selber zur Geltung zu bringen wäre, denen sich die Meinungs- und Willensbildung in diesen Arenen verdankt: Auch für diesen Fall allerdings müsste aus Gründen der Legitimation vorausgesetzt werden können, dass das »Selbst« der Selbstbestimmung umfassender ist als die Gruppen derjenigen, die den partikularen, bereichsspezifischen funktionalen *demos* in diesen Arenen bilden.

Kurz, was aus der Reaktion auf diese Anforderungen programmatisch folgt, ist die Idee einer reflexiven Konstitutionalisierung, die den Gesamtprozess in den Horizont einer moralisch sich verstehenden politischen Gemeinschaft der Betroffenen rückt und die diese Rechtfertigungsperspektive in der Institutionalisierung des moralischen Rechts auf Rechtfertigung gegenüber den emergenten, dissipativen Strukturbildungen von Governance zur Geltung bringt.

(b) Im Lichte dieser provisorischen Erwägungen nun könnte man die Auseinandersetzung um den Weltstaat in andere Bahnen lenken und zwei Fragen stellen: Ob wir es vermeiden können, die Idee öffentlicher Autonomie als Fähigkeit zur organisierten Selbsteinwirkung und -gestaltung demokratischer Gemeinschaften ohne ein hierarchisches Element zu verstehen und auszulegen; und ob der dafür zu entrichtende normative Preis zu hoch wäre und die möglichen Gewinne bei Weitem übersteigen würde. Anstelle einer ausführlichen Antwort auf diese Fragen, die hier nicht möglich ist, beschränke ich mich darauf, den Weg zu einer Begründung der Behauptung, dass auch die Demokratisierung transnationaler politischer Prozesse aus funktionalen wie normativen Gründen auf Elemente von Staatlichkeit wird zurückgreifen müssen, durch fünf Thesen zu illustrieren. In programmatischer Hinsicht lassen sich aus diesen Thesen die Gründe generieren, Staatlichkeit im Sinne eines normativ gerechtfertigten Strukturerfordernisses über den Nationalstaat hinaus zu konzipieren. Danach sind hierarchische Formen der Selbstintervention geboten,

1. weil sie die Möglichkeit bieten, die Mechanismen horizontaler Selbstregierung zu entlasten, und in der Lage sind, insbesondere eine institutionelle Ausfallbürgschaft für den Fall zu geben, in dem dringende Entscheidungsmaterien nicht oder jedenfalls nicht angemessen aufgegriffen werden;
2. weil die Allokation von Entscheidungsrechten, Pflichten und Verantwortlichkeiten diesseits bloß vegetativer Prozesse auf de-

mokratisch legitime Weise zum einen nur dadurch zustande kommen kann, dass sie dem Modell eines idealen delegativen Verfahrens folgt, das sicherzustellen hat, dass die Verteilung auf den kollektiven Willen aller Betroffenen (der bevorzugt in repräsentativen Körperschaften gebildet werden könnte) zurückgeführt werden kann – und zum anderen könnten diese Körperschaften auch eine Monitoring-Funktion hinsichtlich der Einhaltung solcher prozeduralen Normen übernehmen, welche die Vernünftigkeit der Willensbildungs- und Entscheidungsprozesse gewährleisten und die Zusammensetzung der relevanten Gruppen ebenso regulieren wie den Zugang zu den dezentralen Entscheidungsarenen;

3. weil das die Voraussetzung für eine Form des Interdependenzmanagements ist, das den Gesamtzusammenhang im Blick behalten kann;
4. weil nur so die Sichtbarkeit des Systems als ganzen hergestellt und entsprechend die effektiven Punkte des Zugangs, der Intervention und der Kontestation markiert werden können;
5. weil nur so schließlich die moralische Glaubwürdigkeit des Systems als ganzen gesichert werden kann, die wiederum eine notwendige Voraussetzung der Herstellung horizontalen Vertrauens unter Beteiligten und Betroffenen zu sein scheint.

Ob sich darin schon die Vision eines »Geistersehers« materialisiert, die zu Recht den Unmut pragmatisch gesonnener Zeitgenossen auf sich zieht, wird sich schließlich jenseits begrifflicher Erwägungen auch daran zeigen müssen, ob sich dadurch nicht eine rekonstruktiv angelegte Heuristik inspirieren lässt, die in der Lage wäre, die Suchrichtung der empirischen Forschung umzukehren und sensibel auch jene Entwicklungen zu verzeichnen, die der hier angedeuteten Perspektive entgegenkommen.

Erik Oddvar Eriksen

Deliberation und demokratische Legitimität in der EU

Zwischen Konsens und Kompromiss

Einleitung[1]

Die von der EU getragene rasante Ausweitung der politischen Regulierung in Europa hat über eine Zeitspanne von 50 Jahren die politische Landschaft grundlegend verändert. Ehemals von der westfälischen Ordnung ermächtigte absolute Souveräne stehen nun unter der Herrschaft einer supranationalen politischen Gemeinschaft, die verbindliche Mechanismen der Konfliktlösung eingerichtet hat. Den Nationalstaaten ist es gelungen, ihren völkerrechtlichen Umgang miteinander verfassungsförmig zu regeln. Auf diese Weise hat ein konfliktgeplagter Kontinent seine zwischenstaatlichen Beziehungen gezähmt. Diese Entwicklung ist aus Sicht der konventionellen Politikwissenschaft merkwürdig, weil sie in einem System stattfand, das weder auf beträchtliche physische Zwangsandrohung noch auf eine distinkte Identität zurückgreifen konnte, um Regelbefolgung sicherzustellen. Wie kamen die Staaten dann aber dazu, ihre eigene Macht zu beschneiden und einen Teil ihrer Souveränität einer supranationalen Gemeinschaft zu übertragen?

Für die Analyse von Prozessen dieser Art erweist sich der deliberative Ansatz als äußerst geeignetes Werkzeug. Integration bedeutet Gemeinschaftsbildung und Ausweitung der Grenzen von Vertrauen und Solidarität – es geht dabei darum, eine Reihe von Akteuren in eine Gruppe mit einer gemeinsamen Mission zu verwandeln. Im integrativen Prozess verschieben sich die Loyalitäten der Akteure auf ein Zentrum hin, dem das Recht zugesprochen wird, Interessen zu regulieren und Ressourcen zuzuweisen. Um den europäischen Integrationsprozess zu verstehen, muss man dessen zwanglose Logik und normative Dimension herausstellen. Ohne kollektive Identität,

1 Ich danke Anders Molander (besonders), Agustín José Menéndez, Harald Grimen, Thomas Saretzki, Rainer Schmalz-Bruns, Anne Elizabeth Stie und Hans-Jörg Trenz für Kommentare zu einer früheren Version.

mit nur wenigen Druck- und Lockmitteln sind Akteure bei der Beilegung ihrer Differenzen auf die fragilen Ressourcen der menschlichen Sprache angewiesen. Aus deliberativer Perspektive sind kollektive Lernprozesse und Vertrauensbildung deshalb wesentlich für die Transformation von Einstellungen und Identitäten.

Jürgen Habermas hat immer wieder zur Debatte um die Zukunft Europas beigetragen, und seine Überlegungen zur postnationalen Demokratie haben die neue Diskussion um Globalisierung und demokratische Kontrolle geprägt. Die Frage, ob Demokratie heute möglich ist, hängt in immer stärkerem Maße davon ab, ob die EU zur Demokratie in der Lage ist. Habermas' verhältnismäßig bescheidene Skizze einer europäischen Verfassung war so gesehen überraschend. Sein Europa als *Föderation von Nationalstaaten* steht im Gegensatz zum Vorschlag Joschka Fischers, der in seiner berühmten Rede vom 12. Mai 2002 an der Humboldt-Universität von einem vollständig parlamentarisierten bundesstaatlichen Europa gesprochen hatte. Nach Habermas' Auffassung sprechen die Position und die Legitimität der Mitgliedsstaaten dagegen, dass es auf absehbare Zeit zu einem europäischen Bundesstaat mit einem einflussreichen Parlament kommen wird. Die zweite Kammer der Regierungsvertreter – die »Staatenkammer« – würde »eine stärkere Stellung behalten als das unmittelbar gewählte Parlament der Volksvertreter, weil die heute allein bestimmenden Elemente der *Verhandlung* und multilateralen *Vereinbarung* zwischen den Mitgliedstaaten auch in einer politisch *verfassten* Union nicht spurlos verschwinden können«.[2] Problematisch ist diese Gewichtsverteilung zugunsten der Staatenkammer, weil sie das direkt gewählte Parlament ins Hintertreffen geraten lässt. Die so skizzierte EU bleibt demokratisch defizitär, weil über die wesentlichen Interessen der europäischen Bürger weiterhin in einem System zwischenstaatlicher Verhandlungen entschieden werden soll.

Bei meiner Analyse dieses Problems möchte ich die Diskurstheorie zum Ausgangspunkt nehmen und danach fragen, welches Modell deliberativer Demokratie sich als Grundlage einer Konzeption postnationaler demokratischer Legitimität eignet. In diesem Zu-

2 J. Habermas, »Die postnationale Konstellation und die Zukunft der Demokratie«, in: ders., *Die postnationale Konstellation*, Frankfurt am Main 1998, S. 149. Vgl. auch ders., »Braucht Europa eine Verfassung?«, in: ders., *Zeit der Übergänge*, Frankfurt am Main 2001.

sammenhang geht es mir besonders darum, einem epistemischen Verständnis demokratischer Legitimität, das auf rationalen Konsens zielt, eine partizipatorische Variante gegenüberzustellen, deren Angelpunkt eine substantielle Moral und institutionelle Praktiken sind. Worauf liegt die Hauptlast der demokratischen Legitimation: Auf der Qualität der Debatte sowie der Rationalität und Fairness ihrer Ergebnisse oder auf dem politischen Prozess, der auf gleichen Rechten, allgemeiner Wahl, dem Mehrheitsprinzip und der Repräsentation beruht? Kann sich des Weiteren das Diskursprinzip, das auf einem epistemischen Verständnis der demokratischen Verfahren beruht, als ein operationales Konzept politischer Legitimität durchsetzen, oder müssen wir unsere Erwartungen senken, um es empirisch anwendbar zu machen – und ist das möglich, ohne dem Konzept den kritischen Stachel zu ziehen?

Ich werde zunächst zwei der Ansätze zur Erklärung demokratischer Legitimität erläutern – das *partizipatorische* und das *rationalistische* Modell. Anschließend werde ich das partizipatorische Modell verteidigen sowie ein schwächeres Verständnis von Konsens als Kriterium für demokratische Legitimität bestimmen. Im letzten Teil wende ich die Ergebnisse meiner Überlegungen auf den gegenwärtigen Reformprozess der EU an und komme zu dem Schluss, dass auf dieser Grundlage der Verfassungsvertrag verständlich wird als eine auf unterschiedlichen vernünftigen Gründen beruhende spezielle Form der Einigung, nämlich als ein *working agreement*. Mein Ziel ist es, Raum für einen dritten Begriff *zwischen* kommunikativ erzieltem Konsens und strategisch ausgehandeltem Kompromiss zu schaffen und damit die etablierte diskurstheoretische Typologie zu vervollständigen.

Deliberation oder Partizipation?

Schon die bloße Idee demokratischer Selbstbestimmung beruht auf der Überzeugung, dass es möglich ist, im Großen und Ganzen angemessene Antworten auf normative Fragen zu finden. Fraglich ist aber, ob deshalb das deliberative Verfahren rein epistemisch verstanden werden muss.

Einer weit verbreiteten Ansicht zufolge ist eine vollständige Parlamentarisierung der EU unmöglich, weil die in Europa verfügbaren demokratischen Ressourcen dafür nicht ausreichen.[3] Vielleicht kann die Diskurstheorie, indem sie uns auf tiefer liegende Bedingungen demokratischer Legitimität verweist, alternative Ressourcen erschließen. Das Demokratieverständnis der Diskurstheorie setzt tiefer an als nur an institutionellen Festlegungen wie etwa der parlamentarischen oder präsidentiellen Form der Demokratie. Die Diskurstheorie verkörpert die Grundprinzipien der Selbstbestimmung, indem sie *individuelle Rechte als Vehikel von Gleichheit und Freiheit in der Ausübung der Volkssouveränität* versteht. Demokratie ist in der Diskurstheorie als ein Legitimationsprinzip konzipiert, da nur ein bestimmten Verfahrensregeln genügender politischer Prozess Entscheidungen Legitimität verleihen kann. In dieser prozeduralisierten und dezentralisierten Lesart der Volkssouveränität hängt Legitimität davon ab, ob in einer öffentlichen Debatte politische Entscheidungen im Hinblick auf ihre *epistemische Qualität* gerechtfertigt und verteidigt werden können. Deliberation trägt zur Rationalität der Entscheidungsfindung bei, weil in ihr Informationen gebündelt und vorgebrachte Gründe argumentativ geprüft werden. Habermas zufolge beruht die legitimierende Kraft demokratischer Verfahren nicht nur auf der Partizipation und der Bündelung von Präferenzen, sondern auch darauf, dass durch ihre allgemeine Zugänglichkeit rational akzeptable Ergebnisse wahrscheinlich werden.[4] Ihre Durchschlagskraft bezieht die deliberative Demokratie demnach aus der Tatsache, dass ein freier und offener Diskurs qualitativ bessere Entscheidungen hervorbringt. Gesetze sind dann legi-

3 Vgl. J. H. H. Weiler, U. Haltern und F. Mayer, »European Democracy and its Critique«, in: *The Crisis of Representation in Europe*, hg. von J. Hayward, London 1995, S. 4: »Ein Parlament ohne *demos* ist begrifflich unmöglich und in der Praxis despotisch.« Vgl. zudem R. Bellamy und D. Castiglione, »The Uses of Democracy: Reflections on the European Democratic Deficit«, in: *Democracy in the European Union. Integration Through Deliberation?*, hg. von E. O. Eriksen und J. E. Fossum, London 2000; J. Bohman, »Reflexive Constitution-Making« sowie B. Peters, »Public Discourse, Identity and the Problem of Democratic Legitimacy«, beide in: *Making the European Polity. Reflexive Integration in the EU*, hg. von Erik O. Eriksen, London 2005.

4 J. Habermas, »Die postnationale Konstellation«, a. a. O. (Anm. 2), S. 166.

tim, wenn sie als Ergebnis der Deliberation der Bürger unter freien und gleichen Bedingungen verstanden werden und im Diskurs auf die Zustimmung aller zählen können.[5] Wie breit aber die tatsächliche Partizipation am deliberativen Prozess sein soll, kann nicht durch Deliberation allein bestimmt werden – die Demokratie kann sich nicht selbst ihre Grenzen setzen. Deshalb muss in der deliberativen Rekonstruktion der Demokratie ein hierarchisches oder nichtprozedurales Element vorausgesetzt werden. Das zentrale Element der deliberativen Demokratie besteht in der Rechtfertigung der Gesetze gegenüber denen, die durch sie verpflichtet werden. Im Zusammenhang mit dem eben geschilderten Problem lassen sich jedoch zwei Lesarten dieses Anliegens unterscheiden.

– *Version A*, die ›rationalistische‹ Lesart, beruft sich auf den *epistemischen Wert* der Deliberation. Deliberation soll zu einer Verbesserung der Informationslage und der Urteile führen, so dass ein vernünftiger Konsens sowie Zustimmung aus qualitativ besseren Gründen ermöglicht werden. Normen sind nur dann legitim, wenn alle potentiell Betroffenen sie in einer rationalen Auseinandersetzung befürworten können.
– *Version B*, die ›partizipatorische‹ Lesart, versteht unter dem demokratischen Verfahren die Ausübung einer Reihe von Grundrechten, welche die zur Rechtfertigung von Gesetzen notwendigen Bedingungen etablieren. Diese Lesart beruft sich auf den *moralischen Wert* der Deliberation, für den die Gleichstellung der Teilnehmenden entscheidend ist. Dies stellt den notwendigen Ausgangspunkt für die Legitimität eines kollektiven Willensbildungsprozesses dar, der auf ein Ergebnis abzielt, das alle als vernünftig akzeptieren können.

Habermas tritt für Version A ein, weil für ihn der moralische Wert demokratischer Verfahren epistemisch zu verstehen ist: »Richtigkeit« ist ihm zufolge ein epistemisches Konzept, das auf der Einlösung von Geltungsansprüchen beruht. Moralische Urteile und rechtliche Entscheidungen haben einen epistemischen Status, weil sie richtig oder falsch sein können. Habermas schlägt ein prozedurales Verständnis von Gerechtigkeit vor und definiert moralische Richtigkeit als dasjenige, dem vernünftige Akteure unter idealen Bedingungen zustimmen könnten: »Ein unter idealen Bedingun-

5 J. Habermas, *Faktizität und Geltung*, Frankfurt am Main 1992, S. 138 f. und 141.

gen diskursiv erzieltes Einverständnis über Normen oder Handlungen hat mehr als nur autorisierende Kraft, es *verbürgt* die Richtigkeit moralischer Urteile.«[6] Die Schwierigkeit besteht nun darin, diese Konzeption von Richtigkeit mit Demokratie als einem *Organisationsprinzip* von Regierungsstrukturen zusammenzubringen. Wie rechtfertigen wir insbesondere ihre staatliche Form und die Mehrheitsregel, die in der modernen Demokratie ja gängige Praxis ist und die Verbindlichkeit von Gesetzen zur Folge hat, denen nicht alle in einer freien Debatte zugestimmt haben?

Das epistemische Verständnis deliberativer Demokratie

In der Diskurstheorie gilt der praktische Diskurs als Möglichkeit, zu besseren Urteilen zu kommen und richtige – oder gerechte – Entscheidungen zu treffen. Deliberation ermöglicht die Unparteilichkeit des Urteils, sofern alle Akteure sich an die Prinzipien des rationalen Argumentierens halten. Wenn herausgefunden werden soll, was für alle gleichermaßen gut ist, müssen alle ein Wort mitzureden haben. Weil durch Deliberation Behauptungen und Normen auf ihre Unparteilichkeit geprüft werden, kommt ihr ein kognitiver Wert zu, und deshalb eignet sie sich zur rationalen Bewertung von Gründen. Diese Einsicht ist ungemein wertvoll für die politische Philosophie und die Moralphilosophie, aber von ihr ausgehend zu praktischen politischen Konsequenzen zu gelangen, scheint schwierig zu sein. Zwischen solchen fundamentalen Prinzipien und den operationalen Prinzipien der modernen Demokratie klafft eine Lücke. Zugegebenermaßen existiert eine Verbindung zwischen Deliberation und staatlicher Form, da die Akteure Verpflichtungen nur nachkommen müssen, wenn andere das auch tun, und da es nicht möglich ist zu entscheiden, was rechtmäßig ist, wenn diese Verpflichtungen nicht gesetzlich spezifiziert werden. Dies kann nur

6 J. Habermas, »Richtigkeit versus Wahrheit. Zum Sinn der Sollgeltung moralischer Urteile und Normen«, in: ders., *Wahrheit und Rechtfertigung*, Frankfurt am Main 1999, S. 297. Dort (S. 297 f.) fügt Habermas hinzu: »[W]eil die ›Geltung‹ einer Norm darin besteht, daß diese unter idealen Rechtfertigungsbedingungen akzeptiert, das heißt als gültig anerkannt würde, ist ›Richtigkeit‹ ein epistemischer Begriff.« Vgl. auch ders., »Religion in der Öffentlichkeit«, in: ders., *Zwischen Naturalismus und Religion*, Frankfurt am Main 2005, S. 126.

durch ein System verbindlicher Normeninterpretation gewährleistet werden, das Normenverletzungen auch sanktionieren kann.[7] Der Staat ist der Hauptorganisator der Politik, da er die meisten Zwangsmittel kontrolliert und am ehesten in der Lage ist, allgemein verbindliche Gesetze zu erlassen und durchzusetzen.

Diese Argumente sind jedoch bloß funktional, genau wie die Argumente, die zur Begründung der die Staatlichkeit stützenden Rechtsform angeführt werden.[8] Was fehlt, ist ein normativer Zusammenhang – oder autonome Gründe –, weil der Staat die Autorität hat, Rechtsnormen auch ohne die Zustimmung der freien Bürger durchzusetzen, und außerdem das Mehrheitsprinzip von einigen Bürgern fordert, Gesetzen zu folgen, denen sie nicht zustimmen. Das Diskursprinzip aber spricht den Bürgern eine sehr weit reichende Autonomie zu: Gesetze, welche die Bürger in einer rationalen Auseinandersetzung nicht akzeptieren können, sind nicht legitim! Leider schwächt das den Realitätsgehalt der Theorie, weil die meisten Gesetze ein solches Kriterium nicht erfüllen. Ich komme später auf dieses Problem zurück. Für den Augenblick stellt sich die Frage, auf welche von zwei Weisen praktische Diskurse demokratische Legitimation sicherstellen sollen: indem sie herausarbeiten, was gerecht oder »gleichermaßen gut für alle« ist (Version A); oder ob Argumentationen in erster Linie Partizipation ermöglichen sollen (Version B).[9] Im letzteren Fall ist Deliberation notwendig, um die Wünsche und Überzeugungen der Bürgerinnen und Bürger zu respektieren und in kollektive Entscheidungsfindungen zu integrieren. Dieser Lesart zufolge stellt Deliberation eine Möglichkeit dar, sicherzustellen, dass die Gründe eines jeden Beteiligten in der gemeinsamen Willensbildung zum Tragen kommen.

7 K.-O. Apel, *Auseinandersetzungen in Erprobung des transzendentalpragmatischen Ansatzes*, Frankfurt am Main 1998, S. 754 ff.

8 Vgl. J. Habermas, *Faktizität und Geltung*, a. a. O. (Anm. 5), S. 143: »Denn die Rechtsform ist überhaupt kein Prinzip, das sich, sei es epistemisch oder normativ, ›begründen‹ ließe.«

9 Vgl. Jürgen Habermas, »Diskursethik – Notizen zu einem Begründungsprogramm«, in:, ders., *Moralbewußtsein und kommunikatives Handeln*, Frankfurt am Main 1983, S. 78 ff.; ders., »Richtigkeit versus Wahrheit«, a. a. O. (Anm. 6), S. 284 f.; E. Tugendhat, *Vorlesungen über Ethik*, Frankfurt am Main 1993, S. 170.

Die epistemische Interpretation deliberativer Demokratie geht davon aus, dass Deliberation ein kognitiver Prozess ist, in dem Argumente abgewogen werden können, um gerechte Lösungen zu finden und Ansichten über das Gemeinwohl auszubilden. Habermas zufolge steht der Maßstab für die Qualität der Ergebnisse unabhängig von einem tatsächlich durchgeführten Deliberationsprozess fest. Er wird durch ein ideales Verfahren konstituiert, das die kontrafaktischen Bedingungen eines öffentlichen Diskurses spezifiziert, in dem alle Zeit- und Ressourcenbeschränkungen aufgehoben sind und in dem sich die Autorität des besseren Arguments stets durchsetzt.[10] Für Habermas ist der rationale Konsens der Maßstab für die Bestimmung des richtigen Ergebnisses. Indem man ideale Bedingungen für eine Debatte schafft – also die anspruchsvollen Bedingungen des rationalen Diskurses realisiert –, sollte man zu gerechten oder richtigen Entscheidungen gelangen, die alle gutheißen können. Das ideale deliberative Verfahren konstituiert Richtigkeit, solange bestimmte Bedingungen erfüllt werden. Wenn aber Richtigkeit als das verstanden wird, was Akteure unter idealen Bedingungen unterstützen würden, wird es schwierig, die epistemischen Qualitäten des Verfahrens zu belegen, also nachzuweisen, dass tatsächliche Deliberation zu besseren und faireren Entscheidungen führt. Der epistemische Wert von Deliberation unter nichtidealen Bedingungen wäre noch zu verteidigen. Tatsächliche Deliberationen werden im Allgemeinen den idealen Anforderungen nicht gerecht: Sie sind unter anderem geprägt von Ignoranz, Informationsasymmetrie, Machtverhältnissen und strategischem Handeln. Unter diesen Bedingungen ist zweifelhaft, ob die Gründe, die geeignet sind, öffentlich vertreten zu werden, tatsächlich auch die besten (überzeugenden oder richtigen) sind.[11]

10 J. Habermas, »Diskursethik«, a. a. O. (Anm. 9), S. 104: »Alle Inhalte, auch wenn sie noch so fundamentale Handlungsnormen berühren, müssen von realen (oder ersatzweise vorgenommenen, advokatorisch durchgeführten) Diskursen abhängig gemacht werden.« Vgl. Habermas, »Richtigkeit versus Wahrheit«, a. a. O. (Anm. 6), S. 301.

11 D. Estlund, »Making Truth Safe for Democracy«, in: *The Idea of Democracy*, hg. von D. Copp, J. Hampton und J. R. Roemer, Cambridge 1993; G. F. Gaus, »Reason, Justification and Deliberation. The Epistemic Dimension of Democratic

Um die epistemischen Qualitäten der Deliberation zu verteidigen, braucht man prozessunabhängige Maßstäbe, damit die epistemische Rechtfertigung von Ergebnissen nicht auf ideale deliberative Bedingungen bezogen ist, sondern auf unabhängig davon festgelegte, rationale Entscheidungen als Ergebnis der Deliberation. Wir sind also mit dem folgenden Paradox konfrontiert: Wenn die deliberative Demokratie ihre Behauptung, moralische Qualitäten zu besitzen, durch den Verweis auf einen idealen Prozess verteidigt, kann sie nicht gleichzeitig epistemischen Wert beanspruchen. Wenn sie auf der anderen Seite behauptet, epistemische Qualitäten zu haben, kann das nur mit Bezug auf Maßstäbe verteidigt werden, die nicht nur prozessunabhängig, sondern auch unabhängig von der Deliberation sind.[12] Wie also kann die öffentliche Deliberation zugleich moralisch und epistemisch sein? Wie ist es mit anderen Worten möglich, dass zugleich die Ergebnisse durch allgemeine Eigenschaften des Prozesses gerechtfertigt und die positiven Auswirkungen der konkreten Deliberation beachtet werden?

Für die Diskurstheorie stellt dies ein Problem dar, aufgrund dessen sie substantielle Elemente nicht völlig entbehren kann. Verfahrensunabhängige Maßstäbe sind notwendig, um einen fairen Prozess zu gewährleisten.[13] Die substantielle Moral kommt etwa darin zum Ausdruck, dass von einer Minderheit, die ihre Interessen in einem fairen Prozess nicht durchsetzen konnte, nicht erwartet wird, ihre Kritik an diesem Ergebnis auf Verfahrensargumente zu beschränken. Um ein Verfahren zu kritisieren, zu rechtfertigen oder zu reformieren, werden verfahrensexterne Maßstäbe verwendet. Eine substantielle Moral muss außerdem ins Spiel gebracht werden, um zu erklären, dass politische Entscheidungen auch für diejenigen verbindlich sind, die ihnen nicht zustimmen, oder dass die Achtung vor dem Gesetz eine deontische Verpflichtung bedeutet. Diese Ver-

Authority«, in: *Deliberative Democracy*, hg. von J. Bohman und W. Rehg, Cambridge, MA 1997.

12 J. Bohman, »The Coming of Age of Deliberative Democracy«, in: *The Journal of Political Philosophy* 6 (1998), S. 400-425, hier S. 403; J. Bohman und W. Rehg, »Introduction«, in: *Deliberative Democracy*, a. a. O. (Anm. 11).

13 J. Habermas, *Faktizität und Geltung*, a. a. O. (Anm. 5), S. 138: Das Diskursprinzip hat selbst »einen normativen Gehalt, weil es den Sinn der Unparteilichkeit praktischer Urteile expliziert«. Es stützt sich auf moralische Prämissen: Es setzt moralische Personen voraus, die bestimmte Rechte und Fähigkeiten besitzen.

pflichtung ist in einer basalen Moral verankert, die in modernen Staaten dem Prinzip des *gleichen Werts von Personen* zugrunde liegt und die Beschränkungen dafür festsetzt, was in einem Prozess der Deliberation als Begründung akzeptiert werden kann.[14] Charles Larmore zufolge ist die *Achtung der Person* für den Liberalismus grundlegend, weil sie »uns überhaupt erst veranlasst, nach Gemeinsamkeiten zu suchen«.[15] Im Vergleich mit den Verfassungsprinzipien, die unser Zusammenleben regeln, stellt die Norm der Achtung ein höherrangiges Prinzip dar. Das scheint mir die normative Grundlage für die Variante B der deliberativen Demokratie zu sein, weil auf der Basis dieses grundlegenden substantiellen Prinzips nicht nur die private Freiheit zur nachvollziehbaren Forderung wird, sondern auch, dass die Gründe oder der Wille jedes Teilnehmenden im politischen Prozess gleichermaßen zählen sollen. Der gleiche Wert von Personen bildet die letzte Rechtfertigungsgrundlage von Zwangsgewalt und staatlicher Form: Der Zwangscharakter des Gesetzes ist mit den gleichen Freiheiten aller intern verknüpft – um diese durchzusetzen, kann eine politische Gemeinschaft legitim Gewalt ausüben.

Rainer Forst hat ein prozedurales Verständnis dieser der Einigung vorgängigen Norm der Achtung vorgeschlagen.[16] Ihm zufolge ist das *Recht auf Rechtfertigung* das grundlegendste Recht überhaupt. Seines Erachtens ist es kein substantieller Wert – also kein natürliches Recht, das keiner weiteren Rechtfertigung bedarf –, sondern ein Hinweis darauf, was Rechtfertigung bedeutet. Im Recht auf Rechtfertigung kommen die demokratischen Ideale und die mit ihnen zusammenhängenden Sprachspiele zum Ausdruck, mithin normative Maßstäbe, die über rechtliche Verfahren hinausgehen. Den so ins Spiel gebrachten Maßstab für demokratische Rechtfertigung zeichnen weder Objektivität noch Unabhängigkeit aus, aber er ist

14 Vgl. J. Cohen, »Procedure and Substance in Deliberative Democracy«, in: *Deliberative Democracy*, a. a. O. (Anm. 11), S. 415: »Dass manche weniger wert sind als andere, kann in diesem Prozess nicht als Grund akzeptiert werden.«

15 C. Larmore, »The Moral Basis of Political Liberalism«, in: *Journal of Philosophy* 96 (1999), S. 599-625, hier S. 608.

16 R. Forst, »Die Rechtfertigung der Gerechtigkeit. Rawls' Politischer Liberalismus und Habermas' Diskurstheorie in der Diskussion«, in: *Das Recht der Republik*, hg. von H. Brunkhorst und P. Niesen, Frankfurt am Main 1999; ders., »Das grundlegende Recht auf Rechtfertigung«, in: *Recht auf Menschenrechte*, hg. von H. Brunkhorst, W. Köhler und M. Lutz-Bachmann, Frankfurt am Main 1999.

konstitutiv für das Legitimationsprinzip der Demokratie. Er bezieht sich auf das Konzept eines gerecht organisierten Prozesses, das dann verwendet wird, um jede tatsächliche Institutionalisierung politischer Deliberation und Entscheidungsfindung zu bewerten.[17] Dieser interessante Versuch einer normativen Grundlegung kann aber das Problem der Forderung nach Machbarkeit – also der Forderung, dass Lösungen auch auf die reale Welt anwendbar sein sollen – nicht beseitigen. Wie kommen wir von dem Recht auf Rechtfertigung, das *reziproke und allgemeine Rechtfertigung* als grundlegende Voraussetzung impliziert, zu demokratischen Institutionen, die diese Ziele in praktische Ergebnisse umsetzen können? Wie Stefan Gosepath bemerkt, implizieren sowohl Forst als auch Habermas mit ihrem Verständnis des demokratischen Prinzips, dass die Akteure ein Vetorecht haben: Nichts wird ohne ihre Zustimmung getan.[18] Deshalb klafft in der Diskurstheorie zwischen Demokratie als Legitimation und Demokratie als Organisationsprinzip eine Lücke.

Deliberation und elektorale Demokratie

Die Diskurstheorie sieht sich mit dem Problem konfrontiert, die Qualität von Gründen in nichtidealen Situationen bewerten zu müssen. Wenn wir nicht wissen können, ob Normen tatsächlich im gleichen Interesse aller liegen, weil die anspruchsvollen Bedingungen eines rationalen Diskurses nicht einmal annähernd erfüllt werden – selbst unter idealen Bedingungen wäre es nämlich unmöglich, alle Betroffenen (oder ihre Fürsprecher) mit einzubeziehen –, so spricht einiges für die partizipatorische Lesart des deliberativen Ideals, also für Version B. Diese Version sieht egalitäre Verfahren der Entscheidungsfindung vor, die sich auf die tatsächlichen Präferenzen der Bürger beziehen und von deren normativer Qualität absehen. Aus dieser Perspektive erscheint die Mehrheitswahl als Mechanismus, der kollektives Handeln auch dann ermöglicht, wenn kein Konsens erreicht werden kann.[19] Verfassungsförmig festgelegte

17 R. Forst, »The Rule of Reasons«, in: *Ratio Juris* 14 (2001), S. 373-374.

18 S. Gosepath, »Democracy out of Reason. Comment on Rainer Forst's ›The rule of Reasons‹«, in: *Ratio Juris* 14 (2001), S. 379-389; vgl. Th. Christiano, *The Rule of the Many*, Boulder 1996, S. 37 ff.

19 Das Mehrheitsprinzip verhindert, dass das mit der Idee des rationalen Konsenses

Rechte und andere rechtliche Schutzinstrumente erscheinen dann als Formen der Kontrolle, die eine Entwicklung in Richtung Technokratie, Paternalismus und Verdrängung aller anderen Anliegen durch Rationalitätserwägungen verhindern. Verfassungsrechtliche Schranken wirken einer Tyrannei der Mehrheit ebenso entgegen wie dem Rückfall in Ethnozentrismus und der Maskierung von politischer Macht als Rationalität. Nur die Möglichkeit der Verhinderung und Revision von Entscheidungen durch eine vom Volk getragene Regierung kann den Anspruch demokratischer Verfahren einlösen, selbst einen moralischen Wert zu haben. Ohne eine über egalitäre Verfahren organisierte Herrschaft kann es deshalb keine Demokratie geben.[20] Aus der Perspektive der partizipatorischen Lesart des deliberativen Prinzips sind deshalb zahlreiche institutionelle und sogar aggregative Arrangements der repräsentativen Demokratie gerechtfertigt.[21]

Das Mehrheitsprinzip selbst wird von Habermas epistemisch verstanden. Es stellt eine *Einigung unter Vorbehalt* dar, die einen internen Wahrheitsbezug aufweist: Die Entscheidungen beanspruchen mit Bezug auf die tatsächlichen Umstände und die Verfahrensnormen, richtig zu sein. Ohne von ihren eigenen Standpunkten abzurücken, bestätigen Minderheiten die Mehrheit in ihrem Recht, da ihnen die Möglichkeit offensteht, für sie um Unterstützung zu werben und so bei der nächsten Entscheidung selbst die Mehrheit zu erlangen. Die Wahlentscheidung stellt demnach nur eine Art *Zäsur* in der kontinuierlichen Diskussion über das, was getan werden sollte, dar.[22] In solch einer prozeduralen Interpretation ist das Mehrheitsprinzip mit dem Begriff der Freiheit konsistent, solange keine irreversiblen Entscheidungen getroffen werden. Auf diese Weise ermöglicht es die Diskurstheorie, dass sich der Einzelne Gesetzen unterwirft, die nicht richtig sind.

Man könnte jedoch einwenden, dass in den meisten Fällen nicht klar ist, welche Entscheidung richtig oder am besten ist, und dass

verbundene Erfordernis der Einstimmigkeit die kollektive Entscheidungsfindung blockiert, indem es etwa auch »Nörglern« ein Vetorecht zugesteht.

20 H. Brunkhorst, »A Polity Without a State? European Constitutionalism Between Evolution and Revolution«, in: *Developing a Constitution for Europe*, hg. von E. O. Eriksen, J. E. Fossum und A. J. Menéndez, London 2004, S. 97.

21 C. S. Nino, *The Constitution of Deliberative Democracy*, New Haven 1996, S. 128.

22 J. Habermas, *Faktizität und Geltung*, a. a. O. (Anm. 5), S. 220.

der Intensitätsgrad des Konflikts zu groß ist, als dass man auf einen Konsens hoffen könnte. Aus den genannten Gründen ist der Wahrheitsbezug problematisch.[23] Vor diesem Hintergrund stellt sich die Frage, ob das Mehrheitsprinzip nicht als solches ein anerkennenswertes Verfahren darstellt. Rousseau zufolge hat das Mehrheitsprinzip das allgemeine Wahlrecht zur Bedingung, da Letzteres einen Grund für die Akzeptanz des Ersteren darstellt.[24] Die Demokratie hat eine numerische Dimension, da sie aus Individuen besteht, die gezählt werden können. Aus diesem Grund hat die Meinung der Mehrheit als solche schon ein beträchtliches Gewicht. Die Interessen der Mehrheit sollten nicht allein deshalb denen der Minderheit vorgezogen werden, weil, wie Tocqueville behauptet,[25] die Unterstützung einer Entscheidung durch mehr Wählerstimmen zu der Annahme berechtigt, »dass die Interessen von mehr Menschen verwirklicht werden«.[26] Das Erfordernis der Einstimmigkeit unterläuft zudem in der Tat vielfach das Gleichheitsprinzip, da es Sonderinteressen und idiosynkratischen Argumenten zu viel Aufmerksamkeit schenkt und auch Querulanten ein Vetorecht zugesteht. Mehrheitsentscheidungen werden als legitimer erachtet, weil sie alle auf die gleiche Weise behandeln.[27] Das Mehrheitsprinzip respektiert die formale Gleichheit der Bürger. Ihm kommt deshalb als Ausdruck der moralischen Achtung der Person ein Wert an sich zu.[28]

23 Th. McCarthy, »Kantianischer Konstruktivismus und Rekonstruktivismus. Rawls und Habermas im Dialog«, in: *Deutsche Zeitschrift für Philosophie* 44 (1996), S. 931-950; ders., »Legitimacy and Diversity. Dialectical Reflections on Analytical Distinctions«, in: *Cardozo Law Review* 17 (1996), S. 1083-1126; vgl. G. Warnke, »Legitimacy and Consensus«, in: *Philosophy and Social Criticism* 22 (1996), S. 67-83, hier S. 75 ff.

24 J.-J. Rousseau, *Der Gesellschaftsvertrag*, Stuttgart 1986.

25 A. de Tocqueville, *Über die Demokratie in Amerika*, Stuttgart 1985.

26 C. S. Nino, *The Constitution of Deliberative Democracy*, a. a. O. (Anm. 21), S. 127 f. Nino bezieht sich auf Condorcets Theorem, dem zufolge die Wahrscheinlichkeit der Richtigkeit einer Entscheidung mit der Größe des Entscheidungsgremiums zunimmt, wenn die einzelnen Mitglieder der richtigen Entscheidung zuneigen. Vgl. auch S. Feld und B. Grofman, »Rousseau's General Will: A Condorcetian Perspective«, in: *American Political Science Review* 82 (1988), S. 567-576.

27 D. Ingram, »The Limits and Possibilities of Communicative Ethics for Democratic Theory«, in: *Political Theory* 21 (1993), S. 294-321, hier S. 302; Th. Christiano, *The Rule of the Many*, a. a. O. (Anm. 18), S. 88.

28 Wenn das Mehrheitsprinzip jedoch unabhängig gerechtfertigt werden kann, wenn

Da Gesetze in der öffentlichen Deliberation nicht nur beschlossen, sondern auch gerechtfertigt werden, beruht die Legitimität von Mehrheitsentscheidungen darüber hinaus auch auf den substantiellen Argumenten, die zu ihren Gunsten vorgebracht werden. Deshalb muss die Opposition auch nicht die Straße mobilisieren.[29] Die Mehrheitsentscheidung besteht, wie John Dewey uns erinnert, niemals nur in der Entscheidung der Mehrheit: Sie bildet sich in einem Argumentationsprozess heraus und wird mit Gründen gerechtfertigt, die zumindest von einem Teil der Bürgerschaft als überzeugend angesehen werden.[30] Ein Grund ist nur so lange für jemanden überzeugend, wie er von ihm vertreten wird, aber gerade der demokratische Gesetzgebungsprozess kann uns zeigen, dass auch die anderen ihre Gründe haben.[31] Es sind demnach Formen der Einigung möglich, die zwar hinter einem Konsens zurückbleiben, aber dennoch Legitimität beanspruchen, da sie sich auf Gründe mit erheblichem Gewicht berufen können.

Working agreements

Habermas zufolge basiert ein rationaler Konsens auf geteilten Überzeugungen. Aufgrund des in praktischen Diskursen geltenden Gebots der Unparteilichkeit werden die Teilnehmer zur Anerkennung der gleichen Geltungsansprüche kommen und *identische Gründe* dafür haben, sich an die Übereinkunft zu halten. Umgekehrt kann ein Kompromiss als Ergebnis eines strategischen Verhandlungsprozesses verstanden werden, das indirekt über die Prozeduren legiti-

ihm eine eigenständige legitimierende Kraft zukommt, gefährdet es allerdings die Freiheit des Individuums. In diesem Fall ist das Mitspracherecht keine Garantie gegen ungerechte Eingriffe in den Bereich der Freiheit der Bürger. A. Engländer, »Grundrechte als Kompensation diskursethischer Defizite?«, in: *Archiv für Rechts- und Sozialphilosophie* 81 (1995), S. 482-495, hier S. 494.

29 Und deshalb kann so die Trägheit vermieden werden, die aus dem Erfordernis der Einstimmigkeit oft resultiert und die von der Public-Choice-Theorie vorausgesagt wird. Die Diskurstheorie führt aufgrund der Kraft des besseren Arguments zu einer veränderten Haltung bei den »Blockierern«.

30 J. Dewey, *The Public and its Problems*, Chicago 1927, S. 53 und 207.

31 J. Bohman, *Public Deliberation. Pluralism, Complexity, and Democracy*, Cambridge, MA 1996, S. 197; C. S. Nino, *The Constitution of Deliberative Democracy*, a. a. O. (Anm. 21), S. 135.

miert wird, welche die Bedingungen für eine faire Auseinandersetzung festlegen.[32] Das Verhandeln selbst kann man sich etwa als den Einsatz glaubwürdiger Drohungen und Warnungen vorstellen, mit denen gegebene Zwecke erreicht werden sollen. In diesem Fall werden die Parteien *unterschiedliche Gründe* dafür haben, sich an den Kompromiss zu halten, und die Lösung aus der Perspektive ihrer ursprünglichen Präferenzen als suboptimal betrachten.

Das Konsenserfordernis der Diskurstheorie ist äußerst anspruchsvoll. Konsens folgt nicht notwendig aus der Einhaltung der richtigen Argumentationsregeln. Es besteht immer die Möglichkeit, dass Akteure auch nach einem rationalen Diskurs nicht miteinander übereinstimmen. Rawls zufolge lässt es sich nicht vermeiden, dass qualifizierte Formen der Einigung aufgrund der »Bürden des Urteilens« an Grenzen stoßen, also jener Hindernisse, die einer Übereinkunft auch dann noch entgegenstehen können, wenn die Akteure in ihren Überlegungen möglichst rational sind.[33] Solche Hindernisse können etwa darin bestehen, dass die relevanten Informationen widersprüchlich sind, dass die Akteure unterschiedlichen Ansichten unterschiedliches Gewicht beimessen, dass viele Begriffe nur annäherungsweise bestimmt sind, dass Erfahrungen und persönliche Lebensgeschichten die Auffassungen des Rechten und Guten beeinflussen und dass gleich starke normative Argumente gegeneinanderstehen. Und selbst wenn sie in Bezug auf den Begriff der Gerechtigkeit übereinstimmen, können sie sich »gleichwohl nicht einig sein, weil sie verschiedene Grundsätze und Standards bejahen, anhand deren sie über diese Dinge entscheiden«.[34]

Aus diesen Gründen existieren zusätzlich zu den Problemen, die durch Willensschwäche, die Unterbestimmtheit von Normen, Kurzsichtigkeit und Voreingenommenheit, abweichende Deliberationsregeln und die Komplexität moralischer Standards verursacht werden, kognitive Beschränkungen, die dem rationalen Konsens inhärent sind. Selbst unter idealen Bedingungen kann der Konsens ausbleiben. Deshalb sollte man die Wahrscheinlichkeit politischer Konsense in den komplexen und pluralistischen Gesellschaften der Moderne nicht allzu optimistisch einschätzen.[35] Nichtsdestotrotz

32 J. Habermas, *Faktizität und Geltung*, a. a. O. (Anm. 5), S. 480.

33 J. Rawls, *Politischer Liberalismus*, Frankfurt am Main 1998, S. 127 ff.

34 Ebd., S. 79 f., Fn. 15.

35 Vgl. J. Cohen, »Procedure and Substance«, a. a. O. (Anm. 14), S. 414: »Die genaue

muss sich das grundlegende Verfahren, in dem sowohl den Konflikten und Ambiguitäten als auch dem Pluralismus Rechnung getragen wird, selbst auf Prinzipien stützen – sei es auf Kommunikationsregeln, das liberale Toleranzprinzip oder den deontologischen Kern von Verfassungen. Diese Prinzipien müssen moralischen Respekt gebieten und für alle grundsätzlich aus den identischen Gründen annehmbar sein. Nur Schlussfolgerungen, die auf den gleichen Prämissen beruhen, können Geltung beanspruchen und die für politische Ordnungen notwendige Stabilität etablieren.

Selbst wenn die relevanten Regeln der Deliberation eingehalten werden, sind in einem praktisch-politischen Kontext unterschiedliche Grade der Übereinstimmung möglich. Eine rationale Argumentation muss nicht zu einer Änderung der Meinungen und Überzeugungen führen, auch wenn sie zur Klärung der Argumente beiträgt und die bisher vorgebrachten Gründe in Frage stellt. Die Ausbuchstabierung tief verankerter Überzeugungen und Gründe kann die Verständigung voranbringen. So mögen die Parteien etwa ihre unterschiedlichen Bewertungen anerkennen und einsehen, dass es keine einfache Lösung gibt, sofern sie auch weiterhin friedlich zusammenleben wollen. In solchen Fällen machen die Parteien Zugeständnisse und sprechen sich für eine Lösung aus, die letztlich sinnvoll und vernünftig ist, da sie Gerechtigkeitskonzeptionen in einem pluralistischen Kontext zum Ausdruck bringt.

Ich will darauf hinaus, dass eine Einigung hinter einem rationalen Konsens zurückbleiben und trotzdem das Ergebnis eines deliberativen Prozesses sein kann, der sich auf intersubjektiv rechtfertigbare Gründe stützt. Man denke etwa an die Möglichkeit eines Interimskonsenses, einer Übereinkunft, die Positionsveränderungen und normative Lernprozesse zum Ausdruck bringt, welche zwar nicht zu einem rationalen Konsens, aber doch zu einem *working agreement*

Bestimmung der akzeptablen Gründe und ihres angemessenen Gewichts wird je nach Standpunkt variieren. Deshalb wird selbst ein idealer Deliberationsprozess im allgemeinen keinen Konsens hervorbringen.« Aus diesem Grund gibt es verschiedene Grade der Übereinstimmung, die etwa auch diskursive und vernünftige Meinungsverschiedenheiten sowie moralische Kompromisse und deliberative Mehrheiten umfassen können. Vgl. A. Gutmann und D. Thompson, *Democracy and Disagreement*, Cambridge, MA 1996; H. Grimen, »Consensus and Normative Validity«, in: *Inquiry* 40 (1997), S. 47-62; J. Bohman, *Public Deliberation*, a. a. O. (Anm. 31); J. Valadez, *Deliberative Democracy, Political Legitimacy and Self-determination in Multicultural Societies*, Boulder, CO 2001.

führen. Eine solche Einigung beruht auf unterschiedlichen, aber vernünftigen und wechselseitig akzeptablen Gründen. Sie ist zwischen vernünftigen Personen möglich, die aufgrund ihrer Einsicht in die Bürden des Urteilens und die Gerechtigkeit handeln.

Deliberation kann, auch wenn sie nicht den anspruchsvollen Bedingungen eines rationalen Konsenses genügt, aufgrund ihrer epistemischen Funktion zu einer Anhebung des Wissens- und Urteilsniveaus führen, so dass unterschiedliche Gründe verständlich und wechselseitig akzeptabel werden. Auf diese Weise wird ein *working agreement* möglich, also eine Übereinkunft, die auf *vernünftigen Gründen* basiert. Solche Formen der Einigung sind sozusagen unvollständig theoretisiert,[36] da sie tiefer liegende prinzipielle Fragen ungeklärt lassen. Sie sind weniger stabil als ein rationaler Konsens, da in ihnen unterschiedliche rechtfertigende Gründe zum Ausdruck kommen, die in unterschiedlichen Weltanschauungen, Situationsbeschreibungen sowie Konzeptionen der Gerechtigkeit und der Richtigkeit verankert sind. Mit Bezug auf den Gerechtigkeitspluralismus können wir etwa an Situationen denken, in denen sich die Akteure über bestimmte Rechte streiten und sich nicht auf ein Verteilungsprinzip – wie Verdienst, Bedürfnis oder Gleichheit – einigen können. Ein *working agreement* unterscheidet sich demnach von einer bloßen Interessenkonvergenz und auch von einem *modus vivendi*, der im wechselseitigen Respekt konfligierender Interessen gründet, da es durch normative Argumente, also durch nichtegoistische Rechtfertigungen gestützt wird. Es handelt sich auch um mehr als einen übergreifenden Konsens, der auf der Methode der Vermeidung – also des Ausschlusses unvernünftiger umfassender Weltanschauungen – und der Konvergenz verschiedener *nichtöffentlicher Gründe* beruht.[37] *Working agreements* stützen sich auf den öffentlichen Vernunftgebrauch, der auf der Grundlage der existierenden pluralen Wertesysteme einen Kooperationszusammenhang etablieren kann, der Befolgung und Unterstützung gebietet. Die Akteure

36 C. R. Sunstein, »Incompletely Theorized Agreements«, in: *Harvard Law Review* 108 (1995), S. 17-33.

37 Rawls, *Politischer Liberalismus*, a. a. O. (Anm. 33), S. 239 f.; J. Habermas, »›Vernünftig‹ versus ›Wahr‹ oder die Moral der Weltbilder«, in: ders., *Die Einbeziehung des Anderen*, Frankfurt am Main 1996, S. 107 f.; vgl. ders., »Versöhnung durch öffentlichen Vernunftgebrauch«, in: ders., *Die Einbeziehung des Anderen*, a. a. O; J. Rawls, »Reply to Habermas«, in: *Journal of Philosophy* 92 (1995), S. 132-180.

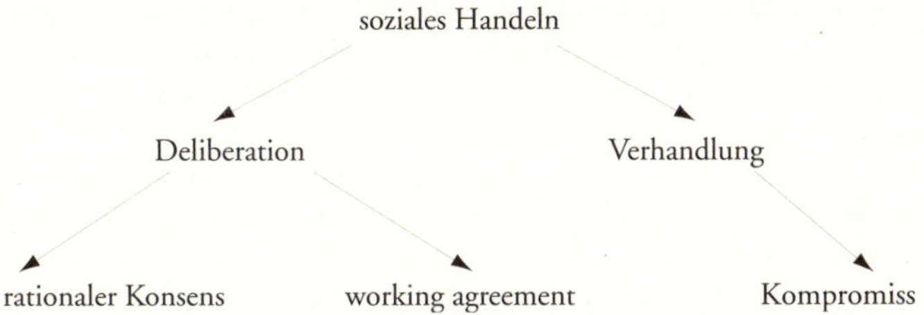

Abbildung 1: Typologie verschiedener Formen der Einigung

werden durch die idealisierenden Unterstellungen der Kommunikation und die Einschränkungen des Diskurses dazu gebracht, zuzustimmen, ohne vollständig überzeugt zu sein. Das Ergebnis kann als eine Art von *Regime, Doktrin* oder *Verfahren* verstanden werden, das in geteilten Normen und fest etablierten Regeln gründet und uns nicht nur Schutz, sondern sogar eine Pareto-superiore Lösung bietet. So kommt eine verbindliche Struktur geteilter Verpflichtungen zum Ausdruck, die zwar in der Zukunft neu verhandelt oder verworfen werden kann, für den Moment aber unseren Respekt verdient.

Eine solche Kategorie benötigen wir nicht nur aus normativen, sondern auch aus explanatorischen Gründen, um die Lücke zwischen Kompromissen, die auf strategische Aushandlungsprozesse zurückgehen (und von der Spieltheorie modelliert werden), und kommunikativ erzielten rationalen Konsensen zu füllen. Eine sich auf diese beiden Modelle beschränkende Konzeptionalisierung würde der Rational-Choice-Theorie zu viele Zugeständnisse in der Analyse politischen Verhaltens machen und zudem der (wie auch immer näher zu bestimmenden) intrinsischen Verknüpfung von politischem Handeln und Rechtfertigung keine Beachtung schenken. Habermas hat (in seiner Antwort auf eine Kritik Herbert Schnädelbachs) dazu beigetragen, diese Lücke durch die Einführung des Begriffs des *schwach-kommunikativen Handelns* zu füllen. Dabei stützt er sich auf die Entkopplung von Verständigung und Einverständnis.[38] Letzteres bezeichnet, wie erwähnt, einen Konsens, zu dem es kommt, wenn die Akteure einen Geltungsanspruch aus

38 J. Habermas, »Rationalität der Verständigung. Sprechakttheoretische Erläuterungen zum Begriff der kommunikativen Rationalität«, in: ders., *Wahrheit und Rechtfertigung*, a. a. O. (Anm. 6), S. 116 ff.

denselben Gründen akzeptieren können. Zu *Verständigung* im engeren Sinne kommt es hingegen, wenn ein Akteur in der Lage ist einzusehen, dass ein anderer Akteur *aufgrund seiner spezifischen Präferenzen* unter den gegebenen Umständen gute Gründe für ein bestimmtes Verhalten haben kann, ohne dass der erste Akteur aufgrund *seiner* eigenen Präferenzen dazu bereit wäre, sich diese Gründe zu eigen zu machen. Wir können deshalb zwischen akteurunabhängigen und akteurrelativen Rechtfertigungen unterscheiden, wobei die erste Kategorie eine stärkere Form von Verständigung zu begründen in der Lage ist als die zweite. Wir können außerdem die Typen von Geltungsansprüchen unterscheiden, die in beiden Fällen jeweils im Spiel sind. Die einzigen Bedingungen für *Verständigung* – für schwach-kommunikatives Handeln – bestehen darin, dass ein Hörer glaubt, der Sprecher

a) verfüge über ein adäquates Verständnis der Realität und
b) bringe tatsächlich seine wahren Überzeugungen und Meinungen zum Ausdruck.

Mit anderen Worten: Der Sprecher muss die Geltungsansprüche der *Wahrheit* und der *Wahrhaftigkeit* einlösen, aber nicht denjenigen der *Richtigkeit* (der für die starke Variante kommunikativen Handelns konstitutiv ist). Da dieses Element der Rechtfertigung fehlt, handelt es sich um eine instabile Lösung.[39] *Working agreements* basieren demgegenüber auf einer normativen Konzeption der Richtigkeit, also auf Gründen, die intersubjektiv rechtfertigbar und deshalb zu respektieren sind. Mit ihnen können wir der Variante B der deliberativen Theorie zufolge eher rechnen als mit einem rationalen Konsens. Wie lässt sich der Reformprozess der EU in dieser Perspektive fassen?

Die EU in Bewegung

Die EU ist in zunehmendem Maße darum bemüht, ihre Demokratiedefizite abzubauen. In einem jahrzehntelangen Prozess haben die europäischen Institutionen die Union mehr und mehr zu einem postnationalen politischen Gemeinwesen gemacht, das Anspruch auf direkte Legitimität erhebt.

39 Vgl. E. O. Eriksen und J. Weigård, *Understanding Habermas*, London 2003, S. 42.

Die Richtung des Reformprozesses ist ebenso wie sein Ergebnis an jener Standardvorstellung von Demokratie ausgerichtet, die in den Nationalstaaten und der paneuropäischen demokratischen Kultur fest verankert ist. Dies lässt sich vor allem an der Grundrechtecharta aus dem Jahr 2000 zeigen, die die bisher ausdrücklichste Verpflichtung auf die Idee einer umfassenden politischen Union darstellt, die auf Demokratie, Rechtsstaatlichkeit und Menschenrechte gegründet ist – eine auf individuellen Rechten basierende Union der Bürger.[40] Sie wurde von einer politischen Institution – einem Konvent – ohne größere Schwierigkeiten ausgearbeitet und stützte sich auf allgemeine Zustimmung. Die Konventsmethode basiert auf breiter Partizipation – die meisten Delegierten verfügten über ein freies Mandat – und öffentlicher Debatte und zielt damit eher auf Argumentation als auf Verhandlung. Diese von der Union 1999 zur Ausarbeitung der Charta gewählte Methode stellt ein Modell für alternative Wege zur Änderung der Verträge dar, an dem sich nach dem Fiasko von Nizza auch der sogenannte Konvent von Laeken (2002-2003) orientierte. Dieser Konvent stand im Zeichen der Deliberation, im Gegensatz zu den bis dato geschlossenen, geheimen und exekutivlastigen zwischenstaatlichen Verfahren zur Änderung der Verträge. Im Ergebnis konnte ein Entwurf für einen Verfassungsvertrag vorgelegt werden, der vom Rat am 29. Oktober 2004 verabschiedet wurde. Der Verfassungsvertrag wurde von 13 Staaten ratifiziert, aber in zwei Referenden – in Frankreich und in den Niederlanden im Juni 2005 – abgelehnt. Daraufhin beschlossen die Regierungschefs eine »Überlegungspause« und verschoben den Zeitpunkt der endgültigen Ratifizierung.

Der Verfassungsvertrag enthält Maßnahmen zum Abbau des Legitimitätsdefizits der EU, wie etwa die Schwächung der Einteilung in Säulen, die Integration der Grundrechtecharta, die Stärkung des Europäischen Parlaments sowie der nationalen Parlamente, das Petitionsrecht und die Ausweitung der Ko-Dezision und der qualifizierten Mehrheitsentscheidung als Verfahren. Die Regel der Ein-

40 Vgl. *The Chartering of Europe: The Charter of Fundamental Rights and its Constitutional Implications*, hg. von E. O. Eriksen, J. E. Fossum und A. J. Menéndez, Baden-Baden 2003.

stimmigkeit der Mitgliedstaaten wird zum Ausnahmefall, der nur noch auf bestimmte Politikfelder Anwendung findet, etwa auf die Sozial-, Steuer-, Außen- und Sicherheitspolitik. Zudem wurde für den Verfassungsvertrag ein konstitutionelles Vokabular zur Charakterisierung des legislativen Prozesses gewählt, indem nicht mehr von Richtlinien und Direktiven, sondern wie in Nationalstaaten üblich von Gesetzen und Rahmengesetzen die Rede ist (Artikel I-33).

Der Schutz individueller Rechte und die Beschränkung der staatlichen Autonomie stellen zentrale Merkmale der europäischen Verfassungsentwicklung dar. Dies spiegelt sich in den frühen Entscheidungen des Europäischen Gerichtshofs (EuGH) zu Direktwirkung und Vorrang des Gemeinschaftsrechts, zur Demokratieförderung in Außenbeziehungen, in den politischen Maßnahmen zur Gleichberechtigung der Geschlechter, in der Bürgerrechtspolitik sowie insbesondere in der Charta, die die Grundrechte der Unionsbürger durch die Prinzipien des Humanismus und der Demokratie ergänzt. Das Individuum wird von nationalstaatlichen Beschränkungen befreit, und die Achtung des Individuums stellt die normative Grundlage des europäischen Integrationsprozesses dar.

Der EuGH ist eine treibende Kraft der politischen Entwicklung der EU und hat eigenständig die Rolle des Europäischen Parlaments (EP) gestärkt. Zudem hat er die Entscheidungen des EP der gerichtlichen Überprüfung unterworfen und damit dessen Status als autonome politische Institution innerhalb der Union gestärkt wie auch rechtlich abgesichert. Ursprünglich war das EP nur ein beratendes Gremium – eine »unverbindliche Gesprächsrunde« –, das über sehr begrenzte Kompetenzen verfügte und sich größtenteils aus Abgesandten nationaler Parlamente zusammensetzte. Mit der Zeit und insbesondere nach der Einführung der Direktwahl des EP 1979 dehnten sich die Entscheidungsbefugnisse jedoch immer weiter aus. Die Einheitliche Europäische Akte stärkte Status und Befugnisse des EP und stellte mit der Einführung des Zusammenarbeitsverfahrens einen entscheidenden Schritt dar. Diese Entwicklung wurde mit den Verträgen von Maastricht und Amsterdam verstärkt, die das EP von einer zweitrangigen Institution in einen entscheidenden Akteur des Gesetzgebungsprozesses verwandelten.[41] Das EP wurde so von einem nominellen zu einem tatsächlichen Parlament. In vie-

41 B. Rittberger, *Building Europe's Parliament*, Oxford 2005, S. 177.

len Bereichen teilt es die Entscheidungsbefugnis mit dem Rat und beschneidet zunehmend die Macht der Kommission.

Der Konvent hat sich weitgehend am parlamentarischen Modell demokratischer Legitimität orientiert – so wird das Parlament im Verfassungsvertrag als erste der EU-Institutionen genannt. Auch wenn das EP nicht die Agenda bestimmen kann und seine Befugnisse im Vergleich mit nationalen Parlamenten noch immer äußerst begrenzt sind, ist die Entwicklung hin zu einem gewöhnlichen Modell der auf Gewaltenteilung basierenden repräsentativen Demokratie doch bemerkenswert. Die parlamentarische Form der Demokratie konnte sich im Reformprozess – sowohl auf nationaler als auch auf europäischer Ebene – durchsetzen. Zugespitzt formuliert: Die Demokratisierung der EU besteht in ihrer Parlamentarisierung.

Mit der Übernahme des Konventsmodells und des konstitutionellen Vokabulars hat sich die EU unwiderruflich auf verfassungsförmiges Terrain begeben – und damit ihre Legitimität auf das demokratische Prinzip einer direkten Rückbindung an die Bürger Europas gegründet. Die Parlamentarier stellten innerhalb des Konvents die Mehrheit, und das Volk sollte am Ratifikationsprozess beteiligt werden. Hierin kommt der Vorbildcharakter des demokratischen Rechtsstaats und des parlamentarischen Prinzips zum Ausdruck. Sie stellen für Befürworter und Gegner, für Rechtfertigungen und Kritiken des europäischen Integrationsprozesses und der momentanen Strukturen die Codes und Kategorien bereit. Sie bilden heute die Bedingung der Möglichkeit für wechselseitiges Verstehen und Akzeptanz – und damit für eine deliberative Politik.

Der Verfassungsvertrag als »working agreement«

Die Theorie der Deliberation hat den Vorteil, Integration – die Möglichkeit koordinierten Handelns – auch dann erklären zu können, wenn es keinen europäischen *demos*, keine europäische kollektive Identität und keine gemeinsame Sprache gibt, wenn das konstitutionelle Arrangement der Union also als äußerst unvollständig erscheint. Deliberation bringt Akteure dazu, ihre Handlungspläne innerhalb eines kooperativen Rahmens zu artikulieren und zu rechtfertigen und somit *Gründe* für ihr Handeln anzugeben. Sie kann zu einem Konsens, aber auch zu einem *working agreement* oder zu einem Konflikt führen sowie Verhandlungen und Abstimmungen vorbereiten. Der Verfassungsvertrag bietet ein lehrreiches Beispiel für einen Deliberationsprozess, an dessen Ende ein *working agreement* steht: Die Eigenschaften der Konventsmethode – Offenheit, breite Partizipation, anhaltende Diskussionen, kritische Opposition etc. – haben eine Einigung erleichtert, die mehr als ein Kompromiss, aber weniger als ein rationaler Konsens ist. Den Beteiligten ist es gelungen, sich über die »konstitutionelle« Struktur der EU zu einigen, *ohne* aus ihr eine einheitliche politische Ordnung zu machen.

Die Mitglieder des Konvents hatten offensichtlich unterschiedliche Gründe für ihre Zustimmung zum Endergebnis, aber sie sahen in ihm nicht nur das unter den gegebenen Umständen beste Resultat. Manche, wie etwa die Föderalisten, verstanden es als Schritt hin zu einem demokratischeren Europa, Realisten und »Technokraten« als notwendiges Instrument zur besseren Organisation schwerfälliger Entscheidungsprozesse. Eine dritte Gruppe – Neoliberale und viele Euro-Skeptiker – erblickte darin immerhin noch die beste Alternative zum Status quo. Föderalisten, Realisten und Euro-Skeptiker hatten demnach durchaus unterschiedliche Gründe, den Entwurf zu akzeptieren. Dementsprechend fanden Konservative, Sozialisten, Grüne und Liberale im Europäischen Parlament jeweils Gründe zur Verteidigung des Entwurfs gegenüber ihren jeweiligen Wählerschaften, aber die Übereinstimmung ist mehr als ein bloßer Kompromiss, als ein Handel zwischen Vertragsparteien. Das liegt daran, dass die Parteien »dazugelernt« und durch den *Verlauf des Konvents* eine neue Grundlage zur Behandlung europapolitischer Fragen etabliert haben. Die Deliberation brachte nicht nur epistemische Vorteile und hatte nicht nur als einschränkende Bedingung ihren Wert – sie führte zudem zur Transformation der jeweiligen Positionen. Einige Akteure änderten während des Prozesses ihre Meinung – Mitglieder, die sich zunächst zögerlich und sogar ablehnend gegenüber dem »Verfassungsprojekt« verhielten, wurden zu aktiven Unterstützern.[42] Im Konvent gab es »Interessenmaximierer«, »Radikale« und »Dialektiker«:

42 Vgl. J. E. Fossum, »Contemporary European Constitution-making: Constrained or Reflexive?«, in: *Making the European Polity*, a. a. O. (Anm 3); J. P. Olsen, »Unity, Diversity and Democratic Institutions: Lessons from the European Union«, in: *Journal of Political Philosophy* 12 (2004), S. 461-495.

Die mächtigen Interessen stellten ihre Positionen (meist im Namen des ›öffentlichen Interesses‹) dar, ohne ihre Übereinstimmung oder Nichtübereinstimmung mit anderen Meinungen zu unterstreichen. Die Dialektiker betonten diese Argumentations- und Konfliktlinien. Die Radikalen denunzierten den proeuropäischen Konsens – und stärkten ihn dadurch vielleicht auf paradoxe Weise. Die Vermittler versuchten daraufhin, die ›kognitiven Dissonanzen‹ durch Erklärungen abzuschwächen.[43]

Der Prozess der Erarbeitung des Verfassungsvertrags war also kein bloßes Tauziehen im Rahmen zwischenstaatlicher Verhandlungen, in dem einige Parteien nicht erreichten, was sie wollten, und dann versuchten, zumindest ein Ergebnis zu erzielen, das immer noch besser als kein Ergebnis ist. Stattdessen sind in diesem Prozess die Machtspiele der einflussreichen Akteure durch die Deliberation begrenzt worden. Wie sich den Berichten der Teilnehmer, zahlreichen Interviews und Analysen entnehmen lässt, führte das Verfahren zu einer Verbesserung des Informationsstands und der Urteile der Teilnehmer über die zur Debatte stehenden Fragen. Das Endergebnis erweitert die Kompetenzen und Fähigkeiten der Union und kann aus kollektiver Perspektive als Verbesserung angesehen werden.

Die Bezeichnung des Entwurfs als *working agreement* hilft auch zu verstehen, warum es innerhalb der EU dennoch nur zu einer teilweisen Einigung gekommen ist – der Verfassungsvertrag stößt auf Widerspruch, da in ihm höchst unterschiedliche Vorstellungen der Union zum Ausdruck kommen. Wieso aber haben die Akteure überhaupt eine Einigung erreicht? Auf welcher Grundlage war ihnen der Umgang mit ihren Differenzen möglich? Bei den die Deliberationen der Akteure anleitenden Grundprinzipien handelt es sich um die wohlbekannten deontologischen Prinzipien der Demokratie, des Rechtsstaats und der Menschenrechte, wie sie in Teil II des Verfassungsvertrags formuliert sind. Der Prozess brachte eindeutig zum Ausdruck, dass alle Akteure diese Grundprinzipien legitimer Herrschaft teilen, aber über deren Konkretisierung und institutionelle Verankerung uneins sind. Mit anderen Worten: In der EU kommt die anhaltende Suche nach der adäquatesten Verankerung dieser gemeinsamen Prinzipien in organisatorischen und verfassungsmäßigen Formen zum Ausdruck.

43 P. Magnette, »Deliberation or Bargaining? Coping with the Constitutional Conflicts in the Convention on the Future of Europe«, in: *Developing a Constitution for Europe*, a. a. O. (Anm. 20), S. 220.

Folgt man der Variante B der deliberativen Demokratie, so kann es ohne egalitäre Gesetzgebungsverfahren keine Demokratie geben, da nur unter dieser Bedingung die Bürger die Gesetze, denen sie unterstehen, effektiv beeinflussen, die Qualität der vorgebrachten Gründe bewerten und über die Möglichkeit der Sanktionierung der Machthaber verfügen können. Deliberationen erhöhen zwar die Wahrscheinlichkeit, dass sich die Unterlegenen an die Mehrheitsentscheidungen halten, weil diese epistemische Vorzüge aufweisen. Institutionalisierte Formen der Kontrolle (wie Mehrheitswahl sowie Veto- und Beteiligungsrechte, die allen gleichermaßen offenstehen) können dadurch aber nicht ersetzt werden. Aus der Perspektive dieses Modells kann man im Rahmen kollektiver Willensbildungsprozesse höchstens Entscheidungen auf der Basis vernünftiger – wechselseitig rechtfertigbarer – Gründe erwarten. Das Demokratieprinzip behauptet dieser Lesart zufolge nicht, dass Gesetze die rationale Zustimmung aller erhalten müssen, sondern dass sie legitim sind, wenn es sich bei ihnen um das Ergebnis eines offenen und fairen (rechtlich institutionalisierten) Prozesses handelt und wenn sie gegen Kritik verteidigt und aus vernünftigen Gründen akzeptiert werden können.[44] Als ultimativer Test der Legitimität des Gesetzgebungsverfahrens bleibt der rationale Konsens jedoch unvermeidlich maßgeblich, weil die Gründe für alle gleichermaßen überzeugend sein müssen, damit die Ordnung stabil ist – und das kann nur durch Lösungen erreicht werden, die im gleichen Interesse aller liegen. So können auch die substantiellen moralischen Standards, die für Variante B konstitutiv sind, einem Test unterzogen werden. Es handelt sich gleichwohl um eine relativ dünne normative Basis, da sie sich nur auf das gründen kann, was die Menschen gemeinsam haben, also etwa ihr Recht auf Freiheit, Gleichheit, Würde und Demokratie.[45]

Variante A des deliberativen Prinzips sollte deshalb nur als Testverfahren für die grundlegenden Normen der politischen Ordnung

44 Vgl. J. Habermas, *Faktizität und Geltung*, a. a. O. (Anm. 5), S. 141; J. Bohman, *Public Deliberation*, a. a. O. (Anm. 31), S. 183.

45 In diesem Sinn bringt das Diskursprinzip den moralischen Individualismus der Moderne zum Ausdruck, der für das partizipatorische Modell – Version B – konstitutiv ist.

angewendet werden. In einem unter idealen Bedingungen geführten Diskurs über die konstitutionellen Grundlagen wären die Akteure in der Lage, einen rationalen Konsens darüber zu erreichen, was im gleichen Interesse aller betroffenen Parteien liegt. Indem sie von situativen Dringlichkeiten abstrahieren, typische Fälle diskutieren und zukünftige Anwendungsbedingungen der Normen antizipieren, könnten die Akteure die Legitimität einer Norm auf kohärente Weise testen und zu einer rationalen Einigung gelangen. Das impliziert Habermas zufolge keineswegs Unfehlbarkeit, da sowohl moralische Rechtfertigungsdiskurse als auch pragmatische Anwendungsdiskurse einem doppelten fallibilistischen Vorbehalt unterstehen: Im Rückblick erkennen wir, dass wir uns über die angenommenen »Argumentationsvoraussetzungen« getäuscht haben und nicht alle relevanten empirischen Umstände antizipieren konnten.[46] Da hierin die moderne Form der Selbstreflexivität besteht, sollten die Bürger dazu in der Lage sein, *Worst-case*-Szenarien zu bedenken sowie Sicherheitsmechanismen und verfassungsrechtliche Schranken zu institutionalisieren, um der scheinbaren Hybris der kommunikativen Vernunft vorzubeugen.

Fazit

Folgen wir Variante B der deliberativen Demokratie, so scheinen die Aussichten für die parlamentarische Demokratie in Europa nicht allzu düster zu sein, da die Last der Legitimation vom Vertrauen in die Verfahren der repräsentativen Demokratie und von deren Willensbildungsprozessen getragen wird und nicht von einem *demos*, der in einer vorgängigen kollektiven Identität verankert ist. Die Codes und Kategorien des demokratischen Rechtsstaats ermöglichen den Streit um die adäquate Institutionalisierung der Herrschaftsausübung jenseits des Nationalstaats. Hier hat sich die parlamentarische Form der Demokratie durchgesetzt. Vor diesem Hintergrund mag man seine Zweifel an der von Habermas vorgeschlagenen demokratischen Minimalverfassung anmelden, in der die Staaten auch weiterhin über den Rat – jene nur indirekt legitimierte »Staatenkammer« – die legislative Macht kontrollieren.

46 J. Habermas, »Richtigkeit versus Wahrheit«, a. a. O. (Anm. 6), S. 298.

Die rechtliche Einheit steht zwar (noch immer) aus, aber der sich hinziehende Konstitutionalisierungsprozess, der mit den ersten Anfängen der europäischen Integration (etwa mit den Pariser Verträgen von 1952) einsetzte und im Verfassungskonvent 2002-2003 zunächst kulminierte, lenkt unsere Aufmerksamkeit auf die Tatsache, dass man den Reformprozess der Union nur im Lichte des Modells der repräsentativen Demokratie verstehen kann. Die normative Grundlage des Integrationsprojekts liegt in der Achtung der Menschenrechte und der Demokratie samt des parlamentarischen Prinzips als zentralem institutionellem Element. Unsere Ausgangsfrage lautete, ob demokratische Legitimität auf der europäischen Ebene vor allem durch die Qualität der Debatte und die Präsumtion der Rationalität und Fairness ihrer Ergebnisse erzeugt wird oder aber durch eine verantwortliche und vom Volk getragene Form des Regierens, die wir von der nationalstaatlichen Ebene her kennen. Ich habe versucht zu zeigen, dass die EU zunehmend dieser zweiten Forderung gerecht wird.

Aus dem Englischen von Robin Celikates und Eva Engels

Hauke Brunkhorst

Zwischen transnationaler Klassenherrschaft und egalitärer Konstitutionalisierung

Europas zweite Chance[1]

I. Das Referendum

Die Referenden in Frankreich und Holland, an denen der Verfassungsvertrag gescheitert ist, sind nicht nur Ausdruck reaktionärer Ängste und nationalistischer Regression, sondern haben auch *rationale Motive* zur Geltung gebracht.[2] Wäre die Verfassung gekommen, wäre zwar zunächst nur ein neues Wort an die Stelle einer alten Sache getreten. Aber der Name hätte als Omen verstanden, der Begriff beim Wort genommen und sein demokratischer Gehalt an dem der nationalen Verfassungen gemessen werden können. Die heute schon formell und mehr noch informell vereinigten Exekutiven Europas wären die Geister, die sie riefen, um sich dem Volk auf den Gruppenfotos ihrer Gipfeltreffen als gutes, wohlwollendes und gnädiges Herrscherkollektiv präsentieren zu können, nicht mehr losgeworden. Die europäische Scheindemokratie, die Politikwissenschaftler und *White-Paper*-Manager euphemistisch auf den Namen »Mehrebenendemokratie« getauft haben und den »Menschen draußen im Lande« als *good governance* und *deliberative supranationalism* anzudrehen versuchen, wäre ins Wanken geraten. Die Leute hätten *ihre* Stimme in den Massenmedien erhoben und die Politiker gefragt, ob die hoch tönenden Formeln der endlos langen Präambel, ob die schönen Sprüche der Grundrechtscharta, die nur kostenfrei verdoppeln, was wir ohnehin schon haben, sich auch in der harten Währung eines europäischen *Organisationsrechts* auszahlen. Die politisch-ökonomisch-mediale Klasse, die sich auf ihrem langen Marsch von Rom bis Nizza von Integrationsschritt zu Integrationsschritt immer wirksamer gegen Parlamentsentscheidungen, Wahlen und Abstimmungen immunisiert hat, wäre in Legitimationsnöte

1 Ich danke Andreas Fischer-Lescano für Kritik und Kommentare.

2 Zum Begriff des rationalen Motivs: Jürgen Habermas, *Theorie des kommunikativen Handelns*, Bd. 1, Frankfurt am Main 1981.

geraten. Der Prozess europäischer Rechtserzeugung, der immer breiter und tiefer in die Gliedstaaten durchgreift, aber bislang gegen alle Zudringlichkeiten der breiten Öffentlichkeit technisch neutralisiert werden konnte, wäre endlich *politisiert* worden.

Die großen Gegensätze der Union zwischen Technokratie und Demokratie, zwischen *Output*- und *Input*-Legitimation, zwischen neoliberaler Wirtschafts- und sozialdemokratischer politischer Union, zwischen überintegrierter Oberklasse und unterintegrierter *underclass*, zwischen Zentrum und Peripherie, zwischen globalem Imperialismus und globalem Konstitutionalismus, die von den vereinigten Exekutivgewalten immer wieder erfolgreich unter einen Teppich aus tausend Formelkompromissen gekehrt worden waren, wären öffentlich sichtbar, debattierbar und strittig geworden; und in der Folge des heftiger werdenden Streits hätten sich europäische Parteien gebildet und die *politischen Alternativen*, die dem Nationalstaat abhandengekommen sind, hätten fortan die Agenda europäischer Protestbewegungen, Wahlkämpfe, Abstimmungen bestimmt und auch die nationalen Bühnen repolitisiert, in deren Mitte die großen Volksparteien sich »feig, kleinlaut, muthlos« (Marx) aneinandergeklammert haben. Eine friedliche Revolution hätte sich ereignet. Für die Vielzahl der sich erhebenden Stimmen weit geöffnete Diskurse hätten die Gesetzgebungsmaschine der Union in eine von unten und von den Rändern der Gesellschaft immer wieder neu initiierte, »permanente legale Revolution« (Habermas) verwandelt. Der revolutionäre Name der Verfassung ist nicht einfach Schall und Rauch, und zwar deshalb nicht, weil er selbst ein Stück objektiver Geist, nicht »Philanthropie, sondern [...] *Recht*« ist.[3] In den Worten Friedrich Müllers: »Norm- und besonders Verfassungstexte setzt man, mit unaufrichtigem Vorverständnis konzipiert, letztlich nicht ungestraft. Sie können zurückschlagen.«[4] Ein »radikaler Reformismus« (Habermas) hätte im Namen der Verfassung triumphieren und dem Namen hätte die Sache folgen können.

Hätte, würde, könnte. Es kam anders. Die konservativen Staatsrechtslehrer wussten schon, warum sie gegen das Wort »Verfassung« waren, und die Linke ist darauf reingefallen. Sie ließ die Verfassung

3 I. Kant, *Zum ewigen Frieden*, in: *Werkausgabe*, hg. v. W. Weischedel, Bd. XI, Frankfurt am Main 1977, S. 191-251, hier S. 213.

4 F. Müller, *Wer ist das Volk? Eine Grundfrage der Demokratie, Elemente einer Verfassungstheorie VI*, Berlin 1997, S. 54.

scheitern und nutzte in ihrer schlecht begründeten Kampagne die mit guten Gründen europaskeptische Stimmung der *blue collar workers*, die in ihrer großen Mehrheit, darunter besonders zahlreich die jungen, 18- bis 24-Jährigen, zur Verfassung nein gesagt haben[5] und von denen die Euro-Soziologen verdutzt feststellen mussten, dass es sie noch gibt. Sie haben die Verfassung scheitern lassen, denn sie hatten von der über ihre Köpfe hinwegrollenden Europäisierung ebenso wenig zu erwarten wie von den offenen Arbeits-, Immobilien- und Geldmärkten sowie der Kommodifizierung des Kontinents durch eine neoliberale Kommission, deren Präsidenten und Kommissare – im Unterschied zu Berlusconi und Blair – niemand abwählen kann.

Für so dumm haben die Barroso, Bolkestein, Verheugen die Leute gehalten, dass sie den Franzosen noch mitten im Wahlkampf eine Dienstleistungsrichtlinie präsentierten, die ihnen die Arbeit stahl. Aber die Franzosen konnten lesen. Sie haben die Botschaft verstanden, und sie konnten auch lesen, was in dem 263-seitigen Verfassungsdokument mit seinen juristischen Tricks und Finessen, Ausnahmen und allerlei Schlupflöchern *nicht* stand: die Vorschrift, die alle Gewalt der Europäischen Union ohne Wenn und Aber in die Hände ihrer Bürger gelegt hätte. Statt des einfachen *We the people* der US-Constitution, statt des Muts der UN-Charta, kontrafaktisch die *Verrechtlichung einer Utopie* anzustreben, die kleinlaute Beschwörung von allerlei Werten, die schon zerfallen sind, wenn sie zum ersten Mal herbeizitiert werden. Nicht Werte, die *Verrechtlichung der Utopie* ist das Erbe des christlichen an das postchristliche Europa.[6] Stattdessen bekennt man sich feierlich zum Wert der Demokratie, schickt in ihrem Namen Soldaten in alle Welt und schweigt über die Verfahrensnormen. Anders als die Mehrheit des Verfassungskonvents und die politische Klasse Europas aber wussten die Leute noch, dass die viel zu vielen Rechte, die man ihnen versprach, nur so viel wert sind wie die Verfahren, durch die sie in einfaches Recht, in Gesetze, Richtlinien, Verordnungen und Ent-

5 IPSOS, »Le Non des classes actives, des classes populaires et moyennes et du peuple de gauche«, 30. Mai 2005; zu den 18- bis 24-Jährigen siehe auch: »La Constitution européenne. Etude Post-référendum au Luxembourg«, *Flash Eurobarometer* 173, Juni 2005.

6 Harold Berman, *Recht und Revolution*, Frankfurt am Main 1991, S. 259, 262, 286, 791.

scheidungen umgesetzt werden. Sie hatten noch nicht vergessen, was eine Verfassung ist: »Ein Laiendokument, kein Juristenvertrag« (Franklin D. Roosevelt).

Anders, als es die Barroso, Bolkestein, Verheugen, anders als es die Blair, Chirac, Schröder erwartet hatten, hat der Verfassungsprozess ihnen einen Strich durch die Rechnung gemacht und statt der stummen Zustimmung einer passiven Minorität des Wahlvolks, das sich Wochen zuvor in Spanien mühsam an die Urnen geschleppt hatte, einen breiten, offenen, engagierten, heftigen, mitreißenden, manipulativen und gleichzeitig erstaunlich diskursiven Wahlkampf erlebt, in dem zum ersten Mal Europas gemeinsame Zukunft der entscheidende Streitpunkt öffentlicher Leidenschaften war. Wie Renaud Dehousse in seiner Sekundäranalyse der Wahlforschung zeigt, war der Wahlkampf der Franzosen »a campaign of an intensity rarely attained in the past«[7] – weder in europäischen noch in nationalen Wahlen und Abstimmungen.

Ihr sucht die europäische Öffentlichkeit, hier ist sie. Ihr forscht nach der deliberativen Demokratie in den Logen der Komitologie, aber sie steht schon auf der Straße und besetzt die Sendeanstalten. Die politischen Eliten Europas, die Öffentlichkeit ohnehin immer mit *public relations* verwechselt und bei *private consulting* ihr Heil gesucht und verloren haben, sind von der kommunikativen Macht des Volkes überrascht worden. Sie wollten Applaus und bekamen stattdessen eine wohlüberlegte Entscheidung. Nicht sie, ihre Wähler, von denen sie und ihr intellektueller Anhang immer behauptet haben, sie könnten nur national denken, haben *europäisch* gedacht und gehandelt.

Der große Präsident hat das Referendum in der Absicht veranstaltet, die Chancen seiner eigenen Wiederwahl zu erhöhen, um für weitere sechs Jahre vor dem *Code pénal* sicher zu sein. Der Präsident hat *seine* Freiheit, die Franzosen haben diejenige *Europas* zu ihrer Sache gemacht. Sie haben nicht gegen *die*, sondern gegen *diese* Verfassung gestimmt[8] – eine Verfassung, die kaum etwas an der informellen Herrschaft der regierenden Nichtregierungsorganisation auf dem Gruppenfoto des Europäischen Rats (dazu unten, Abschnitte

7 R. Dehousse, »The Unmaking of a Constitution: Lessons from the European Referenda«, in: *Constellations* 13 (2006), S. 151-164, hier S. 156.

8 N. Walker, »A Constitutional Reckoning«, in: *Constellations* 13 (2006), S. 140-150, hier S. 144 f.

V und VI) geändert hätte.[9] Während die Autoren des *White Paper* der Kommission den Bürgern großmütig *auditive democracy*, das Recht, ihnen zuzuhören, zugestanden haben, haben die Bürger Frankreichs und der Niederlande mit einer *europäischen* Öffentlichkeit, die sich nicht bezähmen lässt, ernst gemacht.[10] Mit den Referenden in den Niederlanden und in Frankreich – Ländern, die schon vor 400 und 200 Jahren zu »Revolutionen europäischen Stils« (Marx) imstande waren – hat der Kampf um die Verfassung Europas überhaupt erst begonnen.

Es war eine denkwürdige Kampagne, in der erstmals das Internet ein argumentierendes Massenpublikum gegen den *cosmopolitanism of the few* (Craig Calhoun), gegen die *private-public partnership* der europäischen Einheitspartei aus Fernsehen und politisch-ökonomischer Klasse mobil gemacht hat. Es war eine Kampagne, die der Breite der vielen verschiedenen Stimmen und der Gegensätzlichkeit der Argumente Gehör verschafft hat, die sogar ausführliche Zitate aus dem Verfassungsvertrag, den die französische Regierung in jede Wohnung versandt hatte, im Netz hin und her gewendet, gleich auf den ersten Seiten der Massenpresse kommentiert und schließlich auf die Reise in die öffentliche Sprachlosigkeit der plappernden Talkshows, die jeder sieht und keiner hört, geschickt hat, um ihre schönen Moderatoren und ihre schönen, mächtigen oder reichen Gäste zu nötigen, für einen Augenblick ernsthaft und politisch *mit* ihrem Publikum zu reden.

Der Verfassungsprozess und die Referendumskampagnen, deren Intensität auch jenseits der Grenzen Frankreichs und Hollands eine sonst unübliche Aufmerksamkeit erregt hat, haben die neuen Klassengegensätze der Weltgesellschaft und die politischen Alternativen Europas für einen historischen Augenblick zum Thema *europäischer* Politik gemacht, auch wenn diese sich gleich danach schlau und feige in eine »Denkpause« davongestohlen hat. Ausgeplaudert wurde das längst offen zutage liegende, aber von den Glitzermedien kommunikativ beschwiegene Geheimnis der europäischen *Wirklichkeit*, dass ihre Effektivität, ihre Prosperität, ihr Reichtum, ihre Lebenschancen sich immer ungleicher verteilen. Vor aller Augen wurde offenbar, dass das, was in den oberen Stratosphären der Gesellschaft

9 Instruktiv, aber affirmativ: A. Moravcsik, *The Choice for Europe*, Ithaca 1998.

10 Zu diesem Verständnis von Öffentlichkeit: J. Habermas, *Faktizität und Geltung*, Frankfurt am Main 1992, Kapitel VIII.

effektiv genossen und in den postmodern prosperierenden Zentren mit gutem und verallgemeinerbarem Grund als Fortschritt der *Konstitutionalisierung* internationaler Beziehungen gefeiert wird, unten und an den rasch breiter werdenden Rändern der Gesellschaft als *Dekonstitutionalisierung* der Arbeits-, Immobilien- und Geldmärkte Europas bitter erfahren wird.

Mit dem Scheitern der Verfassung kommt die Krise (siehe unten, Abschnitt II und III) schneller als erwartet, und verfassungsrechtliche Instrumente, um sie durch radikalen Reformismus zu beheben, sind kaum verfügbar. Ein, zwei größere Erdstöße, und der tönerne Riese stürzt ein und begräbt den europäischen Nationalstaat, der ohne die globalen Riesen (und vor allem ohne die EU) nicht mehr stehen kann, unter sich. Mit Europa, so wie es ist, verlieren die europäischen Staaten die demokratische Legitimation, ohne Europa aber die wichtigste Stütze ihrer Existenz. Unausbleiblich, dass dann seine Provinzen, Ethnien und Religionsgenossenschaften, die heute schon überall die nationalen Solidaritäten aufkündigen und sich transnational vernetzen, übereinander herfallen. Der einzige Ausweg des Nationalstaats aus der Krise, die einzige Rettung, die seiner demokratischen Verfassung in dieser Lage noch bleibt, ist die Flucht nach vorn, der von den »Schlüsselvorschriften«[11] des Grundgesetzes in Artikel 23 und 24 (in Verbindung mit Artikel 20 Abs. 2, 3 und 79 Abs. 3) bereits vorgeschriebene Weg in eine Demokratisierung der fragmentierten und pluralisierten postnationalen Verfassungsregimes, mit denen wir so oder so, im Guten wie im Bösen und nicht nur in Europa, leben müssen.

II. Amerika und Europa: Legitimationsprobleme

In Europa ist der Verfassungs- und Verrechtlichungsdiskurs vor allem ein Diskurs der Herrschafts*begrenzung* durch Recht, und die demokratische Frage nach der *Begründung* von Herrschaft durch die Beherrschten kommt deutlich zu kurz.[12] Lieber nicht dran rühren –

11 R. Wahl, *Verfassungsstaat, Europäisierung, Internationalisierung*, Frankfurt am Main 2003, S. 26.

12 C. Möllers, »Verfassungsgebende Gewalt – Verfassung – Konstitutionalisierung: Begriffe der Verfassung in Europa«, in: *Europäisches Verfassungsrecht*, hg. von A. von Bogdandy, Berlin 2003, S. 1 ff.

weiß man doch nie, was bei einer unberechenbaren öffentlichen Willensbildung herauskommt. Der Mehrheitswille steht unter Populismusverdacht, und als Populist gilt schon, wer die Länge und Unverständlichkeit der europäischen Verfassungsverträge beklagt. Können nicht deliberative Teilöffentlichkeiten aus liberalen Juristen, klugen Experten, Betroffenensprechern aus den oberen Mittelschichten gemeinsam mit wohlwollenden und wissbegierigen Spitzenpolitikern, die »ein Auge« (Aristoteles) für die »notwendigen Reformen« haben, viel bessere Ergebnisse garantieren als Debatten mit einem unsortierten Massenpublikum, die dann zu allem Überdruss auch noch mit egalitären Entscheidungsverfahren so verkoppelt sind, wie die deutsche Verfassung es in Art. 20 Abs. 2 GG vorschreibt? Letztlich, so ein liberales Standardargument, gehe es doch um Menschenrechte, die nicht der populistischen Agitation eines unbezähmbaren Massenpublikums und demokratischen Mehrheitsbeschlüssen ausgesetzt werden dürften. Sind sie dann aber nicht bei zivilisierten Verfassungsrichtern, zahmen Philosophen und progressiven Politologen viel besser aufgehoben als in der Demokratie? – Manchmal ist der europäische Weg von solcherart sanftem Platonismus zur fröhlich verkündeten *post-democracy* und zur Apologie eines neuen Imperiums der *pax americana* nicht sehr weit.[13] Erst wird die deliberative Komponente aus dem egalitären Entscheidungsverfahren herausgelöst und zum deliberativen Supranationalismus des guten Regierens verdünnt,[14] dann wird *democratic government* durch *good governance* substituiert: die Utopie des guten Herrschers.[15]

Bei so viel neuer Bürgerlichkeit fällt es den besser Weggekommenen, die sich längst zu einer »immer engeren Union« (Art. 1 Abs. 2 EUV) vereinigt haben, leicht, großzügig zu übersehen, dass in ihrer Demokratie diejenigen nicht mehr zählen, die zu keiner dieser großartigen Komitees, Kommissionen und Zivilgesellschaften gehören und ihre elende Lage nur noch mit stummer Gewalt, die

13 Exemplarisch: H. Münkler, *Imperien. Die Logik der Weltherrschaft – vom alten Rom bis zu den Vereinigten Staaten*, Berlin 2005.

14 Kritisch: R. Schmalz-Bruns, »Deliberativer Supranationalismus«, in: *Zeitschrift für internationale Beziehungen* 6 (1999), S. 185-243; siehe auch seinen Beitrag in diesem Band.

15 J. Habermas, »Die Utopie des guten Herrschers«, in: *Merkur* 26 (1972), S. 1266-1273.

dann auch prompt den indigniert registrierten Eindruck eines Einbruchs der Barbarei in die Zivilisation zurücklässt, zum Ausdruck bringen können. Wie die Arbeiter des Pariser Juni 1848, so sprengen die *underclass kids* im Pariser November 2005 den Klassenhorizont jener Zivilisation, und wie damals stehen die Intellektuellen schon bereit, die mit dem einen Finger auf die vorgeblich von außen einbrechende Barbarei zeigen, ohne die vier anderen zu sehen, die auf die innere Barbarei *ihrer* Zivilisation zurückverweisen. Sollten es doch die »rächenden Gewalten« (Habermas) der kommunikativen Vernunft gewesen sein, die sich nicht mehr anders äußern konnten als durch die stumme Symbolik brennender Vorstadtautos? Demokratie heißt, dass alle eine Stimme, *voice* und *vote* haben, und eine andere Demokratie gibt es nicht.

Politisch liberale Amerikaner denken anders als ihre europäischen Kollegen. Für sie gibt es keine Verrechtlichung ohne Demokratie und ohne Demokratie keine *allgemein* wirksamen Menschenrechte. Menschenrechte werden nämlich zu *gleichen* Freiheitsrechten erst durch ihre demokratische Legitimation. Wirksam werden können sie nur durch ihre Umsetzung in ein dichtes Netz einfacher Gesetze, Verordnungen und Entscheidungen. Aber die Demokratie können sich die meisten Amerikaner offenbar nur als *nationale* Demokratie vorstellen. Die weitverbreitete Blindheit für den gewaltigen, ja revolutionären Konstitutionalisierungsfortschritt im internationalen Recht und den internationalen Beziehungen seit Gründung der Vereinten Nationen teilen die *liberals* mit ihrem neokonservativen Supreme Court, und seit 9/11 gibt es sogar Liberale, die für moderaten Imperialismus und rechtsstaatliche Folter plädieren.

Die interkontinentalen Asymmetrien der Wahrnehmung von Demokratie und Recht, die den Westen spalten, spiegeln in ihrer Komplementarität die *latente Legitimationskrise* der entstehenden Weltverfassungsordnung: die abgründig dialektische Gleichzeitigkeit von Rechtsgewinn und Demokratieverlust. Während die immer länger werdenden Präambeln und Menschenrechtskataloge internationaler Organisationen ständig die Demokratie im Munde führen und manche von ihnen sie nicht nur den andern und ihren Gliedstaaten, sondern auch den eigenen Organen ausdrücklich vorschreiben (Art. 6 Abs. 1, 4 EUV), während inter- und übernationale Organisationen sich fortlaufend feierlich für die Sache der Demokratie und der Menschenrechte erklären, bilden ihre verfassungsartigen

Verträge die deklarierte demokratische Bestimmtheit internationaler Gesetzgebung kaum noch in ihrem Organisationsrecht ab.[16] Die latente *Legitimationskrise* nicht nur der europäischen, sondern aller postnationalen Verfassungsregimes besteht in diesem ungelösten Widerspruch zwischen *egalitären Rechten* und *unegalitären Organisationsnormen.*[17] Im französischen Referendum ist er manifest geworden.

III. Bringing Marx back in: Verschränkung von Legitimations- und Organisationskrise

Im Widerspruch egalitärer Rechte und undemokratischer Organisationsnormen spiegelt sich nicht nur die immens gewachsene *Komplexität* der Weltgesellschaft, mit der wir leben müssen, sondern auch die Faktizität neuer *Herrschaftsverhältnisse*, die sich ändern lassen. Zu den Legitimationsproblemen gesellen sich, fast wie es bei Marx im Buche steht, nicht minder gravierende *Organisationsprobleme*, die auch durch die atemberaubende Evolution transnationalen Verwaltungsrechts[18] und verfassungsartig organisierter Privatrechtsregimes[19] keineswegs behoben werden und für

16 Siehe nur: C. Möllers, *Gewaltengliederung – Legitimation und Dogmatik im nationalen und übernationalen Rechtsvergleich*, Tübingen 2005, zit. nach der Habilitationsschrift Heidelberg 2004, S. 230, 232; zum demokratischen Defizit transnationaler Bürgerrechte: S. 235, 411; A. von Bogdandy, »Verfassungsrechtliche Dimensionen der Welthandelsorganisation«, in: *Kritische Justiz* 34 (2001), S. 264-281, hier S. 271, 273.

17 H. Brunkhorst, »Demokratie in der globalen Rechtsgenossenschaft. Einige Überlegungen zur poststaatlichen Verfassung der Weltgesellschaft«, in: *Zeitschrift für Soziologie. Sonderheft Weltgesellschaft* 2005, S. 330-348.

18 C. Tietje, »Die Staatsrechtslehre und die Veränderung ihres Gegenstandes: Konsequenzen von Europäisierung und Internationalisierung«, in: *Deutsches Verwaltungsblatt* 118 (2003), S. 1081-1164; C. Möllers, »Transnationale Behördenkooperation. Verfassungs- und völkerrechtliche Probleme transnationaler administrativer Standardsetzung«, Habilitationsvortrag Heidelberg 2004; »Symposium: Global Governance and Global Administrative Law in the International Legal Order«, in: *European Journal of International Law* 17 (2006), insbes. B. Kingsbury, N. Krisch und R. B. Steward, »The Emergence of Global Administrative Law«, ⟨http://law.duke.edu/journals/lcp/archive.html⟩.

19 A. Fischer-Lescano und G. Teubner, *Regime-Kollisionen. Zur Fragmentierung des globalen Rechts*, Frankfurt am Main 2006.

deren Lösung selbst der Europäischen Union die nötige administrative *Macht* fehlt.[20] Die globalen und regionalen Verfassungsregimes sind zwar heute schon imstande, eine umfangreiche, wirksame und nachhaltige Kontrolle der Staatenwelt durch die internationale Gemeinschaft zu gewährleisten und wichtige Staatsfunktionen in Fragen, die von der Friedenssicherung und dem Menschenrechtsschutz über den Welthandel und die Finanzpolitik bis zum Umweltschutz und zur Gesundheitspolitik reichen, nicht nur intergouvernemental zu ergänzen, sondern überstaatlich zu *substituieren*.[21] Aber die postnationalen Organisationen scheitern, und auch ihr stärkstes Regime, die Europäische Union, scheitert bislang am Problem der sozialverträglichen und freiheitssichernden Implementierung der mittlerweile ausnahmslos globalisierten Funktionssysteme und Wertsphären. Diese haben sich aus ihrer vergleichsweise krisenfesten Verankerung in den nationalen Staatsverfassungen (der reichen Länder) losgerissen und sind im System globaler Verfassungsordnungen immer noch so schwach verankert, dass sie bei jedem Sturm von mächtigen Interessen fortgerissen werden. Sie sind zwar nirgends *dereguliert*, denn jedem Deregulierungsschub folgt eine funktional notwendige (und oft darüber hinausgehende) Reregulierung,[22] aber sie haben sich infolge ihrer Globalisierung *dekonstitutionalisiert*.

Bislang war nur der demokratische Nationalstaat imstande, die *administrative Macht* zu erzeugen, die notwendig war, um die zerstörerische Energie der seit dem 16. Jahrhundert auseinanderbrechenden Wertsphären und Subsysteme in kontrollierte Kettenreaktionen zu verwandeln, die drei produktivsten, aber auch destruktivsten Mächte des modernen Lebens, den *rationalen Kapi-*

20 F. Scharpf, *Regieren in Europa – Effektiv und demokratisch?*, Frankfurt am Main 1999.

21 M. Albert, »Politik der Weltgesellschaft und Politik der Globalisierung: Überlegungen zur Emergenz von Weltstaatlichkeit«, in: *Zeitschrift für Soziologie. Sonderheft Weltgesellschaft* 2005, S. 223-239; H. Brunkhorst, »Die Legitimationskrise der Weltgesellschaft. Global Rule of Law, Global Constitutionalism und Weltstaatlichkeit« erscheint in einem von Mathias Albert und Rudolf Stichweh herausgegebenen Sammelband zur Weltstaatlichkeit.

22 *EU Committees: Social Regulation, Law and Politics*, hg. von C. Joerges und E. Vos, Oxford 1999; D. Grimm, »Bedingungen demokratischer Rechtsetzung«, in: *Die Öffentlichkeit der Vernunft und die Vernunft der Öffentlichkeit*, hg. von L. Wingert und K. Günther, Frankfurt am Main 2001, S. 489-506, hier S. 494 ff.

talismus freier Arbeits-, Geld- und Immobilienmärkte,[23] die *autonome Religion* protestantischer Sekten[24] und die *öffentliche Gewalt* verselbständigter Staatsapparate,[25] so zu konstitutionalisieren, dass die Produktivität ihrer entfesselten kommunikativen Kräfte erhalten und ihre Destruktivität auf ein erträgliches Maß zurückgefahren werden konnte. Dieser Staat hatte nicht nur die *Idee*, sondern auch die – in Religionskriegen, Verfassungsrevolutionen und Klassenkämpfen gewachsene – *Macht*,

- erstens die Freiheit *der* Religion zusammen mit der Freiheit *von* der Religion zu institutionalisieren und die religiösen ebenso wie die profanen Quellen der Solidarität für sich zu erschließen,
- zweitens die Freiheit *von* der öffentlichen Gewalt mit der Freiheit *des* öffentlichen Lebens zusammenzuführen und den Staat der Bürgergesellschaft zu unterwerfen und
- drittens die Freiheit *der* Märkte zusammen mit der Freiheit *von* den negativen Externalitäten des entfesselten Kapitalismus zu gewährleisten.

Seine Leistung bestand, mit einem Wort, in der gleichzeitig normativen *und* funktionalen *Exklusion von Ungleichheit*.[26]

Unter dem Druck der Globalisierung schwindet jedoch die Fähigkeit des Nationalstaats, diese drei Probleme zu lösen. Seine Fähigkeit, Ungleichheit auszuschließen und nach außen, in die kolonialisierten Weltregionen abzudrängen, verflüchtigt sich in einer Welt, in der es für den offenen Staat[27] kein Außen mehr gibt. Der großen Hoffnung des Völkerrechts von Kant bis Kelsen, die imperiale Gewalt des souveränen Nationalstaats in eine weltbürgerliche Gemeinschaft einzubetten, ist *nach* der erfolgreichen Globalisierung von

23 K. Polanyi, *The Great Transformation*, Frankfurt am Main 1978.

24 M. Weber, »Die protestantische Ethik und der Geist des Kapitalismus«, in: *Gesammelte Aufsätze zur Religionssoziologie I*, Tübingen 1978, S. 17-206; H. Berman, *Law and Revolution II: The Impact of the Protestant Reformation on the Western Legal Tradition*, Cambridge 2006.

25 A. Lüdtke, »Genesis und Durchsetzung des modernen Staates«, in: *Archiv für Sozialgeschichte* 20 (1980), S. 470-491.

26 Ich übernehme die Formulierung von Stichweh, verwende sie jedoch nicht nur im funktionalen, sondern auch in einem normativen Sinn: R. Stichweh, *Die Weltgesellschaft*, Frankfurt am Main 2000, S. 52.

27 R. Wahl, *Verfassungsstaat, Europäisierung, Internationalisierung*, a. a. O. (Anm. 11); U. Di Fabio, *Das Recht offener Staaten. Grundlinien einer Staats- und Rechtstheorie*, Tübingen 1998.

Wirtschaft *und* Zivilgesellschaft, von Recht *und* Rechten, von Politik *und* Öffentlichkeit, von Kapitalismus *und* Religion, von System *und* Lebenswelt eine negativ dialektische Entwicklung gefolgt:

(1) Die Transformation von *state embedded markets* zu *market embedded states*, die – kurz nach seinem Triumph über den diktatorischen des Ostens – den westlichen Sozialstaat zerstört.[28] Und was dem Kapitalismus recht ist, ist der Religion billig. Auch die einst nur protestantische Enttraditionalisierung, Dekontextualisierung, Individualisierung, Universalisierung und Dezentrierung der Religion wiederholt sich im globalen Fundamentalismus[29] als

(2) Transformation von *state embedded religions* zu *religion embedded states*. Während sich die Dekonstitutionalisierung des *Kapitalismus* im Geld-Medium vollzieht, vollzieht sich die Dekonstitutionalisierung der *Religion* im Medium öffentlicher Kommunikation. Die Globalisierung der Öffentlichkeit aber, der wir die erste Blüte einer kosmopolitischen Zivilgesellschaft und Menschenrechtskultur verdanken, ist ohne das dichte Netz innerstaatlicher Normierungen[30] der Kolonialisierung durch religiösen Fanatismus, administrative und ökonomische Macht fast schutzlos ausgeliefert. Auch sie wird im Zuge ihrer Globalisierung dekonstitutionalisiert, und an die Stelle

(3) der *state embedded publics* treten *public embedded states*.

Fortan entwickelt sich 1. die Freiheit *der* Märkte *auf Kosten* der Freiheit *von* ihren negativen Externalitäten, 2. die Freiheit *der* Religion auf Kosten der Freiheit *von* der Religion und auch kann 3. die entstaatlichte Öffentlichkeit die destruktiven Kräfte (staatlicher und außerstaatlicher) öffentlicher Gewalt nicht mehr bannen. Es entstehen globale Monopole, verwalteter Journalismus (*embedded journalism*) und (im Einflussbereich *aller* Konfessionen) fundamentalistisch motivierte, direkte oder indirekte Zensur.

28 W. Streeck, »Sectoral Specialization: Politics and the Nation State in a Global Economy«, Arbeitspapier, vorgestellt beim 37. Weltkongress des International Institute of Sociology, Stockholm 2005.

29 P. L. Berger, »The Desecularization of the World: A Global Overview«, in: *The Desecularization of the World: Resurgent Religion across World Politics*, Washington, DC 1999, S. 1-18; O. Roy, *Der islamistische Weg nach Westen. Globalisierung, Entwurzelung und Radikalisierung*, München 2006; M. A. Vásquez und M. F. Marquardt, *Globalizing the Sacred. Religion and the Americas*, New Brunswick 2003.

30 Dazu: C. R. Sunstein, *Democracy and the Problem of Free Speech*, New York 1993.

Wenn der Nationalstaat, was immer offensichtlicher wird, zu einer Rekonstitutionalisierung von Kapitalismus, Religion und öffentlicher Gewalt (dazu auch Abschnitt V und VI) immer weniger imstande ist, wie soll dann eine solche Rekonstitutionalisierung möglich sein? Wenn die Idee eines voll entwickelten, föderalen und demokratischen Weltstaats (Höffe) hoffnungslos utopisch ist und wenn eine allzu realistische Verrechtlichung ohne Demokratie zwangsläufig in postdemokratische Bahnen eines globalen Empire mündet, dann gewinnen *deliberative Alternativen* an Attraktivität.

Nur was heißt deliberative Demokratie? Wird die Deliberation, wie es fast schon die Regel ist, von den egalitären *Entscheidungsverfahren*, an die sie in den Staatsverfassungen gekoppelt ist, abgelöst, dann passt sie zwar als Macht praktischer Rationalität zur Globalisierung, aber kaum noch zur Demokratie.

IV. Deliberative Demokratie

Verfassungsrechtlich gehört der Begriff der *deliberativen Demokratie* zum normativen Gehalt des Art. 20 GG. Deliberation ist politisch gesprochen freie öffentliche Diskussion, die Ungleichheit normativ ausschließt. Sie muss alle Rechtsunterworfenen *sozial* einschließen, für jedes mögliche Argument *sachlich* offene Ohren haben und *jederzeit* herstellbar sein. Deliberative Versammlungen, Diskurse und Verfahren sind eine unverzichtbare kognitive Voraussetzung demokratischer Willensbildung. Eine »›post-truth-democracy‹ wäre keine Demokratie mehr«.[31]

Ergo: Keine demokratische *Legitimation* ohne sachlich, sozial und zeitlich unlimitierte Deliberation. Aber auch umgekehrt: Keine *demokratische* Legitimation ohne egalitäre Entscheidungsverfahren. Werden Entscheidungsverfahren von Deliberation abgekoppelt, dann kommt es zur Exklusion marginalisierter Minderheiten durch Mehrheitsentscheidungen, die nur noch durch die Hegemonie einer die Mehrheit ihrerseits beherrschenden Klasse stabilisiert werden können. Demokratie wird zum *leeren Legitimationsverfahren*

31 J. Habermas, »Religion in der Öffentlichkeit«, in: ders., *Zwischen Naturalismus und Religion*, S. 119-154, hier S. 150 f.; ähnlich auch: C. R. Sunstein, *Democracy*, a. a. O. (Anm. 30), S. 19.

und stirbt ab.[32] Sie verliert ihre demokratische »Bedeutung« *für* die jeweils betroffene Bevölkerung.[33] Das ist, wie wir noch sehen werden, beim Europäischen Parlament der Fall. Verfahrensgerechte Wahlen ohne demokratische Bedeutung sind Scheinwahlen (siehe unten, Abschnitt VI). Wird umgekehrt die Deliberation vom egalitären Entscheidungsverfahren abgekoppelt, dann wird Deliberation zur *Ideologie*. Sie kann dann immer noch demokratische *Bedeutung* haben, *legitimiert* aber die Entscheidung nicht mehr demokratisch. Das gilt zum Beispiel für die Beschlüsse des Sicherheitsrats vor, während und unmittelbar nach dem jüngsten Irak-Krieg.

Was für die Entkopplung von Deliberation und Demokratie gilt, gilt auch für die politikwissenschaftliche Umstellung von *Input*- auf *Output*-Legitimation oder die rechtswissenschaftliche Substitution demokratischer Politik durch menschenrechtliche Jurisdiktion. Die semantischen Verschiebungen von Demokratie zu Deliberation, von *democratic government* zu *good governance*, von *Input*- zu *Output*-Legitimation, von öffentlicher Autonomie zu Menschenrechten, von Politisierung zu Verrechtlichung stellen dann keine notwendige *Anpassung* der Demokratie an die postnationale Konstellation mehr dar, sondern bereits die *Übergangssemantik* zu einer nicht nur postnationalen, sondern bereits postdemokratischen Konstellation. Um den Verfall deliberativer Demokratie zur deliberativen Ideologie zu vermeiden, ohne stattdessen gleich wieder in die auch nicht mehr weit geöffneten Arme des alten Staats zurückzukehren, ist es hilfreich, sich noch einmal den Ort deliberativer Demokratie im gesellschafts- und verfassungstheoretischen Kontext der *Theorie kommunikativen Handelns* zu vergegenwärtigen. Danach wäre dann die Frage der Transplantation demokratischer Legitimation in postnationale Kontexte neu zu stellen.

Habermas hat Gesellschaften als zweistufige, »*systemisch stabilisierte* Handlungszusammenhänge *sozial integrierter* Gruppen« definiert.[34] In *Faktizität und Geltung* konkretisiert er diese Idee am Bei-

32 J. Dewey, *Die Öffentlichkeit und ihre Probleme*, Frankfurt am Main 1996.

33 Zur Unterscheidung demokratische *Bedeutung* vs. demokratische *Legitimation* im Anschluss an Brandom: C. Möllers, »Expressive versus repräsentative Demokratie«, in: *Verrechtlichung internationaler Politik. Ende oder Neubeginn der Demokratie?*, hg. von R. Kreide und A. Niederberger, Frankfurt am Main, i. E.

34 J. Habermas, *Theorie des kommunikativen Handelns*, Bd. 2, Frankfurt am Main 1981, S. 228.

spiel der Koordination von Politik und Recht im demokratischen Rechtsstaat. Die Verfassung dieses Staats hat, anders als bei Luhmann, nicht nur die Funktion der strukturellen Kopplung von Recht und Politik, sondern muss gleichzeitig das sozialintegrative Problem individueller und gemeinschaftlicher Selbstbestimmung, für die Luhmann nur im luftigen Überbau der »Gesänge« und »feierlichen Erklärungen«[35] Platz gelassen hat, lösen. Die Verfassung hat eine *sozialintegrativ-systemintegrative Doppelfunktion*. Sie erfüllt, unter der modernitätstypischen Voraussetzung *funktional spezialisierter Macht- und Rechtssysteme,*

1. die normativen Erwartungen einer *egalitären Sozialintegration* durch *politisch* und *privat autonome* Bürger, die sich wechselseitig gleiche Freiheitsrechte einräumen. Diese Rechte ermöglichen die individuelle und demokratische Selbstbestimmung einer beliebigen Bürgerschaft durch diskursive oder argumentativ begründete Übereinkunft (Deliberation). Auf dieser Ebene liegen die diskutierten Legitimationsprobleme (siehe oben, Abschnitt II) postnationaler Konstitutionalisierung. Die Verfassung erfüllt
2. die *systemintegrative Funktion* der strukturellen Kopplung von Politik, Recht und Wirtschaft. Die Funktion des Staatsorganisationsrechts ist es, durch gesetzliche Ausgestaltung der Grundrechte die institutionelle *Autonomie* hochspezialisierter Sozialsysteme zu gewährleisten. Rechte und Organisationsnormen sichern die *Grenzen* und den wohlgeordneten *Leistungsaustausch* zwischen den Funktionssystemen ebenso wie die faktische *Erzwingbarkeit* des geltenden Rechts. Auf dieser Ebene liegen auch die Organisationsprobleme globaler Verfassungsregimes. Nur wenn sie diese Funktion mit erfüllt, kann die Verfassung die demokratische und individuelle Selbstbestimmung ihrer jeweiligen Bürgerschaft auch *stabilisieren*.

Ihre doppelte, sozialintegrativ-systemintegrative Funktion kann die Verfassung aber nur dann erfüllen, wenn sie nicht nur – auf der Hobbes'schen Stufe der Verfassungs*e*volution – die Beziehungen der Funktionssysteme zueinander durch funktional-strukturelle Kopplung *pazifiziert*, sondern – auf der Rousseau-Kantischen Stufe der Verfassungs*re*volution – die *funktional* aneinandergekoppelten Sys-

35 N. Luhmann, »Verfassung als evolutionäre Errungenschaft«, in: *Rechtshistorisches Journal* 9 (1990), S. 184.

Soziale Integration von Gruppen		*Systemintegrative Stabilisierung*
Bürgergesellschaft		*Staatsapparate*
Selbstorganisation erzeugt		*Funktionale Kopplung* von Recht und Politik erzeugt
Kommunikative Macht	*Normative Kopplung* von kommunikativer und administrativer Macht durch	*Administrative Macht*
egalitäre Selbstbestimmung durch wechselseitig anerkannte Rechte/politische und private Autonomie	1. Wahlen/Abstimmungen 2. Gesetzesbindung/ Gewaltengliederung 3. *judicial remedies*/ Bürgerrechte als Abwehrrechte	Grenzstabilisierung und Leistungsaustausch der Funktionssysteme/ Grundrechte als Institution

Abbildung 1: Zweistufiges Gesellschafts- und Verfassungsmodell

teme der Politik, des Recht und der Wirtschaft durch die *normative* Kopplung der *administrativen Macht* der Staatsgewalt (oder einer nichtstaatlichen Organgewalt) an die *kommunikative Macht* egalitärer Rechtsgenossenschaften *ergänzt.* Diese Funktion der Kopplung von kommunikativer und administrativer Macht wird im demokratischen Rechtsstaat durch *Wahlen* und *Abstimmungen*, durch *Gesetzesbindung* und *Gewaltengliederung*, durch einklagbare *Abwehrrechte* und *Rechtsmittel* erfüllt. Nur durch

1. Wahlen und Abstimmungen kann die *kommunikative Macht* der deliberativen Demokratie (Volkssouveränität) *in bindende Entscheidungen* (Staatsgewalt) umgesetzt (Art. 20 Abs. 2 GG) und Volkssouveränität auf diese Weise erst prozeduralisiert werden. Nur durch
2. Gesetzesbindung kann *administrative Macht demokratisch programmiert* (Art. 20 Abs. 3 GG), und nur durch
3. *judicial remedies* können *symmetrisch-intersubjektive Bürgerrechte in asymmetrisch-instrumentelle Abwehrrechte* (Art. 19 Abs. 4, Art. 103 Abs. 1 GG) umgewandelt werden.

Das zweistufige Gesellschafts- und Verfassungsmodell sieht schematisch dann so aus, wie in *Abbildung 1* dargestellt.

Ohne ein nicht nur funktionales, sondern normatives Äquivalent für die dreistufige normative Kopplung von kommunikativer und administrativer Macht durch demokratisches Staatsorganisationsrecht oder ein *strukturelles Äquivalent* kann es keine deliberative Demokratie in inter-, trans- und supranationalen Organisationen mit eigener Rechtsetzungskompetenz und autonomer Organgewalt geben. Die dreistufige Gliederung in Wahlen/Abstimmungen, Gesetzesbindung/Gewaltenteilung und Rechtsmittel/Abwehrrechte löst übrigens auch das ressentimenthafte Missverständnis, die Demokratisierung postnationaler Organgewalten würde globale Wahlen und Abstimmungen notwendig machen, bei denen wir uns von den »Chinesen« (Jürgen Kaube) überstimmen lassen müssten, in nichts auf. Denn

1. *Wahlen und Abstimmungen* sind (über Gesetzesbindung und *judicial remedies* hinaus) überhaupt nur bei *supra*nationalen Organisationen wie der EU, die in sich alle klassischen Staatsgewalten noch einmal abbilden, erforderlich, um zu verhindern, dass die Rechtsetzung statt durch die Bürgerschaft durch Systemimperative und die durch sie hindurchgreifenden Herrschaftsinteressen bestimmt wird.
2. Bei *inter-* und *trans*nationalen Organisationen wie der Nato oder der Welthandelsorganisation (WTO) ist für die demokratische Legitimation ihrer Entscheidungen (über *judicial remedies* hinaus) lediglich die *Gesetzesbindung* oder ein normatives Äquivalent zu gewährleisten. Was in klassisch intergouvernementalen Organisationen wie der Nato zumindest kein prinzipielles Problem darstellt, wird in transnationalen Regimes mit bindender Gerichtsgewalt wie der WTO aber zum Problem einer über die nationalen Parlamente und Instanzenzüge hinausgehenden, egalitären Verrechtlichung einer Schiedsgerichtsbarkeit, die *de facto* eine wichtige legislative Funktion miterfüllt.
3. Bei funktional spezialisierten, globalen Organgewalten wie dem UN-Sicherheitsrat wiederum, die nur die staatliche Exekutivgewalt in sich abbilden, sind für eine egalitäre Legitimierung zumindest *judicial remedies* nach dem Muster der allgemeinen Rechtswegegarantie (Art. 19 Abs. 4 GG) und dem Jedermannrecht auf rechtliches Gehör (Art. 103 Abs. 1 GG) zwingend erfor-

derlich. Letzteres gibt es seit der noch kein Jahr zurückliegenden Annahme einer Individualklage gegen EU-Ministerrat und EU-Kommission durch den Europäischen Gerichtshof (EuGH) (Rs T-306/01) erster Instanz, die mittelbar die Kontrolle einer Sicherheitsratsmaßnahme zum Inhalt hatte, immerhin schon *in statu nascendi*.[36] Die Annahme der dann – wie in dem klassischen Präzedenzfall *Marbury v. Madison* – abschlägig beschiedenen Klage eröffnet erstmals die Perspektive einer globalen Verfassungsgerichtsbarkeit, die in ihren Folgewirkungen die des International Criminal Court (ICC) weit übertreffen könnte, zumal wenn sie von Gerichten wie dem EuGH vollzogen wird, deren demokratische Legitimation und Gesetzesbindung zwar defizitär, aber doch sehr viel stärker ist als im Falle des ICC.

Der Hauptpfeiler der normativen Kopplung von kommunikativer und administrativer Macht durch Verfassungsrecht ist die *Gesetzesbindung*, die aus der bloßen Teilung der Gewalten erst eine *demokratische Gewaltengliederung* macht. Sie ist der *Transmissionsriemen, der Volkssouveränität in organisierte Gewalt umformt.* Gesetzesbindung setzt eine weitgehende *Formalisierung* und *Verrechtlichung* der globalisierungstypischen Akkumulation *informeller Macht* innerhalb und außerhalb postnationaler Organisationen voraus.[37] Damit sind wir beim Problem der neu entstehenden transnationalen Klassenherrschaft, für die Europa ein exemplarischer Fall ist.

V. Transnationale Klassenherrschaft

Was die Demokratie vor allem gefährdet, ist die Substitution zwingenden Rechts durch informelle Herrschaft, und die funktioniert jenseits des Nationalstaats viel reibungsloser als in seinen Grenzen. So treffen sich die Chefs der großen Zentralbanken regelmäßig und hinter verschlossenen Türen in den Räumen einer Baseler Privatbank und legen durch rein informelles und deshalb unfassbares,

36 Vgl. auch A. Fischer-Lescano und G. Teubner, *Regime-Kollisionen*, a. a. O. (Anm. 19), S. 104 f.

37 M. Koskenniemi, *The Gentle Civilizer of Nations. The Rise and Fall of International Law 1870-1960*, Cambridge, MA 2001, S. 494 ff.; C. Möllers, *Legitime Gewaltenteilung. Nationalstaat – Europäische Integration – Globalisierung*, unv. Ms., Göttingen 2006 (mit zahlreichen Beispielen).

aber hoch wirksames *soft law* die Richtlinien der globalen und der europäischen Finanz- und Geldpolitik fest.[38] Von den Streitereien auf den G-8-Gipfeln berichten die Nachrichtensender, nicht aber, dass die mächtigsten Staatschefs sich in den meisten Punkten ihrer immer länger werdenden Agenden einig sind und längst so etwas wie eine globale Richtlinienkompetenz ausüben. Kein Gesetzgeber hat den lose assoziierten Vereinigungen und Gipfeltreffen der *frequent travellers* und *global players* Kompetenzen zugeschrieben. Kein Verwaltungsgericht ist für ihre vollkommen »freie Assoziation« (Marx) zuständig. Wo als Ergebnis der Beratungen keine gesetzliche Norm, sondern nur ein Protokoll verfasst wird, kommt kein Kläger, kommt kein Richter.

Nehmen wir ein harmloses Beispiel aus dem Hochschulalltag. MA, BA, Akkreditierungskommissionen, Evaluierungen, ECTS-Punkte, Vernichtung akademischer Arbeitszeit durch Verwaltungstätigkeiten, für die Professoren, Assistenten usw. nicht qualifiziert sind, Hochschulräte, in denen die landesüblichen Unternehmer mit Sitz und Stimme vertreten sind, kurz: der *Bologna-Prozess*. In dieser oberitalienischen Stadt haben sich Minister und Staatssekretäre, Experten und *Private-public*-Partner aus EU und Anrainern in Sachen Bildung und Wissenschaft eines schönen Tages ohne Organkompetenz (denn die hat die EU in dieser Sache nicht) spontan, informell und völlig legal getroffen, über die Reform der europäischen Universität geplaudert, diskutiert, gearbeitet und der Öffentlichkeit auf der anschließenden Pressekonferenz im Juni 1999 ein Ergebnis-Protokoll präsentiert. Ein Protokoll ohne Rechtsverbindlichkeit, kein völkerrechtlich bindender Vertrag, der vor seiner Umsetzung noch der parlamentarischen Ratifizierung bedurft hätte, kein europäisches Gesetz, keine Richtlinie, keine Entscheidung, keine Verordnung, noch nicht einmal eine unverbindliche Empfehlung oder Stellungnahme gemäß Art. 249 EGV, sondern eine kollektive Meinungsäußerung, bestenfalls institutionell ortloses *soft law*. Aber das hat es in sich. Es entfaltet mit einer ebenso klassischen wie simplen Machttechnik implementativ bindende Kraft. Es wird in ganz Europa, EU plus Anrainerstaaten, klag- und diskussionslos

38 C. Möllers, »Transnationale Behördenkooperation. Verfassungs- und völkerrechtliche Probleme transnationaler administrativer Standardsetzung«, in: *Zeitschrift für ausländisches öffentliches Recht und Völkerrecht* 65 (2005), S. 351-389.

umgesetzt und hat in kurzer Zeit zur vollständigen Umwälzung der europäischen Universitäten und Hochschulen geführt. Da sag noch mal einer, die Politik sei nicht handlungsfähig. Während die Wissenschaftler, die zwar mittlerweile jedes korporative Selbstbewusstsein verloren haben, aber immer noch zu zahlreicher Individualkritik motiviert sind, sich in den Feuilletons den Mund fusselig reden, vollzieht die hoch bewegliche zweite Gewalt das *bypassing* der öffentlichen Meinung.

Wie machen sie das? Mit einer simplen Herrschaftstechnik, die in der EU gang und gäbe ist: Die Minister kommen nach Haus, berichten vom Protokoll und erklären, wg. Brüssel *müsse* das ganze eins zu eins umgesetzt werden. Und es wird umgesetzt. Das zur nachgeordneten Behörde degradierte Parlament kann nichts machen und fügt sich »feig, kleinlaut, muthlos« (Marx) zur fälligen Abstimmung, 95 Prozent Ja-Stimmen, ein Volkskammerbeschluss. Der Minister ist es nicht gewesen, Brüssel ist's gewesen und nimmt alle Schuld auf sich. Nur die Kommissare der Brüsseler Behörde wundern sich am Ende über Legitimationseinbußen und beschimpfen nach dem verlorenen Verfassungsreferendum das Volk. Die vereinigten Exekutiven Europas und ihre *Private-public*-Partner haben ihre transnationale Klassenmacht wieder einmal ein kräftiges Stück weit vergrößert, ihren Handlungsspielraum jenseits der Gesetzesbindung erweitert, ungeahnte Kompetenzen dazugewonnen, ihre vielfältigen Chancen in der Politik und im Leben verbessert. Einen technisch perfekter funktionierenden *Sachzwang* hätte Helmut Schelsky nicht erfinden können.

Diese Tendenz zur Kumulation informeller Herrschaft wird durch die starke, von fern an feudale Verhältnisse erinnernde *Fragmentierung* der postnationalen Organgewalten verstärkt, und sie setzt sich mit der unvermeidlich gewordenen und normativ sogar weitgehend wünschenswerten und gut begründeten Öffnung der Staatenwelt für internationales Menschen- und Wirtschaftsrecht in dieser fort. Der schnell voranschreitenden *Verrechtlichung* aller internationalen Beziehungen folgt die *Entformalisierung* ihres Rechts auf dem Fuße. Für jeden Formalisierungsfortschritt muss der Preis von drei Formalisierungsrückschritten bezahlt, für jeden kleinen Konstitutionalisierungsschritt eine große Dekonstitutionalisierungsleistung erbracht werden. Die Gesetzesbindungen, die normativen Kopplungen (siehe oben, Abschnitt IV) der Bürokratie an den Bürgerwillen reißen. Das kommt der Hegemoniebildung zugute, schwächt aber die legitimierende Kraft der Verfassungen.

Die ursprüngliche Akkumulation informeller Macht und Gesetzgebungskompetenz, die sich heute an der Arbeit des Europäischen Rats ebenso gut beobachten lässt wie am Beispiel des Baseler Bankenausschusses, aber auch am Beispiel des Europäischen Parlaments oder des Ministerrats, ermöglicht der transnationalen Klasse das geräuschlose *bypassing* aller organisationsrechtlich prozeduralisierten Legitimationsmechanismen.[39] Informelle Beschlüsse ohne bindenden Charakter wirken wie das altrömisch-republikanische *senatus consultum.* Ein Ratschlag ohne formelle Gesetzeskraft, dem sich trotzdem niemand entziehen konnte.

Aber auch die politische Klasse muss einen Preis für ihren europäischen Machtzuwachs zahlen. Auch sie kommt nicht ganz ungeschoren davon, wie sich beim Referendum in Frankreich gezeigt hat. Ihre entformalisierte Macht kann nur wachsen, wenn Europa undemokratisch bleibt. Das ist die Basis ihrer Vereinigung, ihr gemeinsames Klasseninteresse. Gleichzeitig bleibt sie jedoch von nationalen Wahlen abhängig, deren legitimierende Kraft sie, um ihre transnationale Macht zu erhalten, schwächen muss. Da die Berlusconi, Pim Fortuyn, Haider, Rasmussen, die Lega Nord usw. schon bereitstehen, die wachsenden Ressentiments gegen Europa für sich zu mobilisieren, sitzen sie in der Falle. Sie müssen, um die Wahlen noch einmal zu gewinnen, die Ressentiments gegen Europa aufgreifen und im Lande verbreiten. Damit quälen sie sich legitimatorisch über die Runden, schwächen aber die Union, die Basis ihrer Handlungsmacht. Ohne die aber sind sie nichts als »umgekehrte Schlemihle, Schatten, denen der Körper abhanden gekommen ist« (Marx). Deshalb müssen sie von informellem Gipfel zu informellem Gipfel, von Ratsversammlung zu Ratsversammlung, von Ministerratstreffen zu Ministerratstreffen um ihrer selbst willen zusammenhalten und die Macht, die sie nur gemeinsam haben, vereint über die Runden retten. Auf diese Weise jedoch graben sie sich die Quellen ihrer demokratischen Legitimation ab.

In dieser Situation ist jeder Schritt zur Formalisierung informeller

39 Zum *bypassing* in der Europäischen Union: C. Möllers, »European Governance – Meaning and Value of a Concept«, in: *Common Market Law Review* 43 (2006), S. 313-336.

Macht ein Gewinn für die Demokratie. Nur »zwingendes Recht befreit von informeller Herrschaft«.[40] Es stärkt den *cosmopolitanism of the many*. Er schwächt den *cosmopolitanism of the few*.

VI. Institutionelle Probleme

Immerhin, Europa hat bereits eine durch wohlausgestaltete, reziproke Indigenatsrechte (Personenfreizügigkeit usw.)[41] konstituierte, gesamteuropäische Bürgerschaft, die – wie der EuGH schon 1963 feststellte[42] – der Union eine doppelte Legitimationsbasis verschafft.[43] Europäisches Recht muss, so schreiben es die Verträge vor, gleichermaßen durch die *wechselseitigen Verpflichtungen zwischen den Staaten* wie durch die *reziproken Rechte seiner Bürgerschaft* legitimiert werden. Das Legitimationssubjekt der Union ist klar von den Legitimationssubjekten der Gliedstaaten abgegrenzt, und die Abgeordneten des Europäischen Parlaments vertreten deshalb die »Völker der in der Gemeinschaft vereinigten Staaten« (Art. 189 Abs. 1 EGV) »in ihrer Gesamtheit« und – anders als Grimm, Kirchhof, di Fabio annehmen – »nicht etwa als Vertreter voneinander abgeschotteter Staatsvölker«.[44]

Ein bündisches Gebilde von der Organ-Komplexität der heutigen Union ist nicht nur ein »Staatenverbund« (Kirchhof), auch nicht nur, wie Kirchhofs Nachfolger im Verfassungsgericht, damit die eigene Profession auch nicht zu kurz komme, sich beeilt hinzuzusetzen, ein »Verfassungsgerichtsverbund« (Di Fabio) – sondern *neben* dem Staatenverbund und *über* dem Verfassungsgerichtsverbund ein *republikanischer Bürgerbund* (Rousseau). Ein solcher Verband be-

40 C. Möllers, *Legitime Gewaltenteilung*, a. a. O. (Anm. 39), S. 300.

41 Zur Bedeutung der Personenfreizügigkeit und der Wahlrechte für die Konstitution einer föderalen Ordnung: C. Schönberger, *Föderale Angehörigkeit*, Habilitationsschrift, Freiburg 2005, S. 161, 288, 313, 315, 324, 399, 514.

42 EuGH Rs. 26/62, Slg.1963, 1 – Van Gend v. Loos. Dazu: C. Joerges, »Das Recht im Prozeß der europäischen Integration«, in: *Europäische Integration*, hg. von M. Jachtenfuchs und B. Kohler-Koch, Opladen 1996, S. 78 ff.

43 C. D. Classen, »Europäische Integration und demokratische Legitimation«, in: *Archiv für öffentliches Recht* 119 (1994), S. 238-260, hier: S. 259 f.

44 C. Schönberger, *Föderale Angehörigkeit*, a. a. O. (Anm. 41), S. 517, siehe auch S. 519 ff.

darf zu seiner Legitimation eines voll ausgebildeten Systems demokratisch determinierter *checks and balances*.

Die dreifache normative Kopplung der Unionsverfassung im EU-/EG-Vertrag zwischen bürgerschaftlicher und intergouvernementaler Legitimation sowie innerhalb der beiden Legitimationsstränge ist nun keineswegs schon deshalb demokratisch defizitär, weil – trotz des erheblichen Machtgewinns, den das Parlament im Lauf der Zeit ansparen konnte – immer noch keine zureichende Machtbalance zwischen bürgerschaftlichen und intergouvernementalen Organgewalten besteht. Bedenkt man die mittlerweile sogar sehr starke Stellung des Parlaments, dem zur Allzuständigkeit nicht mehr viel fehlt, und die noch stärkere des EuGH, der mindestens zur Hälfte bürgerschaftlich legitimiert ist, dann lassen sich diese Mängel (einschließlich der parlamentarischen Bindungsschwäche des Gerichtshofs) leicht durch ein paar Vertragsänderungen beheben.[45]

Das Europäische Parlament ist längst ein *starkes Parlament*. Wie Philipp Dann gezeigt hat, hat es mittlerweile eine ähnlich starke Stellung im Gefüge der europäischen Organgewalten wie der US-Kongress.[46] Es hat zwar keine Kompetenz, die europäischen Organe zu beherrschen und ihnen Normen vorzuschreiben wie der Bundestag, aber es *formt* durch seine über Kommissionen vermittelte Macht die andern Organe und die Gesetzgebung.[47] Seine Stellung gegenüber der Kommission ist faktisch viel stärker als die des Bun-

45 Besonders gravierend ist die geradezu diktatorische Stellung der Zentralbank, die nur noch vom vereinigten und einigen Willen der Exekutiven abhängt und die in ihrem Sachgebiet – wie der Ministerrat – über die gesamte Gesetzgebungspalette der Union verfügt (Art. 110 Abs. 1 und 2 EGV) und unmittelbar Sanktionen verhängen kann (Art. 110 Abs. 3 EGV). Während der deutsche Bundesgesetzgeber jederzeit mit einfachen Gesetzen die gesetzliche Ermächtigung der Bundesbank zurückrufen, in die Geldpolitik der nationalen Zentralbank intervenieren und sie sogar abschaffen kann (dasselbe gilt für die sehr interventionistische Bankpolitik der Vereinigten Staaten), fehlt in Europa jede Möglichkeit beherrschender Kontrolle durch das Europäische Parlament und/oder den Ministerrat und/oder die Gliedstaatenparlamente.

46 P. Dann, »Looking through the federal lens: the Semi-parliamentary Democracy of the EU«, Jean-Monnet working paper 5/02; ders., »The Political Institutions«, in: *Europäisches Verfassungsrecht*, hg. von A. von Bogdandy, Berlin 2003, S. 229-279, hier S. 245 ff.

47 P. Dann, »The Political Institutions«, a. a. O. (Anm. 46), S. 254.

destags gegenüber dem Bundeskanzler, der jederzeit eine Parlamentsmehrheit auf seiner Seite weiß.[48] Wie der US-Kongress ist das Europäische Parlament abweichend vom Westminster-Paradigma kein *debating*, sondern ein *controlling parliament* innerhalb eines *semiparlamentarischen Systems* wie in den Vereinigten Staaten – und damit hat es formell zwar weniger, faktisch aber oft viel mehr Macht und Einfluss als das formal souveräne, durch gubernative Gesetzgebung[49] faktisch marginalisierte Parlament in London oder Berlin.

Um die Nachricht von der Stärke des Europäischen Parlaments zu verbreiten, bedurfte es freilich der juristischen und soziologischen Experten, hoch spezialisierter Arbeit und wissenschaftlicher Publikationen für eine zwar öffentliche, aber winzige Diskurs-Arena. Am Ohr der breiten, diffusen und immer noch unbezähmbaren Öffentlichkeit ist die Nachricht von der neuen Macht *ihres* Parlaments vorbeigegangen wie ein schicker neuer Bypass an der alten, verkalkten Ader. Aber die Parlamentarier, die sich bei jeder Gelegenheit brüsten, ihr Parlament sei das demokratischste der Welt, weil die Öffentlichkeit zu allen Ausschuss- und Kommissionssitzungen freien Zugang habe, scheinen über dieses *bypassing* der Öffentlichkeit nicht besonders betrübt zu sein. Die Entkopplung des Parlaments von Volksmacht und deliberativer Öffentlichkeit *außerhalb* der Scheinöffentlichkeit ihrer parlamentarischen Kommissionen, von denen – im Unterschied zu denen des US-Kongresses – noch kein Stammtisch je etwas gehört hat, minimiert zwar die kommunikative Macht der deliberativen Demokratie, maximiert aber die administrative Macht des Parlaments und der ihm in Treue verbundenen Verhandlungssysteme. Ein Mini-Max-Spiel, bei dem die transnationale Oberklasse immer gewinnt.

Kurz und schlecht: Das Europäische Parlament ist zwar (fast schon) so stark wie der US-Kongress, aber ihm fehlt, anders als dem US-Kongress, die *öffentliche demokratische Bedeutung*. Es ist durch Wahlen zwar halbwegs passabel *formal demokratisch legitimiert*, aber seine Legitimation ist – anders als die des Bundestags oder des US-Kongresses – ohne öffentliche Signifikanz, unsichtbar für das Legitimationssubjekt, eine Arena ohne Publikum. Die fast vollständige öffentliche Bedeutungslosigkeit des Parlaments verwandelt seine

48 Ebd., S. 253.

49 A. von Bogdandy, *Gubernative Rechtsetzung*, Tübingen 2000.

egalitäre Legitimation in Schein. Europäischer Parlamentarismus ist deshalb *starker Parlamentarismus ohne Demokratie*. Anders als der US-Kongress hat das EU-Parlament keinen direkt gewählten Präsidenten, sondern den Europäischen Rat gegen sich. Dieser Rat hat das alleinige, verfassungsändernde Initiativrecht (Art. 48 EUV), kann sich treffen, wann und wo immer es ihm beliebt, und muss das mindestens zweimal im Jahr tun (Art. 4, Satz 4 EUV), hat eine vage und unausgestaltete, nur budgetrechtlich (Art. 13, Abs. 2 EUV) und außenpolitisch (Art. 13 und Abs. 1 und 3 EUV) akzentuierte Richtlinienkompetenz (Art. 4 Satz 1, und Art. 13 Abs. 1 Satz 3 EUV) und lediglich eine unhinterfragbare parlamentarische Berichtspflicht: *auditive democracy* – dafür aber, unter strikter Wahrung der herrschaftlichen Asymmetrien, das Anhörungsrecht im Parlament, zu dem er dann auch – immerhin – befragt werden kann (Art. 37 Abs. 1 Parlamentsgeschäftsordnung).

Der Rat der Präsidenten ist durch die nationalen Parlamente zwar für *nationale Außenpolitik*, nicht aber für *europäische Innenpolitik* legitimiert. Er hat eine erhebliche öffentliche Bedeutung, er hat demokratische Signifikanz, aber *keine* demokratische Legitimation. Seinem sanften Bonapartismus müssen sich die Parlamente und politischen Parteien »gleich machtlos und gleich lautlos« (Marx) fügen. Giscard d'Estaing und Helmut Schmidt haben ihn 1974 als *regierende Nichtregierungsorganisation* geschaffen. Herrschaft durch *fireside chat*, in den Worte Philipp Danns: »a forum as informal and private as possible, and at the same time cast as high-ranking as possible«.[50] Erst 12 Jahre nach seiner Gründung wird er erstmals von den Verträgen erwähnt, nur um gleich wieder im Unbestimmten seiner Kompetenzen zu versinken.[51] Er versammelt sich, wann immer es ihm beliebt, um sein *senatus consultum* zu verkünden. Der Rat der Präsidenten hat, wenn er sich einig ist – und er ist sich meist einig, denn er weiß, Einigkeit macht stark –, weit mehr Macht als der US-Präsident. Er hat nämlich viel mehr informelle, unkontrollierte, sublegale Macht als jener gewählte Präsident, der ins demokratische Gehäuse der *checks and balances* trotz aller illegalen Befreiungsschläge, die seine Geschichte begleiten, fest eingefügt ist.

50 P. Dann, »The Political Institutions«, a. a. O. (Anm. 46), S. 261 f.

51 Ebd., S. 262. Auch danach ist »the European Council [...] not an institution of the Community and Community institutions are not legally bound by its decisions« (S. 263).

Hier lag die vielleicht größte Stärke des gescheiterten Verfassungsentwurfs, sah er doch die Legalisierung der Macht des Rats (Art. 24 Abs. 4 und 39 Abs. 8 EUV), seine Entprivatisierung und formale Einbindung in die Gesetzgebungsmaschine der Union (Art. 18 Abs. 2 und Art. 20 EUV) vor.[52] Dadurch wäre er zu einem Unionsorgan neben anderen und den Maßstäben des EU-Rechts unterworfen worden.

Ebenso wichtig ist, dass die Wahlen zum Europäischen Parlament im Unterschied zu den amerikanischen Kongresswahlen demokratisch völlig unzureichend ausgestaltet sind und buchstäblich in der Luft hängen. Scheinwahlen, Schülermitverwaltung, Hohn auf Europas Elektorat, tönt es von den Rängen, Populismus schallt es aus dem Parkett zurück, aber die Ränge haben recht. Der einfache und wohlbekannte Grund: Es gibt keine klaren und weithin sichtbaren *Alternativen zwischen politischen Programmen und europäischen Führungsfiguren.* Wer zu den europäischen Wahlen geht, weiß buchstäblich nicht und kann es kaum erfahren, worum es eigentlich geht. Die markanten Unterscheidungen, ohne die nicht über Sachen entschieden werden kann, fehlen. Es sind buchstäblich kritiklose Entscheidungen, also das genaue Gegenteil von deliberativer Demokratie. Nicht wirtschaftlich, jedenfalls bis vor Kurzem nicht, aber politisch ist Europas Bürgerschaft der Verlierer der nun bald 50-jährigen Vereinigungsgeschichte. Die Demokratie ist das Bauernopfer für die wirtschaftliche Prosperität des Kontinents. Jetzt aber könnte es bald so kommen, dass nur noch die Demokratie Europa vor dem wirtschaftlichen Ruin retten kann.

Zumindest die »Verfassungstexte [...], mit unaufrichtigem Vorverständnis konzipiert« (F. Müller), schlagen schon zurück. Die Verfassungs- und Legitimationskrise Europas wird – seit dem *Non* aus Frankreich – von Tag zu Tag manifester, und sie zeigt, dass die Bürger den Sinn von Verfassungsinstitutionen offenbar auch und besser verstanden haben als die, die sie initiiert und hervorgebracht und im kollektiven Eigeninteresse fortentwickelt haben.

Die europäischen Wahlen waren von Anfang an Scheinwahlen, aber das Wahlrecht war kein Schein. Der Schein hielt nur die ersten 15 Jahre. In dieser Periode, die 1979 begann, straften die Wähler regelmäßig ihre nationale Regierung ab, und Regierung und Opposi-

52 P. Dann, »The Political Institutions«, a. a. O. (Anm. 46), S. 263, 266.

tion nahmen es als Information, um ihre Vorbereitungen für die nächsten nationalen Wahlen zu justieren. In Europa sortierten sich die Fronten ohnehin nach andern Linien, die nie ans Licht der Wähler-Öffentlichkeit drangen. Mit solchen Testwahlen, die das Elektorat für die strategischen Machtkalküle der Parteien instrumentalisiert und gleichzeitig aus dem europäischen Machtspiel herausnimmt, ist es nun vorbei, und ob das gut oder schlecht ist für Europa, ist eine offene Frage.

Seit Mitte der 1990er-Jahre beginnt eine zweite Periode, in der sich die gemütlichen Verhältnisse der ersten 15 Jahre leise, aber mit wachsender Dramatik verändern.[53] Plötzlich beginnen die Wähler, sich nicht mehr an nationalen, sondern immer häufiger an europäischen *issues* zu orientieren, und da sie keine andere Alternative *in* Europa haben, machen sie Europa selbst zum *issue* und wählen *pro* oder *con* Europa. Jetzt gibt es plötzlich und zum ersten Mal, seit der Anteil der Anti-Europaparteien im Parlament von Wahl zu Wahl wächst, eine *Opposition* im Europäischen Parlament, die sich auf den *Willen eines gesamteuropäischen Bürgersegments* nicht mehr nur zum Schein berufen kann, und die immer noch überwältigende Mehrheit des Parlaments, die ihre Gegensätze immer nur nach intern europäischen Machtkalkülen ausgefochten hat, steht plötzlich legitimatorisch nackt da. Der Schein ist geplatzt.

Keine guten Nachrichten für Europas Einigung, denn es ist die radikale Rechte, die aber nicht mehr das alte, nationale, sondern das neue, *transnationale* Ressentiment gegen Europa und gegen die Einwanderer mobilmacht und es jetzt, da es europäisch und nicht mehr nur national vertreten ist, auch zu einer postnational-transnationalen Identität auf der rechten Seite des politischen Spektrums formt. Aber warum sollte auf der Linken nicht eine ebenso transnationale Bewegung *für* Europa entstehen können, um der Herrschaft der transnationalen Klasse des *cosmopolitanism of the few* eine radikaldemokratische, egalitäre Opposition dort entgegenzusetzen, wo Opposition noch eine Zukunft hat, wo es noch eine neue und wachsende Macht zu erobern gibt und wo noch ein König zu stürzen ist – im Europäischen Parlament?

Die europäische Linke ist nicht schwächer, sondern viel stärker als

53 P. Manow, »National Vote Intention and European Voting Behavior, 1979-2004 – Second Order Effects, Election Timing, Government Approval and the Europeanization of European Elections«, MPIfG Discussion Paper 05/11, S. 7 ff., 17 ff.

die Rechte, und sie hat ihr Potential beim *Non* der Franzosen schon einmal aktualisiert. Warum soll sie nicht die Rechte beiseiteschieben und stattdessen eine linke Opposition der Bürger Europas gegen die bestehende Europäische Verfassung der Barroso, Bolkestein, Verheugen, der Chirac, Blair, Merkel *im Parlament* vertreten und dort den Kampf um eine *neue* Verfassung Europas, die den Namen verdient, aufnehmen? Das von grün bis rot schon bestehende linke Parteien- und Fraktionsspektrum macht nämlich – ganz in der Logik der herrschaftlich verzerrten EU-Organe, aus der es »bei Strafe ihres Untergangs« (Marx) nicht herauskann – keine grundlegende *Verfassungsopposition*, keine radikal reformistische *Verfassungspolitik*, sondern lediglich *progressive Politik* (Dienstleistungsrichtlinie, Antidiskriminierung usw.) *im Rahmen der bestehenden, undemokratischen Verfassung*. Sie reproduziert damit aber nur die undemokratische Struktur ihres mächtigen politischen Organs, die Grundlage ihrer Herrschaft.[54]

Wenn es schon nicht gelingt, innerhalb der nächsten zwei Jahre ein wirklich europäisches Referendum über eine Verfassung der Vereinigten Staaten Europas herbeizuführen – mit Organisationsnormen, die Mittel zur legislativ durchsichtigen und judikativ kontrollierbaren *Formalisierung informeller Macht* verfügbar machen, die *zwingende Referendumsinitiativen* vorsehen, einen *direkt gewählten Präsidenten*, einen *Außenminister* und endlich *Öffentlichkeit und parlamentarische Kontrollierbarkeit des Ministerrats*, der überdies seine eigene Fragmentierung aufheben und *als ganzer handlungsfähig* werden muss –, wenn das nicht gelingt und das Verfassungsprojekt scheitert,[55] dann bietet die ohnehin immer notwendiger werdende

54 Immerhin hat das *Non* schon eine erste, gesamteuropäische Parteieninitiative einer pragmatischen Linken von Frankreich aus hervorgebacht, die sich mit dem abstrakten *Non* nicht begnügen und über die nächsten Europawahlen eine konkrete Negation der Verfassung im Parlament anstreben will (H. Haarhoff, »Das Ziel: 20 Millionen Wähler«, in: *die tageszeitung* vom 23. 6. 2006). Das ist nicht ganz so aussichtslos, wie es auf den ersten Blick erscheint, bedenkt man, dass das Lebenslicht der in vielen Ländern noch bestehenden großen Volksparteien immer kläglicher flackert. Schon die jeweils nächsten Wahlen könnten sie nach der jeweils letzten und erfolglosen Großen Koalition in eine Serie von Splitterparteien zurückverwandeln. Und dann wird neu gemischt.

55 Es könnte nur gelingen, wenn die Initiative aus der Mitte des Europäischen Rats käme. Das ist das eigentliche Dilemma des abgebrochenen, aber nicht beendeten Verfassungsgebungsprozesses.

parlamentarische Mobilisierung der Linken *für ein anderes Europa* die große Chance, das Europäische Parlament im Kampf um das schon *starke* Parlament zu einem wirklich *demokratischen* Parlament zu machen, das dann, weil »die lebendige Macht des Volkes« (Hannah Arendt) hinter ihm steht, auch stark genug wäre, den Rat der Präsidenten unter Druck zu setzen, sein *senatus consultum* in den Wind zu schlagen und die transnational vernetzten Exekutivgewalten Europas Imperativen demokratischer Legitimation zu unterwerfen. Diese »zweite Chance« (Habermas) steht Europa noch bevor.

Ingeborg Maus

Verfassung oder Vertrag

Zur Verrechtlichung globaler Politik

Der Druck der sogenannten Globalisierung lastet nicht nur auf konkreten Lebensverhältnissen, sondern auch auf den Begriffen, in denen wir uns bisher über politische Organisationsformen und Verfassungsprinzipien verständigt haben. Die gegenwärtig herrschenden Versuche, den Begriff der Verfassung auf unterschiedlich weiträumige und verdichtete Organisationseinheiten supranationaler Politik zu übertragen, gehen mit inhaltlichen Neubesetzungen zentraler Verfassungsgrundsätze und Legitimationskriterien einher, die überwiegend eine extreme Abschwächung ihrer normativen Intentionen zur Folge haben und die Qualität einer systematischen Begriffspolitik erreichen.

Die neue Verfassungssemantik beherrscht gegenwärtige Konzeptionen überstaatlicher Verrechtlichung gleichermaßen, unabhängig davon, ob der Verfassungsbegriff auf eine globale oder nur kontinentale Organisation von Politik projiziert wird, ob jeweils eine staatliche oder nichtstaatliche Qualität dieser Organisation intendiert ist, ob überhaupt zukünftige Organisationsstrukturen verhandelt oder lediglich existierende Vertragswerke als Verfassungen interpretiert werden, ob ein »Vertrag über eine Verfassung für Europa« mit dem Anspruch einer »Verfassung« auftritt[1] oder das laufende Projekt einer Reform der UNO als Entwurf einer globalen »Verfassung« verstanden wird. Durchgängig handelt es sich darum, vertraglichen Rechtsbeziehungen den Charakter einer Verfassung zuzuschreiben, der für überstaatliche politische Organisationsformen einen normativen Anspruch geltend macht, welchem diese bei weitem nicht genügen.

1 Neuerdings wird dieser Anspruch wieder zurückgenommen: Anlässlich der Beratungen der EU-Außenminister in Wien Ende Mai 2006 wird der finnische Außenminister Erkki Tuomioja mit der bemerkenswerten Äußerung zum EU-Verfassungsvertrag zitiert: »Alle sind sich einig, dass die Bezeichnung ›Verfassung‹ ein Fehler war« – *Frankfurter Rundschau* vom 29. Mai 2006.

Was insbesondere die Ebene globaler Verrechtlichung angeht, so existiert kaum ein theoretischer Entwurf, für den nicht noch eine weitere Adaption charakteristisch wäre. Analog zur begriffspolitischen Instrumentalisierung der »Verfassung« unterliegt Kants Rechtsphilosophie als ganze, sowohl hinsichtlich ihrer Prinzipien für eine innerstaatliche Verfassung als auch derjenigen einer globalen Verrechtlichung, aktuellen semantischen Kämpfen, in denen Kants Begriffe seit den 1990er-Jahren nicht nur zum Teil interventionsgerecht umgepolt, sondern auch für unterschiedlichste Modelle eines mehr oder weniger »minimalen« Weltstaats reklamiert wurden. In den folgenden Ausführungen zu diesem letzteren Aspekt steht die Auseinandersetzung mit Habermas' differenzierterem Entwurf einer Konstitutionalisierung des Völkerrechts, der sich in spezifischer Weise auf Kant bezieht, im Mittelpunkt.

Ich behandle zunächst die Politik der Verfassungssemantik während der Französischen Revolution und ihr aktuelles Pendant in Kontexten globaler Verrechtlichung (I). In einem weiteren Schritt erörtere ich unter dem Aspekt, welche Konsequenzen sich aus dem neuen, gegen das Ancien Régime gerichteten Verfassungsbegriff für Kants radikale Entgegensetzung von Verfassung und Vertrag ergeben, Habermas' aktuellste Konzeption einer Konstitutionalisierung des Völkerrechts in durchgängigem Vergleich mit Kants Entwurf globaler Verrechtlichung (II).

I

(1) Die Entstehung des modernen normativen Verfassungsbegriffs im Kontext der revolutionären angloamerikanischen und französischen Verfassunggebungen des 18. Jahrhunderts begründete einen scharfen Gegensatz zum vordem herrschenden Begriff einer Verfassung.[2] Die 1789 in Frankreich eintretende Konkurrenz zwischen diesen beiden Verfassungsbegriffen wird in Sieyes' berühmter Abwehr des konservativen Versuchs, das Ancien Régime lediglich zu reformieren, prägnant formuliert:

2 Vgl. D. Grimm, »Der Verfassungsbegriff in historischer Entwicklung«, in: ders., *Die Zukunft der Verfassung*, Frankfurt am Main 1991, S. 101-155.

Wenn uns eine *Verfassung* fehlt, dann muss man eben eine machen; das Recht dazu hat allein die Nation. Haben wir aber, wie einige Leute hartnäckig behaupten, schon eine *Verfassung*, welche die Nationalversammlung, wie sie meinen, in drei verschiedene Abordnungen von drei Ständen von Bürgern trennt, dann darf man sich wenigstens nicht verhehlen, dass einer dieser Stände so starke Einwände erhebt, daß man nicht einen Schritt weiterkommt, wenn man nicht darüber entscheidet.[3]

Diese Entgegensetzung einer Verfassung, die man bereits hat, und einer Verfassung, die man erst machen muss, bezeichnet eine Differenz ums Ganze.

Die Verfassung, die man immer schon hat, ist die Verfassung der Vormoderne und also auch diejenige des Ancien Régime. Sie bezeichnet nichts anderes als den faktischen Gesamtzustand aller politischen und gesellschaftlichen Institutionen und umfasst situativ entstandene Rechtsmaterien und nicht verrechtlichte, aber eingeübte und tradierte Praktiken gleichermaßen. Dagegen verweist der Begriff einer Verfassung, die man »machen« muss und über deren zentrale Prinzipien man »entscheidet«, notwendig auf den bewussten Willensakt ihrer positivrechtlichen Setzung und damit zugleich auf den legitimen und legitimierenden Träger dieser Verfassungsrechtsetzung, hier: die verfassunggebende Gewalt des Volkes (im Gegensatz zu den erst durch die Verfassung eingesetzten »verfassungsmäßigen« Gewalten). Der Prozess einer solchen bewussten Verfassung*gebung* ist notwendig in umfängliche Deliberationen (des vielstimmigen Volks und seiner Vertreter) eingebunden, in denen Verfassungsprinzipien in der Perspektive des »Sollens« beurteilt werden. Dem entspricht der Output dieses Prozesses: Die »gemachte« Verfassung ist wesentlich normativ. Diese Intention ist in einem viel zitierten Artikel der »Erklärung der Menschen- und Bürgerrechte« von 1789 prägnant formuliert: »Eine Gesellschaft, in der die Verbürgung der Rechte nicht gesichert und die Gewaltenteilung nicht festgelegt ist, hat keine Verfassung« (Art. 16). – Es sei hier vorsichtshalber angemerkt, dass die »Verbürgung der Rechte«, auf die sich die »Erklärung« von 1789 bezieht, ganz wesentlich das Prinzip der Volkssouveränität als Partizipation aller Bürger am Gesetzgebungsprozess einschließt (Art. 3, Art. 6).[4] Der normative Kernbe-

3 E. J. Sieyes, »Was ist der Dritte Stand?«, in: ders., *Politische Schriften* 1788-1790, hg. von E. Schmitt und R. Reichardt, München 1981, S. 164.

4 Französische Verfassung von 1791 (die die »Erklärung der Menschen- und Bürger-

stand, ohne dessen Garantie der Begriff einer Verfassung von nun an inadäquat ist, umfasst also – in die gegenwärtige Terminologie übersetzt – Freiheitsrechte, Volkssouveränität und Gewaltenteilung.

(2) Hatte bereits eine gegenrevolutionäre Verfassungssemantik (zum Beispiel diejenige Edmund Burkes oder Hegels) versucht, die neuen normativen Prinzipien aufzunehmen und gleichzeitig auf eine Weise umzupolen, dass sie dem alten Verfassungsbegriff wieder eingepasst und unschädlich gemacht werden konnten,[5] so sehen sich auch gegenwärtige Versuche, den Begriff einer Verfassung aus dem nationalstaatlichen Kontext abzulösen und für kontinentale oder globale Organisationsformen von Politik fruchtbar zu machen, zu analogen Umdeutungen zentraler Verfassungsprinzipien genötigt. Die aktuelle Begriffspolitik befindet sich allerdings nicht mehr in einer Verteidigungsposition gegen eine aufkommende normative Verfassungsbewegung, sondern inmitten des heutigen Mainstreams der resignativen Anpassung demokratischer Normativität an faktische, quasi »naturwüchsige« Entwicklungen. Die gegenwärtigen Neubesetzungen von Verfassungsbegriffen sollen hier nur kurz benannt und (in Abschnitt II) als typische Bestandteile von Entwürfen einer Weltverfassung näher bestimmt werden.

Die aufkommende Rede von *emerging norms*, die gleichsam nichtintentional im Sinne systemischer oder unbestimmt prozesshafter Evolution zu einer Verfassungsförmigkeit überstaatlicher Politik führen sollen, verabschiedet zusammen mit dem Souveränitätsbegriff jede Form bewusster positivrechtlicher Setzung, sei es im Sinne der Kodifikationen des »aufgeklärten« Absolutismus, die zu einer ersten rechtsstaatlichen Einhegung staatlicher Willkür führten, oder im Sinne der Gesetzgebung eines demokratischen Souveräns,

rechte« von 1789 an ihren Anfang stellt), in: *Staatsverfassungen*, hg. von G. Franz, Darmstadt 1975, Art. 16 (S. 307), Art. 3 und 6 (S. 305). – Die erste Einführung des Prinzips der Volkssouveränität ist allerdings in geradezu obrigkeitsstaatliches Deutsch übersetzt. Diese Übersetzung lautet: »Der Ursprung jeder Souveränität ruht letztlich in der Nation.« Das französische Original lautet (s. Paralleldruck der zitierten Ausgabe): »Le principe de toute souveraineté *réside essentiellement* dans la nation« (Hervorhebung I. M.). Der Ursprung aller Souveränität »ruht« also keinesfalls, sondern hat seinen *Ort* (beziehungsweise seinen Sitz) in der Nation, und zwar nicht »letztlich«, sondern *dem Wesen nach*.

5 Diese sehr elaborierten Versuche können aus Platzgründen hier nicht dargestellt werden.

die das staatliche Gewaltmonopol überhaupt erst der Kontrolle der gesellschaftlichen Basis unterwarf. An die Stelle bewusster Gestaltung tritt die Favorisierung einer Rechtsentwicklung, die sich im Zusammenspiel situativer Aktionen mächtiger Akteure mit deren gerichtsförmiger Bearbeitung herausbildet und insofern souveränitätslosen Rechtsevolutionen des Mittelalters nicht unähnlich ist. Mit dem Verzicht auf demokratische Rechtsentscheidungen sind deliberative Meinungs- und Willensbildungsprozesse über die Intentionen solcher Normierungen ebenso gegenstandslos wie das Prinzip, dass gesetzte Rechtsnormen verantwortet werden müssen.

Die Anpassung des Verfassungsbegriffs an das aktuellste Problem der Organisation supranationaler Politik führt auch in anderer Hinsicht nicht etwa zu dessen Modernisierung, sondern zum expliziten Rückgriff auf mittelalterliche Tradition. Die neue Sympathie für »Verfassungsverträge« kommt zwar der zweideutigen Semantik des in der EU zur Ratifizierung anstehenden Entwurfs entgegen, enthält aber hinsichtlich globaler Verrechtlichung weitere Perspektiven. Auffällig oft wird in diesem Kontext ein herrschaftsbegrenzender Verfassungstypus gegen einen herrschaftskonstituierenden in Stellung gebracht. Während der erstere – genau wie in den mittelalterlichen Herrschaftsverträgen – vorgefundene Herrschaft lediglich konstitutionalisiert und typischerweise eine Aufteilung der gesetzgebenden Souveränität zwischen »Monarch« (beziehungsweise in späterer Formation: Präsident) und »Volk« vorsieht, wird dem zweiten Typus oft angelastet, einen unberechenbar voluntaristischen Volkssouverän zu konstituieren. Bevor (in Abschnitt II) die Richtigkeit dieser Entgegensetzung genauer untersucht werden kann, sei hier nur angemerkt, dass der »herrschaftsbegrenzende« Verfassungstypus die Souveränitätsteilung mit Gewaltenverschränkung kombiniert, während der »herrschaftskonstituierende« Typus die ungeteilte Souveränität der Gesetzgebung beim Volk beziehungsweise seinen gewählten Vertretern konzentriert, aber durch die »Begrenzung« auf diese einzige Funktion der Gesetzgebung eine echte Gewaltenteilung zustande bringt.

Mit der neuen Präferenz verbinden sich weitere Reformulierungen der demokratischen Verfassungsstruktur. Der mit dem demokratischen Gewaltenteilungsprinzip verbundene innerstaatliche Souveränitätsbegriff, der mit dem Primat der gesetzgebenden Gewalt identisch war, wird überhaupt entsorgt: In dem Maße, in dem

»Souveränität« nur noch als Staatssouveränität in Betracht kommt, wird neuerdings die Verteilung der Gesetzgebungskompetenz im Mehrebenensystem bereits als »Souveränitätsverlust« der Nationalstaaten verhandelt, als stelle sich hier ein anderes Problem als in jedem innerstaatlichen föderalistischen System. Aus dieser Sicht wird allerdings die Frage umgangen, ob auf der höheren Ebene die Gesetzgebung überhaupt demokratisch organisiert ist oder die aus den Nationalstaaten delegierte demokratische Gesetzgebungskompetenz auf höherer Ebene vernichtet wird. – Die klassische Garantie einer uneingeschränkten Öffentlichkeit und die Anerkennung zivilgesellschaftlicher Aktivitäten werden nicht mehr als notwendige Komplementärfunktionen der Volkssouveränität, sondern als deren *Ersatz* angesehen. Die Ansprüche bürgerlicher Freiheit werden so auf das Ausmaß zurückgestuft, das einst Kant als Mindestforderung an den aufgeklärten Absolutismus adressiert hatte.[6] – Auch die demokratische Konzeption der wechselseitigen Optimierung von Menschenrechten und Volkssouveränität, die noch impliziert, dass Menschenrechte nicht etwa von ihren potentiellen Verletzern, den politischen Machtapparaten, garantiert werden können, sondern nur im Wege volkssouveräner Gesetzgebung und öffentlicher Deliberation zu konkretisieren und zu verteidigen sind, wird gegenwärtig halbiert: Menschenrechte werden gegen ihren demokratisch-rechtsstaatlich-prozeduralen Kontext isoliert und so leicht zur gefügigen Legitimationsgrundlage verselbständigter machtbewehrter Politik transformiert. Dass ein Katalog von Menschen- und Freiheitsrechten überhaupt existiert, avanciert heute oft zum einzigen Kriterium für die Qualifikation eines Rechtstextes als »Verfassung«.

Die Zerschlagung des Zusammenhangs zwischen Menschenrechten und Volkssouveränität unterstützt in zweierlei Hinsicht die Transformation des Legitimationsbegriffs, der mit der klassisch-normativen Verfassung verbunden war.

1.) Die Verselbständigung von Menschenrechtskatalogen – die im Zuge moderner gesellschaftlicher Problementwicklungen um wirtschaftliche, soziale und kulturelle Garantien sinnvoll erweitert wurden – gegen ihren demokratischen Kontext erleichtert die Umstellung der Legitimation politischen Handelns von de-

6 Dazu, mit zahlreichen Nachweisen, I. Maus, *Zur Aufklärung der Demokratietheorie. Rechts- und demokratietheoretische Überlegungen im Anschluß an Kant*, Frankfurt am Main 1992, S. 91 ff., bes. 96 ff.

mokratischer Input-Orientierung auf die Output-Perspektive der *Effizienz*, mit der politische Macht menschenrechtliche Zielsetzungen analog zu »Staatsaufgaben« behandelt und jenseits demokratischer Kontrollen abarbeitet. Das hier noch verbleibende Legitimationspotential läuft Gefahr, auf dasjenige zurückgestuft zu werden, das einem »Wohlfahrtsdespotismus« des alten »Polizeystaats« noch inhärent war.

2.) Die auf Menschenrechte und die Ermächtigung politischer Instanzen zu ihrer Durchsetzung reduzierte Verfassung mutiert in der gegenwärtigen Diskussion zunehmend selbst zur Legitimationsgrundlage politischen Handelns, während die demokratisch-normative Verfassung (in ihrer konkreten Ausgestaltung) ihrerseits auf die Legitimation durch ihre demokratische Hervorbringung angewiesen war und als kodifizierte eine sehr spezifische Kontrollfunktion in den Händen der Bürger übernahm: Sie wurde zum »Maßstab« der Pflichten der Obrigkeit erklärt, anhand dessen die Bürger jederzeit die Handlungen der Exekutive sowie die Entscheidungen der gewählten Legislative auf ihre Übereinstimmung mit den Rechten des Volkes überprüfen konnten.[7] Aus der radikalen Umstellung der Verfassungsfunktion von einem Instrument der *Legitimationskontrolle* zur *Legitimationsgrundlage* erklärt sich überhaupt erst die große Attraktivität der Option, überstaatliche politische Organisationsformen, für deren Großräumigkeit demokratische Verrechtlichungsprozeduren kaum zu realisieren sind, mit dem Titel einer »Verfassung« zu belehnen. In diesem Kontext wird gegenwärtig die postulierte Existenz einer Verfassung zum Demokratieersatz.

7 Vgl. die Formulierungen jeweils am Beginn der Erklärungen der Menschen- und Bürgerrechte in den französischen Verfassungen von 1791 und 1793. Es sei daran erinnert, dass diese Erklärungen alle Prinzipien demokratisch-rechtsstaatlicher Organisation – Volkssouveränität, demokratische Gesetzgebungsverfahren, Gewalteilung, Rechenschaftspflicht der Verwaltung etc. – als integrale Bestandteile der Freiheitsrechte behandeln (1791: Art. 3, Art. 6, Art. 14, Art. 16; 1793: Art. 23 ff., Art. 29), *Staatsverfassungen*, hg. von G. Franz, a. a. O. (Anm. 4), S. 302-371; S. 372-397.

II

Dass die »konventionellen Begriffe des Staats- und Völkerrechts nicht mehr greifen«,[8] bildet eine zentrale Voraussetzung auch von Habermas' Überlegungen und Entwürfen hinsichtlich globaler Verrechtlichung. In seinen Ausführungen über »Eine politische Verfassung für die pluralistische Weltgesellschaft« erörtert Habermas die nötige Anpassung dieser Begriffe an aktuelle Problemkonstellationen im Kontext einer gleichzeitigen Umdeutung und Weiterentwicklung von Kants Friedensschrift. Auch in dieser besonderen Kombination ist der Übergang von der Rechtsfigur des Vertrags zum Begriff der Verfassung das beherrschende Thema.

Habermas' Arbeit kommt allerdings das herausragende Verdienst zu, die objektiv dilemmatischen Voraussetzungen jeder gegenwärtigen Bemühung, die grenzüberschreitenden und aus allen normativen Bindungen freigesetzten ökonomischen und technischen Prozesse überhaupt noch einer politischen Kontrolle und rechtlichen Regelung zu unterziehen, in aller Schärfe zu bestimmen. Mit großer Berechtigung verweist Habermas auf die faktische Entlegitimierung nationalstaatlicher demokratischer Prozesse einerseits, die dem Umstand geschuldet sind, dass globale Vernetzungen die Anforderung einer Kongruenz zwischen partizipierenden Urhebern und Betroffenen von politischen Entscheidungen längst außer Kraft gesetzt haben,[9] und unterstreicht die andererseits bestehende Notwendigkeit, dass die demokratisch unterlegitimierte Organisationsform überstaatlicher Politik von den nationalstaatlich vorhandenen demokratischen Prozeduren und Legitimationsressourcen zehren muss.[10] Wenn aber in der Tat nationalstaatliche Prozesse demokratischer Partizipation in wichtigen Politikfeldern leerlaufen, die Letzteren aber an transnationale beziehungsweise globale politische Or-

8 J. Habermas, »Ist die Herausbildung einer europäischen Identität nötig, und ist sie möglich?«, in: ders., *Der gespaltene Westen. Kleine Politische Schriften X*, Frankfurt am Main 2004, S. 68-82, S. 72.

9 J. Habermas, »Eine politische Verfassung für die pluralistische Weltgesellschaft?« (zitiert als: »Politische Verfassung«), in: ders., *Zwischen Naturalismus und Religion. Philosophische Aufsätze*, Frankfurt am Main 2005, S. 324-365, S. 337 f.

10 J. Habermas, »Politische Verfassung«, a. a. O. (Anm. 9); vgl. ders., »Hat die Konstitutionalisierung des Völkerrechts noch eine Chance?« (zitiert als: »Konstitutionalisierung«), in: ders., *Der gespaltene Westen*, a. a. O. (Anm. 8), S. 113-193, S. 140.

ganisationseinheiten abgegeben werden sollen, die ihrerseits nationalstaatlichen Demokratiestandards nicht entsprechen können, so gerät demokratische Kontrolle und Legitimation ins Nirgendwo. Es bleibt deshalb auch bei gegenwärtigen Modellen einer Politikorganisation jenseits des Nationalstaats das beschriebene Dilemma bestehen, dass demokratischer Konsens weder dort ermittelt werden kann, wo die Entscheidungen getroffen werden, noch dort, wo sie sich auswirken. Auch eine Aufgabenteilung dahingehend, dass zum Beispiel Nationalstaaten ihre Gewaltressourcen behalten, mit denen sie globale Entscheidungen exekutieren,[11] kann die wiederkehrende Dissoziation zwischen demokratischen Verfahren und ausgelagerter expertokratischer Entscheidungsfindung nicht abmildern: Sie bedeutet nichts anderes, als dass Nationalstaaten bei dem Einsatz militärischer Gewalt unter Berufung auf überstaatliche Entscheidungen von demokratischer Konsensermittlung entbunden sind. Es sind also die von Habermas genannten objektiv dilemmatischen Bedingungen, die gegenwärtig noch jedem Versuch, institutionelle Regelungen für Entscheidungsmaterien jenseits des Nationalstaats zu begründen, notwendig eingeschrieben sind. – Die folgenden Ausführungen konzentrieren sich zunächst auf Habermas' Kant-Rezeption und wenden sich dann seinem eigenen Entwurf globaler Verrechtlichung zu.

Anfangs hatte sich Habermas an der herrschenden Umdeutung Kants zu aktuellen Zwecken nicht beteiligt. Im Jubiläumsjahr der Friedensschrift 1995 ist sein »Abstand« zu Kants Entwurf noch denkbar groß,[12] den er – wie ich vertrete – zutreffenderweise, wenngleich pejorativ als Absage an jede Form eines Weltstaats interpretierte. Erst sehr viel später ließ sich Habermas vom Gegenteil überzeugen,[13] so dass nun der Weg dafür frei war, diese neue Lesart Kants, ergänzt durch wesentliche Korrekturen, dem eigenen Entwurf einer globalen Verfassung zugrunde zu legen. Der neue Ausgangspunkt hat weitreichende Konsequenzen für Habermas' sehr spezifische Begründung der Ablösung des Verfassungsbegriffs aus

11 J. Habermas, »Politische Verfassung«, a. a. O. (Anm. 9), S. 332 f.

12 J. Habermas, »Kants Idee des ewigen Friedens – aus dem historischen Abstand von zweihundert Jahren (1995)«, in: ders., *Die Einbeziehung des Anderen*, Frankfurt am Main 1996, S. 192-236, S. 193 ff.

13 Nach Habermas' eigener Auskunft durch einen Beitrag von Th. A. McCarthy, s. Habermas, »Konstitutionalisierung«, a. a. O. (Anm. 10), S. 124, Anm. 24.

dem nationalstaatlichen Kontext. Es soll gezeigt werden, dass Habermas im Zuge einer sehr freizügigen Interpretation der Friedensschrift die normativen demokratietheoretischen Gründe Kants für die Ablehnung eines Weltstaats folgenreich außer Acht lässt, aber in seiner eigenen korrigierenden Ablösung des Verfassungsbegriffs vom staatlichen Substrat eine dezentrale Gesamtkonzeption globaler Verrechtlichung entwickelt, die sich Kants »Surrogat« des Völkerbundes auf einer mittleren Ebene annähert, ohne dass Kants normativen Prämissen – die für Habermas' Anforderungen an nationalstaatliche Verfassungen nach wie vor uneingeschränkte Geltung behalten – in Habermas' Entwurf einer globalen Verfassung noch enthalten wären.

Die Argumente, mit denen Habermas Kant als Vordenker einer weltbürgerlichen Verfassung auszeichnet, stützen sich auf den in der Sekundärliteratur zur Friedensschrift gelegentlich unterstellten heimlichen Stufenplan Kants,[14] dem zufolge die Option für den Völkerbund eine weitergehende Organisationsform globaler Politik nicht ausschließe. Habermas' spezifische Begründung liegt in der Interpretation des im dritten Definitivartikel skizzierten Weltbürgerrechts, durch das Kant das Völkerrecht von einem Recht zwischen Staaten in ein Recht der Individuen »als Mitglieder einer politisch verfassten [!] Weltgesellschaft« transformiere.[15] Unter der weiteren Voraussetzung, dass es Kant zwar gelinge, das Projekt einer demokratischen Verfassung über den Nationalstaat hinaus zu universalisieren, dass er aber für deren Implementierung noch an einem staatlichen Substrat festhalte,[16] fiele das realisierte Weltbürgerrecht mit dem Endziel der Weltrepublik zusammen. Ein Beleg, der sich für diese Interpretation *prima facie* anböte, hält indessen näherer Betrachtung nicht stand: Die einzige Passage, in der Kant – im Unterschied zu seiner ansonsten durchgängigen Negation einer Weltrepublik – das Weltbürgerrecht in den Kontext eines »allgemeinen Menschenstaats« rückt,[17] handelt – nur scheinbar paradox – gerade nicht von einem solchen Staat, sondern nur von den Menschen. Diese *sind* nicht etwa »Bürger eines allgemeinen Menschen-

14 Siehe zum Beispiel H. Williams, *Kant's Political Philosophy*, Oxford 1983.

15 J. Habermas, »Politische Verfassung«, a. a. O. (Anm. 9), S. 326.

16 Ebd.

17 I. Kant, *Zum ewigen Frieden* (zitiert als: ZeF), *Werkausgabe*, hg. von W. Weischedel, Frankfurt am Main 1977, Bd. XI, S. 195-251, S. 203, Anm.

staats«, sondern sind als solche nur »*anzusehen*«. Kant spricht hier nur von »Alle[r] rechtlich[en] Verfassung [...], was die Personen [!] betrifft«, und nicht von Verfassungen, die politische Gemeinwesen, gleich welcher Größenordnung, organisieren. Es handelt sich um Rechte von Menschen, die je nach Rollenperspektive jedes Einzelnen eine staatsbürgerrechtliche, völkerrechtliche oder weltbürgerrechtliche Dimension haben können.[18] Kant zieht so wenig politisch-organisatorische Konsequenzen aus seinem Schema der Einteilung der Rechte von »Personen«, dass der hier gedachte »allgemeine Menschenstaat« von ähnlich schimärischem Charakter ist wie jener wahrhaft überirdische Staat, der sich aufgrund der – vom Rechtsprinzip und Bewusstsein der Menschen in Gültigkeit gesetzten – »unveräußerlichen« Menschenrechte (nämlich Selbstgesetzgebung und rechtliche Gleichheit) konstituiert, indem der Mensch sich »auch als Staatsbürger einer übersinnlichen Welt vorstellt«.[19] Kants »allgemeiner Menschenstaat« begründet also in globaler Hinsicht weder eine Verfassung noch einen Staat.

Erst die (gegenwärtig verbreitete) politisch-organisatorische Reifizierung der menschenrechtlichen Perspektive des Weltbürgerrechts erlaubt es also, Kant eine Stufenlösung zu unterstellen, die einen Übergang vom »Surrogat« des Völkerbunds zum eigentlichen Ziel der Weltrepublik impliziert. Unter dieser Voraussetzung bleibt dem auf Kant rekurrierenden Entwurf einer weltbürgerlichen Verfassung die Aufgabe, Kants vermeintliche Staatsfixierung durch die Ablösung einer globalen Verfassung vom unterstellten Konzept einer Weltrepublik wiederum zu korrigieren.[20] Im Zuge dieser Korrektur ist die Anverwandlung Kants freilich noch einmal darauf verwiesen, die Gründe sowohl für Kants Insistieren auf dem Surrogat des Völkerbundes als auch für die prinzipielle Verklammerung von Staat und Verfassung zu eruieren. Als diese »begrifflichen Schranken« bei Kant werden (1) die Konzeption *ungeteilter* Volkssouveränität, (2) die partikularistische Perspektive auf kulturelle Eigenart und Lebensform eines Volkes sowie (3) die Orientierung am herrschaftskonstituierenden Verfassungstypus der Französischen Revolution, der die Gleichursprünglichkeit von Staat und Verfassung voraus-

18 Kant, ZeF, a. a. O. (Anm. 17), S. 203, Hervorhebungen I. M.

19 Ebd., S. 204 f., Anm.

20 Habermas, »Politische Verfassung«, a. a. O. (Anm. 9), S. 327.

setze, angegeben.[21] Es sind diese Hinsichten, in denen – so die zentrale These – die normativen Prämissen Kants verfehlt werden.

(1) Was zunächst Kants in der Tat zentralen Begriff der ungeteilten Volkssouveränität angeht, so bleibt das nicht zu Teilende auf eigentümliche Weise unklar. Während bei Kant Volkssouveränität unzweideutig als Gesetzgebungskompetenz des Volkes bestimmt ist und ungeteilte Volkssouveränität nichts anderes bedeutet, als dass ausschließlich das Volk alle, aber auch nur gesetzgebende Gewalt innehat, wodurch Kant das Verhältnis der volkssouveränen Legislative zu den übrigen Bestandteilen des Gewaltenteilungssystems, also Exekutive und Judikative, bestimmt,[22] wird in Habermas' Ausführungen diese Unterscheidung Kants in eine zwischen Zentralismus und Föderalismus umgedeutet. Der heute herrschenden juristischen Doktrin folgend, die Souveränität nur noch als (äußere) Staatssouveränität wahrnimmt, wird Kants Befangenheit in der Konzeption unteilbarer Volkssouveränität aus dem zeitgenössischen Vorbild des Zentralismus der französischen Republik erklärt, während die »geteilte Souveränität« eines föderalistischen Mehrebenensystems als die Lösung erscheint, die Kant als Strukturprinzip einer sanften Variante von Weltrepublik hätte akzeptieren können.[23] Auf diese Weise ist bereits einer der wichtigsten normativen Gründe Kants gegen einen Weltstaat – die globale Uneinlösbarkeit von Volkssouveränität als demokratische Gesetzgebung – aus dem Argumentationsgang eliminiert – ein Aspekt, der für die »Verfassung« einer reformierten UNO von großer Bedeutung sein wird.

(2) Die quasi kommunitaristische Lesart, die Kant eine Furcht vor dem »seelenlosen Despotismus« des Weltstaats *deshalb* unterstellt, weil dort die »kulturelle Eigenart und Identität der Völker« eingeebnet würde,[24] versteht als einen Selbstzweck, was für Kant lediglich Mittel zum Zweck der, wie Kant insistiert, nur nationalstaatlich zu organisierenden Volkssouveränität ist. Kants Suche nach empirischen Bedingungen, die der Friedensidee und der völkerrechtlichen Idee der »Absonderung [...] voneinander unabhängiger [...] Staaten« gleichermaßen entgegenkommen – Bedingungen, die Kant als

21 Ebd., S. 326 ff.

22 I. Kant, *Die Metaphysik der Sitten/Rechtslehre* (zitiert als: MdS), *Werkausgabe*, a. a. O. (Anm. 17), Bd. VIII, S. 432.

23 Habermas, »Politische Verfassung«, a. a. O. (Anm. 9), S. 327.

24 Ebd.

sogenannte Naturabsicht nur »hinzudenken« will –, führt zwar einerseits zum »wechselseitigen Eigennutz« des »Handelsgeist[es]« als Fundierung des Weltbürgerrechts und andererseits in der Tat zur Verschiedenheit der Sprachen und der Religionen als »zweier Mittel [!]« der »Natur«, die Absonderung der Völker zu garantieren.[25] Diese bloß empirischen Bedingungen rechnet Kant aber ausdrücklich unter jene *Mittel* der »Natur«, die dem *Vernunftzweck* des ewigen Friedens und damit der »Begünstigung [... der] moralischen [!] Absicht« des Menschen dienen.[26] Der Vernunftzweck selber, der durch die »Zusammenschmelzung« der Staaten verletzt würde, ist im gleichen Kontext sehr deutlich, wenngleich noch unvollständig bestimmt: Der »seelenlose [...] Despotismus« des Weltstaats ist – unabhängig auch von der Regierungsform, unter der er sich konstituiert – durch seine schiere globale Ausdehnung bedingt: »weil die Gesetze [!] mit dem vergrößerten Umfange der Regierung immer mehr an ihrem Nachdruck einbüßen«, bis der Weltstaat schließlich in »Anarchie« verfällt.[27] Es ist also die *Abwesenheit der Herrschaft des Gesetzes*, die hier die normative Begründung für Kants Ablehnung des Weltstaats abgibt: Als gesetzloser ist dieser der »Kirchhof [...] der Freiheit«.[28] Im Zusammenhang mit Kants Identifizierung von Volkssouveränität und Gesetzgebung bleibt also festzuhalten: Zwar schreibt Kant der »kulturellen Eigenart« eine starke Funktion für die Aufrechterhaltung kleinräumig-nationalstaatlicher Organisation zu, weil nur in dieser republikanische Freiheit verwirklicht werden kann; aber allein Letztere ist der normative Grund, aus dem Kant den Weltstaat verwirft.

(3) Sogar die These, die die Staatsfixierung von Kants Verfassungsbegriff auf das Vorbild des »herrschaftskonstituierenden« Verfassungstyps der Französischen Revolution zurückführt, verfehlt eine wesentlich normative Intention Kants. Zunächst ist zu klären, wie das zeitgenössische Vorbild beschaffen war, das Kant vor Augen stand. Dass nämlich ein eruptiver revolutionär-verfassunggebender Volkswille politische Herrschaft überhaupt erst neu konstituiert, so dass – analog zu einer Prämisse des Rousseau'schen Gesellschaftsver-

25 Kant, ZeF, a. a. O. (Anm. 17), S. 218, S. 225 f.

26 Ebd., S. 223.

27 Ebd., S. 225. Dass Kant an *dieser* Stelle die »Universalmonarchie« als Version eines Weltstaats nennt, ist also (wie sich auch weiterhin erweisen wird) kontingent.

28 Ebd., S. 226.

trags – Staat und Verfassung »gleichursprünglich« aus dem Willen des Volkes hervorgehen,[29] lässt sich weder an der Praxis der Französischen Revolution noch an ihren – von Kant geteilten – Verfassungsprinzipien belegen. Was neu »konstituiert« wurde, war nicht politische Herrschaft im Ganzen noch etwa der Staat, sondern lediglich die verfassung- und gesetzgebende »Gewalt« des Volkes als Legitimationsquelle aller künftigen Verrechtlichung. Die Französische Revolution, weit davon entfernt, einen neuen Staat zu erfinden, erbt vielmehr – wie Alexis de Tocqueville belegte – den »alten Staat«, zumindest die alte Bürokratie, und behält in ihrer Verfassung von 1791 sogar noch den König als Spitze der Exekutive.[30] Auch ihr Verfassungsbegriff verweist nicht auf einen einmaligen »Gründungsakt«, der im Gegensatz zu einem »liberalen« Gradualismus und Prozessualismus stünde. Vielmehr ist mit der Positivierung des Verfassungsrechts zugleich die »verfassunggebende Gewalt« des Volkes als permanent wirkende eingesetzt, die im verfassungsmäßig prozeduralisierten Verfahren[31] alle Verfassungsänderungen beschließen kann, die nicht den normativen Charakter der Verfassung als solchen aufheben. Dieser besteht in der Garantie von Menschenrechten, Volkssouveränität und Gewaltenteilung.[32] Indem also, in Kants Formulierung das Volk »beständig [...] constituierend« ist,[33] bleibt die konkrete Verfassung an den fortlaufenden Prozess der gesellschaftlichen Deliberation und Willensbildung angeschlossen – eine sehr wesentliche normative Implikation Kants.

Dagegen entspricht das gegen Kant angeführte Beispiel des »herrschaftsbegrenzenden« Verfassungstyps, wie er der amerikanischen Unionsverfassung zugeschrieben wird, ironischerweise viel eher den Kriterien, unter denen die Verfassunggebung der Französischen Revolution beurteilt wird. Mit der US-amerikanischen Verfassung von 1787 wird nicht etwa bestehende staatliche Herrschaft nur beschränkt, sondern überhaupt erst errichtet: Hier *entsteht* – im Ge-

29 Habermas, »Politische Verfassung«, a. a. O. (Anm. 9), S. 327 f.

30 A. de Tocqueville, *Der alte Staat und die Revolution*, München 1978; Französische Verfassung von 1791, in: *Staatsverfassungen*, a. a. O. (Anm. 4), Titel III, Kapitel II, Abschn. I, Art. 1-12 (S. 325 ff.).

31 Die Verfassungsänderungen nach den Regeln der Verfassung von 1791, in: *Staatsverfassungen*, a. a. O. (Anm. 4), Titel VII, Art. 1-8 (S. 369 ff.).

32 Vgl. Anm. 4 und zugehörigen Text.

33 I. Kant, *Vorarbeiten zur Rechtslehre*, AA XXIII 341, *Akademie-Ausgabe*, Berlin 1900 ff.

gensatz zur Französischen Revolution – überhaupt erst ein *neuer Staat* (wie es ihn unter den Articles of Confederation von 1777 noch nicht gegeben hatte), in welchem die zuvor lediglich konföderierten souveränen Einzelstaaten aufgehen. Gerade in diesem Gründungsakt der amerikanischen Union fallen also Staat und Verfassung tatsächlich zusammen. Herrschaftsbeschränkend ist lediglich die verfassungsrechtliche Struktur dieser herrschaftskonstituierenden Verfassung, wobei – ausweislich der expliziten Begründungen der Federalists[34] – die »Beschränkung« in erster Linie der legislativen Volksvertretung auferlegt ist. Diese Beschränkung gilt nicht nur für die laufende einfache Gesetzgebung, sondern auch für die Weiterentwicklung der Verfassung. Je mehr in der folgenden historischen Entwicklung die mit dem Gründungsakt der Union zusammengedachte Verfassung sich zum Kern einer »Zivilreligion« entwickelte, desto mehr wurde der Text dieser Verfassung selbst zur unverrückbaren Legitimationsquelle der Politik und gleichzeitig der Prozessförmigkeit demokratischer Verfassungsänderungen (zugunsten gerichtsförmiger Evolution durch Verfassungsinterpretationen) fast völlig enthoben.

Auch Kants ausdrückliche Bewertung der amerikanischen Unionsgründung als Gegenmodell zum eigenen Konzept eines Völkerbunds[35] bezieht sich keineswegs auf den Unterschied von Zentralismus und Föderalismus, sondern auf die Tatsache, dass die Vereinigung der amerikanischen Einzelstaaten eben nicht durch *Vertrag*, sondern durch eine »Staats*verfassung*« zustande kam. Indem Letztere bekanntlich die Souveränität der vorher nur vertraglich verbundenen amerikanischen Einzelstaaten aufhob und beträchtliche Gesetzgebungskompetenzen von den einzelstaatlichen Parlamenten auf den gesamtstaatlichen Kongress verlagerte, bewirkte sie nicht etwa eine »Souveränitätsteilung« (diese bestand vielmehr – nicht nur nach den Begriffen Kants – in der Aufteilung der Gesetzgebungskompetenz zwischen Kongress, Präsident und – später – Supreme Court auf Bundesebene), sondern eine durchgängige Abschwächung des Prinzips der Volkssouveränität. In dieser Hinsicht ist Kants Übereinstimmung mit zentralen Argumenten der Antifederalists offenkundig. Deren Einwände gegen die Unionsverfas-

34 A. Hamilton, J. Madison und J. Jay, *Die Federalist-Artikel*, hg. von A. Adams und W. P. Adams, Paderborn 1994, Nr. 78 (S. 470 f.).

35 Kant, MdS, a. a. O. (Anm. 22), S. 475.

sung bezogen sich auf die »Übergröße« der Union, die jede effiziente demokratische Kontrolle politischer Entscheidungen unmöglich mache, und trafen sich insofern mit Kants (und überhaupt im 18. Jahrhundert geläufigen) These vom zwangsläufig sich einstellenden Despotismus in übergroßen Staaten. Zudem musste Kants starker Republikanismus, der die Unterwerfung des staatlichen Gewaltmonopols und somit aller Staatsapparate unter die Gesetzgebung des Volkes beabsichtigte, mit den Prinzipien jener einzelstaatlichen Verfassungen objektiv übereinstimmen, die ein großer Teil der Antifederalists gegen die immanente Struktur der Unionsverfassung verteidigten. Ist für Letztere – ausweislich der überdeutlichen Argumente der Federalists – ein durchgängiges Misstrauen gegen das Volk und seine Vertreter in der Legislative charakteristisch,[36] so findet sich in Verfassungen der amerikanischen Einzelstaaten, zum Beispiel derjenigen Pennsylvanias, das entgegengesetzte Misstrauen gegen alle Amtswalter und Repräsentanten, deren Verselbständigung gegen den Volkswillen unter anderem durch extrem kurze Wahlperioden verhindert werden soll.[37] Aus dieser Konstellation ist vermutlich zu erklären, dass Kant – obwohl starke Demokratie zuerst in amerikanischen Einzelstaaten errichtet wurde – immer nur von *einer* (!) bereits existierenden Republik, der nach 1789 entwickelten französischen, spricht. Kurz: In Kants ausdrücklicher Ablehnung der amerikanischen Unionsverfassung enthält die Option für die Aufrechterhaltung einzelstaatlicher Souveränität zugleich das Kriterium ihrer normativen Fundierung: Einzelstaatliche Souveränität ist die Bedingung der Möglichkeit von Volkssouveränität.

Ehe die Konsequenzen der Vernachlässigung der normativen Prinzipien Kants für Habermas' eigenen Entwurf einer Konstitutionalisierung des Völkerrechts untersucht werden können, soll die ausschließlich normative Qualität der Gründe Kants für das »Surrogat« des Völkerbunds im theorieimmanenten Zusammenhang rekonstruiert werden.

Unter den zahlreichen, überaus komplex verzahnten normativen Gesichtspunkten, die im zweiten Definitivartikel der Friedens-

36 A. Hamilton, J. Madison und J. Jay, *Die Federalist-Artikel*, a. a. O. (Anm. 34), Nr. 10 (S. 50, 55); Nr. 73 (S. 444 f., 446); Nr. 78 (S. 474 f.).

37 The Constitution of Pennsylvania, 28. September 1776, Plan or Frame of Government, Art. 9, 11, 19.

schrift Kants Ablehnung eines Weltstaats begründen, ist derjenige, der den völkerrechtlichen Schutz der Staatssouveränität deshalb verlangt, weil diese potentiell Volkssouveränität ist, bereits in den vorausliegenden Passagen am deutlichsten vorbereitet. Die Präliminarartikel 2 und 5 schließen aus, dass ein »für sich bestehender Staat« auf friedliche, quasi privatrechtliche Art durch einen anderen Staat erworben werden kann und ein Staat sich in »Verfassung und Regierung eines andern Staats gewalttätig einmischen« darf. Die Gründe sind in beiden Fällen gleichlautend: Der Staat »ist« das Volk, beziehungsweise er »ist eine Gesellschaft von Menschen«, die sich entsprechend der »Idee des ursprünglichen Vertrags« zu einem Volk von Staatsbürgern zusammengeschlossen haben. Die privatrechtliche Erwerbung eines Staates lädiert nicht diesen als solchen, sondern nur den Staat in seiner Eigenschaft als »moralische Person« (im gegenwärtigen Sprachgebrauch: als »juristische Person«), das heißt den *Staat* als *Personenverband der Bürger*: diese Letzteren werden in einer solchen Transaktion zu »Sachen« herabgewürdigt und – wie zum Beispiel seinerzeit beim Verkauf der Insel Korsika durch Genua an Frankreich – um ihre staatsbürgerliche Selbstbestimmung gebracht. Auch im Fall der »gewalttätigen Einmischung« liegt der »Skandal«, der die »Autonomie aller *Staaten* unsicher machen« würde, in der »Verletzung der Rechte eines nur mit seiner inneren Krankheit ringenden [...] *Volks*«.[38] Es zeichnet sich hier schon ab, dass Frieden nicht auf Kosten staatsbürgerlicher Freiheit hergestellt werden soll – ein Zusammenhang, der in der Konnotation von Frieden und bereits (als Selbstgesetzgebung der Bürger) realisierter republikanischer Freiheit des ersten Definitivartikels bekanntlich eine zusätzliche Bedeutung erhält.

Im zweiten Definitivartikel enthält gerade die berühmte Passage, die auf den ersten Blick die Weltrepublik als die eigentliche Idee und Forderung der Vernunft auszuzeichnen scheint – so dass Kants Option für das »negative Surrogat« des Völkerbunds gemeinhin als resignative Anpassung an empirische Bedingungen völkerrechtlicher Praxis interpretiert wird –, den Hinweis auf das von Kant hier angewandte Verfahren der *bestimmenden* Urteilskraft. Es ist dies ein Verfahren, das in der Entscheidung für eines der beiden Friedensmodelle das normative Kriterium notwendig als ein aller Empirie

38 Kant, ZeF, a. a. O. (Anm. 17), S. 196 f., 199.

vorausliegendes und unverrückbares festhalten muss. Die Passage lautet:

Für Staaten, im Verhältnisse unter einander, kann es nach der Vernunft keine andere Art geben, aus dem gesetzlosen Zustande, der lauter Krieg enthält, herauszukommen, als dass sie, eben so wie einzelne Menschen, ihre wilde (gesetzlose) Freiheit aufgeben, sich zu öffentlichen Zwangsgesetzen bequemen und so einen (freilich immer wachsenden) Völkerstaat [...], der zuletzt alle Völker der Erde umfassen würde, bilden. Da sie dieses aber nach ihrer Idee vom Völkerrecht durchaus nicht wollen, mithin was *in thesi* richtig ist, *in hypothesi* verwerfen, so kann an die Stelle der positiven Idee einer Weltrepublik (wenn nicht alles verloren werden soll), nur das negative Surrogat eines den Krieg abwehrenden, bestehenden, und sich immer ausbreitenden Bundes (treten).[39]

Was dem ersten Blick so überaus eindeutig erscheint, erhält durch die Entgegensetzung von *in thesi* und *in hypothesi* eine ganz neue Dimension. Dieser Gegensatz ist nicht mit dem zwischen Theorie und (empiriegeleiteter) Praxis, wie allgemein üblich, zu identifizieren,[40] sondern gibt überhaupt erst den Gesichtspunkt des Abwägungsverfahrens an, durch das Kant die vorstehende normative Auszeichnung des Weltstaats mit seinen ansonsten überwiegenden, ebenfalls emphatisch normativen Kennzeichnungen des Völkerbunds zum Ausgleich bringt. Hinsichtlich des Völkerbunds sagt nämlich Kant nicht weniger, als dass »die Zusammenstimmung der Politik mit der Moral nur in einem föderativen Verein (der also nach Rechtsprinzipien a priori [!] gegeben und notwendig ist)« erreicht werden kann. Er unterstreicht, »dass ein föderativer Zustand der Staaten, welcher bloß die Entfernung des Krieges zur Absicht hat, der einzige [!], mit der Freiheit derselben vereinbare rechtliche Zustand« sei,[41] und qualifiziert andernorts den Völkerbund freier Staaten ausdrücklich als eine Einrichtung gemäß der »Idee eines ursprünglichen gesellschaftlichen Vertrages«.[42] Auf den zweiten Blick steht also in Kants Argumentation Vernunft gegen Vernunft. Da es

39 Ebd., S. 212 f.

40 Vgl. zum Beispiel H. Williams, *Kant's Political Philosophy*, a. a. O. (Anm. 14), S. 255; L. A. Mulholland, »Kant on War and International Justice«, in: *Kant-Studien* 78 (1987), S. 25-41, hier S. 34 ff.; G. Cavallar, *Pax Kantiana*, Wien 1992, S. 178 f., S. 210.

41 Kant, ZeF, a. a. O. (Anm. 17), S. 249.

42 Kant, MdS, a. a. O. (Anm. 22), S. 467.

aber Kant überhaupt um eine Abwägung zwischen zwei *an sich* »vernünftigen« Modellen für die Verwirklichung der sie überragenden Idee des Friedens, des »Endzwecks der Rechtslehre«,[43] geht, können erst weiter hinzukommende Gesichtspunkte den Ausschlag geben. Hier beginnt Kants Verfahren, das als theorieimmanente Anwendung der »bestimmenden Urteilskraft« rekonstruiert werden kann.

Obwohl also der Weltstaat »in thesi« richtig ist und (ebenso wie der Völkerbund) der Vernunft entspricht, wird er »in hypothesi« verworfen. Dieser letztere Aspekt enthält die hinzukommenden Gesichtspunkte. Da Kant die kategorische Verpflichtung, auf einen ewigen Frieden hinzuwirken, allein daraus ableitet, dass die Unmöglichkeit der »Bewirkung« dieses Ziels jedenfalls nicht bewiesen werden kann,[44] sind alle Urteile über die Mittel zu dieser Bewirkung notwendig »hypothetisch«. Nicht etwa die bornierten Verweigerungen machtbesessener Politiker sind für diese hypothetischen Erwägungen ausschlaggebend, vielmehr ist die Suche nach dem geeigneten Friedensmodell ausschließlich von dem Kriterium der möglichst großen Annäherung an die Idee des Friedens beim Versuch ihrer Realisierung (also rein normativ) bestimmt. Als Regeln für diese Prüfung führt Kant jene »Grundsätze der Politik« ein, die schon bei der Frage der Errichtung von Republiken dazu dienten, die weitestgehende Annäherung an die *respublica noumenon* zu bestimmen.[45] Wenn diese »Grundsätze der Politik« nach Auskunft Kants es überhaupt erst ermöglichen, apriorische Rechtsprinzipien »auf Erfahrungsfälle an[zu]wenden«,[46] so fungieren sie in genauer Analogie zu den »Grundsätzen« beziehungsweise »transzendentalen Schemata« der theoretischen Philosophie Kants, die (als »reine«, nichtempirische Regeln) im Verfahren der bestimmenden Urteilskraft die Subsumtion eines Gegenstandes unter einen reinen Ver-

43 Ebd., S. 479.

44 Kant, *Über den Gemeinspruch: Das mag in der Theorie richtig sein, taugt aber nicht für die Praxis* (zitiert als: »Gemeinspruch«), in: *Werkausgabe*, a. a. O. (Anm. 17), Bd. XI, S. 168.

45 Dazu I. Maus, »Volkssouveränität und das Prinzip der Nichtintervention in der Friedensphilosophie Immanuel Kants«, in: *Einmischung erwünscht? Menschenrechte und bewaffnete Intervention*, hg. von H. Brunkhorst, Frankfurt am Main 1998, S. 88-116, S. 96 f.

46 I. Kant, *Über ein vermeintes Recht, aus Menschenliebe zu lügen*, in: *Werkausgabe*, a. a. O. (Anm. 17), Bd. VIII, S. 641.

standesbegriff steuern.[47] Kants Einführung dieser Operation aus der theoretischen Philosophie, in der sie der Subsumtion eines empirisch Gegebenen, zum Beispiel eines Tellers, unter den reinen Begriff des Zirkels dient, in die praktische Philosophie, in der es um die Subsumtion eines erst zu realisierenden Modells unter eine Vernunftidee geht, führt nun in der Friedensphilosophie zum eigentlichen Ergebnis.

Die einschlägige Stelle zum Urteilsverfahren über den Weltstaat lautet:

> Weil aber, bei gar zu großer Ausdehnung eines solchen Völkerstaats über weite Landstriche, die Regierung desselben, mithin auch die Beschützung eines jeden Gliedes endlich unmöglich werden muss, eine Menge solcher Korporationen aber wiederum einen Kriegszustand herbeiführt: so ist der ewige Friede (das letzte Ziel des ganzen Völkerrechts) freilich eine unausführbare Idee. Die *politischen Grundsätze* aber, die darauf abzwecken, nämlich solche Verbindungen der Staaten einzugehen, als zur kontinuierlichen Annäherung zu demselben dienen, sind es nicht, sondern, so wie diese eine auf der Pflicht, mithin auch auf dem Recht der Menschen und Staaten gegründete Aufgabe ist, allerdings ausführbar.[48]

Kant testet hier zuerst – »in hypothesi«, mit Blick auf die Anwendungsbedingungen – das Weltstaatsmodell, das in der zeitgenössischen Diskussion noch immer den größtmöglichen Stellenwert hatte und mit der Friedensidee als solcher identifiziert wurde, zuerst und zeigt, dass der Weltstaat gar nicht imstande ist, den Frieden zu garantieren. Gleichwohl verwirft diese Prüfung nicht zusammen mit dem Weltstaat auch die Idee des ewigen Friedens. Zwar ist Letzterer »ein Ding«, das weder bewiesen noch widerlegt werden kann,[49] aber er ist nur in der Gestalt des Weltstaats »unausführbar«. Während die »politischen Grundsätze« wie transzendentale Schemata die Friedensidee mit dem Modell föderativer »Verbindungen der Staaten« vermitteln können, erweist sich der Weltstaat gleichsam als eckiger Teller.

Auch die Kennzeichnung des Völkerbunds als »*negatives* Surrogat« qualifiziert diesen keineswegs als zwar »erreichbare«, aber zweitbeste Lösung. Negativ ist der Völkerbund zunächst darin, dass er – im

47 I. Kant, *Kritik der reinen Vernunft*, *Werkausgabe*, a. a. O. (Anm. 17), Bd. III, S. 183 ff., S. 187 ff.

48 Kant, MdS, a. a. O. (Anm. 22), S. 474 – Hervorhebung I. M.

49 Ebd., S. 477 f.

Gegensatz zu den kompakten inhaltlichen Staatszielbestimmungen, die mit einem Weltstaat seit der Antike bis zur Gegenwart verbunden sein können – »*bloß* die Entfernung des Krieges zur Absicht hat«.[50] Der Begriff der Negativität hat indessen noch eine grundsätzlichere Bedeutung. Er zeichnet, entsprechend Habermas' Sprachgebrauch, »nachmetaphysische«[51] Theorien aus. In Kants Theorie als einer Kritik aller Substantialität ist das Prinzip der Negativität durchgängig vertreten: Die »Kritik der reinen Vernunft« verspricht nicht mehr das Ergebnis gültiger Wahrheit, sondern liefert eine »Methode«, um »Irrtümer« zu verhüten. Die Moralphilosophie zeichnet nicht einzig richtige Verhaltensnormen aus, sondern stellt im »kategorischen Imperativ« ein Verfahren bereit, das die Disqualifikation geprüfter Maximen als unmoralisch erlaubt. Die politische Philosophie verspricht als Ergebnis des rechtsstaatlich prozeduralisierten demokratischen Gesetzgebungsprozesses nicht etwa Gerechtigkeit, sondern die Vermeidung von Unrecht.[52] Entsprechend Kants kritischer Distanz zu allen Verheißungen der Vormoderne ist also der Weltstaat die metaphysische, der Völkerbund die nachmetaphysische Realisation der Friedensidee.

Inhaltlich bleibt festzuhalten, dass Kants normative Argumente sich genau auf das konzentrieren, was gegenwärtig das objektive Dilemma der – inzwischen notwendigen – Organisation überstaatlicher Politik ausmacht: Eine (im heutigen Sprachgebrauch) Demokratie, die den Namen verdient, ist nur in kleinräumigen Einheiten zu organisieren. Dies ist der eigentliche Grund, weshalb Kant auf dem Vertrag als Form globaler Verrechtlichung besteht und den Begriff der Verfassung den Einzelstaaten vorbehält. An der entscheidenden Stelle, die die Analogie zwischen dem *exeundum esse* der Individuen und dem der Staaten aus dem Naturzustand für unzulänglich erklärt, lautet die Begründung, dass die »Staaten innerlich schon eine rechtliche Verfassung haben und also dem Zwange anderer, sie nach ihren Rechtsbegriffen unter eine erweiterte gesetzliche Verfassung zu bringen, entwachsen sind«.[53] Das Verbot der Inter-

50 Kant, ZeF, S. 249. Hervorhebung I. M.

51 J. Habermas, *Nachmetaphysisches Denken. Philosophische Aufsätze*, Frankfurt am Main 1988, zum Beispiel S. 42 ff.

52 Dazu im Einzelnen: I. Maus, *Zur Aufklärung der Demokratietheorie*, a. a. O. (Anm. 6), S. 249 ff.

53 I. Kant, ZeF, S. 211.

vention in »Verfassung und Regierung eines andern Staates« aus Präliminarartikel 5 erhält hier seinen »definitiven« Stellenwert: Selbst wenn die innerstaatlichen Verfassungen noch »schlechte Verfassungen«, also entweder obrigkeitsstaatliche oder sogar bloß »Verfassungen überhaupt«[54] sind, begründen sie Staatssouveränität als potentielle Volkssouveränität, weil Letztere nur in Nationalstaaten entwickelt werden kann.

Für Kant entsteht hier allerdings ein anderes Dilemma, das neben dem spezifisch gegenwärtigen immer noch andauert. Einerseits ist die Existenz selbständiger Einzelstaaten Bedingung der Möglichkeit, das normative Kontinuum von Menschenrechten, Volkssouveränität und Friedensfähigkeit überhaupt zu verwirklichen, andererseits ist die übergroße Mehrheit der Staaten von dieser Verwirklichung noch weit entfernt. Kant überbrückt jedoch die Diskrepanz zwischen der kategorischen Forderung der Vernunft, die normativen Prinzipien zu realisieren, und dem ganz unzulänglichen Zustand der meisten Staaten durch das »Erlaubnisgesetz« der Vernunft,[55] das analog zu den Schematismen oder den »Grundsätzen der Politik« eine Vermittlung zwischen apriorischen Prinzipien und den Gegenständen der Erfahrung, und zwar hier: in der Zeitdimension, übernimmt. Kants Erlaubnisgesetz besagt, dass schlechte gesellschaftliche Institutionen und politische Verfassungen so lange zu dulden sind, wie sie ohne Gefahr des Rückfalls in einen barbarischen, völlig rechts- und verfassungslosen »Naturzustand« noch nicht verändert werden können. In seiner völkerrechtlichen Intention impliziert es zugleich Kants grundsätzliches Urteil gegen die Einführung der Demokratie mit undemokratischen Mitteln[56] und berücksichtigt so, in einer gleichzeitig friedensorientierten Weise, den Zeitbedarf, den je autonome innergesellschaftliche Lernprozesse auf dem Weg zu einer Republik beanspruchen.

Habermas' eigener Entwurf einer globalen Verfassung enthält insofern eine gewisse inhaltliche Annäherung an Kant, als er – aus

54 Die Letzteren tragen noch alle Spuren des gewalttätigen Anfangs der empirischen Staatsgründung an sich: vgl. ZeF, a. a. O. (Anm. 17), S. 231.

55 Ebd., S. 234 Anm.; vgl. in Bezug auf Eigentumsverteilung: MdS, a. a. O. (Anm. 22), S. 355, 365 f., S. 430 f. – Zu Kants Erlaubnisgesetz grundsätzlich: R. Brandt, »Das Erlaubnisgesetz, oder: Vernunft und Geschichte in Kants Rechtslehre«, in: ders. (Hg.), *Rechtsphilosophie der Aufklärung*, Berlin 1982, S. 233 ff.

56 I. Kant, MdS, a. a. O. (Anm. 22), S. 463.

anderer Perspektive – das Projekt eines Weltstaats ganz verabschiedet. Er votiert für ein Mehrebenensystem, in dem auf globaler Ebene (im Unterschied zum gegenwärtigen Zustand der UNO) eine Konzentration auf die Aufgaben der Kerninstitutionen durch Ausgliederung der Neben- beziehungsweise Sonderorganisationen vorgesehen ist,[57] auf mittlerer Ebene die Bewältigung der die nationalstaatlichen Grenzen überschreitenden Aufgaben einer »Weltinnenpolitik« überantwortet wird, die vorläufig noch auf eine Koordination nationalstaatlicher Netzwerke und Organisationen angewiesen ist, in der Staaten die wesentlichen Akteure bleiben, aber künftig im Sinne kontinentaler Regime (entsprechend der EU) zu strukturieren wäre,[58] und in dem schließlich auf basaler Ebene die Nationalstaaten bestehen bleiben. Die Annäherung an Kant beruht jedoch auf Gründen, die diesem ganz fernlagen.

Zwar konstatiert Habermas selbst, dass die Weltorganisation seines Entwurfs »eher einem Völkerbund« gleicht, insofern sie unmittelbar aus Nationalstaaten und nicht aus Weltbürgern besteht.[59] Die neue »Unverzichtbarkeit des Nationalstaates« beruht jedoch nicht auf dessen Potential der graduellen Verwirklichung demokratischer Autonomie, sondern auf seinen Gewaltressourcen, die er der Weltorganisation zwecks Durchsetzung von Menschenrechten in widerstrebenden Staaten zur Verfügung stellt. Die Funktion der Mitgliedsstaaten besteht insofern in der Beteiligung an genau den Souveränitätsverletzungen, die Kants *vertragliche* Staatenverbindung gerade ausschließen wollte, indem sie umgekehrt nur die Souveränitätsverletzung eines Staates durch einen Angriffskrieg zum Anlass für eine Intervention erklärte – genauso wie der bisher noch unveränderte Text der UN-Charta nach Kapitel VII militärische Sanktionen auf ebendiesen Tatbestand beschränkt. – Habermas' Ergänzung der bisherigen Aufgabe der Friedenssicherung durch die UNO um die weitere der Durchsetzung, notfalls Erzwingung von Menschenrechten in ihren Mitgliedsstaaten geht mit der Absicht konform, das bestehende Vertragswerk der UNO in eine *Verfassung* zu transformieren. Entsprechend dem gegenwärtig vordringenden Verständnis, das die normativen Prinzipien einer Verfassung, Menschenrechte, Volkssouveränität und rechtsstaatliche Gewaltentei-

57 J. Habermas, »Politische Verfassung«, a. a. O. (Anm. 9), S. 335.

58 Ebd., S. 336 f.

59 Ebd., S. 335.

lung, auf das Erstere reduziert (siehe oben), werden so Menschenrechte gegen jedes demokratische Prozedere verselbständigt – eine Lösung, die zu Habermas' Demokratietheorie in innerstaatlicher Perspektive, die die Gleichursprünglichkeit von Freiheitsrechten und Volkssouveränität begründete,[60] in diametralem Gegensatz steht. Auf die Implikationen der Isolierung der Menschenrechte ist im Hinblick auf Habermas' Vorschläge zur Reform der UNO zurückzukommen.

Auch die mittlere Ebene der Weltinnenpolitik, deren zunehmende Verdichtung noch durch Verträge vorangetrieben wird, soll Habermas zufolge *verfassungs*förmig integriert werden. Angesichts der hier zu bewältigenden grenzüberschreitenden Probleme vor allem ökonomischer, sozialer und ökologischer Art bietet sich ein Verfassungsbegriff an, der bereits über die Institutionalisierung einer Demokratie hinaus um moderne Aufgaben der Gesellschaftsregulierung erweitert ist. Die demokratische Selbsteinwirkung einer Gesellschaft, unter anderem im Bereich sozialstaatlichen Handelns, gerät aber, wie Habermas überaus zutreffend diagnostiziert, dort an ihre – entlegitimierenden – Schranken, wo die Bedingungen sozialer Regulierung längst außerhalb der nationalstaatlichen Grenzen liegen. Demokratische Selbsteinwirkung läuft angesichts entgleitender »politischer Beherrschbarkeit« in wichtigen Bereichen faktisch leer. Der Gesichtspunkt der *Effizienz* der Bewältigung der anstehenden Aufgaben wird jedoch in der weiteren Argumentation so dominant, dass der Ausgangspunkt der *demokratischen* Organisation einer Selbsteinwirkung in den Hintergrund tritt.

Es sei hier daran erinnert, dass Habermas, wiederum mit Blick auf nationalstaatliche Demokratie, soziale Rechte – die zu ihrer Verwirklichung grundsätzlich auf staatliche Regulierung angewiesen sind – nur »relativ« zu den »absolut« begründeten Freiheitsrechten eingeführt hatte.[61] Die seinerzeit aufkommende Kritik an dieser vermeintlichen Nachrangigkeit übersah, dass Habermas mit genau dieser Konstruktion die sozialen Rechte vor jener freiheitlich-demokratischen Dekontextualisierung bewahrte, wie sie zum Beispiel in

60 J. Habermas, *Faktizität und Geltung. Beiträge zur Diskurstheorie des Rechts und des demokratischen Rechtsstaats*, Frankfurt am Main 1992, S. 109 ff., S. 155 ff. – Habermas selbst verweist auf diese Diskrepanz, hält sie aber für unvermeidbar, siehe »Konstitutionalisierung«, a. a. O. (Anm. 10), S. 138 f.

61 J. Habermas, *Faktizität und Geltung*, a. a. O. (Anm. 60), S. 156 f.

der Sowjetverfassung von 1936 gegeben ist: Diese Verfassung gewährleistet unter anderem Redefreiheit durch die Garantie ihrer »materiellen Bedingungen« bis hin zur Bereitstellung von Druckereien und Papiervorräten, vernichtet aber durch inhaltliche Zwecksetzungen das Freiheitsrecht selbst.[62] Aus diesem Extrembeispiel ist nicht etwa eine Prognose abzuleiten, welche Richtung die – gegenwärtig sehr geläufige – Verselbständigung der Effizienz sozialer Regulation nehmen könnte. Aber es besteht immerhin die Gefahr, dass die normative Qualität der anvisierten überstaatlichen Verfassung mit ihrer »Steuerungsfähigkeit« als solcher kurzgeschlossen wird.[63] Eine solche Umstellung des mit einer demokratischen Verfassung verbundenen Legitimationsbegriffs von der *Input-* auf *Output-*Orientierung, das heißt von der demokratischen Steuerung und Kontrolle politischer Macht auf effiziente Gesellschaftssteuerung, gerät allerdings in größtmöglichen Gegensatz zu Kants normativ-kontraktualistischer Fundierung des demokratischen Verfassungsbegriffs: Diese begründet einen »Zweck an sich selbst«[64] und enthält sich jeder Festlegung auf zu bewirkende Zwecke. Eine solche Form der Zweckfreiheit überlässt folglich alle Zwecksetzungen dem demokratischen Prozess der gesellschaftlichen Bedürfnisermittlung und -artikulation und schließt die Selbstlegitimation expertokratischer Eliten an der effizienten Umsetzung *vor*verständigter Zwecke aus. – Der zur Ratifizierung anstehende EU-Verfassungsvertrag (als ein erster Entwurf kontinentaler Konstitutionalisierung) enthält alle Merkmale einer solchen technokratischen Integration: Ungewöhnlich reichhaltige inhaltliche Zielbestimmungen und Aufgabenkataloge sind mit dürftigen und vor allem unpräzisen prozeduralen Regelungen kombiniert, wobei Letztere ohnehin die demokratische Gesetzgebungsfunktion der exekutivischen subsumieren.

Habermas' Entwurf einer Konstitutionalisierung des Völkerrechts gewinnt den intendierten Realitätsbezug durch einen Rekurs auf

62 Die Verfassung der Union der Sozialistischen Sowjetrepubliken vom 5. 12. 1936, Art. 125; Text in: *Staatsverfassungen*, hg. von G. Franz, a. a. O. (Anm. 4), S. 579. Die inhaltliche Festlegung der Redefreiheit (und anderer Rechte) bezieht sich auf die Interessen der Werktätigen und den Zweck der Festigung des sozialistischen Systems.

63 J. Habermas, »Politische Verfassung«, a. a. O. (Anm. 9), S. 346.

64 I. Kant, »Gemeinspruch«, a. a. O. (Anm. 44), S. 143 f.

den aktuellen Reformprozess der UNO. Auch dieser Bezug lässt sich schwerlich als ein gleichzeitiger Rekurs auf Kants Projekt verstehen, wie bereits der Ausgangspunkt der Argumentation belegt. In dem Maße, in dem Habermas sich in Übereinstimmung mit der gegenwärtig herrschenden Völkerrechtswissenschaft der »konstruktiven Lesart eines in rascher Entwicklung befindlichen Bereichs des positiven Rechts« annähert,[65] entfernt er sich von Kants Friedensschrift und dem bisher nicht novellierten Rechtstext der UN-Charta. Die Auffassung, dass bereits die *bestehende* UN-Charta die Weichen für die projektierte Reform gestellt habe, indem sie »das Ziel der Friedenssicherung (wie Kant [!]) mit einer weltweiten Durchsetzung von Menschenrechten explizit [!] verschränkt«,[66] besteht nur *contra legem* und gegen Kant. Es hätte nämlich der immer extensiveren Auslegung der in Kapitel VII der Charta enthaltenen Tatbestände der Bedrohung oder des Bruchs des Friedens beziehungsweise einer Angriffshandlung nicht bedurft, wenn die Charta bereits Interventionen zur Durchsetzung der Menschenrechte erlaubte. Es sind genau jene gegenwärtig so avancierten *emerging norms*, die die zunehmend interventionistische Völkerrechtspraxis jeder kritischen Rückfrage nach positivrechtlichen Grundlagen und nach Autorisierung und Legitimierung von Rechtsetzung entheben. Dass die bestehende UN-Charta für die gegenwärtige Praxis und herrschende Völkerrechtswissenschaft keinen Anhaltspunkt bietet, ist gerade ihrer tatsächlichen Übereinstimmung mit Kants Friedensschrift dahingehend zu verdanken, dass sie zwischen Volkssouveränität und den Menschenrechten der internationalen Deklarationen auf komplexe Weise vermittelt: Wie bei Kant entspricht die »souveräne Gleichheit« aller Staaten, die die Charta als ihren zentralen Grundsatz einführt, dem vorausliegenden Prinzip der »Gleichberechtigung und Selbstbestimmung der Völker« (Art. I, 2 und II, 1). Dieser Zusammenhang zwischen Staatssouveränität und (potentieller) Volkssouveränität erklärt, warum die UN-Charta nirgends eine Ermächtigung ausspricht, die Menschenrechte zu erzwingen, sondern das Ziel formuliert, »die Achtung vor den Menschenrechten [...] zu *fördern*« (Art. I, 3). – Wenn zudem Kant seine zentrale Prämisse, dass »Republiken« – die alle Voraussetzungen einer solchen wirklich

65 J. Habermas, »Politische Verfassung«, a. a. O. (Anm. 9), S. 348.
66 Ebd., S. 349.

erfüllen[67] – zum Frieden fähig sind, auch umgekehrt formuliert, dass Frieden – oder zumindest die Abwesenheit äußerer Kriegsbedrohung – die Voraussetzung dafür ist, dass in repressiven Staaten freiheitsrechtliche und demokratische Entwicklungen eingeleitet werden können,[68] so ist dies ein weiteres Argument gegen äußere Erzwingung und für indirektes »Fördern« der Menschenrechte durch die Staatengemeinschaft.

Der Blick auf gegenwärtige Problemkonstellationen, die eine Reform der UNO im Sinne positivrechtlicher Änderungen der UN-Charta nahelegen, sollte die Gründe für die bisherige Rechtslage nicht ganz aus dem Auge verlieren. Die seit den Tagen Kants unendlich gesteigerten technischen Möglichkeiten innerstaatlicher Repression und die extremen Gräuel, die mit dem Zerfall von Staaten verbunden sein können, vermögen Interventionsentscheidungen zu rechtfertigen, sofern diese an demokratiekompatible Verfahren gebunden sind. Andererseits sind aktuellste Erfahrungen zu berücksichtigen, die Kants äußerste Zurückhaltung als rational bestätigen: Die – ohnehin völkerrechtlich nicht gedeckten und zudem unilateralen – militärischen Versuche der Menschenrechts- und Demokratieerzwingung haben auch in vielen nicht betroffenen Staaten bestehende Reformansätze zunichte gemacht, indem sie »westliche« Menschenrechte gründlich diskreditierten, und haben die betroffenen Staaten in zerfallende verwandelt. Diese Erfahrungen lehren, dass die Prozeduralisierung von Interventionsentscheidungen auf deren sparsamsten Einsatz zugeschnitten sein sollte.

Habermas' konkrete Vorschläge zur Reform der UNO beziehen

67 Dass Kants Voraussetzungen in den modernen »Demokratien« durchgängig *nicht* erfüllt sind, begründet die überaus zutreffende Kritik von Ernst-Otto Czempiel an statistischen Analysen, die den von Kant behaupteten Zusammenhang von Demokratie und Frieden anhand der Außenpolitik real existierender »Demokratien« zu widerlegen suchen: E.-O. Czempiel, »Kants Theorem und die zeitgenössische Theorie der internationalen Beziehungen«, in: *Frieden durch Recht. Kants Friedensidee und das Problem einer neuen Weltordnung*, hg. von M. Lutz-Bachmann und J. Bohman, Frankfurt am Main 1996, S. 300-323, besonders S. 307.

68 Darauf verweist Kants Überlegung, dass hinsichtlich des äußeren Staatenverhältnisses »von einem Staat nicht verlangt werden [kann], dass er seine, obgleich despotische Verfassung (die aber doch die stärkere in Beziehung auf äußere Feinde ist) ablegen sollte, so lange er Gefahr läuft, von anderen Staaten so fort verschlungen zu werden«, in: ZeF, a. a. O. (Anm. 17), S. 234; vgl., I. Kant, *Der Streit der Fakultäten*, in: *Werkausgabe*, a. a. O. (Anm. 17), Bd. XI, S. 358 Anm.

sich richtigerweise auf Interventionen zur Durchsetzung *fundamentaler* Menschenrechte,[69] so dass eine Beschränkung auf den Schutz von Leib und Leben verfolgter Menschen impliziert ist. Diese sinnvolle inhaltliche Begrenzung von Interventionen ist jedoch kaum durch prozedurale Reformvorschläge abgesichert, wie überhaupt die Intention einer Konstitutionalisierung des Völkerrechts sich eher in der Neuinterpretation bestehender Praktiken der UNO als durch institutionelle Empfehlungen zum Ausdruck bringt. So enthält auch die Überlegung, dass die Staatsbürger jedes Staates in ihrer Eigenschaft als Weltbürger und als Subjekte des Völkerrechts der UNO »eine Art Ausfallbürgschaft übertragen [haben], wonach der Sicherheitsrat in die Funktion der Grundrechtssicherung einspringt, wenn die eigene Regierung dazu nicht willens oder fähig ist«,[70] nur eine (fiktive) Ermächtigung, aber keine institutionelle Begrenzung dieser Ermächtigung. Dass zunächst die Fiktion nicht durch einen global organisierten Weltbürgerentscheid in die Realität eines legitimierten Auftrags überführt werden könnte, bestätigt nur noch einmal Kants Urteil über den notwendig undemokratischen Charakter einer globalen Verfassung. Aber auch die Begrenzung dieser Ermächtigung im Einzelfall einer konkreten Intervention durch an sich praktikable Staatsbürgerentscheide scheitert selbstverständlich an genau der gegebenen Verfolgungssituation, für die das Instrument der Intervention gedacht ist. Gerade die Unmöglichkeit der empirischen Konsensermittlung im konkreten Fall enthält ein gigantisches Dilemma: Die militärische Intervention zum Schutz der elementarsten Menschenrechte kommt nicht umhin, genau diese Menschenrechte durch massenhafte Tötung und Verstümmelung der Zivilbevölkerung zu verletzen – ein Umstand, der die Konsens*unterstellung* aufseiten der Betroffenen besonders prekär macht. Die grundsätzlich notwendige Begrenzung von Interventionen zum Schutz fundamentaler Menschenrechte muss also ersatzweise im Prozedere der Weltorganisation selbst gefunden werden. – Dazu ist weiter auszuholen.

Habermas selbst diagnostiziert die mangelnde demokratische Legitimation der politischen Entscheidungstätigkeit der Weltorganisation im Ganzen und stellt fest, dass auch zum Beispiel die von der

69 J. Habermas, »Politische Verfassung«, a. a. O. (Anm. 9), S. 353.
70 Ebd., S. 353 f.

UN-Reformkommission vorgeschlagene Einbeziehung von Nichtregierungsorganisationen in die Beratungen der Generalversammlung nicht ausreichen, um die legitimatorische Kluft zwischen der Tätigkeit der Weltorganisation und innerstaatlich vorhandenen demokratischen Legitimationswegen zu überbrücken.[71] Während er aber an die Legitimation einer Weltinnenpolitik auf der »mittleren Ebene« entschieden höhere Anforderungen stellt, genügt ihm auf globaler Ebene die »Einbettung« einer reformierten UNO in die Weltöffentlichkeit.[72] Dass im letzteren Fall, wie gegenwärtig üblich, Volkssouveränität durch Öffentlichkeit schlichtweg ersetzt wird, ist freilich unzulänglich begründet. Habermas' analytische Trennung zwischen *juristischen* und *politischen* Fragen, wobei die UNO primär mit Ersteren befasst sei, so dass es einer politischen Legitimation im strengeren Sinne nicht bedürfe, ist in der realen Entscheidungstätigkeit schwerlich aufrechtzuerhalten und angesichts des in letzter Zeit extrem gesteigerten internationalen Antagonismus sowie der ungeheueren Emotionalisierung in Fragen der Anwendung globaler Rechtsprinzipien völlig hinfällig geworden. Habermas' »Unterstellungen«, dass sich der Sicherheitsrat »nach fairen Regeln, also unparteilich und auf nicht-selektive Weise mit justitiablen Fragen der Friedenssicherung und des Menschenrechtsschutzes befasst« und der – auch als Kontrollorgan des Sicherheitsrats gedachte – Internationale Strafgerichtshof die Haupttatbestände des Völkerrechts dogmatisch einwandfrei spezifiziert,[73] sehen von der faktischen Politisierung der juristischen Fragen ganz ab und setzen voraus, was durch erhebliche prozedurale Anstrengungen überhaupt erst in Gang gebracht werden müsste. Der Sicherheitsrat besteht, wie die UNO insgesamt, aus strategisch interessierten Akteuren, und das Den Haager Tribunal bot als ein Sondertribunal der UNO bereits ein Lehrstück für die emotionale Überlagerung juristischer Arbeit, indem es in seiner Anklageerhebung – begleitet von einer zum Teil willfährigen Völkerrechtswissenschaft – vielfach nicht einmal imstande war, zwischen Kriegsverbrechen und Völkermord zu unterscheiden. Nach solchen Erfahrungen erscheint es auch prekär, einen Internationalen Strafgerichtshof als Institution exakter juristischer Arbeit und gleichzeitig als ein Organ, das der Weltöffentlichkeit

71 Ebd., S. 356.
72 Ebd.
73 Ebd., S. 356 f., S. 355.

eine »autoritative Stimme« verleiht, zu verstehen.[74] Hier tritt Justizvertrauen an die Stelle der global nicht zu institutionalisierenden demokratischen Legitimation.

Auch der von Habermas anvisierte globale Lernprozess, der die Konstitutionalisierung des Völkerrechts begleitet, entbehrt jeder demokratischen Implikation, wenn von »politischen Eliten« eingeführte Rechtskonstruktionen erst in der Phase ihrer *Implementierung* von der Bevölkerung (beziehungsweise den Mitgliedsstaaten) nachträglich internalisiert werden sollen[75] und also die Frage der Akzeptanz der Rechtsnormen von den Verfahren der Recht*setzung* völlig entkoppelt ist. Während Habermas in der Perspektive innerstaatlicher Demokratie expertokratische Intentionen vehement kritisierte,[76] ist die überstaatliche Verfassungskonzeption mit der Einebnung dieser Kritik erkauft.

Was nun die völlig unzulängliche Prozeduralisierung der neuen Funktion einer globalen Durchsetzung von Menschenrechten durch die UNO angeht, so sind auch die Kriterien des – für Habermas auf überstaatlicher Ebene maßgeblichen – »herrschaftsbegrenzenden« Verfassungstyps kaum erfüllt. Die neue Aufgabe im gegebenen Institutionenset der UNO impliziert (trotz des Verzichts auf ein globales Gewaltmonopol) Herrschafts*konstituierung* ohne »Begrenzung«, solange nicht, angesichts der objektiv unmöglichen Konsensermittlung der Betroffenen, die neue Entscheidungshoheit des Sicherheitsrats in Menschenrechtsfragen innerhalb der Weltorganisation selbst durch eine Reform des Entscheidungsverfahrens demokratieanalog strukturiert werden kann. Für derart schwerwiegende Entscheidungen wie militärische Interventionen zum Zweck des Menschenrechtsschutzes kommen nur *inklusive* Verfahren in Betracht, die die Berücksichtigung aller einschlägigen Gesichtspunkte garantieren und auf diese Weise leichtfertige Interventionen unwahrscheinlich machen.[77] Inklusion bedeutete hier allerdings,

74 Ebd., S. 355.

75 Ebd., S. 330 ff., 333.

76 J. Habermas, »Diskursethik. Notizen zu einem Begründungsprogramm«, in: ders., *Moralbewußtsein und kommunikatives Handeln*, Frankfurt am Main 1983, S. 53-125, S. 76 f.; ders., »Versöhnung durch öffentlichen Vernunftgebrauch«, in: *Zur Idee des politischen Liberalismus*, hg. von der Philosophischen Gesellschaft Bad Homburg/W. Hinsch, Frankfurt am Main 1997, S. 169-195, S. 169 ff.

77 So, außerordentlich zutreffend, H. Müller, »Kants ›Schurkenstaat‹: Der ›ungerechte Feind‹ und die Selbstermächtigung zum Kriege«, in: *Den Krieg überdenken*.

dass die Generalversammlung nicht nur »in deliberativer Weise« in die Entscheidungsfindung des Sicherheitsrats einbezogen,[78] sondern gleichzeitig ein grundlegendes Prinzip der UN-Charta erstmals prozeduralisiert würde: die »souveräne Gleichheit« aller Mitgliedsstaaten. Wie auch immer man das vorstehende Adjektiv wenden mag, die »Gleichheit« aller Staaten (Art. II, 1), die eingangs der UN-Charta als »Gleichberechtigung [...] von allen Nationen, ob groß oder klein«, in den Kontext von Menschenrechten gerückt wird, lässt es nicht zu, dass ein nur mäßig erweiterter Sicherheitsrat gegenüber dem ganzen Rest der Staatenwelt das ungeschmälerte Entscheidungsmonopol behält. Wenn nun einerseits gegen eine weitgehende Entscheidungsbeteiligung der Generalversammlung der Einwand einer völligen Blockade der Weltorganisation besteht, andererseits die UNO nicht mit den entfesselten Aktionen des gegenwärtigen Unilateralismus gleichziehen soll, empfiehlt sich vielleicht ein Vetorecht gegen Beschlüsse des Sicherheitsrats, für das die Generalversammlung eine etwa 80- bis 90-prozentige Mehrheit zustande bringen müsste. Der sparsame Einsatz der extremsten, militärischen Form des Menschenrechtsschutzes wäre auf diese Weise ebenso zu bewirken, wie die kulturelle Dominanz weniger mächti-

Kriegesbegriffe und Kriegstheorien in der Kontroverse, hg. von A. Geis, Baden-Baden 2006, S. 229-249, S. 244 f. – Der These allerdings, die bereits der Titel des Beitrags nahelegt, dass die Intention gewaltbereiter Außenpolitik und unbegrenzter Feindbestimmung nicht erst das gegenwärtige hegemoniale Verständnis des Westens und seine Neigung zum »demokratischen Krieg« kennzeichne, sondern schon Kants demokratischer Friedensphilosophie inhärent sei (S. 229), muss hier widersprochen werden: Was insbesondere Kants Figur des »ungerechten Feindes« angeht, so enthält sie keine Vorlage für die gegenwärtige unilaterale Auszeichnung von »Schurkenstaaten« und deren Bekämpfung mit allen Mitteln. Kants *Definition* des ungerechten Feindes, die diesen in der Tat als völkerrechtliches Pendant zum radikal Bösen der Moralphilosophie bestimmt, stellt klar, dass es sich nicht um den Feind bestimmter Staaten, sondern um den Feind *aller* Staaten handelt, der sich nach »Maximen« verhält, die einen Friedenszustand zwischen den Staaten grundsätzlich negieren, also den *zwischenstaatlichen* Naturzustand verewigen, um einen Feind, der »öffentliche Verträge« verletzt, die die »Sache aller Völker« betreffen (Kant, MdS, a. a. O. [Anm. 22], S. 473). Für diesen ganz exzeptionellen Feind kommt als historisches Beispiel bisher nur Nazi-Deutschland in Betracht. – Sogar der Gegenwehr der durch einen ungerechten Feind unmittelbar betroffenen Staaten müssen Kant zufolge »Grenzen« (zwar nicht der Intensität, wohl aber der Wahl der Mittel) gezogen sein (ebd.).

78 So aber H. Müller, »Kants ›Schurkenstaat‹«, a. a. O. (Anm. 77), S. 246.

ger Staaten über die überwältigende Mehrheit der UN-Mitgliedsstaaten verhindert werden könnte.[79] – Andererseits könnte nur eine nennenswerte Zahl von Mitgliedschaften zum Beispiel für afrikanische Staaten im Sicherheitsrat dafür Sorge tragen, dass das massenhafte Elend der Verletzung elementarster Menschenrechte auf ihrem Kontinent nicht länger notorisch ignoriert wird. Sie könnten an herausragender Stelle über Intervention oder Nichtintervention mitentscheiden. Nur eine Veränderung der Repräsentations- und Verfahrensbestimmungen kann die Selbstüberlistung bornierter Egoisten zustande bringen, die auch in nationalstaatlichen Demokratien nur durch rechtsstaatliche Prozeduralisierung des gesamten Instanzenzugs und zum Beispiel hochformalisierte Geschäftsordnungen für den Gesetzgebungsprozess (bis zu einem gewissen Grade) erreicht wird.

Indem aber auch bloß demokratieanaloge Prozeduralisierungen innerhalb der Weltorganisation auf enge Grenzen stoßen und ebenso auf der »mittleren Ebene« die Ansätze zur Organisation einer Weltinnenpolitik noch in höchstem Maße auf demokratieferne Integrations- und Verrechtlichungsprozesse angewiesen sind, stellt sich die Frage, ob diesen gegenwärtigen Formationen das Gütesiegel einer *Verfassung* verliehen werden sollte. Während der Begriff der überstaatlichen Verfassung das von Habermas offengelegte objektive Dilemma eher verdeckt, das in der Gleichzeitigkeit nationalstaatlicher Entlegitimierung und der Notwendigkeit des Zugriffs überstaatlicher Politik auf nationalstaatliche Legitimationsressourcen besteht, erscheint die Rechtsfigur des *Vertrags* als besser geeignet, eine faktische Rückkoppelung überstaatlicher und globaler Politik an die demokratisch prozeduralisierten Entscheidungswege in Nationalstaaten zu gewährleisten. Diese Rückkoppelung müsste sich im Zeichen des Vertrags nicht mit dem Rekurs auf unterbestimmte Kommunikationsflüsse nationaler Parlamente begnügen, sondern die Verträge, durch die sich überstaatliche Einheiten noch

79 Auf den wichtigen Vorschlag zur »Parlamentarisierung« der UNO, genauer: zur – einem Parlament analogen – Besetzung der Generalversammlung durch Einführung einer zweiten Kammer, die die Repräsentation der Staaten durch eine Repräsentation der Bürger ergänzt (s. E.-O. Czempiel, *Die Reform der UNO*, München 1994, S. 157), kann hier nicht näher eingegangen werden. Auch diese institutionelle Reform erhielte durch eine Entscheidungspartizipation der Generalversammlung erst ihr Gewicht.

immer konstituieren, wären – auch bei fortlaufenden Abänderungen – von den einzelstaatlichen Parlamenten zu ratifizieren oder in Bürgerentscheiden anzunehmen. Die Rechtsfigur des Vertrags ist also in geringerem Maße auf Fiktionen angewiesen.

Nicht nur das genannte objektive Dilemma ist jedem gegenwärtigen Entwurf einer überstaatlichen Verfassung eingeschrieben. Auch die jetzige historische Situation kommt einem globalen Verfassungsprozess nicht entgegen. Der aktuell herrschende Unilateralismus hat die Welt in die internationale Steinzeit zurückgebombt und »westliche« Verfassungsprinzipien für lange Zeit diskreditiert. Umso mehr ist diese Welt künftig auf Kants geduldiges »Erlaubnisgesetz« angewiesen. – So empfiehlt es sich vielleicht, Prozesse überstaatlicher Organisation weiterhin aus der Perspektive unangepasster normativer Prinzipien kritisch zu begleiten.

Christoph Humrich

Faktizität ohne Geltung? Oder: Hat die Konstitutionalisierung des Völkerrechts eine diskurstheoretische Chance?

1. Einleitung

Der diskurstheoretische Ansatz von Jürgen Habermas wurde inzwischen in einer ganzen Reihe von Arbeiten in der akademischen Lehre von den internationalen Beziehungen (IB) verwandt. Kritik vonseiten etablierter IB-Ansätze hat diese Anwendungen von vornherein begleitet. Der diskurstheoretische Ansatz, dessen theoretischen Prämissen schon im Hinblick auf westliche Nationalstaaten ein ungerechtfertigter normativer Überschuss vorgeworfen wurde, sei wohl kaum zur Analyse und Erklärung internationaler Politik geeignet. Auch Habermas' eigene Äußerungen zur internationalen Politik bestätigen dieses Urteil. Er scheint ein Bild internationaler Politik vor Augen zu haben, das den sogenannten Realisten sehr viel vertrauter erscheinen dürfte als den Anwendern seiner Diskurstheorie in den IB.

Anders als die Realisten macht Habermas aber Vorschläge für eine konstitutionalisierte Völkerrechtsordnung, die angesichts bisheriger Entwicklungen Realisierbarkeit sowie durch ihr institutionelles Design Funktionalität und normative Anerkennungswürdigkeit beansprucht. Im zweiten Abschnitt dieses Beitrages soll gezeigt werden, dass Habermas' Vorschläge auf zweierlei Art und Weise problematisch sind: Auf der einen Seite setzt der Anspruch für das realistische Bild internationaler Politik schon zu hoch an. Dieses, wenn es konsequent gezeichnet wird, verneint die Möglichkeit relevanter rechtlicher Veränderungen der Weltordnung und effektiver Institutionen und begnügt sich normativ mit dem notdürftigen Erhalt oder der Wiederherstellung eines auf Abschreckung basierten labilen zwischenstaatlichen Friedens. Auf der anderen Seite muss der Anspruch für einen Diskurstheoretiker aber als zu tief gehängt erscheinen. Habermas' Völkerrecht muss nämlich ohne die in den institutionalisierten Kommunikationsvoraussetzungen und Verfahren nationaler Rechtsordnungen angelegte Spannung zwischen Faktizität und Geltung auskommen, die in der Rechtskommunikation durch die diskursive Einlösung von Geltungsansprüchen normativ fruchtbar aktualisiert wird. Habermas' konstitutionalisiertes Völkerrecht basiert demgegenüber größtenteils auf Faktizität *ohne* diskursiv vermittelte Geltung.

Dieser unbefriedigende Zustand von Habermas' Weltordnungsmodell ließe sich nach zwei Seiten auflösen: hin zum resignativen Skeptizismus des Realismus oder hin zu den rekonstruktiv begründeten Hoffnungen eines Diskurstheoretikers, der da, wo Kommunikation stattfindet, auch das normative Potential der in ihr angelegten Spannung zwischen Faktizität und Geltung für realisierbar hält. Wenn man diese Hoffnungen auch jenseits des Nationalstaats nicht preisgeben will, bieten sich drei Wege an, die Möglichkeit einer Diskurstheorie des Völkerrechts auszuloten:

Erstens könnte man theoretisch und empirisch versuchen zu zeigen, dass die strukturellen Vorbedingungen kommunikativen Handelns offenbar nicht so anspruchsvoll sind, wie Habermas sie zu konzeptionalisieren scheint, wenn er die kommunikative Einbettung internationaler Politik verneint. Zweitens ließe sich rekonstruktiv herausarbeiten, dass auch in der Völkerrechtsordnung sowie internationalen Regimen und Organisationen Normen, Regeln und Prozeduren institutionalisiert sind, die auf die Aktualisierung der Spannung zwischen Faktizität und Geltung angelegt sind. Schließlich ließe sich drittens versuchen, die bisherige Entwicklung der Weltordnung analog zur Rechtsentwicklung im Nationalstaat als institutionelle Verkörperung einer mehr oder weniger erfolgreichen evolutionären Erweiterung kommunikativen Rationalitätspotentials zu beschreiben. In Habermas' eigenen Worten hat die Theorie der sozialen Evolution nämlich eine besondere Funktion: »Annahmen über das Organisationsprinzip einer Gesellschaft, Annahmen über Lernkapazitäten und Spielräume möglicher Strukturvariation lassen sich empirisch nicht eindeutig prüfen, bevor nicht die historischen Entwicklungen die bestandskritischen Grenzen ausgetestet haben.«[1] Was hier für den Kontext

1 J. Habermas, *Theorie des kommunikativen Handelns*, Bd. 1, Frankfurt am Main 1981, S. 41.

der Rechtsentwicklung des Nationalstaats formuliert wurde, sollte auch für die Analyse des Völkerrechts gelten. Auch die Berechtigung der unter erstens und zweitens genannten theoretischen Operationen hängt damit von der Rekonstruktion der historischen Entwicklung ab. Im dritten Abschnitt sollen daher die Grundzüge einer solchen Rekonstruktion entfaltet werden. Wenn Letztere überzeugend durchgeführt wäre, würde sie auch einen Ertrag für die IB abwerfen: Die Rekonstruktion der Evolution des Völkerrechts entlang der von Habermas vorgegebenen Linien der Rechtsentwicklung im Nationalstaat ist schon von mehreren Autoren als Desiderat identifiziert worden.[2]

2. Zur Kritik von Habermas' Mehrebenenmodell der Völkerrechtsordnung

Neben vereinzelten Äußerungen lassen sich Habermas' Beiträge zum Völkerrecht und zur internationalen Politik grob in drei Kategorien einteilen. Die Beiträge der ersten Kategorie finden sich unter den Essays, die Habermas als engagierter Intellektueller zu zeitgeschichtlichen Ereignissen geschrieben hat. Hier bewertet er insbesondere die weitere politisch-rechtliche Bedeutung und die Legitimität der Kriege mit westlicher Beteiligung seit 1990.[3] Die zweite Kategorie umfasst die theoretischen Arbeiten zur postnationalen Konstellation. Hier geht es um die theoretische Verarbeitung der Auflösung nationalstaatlicher Vergesellschaftungsformen und

2 Vgl. M. Albert, *Zur Politik der Weltgesellschaft*, Weilerswist 2002; D. Jung, »The Political Sociology of World Society«, in: *European Journal of International Relations* 7 (2001), S. 443-474; M. List und B. Zangl, »Verrechtlichung internationaler Politik«, in: *Die neuen internationalen Beziehungen. Forschungsstand und Perspektiven in Deutschland*, hg. von G. Hellmann, K. D. Wolf und M. Zürn, Baden-Baden 2003; J. Mitzen, »Reading Habermas in Anarchy: Multilateral Diplomacy and Global Public Spheres«, in: *American Political Science Review* 99 (2005), S. 410-417.

3 J. Habermas, »Wider die Logik des Krieges«, in: *Die Zeit*, 15. Februar 1991, S. 40; ders., »Bestialität und Humanität. Ein Krieg an der Grenze zwischen Recht und Moral«, in: *Die Zeit*, 23. April 1999, S. 6 f.; ders., »Fundamentalismus und Terror. Interview geführt von Giovanna Borradori«, in: *Der gespaltene Westen*, Frankfurt am Main 2004, S. 11-31; ders., »Wege aus der Weltunordnung. Ein Interview mit Jürgen Habermas«, in: *Blätter für deutsche und internationale Politik* 49 (2004), S. 27-46.

der Grundlagen für die gesellschaftliche Integration sowie die Generierung politischer Legitimität jenseits des Nationalstaates. Angewendet werden die Erkenntnisse auf Fragen der politischen Ordnung Europas, aber auch auf Fragen der Legitimierung einer internationalen Ordnung und die Möglichkeit kosmopolitischer Demokratie.[4] In die dritte Kategorie fallen Habermas' Beiträge zur politischen Theorie der internationalen Beziehungen im engeren Sinne.[5] Auf Arbeiten dieser Kategorie beziehe ich mich im Folgenden.

In diesen Arbeiten geht es Habermas darum, »Kants Idee des Ewigen Friedens – aus dem historischen Abstand von 200 Jahren« zu revidieren, um auf dieser Folie Vorschläge für die völkerrechtliche Ordnung der Gegenwart zu machen. »Mit dem unverdienten Besserwissen der Nachgeborenen«[6] entdeckt Habermas bei Kant sowohl grundbegriffliche Schwierigkeiten als auch mangelnde Übereinstimmung der empirischen Erwartungen mit den historischen Erfahrungen. Die Revision der empirischen Erwartungen bezieht sich auf die »entgegenkommenden Tendenzen«, die zwar in ihrem »manifesten Gehalt« falsifiziert worden seien, aber für eine reformulierte Version der kantischen Theorie aktualisiert werden könnten.[7] Die grundbegriffliche Revision betrifft vor allem die Rolle der Souveränität. Den innovativen Kern von Kants Entwurf

4 J. Habermas, »Die postnationale Konstellation und die Zukunft der Demokratie«, in: ders., *Die postnationale Konstellation*, Frankfurt am Main 1998, S. 91-169, sowie ders., »Braucht Europa eine Verfassung? Eine Bemerkung zu Dieter Grimm«; ders., »Der europäische Nationalstaat – Zu Vergangenheit und Zukunft von Souveränität und Staatsbürgerschaft«; »Inklusion – Einbeziehen oder Einschließen? Zum Verhältnis von Nation, Rechtsstaat und Demokratie«, alle in: ders., *Die Einbeziehung des Anderen. Studien zur politischen Theorie*, Frankfurt am Main 1999, S. 185-191, 128-153, 154-185.

5 J. Habermas, »Kants Idee des Ewigen Friedens: aus dem historischen Abstand von 200 Jahren«, in: ders., *Die Einbeziehung des Anderen. Studien zur politischen Theorie*, a. a. O. (Anm. 4), S. 192-236; ders., »Das Völkerrecht im Übergang zur postnationalen Konstellation«, in: *Ulrich Becks kosmopolitisches Projekt. Auf dem Weg in eine andere Soziologie*, hg. von A. Poferl und N. Sznaider, Baden-Baden 2004, S. 159-168; ders., »Hat die Konstitutionalisierung des Völkerrechts noch eine Chance?«, in: ders., *Der gespaltene Westen*, a. a. O. (Anm. 3), Frankfurt am Main, S. 113-193; ders., »Eine politische Verfassung für die pluralistische Weltgesellschaft?«, in: ders., *Zwischen Naturalismus und Religion*, Frankfurt am Main 2005, S. 324-365.

6 J. Habermas, »Kants Idee des Ewigen Friedens«, a. a. O. (Anm. 5), S. 193.

7 Ebd., 199.

sieht Habermas im Weltbürgerrecht, dessen Institutionalisierung die Staaten »um den Preis der eigenen Mediatisierung« erkaufen.[8] Aber Kant gehe, so die Stoßrichtung von Habermas' begrifflicher Kritik, damit nicht weit genug. Er bleibe letztlich noch zu stark in den Kategorien des nationalstaatlichen Denkens gefangen. Für Kant ist die Rechtsform so eng mit dem Staat verknüpft, dass er den Weltbürgerrechtszustand als lineare Fortentwicklung der republikanischen Verfassung der Staaten auf der internationalen Ebene konzeptionalisieren muss. Für ihn stellt sich darum nur die Alternative zwischen nationalstaatlicher und weltstaatlicher Ordnung. Weil Letztere weder realisierbar noch wünschenswert ist, schlägt Kant in der Friedensschrift den Völkerbund als »negatives Surrogat« zur Weltrepublik vor, das die Souveränität der Staaten prinzipiell unangetastet lässt. Damit gehe aber, so Habermas, eine begriffliche Widersprüchlichkeit einher: Solange man in Begriffen des Rechts denkt, steht die beibehaltene Souveränität dem Verpflichtungscharakter des von Kant gedachten Völkerbundes entgegen. Kant müsse daher auf die »*moralische* Selbstbindung der Regierungen vertrauen«.[9] Das sei mit Kants auch in der Friedensschrift deutlich sichtbarer Skepsis gegenüber der moralischen Qualität von Regierungen im Umgang miteinander und mit ihren Bürgern nicht vereinbar.

Um diese Widersprüchlichkeit zu beseitigen, nimmt Habermas drei Änderungen in der rechtlichen Konzeptionalisierung von Souveränität vor. Erstens muss »[d]ie Völkerrechtsgemeinschaft [...] ihre Mitglieder unter Androhung von Sanktionen zu rechtmäßigem Verhalten mindestens anhalten können«. Zweitens muss das Weltbürgerrecht so weit institutionalisiert werden, dass es »über die Köpfe der kollektiven Völkerrechtssubjekte hinweg auf die Stellung der individuellen Rechtssubjekte durchgreift«. Drittens darf sich die Politik der Weltorganisation nicht auf die Friedenssicherung im engsten Sinne beschränken, sondern muss um umfassende Weltinnenpolitiken ergänzt werden, die »unterhalb der Schwelle militärischer Gewaltanwendung alle Mittel, einschließlich der humanitären Intervention in Anspruch nehmen, um auf den inneren Zustand formal souveräner Staaten mit dem Ziel einzuwirken, eine

8 J. Habermas, »Hat die Konstitutionalisierung des Völkerrechts noch eine Chance?«, a. a. O. (Anm. 5), S. 123.

9 J. Habermas, »Kants Idee des Ewigen Friedens«, a. a. O. (Anm. 5), S. 197.

selbsttragende Ökonomie und erträgliche soziale Verhältnisse, demokratische Beteiligung, Rechtsstaatlichkeit und kulturelle Toleranz zu fördern«.[10]

Die Änderungen sollen in einem Mehrebenenmodell einer konstitutionalisierten Völkerrechtsordnung Gestalt annehmen. Auf der *obersten* Ebene sorgen die Vereinten Nationen für die Garantie der Verfassungsgrundsätze der Staatengemeinschaft: des Gewaltverbots und der Achtung der Menschenrechte. Diese minimalen Verfassungsgrundsätze sollen im Rahmen eines Quasigewaltmonopols gleichermaßen für alle gelten und faktisch durchsetzbar sein. Dazu muss sich der Sicherheitsrat an »justiziable Regeln binden, die allgemein festlegen, wann die UNO zum Eingreifen berechtigt *und verpflichtet* ist«. Auf dieser Ebene treten die politisch gestaltenden Aufgaben hinter der Rechtsdurchsetzung zurück. Habermas will darum die Aufgaben auf der obersten Ebene analog zur liberalen Idee einer innerstaatlichen Rechtsordnung auf Minimalfunktionen beschränken. Die politische Gestaltung und Implementation umfassender Weltinnenpolitiken wird auf die *mittlere* Ebene verlagert. Hier »würden die großen global handlungsfähigen Aktoren die schwierigen Probleme einer nicht nur koordinierenden, sondern gestaltenden Weltinnenpolitik, insbesondere die Probleme der Weltwirtschaft und der Ökologie, im Rahmen von ständigen Konferenzen und Verhandlungssystemen bearbeiten«.[11] Die Voraussetzungen dafür liegen auf der *unteren* Ebene. Hier findet die Vergemeinschaftung innerhalb von Regionalorganisationen statt. Im Prozess dieser Vergemeinschaftung sollen die Regionen zu außenpolitisch handlungsfähigen Akteuren werden und dann als *global players* auf der mittleren Ebene agieren können.

Das Innenleben dieser Weltordnung beruht nun auf Prämissen, die dem Realismus in den IB entnommen sind. Zentral ist die Annahme, dass Staaten im engen Sinne eigennutzorientiert handeln: »unter dem Imperativ von Gefahrenabwehr und Selbstbehauptung

10 Ebd., S. 208, 210, 216.

11 J. Habermas, »Hat die Konstitutionalisierung des Völkerrechts noch eine Chance?«, a. a. O. (Anm. 5), S. 172, 173, 134.

12 Ebd., S. 117, meine Hervorhebung. In der zitierten Stelle beschreibt Habermas die Grundannahmen des klassischen Völkerrechts. Im Verlauf seiner Ausarbeitung wird jedoch deutlich, dass er von der weiteren Gültigkeit der Grundannahmen ausgeht (zum Beispiel S. 124).

folgen sie […] *ausschließlich* eigenen Präferenzen«.[12] Auch die Politik zwischen den *global players* auf der mittleren Ebene verfährt im Modus des machtbasierten Interessenausgleichs durch Verhandeln. Habermas bindet die Gestaltung von Weltinnenpolitik mit sehr deutlichen Anklängen an eine *Balance-of-power*-Logik an das Vorhandensein von konkurrenzfähigen Regionalorganisationen. Diese wiederum müssen so organisiert sein, dass sie im Sinne eines supranationalen Akteurs die Durchsetzung der Weltinnenpolitiken bei ihren Mitgliedern auf der unteren Ebene der Weltordnung erzwingen können.

Wie sieht es nun mit Faktizität und Geltung des so konstitutionalisierten Völkerrechts aus? Die Legitimität der mit Gewaltmitteln sanktionierten Rechtsdurchsetzung auf der obersten Ebene hängt letztlich daran, dass die unparteiliche Wahrung des Friedens und die Sanktionierung der Achtung der Menschenrechte durch eine Kombination von einer nach normativen Maßstäben funktionierenden globalen Öffentlichkeit auf der einen und einer institutionalisierten Justiziabilität auf der anderen Seite erzwungen werden kann. Eine politische Legitimierung ist dann – so Habermas – im Einzelfall gar nicht mehr nötig: Die Entscheidungen würden vom »Legitimationsvorschuss« zehren, den die in Demokratien schon anerkannten und in völkerrechtlichen Konventionen international akzeptierten Menschenrechte haben.[13] Aber in einer Völkerrechtsordnung, die tatsächlich auf der obersten Ebene über ein Quasigewaltmonopol verfügt, könnte dieser Vorschuss schnell an seine Grenzen stoßen. Er müsste sowohl den Gewalteinsatz gegen einzelne Mitglieder der Völkerrechtsgemeinschaft so rechtfertigen können, dass dieser nicht die Ordnung als ganze destabilisiert, als auch jeweils so große motivationale Kraft entfalten, dass die Staaten, die dazu in der Lage sind, für die Durchsetzung der Minimalrechtsordnung auch tatsächlich einstehen. Ob der Vorschuss ohne Verfahren einer zwischenstaatlichen diskursiven Legitimation, die über den Sicherheitsrat oder den internationalen Strafgerichtshof hinausgehen, ausreicht, ist aufgrund bisheriger Erfahrungen fraglich. Es sieht eher so aus, dass Habermas hier wie Kant auf die moralische Selbstbindung der entsprechenden Staaten vertrauen

13 J. Habermas, »Eine politische Verfassung für die pluralistische Weltgesellschaft«, a. a. O. (Anm. 5), S. 356 f.

muss. Die Realisten hatten darum auf die Unmöglichkeit einer effektiven internationalen Rechtsordnung geschlossen, die nicht parteilich im Sinne der Interessen der sie gewährenden Hegemone ist.

Auch wenn das Problem der Rechtsdurchsetzung auf der obersten Ebene gelöst werden sollte, bleibt das Problem der Rechtsetzung. Mit guten Gründen kann bezweifelt werden, dass Habermas' Weltordnung auf der mittleren Ebene die anstehenden Probleme durch eine gestalterische Weltinnenpolitik würde lösen können.

Auch Habermas ist sich unsicher, ob der Regelungsbedarf zur Lösung der Weltprobleme die Reichweite der mittleren Ebene nicht schon übersteigt. Er überlegt daher, ob zum Beispiel auch eine »vorbeugende Umweltpolitik« auf die oberste Ebene gehört.[14] Die Bemühungen um eine kohärentere Umweltpolitik zeigen zudem, dass die funktions- und regionsspezifisch ausgehandelten Kompromisse einer globalen Koordinierung bedürfen, um Reibungsverluste zu vermeiden und Synergien zu erzeugen.

Diese Koordinierung ist wiederum auf eine globale Politikformulierung angewiesen, die sich nicht in Kompromissen erschöpfen kann. Zu Recht ist das Konzept des globalen Regierens von einer bloßen Interessenaggregation unterschieden worden.[15] Auch Habermas stellt fest: »[e]ine ›nackte‹ Kompromissbildung, die wesentliche Züge der klassischen Machtpolitik widerspiegelt, reicht nicht aus für die Initiierung einer Weltinnenpolitik«.[16] Doch Habermas gibt keine institutionellen Mittel und Wege an, wie die von ihm vormals beschriebene Interaktion »im Stile der Kompromissbildung zwischen domestizierten Großmächten«[17] auf einen dem globalen Regieren förderlicheren Modus umgestellt werden könnte. Um solche Mittel zu entwickeln und effektiv zum Einsatz zu bringen, bedürfte es nach Habermas besonderer »sozialwissenschaftlicher Anstrengungen«. Doch ist seiner Meinung nach »[d]ie sozialwissenschaftliche Resistenz gegenüber einem Entwurf

14 J. Habermas, »Die postnationale Konstellation«, a. a. O. (Anm. 4), S. 161.

15 B. Kohler-Koch, »Die Welt Regieren ohne Weltregierung«, in: *Regieren im 21. Jahrhundert. Zwischen Globalisierung und Regionalisierung*, hg. von C. Böhret und G. Wewer, Opladen 1993, S. 109-141.

16 J. Habermas, »Die postnationale Konstellation«, a. a. O. (Anm. 4), S. 164.

17 J. Habermas, »Hat die Konstitutionalisierung des Völkerrechts noch eine Chance?«, a. a. O. (Anm. 5), S. 135.

transnationaler Regime mit weltinnenpolitischem Zuschnitt [...] verständlich, wenn wir davon ausgehen, dass ein solches Projekt aus den *gegebenen* Interessenlagen der Staaten und ihrer Bevölkerungen gerechtfertigt und von *unabhängigen* politischen Mächten verwirklicht werden muss«.

Oben wurde Habermas' umfangreiche Liste von Zielen einer Weltinnenpolitik zitiert, die die für einen positiven Frieden notwendigen Interventionen in nationale Regelungsbereiche benennt. Im Zusammenhang mit dieser Liste stellt Habermas klar, dass diese Regelungen jeweils mit den vitalen Interessen, der Selbstachtung und dem Gerechtigkeitsempfinden der Betroffenen übereinstimmen müssen.[18] Dazu dürften gemäß Habermas' eigener Legitimationslogik die zwischen konkurrierenden Mächten ausgehandelten Kompromisse verallgemeinerungsfähigen Interessen nicht allzu stark widersprechen.[19] Garantien gäbe es aber bei Habermas dafür nur, wenn tatsächlich ein Machtgleichgewicht bestünde, so dass keiner Partei ein fauler Kompromiss gegen ihren Willen aufgenötigt werden könnte.

Zudem ist gar nicht klar, warum ausgerechnet die Stärkung der Regionen eine gestalterische Weltpolitik vereinfachen würde. Schon heute erschweren die auf die Weltregionen ausgerichteten Aggregationsregeln in Verhandlungen des UN-Systems zum Teil effektivere Koalitionen, die quer zu den Regionen liegen, weil sie funktionale und nicht regionale Interessenkonvergenzen widerspiegeln.

Schließlich stellt sich noch die Frage der Realisierung dieser Weltordnung. Drei Faktoren sind von entscheidender Bedeutung: Erstens müssen sich die Staaten in den Weltregionen »in der Art einer ›außenpolitisch handlungsfähig‹ gewordenen EU zusammenschließen«.[20] Zweitens muss es einen Bewusstseinswandel nationaler Öffentlichkeiten geben. »[*N*]*ur* unter diesem Druck einer innenpolitisch wirksamen Veränderung der Bewusstseinslage der Bürger wird sich auch das Selbstverständnis global handlungsfähiger Akto-

18 J. Habermas, »Kants Idee des Ewigen Friedens«, a. a. O. (Anm. 5), S. 219.

19 J. Habermas, *Legitimationsprobleme im Spätkapitalismus*, Frankfurt am Main 1973.

20 J. Habermas, »Hat die Konstitutionalisierung des Völkerrechts noch eine Chance?«, a. a. O. (Anm. 5), S. 135.

21 J. Habermas, »Die postnationale Konstellation«, a. a. O. (Anm. 4), S. 88: Hervorhebung C. H.

ren [...] ändern.«[21] Schließlich wird der Einfluss eines benevolenten Hegemons benötigt: »[D]ie Widerstände und Rückschläge, die auf dem Wege zu einer vollständigen Konstitutionalisierung zu überwinden sind, [sind] so groß, dass das Projekt nur dann gelingen kann, wenn sich die USA wie 1945 als Lokomotive wieder an die Spitze der Bewegung setzen.«[22]

Diese erste Vorbedingung ist dabei so zentral, dass ohne ihre Erfüllung »[e]ine noch so gelungene Reform der Vereinten Nationen [...] gar nichts bewirken [würde]«.[23] Die Schwierigkeiten, denen die EU bei der Formulierung ihrer gemeinsamen Außenpolitik gegenübersteht, würden sich allerdings ja aller Wahrscheinlichkeit nach in den anderen Weltregionen potenzieren. Habermas sieht folgerichtig hier auch das »utopische Element« seines Vorschlags.[24] Bei allen drei Faktoren ist unklar, wo konkret Ansatzpunkte liegen, um die Realisierung der Weltordnung zu befördern. Habermas hatte Kant vorgeworfen, dass ihm im Hinblick auf die Realisierungschancen des Weltbürgerrechts nur die Flucht in die geschichtsphilosophisch begründete Hoffnung einer zwingenden Entwicklung auf den weltbürgerlichen Zustand hin bliebe. Geschichtsphilosophie dieser Art ist heute mit guten Gründen diskreditiert. Aber in Habermas' realistisches Bild internationaler Politik passt kein theoriefunktionales Äquivalent mehr an deren Stelle. Daher bleiben zu viele Fragen offen, um tatsächlich von der Hoffnung auf die moralische Selbstbindung der Staaten zu einer realistischen Politik für die Umsetzung einer normativ gehaltvolleren Weltordnung zu kommen.

Dabei finden sich auch die Ansätze zur Beantwortung dieser Fragen in Habermas' Ausführungen. Sie bleiben aber jeweils theoretisch folgenlos. Das »Besserwissen«, worüber Habermas gegenüber Kant aus dem historischen Abstand von 200 Jahren verfügt, ist daher insbesondere *theoretisch* unverdient. So sieht Habermas zum Beispiel den »enormen Schub der Rechtsevolution« und zeigt, wie sich die Völkerrechtsordnung historisch entwickelt hat.[25] Auch konstatiert er empirisch einigermaßen verwundert die Rechtsbefol-

22 J. Habermas, »Ein Interview über Krieg und Frieden. Geführt von Eduardo Mendetia«, in: ders., *Der gespaltene Westen*, a. a. O. (Anm. 3), S. 108.

23 Ebd., S. 107.

24 Ebd.

25 Ebd., S. 101.

gung innerhalb der EU: »Insbesondere das in Brüssel und Luxemburg gesetzte europäische Recht wird von den Mitgliedstaaten beachtet, obwohl diese es sind, die die kasernierten Gewaltmittel verwahren.«[26] Wenn auch nur zögerlich, gibt Habermas zu, dass die internationalen Beziehungen nicht ganz dem Bild entsprechen, das er entworfen hat: »Natürlich operieren auch die Verfahren für intergouvernementale Vereinbarungen *nicht ausschließlich* in Abhängigkeit von gegebenen Machtkonstellationen; normative Rahmenbedingungen, die die Wahl von rhetorischen Strategien begrenzen, strukturieren die Verhandlungen [...]«[27] Das schrittweise Erlernen einer kooperativen Politik in diesen Verhandlungen kann schließlich auch Auswirkungen auf »den bis heute im internationalen Verkehr vorherrschenden, wesentlich auf Macht und Einfluss basierten Modus des Aushandelns zwischenstaatlicher Interessenkompromisse« haben.[28]

Alle drei Beobachtungen decken sich mit dem Mechanismus, »ohne d[en] das Kantische Projekt [...] empirisch kaum plausibel zu machen sein dürfte«:[29] »den Einfluss internationaler Diskurse [...], die durch die Konstruktion neuer Rechtsverhältnisse ausgelöst werden«.[30] Über Diskurse werden auch auf der internationalen Ebene neue Normen internalisiert, Staaten in von diesen Normen angeleiteten Praktiken sozialisiert und selbstbezügliche Lernprozesse in Gang gesetzt. Aber diese Erkenntnis ist bei Habermas bisher ohne theoretisches Gewicht geblieben. Er setzt gerade nicht an den rechtlichen Institutionalisierungsformen an, die diese Diskurse zugleich ermöglichen und auf ihnen aufbauen. Statt auf Diskurse setzt er auf der supranationalen Ebene ja auf das Konzept einer Zwangsordnung, auf der mittleren Ebene auf das des Kompromisses und des Machtgleichgewichts. Habermas baut seine

26 J. Habermas, »Hat die Konstitutionalisierung des Völkerrechts noch eine Chance?«, a. a. O. (Anm. 5), S. 136.

27 J. Habermas, »Die postnationale Konstellation«, a. a. O. (Anm. 4), S. 164, Hervorhebung C. H.

28 J. Habermas, »Hat die Konstitutionalisierung des Völkerrechts noch eine Chance?«, a. a. O. (Anm. 5), S. 134.

29 J. Habermas, »Eine politische Verfassung für die pluralistische Weltgesellschaft«, a. a. O. (Anm. 5), S. 333.

30 J. Habermas, »Hat die Konstitutionalisierung des Völkerrechts noch eine Chance?«, a. a. O. (Anm. 5), S. 176.

Hoffnungen auf Realisierungschancen gerade nicht auf der Dynamik der Norminternalisierung auf, mit der von der internationalen Ebene auch Bewusstseinsänderungen in nationalen Öffentlichkeiten angestoßen werden können.[31] Und er vertraut scheinbar nicht auf die konsequente Fortführung einer Weltordnungspolitik, die wie etwa beim internationalen Strafgerichtshof versucht, möglichst viele Staaten auch unabhängig von den schwankenden Interessen- und Stimmungslagen der Supermacht in globale Verrechtlichungsprozesse einzubinden.

Was Habermas letztendlich fehlt, ist die konzeptionelle Einbindung einer auch theoretisch formulierten Dynamik auf der zwischenstaatlichen Ebene, die Anlass zu der Vermutung gibt, dass sich die Interessenlagen der Staaten durch ihre Interaktion ändern und sie dadurch gemeinsam in der Lage sind, bessere Institutionalisierungsformen für die internationale Politik zu (er)finden und zu realisieren. Das Aufzeigen einer solchen Dynamik hätte zudem einen doppelten normativen Effekt: Man würde weder nur auf eine moralische Selbstbindung der Staaten vertrauen müssen, noch bräuchte man diese von Verantwortung allzu leichtfertig moralisch zu entlasten: Es käme nämlich sowohl darauf an, die Bedingungen der Möglichkeit dieser Dynamik zu erhalten, als auch darauf, dass die Dynamik für die Errichtung einer normativ und pragmatisch anspruchsvolleren Weltordnung genutzt wird.

3. Zur Evolution der Völkerrechtsordnung

In diesem Abschnitt soll nun versucht werden, die Entwicklung des Völkerrechts so darzustellen, dass die Dynamik sichtbar wird, die auf der zwischenstaatlichen Ebene das Selbstverständnis der Staaten, ihre Interessen und die ihnen zur Verfügung stehenden Mechanismen zur Bearbeitung anstehender Weltprobleme verändert hat. Dieser Versuch stützt sich dabei auf die von Habermas selbst entwickelte Dynamik und Logik der Rechtsentwicklung innerhalb von Nationalstaaten.[32] Dem Versuch der Rekonstruktion liegt damit die

31 Vgl. *The Power of Human Rights: International Norms and Domestic Change*, hg. von Th. Risse, St. C. Ropp und K. Sikkink, Cambridge 1999.

32 J. Habermas, *Theorie des kommunikativen Handelns*, 2 Bde., Frankfurt am Main 1995.

These zugrunde, dass die Entwicklung des Völkerrechts seit der frühen Neuzeit in vier Stufen so fortgeschritten ist, dass Staaten in Reaktion auf systemische Herausforderungen die Bedingungen für Rechtskommunikation in Lernprozessen schrittweise institutionalisiert und damit jeweils die Lern- und Ordnungskapazität der internationalen Gesellschaft so erweitert haben, dass auch hier das in der Spannung zwischen Faktizität und Geltung angelegte normative Potential genutzt werden kann.

Der *erste Schritt* dieser Rechtsevolution etabliert zunächst nur die Voraussetzungen des sogenannten westfälischen Systems: formell unabhängige Nationalstaaten als Menge potentieller Mitglieder einer neuen internationalen Gesellschaft. Dabei löst sich die alte mittelalterliche Ordnung auf. Die Staaten formen sich selbst als souveräne Subjekte, die behaupten, ihre inneren und äußeren Angelegenheiten in ihrem eigenen Ermessen regeln zu dürfen. Unter dem Rechtstitel der Souveränität setzen sie diesen Anspruch normativ und faktisch durch. Drei miteinander verflochtene Problemkomplexe lösen den Lernprozess aus, dessen Ergebnis in Gestalt territorial definierter Herrschaftsbereiche institutionalisiert wird: der relative Verfall der militärischen Macht des Heiligen Römischen Reiches, der Zerfall der transnationalen Autorität der katholischen Kirche und die Fähigkeit feudaler beziehungsweise absolutistischer Potentaten, Herrschaft über ein bestimmtes Territorium zu sichern und zu verteidigen. Dieser Prozess fängt schon im 13. Jahrhundert mit dem Erstarken der italienischen Städte an und zieht sich bis zum offiziellen Ende des Heiligen Römischen Reiches 1806 über mehrere Etappen hin.[33] Die schrittweise Institutionalisierung der neuen Norm der Souveränität geschieht auf Friedenskonferenzen (Augsburg 1555; Münster/Osnabrück 1648; Utrecht 1713-15) und ist damit an Kriege gebunden. Souveränität hängt an religiös und dynastisch legitimierten Trägern, denen nach innen und nach außen (bis auf die Intervention in innere Angelegenheiten) mehr oder weniger vollkommene politische Diskretion zusteht. Zwischen diesen Souveränen besteht noch kein wirklicher Rechtszustand. Das Völkerrecht beschränkt sich auf einige Gewohnheitsrechtsnormen und die Normen der klassischen Diplomatie. Aber auf Diplomatie und

33 Vgl. A. Randelzhofer, *Völkerrechtliche Aspekte des Heiligen Römischen Reiches nach 1648*, Berlin 1967.

Völkerrecht wurde vor allem zurückgegriffen, »when unilateral claims and the use of force failed to realize their objectives«.[34] Souveränität schloss ausdrücklich noch das *ius ad bellum* ein. *De facto* bedeutet dieser Zustand also, dass Souveränität nicht gleichbedeutend mit rechtlich garantierter Autonomie ist. Dies wird sie erst im *zweiten Schritt.* Dieser überführt die lose internationale Gesellschaft in eine Rechtsgemeinschaft und schließt mit der Inauguration des modernen UN-Völkerrechtssystems das klassische Völkerrecht ab.

Drei Lernstränge vereinigen sich zu diesem zweiten Schritt. Die Probleme, durch die die Lernprozesse in den drei Strängen ausgelöst werden, sind die faktische Erweiterung des internationalen Verkehrs über die Grenzen Europas hinaus, die horrenden Kosten der Rüstung und schließlich die Schrecken zweier Weltkriege. Ihre rechtliche Institutionalisierung finden die Ergebnisse dieser Lernprozesse schließlich in der Charta der Vereinten Nationen. Jeder der drei Stränge zieht sich über die Ergebnisse (und Fehlschläge) jeweils eigens einberufener zwischenstaatlicher Konferenzen hin. Diese Interaktionsform ist neu und taucht erst im 19. Jahrhundert auf. Wie ein zeitgenössischer Beobachter Anfang des 20. Jahrhunderts schreibt: »it was not until the nineteenth century that gatherings of nations became common which either were unconnected with the settlement of the results of a war or, having such a connection, went beyond it in devising measures tending in greater or less measure to the general and permanent benefit of civilized society«.[35]

Im ersten Lernstrang dieses zweiten Verrechtlichungsschrittes erkennen sich die Staaten als gleiche Rechtsgenossen an. Das bedeutet sowohl die Abschaffung der bis dahin als natürlich angesehenen Staatenhierarchie als auch die Inklusion aller formell als Staaten erkennbaren Organisationen in die Völkerrechtsordnung. Selbst nach dem Westfälischen Frieden, konstatiert Christian Reus-Smit, »the principle of sovereign *equality* never took hold«.[36] Allerdings wurde von Mitte des 18. Jahrhunderts an diese Ungleichheit im Prozess der

34 C. Reus-Smit, *The Moral Purpose of the State. Culture, Social Identity and Institutional Rationality in International Relations*, Princeton 1999, S. 107.

35 S. Baldwin, »The International Congresses and Conferences of the Last Century as Forces Working Toward the Solidarity of the World«, in: *American Journal of International Law* 1 (1907), S. 566.

36 C. Reus-Smit, *The Moral Purpose of the State*, a. a. O. (Anm. 34), S. 107; Hervorhebung C. H.

Säkularisierung nicht mehr im Beruf auf göttliche Autoritäten gerechtfertigt, sondern unter Hinweis auf den Großmachtstatus (den der Wiener Kongress eindrücklich bestätigte). Der Verzicht auf eine göttliche Rechtfertigung der Rangordnung unter Staaten machte auch die Inklusion von nichtchristlichen Staaten in die internationale Gesellschaft möglich. Die zunehmende Anerkennung des Selbstbestimmungsrechts der Völker und die dadurch umdefinierte Legitimationsgrundlage der Souveränität unterminierte schließlich die Unterscheidung zwischen zivilisierten und anderen Völkern, die einer inklusiven internationalen Gesellschaft noch entgegenstand. Das Resultat war die Formel der »friedliebenden Völker«, die in die UN-Charta Eingang fand.[37]

Reus-Smit hebt hervor, dass ohne die Anerkennung als gleiche Rechtsgenossen »the normative prerequisites for the development of extensive multilateralism did not exist«.[38] Allerdings stellt als zweiter Lernstrang das Verbot des Angriffskriegs und der Gewaltandrohung erst den Verkehr zwischen den Staaten auf sprachliche Interaktion und Rechtskommunikation um, denn damit steht der Krieg nicht mehr als Option zur Verfügung. Das Gewaltverbot ist die *conditio sine qua non* der internationalen Rechtsordnung. Wenn Souveränität begrifflich mit dem *ius ad bellum* verbunden wird, dann bedeutet der zweite Lernschritt das Ende der Souveränität.[39] Wenn sie aber als Garantie rechtlicher Autonomie verstanden wird, dann wird sie erst in diesem Schritt allen Mitgliedern der internationalen Gesellschaft zugestanden.

Mit diesen Voraussetzungen konnte sich im letzten Lernstrang des zweiten Schrittes auch der Gedanke durchsetzen, dass die Staaten sich einer prinzipiell allumfassenden Rechtsordnung unterwerfen. Obwohl auf dem Wiener Kongress die Idee einer umfassenden Rechtsordnung noch explizit verworfen worden war, kehrte sie auf

37 Streng genommen ist dieser Schritt natürlich immer noch nicht abgeschlossen. Zwar ist mit der UN-Charta die rechtliche Gleichheit aller Rechtsgenossen festgeschrieben, doch gleichzeitig hat sie den alten Großmächtestatus durch die Vetomächte im Sicherheitsrat festgeschrieben – allerdings hat sie ihn zum einen unter Rechtsvorbehalt gestellt und ihm zum anderen nur noch negative Aktionsbefugnis erteilt, ihn damit »domestiziert«.

38 C. Reus-Smit, *The Moral Purpose of the State*, a. a. O. (Anm. 34), S. 107.

39 Zum Beispiel O. Kimminich, *Einführung in das Völkerrecht*, 6. Aufl., München 1997, S. 71.

der ersten Haager Konferenz wieder. Hier ging es explizit um die Konstitutionalisierung der internationalen Politik, die jedes staatliche Handeln unter den Rechtsvorbehalt stellt.[40] Auch dieser letzte Strang des zweiten Lernschritts in der Evolution des Völkerrechts schließt mit dem diesbezüglichen universellen und allgemeinen Anspruch der UN-Charta ab.[41]

Der *dritte Lernschritt* der Entwicklung des Völkerrechts beginnt spätestens 1919 mit der Gründung der Internationalen Arbeitsorganisation. Dauerhafter Frieden, so eine erste Einsicht bei diesem Schritt, hängt auch von der internen Stabilität und Legitimität der Staaten ab. Bald setzte sich auch die Erkenntnis durch, dass die Gesellschaften und Staaten der Welt sowohl gemeinsame Probleme haben als auch schon enger durch wirtschaftliche, soziale und ökologische Interdependenzen verflochten sind, als es das Konzept einer absolut verstandenen Souveränität gestattet. Vor allem seit Beginn der 1970er-Jahre zeigt sich dann immer mehr, dass es funktional notwendig wird, positiv regulierend in die staatliche Sphäre einzugreifen. Externalitäten, die sich auf globale Gemeingüter beziehen, eine sich globalisierende Wirtschaft, die Wohlstand und wirtschaftliche Prosperität unvermeidlich zu einem globalen Gemeingut macht, bestimmen die Weltprobleme. Diese Regulationen können sich nicht mehr nur auf Unterlassungspflichten gegenüber anderen Staaten beziehen, sondern erfordern die Einigung auf gemeinsame Ziele und die positive Umsetzung von Normen.

Durch die Institutionalisierung der internationalen Gesellschaft als globale Rechtsgemeinschaft wurde der Lernmechanismus der Rechtsevolution so umgestellt, dass er nicht mehr mit dem Bild von Habermas' Mehrebenenmodell erfasst werden kann: Es steht jetzt eine permanente Staatenöffentlichkeit zur Verfügung, die über ihre Verfassung und ihre gemeinsamen Ziele beraten kann. In dieser muss sich das nationale Interesse wenigstens im Sinne der Integrität der Rechtsgemeinschaft rechtfertigen lassen. Die Integrität des Rechtssystems »betont [...] die Notwendigkeit der Rechtfertigung einzelstaatlicher Interessen vor dem Hintergrund ihrer Gemeinwohlverträglichkeit. Die Betonung integrer Rechtsetzung weist da-

40 C. Reus-Smit, *The Moral Purpose of the State*, a. a. O. (Anm. 34), S. 142.

41 In diesem Sinne hatte schon Kant darauf hingewiesen, dass bei einem »Recht zum Kriege [...] sich eigentlich gar nichts denken [lässt]« (*Zum Ewigen Frieden*, in: *Werkausgabe* Bd. XI, S. 212).

mit die Behauptung intrinsisch legitimer staatlicher Interessen zurück und bindet deren Legitimität an die widerspruchsfreie Konkretisierung grundlegender, auf der supranationalen Ebene konsistenter und innerstaatlich ratifizierter Grundnormen«.[42] Die Institutionalisierung der Weltorganisation als Lernmechanismus bedeutet zwar, dass auf der Ebene der Policy-Entscheidungen Lernprozesse erheblich erleichtert und beschleunigt werden. Auf der konstitutionellen Ebene der Organisationsprinzipien der internationalen Gesellschaft wird es allerdings durch die hohen Hürden der Charta-Änderung extrem schwierig, weitere Lernerfolge rechtlich zu institutionalisieren.

Die konstitutionelle Absicherung der rechtlichen Autonomie und Gleichheit der staatlichen Rechtssubjekte im Verbund mit den funktional- und regionalspezifischen Organisationen ermöglicht aber eine effektivere Rechtsetzung und -entwicklung auch in Teilgruppen und für Teilprobleme der internationalen Gesellschaft. Die entstehenden funktional-spezifischen Regime funktionieren nach dem gleichen beschriebenen Muster. Sie sind »at a minimum, a sort of restricted, *intergovernmental public* to which each state has to justify what it is doing (or not doing) [...]. In particular, this may lead to a reversal of the burden of proof that will fall upon draggers [...]. Draggers have to justify why they think they can comply with established norms and standards by doing less than other countries«.[43]

Sowohl auf der Ebene der UN-Organisation als auch in regional und funktional spezifischen Regimen und Organisationen beschließen die Staaten immer umfassendere Regelungskataloge für bis dahin national organisierte Politikbereiche. Das Selbstverständnis, das sich nun für die in diese Ordnung integrierten Staaten ergibt, haben Chayes und Chayes als »New Sovereignty« beschrieben.[44]

42 J. Neyer, »Legitimes Recht oberhalb des demokratischen Rechtsstaats? Supranationalität als Herausforderung für die Politikwissenschaft«, in: *Politische Vierteljahresschrift* 40 (1999), S. 398 f.

43 M. List und V. Rittberger, »The Role of Intergovernmental Organizations in the Formation and Evolution of International Environmental Regimes«, in: The *Politics of International Environmental Management*, hg. von A. Underdal, Dordrecht 1998, S. 73.

44 A. Chayes und A. H. Chayes, *The New Sovereignty. Compliance with International Regulatory Agreements*, Cambridge, MA 1995. In diesem Beitrag wird bewusst davon abstrahiert, dass verschiedene Staaten in verschiedener Weise und in ver-

Staaten definieren ihre Identität und ihre Interessen erst als Teil der internationalen Gesellschaft und immer im Hinblick auf die Rechtfertigung in internationalen Öffentlichkeiten und gegenüber den Grundsätzen der Völkerrechtsordnung.

Die Lernprozesse zu einem *vierten Schritt* beginnen in den 1970er-Jahren. Er wird in den 1990er-Jahren noch einmal begünstigt durch die nach dem Ost-West-Konflikt aufgelösten Politikblockaden und das verstärkte Einsickern der Zivilgesellschaft in die internationale Politik. Den Inhalt dieses Lernschrittes könnte man als Einrichtung eines funktionalen Äquivalents zum Interventionsstaat auf der Ebene der internationalen Gesellschaft umschreiben. Es geht wiederum um eine Erweiterung der kollektiven und individuellen Lern- und Handlungskapazität der Völkerrechtssubjekte. Diese erfordert es zum einen, dass die Völkerrechtssubjekte in der Lage sind, ihren Verpflichtungen nachzukommen, zum anderen, dass sie ihr Handeln auch tatsächlich gemäß den völkerrechtlich vereinbarten Regeln und Prozeduren ausrichten. Der Lernschritt reagiert daher unmittelbar auf die Folgeprobleme der Entkolonialisierung sowie auf die aufgrund der Regelungsmenge und der anspruchsvolleren Regelungsgegenstände offener zutage tretenden Effektivitäts- und Legitimitätsmängel des Völkerrechts.

Wiederum vereinigen sich wenigstens drei unterschiedliche Lernstränge zu diesem Lernschritt. Ein Lernstrang manifestiert sich in der zunehmenden Verrechtlichung der jeweiligen institutionellen Designs: Der zunehmende Regelungsbedarf und die zunehmende Verregelungsdichte machen auch zwischen Staaten institutionalisierte Rechtsetzungsverfahren, Streitschlichtungsmechanismen und institutionalisiertes Rechtsbefolgungsmanagement erforderlich. Zugleich begreifen die Staaten in einem zweiten Lernstrang, dass die Einbindung der Zivilgesellschaft in transnationale Meinungs- und Willensbildungsprozesse die Legitimität und Effektivi-

schiedenen Intensitätsgraden in die Weltordnung eingebunden sind. Das ist auf der einen Seite der notwendigen Komplexitätsreduktion geschuldet. Auf der anderen Seite vertritt das Völkerrecht aber natürlich den Anspruch, für alle Staaten der internationalen Gesellschaft zu gelten. Mit den großen völkerrechtlichen Verträgen (beispielsweise im Umweltbereich), in denen die »neue Souveränität« sich ausdrückt und in innovativen Prinzipien, Normen, Regeln und Prozeduren auch rechtlich kodifiziert wird, haben sich fast alle Mitglieder der internationalen Gesellschaft verbindlich auf diese neue Umgangsform festgelegt.

tät der Weltinnenpolitik fördert, und erproben die Institutionalisierung dieser Einbindung auf verschiedene Art und Weise.

Beide Lernstränge können zu einer verbesserten Institutionalisierung von Rechtskommunikation beitragen: zum einen durch die institutionellen Regeln und Prozeduren, die zum Beispiel analog zur diskursiven Gewaltenteilung im Nationalstaat deliberative Interaktionsprozesse begünstigen,[45] zum anderen durch die Rechtfertigungspflichten gegenüber nicht mehr nur national organisierten Öffentlichkeiten.

Gleichzeitig machen sich die Staaten in einem dritten Lernstrang zögerlich daran, größere Verantwortung für die Ziele der internationalen Gemeinschaft zu tragen. Dabei übernehmen Mitglieder der Gemeinschaft (bei formeller Wahrung der rechtlichen und politischen Gleichheit) ihrer Leistungsfähigkeit entsprechend Solidaritätspflichten, die sowohl in der ökonomischen Unterstützung schwächerer Mitglieder der Staatengemeinschaft bestehen können als auch in der Bereitstellung kostenintensiver Sanktionsmittel für nichtvölkerrechtskonformes Verhalten.

Die Akzeptanz gesteigerter Verantwortung zeigt sich dabei in drei Facetten, die das Gesicht der Souveränität noch einmal deutlich verändern.

Erstens: Anders als im klassischen Völkerrecht können Staaten nicht »be deprived of sovereignty as a result of war, conquest, partition, or colonialism such as frequently happened in the past. The juridical cart is now before the empirical horse. *This is entirely new.* The result is a rather different sovereignty regime with an insurance policy for marginal states«.[46] Leistungsfähigere Staaten unterstützen in diesem Sinne die *failed states* beim (Wieder-)Aufbau staatlicher Strukturen, die erst die Wahrnehmung von Souveränität ermöglichen.[47]

45 J. Habermas, *Faktizität und Geltung. Beiträge zur Diskurstheorie des Rechts und des demokratischen Rechtsstaats*, Frankfurt am Main 1992; vgl. R. Schmalz-Bruns, »Die Theorie des kommunikativen Handelns – eine Flaschenpost? Anmerkungen zur jüngsten Theoriedebatte in den Internationalen Beziehungen«, in: *Zeitschrift für Internationale Beziehungen* 2 (1995), S. 347-370, hier S. 365 f.

46 R. H. Jackson, *Quasi-States: Sovereignty, International Relations, and the Third World*, Cambridge 1993, S. 23 f.; Hervorhebung C. H.

47 R. Paris, »International Peacebuilding and the ›Mission Civilisatrice‹«, in: *Review of International Studies* 28 (2002), S. 637-656.

Zweitens: Die Umsetzung der umfassenden Regeln des Kooperationsrechts hängt in den Entwicklungsländern oftmals von einer ausreichenden Finanzierung durch die Geberländer ab.[48] Auch das hat Folgen in Rechtsbegriffen. Philippe Cullet hat die entsprechenden Prinzipien und Normen unter dem Oberbegriff des *differential treatment* zusammengefasst: »Differential treatment refers to instances where the principle of sovereign equality is sidelined to accommodate extraneous factors, such as divergences in levels of economic development or unequal capacities to tackle a given problem.«[49] Innerhalb der bestehenden Völkerrechtsordnung sind die entsprechenden Normen und Regeln »first and foremost concerned with bringing about *substantive equality* in a framework still based on the idea that formal equality can be equated with justice«.[50]

Drittens: Im humanitären Völkerrecht prägt sich ein drittes Gesicht dieses Lernstranges aus: Die Internationale Kommission zu Intervention und staatlicher Souveränität (ICISS) sowie das UN High-Level Panel on Threats haben Solidaritätspflichten auch im Hinblick darauf gefordert, wenigstens die gröbsten Verletzungen der Menschenrechte zu ahnden.[51] Die Staatengemeinschaft, das heißt: die handlungsfähigen Staaten werden jeweils in die Pflicht genommen, Verantwortung da zu übernehmen, wo andere Staaten ihren Pflichten bei der Gewährleistung elementarer Menschenrechte für ihre Bürger nicht mehr nachkommen. Inzwischen hat der Sicherheitsrat sich dieses Konzept zu eigen gemacht. Damit kann der Lernschritt auch eine manifeste Einschränkung der Souveränität durch legitimierte Interventionen bedeuten.

Die genannten Facetten des vierten Lernschritts stellen natürlich besonders hohe Anforderungen. Einmal haben auch die potentiell leistungsfähigeren Staaten schon intern mit Verteilungsproblemen

48 Vgl. zum Beispiel *Institutions for Environmental Aid: Pitfalls and Promises*, hg. von R. O. Keohane, Cambridge, MA 1996.

49 Ph. Cullet, »Differential Treatment in International Law: Towards a New Paradigm of Inter-State Relations«, in: *European Journal of International Law* 10/3 (1999), S. 549-582, hier S. 551.

50 Ebd., S. 552.

51 International Commission on Intervention and State Sovereignty, *The Responsibility to Protect*, 2001, s. ⟨http://www.dfait-maeci.gc.ca/iciss-ciise/pdf/Commission-Report.pdf⟩; UN High-Level Panel on Threats, Challenges and Change, *A More Secure World: Our Shared Responsibility*, United Nations General Assembly: a/59/565, Report transmitted 04. 12. 2004, s. ⟨http://www.un.org/secureworld⟩.

zu kämpfen. Zudem könnten die differenzierten Pflichten und die Fixierung auf die Verwirklichung von Zielen die Ergebnisse des zweiten Lernschrittes gefährden und die Legitimitätsgrundlage der Völkerrechtsordnung, den im Sinne der Ziele der Staatengemeinschaft gerechtfertigten Konsens formell gleicher Staaten, untergraben. Der erfolgreiche Abschluss des Lernschritts wird nicht zuletzt davon abhängen, dass es gelingt, sichere und unabhängige Finanzierungsquellen beziehungsweise militärische und technische Ressourcen für die Vorhaben der Staatengemeinschaft institutionell zu etablieren und gleichzeitig die Legitimität ihrer Verwendung zu sichern.

4. Die diskurstheoretischen Chancen des Völkerrechts

Wenn die vorangegangenen Ausführungen zur Evolution der Völkerrechtsordnung Plausibilität beanspruchen können, ist Habermas' Bild der internationalen Politik auf der einen Seite auf dem Niveau des zweiten hier beschriebenen Lernschritts stehen geblieben. Sein Vorschlag einer Völkerrechtsordnung ist auf der anderen Seite für diesen Lernschritt aber zu anspruchsvoll. Von einer internationalen Gemeinschaft, die sich in der hier beschriebenen Weise weiterentwickelt hat, verlangt sie zu wenig und setzt an den falschen Stellen an. In Hunderten funktionalen Organisationen und Regimen wird schon längst eine gestalterische Weltinnenpolitik gemacht, die weit über die Möglichkeiten von Kompromissen zwischen Staaten oder Machtblöcken hinausgeht. Die Rechtsbefolgung ist im Allgemeinen trotz eines fehlenden Sanktionsmonopols hoch, und in zunehmendem Maße erkennen die Staaten die Pflicht an, kollektiv gegen die massivsten Menschenrechtsverletzungen vorzugehen. Damit soll nicht in Abrede gestellt werden, dass das Tempo der Lernprozesse dem Problemdruck oft nicht entspricht, dass nationale Interessen trotz des Rechtfertigungsdruckes oft nicht in verallgemeinerungsfähigen Rahmen definiert werden und die Interaktionsergebnisse in normativer Hinsicht viel zu wünschen übrig lassen. Es ist aber unwahrscheinlich, dass diese Defizite in einer Völkerrechtsordnung des Habermas'schen Zuschnitts behoben werden können.

Wenn es zutrifft, dass sich durch die in den einzelnen Lernschritten ausgeweitete politische und rechtliche Kommunikation auch die Lernkapazität, Effektivität und Legitimität der Völkerrechtsordnung ausgeweitet hat, gilt es, die dadurch vorhandenen Möglichkeiten zu sichern, auszubauen und für die Weiterentwicklung zu nutzen. Es wäre notwendig, dass die Staaten immer enger in die Kommunikationen, in denen die Spannung zwischen Faktizität und Geltung genutzt werden kann, verstrickt werden. Anzusetzen wäre dafür zunächst bei den funktionalen und regionalen Regimen und Organisationen. Deren diskursives Design müsste jeweils so optimiert werden, dass sie unter den Bedingungen zwischenstaatlicher Politik die Spannung zwischen Faktizität und Geltung im Rechtsetzungs-, Rechtsprechungs- und Implementationsprozess maximal ausnutzen. Das Rahmenkonvention/Protokoll-Design, behutsame Einführung von Mehrheitsentscheidungen, gerichtsähnliche Streitschlichtungsverfahren und auf Rechtfertigung angelegte unparteiliche Regelbefolgungs-Reviews sind Bausteine. Die Vielfalt der funktionalen Regime und Organisationen ist hier als Innovationspotential und -pool auf der Haben-Seite zu verbuchen. Im UN-System mit seiner universellen Staatenöffentlichkeit und umfassenden Zuständigkeit müssten im Gegenzug die Möglichkeiten für die Evaluation bestehender Arrangements, die supervisorische Politikkoordination und die Diffusion effektiver Lösungen verbessert und erweitert werden. Das ließe sich auch ohne schwierige Charta-Änderungen erreichen.

Diskurstheoretisch begründen lässt sich auch die Annahme, dass der Norden nicht länger auf die aktive, effektive und gleichberechtigte Beteiligung des Südens verzichten kann. Die gravierenden Ungleichheiten zwischen der Leistungsfähigkeit sowie dem politischen und ökonomischen Gewicht der Staaten sind nicht über das UN-System zu beheben. Aber die Beteiligungschancen an der Aufrechterhaltung und Gestaltung der Völkerrechtsordnung könnten für die meisten Entwicklungsländer wesentlich verbessert werden. Die Innovation und Diffusion effektiver Lösungen kann nur gelingen, wenn die Akteure sich durch die guten Gründe überzeugen lassen, die für diese Lösungen sprechen. Das erfordert Akteure, die willens und unabhängig in der Lage sind, die Gründe auf ihre Geltung zu prüfen und diese auch ihren nationalen Prinzipalen zu empfehlen. Mit wachsendem Anspruch würden eine dramatisch erhöhte Transparenz der Meinungs- und Willensbildung, ein Pool für unabhängige Finanzierung und Experten (wie in der WTO bereits eingerichtet), der den leistungsschwächeren Staaten in diesem Sinne zur Verfügung steht, sowie die Einlösung der längst gegebenen Solidaritätsversprechen des Nordens gegenüber dem Süden für die Völkerrechtsordnung wahrscheinlich weit mehr erreichen als eine Zwangsgewalt von Welt- und Regionalorganisationen sowie eine Machtbalance zwischen regionalen Akteuren, deren weltpolitische Handlungsfähigkeit ohnehin noch in den Sternen steht.

Was die Sicherung des Weltfriedens und die Verhinderung massiver Menschenrechtsverletzungen angeht, wird die internationale Gemeinschaft über kurz oder lang auf die freiwilligen Beiträge leistungsfähiger Staaten angewiesen bleiben und damit auch mit politisch bedingter Willkür rechnen müssen. Es spricht aber vor allem für die sich als weltpolitischer Akteur etablierende EU nichts dagegen, auf regionaler Ebene die Bemühungen der ICISS und des UN High-level Panel fortzuschreiben und (mit der notwendigen Flexibilität) in rechtsverbindliche Konventionen zu gießen, die als handlungsleitende Selbstbindung die Unparteilichkeit und Völkerrechtskonformität von Interventionen unter Beteiligung der Mitgliedstaaten oder der EU als supranationalen Akteur justiziabel sicherstellen.

Die institutionellen und motivationalen Voraussetzungen dafür sind vor dem Hintergrund bereits erfolgter Änderungen nicht allzu anspruchsvoll. Das Verhalten der überwiegenden Anzahl der Staaten zeigt zu deutlich, dass ihm ein Selbstverständnis zugrunde liegt, das nicht auf Macht oder einer als Freibrief verstandenen Souveränität beruht. Von Macht- und Interessenkonstellationen unabhängige Lernmöglichkeiten wurden auch auf internationaler Ebene schon oft unter Beweis gestellt, und eine transnational organisierte Zivilgesellschaft begleitet die Prozesse globaler Politikgestaltung sehr aufmerksam. Wenn die oben angeführten Vorschläge für die Entwicklung des Völkerrechts auch normativ zu befürworten sind, können sich die Staaten jedenfalls nicht mehr durch den Hinweis auf vorgeblich entgegenstehende Selbsterhaltungsimperative, eine adverse Supermacht oder den engen Rahmen von Machtkompromissen sowie zögernde nationale Öffentlichkeiten von der Verantwortung für deren Realisierung entlasten.

Jürgen Habermas

Kommunikative Rationalität und grenzüberschreitende Politik: eine Replik

Obwohl ich mich 1961 mit dem *Strukturwandel der Öffentlichkeit* im Fach Politische Wissenschaft habilitiert habe und damals mit der Literatur zur Entwicklung der sozialstaatlichen Massendemokratie (wie wir sagten), vor allem auch zur Rolle der politischen Parteien einigermaßen vertraut war, sind die Kontakte zur Fachöffentlichkeit bald abgerissen. Nur die Beschäftigung mit den *Legitimationsproblemen im Spätkapitalismus* hat mir noch einmal 1975 die Einladung zu einem heftig umstrittenen Auftritt auf dem Kongress der Deutschen Vereinigung für Politische Wissenschaft in Duisburg verschafft.[1] Sehr viel später haben mich die Studien zur politischen Theorie, freilich eher auf dem Umweg über die USA, mit einem (bei uns noch überwiegend in philosophischen Fachbereichen) beheimateten Zweig der Disziplin in Berührung gebracht.[2] Das mag erklären, wenn auch nicht entschuldigen, dass ich die ZIB-Debatte erst *post festum* kennengelernt habe.

Dass mich jetzt zwei Kollegen, die mit meinen Arbeiten umfassend, also weit über die erwähnten Berührungspunkte hinaus, vertraut sind, zu einer Tagung über internationale Politik eingeladen haben, gibt mir die Gelegenheit, ein versäumtes Pensum wenigstens kursorisch nachzuholen.[3] Der Nachhilfeunterricht und die anregenden Diskussionen kommen allerdings auch einem Interesse an den Forschungen zu Global Governance entgegen, das sich bei mir (wie bei vielen anderen Sozialwissenschaftlern) erst seit dem Ende der bipolaren Machtkonstellation des Kalten Krieges entwickelt hat. Insbesondere der erste Golfkrieg und die Entwicklung Europas zu einer politischen Union haben mir die Grenzen eines auf Nationalstaaten und nationale Gesellschaften fixierten Blicks zu Bewusst-

1 »Legitimationsprobleme im modernen Staat«, in: J. Habermas, *Zur Rekonstruktion des Historischen Materialismus*, Frankfurt am Main 1976, S. 271-303.

2 J. Habermas, *Die Einbeziehung des Anderen*, Frankfurt am Main 1996.

3 Dafür war die präzise Zusammenfassung von Benjamin Herborth sehr hilfreich.

sein gebracht.[4] Inzwischen ist es üblich geworden, einen methodologischen Nationalismus zu geißeln,[5] dem ja auch die neorealistische Theorie der Internationalen Beziehungen verhaftet ist.[6] Die entschiedene Kritik am herrschenden Paradigma, wonach alle zwischenstaatlichen und transnationalen Beziehungen nach der Modellvorstellung rational entscheidender Akteure erklärt werden, hat auch auf diesem Gebiet zu einer energischen Erweiterung des Blicks beigetragen.

Zur gleichen Zeit, als Harald Müller diese Debatte in Deutschland auslöste, hatte in den USA eine ähnliche, allerdings immanent ansetzende Kritik an einer Überbeanspruchung des spieltheoretischen Ansatzes eingesetzt, auch hier mit einem interessanten Rückgriff auf die Theorie des kommunikativen Handelns.[7] Die methodologische Kritik richtete sich direkt auf die Folgeprobleme eines zu eng auf strategische Interaktionen zugeschnittenen Rationalitätsbegriffs mit dem Ziel, zu prüfen, ob sich der Begriff der kommunikativen Rationalität (und der diskursethische Ansatz) für eine Erweiterung des Rational-Choice-Paradigmas anbietet.[8] Demgegenüber hat sich die deutsche Debatte von vornherein auf die empirische Anwendung konkurrierender Handlungskonzepte im Bereich der internationalen Beziehungen konzentriert und den Streit über Rationalitätsbegriffe eher implizit ausgetragen. Der Streitpunkt ist hier die Frage, ob sich die neuen transnationalen Formen der Konfliktbewältigung und der Genese neuer Normen in einer nach wie vor von Machtdynamiken geprägten Arena mit entscheidungs- und spieltheoretischen Mitteln noch zureichend analysieren lassen.

Der gesteigerte Regelungsbedarf einer hoch interdependenten Weltgesellschaft hatte inzwischen ein dichtes Netz von internationalen Organisationen und Regimen hervorgerufen, das auch den Stil der zwischenstaatlichen Kommunikation veränderte. Die wach-

4 J. Habermas, *Vergangenheit als Zukunft*, Zürich 1990 und München 1993, S. 10 ff. und S. 97 ff.

5 U. Beck und E. Grande, *Das kosmopolitische Europa*, Frankfurt am Main 2004.

6 Dagegen E.-O. Czempiel, *Neue Sicherheit in Europa. Eine Kritik an Neorealismus und Realpolitik*, Frankfurt am Main 2002.

7 J. Johnson, »Is Talk really cheap? Prompting Conversation between Critical Theory and Rational Choice«, in: *American Political Science Review* 87 (1993), S. 74-86.

8 Die kritischen Ergebnisse dieser Diskussion verarbeitet aus der Perspektive der Gesellschaftstheorie die scharfsinnige Studie von J. Heath, *Communicative Action and Rational Choice*, Cambridge, MA 2003.

sende Einbettung internationaler Beziehungen in die verdichteten Kontexte von völkerrechtlichen Regelwerken oder informell eingespielten Praktiken musste sich, insbesondere seit dem Ende des Kalten Krieges, auch empirisch auf der Ebene von internationalen Verhandlungen spiegeln. Harald Müller wählt die plakative Formulierung, man habe versucht, »die Rolle von Moral in den internationalen Beziehungen zu untersuchen«.[9] Jedenfalls lag die Hypothese nahe, dass sich an der diplomatischen Behandlung zwischenstaatlicher Interessenkonflikte eine Veränderung des Kommunikationsmodus abhängig davon ablesen lässt, wie sich die normativen Einbettungskontexte verdichten. Ein solcher Trend würde sich in dem Maße abzeichnen, wie die Teilnehmer auf ein *geteiltes* empirisches und normatives Hintergrundwissen Bezug nehmen können.

Die Hypothese erscheint trivial; aber ihre empirische Überprüfung ist von erheblicher Bedeutung. Auf diesem Wege kann nämlich jene verbreitete sozialontologische Grundannahme widerlegt werden, die in den analytischen Rahmen des klassischen Völkerrechts und des Neorealismus (aber auch vieler sozialwissenschaftlicher Ansätze) eingebaut ist (und auf diese Weise gegen Widerlegungen immunisiert wird): dass Normen und Werte im Bereich internationaler Beziehungen (oder sozialer Interaktionen überhaupt) bloße Überbauphänomene darstellen. Aus dieser Prämisse folgt unter anderem, dass es in dieser Dimension keine Lernprozesse und keinen *gerichteten* Wandel geben kann. Der Wandel von Normen und Werten – die Evolution des Rechts und der Moral, die Veränderung normativer Strukturen überhaupt – soll sich allein in Abhängigkeit von systemischen Imperativen, Machtdynamiken oder gesellschaftlichen Interessenkonstellationen erklären lassen. Hält man hingegen Fortschritte in der Konstitutionalisierung des Völkerrechts auch für eine Frage von kollektiven Lernprozessen,[10] sind die empirischen Untersuchungen, die Harald Müller, Thomas Risse, Nicole Deitelhoff, Cornelia Ulbert und viele andere durchgeführt haben,[11] auch theoriestrategisch von außerordentlichem Interesse.

9 H. Müller, »Internationale Verhandlungen, Argumente und Verständigungshandeln. Verteidigung, Befunde, Warnung«, in diesem Band S. 200.

10 J. Habermas, »Hat die Konstitutionalisierung des Völkerrechts noch eine Chance?«, in: ders., *Der gespaltene Westen*, Frankfurt am Main 2004, S. 113-193.

11 Das gilt ebenso für die empirischen Untersuchungen zur deliberativen Politik, die den Einfluss von Diskursen und Beratungen auf die politische Meinungs- und

Jeder der Beiträge zu diesem Band würde eine ausführliche Kommentierung verdienen. Dazu bin ich schon wegen mangelnder Kompetenzen in den einschlägigen Fächern nicht in der Lage. In der peinlichen Situation, aus dieser Not eine Tugend machen zu müssen, werde ich die beiden Hauptthemen des Bandes aufgreifen und unter summarischer Bezugnahme auf einzelne Beiträge zunächst auf zwei Fragen eingehen: Auf welche Weise kommt in internationalen Verhandlungen kommunikative Rationalität zum Zuge (I), und wie hilfreich ist das Konzept der deliberativen Politik bei der Untersuchung der Legitimationsprobleme, die neue Formen des Regierens jenseits des Nationalstaates aufwerfen (II)? Die Kritik an meinem Vorschlag für eine politisch verfasste Weltgesellschaft veranlasst mich, am Schluss auf die skeptische Gegenfrage einzugehen, ob sich eine demokratische Weltverfassung ohne Weltrepublik überhaupt widerspruchsfrei *denken* lässt (III). Statt zugespitzter Repliken erwartet den Leser eher ein hoffentlich nicht zu redundanter Aneignungsprozess.

I. Zur Rolle von Diskursen in internationalen Verhandlungen

Die Politikwissenschaft beschreibt die Veränderung internationaler Beziehungen aus der Perspektive eines Übergangs von der nationalen zur postnationalen Konstellation.[12] Angesichts dieser neuen Phänomene verliert der Neorealismus an Erklärungskraft. In der Zeit des Kalten Krieges hatte der Systemkonflikt zu einem labilen »Gleichgewicht des Schreckens« geführt, das unter rationalen Gegnern durch kühles Kalkül – wie der Ausgang der Kubakrise zeigte – beherrscht werden konnte. Im Rahmen einer angeblich »anarchischen« Staatenwelt sollte niemand mit dauerhaften Allianzen – also langfristigen Bindungen, die von den Kontingenzen sich wandelnder Interessen- und Machtkonstellationen unabhängig sind – rechnen können. Aber seither reichen die Modelle der Spieltheorie nicht mehr aus, um die neuen Evidenzen zu erklären. Wie Nicole Deitel-

Willensbildung in *anderen* Kontexten erfassen; vgl. die Beiträge zu einer von J. Steiner veranstalteten Konferenz, erschienen in: *Acta Politica* 40/2 und 40/3 (2005).

12 B. Zangl und M. Zürn, *Frieden und Krieg*, Frankfurt am Main 2003, Teil II.

hoff an der Gründungsgeschichte des Internationalen Strafgerichtshofes zeigt, spielen auch normative Überzeugungen bei der Regelung internationaler Konflikte und bei der Entstehung neuer Organisationen eine unübersehbare Rolle. Schon die Gründung der Vereinten Nationen und die Entwicklung des Völkerrechts in Richtung einer kosmopolitischen Rechtsordnung, vor allem aber die Geschichte der Europäischen Union liefern Beispiele für Selbstbindungen und Mitgliedschaftsverpflichtungen von selbsttragenden Organisationen, die die Frage aufwerfen, ob die neuen Modalitäten mit der Gewinn- und Verlustrechnung rationaler Spieler allein erklärt werden können.

(1) Angesichts von Erklärungslücken, die sich mit Hilfe des herrschenden Rational-Choice-Ansatzes nicht schließen ließen, lag es nahe, auf einen theoretischen Ansatz zurückzugreifen, für den die Wahlrationalität der nach je eigenen Präferenzen handelnden Aktoren nur einen Grenzfall charakterisiert. Auch kommunikativ handelnde Aktoren können erforderlichenfalls auf strategische Spiele zurückgreifen. Diese Alternative steht gewissermaßen in Reserve, wenn das kommunikative Handeln in eine Sackgasse führt. Kommunikative Rationalität drückt sich in der einigenden Kraft der verständigungsorientierten Rede aus. Ihre komplexe Struktur umfasst jedoch auch jene beiden Aspekte der Rationalität, die im Tatsachenwissen und im erfolgreichen intentionalen Handeln wurzeln. Die Verschränkung von drei Rationalitätsaspekten in der umfassenden kommunikativen Rationalität habe ich mit sprachphilosophischen Mitteln zu begründen versucht:

Nicht der Sprache per se, sondern der kommunikativen Verwendung sprachlicher Ausdrücke wohnt eine eigentümliche Rationalität inne, die sich weder (wie die klassische Wahrheitssemantik meint) auf die epistemische Rationalität des Wissens noch (wie die intentionalistische Semantik annimmt) auf die Zweckrationalität des Handelns zurückführen lässt ... Die kommunikative Verwendung sprachlicher Ausdrücke dient nicht nur dazu, Intentionen eines Sprechers zum Ausdruck zu bringen, sondern auch dazu, Sachverhalte darzustellen (beziehungsweise deren Existenz zu unterstellen) und interpersonale Beziehungen mit einer zweiten Person herzustellen. Darin spiegeln sich die drei Aspekte des /sich/über etwas/mit jemandem/ Verständigens ... Es besteht somit eine dreifache Beziehung zwischen der Bedeutung eines sprachlichen Ausdrucks und (a) dem mit ihm Gemeinten, (b) dem darin Gesagten und (c) der Art seiner Verwendung in der Sprechhandlung.[13]

Verständlicherweise, aber nicht ganz glücklich hat man zu Beginn der ZIB-Debatte, wie Benjamin Herborth richtig bemerkt, zwei Fragen vermengt – die Frage, welche Rolle kommunikative *Rationalität* möglicherweise in internationalen Verhandlungen spielt, mit der Frage nach der Rolle kommunikativen *Handelns*. Mit diesem Handlungskonzept habe ich auf die klassische Frage der Gesellschaftstheorie, wie die Handlung von Alter an die Handlung von Ego Anschluss finden kann und wie soziale Ordnung möglich ist, eine auf den ersten Blick unwahrscheinliche, weil rationalistische Antwort gegeben: Ego macht eins wie das andere dadurch möglich, dass er Alter die glaubwürdige Garantie anbietet, erforderlichenfalls für einen kritisierbaren Geltungsanspruch gute Gründe zu nennen. So besteht zwischen der Rationalität einer Sprechhandlung, mit der ein Sprecher das illokutionäre Ziel verfolgt, sich mit einem Adressaten über etwas zu verständigen, und ihrer möglichen Rechtfertigung ein interner Zusammenhang. Nur in *Argumentationen* können die mit einer Sprechhandlung implizit erhobenen Geltungsansprüche als solche thematisiert und gegebenenfalls mit Gründen eingelöst werden.

Dieser Ansatz legt die Annahme nahe, dass auch die Erfolge von internationalen Verhandlungen, die gegen die Präferenzen mächtiger Verhandlungspartner zustande kommen, mit illokutionären Bindungseffekten von Sprachhandlungen zu erklären sind, die sich als *arguing* beschreiben lassen. Eine empirische Überprüfung dieser Annahme muss freilich auf der richtigen Stufe der Abstraktion ansetzen. Wie im Verlauf der Debatte selbst klar geworden ist, hat die Anknüpfung an den Gegensatz von kommunikativem und strategischem *Handeln* auf Umwege geführt – auch deshalb, weil die Theorie des kommunikativen Handelns das Problem der Handlungskoordinierung zunächst anhand einfacher Interaktionen in Alltagskontexten aufnimmt (und die Architektonik der Gesellschaftstheorie *im Ausgang* von informellen Praktiken der Lebenswelt entwickelt).

Wenn man an Kommunikationsabschnitten interessiert ist, in denen die Rede ein illokutionäres Bindungspotential entfaltet, emp-

13 J. Habermas, *Wahrheit und Rechtfertigung*, Frankfurt am Main 1999, S. 110 f.

fiehlt es sich, kommunikative Handlungen (mit naiv erhobenen und mehr oder weniger problemlos akzeptierten Geltungsansprüchen) von der reflexiven Behandlung problematischer Geltungsansprüche, also von Diskursen und Verhandlungen, zu unterscheiden. Gewiss zehren auch diplomatische Verhandlungen vom Hintergrund einer weitgehend geteilten professionellen Kultur und von entsprechenden Praktiken. In diesem vertrauten Ensemble bewegen sich die Verhandlungspartner mit einer ähnlichen Selbstverständlichkeit wie andere Aktoren in ihrem beruflichen Milieu. Dieses weitgehend routinierte Handeln bildet freilich nur den Rahmen für die *thematisch relevanten* Gespräche zwischen Gegnern, Neutralen und Verbündeten, die anstehende Konflikte und mögliche Lösungen – sowie Probleme, die in diesem Zusammenhang auftreten – zum Gegenstand haben. Diese themenspezifischen Gespräche oder Diskussionen haben, gleichviel ob sie in strategischer Absicht oder in verständigungsorientierter Einstellung geführt werden, die diskursive Form eines Austausches von Ankündigungen und Informationen, Vorschlägen und Argumenten. »Verhandlungen«, in diesem zunächst noch undifferenzierten Sinne verstanden, haben im Großen und Ganzen einen argumentativen Charakter. Aber nicht jedes Argument leistet einen Beitrag zu rationalen Diskursen.

Ich möchte zunächst die Gegenüberstellung von *arguing* und *bargaining* unter zwei Gesichtspunkten spezifizieren. Die Kommunikationsform des rationalen Diskurses legt für Argumente, die auch in anderen Handlungszusammenhängen auftreten können, einen bestimmten Verwendungsmodus fest. Gleichzeitig lässt sich der Diskurs als ein handlungskoordinierender Verständigungsmechanismus betrachten, der in ganz verschiedenen Handlungskontexten auftreten kann (2). Sodann vergleiche ich informelle mit stärker formalisierten Einbettungskontexten innerhalb eines Nationalstaates (3), um auf dieser Basis die zweideutige, von Argumenten durchsetzte und mit Argumentationen verwobene Kommunikationsstruktur von Verhandlungen aufzuklären, wie sie auf internationaler Ebene stattfinden (4). Aus diesen Überlegungen soll hervorgehen, warum ich die vorgeschlagene Revision der Handlungstheorie nicht für nötig halte (5). Den ersten Teil der Kommentare schließe ich mit einer methodologischen Bemerkung ab (6).

(2) Die Verwendung von Argumenten ist immer ein Anzeichen dafür, dass sich die Beteiligten reflexiv auf die strittige Geltung von irgendwelchen Aussagen beziehen. Und eine Sequenz von Sprechhandlungen erfüllt die Rolle eines »Arguments« immer dann, wenn die Struktur und Verbindung der verwendeten Aussagen bestimmte logisch-semantische Eigenschaften aufweisen. Aber einzelne »Argumente« bestimmen noch keinen Kommunikationsmodus im Sinne von »Argumentation« oder »rationalem Diskurs«. Davon ist vielmehr nur im Falle eines Wettbewerbs um das »bessere« Argument die Rede. Eine Argumentation setzt verständigungsorientiertes Handeln auf reflexiver Ebene fort und springt damit auch in die *handlungskoordinierende Rolle eines Verständigungsmechanismus* ein.

Die Theorie des kommunikativen Handelns beruht wesentlich auf der grundbegrifflichen Unterscheidung zwischen verständigungsorientiert vollzogenen *Sprechhandlungen* und *kommunikativen Handlungen*, das heißt Interaktionen, in denen »Verständigung« als Mechanismus für die Koordinierung der Handlungspläne verschiedener Aktoren dient.[14]

Im kommunikativen Handeln funktioniert im einfachsten Fall Egos Sprechakt ›Mp‹ und Alters Ja-/Nein-Stellungnahme zu dem mit ›Mp‹ erhobenen Geltungsanspruch als ein solcher Mechanismus. Wenn Alter den Geltungsanspruch problematisch findet und auf einer diskursiven Einlösung beharrt, kann der Übergang zur reflexiven Ebene des Diskurses die gestörte Verständigung grundsätzlich nur dank der Überzeugungskraft besserer Argumente wiederherstellen. Eine Argumentation muss aber, wenn sie als Verständigungsmechanismus dienen soll, bestimmten Bedingungen für die Verwendung von Argumenten genügen. Unter »Argumentation« verstehe ich einen Kommunikationsmodus, der u. a. verlangt, dass Argumente in der Absicht der Überzeugung, nicht der Überredung oder Irreführung anderer Personen verwendet werden.[15] Um eine Sprechhandlung als Argument zu identifizieren, genügt eine

14 J. Habermas, *Vorstudien und Ergänzungen zur Theorie des kommunikativen Handelns*, Frankfurt am Main 1984, S. 8; vgl. auch: ders., »Handlungen, Sprechakte, sprachlich vermittelte Interaktionen und Lebenswelt«, in: ders., *Nachmetaphysisches Denken*, Frankfurt am Main 1988, S. 63-104.

15 Anders als die sprachpragmatische Beschreibung eines Kommunikationsmodus bezieht sich eine psychologische Charakterisierung umstandslos auf das intendierte Ziel, das der Argumentierende verfolgt, nämlich den Adressaten von

semantische Charakterisierung. Aber Sprechhandlungen, die unter semantischen Gesichtspunkten als »Argumente« zählen, fallen erst unter die Beschreibung von Beiträgen zu einer »Argumentation«, wenn sie *unter bestimmten performativ vorgenommenen pragmatischen Voraussetzungen* (der Öffentlichkeit und Inklusion, der gleichberechtigten Teilnahme sowie der Abwesenheit von Täuschung und Zwang) *gebraucht* werden.

Dieser enge Begriff von Argumentation (*arguing*) bietet sich in bestimmten Untersuchungskontexten als Gegenbegriff zu strategischen Verhandlungen (*bargaining*) an. Dabei dürfen wir den Unterschied der Abstraktionsstufe nicht vergessen: *Bargaining* bezieht sich auf den speziellen Fall einer Kompromiss-Suche in distributiven Konflikten. Im Anschluss an Thomas Saretzki haben Harald Müller und Thomas Risse die beiden Kommunikationsmodi einleuchtend anhand von modalen, prozeduralen und strukturellen Eigenschaften charakterisiert.[16] Natürlich können in strategischen Verhandlungen argumentative Sprechakte ebenso auftreten wie in Argumentationen – beide Kommunikationsmodi sind Formen einer reflexiven Handlungskoordinierung. Dabei zieht jeder Beteiligte die Einstellungen des Anderen, dessen Präferenzen oder dessen Überzeugungen in Betracht. Das erklärt die »Ubiquität von Argumenten«, die sich dem Beobachter internationaler Verhandlungen *noch vor* jeder Differenzierung aufdrängt.

Unter analytischen Gesichtspunkten lassen sich jedoch die pragmatischen Rollen unterscheiden, die Argumente in Abhängigkeit von ihrem Kommunikationsmodus jeweils übernehmen: Während

etwas zu überzeugen. Aus dieser Sicht unterscheidet R. O. Keohane in einem ähnlichen Zusammenhang *bargaining* nicht von *arguing*, sondern von *persuasion*: ders., »Governance in a Partially Globalized World«, in: *American Political Science Review* 95 (2001), S. 1-13: »Persuasion ... involves changing people's choice of alternatives independently of their calculations about strategies of other players. People who are persuaded ... change their minds for reasons other than a recalculation of advantageous choices in the light of new information about other's behavior ... Unlike bargaining on the basis of specific reciprocity, persuasion must appeal to norms, principles, and values that are shared by participants in a conversation. Persuasion requires giving reasons for action, reasons that go beyond assertions about power, interests, and resolve« (S. 10).

16 Vgl Th. Risse, »Global Governance und kommunikatives Handeln«, in diesem Band S. 67.

gute Gründe in Diskursen die einzige Währung darstellen, in der verständigungsorientierte und daher lernbereite Teilnehmer reziprok auf ihre Ja-/Nein-Stellungnahmen und damit auf das Ergebnis der Diskussion Einfluss nehmen können, haben Gründe im Rahmen einer Kompromiss-Suche einen instrumentellen Einfluss auf das Ergebnis, das sich letztlich nicht der Überzeugungskraft von Argumenten, sondern der Verhandlungsmacht und dem taktischen Geschick der Parteien verdankt. In diesem Kontext dienen Gründe beispielsweise der Beglaubigung von Informationen oder der Glaubhaftmachung manifester Ankündigungen (wie Drohungen oder Versprechungen), von denen die Gegenpartei nicht wissen kann, wie ernst sie gemeint sind.

Eine »Argumentation« wird im Hinblick auf das illokutionäre, aus der Sicht rationaler Entscheider unkalkulierbare Ziel der *kooperativen* Herbeiführung eines begründeten, *auf geteilter Einsicht* beruhenden Einverständnisses definiert. Während der Begriff des *bargaining* von vornherein auf einen bestimmten Kontext, nämlich auf Verteilungskonflikte zwischen Parteien, die um dieselbe Art von Gütern konkurrieren, zugeschnitten ist, gilt *arguing* als ein Verständigungsmechanismus, der sich abstrakt, ohne Bezugnahme auf bestimmte Verwendungskontexte bestimmen lässt. Wenn man den Diskurs nicht durch das, was ihn zum rationalen macht, sondern konsequentialistisch, also durch die Leistungen definiert, die er für die Reproduktion der Gesellschaft erbringt, begeht man einen funktionalistischen Kurzschluss.[17]

Die zu Recht hervorgehobene triadische Struktur der Argumentation erklärt sich allein aus dem Umstand, dass Proponenten und Opponenten im Wettbewerb um das bessere Argument an etwas Drittes, nämlich an die von allen Beteiligten anerkannte Autorität der Vernunft – oder der Logik der Rechtfertigung –, appellieren können. In strategischen Verhandlungen, wo die fixen Präferenzen der Beteiligten nur im Rahmen einer gegebenen Machtkonstellation zum Ausgleich gebracht werden können, fehlt eine solche *inter-*

17 Th. Saretzki macht darauf aufmerksam, dass J. Elster *arguing* im Rahmen seiner konsequentialistischen Betrachtungsweise von vornherein als einen strategisch angelegten Kommunikationsmodus einführt, also als Rhetorik im Sinne eines latent strategischen Verhaltens. Tatsächlich kann man aber diesen manipulativen Sinn rhetorischen Verhaltens nur mit Bezug auf eine beim Adressaten vorausgesetzte verständigungsorientierte Einstellung identifizieren.

subjektiv anerkannte, über die horizontalen Beziehungen zwischen konkurrierenden Ansprüchen hinausgreifende Autorität.

(3) Da sich der Begriff des *arguing* einer Abstraktion des Verständigungsmechanismus von möglichen Einbettungskontexten verdankt, müssen wir diese Abstraktion bei der Erforschung kommunikativer Praktiken gewissermaßen rückgängig machen. Für die empirische Untersuchung einfacher Interaktionen, die in »weiche« lebensweltliche Kontexte eingebettet sind, hat sich die Unterscheidung zwischen »kommunikativem« und »strategischem« Handeln als hilfreich erwiesen.[18] In der sozialen Lebenswelt entscheiden institutioneller Bezug, Funktion und Handlungssituation über den zu erwartenden Handlungstypus und, wenn es zu Konflikten kommt, über eine entsprechende Kommunikationsform auf reflexiver Ebene – *arguing* oder *bargaining*. In der Familie wird ein verständigungsorientierter Umgangsstil erwartet, beim Vorstellungsgespräch *impression management*. Wenn es unter Freunden Konflikte oder Missverständnisse gibt, sollen sie »sich aussprechen«, das heißt ihre Meinungen diskursiv austauschen; wenn sich Arbeitskollegen über die Wahl konkurrierender Ferientermine streiten, sollen sie »eine Vereinbarung treffen«, also zu einem Interessenausgleich gelangen. Aber selbst Freunde oder Ehepartner können sich zuweilen belügen, während auch die schärfsten Konkurrenten offen und korrekt miteinander verkehren. Manchmal motivieren »unlösbare« Konflikte zu verdeckt strategischem Handeln, zu Manipulation und Selbstmanipulation oder zu rhetorischem Verhalten, wobei es Sache des Publikums ist, den zweideutigen Sinn der Äußerungen nach der einen oder anderen Seite hin zu disambiguieren. Je stärker ein wahrgenommenes soziales Machtgefälle in einfache Interaktionen eingreift und je größer das Misstrauen ist, das die Interaktionsteilnehmer gegeneinander hegen, umso größer ist die Wahrscheinlichkeit einer Umstellung von verständigungsorientiertem auf strategisches Verhalten.

Kurzum, die kommunikative Alltagspraxis ist im Allgemeinen machtdiffus und locker institutionalisiert, so dass Umstände und Situationsdeutungen den Aktoren einen gewissen Spielraum für die Wahl zwischen kommunikativem und strategischem Handeln las-

18 Dazu J. Habermas, *Nachmetaphysisches Denken*, a. a. O. (Anm. 14), S. 68-75; ders., *Wahrheit und Rechtfertigung*, a. a. O. (Anm. 13), S. 121-129.

sen. Da die Aktoreinstellungen und die entsprechenden Handlungstypen in der Folge der Sprechhandlungen schnell wechseln können, entstehen oft gemischte »Texte«, deren verstümmelter Sinn für die Beteiligten selbst hinreichend klar sein mag, aber von einem Dritten, sagen wir einem Beobachter, nur hermeneutisch, das heißt unter subtiler Einbeziehung der Pragmatik der wörtlichen und der extraverbalen Äußerungen, vor allem unter Berücksichtigung der Kontexte entschlüsselt werden kann. Für die empirische Mikroanalyse von Alltagszenen sind in der Sozialphänomenologie (E. Goffman), der Ethnomethodologie (A. Cicourel), der Kulturanthropologie (C. Geertz) oder der objektiven Hermeneutik (U. Oevermann) Beobachtungs- und Erhebungstechniken, sogar Versuchsanordnungen entwickelt worden, die geeignet sind, herauszufinden, welchen Stellenwert die wörtliche Bedeutung argumentativer Sprechakte im Ganzen einer derart gemischten Handlungssequenz haben und wie gegebenenfalls die kooperativ erzielte Lösung eines Handlungskonflikts oder einer Meinungsverschiedenheit zu verstehen ist – als ein auf denselben Gründen basiertes Einverständnis, als Effekt einseitiger Machtausübung oder als Kompromiss, das heißt als eine nach je eigenen Präferenzen, also aus verschiedenen Gründen getroffene Vereinbarung.

Weil sich die für die Wahl des Handlungstypus maßgeblichen Aktoreinstellungen direkter Beobachtung entziehen und einer Befragung nur indirekt erschließen, ist der Interpretationsaufwand für Ausschnitte aus der unterinstitutionalisierten Alltagskommunikation vergleichsweise hoch. Dieses Problem wird entschärft, wenn wir von der Ebene informeller Praktiken zur Ebene formal organisierten Handelns und institutionalisierter Verhandlungen übergehen. Denn formale Bedingungen fördern von Fall zu Fall eine relative Entkoppelung des Kommunikationsmodus von den Einstellungen der beteiligten Aktoren. In dem Maße, wie politische Macht und soziale Gewalt intervenieren, wächst das Bedürfnis nach formaler Organisation und rechtlicher Bindung der Interaktionsbeziehungen. Insbesondere der hohe Legitimationsbedarf des demokratischen Rechtsstaates ist auf die Institutionalisierung von Verhandlungen und Beratungen angewiesen. Hier lässt sich auch ohne Rekurs auf die verständigungsorientierte Einstellung einzelner Teilnehmer beobachten, wie kommunikative Rationalität in der Meinungs- und Willensbildung zum Zuge kommt.

Exemplarisch ist der Gerichtsdiskurs, der gemäß formalen Feststellungs-, Beratungs- und Entscheidungsverfahren so klar institutionalisiert ist, dass die vorgetragenen Informationen und Gründe für eine gerechtfertigte Entscheidung des Richters ganz unabhängig davon »zählen«, ob die Parteien ihre Beiträge in strategischer Absicht leisten oder nicht. In den weichen Kontexten des Alltagshandelns wird den Aktoren, die sich auf Argumentationen einlassen, zugemutet, selber die erforderlichen Kommunikationsvoraussetzungen zu erfüllen. Sie sollen sich auf die gleichberechtigte Teilnahme von allen potentiell Betroffenen einlassen, gegenüber jedem relevanten Beitrag unvoreingenommen sein, auf Täuschung und Zwang (außer dem des besseren Argumentes) verzichten usw. Diese Bürde wird den Aktoren abgenommen, wenn Diskurse als solche rechtlich institutionalisiert sind und institutionalisierte Verfahren die Vermutung begründen, dass alle potentiell Betroffenen hinreichend vertreten sind, dass die richtigen Themen behandelt sowie alle relevanten Beiträge zur Sprache gebracht und diskursiv verarbeitet, das heißt nach akzeptierten Begründungsmustern gefiltert und mit dem Ziel eines rational motivierten Einverständnisses selegiert werden.

Auch die bekannten parlamentarischen Beratungs- und Entscheidungsverfahren sollen die widerlegliche Vermutung auf rationale Ergebnisse begründen, obwohl im politischen Meinungs- und Willensbildungsprozess des Gesetzgebers strategische Verhandlungen mit Diskursen ganz verschiedener Art ein schwer durchschaubares Amalgam bilden. Die Kompromisse, die in parlamentarischen Körperschaften ausgehandelt werden, stehen grundsätzlich unter gewissen normativen Vorbehalten. Diskurse genießen prozedural Vorrang, weil alle Ergebnisse unter normativen, letztlich verfassungsrechtlichen Gesichtspunkten angefochten werden können. Im Anblick formalisierter Verhandlungen kann ein Beobachter das Gewirr von *arguing* und *bargaining* kaum durch die Zuordnung von *Einstellungen* zu Sprechakten auflösen. Aber er kann sich eine solche Zuordnung umso eher ersparen, je besser sich die Diskursqualität der Verhandlungen und Beratungen auf dem direkten Wege einer rationalen Rekonstruktion des Verlaufs der Diskussion – also der Verkettung von Sprechakten – bestimmen lässt.[19]

19 Vgl. den Discourse-Quality-Index, den Jürg Steiner und Mitarbeiter für eine

Strategische Verhandlungen werden auf andere Weise institutionalisiert. Auch hier sind die Aktoreinstellungen für ein verfahrensgerecht erzieltes Ergebnis irrelevant, weil das Verfahren, das die verhandlungsberechtigten Parteien (zum Beispiel Arbeitgeber und Arbeitnehmer), die regelungsbedürftigen Verhandlungsgegenstände (sagen wir: industrielle Beziehungen), die distributiven Güter (Geld, arbeitsfreie Zeit, Sicherheit usw.) festlegt, für eine gewisse Balancierung der Verhandlungsmacht (»Waffengleichheit«) sorgt und eine gewisse Fairness von verfahrensgemäß ausgehandelten Kompromissen verbürgt. *Bargaining* bezeichnet diese Art des politisch relevanten Aushandelns von Kompromissen.

(4) In der internationalen Politik begegnen *arguing* und *bargaining* jedoch in einem anderen Kontext. Bei der Lösung internationaler Konflikte oder gar der Entstehung internationaler Regime kann sich die handlungskoordinierende Kraft der Verständigung weder, wie bei informellen Praktiken einer weitgehend machtneutralisierten Lebenswelt, in der Verkettung kommunikativer Handlungen und kontingent eingestreuter Argumentationen zur Geltung bringen noch, wie bei den formalisierten Praktiken des Verfassungsstaates, in den institutionalisierten Formen der politischen Meinungs- und Willensbildung (einschließlich der »wilden« Kommunikationskreisläufe der politischen Öffentlichkeit). Auf internationaler Ebene ergießt sich die Macht, die nach wie vor bei den gewaltmonopolisierenden Staaten konzentriert ist, mehr oder weniger informell in die Bahnen diplomatischer Beziehungen, ohne in ähnlich hohem Grade institutionalisiert und in ähnlicher Weise legitimiert zu sein wie der demokratisch gezähmte Machtkreislauf im Inneren des Nationalstaates. Inzwischen mag das neorealistische Bild eines von strategischen Überlegungen der Gewaltmonopolisten beherrschten internationalen Verkehrs noch so starker Revisionen bedürfen: Das Gegenbild einer völkerrechtlichen Konstitutionalisierung dieser Beziehungen trifft einstweilen ebenso wenig zu. Selbst unter optimistischen Beschreibungen ist der projektierte Übergang vom klassischen Völkerrecht zu einem weltbürgerlichen

komparative Untersuchung von parlamentarischen Ausschüssen entwickelt haben: J. Steiner, A. Bächtiger, M. Spörndli, M. R. Steenbergen, *Deliberative Politics in Action. Analysing Parliamentary Discourse*, Cambridge 2004.

Zustand ins kommunikativ-strategische Zwielicht getaucht. Wie wir insbesondere seit dem 11. September 2001 an den globalen Folgen des enthemmten Regierungsstils der USA beobachten, werden kluge und normativ gebremste Machtkalküle, vorgreifende Rechtskonstruktionen und tastende Lernprozesse immer wieder von den bekannten Praktiken der schieren, gar imperialistischen Machtpolitik an den Rand gedrängt.

Dieser Übergangszustand erklärt, warum die Kommunikationsprozesse auf dieser Ebene im Vergleich zur innerstaatlichen politischen Kommunikation nur *schwach institutionalisiert* sind und in dieser Hinsicht Ähnlichkeiten mit der Ebene der kommunikativen Alltagspraxis aufweisen; im Gegensatz zu den Praktiken der Lebenswelt sind sie jedoch manifest *machtgesteuert*. Denn trotz der Teilnahme oder der Anwesenheit von privaten Korporationen und Nichtregierungsorganisationen bleiben die Regierungsvertreter in internationalen Verhandlungen die maßgebenden Aktoren. Allein die Staaten verfügen über die Ressource Recht und sorgen letztlich für eine zugleich effektive und legitime rechtliche Implementierung von Beschlüssen internationaler Organisationen.

In der internationalen Politik gibt es, aufgrund der fortbestehenden Unterinstitutionalisierung des Völkerrechts, nach wie vor große Spielräume für die strategische Verwendung normativ entschränkter politischer und sogar militärischer Macht. Andererseits verdichten sich seit 1945, und insbesondere seit dem Ende des Kalten Krieges, formelle Vereinbarungen und rechtliche Innovationen, an die Lernprozesse der staatlichen Aktoren anknüpfen können. Mit dem breiter werdenden Sockel gemeinsamer normativer Hintergrundüberzeugungen verstärkt sich das Bewusstsein, einer internationalen Gemeinschaft anzugehören, an deren völkerrechtlich kodifizierte Grundsätze in Konfliktfällen die jeweils schwächeren Parteien wenigstens appellieren können.

Die Uneindeutigkeit der Situation, in der man sich auf konsentierte, aber unzureichend institutionalisierte Wertorientierungen berufen kann, begünstigt natürlich ein rhetorisches Verhalten, das allerdings seinen Preis fordert. Dieser Kommunikationsmodus ist aus der Sicht interessegeleiteter Aktoren insofern gefährlich, als der Sprecher auf die normativen Konsequenzen seiner Lippenbekenntnisse festgenagelt und im Falle abweichenden Verhaltens mindestens blamiert, also dem *blaming and shaming* durch die Unterlegenen, ausgesetzt werden kann. Vor diesem Hintergrund leuchtet die Hypothese ein, die Nicole Deitelhoff im Hinblick auf die komplexe Mischung von Kommunikationsformen in internationalen Verhandlungen aufstellt: Die Verhandlungen werden in dem Maße von kommunikativer beziehungsweise strategischer Rationalität geprägt, wie die Stärke der Institutionalisierung und damit die Dichte der anerkannten Normen zu- beziehungsweise abnimmt.[20]

Abgesehen davon, dass die Komplexität der regelungsbedürftigen Sachverhalte stets theoretische und empirische Diskurse für die Verarbeitung von Expertenwissen, also die diskursive Klärung von Problemstellungen, Tatsachen und Prognosen verlangt, erfordert die Berufung auf gemeinsame normative Überzeugungen eine wie immer auch temporäre Umstellung von strategischen Verhandlungen auf praktische Diskurse, so dass der Verständigungsmechanismus auch unter Partnern mit ungleich verteilter Verhandlungsmacht interimistisch zum Zuge kommt. Aber zu welchen Teilen eine im Einzelfall erreichte Vereinbarung auf *bargaining* oder *arguing* zurückgeht, ist in dem *Clair-obscure* schwach institutionalisierter und schnell wechselnder Kommunikationsformen nicht einfach festzustellen. Die *Einstellungen von abgeordneten Diplomaten*, die sich im dynamischen Kräftefeld hegemonialer und abhängiger Mächte an Interessenkonflikten zwischen Staaten, zivilgesellschaftlichen Aktoren und gegebenenfalls Repräsentanten einflussreicher Korporationen abarbeiten, sind *noch opaker* als die von Teilnehmern an den einfachen Interaktionen der Lebenswelt. Dass sich auf diesem Feld die analytisch unterschiedenen Kommunikationsformen empirisch, also auf dem Wege einer Zuordnung von Äußerungen zu Aktoreinstellungen nicht oder nur schwer identifizieren lassen,[21] kann daher nicht erstaunen. Aber mit Thomas Saretzki bin ich der Auffassung, dass man ein Problem der Forschungsmethode beziehungsweise der Erhebungstechnik – nämlich die Frage, wie solche komplexen Verhandlungsprozesse hinreichend differenziert beschrieben werden können – nicht ohne Weiteres dem theoretischen

20 N. Deitelhoff, »Was vom Tage übrig blieb. Inseln der Überzeugung im vermachteten Alltagsgeschäft internationalen Regierens«, in diesem Band S. 26 ff. Vgl. H. Müller, »Arguing, Bargaining and All That«, in: *European Journal of International Relations* 10 (2004), S. 412.

21 N. Deitelhoff, H. Müller, »Theoretical Paradise – Empirically Lost?«, in: *Review of International Studies*, 31 (2005), S. 170 f.

Ansatz in die Schuhe schieben darf. Jedenfalls gibt dieses Problem keinen Anlass, die kommunikationstheoretisch gut begründete Unterscheidung von *arguing* und *bargaining* selbst zu revidieren.

(5) Dem Beobachter internationaler Verhandlungen steht normalerweise kein so dichtes und detailliert aufbereitetes Datenmaterial zur Verfügung wie der Mikroanalyse von alltäglichen Texten oder Handlungsepisoden. Aber auch hier helfen hermeneutische Fertigkeiten weiter. Ein Beispiel ist Harald Müllers Bericht von einer selbst erlebten Episode bei der ABM-Konferenz im Jahre 2005, dem die Tagebucheintragung oder Protokollnotiz eines Beteiligten zugrunde liegen könnte.[22] Der glückliche Umstand, als Delegierter an jener Konferenz teilgenommen zu haben, versetzte Müller in die Lage, eine dichte, unter theoretischen Gesichtspunkten interessante Beschreibung von einer Konstellation zu geben, die einen strategisch agierenden Teilnehmer in eine argumentative Falle laufen ließ, was zu einem Wendepunkt in den festgefahrenen Verhandlungen führte. Aus der Nahsicht des teilnehmenden Beobachters drängt sich allerdings eine akteurszentrierte Begrifflichkeit auf, die die Entscheidung über die Wahl des Kommunikationsmodus zu umstandslos den Beteiligten selbst zuschreibt.

Arguing und *bargaining* sind Praktiken, die Teilnehmer nötigen, bestimmten Kommunikationsbedingungen zu genügen. Wer sich auf Diskurse einlässt, muss mit Informationen und Gründen operieren, die einen unparteilichen Dritten überzeugen können, auch wenn der Sprecher damit strategische Hintergedanken verfolgt. Und wer sich um Kompromisse bemüht, muss, selbst wenn es ihm um eine politisch zweckmäßige Einrichtung oder »Veranstaltung« künftiger Diskurse gehen sollte, über Mittel und Anreize verfügen, mit denen er auf eine andere Partei drohend oder belohnend einwirken kann. Wann der eine oder der andere Kommunikationsmodus tatsächlich eintritt, muss in der internationalen Politik mit Verhältnissen erklärt werden, die in den Blick gelangen, wenn man den erklärungsbedürftigen Gegenstand aus größerer Distanz und unter Zuhilfenahme sozialwissenschaftlicher Hypothesen betrachtet.[23] Nicole Deitelhoffs Studie zur Entstehungsgeschichte des Statuts

22 H. Müller, »Internationale Verhandlungen«, a. a. O. (Anm. 9), S. 206 f.

23 N. Deitelhoff und H. Müller (a. a. O. [Anm. 21], S. 176) stellen zu Recht fest:

von Rom über die Errichtung des Internationalen Strafgerichtshofs ist ein weiteres Beispiel für die hermeneutische Aufbereitung eines komplexen Handlungs- und Kommunikationszusammenhangs, welche die subversive Kraft kommunikativer Rationalität innerhalb einer überwiegend machtgesteuerten Interaktion zwischen nach wie vor souveränen Staaten deutlich macht.[24]

Ich sehe keinen Grund dafür, die handlungstheoretischen Grundlagen zu revidieren und die beiden Mechanismen der Handlungskoordinierung – Verständigung und rationale Wahl zusammen mit entsprechenden Kommunikationsformen des *arguing* und *bargaining* – einer Handlungssteuerung durch konsentierte Wertorientierungen, also dem normenregulierten Handeln unterzuordnen.[25] Wenn wir den Blick auf die privatrechtliche Institutionalisierung des Marktverkehrs lenken, sehen wir natürlich *normativ umschriebene* Handlungssphären, innerhalb deren sich die Rechtssubjekte nach je eigenen Präferenzen richten und nach Gutdünken *strategisch verhalten* dürfen. Auch in der internationalen Arena gibt es kaum eine strategische Interaktion, die nicht in *irgendeinen* normativen Kontext eingebettet wäre. Aber diese Einbettung ist offensichtlich nicht mit der privatrechtlichen *Autorisierung* zu selbstinteressiertem Handeln im innerstaatlichen Bereich zu vergleichen. Auf internationaler Ebene handeln robuste und mächtige Aktoren oft im Gegensatz zu schwach institutionalisierten völkerrechtlichen Normen oder Gewohnheiten, ohne dass sie andere Sanktionen als die unerwarteten Nebenfolgen ihres interessegeleiteten Handelns zu erwarten hätten.

Stattdessen empfiehlt es sich, das normengeleitete Handeln als

»Discursive dynamics cannot be reduced to actor characteristics but need to be embedded in an analysis of the surrounding structural elements.« Die sozialwissenschaftlich erfassten Konstellationen in der »Umgebung« der beobachteten Verhandlungen erklären das zeitweilige Vorherrschen eines Kommunikationsmodus oder den Wechsel von einem Modus zum anderen. Nach wie vor müssen sich mit den Kommunikationsformen auch die Aktoreinstellungen verändern. Aber diese werden von einem strukturalistischen Ansatz als abhängige Variablen betrachtet und können empirisch in dem Maße vernachlässigt werden, wie die aus dem Kontext erschlossenen Kommunikationsmodi nicht *anhand* der Aktoreinstellungen identifiziert werden müssen.

24 N. Deitelhoff, *Überzeugung in der Politik. Grundzüge einer Diskurstheorie internationalen Regierens*, Frankfurt am Main 2006.

25 H. Müller, »Arguing, Bargaining, and All That«, a. a. O. (Anm. 20), S. 410 ff.

Grenzfall des kommunikativen Handelns zu verstehen.[26] Denn sobald der Konsens, der sich in der intersubjektiven Anerkennung einer Norm ausdrückt, zerbricht, kann das gestörte normenregulierte Handeln entweder in strategische Auseinandersetzungen übergehen oder, vorausgesetzt die Beteiligten behalten eine verständigungsorientierte Einstellung bei, auf der Ebene eines praktischen Diskurses aufgefangen werden. Dieser handlungstheoretische Rahmen stützt sich allerdings auf ein kognitivistisches Verständnis von Normgeltung im Allgemeinen, Moral und Recht im Besonderen. Wenn man in der Moral- und Rechtstheorie eine nonkognitivistische Position vertritt und die Entstehung von normenstabilisierenden Wertekonsensen auf Eingewöhnung[27] oder symmetrische Nutzenkalküle zurückführt, verliert der Verständigungsmechanismus sowohl auf der reflexiven Ebene des praktischen Diskurses wie auf der Ebene einfacher Interaktionen seine handlungskoordinierende Kraft.

(6) Benjamin Herborth erinnert an den Vorrang, den ich der Rationalitäts- vor der Handlungstheorie einräume, sowie an die machtkritische Rolle, die der Begriff der kommunikativen Rationalität in der Gesellschaftstheorie, insbesondere bei der Untersuchung von Sozialpathologien spielt.[28] Er betont die Problematik des Sinnverstehens, die sich (erst recht im makrosozialen Bereich) ergibt, wenn man die Ergebnisse formalpragmatischer Analysen von Sprechhandlungen für empirische Untersuchungen fruchtbar machen will. Diese dankenswerten Hinweise nehme ich zum Anlass, kurz auf die methodologische Eigenart eines »rekonstruktiven« Ansatzes einzugehen, der mit der faktischen Wirksamkeit kontrafaktischer Voraussetzungen rechnet.[29] Die rationale Binnenstruktur verständi-

26 J. Habermas, *Theorie des kommunikativen Handelns*, Frankfurt am Main 1981, Bd. 1, S. 132 ff. und S. 148 ff.

27 Statt der neoaristotelischen Auszeichnung von Traditionen und Üblichkeiten kann man Normbildungsprozesse auch auf Gefühlsbindungen zurückführen; aber diese empiristische oder gar naturalistische Sicht (zum Beispiel der Soziobiologie) ist mit dem konstruktivistischen Ansatz, den Harald Müller teilt, insbesondere mit der (in diesem Band von Risse vertretenen) Konzeption eines »konstruktiven Lernens« unvereinbar.

28 Vgl. jetzt den dritten Teil der Dissertation von D. Strecker, *Logik der Macht. Zum Ort der Kritik zwischen Theorie und Praxis*, Diss. phil. 2006 (Fachbereich Politik- und Sozialwissenschaften Freie Universität Berlin).

29 W. Outhwaite, »Rekonstruktion und methodologischer Dualismus«, in: *Das Inte-*

gungsorientierten Handelns spiegelt sich in Unterstellungen, die Aktoren, wenn sie sich auf diese Praxis einlassen, vornehmen *müssen*. Dieses »müssen« drückt einen konzeptuellen Zusammenhang aus: Die Bürger, die sich an demokratischen Wahlen beteiligen oder vor Gericht einen Prozess anstrengen, »müssen« aus ihrer Teilnehmerperspektive – ganz unabhängig davon, was Wahlforscher oder Rechtsprofessoren aus der Beobachterperspektive Ernüchterndes dazu sagen – davon ausgehen, dass ihre Stimmabgabe (oder Enthaltung) im Ergebnis »zählt« oder dass sie (anstelle einer interessengeleiteten Entscheidung) ein gut begründetes und rechtmäßiges Urteil erwarten dürfen.

Auch das sind in vielen Fällen kontrafaktische Unterstellungen; jedoch würde eine voraussetzungsreiche Praxis wie die Wahl eines Parlaments oder die professionelle Anwendung positiven Rechts zusammenbrechen, wenn eine hinreichend große Anzahl der *Beteiligten* das zynische Bewusstsein der *Beobachter* teilen und ihren idealisierenden Vertrauensvorschuss einziehen würde. An den empirischen Folgen einer Erschütterung des Legitimationsglaubens von Bürgern zeigt sich, dass idealisierende Voraussetzungen, die mit bestimmten Praktiken *begrifflich* verbunden sind, soziale Fakten schaffen. Das *Know-how*, von dem sich kompetente Teilnehmer performativ leiten lassen, ist grundsätzlich auch empirisch nachweisbar; aber die entsprechenden mäeutischen Erhebungsmethoden sind kostspielig und nicht für jedes Untersuchungsfeld geeignet.

Ebenso verhält es sich mit kommunikativem Handeln und Diskurs, also mit allgemeinen Praktiken der Verständigung, die sich gegenüber den erwähnten Beispielen dadurch auszeichnen, dass es für sie keine funktionalen Äquivalente gibt. Teilnehmer an diesen Praktiken müssen performativ bestimmte Voraussetzungen vornehmen: unter anderem die reziproke Unterstellung von Rationalität oder »Zurechnungsfähigkeit«; die Unbedingtheit von kontextüberschreitenden Geltungsansprüchen wie Wahrheit oder Richtigkeit; oder die anspruchsvollen Argumentationsvoraussetzungen, welche die Teilnehmer zur Dezentrierung ihrer Deutungsperspektiven an-

resse der Vernunft, hg. von St. Müller-Doohm, Frankfurt am Main 2000, S. 218-241; D. Garz, der an die objektive Hermeneutik von U. Oevermann anknüpft, moniert zu Recht, dass ich den rekonstruktiven Ansatz in der Forschungspraxis nur unzureichend entwickelt habe: D. Garz, »Kritik, Hermeneutik, Rekonstruktion«, in: *Das Interesse der Vernunft*, a. a. O., S. 201-217.

halten. Es liegt nahe, den Weber'schen Begriff des Idealtypus zu bemühen, um den kontrafaktischen Überschuss der Unterstellung über die aus der Beobachterperspektive wahrnehmbare soziale Faktizität forschungspragmatisch in den Griff zu bekommen. Aber diese neukantianische Begriffsbildung ist eine methodologische Übersetzung von Kants Begriff der regulativen Idee, die grundsätzlich nur Annäherungen erlaubt. Das »Als-ob« von Argumentationsvoraussetzungen funktioniert anders: Die Teilnehmer führen *tatsächlich* einen Diskurs, solange kein evidenter Umstand und keine dissonante Äußerung die gemeinsam akzeptierte Unterstellung dementiert, dass alle relevanten Stimmen und Beiträge in einer öffentlich zugänglichen und egalitären Gesprächssituation beachtet und unparteilich geprüft werden *könnten*.

II. Deliberative Politik als Lückenbüßer für die Legitimationsdefizite des »Regierens in entgrenzten Räumen«?

Die ZIB-Debatte hat sich auf die Frage konzentriert, ob sich in machtgesteuerten internationalen Verhandlungen über eine mehr oder weniger zweckrationale Verfolgung nationaler (in erster Linie geopolitischer und wirtschaftlicher) Interessen hinaus auch Argumentationen nachweisen lassen, in denen normative Gesichtspunkte und verallgemeinerungsfähige Interessen zum Zuge kommen. Die von dieser Debatte angeregten empirischen Forschungen sollten auch, wenn nicht gar in erster Linie zur Entscheidung zwischen konkurrierenden Erklärungsansätzen beitragen, die mit verschiedenen Rationalitätsbegriffen operieren. Unabhängig von diesem methodologischen Zusammenhang lassen sich die Studien aber auch als Beitrag des Fachs »Internationale Beziehungen« zur Klärung eines historischen Großphänomens verstehen. Aus der eher mikroskopischen Sicht auf die Veränderung von Logik und Verlauf diplomatischer Verhandlungen untersuchen sie die Dynamik des seit den Siebzigerjahren des 20. Jahrhunderts einsetzenden Übergangs zu einer postnationalen Konstellation. Dieser stellt sich aus soziologischer Sicht als die krisenhafte Emergenz einer Weltgesellschaft, aus juristischer Sicht als die asymmetrische Vereinigung souveräner Völkerrechtssubjekte zu einer internationalen Gemeinschaft und aus politologischer Sicht als die ungleichzeitige Denationalisierung von Wirtschaft, Politik und Recht dar.[30]

Die rapide wachsende Literatur zu den neuen Formen des Regierens jenseits des Nationalstaates hat die Frage des »Ob« – ob sich auf der internationalen Ebene im Kommunikationsmodus eine Formveränderung der robusten, staatszentrierten Machtpolitik abzeichnet – schon hinter sich gelassen und konzentriert sich auf die Frage des »Wie« – wie sich die neuen Formen internationalen Regierens ohne das staatliche Gerüst einer Weltregierung einspielen. Aus der Sicht der politischen Theorie stellt sich damit vor allem das Folgeproblem, ob die Legitimationsdefizite, die innerhalb des Nationalstaates in dem Maße entstehen, wie dessen Handlungsspielräume eingeschränkt werden, auf supranationaler Ebene kompensiert werden können. Patrizia Nanz und Jens Steffek zeigen, wie diese Fragestellung die Forschungen zur internationalen Politik noch einmal auf ganz andere Weise mit der Diskurstheorie in Verbindung bringt. Die Teilnehmer an der ZIB-Debatte interessieren sich für den Beitrag, den die diskursive Meinungs- und Willensbildung unter delegierten Beamten und Diplomaten zur Lösung internationaler Konflikte oder zur Schaffung neuer internationaler Organisationen und völkerrechtlicher Normen leistet. Die übrigen Autoren dieses Bandes leitet ein anderes Interesse.

Auf dieser Seite scheiden sich die Geister an der Frage, ob sich die deliberative Politik als ein mögliches Medium für die Übertragung der nationalstaatlichen Legitimationspotentiale auf Entscheidungsprozesse jenseits nationaler Grenzen eignet. Rainer Schmalz-Bruns formuliert die Streitfrage präzise dahingehend, ob es gelingen kann »die bestehenden engen begrifflichen Verklammerungen von Demokratie und Nationalstaat so weit aufzubrechen, damit gezeigt werden kann, dass auch die Welt jenseits des Nationalstaats einen normativ plausiblen Raum der Entfaltung des Versprechens auf kollektive Selbstbestimmung bilden kann«.[31] Zwar bieten die deliberativen Formen der politischen, durch Massenmedien vermittelten Kommunikation schon in den öffentlichen Arenen großräumiger Nationalstaaten eine unverzichtbare Quelle demokratischer Legitimation – neben der rechtlich institutionalisierten gleichmäßigen

30 Vgl. *Transformation des Staates*, hg. von St. Leibfried und M. Zürn, Frankfurt am Main 2006.

31 Siehe den Beitrag von R. Schmalz-Bruns, in diesem Band S. 272.

Inklusion aller Betroffenen mindestens eine Quelle. Aber die umstandslose Projektion der bekannten Formen von Beteiligung und Transparenz, Wahl und Repräsentation, Gesetzesbindung und Delegation, Zurechnung, Kontrolle und Verantwortung auf die globale Ebene müsste geradewegs zu einer Weltrepublik führen, die niemand will, selbst wenn sie zu haben wäre.

Bisher hat niemand den Stein der Weisen gefunden. Die vielstimmigen Essays des zweiten Teils lese ich als ebenso zahlreiche Stellungnahmen zu dem Legitimationsdilemma, das uns eine »ungleichzeitige Denationalisierung« im Gefolge einer sowohl alternativlosen wie regelungsbedürftigen kapitalistischen Modernisierung der Weltgesellschaft beschert hat. Einen resignierenden Ausweg aus dem Dilemma zieht von den Autoren glücklicherweise niemand in Betracht, obgleich für diese Prognose einiges spricht: die »Einstimmung« auf die Liquidierung der fortschreitend ausgehöhlten Legitimationsgrundlagen des demokratischen Rechtsstaates, die Schmalz-Bruns erwähnt. Meine wiederum nur kursorische Bezugnahme auf die Texte steht im Zusammenhang von Bemerkungen, die ich zum Legitimationsproblem des entstaatlichten Regierens (7), zur Koppelung von Inklusion und Deliberation (8), zur legitimatorischen Rolle von transnationalen Öffentlichkeiten (9), zum Kantischen Projekt einer weltbürgerlichen Ordnung (10) sowie zur begrifflichen Architektonik einer weltbürgerlichen Ordnung (11) machen möchte.

(7) Rainer Forst schlägt eine Brücke von der Theorie der Gerechtigkeit zur politischen Theorie. Die Philosophie, die sich schon seit Aristoteles mit Grundsätzen distributiver Gerechtigkeit beschäftigt, kann einen Beitrag leisten zur Klärung jener Fragen transnationaler Gerechtigkeit, die in den Gremien der Vereinten Nationen schon verhandelt werden.[32] Wie wir sehen werden, ist eine in dieser Sache erzielte (oder wenigstens plausibel unterstellte) globale Übereinstimmung ein wichtiges Element des Bewusstseins von Staatsbürgern, *gleichzeitig* einer Gesellschaft von Weltbürgern anzugehören.

Mit einem Gedankenexperiment bringt Forst die unter Philosophen geführte Diskussion in ein anschauliches Format, um zu zei-

32 Vgl. zuletzt den Bericht des High-Level Panel on Threats, Challenges and Change an den Generalsekretär der Vereinten Nationen vom 1. Dezember 2004.

gen, wie Fragen transnationaler Gerechtigkeit mit den Legitimationsgrundlagen zusammenhängen, auf die sich Bürger einer kulturell und weltanschaulich pluralistischen Weltgesellschaft müssten einigen können. Zunächst kritisiert er die Unzulänglichkeit humanitärer Überlegungen, die zwar auf das Elend und die Bedürftigkeit der »Mühseligen und Beladenen« reagieren, aber für die moralische Entwürdigung der »Beleidigten und Erniedrigten« unempfindlich sind.[33] Eine aus menschlicher Solidarität gebotene Hilfe kann *als solche* nicht schon die moralischen Ansprüche befriedigen, die aus den vorenthaltenen Rechten der »Unterdrückten und Ausgebeuteten« resultieren. Gleiche Rechte bedeuten freilich nicht ohne Weiteres den Anspruch auf die Herstellung gleicher Lebensverhältnisse.

Um nicht ins schlecht Utopische abzugleiten, nimmt Forsts Gedankenexperiment vielmehr an dieser Stelle eine prozedurale Wendung und zielt auf die Schaffung von »Strukturen [...], die unter allen Betroffenen rechtfertigungsfähig sind«. Forst weiß natürlich, dass diese Überlegung in mehrfacher Hinsicht abstrakt bleibt. Einstweilen fehlen die Institutionen, die das vegetative Wachstum einer systemisch sich ausdifferenzierenden, von Gewalt, wachsenden Disparitäten und weltanschaulichen Konflikten zerrissenen Weltgesellschaft politisch beherrschbar machen würden. Und die Kooperationsbereitschaft der kollektiven Aktoren, die solche Institutionen befördern könnten, wird durch asymmetrische Machtverteilung und imperiale Versuchung, durch schreiende ökonomische Ungleichheiten und Kämpfe um knappe Ressourcen gelähmt. So begnügt sich Forst mit der grundsätzlichen Forderung, auch im globalen Rahmen »Äquivalente« für solche Foren und Verfahren der Rechtfertigung politischer Entscheidungen zu schaffen, die sich im nationalen Rahmen demokratischer Gemeinwesen bewährt haben. Wenn man sich die hochherzige Formulierung, die Forst für dieses Ziel findet, näher anschaut, entdeckt man unschwer die Probleme, die sich aufdrängen, wenn man angeben soll, wie denn »Äquivalente« zu den bekannten Verfahren der demokratischen Legitimation aussehen können: »Entscheidend ist dabei, wie breit und effektiv die Beteiligungsmöglichkeiten an Beratungen und Entscheidungen über eine transnationale ›Weltinnenpolitik‹ [...] sind und in wel-

33 Zu dieser Unterscheidung schon E. Bloch, *Naturrecht und menschliche Würde*, Frankfurt am Main 1961.

chem Maße reziprok teilbare Begründungen in solchen Verfahren generiert werden.«[34]

Auch der neu entstehende Legitimationsbedarf, der mit jedem weiteren Schritt zum Regieren jenseits des Nationalstaates entsteht, soll auf dem Wege »demokratischer« Meinungs- und Willensbildung gedeckt werden. In der pluralistischen Weltgesellschaft können wir uns zu einem solchen Verfahren, das politischen Regelungen die wie immer auch indirekt eingeholte Zustimmung aller potentiell Betroffenen sichert, die richtigen Institutionen nur mit Mühe vorstellen. Weil auf internationaler Ebene ein staatlicher Rahmen nicht gegeben und eine Weltregierung weder möglich noch wünschenswert ist, können die im Nationalstaat bewährten Organisationsformen – die Transmission des »Volkswillens« über politische Öffentlichkeit, Parteienkonkurrenz und allgemeine Wahlen auf parlamentarische Gesetzgeber und Regierungen, die an Gesetze gebunden sind – nicht einfach in größerem Maßstab reproduziert werden. Deshalb rekurriert Forst nur allgemein auf die beiden Momente, aus deren Verbindung das demokratische Verfahren seine Legitimität erzeugende Kraft zieht: zum einen auf die politische Beteiligung aller Betroffenen, die die Möglichkeit haben müssen, »Nein« zu sagen, zum anderen auf die deliberative Qualität des Rechtfertigungsprozesses, dem grundsätzlich alle politischen Entscheidungen unterworfen werden sollen.

Wenn man den Umstand berücksichtigt, dass Institutionen für eine »Weltinnenpolitik« bisher weitgehend fehlen, müssen aus dieser Sicht zwei Probleme gleichzeitig gelöst werden. Einerseits müssen transnationale, aber nichtstaatliche Organisationen und Verhandlungssysteme, die die internationale Gemeinschaft mit *politischer Handlungsfähigkeit* ausrüsten, auf- und ausgebaut werden. Sonst kann die Schere zwischen fehlenden politischen Steuerungskapazitäten und einem *Regelungsbedarf*, der mit den externalisierten Kosten der Funktionssysteme einer naturwüchsig sich ausdifferenzierenden Weltgesellschaft ständig wächst, nicht geschlossen werden. Mit der zunehmenden Reichweite internationalen Regierens entsteht andererseits ein *Legitimationsbedarf*, der die Legitimationsgrundlage internationaler Verträge überfordert und von den demokratischen Verfahren des Nationalstaates nicht mehr befriedigt

34 Siehe den Beitrag von R. Forst, in diesem Band S. 267.

werden kann (wie die Diskussion über die Legitimation der EU-Organe ergeben hat). Weil die neuen Formen des Regierens tief in die Kompetenzen der bestehenden Staaten eingreifen, büßen diese gleichzeitig an Legitimität ein.

Diese beiden Probleme, die gleichzeitig gelöst werden müssen, spitzen sich zu einem Dilemma zu, wenn es sich herausstellen sollte, dass die Legitimationskosten, die im Gleichschritt mit supranationalen Handlungsfähigkeiten entstehen, jenseits *staatlicher* Organisationsformen überhaupt nicht mehr auf *demokratische Weise* abgetragen werden können. Das eine Problem – die Befriedigung des internationalen Regelungsbedarfs – würde sich dann nur noch auf Kosten des anderen Problems – einer demokratischen Legitimation – lösen lassen. Dieses Nullsummenspiel liegt der Diagnose von Ingeborg Maus zugrunde, wonach mit den Funktionsverlusten der Nationalstaaten auch die Demokratie selbst auf der Strecke bleibt. Denn demokratische Legitimität kann nicht durch Deliberation und Öffentlichkeit allein hergestellt werden, sondern erfordert die Kombination vernünftiger Kommunikation mit der Teilnahme aller potentiell Betroffenen am Entscheidungsprozess.

(8) Erik Oddvar Eriksen, dem ich für eine umsichtige und detaillierte Einleitung in meine Politik- und Rechtstheorie danken möchte,[35] macht den interessanten Vorschlag, schon auf analytischer Ebene die Alternative von diskursiv erzieltem Einverständnis und strategisch erzieltem Kompromiss durch eine dritte Option zu ergänzen – die eines *working agreement.* In diesem Fall gelangen die Parteien zwar nicht aus *denselben* Gründen zu einem Konsens, aber die Übereinstimmung soll auch nicht nur eine zufällige Konvergenz verschiedener Präferenzen zum Ausdruck bringen. Ein Kooperationszusammenhang, der durch ein solches *agreement* gestiftet wird, stützt sich vielmehr auf das reziproke Wissen, dass sich die Beteiligten an normativen, also uneigennützigen Gründen orientieren, von denen sie sich gegenseitig nicht überzeugen können. Ich stelle mir den skizzierten Fall ungefähr so vor: Die Beteiligten, die sich auf einen Diskurs eingelassen haben, stimmen einem vermittelnden Vorschlag zu, weil sie diesem, zwar aus anderen Gründen als die ande-

35 E. O. Eriksen, J. Weigård, *Understanding Habermas, Communicative Action and Deliberative Democracy*, London 2003.

ren Parteien, aber keineswegs nur aus den antagonistischen Blickwinkeln je eigener Präferenzen etwas Vernünftiges abgewinnen können.

Im Hinblick auf nichtstrategische Verhandlungen mag diese Beschreibung in vielen Fällen auf die Motivation einer deliberativ vorbereiteten Entscheidung zutreffen. Aber ein Element vermisse ich in der Beschreibung – das Vertrauenskapital, das die Diskursteilnehmer im Laufe vorangegangener Diskurse gemeinsam angespart haben. Diese einigen sich nämlich auf die charakterisierte Zwischenlösung nur unter der Bedingung ihres *Hintergrundkonsenses* über den grundsätzlich offenen Ausgang eines unter pragmatischem Einigungszwang *einstweilen* beendeten Argumentationsprozesses. Der *vorläufige Abbruch* einer Argumentation beeinträchtigt nicht die unbestimmte Aussicht auf ein zwangloses Einverständnis *in the long run*. Die demokratische Mehrheitsregel lässt sich sogar als eine Formalisierung dieses Hintergrundkonsenses verstehen. Die Abstimmung, die eine Diskussion beendet, entlastet die Parteien vom Einigungszwang. Aber die Mehrheitsentscheidung, die die überlegene Partei *einstweilen* ermächtigt, nach ihren Überzeugungen politisch zu handeln, ist der unterlegenen Partei nur auf der Grundlage eines intersubjektiv geteilten Verfahrenskonsenses zumutbar. Im Bewusstsein der Fallibilität von Überzeugungen und des offenen Ausgangs von Argumentationen kann niemand ausschließen, dass eine einstweilen unterlegene Partei recht behält und den Gegner bei nächster Gelegenheit doch noch von ihren Argumenten überzeugen wird.

Nun vermischen sich in politischen Diskussionen verschiedene Typen von Fragen. Analytisch betrachtet, verlangt der Übergang von der einen zur anderen Frage einen Perspektivenwechsel, zum Beispiel von rationaler Wahl und Kompromiss zur Verständigung über Tatsachen, Normen oder Werte.[36] So bemisst sich die deliberative Qualität von Beratungen daran, ob und wie stark sich die eigensinnige Logik verschiedener Fragen im faktischen Austausch der Meinungen tatsächlich zur Geltung bringt. Ich verstehe *working agreements* als Ergebnis von solchen »gemischten« Diskussionen, die unter Entscheidungszwang, aber rational motiviert beendet wer-

36 Zum Prozessmodell vernünftiger politischer Willensbildung vgl. J. Habermas, *Faktizität und Geltung*, Frankfurt am Main 1992, S. 195-207.

den. Dann erfasst dieser Begriff ein wichtiges empirisches Phänomen, berührt aber nicht den Maßstab einer diskursiv erzielten Einigung. So besteht auch keine konzeptuelle »Lücke« zwischen Kompromissbildung und Diskurs, die durch ein *working agreement* ausgefüllt werden müsste.

Eriksen konstruiert diese Lücke, indem er der *voluntaristischen* eine *rationalistische Lesart* demokratischer Legitimität gegenüberstellt. Nach dieser Lesart erzeugt das demokratische Verfahren Legitimität nicht aufgrund der gleichberechtigten Partizipation aller Bürger an der politischen Willensbildung, sondern aufgrund eines Rechtfertigungsprozesses, der den erzielten Entscheidungen eine bestimmte epistemische Qualität verleiht – nämlich die, im gleichmäßigen Interesse aller Bürger zu liegen: »Die rationalistische Lesart beruft sich auf den epistemischen Wert der Deliberation ... (Demnach sind) Normen nur dann legitim, wenn alle potentiell Betroffenen sie in einer rationalen Auseinandersetzung befürworten können.«[37] Eriksen wehrt sich zu Recht gegen dieses expertokratische Verständnis von demokratischer Willensbildung, das die Idee einer *Selbst*gesetzgebung verfehlt. Diese Idee fordert vielmehr, dass sich jeder Staatsbürger als Autor derjenigen Gesetze verstehen kann, denen er als privates Gesellschaftsmitglied unterworfen ist.

Die deliberative Deutung des demokratischen Verfahrens darf freilich mit einem expertokratischen Verständnis nicht verwechselt werden; auch sie trägt nämlich dem voluntaristischen Gesichtspunkt Rechnung. Eine noch so unstrittige deliberative Qualität der Meinungs- und Willensbildung liefert keinen hinreichenden Grund für die Erwartung vernünftiger Ergebnisse. Wenn es um kollektiv bindende Entscheidungen geht, muss sich das Erfordernis der deliberativen Qualität mit der Einbeziehung aller möglicherweise Betroffenen in den Beratungs- *und Entscheidungsprozess* verbinden. Denn in praktischen Diskursen ist das »Ja« und »Nein« eines jeden potentiell Betroffenen schon aus epistemischen Gründen wichtig. Für die Interpretation der je eigenen Bedürfnisse und Lebenslagen, die unter normativen Gesichtspunkten Berücksichtigung verdienen, ist die epistemische Autorität – das »letzte Wort« – *der ersten Person* unersetzlich. Die betroffene Person selbst kann natürlich auch einen Repräsentanten bestimmen, der für sie sprechen soll,

37 Siehe den Beitrag von E. O. Eriksen, in diesem Band S. 298.

aber epistemologisch betrachtet ist das schon ein Kompromiss. Eine Person kann sich jedenfalls dann, wenn es um strittige Bedürfnisinterpretationen geht, die ihr Selbst- und Weltverständnis betreffen, im Prinzip nicht vertreten lassen.

Das demokratische Verfahren macht aber die gleichmäßige Inklusion aller Betroffenen *nicht nur* aus solchen epistemologischen Gründen nötig. Sonst bliebe die Intuition unverständlich, die wir mit der inklusiven Beteiligung an der politischen Praxis der Selbstbestimmung verbinden.[38] Gleichmäßige Partizipation ist ebenso wesentlich wie klärende Deliberation, weil der Wille jedes einzelnen Teilnehmers in den »gemeinsamen«, kollektiv bindenden Willen Eingang finden muss. Die demokratische Meinungs- und Willensbildung zielt auf einen gemeinsamen Willen, der nicht nur vernünftig ist im Sinne einer richtigen Problemlösung, die ebenso gut von Experten ermittelt werden könnte. Er muss zugleich in dem volitiven Sinne »vernünftig« sein, dass darin jeder Einzelne (und sei es nur auf der reflexiven Ebene eines Verfahrenskonsenses) seinen eigenen individuellen Willen wiedererkennen kann.

Der deliberative Begriff der demokratischen Meinungs- und Willenbildung nimmt beide Momente einer vernünftigen Willensbildung in sich auf. In praktischen Diskursen erschöpft sich das rational motivierte »Ja« und »Nein« der Beteiligten nicht nur in der Verpflichtung, die entsprechenden epistemischen Ansprüche gegebenenfalls diskursiv einzulösen. Mit den »Ja«- oder »Nein«-Stellungnahmen verbinden sich vielmehr praktische Überzeugungen, die über rein epistemische Verbindlichkeiten hinausgehen, weil sie zugleich die Dispositionen ausdrücken, entsprechend zu handeln. Die deliberative Lesart des demokratischen Verfahrens bedeutet mithin keine rationalistische Vereinseitigung. Nach dieser Lesart zieht das Verfahren seine Legitimität erzeugende Kraft ebenso sehr aus der inklusiven Teilnahme der Bürger am politischen Meinungs- und Willensbildungsprozess wie aus der diskursiven Form, worin sich dieser Prozess vollziehen muss, wenn er die *promissory note* vernünftiger Ergebnisse soll begründen können.

38 C. Lafont, »Is the Ideal of a Deliberative Democracy Coherent?«, in: *Deliberative Democracy and its Discontents*, hg. von S. Besson und J. L. Martí, Aldersham, i. E.

(9) Aus der Verbindung von Inklusion und Deliberation ergibt sich im Hinblick auf den Legitimationsbedarf internationaler Organisationen eine beunruhigende Konsequenz. Im nationalstaatlichen Rahmen gewährleistet erst die Verbindung der Kommunikations- und Assoziationsrechte mit dem Recht, an politischen Wahlen und Abstimmungen teilzunehmen, dass die epistemische Komponente der öffentlichen Meinungsbildung nicht folgenlos verpufft. Das Wahlrecht verleiht den politischen Meinungen der Bürger – das heißt ihren über Zeit kumulierten Ja- und Nein-Stellungnahmen zu den in der politischen Öffentlichkeit erörterten, in der Parteienkonkurrenz noch einmal programmatisch zugespitzten Themen und Beiträgen – erst Entscheidungskraft. Die nationalstaatliche Organisationsform der Demokratie ist, bei allen Einschränkungen, nicht zuletzt deshalb die einzig effektive Form der Institutionalisierung (gewesen), weil sie Inklusion und Deliberation verkoppelt (hat). Wenn wir heute nach Möglichkeiten der Demokratisierung von entformalisierten Entscheidungsprozessen jenseits des Nationalstaates suchen, beobachten wir aber die Tendenz, diese Koppelung auf Kosten der demokratischen Teilhaberechte zugunsten von Deliberation und Öffentlichkeit aufzuweichen.[39]

Freilich gibt es auch gute Gründe für eine solche Akzentverlagerung, wie sowohl die empirischen Ergebnisse von Patrizia Nanz und Jens Steffek wie auch die begriffsanalytischen Überlegungen von Nancy Fraser zeigen. Das deliberative Verständnis von Demokratie erlaubt zunächst einmal, die traditionelle Verknüpfung der demokratischen Selbstbestimmung mit der Zugehörigkeit der Bürger zur historischen Schicksalsgemeinschaft einer Nation aufzulösen. In dem Maße, wie sich die politische Integration der Bürger über die Teilnahme am Prozess der öffentlichen Meinungs- und Willensbildung selbst vollzieht, kann die Aufgabe, staatsbürgerliche Solidarität unter Fremden zu stiften, von askriptiven Größen wie Muttersprache, Nationalität, angestammter Kultur und eingewöhntem Ethos auf die Leistungen der politischen Kommunikation überge-

39 Schmalz-Bruns moniert mit Recht eine verräterische Formulierung, die auch mir in diesem Zusammenhang unterlaufen ist (vgl. J. Habermas, *Die Postnationale Konstellation*, Frankfurt am Main, 1998, S. 166), spielt aber selbst mit ähnlichen Gedanken: R. Schmalz-Bruns, »Demokratie im Prozess der Globalisierung«, in: *Demokratie in Europa und europäische Demokratien*, hg. von T. Hitzel-Cassagnes und Th. Schmidt, Wiesbaden 2005, S. 215 f.

hen. Ein Kommunikationsbegriff von Demokratie – mit der Legitimationsvorstellung von deliberativer Politik – empfiehlt sich also für kulturell und weltanschaulich pluralistische Gesellschaften schon im nationalen Rahmen. Das gilt aber erst recht für multinationale Gebilde wie die Europäische Union und für überstaatliche Formen des Regierens überhaupt. Denn weder der Deliberation noch der Öffentlichkeit sind von Haus aus nationale Grenzen eingeschrieben.

Deliberative Verfahren können auch in deterritorialisierten Verhandlungssystemen, wie wir am Beispiel internationaler Verhandlungen gesehen haben, Entscheidungen *rationalisieren*. Sie generieren Gründe, die bereitstehen, wenn die Akteure zur Verantwortung gezogen werden und sich rechtfertigen müssen – sei es gegenüber Wählern, Regierungen, Aufsichtsinstanzen, Auftraggebern oder wachsamen *peers*. Unter dem Stichwort »Komitologie« hat Christian Joerges das deliberative Netzwerk der auf EU-Ebene angesiedelten Kommissionen als Beispiel für eine deliberative Entscheidungsvorbereitung jenseits nationaler Grenzen untersucht. *Öffentlichen Kommunikationskreisläufen*, die auf andere Weise zum Legitimationsprozess beitragen, *wohnt eine entgrenzende Dynamik inne*. Unter geeigneten Zugangsbedingungen können engagierte Beobachter für internationale Entscheidungsprozesse und deren Hintergründe weltweite Transparenz herstellen, Kritik üben und in einem territorial weit verstreuten Publikum eine Meinungsbildung stimulieren, die vonseiten responsiver Akteure wiederum Stellungnahmen hervorruft.

Gewiss, solche zeitweise und themenzentriert hergestellten transnationalen Öffentlichkeiten bleiben weit hinter den Integrationsleistungen nationalstaatlich institutionalisierter Öffentlichkeiten zurück. Jenseits nationaler Grenzen fehlt für selbsttragende politische Öffentlichkeiten, die kontinuierlich und gleichzeitig die Aufmerksamkeit eines Medienpublikums auf eine gemeinsame Agenda lenken können, eine wichtige Bedingung: der Kreis von Adressaten, die als Mitglieder ein und desselben politischen Gemeinwesens die Relevanzstrukturen eines gemeinsamen kulturellen Hintergrundwissens teilen. Aber im Horizont einer Weltgesellschaft bleiben auch nationale Öffentlichkeiten nicht mehr gegeneinander abgeschlossen. Eine Transnationalisierung von Öffentlichkeiten vollzieht sich exemplarisch innerhalb der Europäischen Union. Allerdings ist hier, wie Bernhard Peters und Mitarbeiter feststellen,[40] die Konvergenz der Blicke, die sich aus den nationalen Öffentlichkeiten der Mitgliedstaaten heraus auf die gemeinsame europäische Agenda richten, einstweilen stärker als die *wechselseitige* mediale Aufmerksamkeit füreinander oder gar der diskursive Austausch von Argumenten und Meinungen über nationale Grenzen hinweg. Dabei sind die kulturellen Differenzen zwischen den Nationen das geringere Problem. Die nationalen Öffentlichkeiten öffnen sich in dem Maße füreinander, wie die Medien selbst die Übersetzungsschleusen öffnen und von ihren Themen und Beiträgen *gegenseitig* Kenntnis nehmen, um eine Kommunikation *miteinander* zuwege zu bringen. Insofern teile ich Nancy Frasers Skepsis gegenüber der Möglichkeit »mehrsprachiger Kommunikationsgemeinschaften« nicht.

Von besonderem Interesse ist die Untersuchung von Patrizia Nanz und Jens Steffek über die politische Rolle global handelnder zivilgesellschaftlicher Organisationen. Attac oder Human Rights Watch bedienen sich bestehender Medienstrukturen und grenzüberschreitender Kommunikationsflüsse, um beispielsweise für die Politiken der (unter Gesichtspunkten von Global Governance besonders wichtigen) Welthandelsorganisation ad hoc »Öffentlichkeit herzustellen«. Sie fördern auf diese Weise weltweite Transparenz und stellen eine kommunikative Rückkoppelung zwischen den beteiligten Regierungsvertretern und den jeweils mobilisierten Teilen der betroffenen Zivilgesellschaften her. Die empirischen Befunde geben zwar zu vielen skeptischen Vorbehalten Anlass, aber sie sprechen auch dafür, dass der Resonanzboden einer Weltöffentlichkeit im Entstehen begriffen ist. Das könnte uns zu der Spekulation veranlassen, dass eines Tages die Abgeordneten internationaler Verhandlungsregime genötigt sind, sich vor dem »Forum der Weltzivilgesellschaft« zu verantworten. Aber was würde »politische Verantwortung« in diesem Fall bedeuten, solange die Betroffenen von einer wie immer auch mittelbaren politischen Mitwirkung ausgeschlossen sind?

Nehmen wir einmal kontrafaktisch an, dass der exemplarisch beschriebene Kommunikationsaustausch an allen relevanten Schau-

40 M. Brüggemann, St. Sifft, K. Kleinen-v. Königslöw, B. Peters und A. Wimmel, »Segmentierte Europäisierung«, in: *Europäische Öffentlichkeit und medialer Wandel*, hg. von W. R. Langenbucher und M. Latzer, Wiesbaden 2006, S. 214-231.

plätzen der Global Governance unter annähernd idealen Bedingungen stattfindet. Die Repräsentanten einer sich selbst organisierenden Weltzivilgesellschaft sollen einen gesicherten Zugang zu internationalen Organisationen genießen, die ihrerseits diskursiv verhandeln und sich responsiv zu den Anliegen der zivilgesellschaftlichen Basis verhalten. Selbst wenn die Regierungsvertreter für ihre politischen Entscheidungen vor einer mobilisierten Weltöffentlichkeit Verantwortung übernehmen und Rechenschaft ablegen würden, wäre dem Erfordernis demokratischer Legitimation durch Öffentlichkeit und Deliberation allein nicht schon Genüge getan. Offensichtlich fehlte immer noch eine gleichmäßige Inklusion der betroffenen Bürger in den Entscheidungsprozess.[41] Einstweilen besteht keine Pflicht zur Responsivität, die die Regierungsvertreter an die programmatischen Meinungen der zivilgesellschaftlichen Organisationen bindet. Und diese wiederum sind so wenig repräsentativ, dass man nicht wissen kann, ob sich die zivilgesellschaftliche Basis in ihren Sprechern wiedererkennt. Oder müssen wir den Legitimationsbedarf sachlich genauer spezifizieren, um zu prüfen, unter welchen Umständen die Optimierung von Öffentlichkeit und Deliberation *allein* ausreicht?

Die Legitimationsdefizite, denen wir auf internationaler Ebene empirisch begegnen, erinnern uns an ungelöste konzeptuelle Fragen. Wie könnte eine Kette demokratischer Legitimation, die von der Weltbürgergesellschaft bis zu den globalen Institutionen der Friedens- und Menschenrechts-, der Energie- und Umwelt-, Finanz- und Wirtschaftspolitik reichen würde, an die in den Nationalstaaten längst etablierten Verantwortlichkeiten und Kontrollen angeschlossen werden? Muss nicht die demokratische Verantwortung, die weisungsgebundene Delegierte in ihrer Rolle als Funktionäre der Weltpolitik gegenüber einer Weltbürgergesellschaft haben, mit der Verantwortung gegenüber ihrer Regierung und den Bürgern des eigenen Landes in Konflikt geraten?

(10) Bevor ich mich dieser von Rainer Schmalz-Bruns aufgeworfenen Frage zuwende, muss ich auf grundsätzliche Einwände von In-

41 Aus diesem Grund untersuchen Grant und Keohane schwächere Formen der politischen Verantwortung, die den administrativen Missbrauch von Macht einschränken: R. W. Grant und R. O. Keohane, »Accountability and Abuses of Power in World Politics«, in: *American Political Science Review* 99 (2005), S. 29-43.

geborg Maus eingehen. Die einleuchtende Diagnose der »Gleichzeitigkeit nationalstaatlicher Entlegitimierung und der Notwendigkeit des Zugriffs überstaatlicher Politik auf nationalstaatliche Legitimationsressourcen«[42] bildet den Ausgangspunkt für ihren ebenso luziden wie streitbaren Beitrag. I. Maus plädiert freilich nicht, unter Anerkennung der inzwischen geschaffenen Fakten, für eine zukunftsweisende Auflösung dieses Dilemmas. Sie verfolgt vielmehr die Strategie einer Rückkehr zu den normativ klaren Verhältnissen des klassischen Völkerrechts. Nach dieser Analyse kann es eine über den Nationalstaat hinausgreifende und gleichwohl demokratische Verfassung nicht geben. In den Arenen der Weltpolitik bilden internationale Verträge zwischen souveränen Staaten die einzige Legitimationsgrundlage für das erwünschte kooperative Handeln kollektiver Aktoren. Ordnungs- oder Regimevorstellungen, die souveräne Staaten in die Praktiken und Verpflichtungen eines *Mitglieds* der internationalen Gemeinschaft einbinden, sind insoweit verfehlt, als solche Mitgliedschaftsverpflichtungen der souveränen Entscheidungsgewalt des Staatsvolkes Schranken auferlegen.[43]

Im Folgenden beziehe ich mich noch einmal auf Kants Idee einer »weltbürgerlichen Verfassung«, freilich nicht in der Absicht, den endlosen Streit um die richtige Interpretation eines berühmten Satzes, ja eines einzigen Wortes – des Völkerbundes als eines »Surrogats« für den Völkerstaat – fortzusetzen.[44] Mich interessiert der Auslegungsstreit aus einem systematischen Grunde: Ich habe den Eindruck, dass Ingeborg Maus ein uns beide gleichermaßen beunruhigendes Problem an der falschen Stelle lokalisiert. Kant hat es offenbar *als unproblematisch angesehen*, den »Endzweck der Rechtslehre«, nämlich die Idee eines *gesetzmäßig gesicherten* kosmopolitischen Friedenszustandes,[45] in Analogie zur staatsbürgerlichen Verfassung als eine »weltbürgerliche Verfassung« zu konzipieren.[46] Das Ideal einer rechtlichen Verbindung der Menschen unter öffentlichen Ge-

42 I. Maus, »Verfassung oder Vertrag? Zur Verrechtlichung globaler Politik«, in diesem Band S. 381.

43 Dagegen C. Tomuschat, *International Law: Ensuring the Survival of Mankind*, Den Haag 2001.

44 I. Kant, *Zum Ewigen Frieden*, in: *Werkausgabe*, hg von W. Weischedel, Bd. VI, Frankfurt am Main 1977, S. 212 f.

45 Siehe den »Beschluss« der Rechtslehre, in: *Die Metaphysik der Sitten*, *Werkausgabe*, a. a. O. (Anm. 44), Bd. IV, S. 477 ff.

46 I. Kant, *Über den Gemeinspruch*, *Werkausgabe*, a. a. O. (Anm. 44), Bd. VI, S. 169.

setzen sah er in der französischen Republik verwirklicht. Weil sich aber Ideale in verschiedenen Exemplaren verkörpern können, lässt sich auch die »fortdauernde Friedensstiftung« eines globalen Rechtszustandes in Gestalt einer umfassend erweiterten Republik *denken.* Kant selbst hält die Vergrößerung der politischen Verfassung eines republikanischen Staates zum Format einer Weltrepublik für ein durchaus konsistentes Gedankenexperiment, das nicht etwa schon aus begrifflichen Gründen zu Abstrichen an der demokratischen Substanz eines solchen Gebildes nötigt.

Von der Projektion der einzelstaatlichen Verfassung auf die globale Ebene bleibt die *republikanische Herrschaftsform* – »da alle über alle, mithin jeder über sich selbst beschließt« – der Idee nach unberührt. Nicht aus begrifflichen, sondern allein aus empirischen Gründen könnte das »weltbürgerliche gemeine Wesen unter einem Oberhaupt« von Despotismus bedroht sein.[47] Kants Bedenken stützt sich nicht, wie Ingeborg Maus behauptet, auf eine normative Überlegung, die für »die globale Uneinlösbarkeit von Volkssouveränität« spräche; ihn beeindrucken vielmehr Komplexitätsargumente, in erster Linie das organisatorische Problem der friedlich-effektiven Rechtsdurchsetzung in einem weltweit ausgedehnten Territorium. Kant fürchtet die Tendenz zur Machtkonzentration und als Gegentendenz den Zerfall in Anarchie.[48] Interessanterweise beschäftigen ihn Schwierigkeiten, die bei der *Implementierung* von Rechtsprogrammen auftreten, und nicht einmal die Schwierigkeiten einer demokratischen Organisation der Gesetzgebung. Demgegenüber beklagt I. Maus die (tatsächlich beunruhigenden) Folgeprobleme einer »übergroßen« gesellschaftlichen Komplexität, die sich der Einrichtung der demokratischen Meinungsbildung und der effektiven Einflussnahme der Bürger auf politische Entscheidungen in den Weg stellen, also die *Input*-Legitimation beschädigen.

Kant hat mit dem Argument, dass eine demokratische Gesetzgebung »nur in kleinräumigen Einheiten zu organisieren« sei, eine weltbürgerliche Verfassung als mögliche Form globaler Verrechtlichung keineswegs *grundsätzlich* ausgeschlossen. Für diese Maus'sche These eignet sich allenfalls ein Rousseau'sches Argument. Gestützt auf einen nichtdeliberativen Begriff von demokratischer Selbstge-

47 I. Kant, *Über den Gemeinspruch*, in: *Werkausgabe*, a. a. O. (Anm. 44), Bd. VI, S. 169.

48 I. Kant, *Zum Ewigen Frieden*, in: *Werkausgabe*, a. a. O. (Anm. 44), Bd. VI, S. 225.

setzgebung, die auf die »Nation« eines sittlich integrierten Gemeinwesens zugeschnitten ist, verfügt Rousseau nämlich über ein »ethisches« Gegenargument: Wenn die Bildung eines demokratischen Gemeinwillens nur vor dem Hintergrund eines konkreten, von den Bürgern geteilten politischen Ethos möglich ist, kann das »Selbst« der Selbstbestimmung nur ein Kollektiv sein, das sich durch eine partikulare Lebensform von anderen Nationen abgrenzt. Demgegenüber geht Kant von einem abstrakter gefassten rechtlichen Begriff der Autonomie aus und kann darum die Bildung eines gemeinsamen Willens dem demokratischen Verfahren allein zutrauen. Er kann der *empirischen* Vielfalt von republikanisch verfassten Nationen gerecht werden, ohne die *begriffliche* Möglichkeit einer inklusiven Weltrepublik auszuschließen: In ihrer Eigenschaft *als Weltbürger* müssen sich deren Bürger nicht durch eine jeweils exklusive Lebensform und Tradition voneinander unterscheiden.[49]

Das von Ingeborg Maus herangezogene Argument, mit dem Kant das *völkerrechtliche Interventionsverbot* verteidigt, könnte freilich den berühmten »Widerspruch« erklären.[50] *Nachdem nun einmal historisch verschiedene Staaten* – darunter zwei Republiken – *entstanden sind,* sieht Kant einen solchen Widerspruch zwar nicht in der Idee der weltbürgerlichen Verfassung selbst, aber in der Vorstellung ihrer praktischen Verwirklichung angelegt. Nach Kants reformistischer Auffassung[51] dürfen nämlich existierende Unrechtszustände nicht auf dem Wege eines von außen mit Gewalt herbeigeführten *regime change* abgeschafft werden, weil jede noch so repressive *staatliche* Vergesellschaftung immerhin einen *rechtlichen* Charakter hat und insoweit bereits auf die (aus dem Gesellschaftsvertrag stammende) *Idee* der gleichen Freiheiten für alle Bürger verweist. I. Maus spitzt

49 Insofern schließt der selbstreferentielle Begriff der demokratischen Selbstbestimmung *nicht schon aus logischen* Gründen, wie Schmalz-Bruns (oben Anm. 39 mit Bezug auf meine Überlegungen in J. Habermas *Die Postnationale Konstellation*, a. a. O., S. 161 ff.) meint, eine soziale und räumliche Universalisierung der Staatsbürgerrolle aus. Im Übrigen könnten sich die lebenden Generationen von Weltbürgern in der Zeitdimension immer wieder von den toten und den ungeborenen Generationen von Mitbürgern unterscheiden. Der historische Wandel eines jeweils herrschenden politischen Selbstverständnisses von Weltbürgern erlaubt jedenfalls den Nachgeborenen eine Distanzierung von vergangenen Interpretationen von ›Weltbürgerschaft‹.

50 I. Kant, *Zum Ewigen Frieden*, *Werkausgabe*, a. a. O. (Anm. 44), Bd. VI, S. 209.

51 C. Langer, *Reform nach Prinzipien*, Stuttgart 1986.

dieses Argument dahingehend zu, dass die Souveränität eines jeden Staates Schutz verdient, »weil diese potentiell Volkssouveränität ist«. Aber ist dieses Argument nicht im Lichte unserer historischen Erfahrung entwertet? Mit den monströsen Massenverbrechen des 20. Jahrhunderts haben die Völkerrechtssubjekte die Unschuldsvermutung, auf die sich ihre Immunität gegen völkerrechtliche Strafverfolgung stützte, verwirkt. Seitdem genießen individuelle Staatsbürger auch gegen die Kriminalität ihrer eigenen Regierungen völkerrechtlichen Schutz. Und diese Rechte können sie nur in der Rolle von Weltbürgern besitzen.[52]

Das Völkerrecht hat sich nicht nur in der Dimension des Strafrechts weiterentwickelt. Die Innovationen erschöpfen sich nicht im Regime der Sicherheits- und Menschenrechtspolitik der Vereinten Nationen. Innerhalb wie außerhalb der UN haben sich Formen des internationalen Regierens auf Gebieten der Energie- und Umwelt-, der Finanz- und Wirtschaftspolitik, der Arbeitsbeziehungen, des organisierten Verbrechens und des Waffenhandels, der Bekämpfung von Epidemien usw. entwickelt. Im Gleichschritt mit gemeinsamen Märkten und Währungen bilden sich zudem kontinentale Staatenverbindungen heraus. Die Europäische Union beruht zwar auf der rechtlichen Grundlage internationaler Verträge, verfügt aber über Kompetenzen, die auf dieser Grundlage nicht mehr legitimiert werden können. Diese historischen Entwicklungen lassen sich nicht ignorieren oder gar rückgängig machen; deshalb ist es nicht hilfreich, an den normativen Gedankenfiguren des 18. Jahrhunderts festzuhalten. Es scheint mir aussichtsreicher zu sein, Kants Idee der weltbürgerlichen Verfassung auf der gebotenen Abstraktionsstufe aufzunehmen, um den Gedanken einer Konstitutionalisierung des Völkerrechts von dem aus funktionalen Gründen unrealistischen – und nicht etwa aus normativen Gründen verwerflichen – Gedanken einer Weltrepublik zu lösen.

(11) Die Einwände von Ingeborg Maus unterstreichen die Dringlichkeit der Frage nach der organisationsrechtlichen Verankerung einer global – oder auch regional – erweiterten demokratischen Verfassung. Die Anwälte einer Konstitutionalisierung des Völkerrechts

52 Vgl. J. Habermas, »Hat die Konstitutionalisierung des Völkerrechts noch eine Chance?«, a. a. O. (Anm. 10), S. 157 ff.

müssen, wenn sie die Demokratie nicht ganz abschreiben wollen, wenigstens Modellvorstellungen für ein institutionelles Arrangement entwickeln, das neuen Formen des Regierens jenseits des Nationalstaates eine demokratische Legitimation sichern kann. Auch ohne den Rückhalt staatlicher Souveränität müsste sich ein solches Arrangement an die etablierten, aber inzwischen unzureichenden Legitimationswege des demokratischen Rechtsstaates *anschließen* und diese durch Legitimationsleistungen *ergänzen*, die Maßstäben deliberativer Demokratie genügen. Diese berechtigte Forderung hat bisher keine überzeugende Antwort gefunden. Denn konzeptuelle Entwürfe zu einer legitimen Weltordnung laufen ohne Kenntnis der schwer überschaubaren empirischen Verhältnisse ins Leere, während den empirischen Untersuchungen ohne eine solche Perspektive die richtigen Fragestellungen fehlen. Anregungen für ein solches Projekt entnehme ich im vorliegenden Band den Analysen von Rainer Schmalz-Bruns und Hauke Brunkhorst.

Rainer Schmalz-Bruns charakterisiert die Antwort, die ich andernorts skizziert habe,[53] zutreffend als den Versuch, die Weltpolitik nach ihrem jüngsten Denationalisierungsschub in die »Struktur einer arbeitsteiligen Bewirtschaftung der Legitimationsressourcen auf supranationaler, regionaler und nationaler Ebene einzupassen«. Der entscheidende begriffsstrategische Zug, mit dem ich Autoren wie Hauke Brunkhorst folge, besteht in der Dekomposition jener drei in der historischen Gestalt des demokratischen Rechtsstaates eng miteinander verklammerten Elemente von Staatlichkeit, demokratischer Verfassung und staatsbürgerlicher Solidarität. Während die politische Verfassung und die solidarische Mitgliedschaft in einer Assoziation freier und gleicher Rechtsgenossen über die nationalen Grenzen hinausgreifen, bleibt die Substanz des Staates – die Handlungsfähigkeit und die administrative Macht eines hierarchisch organisierten Gewaltmonopolisten – im Rahmen des Nationalstaates konzentriert. Einige Zitate zur Erinnerung an den Vorschlag für die politische Verfassung einer pluralistischen Weltgesellschaft:[54]

53 Ebd., S. 133-142, 172-178; und J. Habermas, »Eine politische Verfassung für die pluralistische Weltgesellschaft?«, in: ders., *Zwischen Naturalismus und Religion*, Frankfurt am Main 2005, S. 324-365, hier S. 347-364.

54 J. Habermas, »Eine politische Verfassung«, a. a. O. (Anm. 53).

In einem globalen Mehrebenensystem würde die klassische Ordnungsfunktion des Staates, also die Garantie von Sicherheit, Recht und Freiheit, einer *supranationalen* Weltorganisation übertragen, die sich auf die Funktionen der Friedenssicherung und der globalen Durchsetzung der Menschenrechte spezialisiert. Diese wäre jedoch von den immensen Aufgaben einer Weltinnenpolitik entlastet, die darin bestehen, einerseits das extreme Wohlstandsgefälles der stratifizierten Weltgesellschaft zu überwinden, ökologische Ungleichgewichte umzusteuern und kollektive Gefährdungen abzuwehren, andererseits eine interkulturelle Verständigung mit dem Ziel einer effektiven Gleichberechtigung im Dialog der Weltzivilisationen herbeizuführen. Diese Probleme erfordern einen anderen Modus der Bearbeitung im Rahmen von *transnationalen* Verhandlungssystemen. Sie können nicht auf direktem Wege, durch den Einsatz von Macht und Recht gegenüber unwilligen oder unfähigen Nationalstaaten gelöst werden. Sie berühren die eigene Logik grenzüberschreitender Funktionssysteme und den Eigensinn von Kulturen und Weltreligionen, mit denen sich die Politik auf dem Wege von klugem Interessenausgleich und intelligenter Steuerung sowie durch hermeneutische Aufgeschlossenheit ins Benehmen setzen muss. (S. 346)

Während die Weltorganisation hierarchisch aufgebaut ist und für ihre Mitglieder bindendes Recht setzt, sind die Interaktionsformen auf transnationaler Ebene heterarchisch geprägt. Der zweite begriffsstrategisch wichtige Zug besteht nun in der Unterscheidung zwischen sektoral organisierten Netzwerken, die auf der Ebene von Expertengremien die Entscheidungen unabhängiger kollektiver Aktoren aufeinander abstimmen, und einem zentralen Verhandlungssystem, das über bloßes Interdependenzmanagement hinaus politische Aufgaben übernimmt:

Auf der Bühne *transnationaler* Netzwerke und Organisationen verdichten und überlappen sich heute schon die Einrichtungen, die den wachsenden Koordinationsbedarf einer zunehmend komplexen Weltgesellschaft befriedigen. Aber die *Koordinierung* der staatlichen und nicht-staatlichen Aktoren ist eine Regelungsform, die nur für eine bestimmte Kategorie grenzüberschreitender Probleme ausreicht. Für ›technische‹ *Fragen* im weiteren Sinne (wie die Standardisierung von Maßen, die Regelung von Telekommunikation oder die Katastrophenvorsorge, für die Eindämmung von Epidemien oder die Bekämpfung des organisierten Verbrechens) genügen Verfahren von Informationsaustausch, Beratung, Kontrolle und Vereinbarung. Weil der Teufel überall im Detail sitzt, verlangen auch diese Probleme den Ausgleich widerstreitender Interessen. Aber sie unterschieden sich von Fragen genuin ›politischer‹ Natur, die wie etwa die verteilungsrelevanten Fragen der weltweiten Energie- und Umwelt-, der Finanz- und Wirtschaftspolitik in tief verankerte und schwer bewegliche Interessenlagen nationaler Gesellschaften eingreifen. Im Hinblick auf diese Probleme einer künftigen Weltinnenpolitik besteht ein *Gestaltungs- und Regulierungsbedarf*, für den einstweilen sowohl der institutionelle Rahmen wie die Aktoren fehlen. Die bestehenden politischen Netzwerke sind funktional spezifiziert und bilden im besten Falle inklusiv zusammengesetzte, multilateral arbeitende Organisation, in denen, wer immer sonst noch zugelassen ist, die Regierungsvertreter die Verantwortung tragen und das Sagen haben. Sie bilden jedenfalls in der Regel keinen institutionellen *Rahmen* für gesetzgeberische Kompetenzen und entsprechende politische Willensbildungsprozesse. (S. 336)

Das zentrale Verhandlungssystem verfügt über generalisierte Zuständigkeiten, verbindet aber die Flexibilität von staatlichen Regierungen, die ihren Blick auf das Ganze richten können, mit der nichthierarchischen Verfassung einer mulilateralen Organisation gleichberechtigter Mitglieder. Aber nur regional ausgedehnte, zugleich repräsentative und durchsetzungsfähige Regime könnten eine solche Institution handlungsfähig machen. Die unwahrscheinliche Konstellation, mit der die ganze Konstruktion steht und fällt, verlangt eine politische Machtkonzentration bei wenigen *global players*. Diese müsste den zentrifugalen Kräften einer funktionalen Ausdifferenzierung der Weltgesellschaft abgerungen werden. Um zu prüfen, ob der *point of no return* schon verpasst ist,[55] muss man mit Hauke Brunkhorst neben den normativen auch die systemischen Entwicklungen im Blick behalten:

Selbst wenn dieser Rahmen etabliert wäre, fehlten immer noch die kollektiven Aktoren, die solche Beschlüsse umsetzen könnten. Ich denke an *regionale Regime*, die für ganze Kontinente ein hinreichend repräsentatives Verhandlungsmandat haben und über die nötige Implementationsmacht verfügen. – Die Politik könnte den spontan entstandenen Regelungsbedarf einer systemisch, also naturwüchsig integrierten Weltwirtschaft und Weltgesellschaft auf intentionale Weise nur befriedigen, wenn die mittlere Arena

55 Diesen Eindruck kann man gewinnen, wenn man jene Netzwerke informeller, jedenfalls klarer politischer Verantwortung weitgehend entzogener Rechtsschöpfungen betrachtet, die Anlass geben, den Begriff des »globalen Verwaltungsrechts« einzuführen: vgl. das »Symposium on Global Governance and Global Administrative Law in the International Legal Order« (Special Editors N. Krisch und B. Kingsbury), in: *European Journal of International Law* 17 (2006).

von einer überschaubaren Anzahl von *global players* eingenommen würde. Diese müssten stark genug sein, um wechselnde Koalitionen bilden, flexible Machtgleichgewichte herstellen und – vor allem in Fragen der Strukturierung und Rahmensteuerung des weltweiten ökologischen und wirtschaftlichen Funktionssystems – verbindliche Kompromisse aushandeln und durchsetzen zu können. Auf diese Weise würden auf der transnationalen Bühne die internationalen Beziehungen, wie wir sie bisher kennen, in modifizierter Gestalt fortbestehen – modifiziert schon deshalb, weil unter einem effektiven Sicherheitsregime der Vereinten Nationen auch den mächtigsten unter den *global players* der Rückgriff auf Krieg als legitimes Mittel der Konfliktlösung verwehrt sein würde. (S. 336 f.)

Auch Schmalz-Bruns sieht den Kern des Problems darin, »die unentbehrlichen Momente von Staatlichkeit in einer abstrakten Fassung« für die verfassungsrechtliche Zähmung einer gewaltförmigen Weltpolitik bereitzustellen und »kontextadäquat zu respezifizieren«. Er meint jedoch, dass in der vorgeschlagenen Architektonik eine Lücke klafft, »die mit Mitteln einer reflexiven, sozietalen und transnationalen Konstitutionalisierung der politischen Beziehungen zwischen parallel und sektoral vergemeinschafteten Akteuren allein nicht zu schließen ist«. Die »Lücke« besteht vor allem zwischen den Legitimationserwartungen der *Weltbürger* auf der einen und denen der *Staatsbürger* auf der anderen Seite. *Welt*bürger orientieren sich an universalistischen Standards, denen die Friedens- und Menschenrechtspolitik der Vereinten Nationen ebenso gehorchen muss wie eine Weltinnenpolitik, die unter den *global players* ausgehandelt wird. Aber *Staats*bürger messen das Verhalten ihrer Regierungen und Verhandlungsführer in diesen internationalen Arenen gerade nicht an *globalen* Gerechtigkeitsstandards, sondern an der effektiven Wahrnehmung *nationaler* beziehungsweise *regionaler* Interessen. Auch wenn dieser Konflikt in den Köpfen derselben Bürger ausgetragen werden würde, müssen die Legitimitätsvorstellungen, die sich im kosmopolitischen Bezugsrahmen der internationalen Gemeinschaft entfalten, mit den Legitimationserwartungen kollidieren, die am nationalen Bezugsrahmen des jeweils eigenen politischen Gemeinwesens haften.

Schmalz-Bruns stützt sich auf ein Argument von Thomas Nagel, um allerdings gegen Nagel selbst (und gegen Ingeborg Maus) den Schluss zu verteidigen, dass eine demokratische Verrechtlichung der Weltpolitik nur in einer – wie auch immer reflexiv gestuften – Weltrepublik als möglich *gedacht* werden könne. Er zitiert Nagel mit der Überlegung:

> I believe that the newer forms of international governance share with the old a markedly indirect relation to individual citizens and that this is morally significant. All these networks bring together representatives not of individuals, but of state functions and institutions. Those institutions are responsible to their own citizens and may have to play a significant role in support of social justice for those citizens. But a global or regional network does not have a similar responsibility of social justice for the combined citizenry of all the states involved, *a responsibility that if it existed would have to be exercised collectively by the representatives of the member states.*[56]

Die Hervorhebung des vorangehenden irrealen Konditionalsatzes signalisiert die Schlussfolgerung, auf die es Schmalz-Bruns ankommt: Die politische Verantwortung der nationalen oder regionalen Regierungen gegenüber ihren eigenen Bürgern kann institutionell nur dann am Vorrang der universalistischen Gerechtigkeitsmaßstäbe einer politischen Weltverfassung relativiert werden, *wenn diese selbst einen staatlichen Charakter annimmt.* Denn nur in einem Weltstaat würde sich die Weltordnung aus dem Willen ihrer Bürger begründen. Nur in einem solchen Rahmen könnte die demokratische Meinungs- und Willensbildung der Bürger *zugleich monistisch*, vom Einheitspunkt der Weltbürgerschaft ausgehend, und *effektiv*, also mit bindender Wirkung für die Implementierung der Beschlüsse und Gesetze organisiert werden.

III. Zur demokratischen Legitimität einer weltbürgerlichen Verfassung ohne Weltrepublik

In Reaktion auf diesen Einwand möchte ich die Aufgabe spezifizieren, die sich im Hinblick auf die Legitimitätsbedingungen für eine kosmopolitische Verfassung ohne Weltstaat stellt (12 und 13). Weil die politisch verfasste Weltgesellschaft aus Bürgern *und* Staaten besteht, kann der Legitimationsfluss der Meinungs- und Willensbildung nicht wie im Nationalstaat linear von den Bürgern zur Staatsgewalt verlaufen; vielmehr müssen wir zwei Legitimationswege berücksichtigen, von denen

56 Th. Nagel, »The Problem of Global Justice«, in: *Philosophy & Public Affairs* 33 (2005), S. 113-147, hier S. 139 ff.

- der erste von den Weltbürgern über eine aus staatsbürgerlich kontrollierten Mitgliedstaaten bestehende internationale Gemeinschaft zur Friedens- und Menschenrechtspolitik der Weltorganisation führt; während
- der zweite von den Staatsbürgern über einen entsprechenden Nationalstaat und das jeweilige Regionalregime zu dem transnationalen Verhandlungssystem führt, das *im Rahmen* der internationalen Gemeinschaft für Fragen der Weltinnenpolitik zuständig ist,
- so dass sich aufgrund dieser Einbettung der von den Weltbürgern ausgehende Legitimationskreislauf hier wiederum schließt.

Da mit konsistenten Denkmöglichkeiten allein noch nicht viel gewonnen ist, werde ich mit Hinweisen auf die Lernprozesse schließen, die sowohl seitens der Nationalstaaten wie seitens der Bevölkerungen stattfinden müssen, um die internationale Gemeinschaft in den Stand zu versetzen, zugleich selbstbestimmt und effektiv zu handeln (14).

(12) Nach meiner Vermutung lässt sich Nagels begrifflicher Einwand gegen die demokratische Konstruktion einer *entstaatlichten* Weltverfassung von einer falschen Analogie in die Irre führen. Im Hinblick auf die Konstitutionalisierung des Völkerrechts legt die Analogie zum Gesellschaftsvertrag die gleiche Abstraktion eines Naturzustandes nahe, die in der Tradition des Vernunftrechts vorgenommen worden ist, um einen kritischen Maßstab für die Konstitutionalisierung des Staatenrechts zu gewinnen. Bei der *politischen Ermächtigung* einer aus Staatsbürgern verschiedener Nationen zusammengesetzten, einstweilen noch in einem vorpolitischen Zustand verharrenden Weltzivilgesellschaft geht es jedoch um etwas anderes als um die *verfassungsrechtliche Bändigung* einer autoritären Staatsgewalt. Dem klassischen Fall ist das Gedankenexperiment eines Ausgangs aus dem Naturzustand angemessen, das die Staatsgewalt so rekonstruiert, *als sei* sie aus dem vernünftigen Willen freier und gleicher Individuen hervorgegangen. Aber angesichts unseres gegenwärtigen Dilemmas ist es nicht angebracht, von der legitimen Existenz der bereits verfassten Nationalstaaten abzusehen und auf einen vorstaatlichen Anfangszustand zurückzugehen. (Im Folgenden werde ich allerdings eine robuste Vereinfachung vornehmen und davon absehen, dass sich noch

keineswegs alle Staaten zu demokratischen Rechtsstaaten entwickelt haben).

Jede begriffliche Konstruktion einer Verrechtlichung der Weltpolitik muss heute von Individuen *und Staaten* als den beiden Kategorien von weltverfassungsgebenden Subjekten ausgehen. Als Gründungsmitglieder kommen die (wie wir annehmen wollen) legitimen Verfassungsstaaten schon mit Rücksicht auf ihre gegenwärtige Funktion ins Spiel, selbstbestimmte politische Lebensformen von Staatsbürgernationen zu gewährleisten. Neben den potentiellen Weltbürgern kommen die Staaten als Legitimationsquelle in Betracht, weil Staatsbürger – im besten Sinne patriotisch[57] – an der Erhaltung und Verbesserung der nationalen Lebensformen interessiert sind, mit denen sie sich jeweils identifizieren und für die sie sich – selbstkritisch auch im Rückblick auf die eigene nationale Geschichte – verantwortlich fühlen. Das Gedankenexperiment eines »zweiten Naturzustandes« muss die staatlichen Kollektivsubjekte noch aus einem weiteren Grunde berücksichtigen. In einer Situation, in der es nicht um die *Bändigung* autoritärer Staatsgewalt, sondern um die *Erzeugung* politischer Handlungsfähigkeiten geht, sind diejenigen Subjekte unersetzlich, die über die Mittel legitimer Gewaltanwendung schon verfügen und diese einer politisch verfassten internationalen Gemeinschaft *zur Verfügung stellen* können.

Das Gedankenexperiment eines »zweiten Naturzustandes« muss so angelegt werden, dass drei wesentliche Bedingungen erfüllt sind:

(a) der von Thomas Nagel analysierte Widerspruch zwischen den normativen Maßstäben der Weltbürger und der Staatsbürger muss in einer monistisch verfassten politischen Ordnung entschärft werden können;

(b) der monistische Aufbau darf freilich nicht zu einer Mediatisierung der Staatenwelt durch die Autorität einer Weltrepublik führen, die sich über das innerstaatlich angesparte Vertrauenskapital und die entsprechende Loyalität der Staatsbürger zu ihrer Nation hinwegsetzt;

(c) die Rücksichtnahme auf den nationalen Eigensinn staatlich or-

57 R. Rorty, *Achieving Our Country*, Cambridge, MA 1998; vgl. auch meine Rezension in: J. Habermas, *Zeit der Übergänge*, Frankfurt am Main 2001, S. 160-165.

ganisierter Lebensformen darf wiederum nicht die Effektivität und verbindliche Umsetzung der supra- und transnationalen Beschlüsse schwächen.

Ad a): In dem skizzierten Mehrebenensystem wird die supranationale Ebene von einer Weltorganisation eingenommen, die unter zwei Aspekten betrachtet werden kann. Die Weltorganisation ist, soweit sie Interventions- und Regelungskompetenzen besitzt, auf die elementaren Ordnungsfunktionen der Friedenssicherung und des Menschenrechtsschutzes *spezialisiert*; zugleich *repräsentiert* sie aber, soweit sie die internationale Gemeinschaft von Staaten und Bürgern integriert, *die Einheit* der globalen Rechtsordnung. Die Charta kann die Rolle einer kosmopolitischen Verfassung übernehmen, weil sie sich sowohl auf internationale Verträge wie auf innerstaatliche Referenden stützt, also (in Analogie zu der im europäischen Verfassungsentwurf verwendeten Formulierung) »im Namen der Bürger/innen und der Staaten der Welt« verabschiedet wird. Eine Generalversammlung, die sich aus Abgeordneten der demokratisch gewählten Parlamente der Mitgliedstaaten (alternativ aus je einer Kammer für die Repräsentanten der Weltbürger und der Staaten) zusammensetzt, tritt zunächst als Konstituante zusammen und verstetigt sich – innerhalb des etablierten Rahmens einer funktional spezialisierten Weltorganisation – als ein Weltparlament, dessen *gesetzgeberische* Funktion sich allerdings in der Fortentwicklung der Charta erschöpft.

Ad b): Die Generalversammlung ist u. a. der (von Rainer Forst geforderte) institutionelle Ort für eine inklusive Meinungs- und Willensbildung über die Grundsätze transnationaler Gerechtigkeit, nach denen sich die Weltinnenpolitik richten soll. Diese Diskussion kann freilich den Pfaden einer philosophischen Gerechtigkeitsdiskussion schon deshalb nicht folgen,[58] weil sie durch die Zusammensetzung der Generalversammlung in bestimmter Weise präjudiziert wird: die Repräsentanten der Mitgliedstaaten und die Bürgerinnen und Bürger der Weltzivilgesellschaft müssen auch dann, wenn sie in Personalunion auftreten, *konkurrierende Gerechtigkeitsperspektiven in Einklang bringen.* Die Abgeordneten müssen die Repräsentation

58 So aber die Vorstellung von J. Cohen und Ch. Sabel in ihrer Kritik an T. Nagels methodischem Nationalismus: »Extra Republicam Nulla Justitia?«, in: *Philosophy & Public Affairs* 34 (2006), S. 147-175.

der Bürger ihres jeweils eigenen Nationalstaates mit der Aufgabe verbinden, die Interessen *derselben* Bürger in ihrer Eigenschaft als Weltbürger wahrzunehmen. Der Doppelstatus der Abgeordneten, die ja nicht die eine Hälfte ihrer Identität der anderen Hälfte opfern können, (beziehungsweise die Einrichtung eines Systems von zwei entsprechenden Kammern) verhindert *a priori* Beschlüsse, welche das Existenzrecht der Staaten und der entsprechenden nationalen Lebensformen gefährden können.

In dieser Konstellation stellen sich die Grundsatzfragen transnationaler Gerechtigkeit unter institutionell festgelegten Prämissen. Zunächst erfordert die Einbeziehung aller Personen in eine weltbürgerliche Ordnung, dass jeder und jedem nicht nur politische und bürgerliche Grundrechte, sondern auch der »faire Wert« dieser Rechte gewährleistet werden: Das bedeutet, dass den Weltbürgern Bedingungen garantiert werden, die i*n Anbetracht des jeweiligen lokalen Kontextes erforderlich* sind, um die formal gleichen Rechte *effektiv in Anspruch nehmen* zu können. Auf dieser Basis müssen faire, das heißt für beide Seiten akzeptable *Grenzen zwischen nationaler und weltbürgerlicher Solidarität* festgelegt werden. Dieses heikle Problem stellt sich nicht nur im Hinblick auf Naturkatastrophen, Kriegszerstörungen, Epidemien usw., sondern in erster Linie im Hinblick auf die gegenseitigen Verpflichtungen, die aus den zunehmenden Kooperationen zwischen Staaten, Regierungen und Bevölkerungen erwachsen. Solche Kooperationen ergeben sich unvermeidlich im Zuge der steigenden Interdependenzen einer sich ausdifferenzierenden Weltgesellschaft. Mit der Inklusion der entferntesten Weltgegenden in dieselben Praktiken der Weltökonomie, der Weltkommunikation und der Weltkultur drängt sich die kritische Frage auf, wann die *besonderen* Pflichten nationaler Regierungen gegenüber den eigenen Staatsbürgern – auf der Grundlage reziprok anerkannter nationaler Grenzen und Identitäten – hinter jenen legalen Verpflichtungen zurücktreten müssen, die den Staaten aus ihrer Mitgliedschaft in der internationalen Gemeinschaft zuwachsen.

Diese Verpflichtungen der Staaten sind wiederum aus den Pflichten abgeleitet, die die Bürger begünstigter Staaten *als Weltbürger* gegenüber den Bürgern benachteiligter Staaten in *deren Rolle als Weltbürger* haben. Die Art dieser Fragestellung ist keineswegs neu; denn ähnliche Fragen stellen sich auch innerhalb einzelner Staaten. Wenn in föderalen Gemeinwesen wie der Bundesrepublik Deutschland die Verfassung einen Finanzausgleich zwischen Ländern und Regionen mit dem Ziel der Herstellung »gleicher Lebensverhältnisse« verlangt, muss abgewogen werden, in welchen Fällen und Hinsichten die staatsbürgerliche Solidarität Vorrang vor dem landsmannschaftlichen Eigeninteresse der Einwohner der jeweils produktiveren und wohlhabenderen Gebiete beanspruchen darf. Auch der wirtschafts- und gesellschaftspolitische Streit zwischen den Liberalen, die »die Leistungsträger entlasten«, und den Sozialisten, die die »Umverteilung von unten nach oben« stoppen wollen, lässt sich als Kontroverse um den Vorrang staatsbürgerlicher Solidarität vor den besonderen Pflichten der privaten Gesellschaftsbürger gegenüber sich und ihren Nächsten begreifen.

Ad c): Das Projekt einer Weltinnenpolitik ohne Weltregierung lässt die wichtige Frage offen, wer denn die hochherzig vereinbarten Grundsätze und Normen *durchsetzen* soll, wenn die Nationalstaaten ihren staatlichen Charakter, also auch ihr Gewaltmonopol behalten. Wie können überstaatliche Institutionen aussehen, die, obwohl Staaten gewissermaßen Staaten bleiben, für die Implementierung einer gerechten Weltordnung sorgen können? Das Modell des Mehrebenensystems beantwortet diese Frage getrennt nach Politikfeldern. Die Weltorganisation nimmt, weil sie den internationalen Frieden sichern und Menschenrechte schützen soll, eine hierarchische Stellung gegenüber ihren Mitgliedern ein. Sie setzt notfalls Gewalt ein und greift auf ein Sanktionspotential zurück, das sie sich bei potenten und willigen Mitgliedern »ausleiht«. Nach der bekannten Logik von Sicherheitssystemen und im Rahmen einer angemessen reformierten Weltorganisation kann sich eine solche Praxis in dem Maße einspielen, wie die souveränen Staaten lernen, sich auch als Mitglieder der internationalen Gemeinschaft zu verstehen.

Auf der transnationalen Ebene wächst ein Koordinationsbedarf zwischen Funktionssystemen, der heute schon von internationalen Organisationen mehr oder weniger effektiv bearbeitet werden kann. Das ist allerdings eher bei technischen Fragen der Fall, die von Experten zu beantworten sind und keine tiefsitzenden Interessengegensätze berühren. Ganz anders verhält es sich mit Problemen, die Umverteilungsfragen betreffen und zwischen den Staaten eine positive Handlungskoordinierung verlangen. Einstweilen fehlen Institutionen und Verfahren, die nötig wären, um in genuin weltpolitischen Fragen Programme sowohl zu *beschließen* wie weiträumig *zu implementieren*. Ebenso fehlen geeignete Aktoren, insbesondere regionale Regime (nach dem Vorbild einer politisch handlungsfähigen EU), die territorial benachbarte und kulturell verwandte Staaten integrieren und dabei selber staatlichen Charakter annehmen. Zusammen mit den bestehenden Weltmächten (USA, China, Indien, Russland) würden sie in politischen Fragen globaler Reichweite Kompromisse aushandeln und zugleich für die Durchsetzung fair ausgehandelter Beschlüsse sorgen können.

(13) Unter den unter (a) bis (c) genannten Bedingungen lässt sich plausibel machen, wie unter bestimmten empirischen Voraussetzungen eine politisch verfasste Weltgesellschaft auch ohne Weltstaat demokratischen Legitimationsanforderungen genügen könnte.

Auf der supranationalen Ebene entsteht ein doppelter Legitimationsbedarf: Auf der einen Seite müssen die Verhandlungen und Beschlüsse der Generalversammlung legitimiert werden, auf der anderen Seite die gesetzgebenden, exekutiven und rechtsprechenden Tätigkeiten der übrigen Organe. Der Legitimationsbedarf ist in beiden Fällen qualitativ verschieden, aber er kann beide Male nur gedeckt werden, wenn sich eine funktionsfähige Weltöffentlichkeit herausbildet. Aufmerksam beobachtende und relevanzempfindliche zivilgesellschaftliche Aktoren müssen für die entsprechenden Themen und Entscheidungen weltweit Transparenz herstellen und den Weltbürgern die Möglichkeit geben, sich informierte Meinungen zu bilden und Stellung zu nehmen. Diese Stellungnahmen können über Wahlen zu einer Generalversammlung, die sich aus Vertretern der nationalen Parlamente zusammensetzt, effektiv werden.

Im Hinblick auf die anderen Organe einer entsprechend reformierten (und gerichtlich ausgebauten) Weltorganisation fehlt diese Rückkoppelung. Dieses fehlende Glied in der Legitimationskette muss gegen die *Art* des Legitimationsbedarfs abgewogen werden. Die Generalversammlung folgt (auch bisher schon) als völkerrechtlicher Gesetzgeber der Logik einer eigensinnigen Explikation von Menschenrechten. Auf supranationaler Ebene fallen deshalb in dem Maße, wie sich die internationale Politik an dieser Entwicklung orientiert, Aufgaben eher juristischer als politischer Natur an. Eine diffuse und nur mit der schwachen Sanktionsgewalt von *naming and shaming* bewehrte Weltöffentlichkeit kann die gesetzgebenden, exekutiven und gerichtlichen Entscheidungen der Weltorganisation gewiss nur einer weichen Kontrolle unterwerfen. Aber kann dieser Mangel nicht durch interne Kontrollen aufgewogen werden? Zum einen durch verstärkte Einspruchsrechte der Generalversammlung gegen Beschlüsse des (reformierten) Sicherheitsrates, zum anderen durch Klagerechte einer vom Sicherheitsrat mit Sanktionen belegten Partei vor einem mit entsprechenden Befugnissen ausgestatteten Internationalen Gerichtshof.

Soweit sich die Praxis und das Zusammenspiel dieser Organe an rechtsstaatliche Prinzipien und Verfahren hält, die das Ergebnis langfristiger demokratischer Lernprozesse widerspiegeln, kann man sich vielleicht damit abfinden, dass eine informelle Weltmeinung den noch offenen Legitimationsbedarf deckt. Denn die mobilisierende Kraft, die eine erregte Weltmeinung in kritischen Augenblicken der Weltgeschichte entfaltet und durch die Kanäle der nationalen Öffentlichkeiten an die Regierungen weitergibt, kann – wie das Beispiel der weltweiten Proteste gegen die völkerrechtswidrige Invasion des Iraks zeigt – eine nicht unerhebliche politische Wirkung haben. Die negativen Pflichten einer universalistischen Gerechtigkeitsmoral – die Pflicht zur Unterlassung von Menschheitsverbrechen und von Angriffskriegen – sind in allen Kulturen verankert und korrespondieren glücklicherweise mit den juristisch präzisierten Maßstäben, anhand deren die Organe der Weltorganisation ihre Entscheidungen auch intern rechtfertigen müssen. Das Vertrauen in die normative Kraft der justizförmigen Verfahren zehrt von einem Legitimationsvorschuss, den die exemplarischen Geschichten bewährter Demokratien gewissermaßen für das Menschheitsgedächtnis bereitstellen.

Anderer Art ist der Legitimationsbedarf, der *auf transnationaler Ebene* anfällt. Die unter den *global players* ausgehandelten weltinnenpolitischen Regelungen behalten aus der Perspektive der betroffenen Bevölkerungen einen Hauch von klassischer Außenpolitik. Gewiss, Kriegführung als Mittel der Konfliktlösung ist ausgeschlossen; aber der normative Rahmen der kosmopolitischen Verfassung bindet die machtgesteuerte Kompromissbildung zwischen ungleichen Partnern nur an gewisse Vermeidungsgebote. Die Fairness der

Ergebnisse kann nicht ganz unabhängig vom Mechanismus des Mächtegleichgewichts, u. a. der Fähigkeit zu kluger Koalitionsbildung, gewährleistet werden. Das soll nicht heißen, wie Christoph Humrich anzunehmen scheint, dass auf dieser transnationalen Ebene der Diskurs zugunsten der klassischen Machtpolitik ausgeschaltet wäre. Diese behält im normativen Rahmen der internationalen Gemeinschaft nicht mehr das letzte Wort. Im transnationalen Verhandlungssystem vollzieht sich der Interessenausgleich unter dem Vorbehalt der Beachtung jener Gerechtigkeitsparameter, die in der Generalversammlung fortlaufend justiert werden. Die machtgesteuerte Kompromissbildung lässt sich unter normativen Gesichtspunkten auch als eine Anwendung der supranational ausgehandelten Grundsätze transnationaler Gerechtigkeit begreifen. Allerdings darf »Anwendung« dann nicht im judikativen Sinne einer Rechtsauslegung verstanden werden. Denn die Gerechtigkeitsprinzipien sind auf einer so hohen Abstraktionsstufe formuliert, dass der Ermessensspielraum, den sie offenlassen, politisch ausgefüllt werden muss.

Die demokratische Legitimität der hier ausgehandelten Kompromisse beruht auf zwei Säulen. Wie bei internationalen Verträgen hängt sie einerseits ab von der Legitimität der Verhandlungspartner. Die delegierenden Mächte und Regionalregime müssen selber einen demokratischen Charakter annehmen. Angesichts des demokratischen Defizits, das selbst im exemplarischen Fall der Europäischen Union besteht, ist bereits diese Verlängerung der Legitimationskette demokratischer Verfahren über die nationalen Grenzen hinaus eine immens anspruchsvolle Forderung. Zum anderen müssen sich die nationalen Öffentlichkeiten so weit füreinander öffnen, dass für die transnationale Politik im Inneren von Regionalregimen und Weltmächten Transparenz geschaffen wird. Die delegierten Verhandlungsführer sind auf transnationaler Ebene nur dann mit einem demokratischen Mandat ausgestattet, wenn es gelingt, unter Bürgern, die auf die delegierenden Instanzen Einfluss nehmen können, eine politische Meinungs- und Willensbildung über die weltinnenpolitischen Weichenstellungen herbeizuführen.

(14) Auch wenn es bisher nur um die Frage der begrifflichen Konsistenz ging, stehen solche Konstruktionen immer im Zwielicht: Sind es blauäugige Spekulationen, oder bieten sie vielleicht doch eine

Perspektive für den Ausweg aus einem handgreiflichen Dilemma? Rainer Schmalz-Bruns vermutet in der Vorstellung, dass potente Staaten für die effektive und unparteiliche Durchsetzung von UN-Recht regelmäßig ausreichende Sanktionsmittel zur Verfügung stellen, eine naive Verharmlosung staatlicher Gewalt. Dieser Verdacht trifft erst recht die weitergehende Vorstellung, dass das pazifizierte Kräftespiel von Weltmächten und regionalen Regimen im *Clair-obscure* zwischen Innen- und Außenpolitik einen geeigneten Rahmen für die Formulierung und Durchsetzung einer als gerecht akzeptierten Weltinnenpolitik schaffen könnte. Offensichtlich sind die Staaten und die Nationen, die wir kennen, *noch weit davon entfernt*, sich diesem normativen Ansinnen zu fügen. Wer sich über die Wucht nackter nationaler Machtinteressen und den Eifer der Kulturkämpfe noch Illusionen gemacht hatte, ist seit dem normativen Dammbruch, den der Politikwechsel der US-Regierung seit 2001 weltweit, von Russland über den Iran bis Japan, zur Folge hatte, eines Besseren belehrt worden. Andererseits wird eine unverhohlene Politik der doppelten Standards auch nicht mehr als Normalität hingenommen. Diese inzwischen verbreitete Kritik begründet sich auch aus historischen Lernprozessen, die seit dem Ende des Zweiten Weltkrieges in Europa und in anderen Weltregionen bereits eingesetzt haben. Christoph Humrich setzt diese Lernprozesse früher an und zeichnet ein forscheres Bild von der Evolution der Völkerrechtsordnung; aber nur auf einem sehr viel breiteren Sockel von historischen Evidenzen könnten wir über prekäre Einschätzungen dieser Art mit Gründen streiten.

Aus der Sicht einer politisch verfassten Weltgesellschaft müssen sich sowohl Regierungen wie Bevölkerungen neue Orientierungen zu eigen machen und in diesem Sinne »lernen«. Natürlich können kleinere Staaten, die den Imperativen einer zunehmend globalisierten Wirtschaft und den Kooperationszwängen einer zunehmend komplexen Weltgesellschaft schutzloser ausgesetzt sind, eher Normen der Weltorganisation verinnerlichen. Sie können eher als die kontinentalen Weltmächte lernen, sich auch ohne die formale Preisgabe ihres Gewaltmonopols als Mitglieder der internationalen Gemeinschaft und als Mitspieler in internationalen Organisationen zu verstehen.

Die faktische Entwicklung spiegelt sich auch auf der normativen Ebene der evolutionären Veränderung völkerrechtlicher Grundbegriffe. Der klassische Sinn von »Souveränität« hat sich tatsächlich schon in einer von Hans Kelsen antizipierten Richtung verschoben: Der souveräne Staat soll heute als ein fehlbarer Agent der Weltgemeinschaft operieren; unter Androhung von Sanktionen folgt er dem Auftrag, innerhalb nationaler Grenzen allen Bürgern gleichmäßig die zu Grundrechten positivierten Menschenrechte zu garantieren. Unter der Hand verändert sich auch die Konzeption einer Rechtsgeltung, die sich bisher am »zwingenden« Staatsrecht orientiert hat. Soweit die Kompetenzen der Rechtsetzung und der Rechtsdurchsetzung nicht mehr in derselben Hand liegen, ist eine wesentliche Voraussetzung dieser Konzeption nicht mehr erfüllt. In dem Maße wie sich die Schere zwischen überstaatlichen Instanzen, die Recht setzen, und den staatlichen Instanzen, die die Mittel legitimer Gewaltanwendung zur Durchsetzung des supranationalen Rechts in Reserve halten, öffnet, gleichen sich Völkerrecht und Staatsrecht in der Geltungsdimension heute schon einander an.

Der andere Lernprozess betrifft weniger die Regierungen als die Bevölkerungen, nämlich die Überwindung einer zähen, mit der Nationalstaatsbildung historisch verschränkten Bewusstseinslage. Im Zuge des regionalen Zusammenschlusses von Nationalstaaten zu global handlungsfähigen Aktoren muss sich das Nationalbewusstsein, also die bestehende Basis einer ohnehin schon hochabstrakten staatsbürgerlichen Solidarität, noch einmal erweitern. Eine Mobilisierung von Massen aus religiösen, ethnischen oder nationalistischen Motiven wird umso unwahrscheinlicher, je weiter sich die Toleranzzumutungen eines pluralistischen Staatsbürgerethos schon innerhalb nationaler Grenzen durchgesetzt haben. Insofern lässt sich auch die Einführung der europäischen Staatsbürgeridentität als Fortsetzung eines Prozesses begreifen, der zunächst innerhalb des Nationalstaates stattfindet: Schon in diesen Grenzen hat sich in Reaktion auf herausfordernde historische Erfahrungen und im Zuge der politisch-kulturellen Einbeziehung von Einwanderergruppen, die mit ihren Herkunftsländern vernetzt bleiben, ein wohlverstandener Verfassungspatriotismus als Grundlage der staatsbürgerlichen Integration herausgeschält.

Am Beispiel der Europäischen Union beleuchten die Beiträge von Antje Wiener und Hauke Brunkhorst die Ungleichzeitigkeit der Lernprozesse, die wir seitens der Bevölkerungen und der Regierungen, aber auch innerhalb der politischen Eliten beobachten können. Die nationalen Regierungen sind die Schrittmacher bei der vertraglichen Konstruktion neuer Rechtsverhältnisse, die sich in der Art einer *self-fulfilling prophecy* auswirken, wenn sie neue Praktiken in Gang setzen und selbsttragende Organisationen ins Leben rufen. Oft antizipiert diese Art der Rechtsetzung die Bewusstseinsveränderung, die sie bei den Adressaten erst im Verlaufe einer stufenweisen Implementierung auslöst. Das gilt gleichermaßen für die politischen Eliten wie für die Bürger. Diese Normwirkungshypothese erklärt auch den Befund von Antje Wiener, dass die nationalen Eliten, die nach »Brüssel« oder nach »Straßburg« gehen, »europäischer« denken als die, die an ihren nationalen Standorten bleiben. Die Implikationen einer zunächst im Wortlaut akzeptierten rechtlichen Statusveränderung dringen erst im Zuge praktischer Erfahrungen in das Bewusstsein der breiten Bevölkerung ein. Anschaulichkeit gewinnt beispielsweise die europäische Staatsbürgerschaft über die Praktiken der Ein- und Ausreise ins europäische und nichteuropäische Ausland.

Der engagierte Beitrag von Hauke Brunkhorst macht aber klar, dass das Bild einer mental trägen, im Erweiterungsprozess hinter ihren politischen Eliten »zurückbleibenden« Bevölkerung nur die eine Seite der Medaille wiedergibt. Sobald sich die Eliten entschließen, politisch-existentielle Fragen wie die Annahme einer europäischen Verfassung zum Thema einer breiten, informierten und öffentlich dramatisierten Auseinandersetzung zu machen, kann eine Bevölkerung ihre Regierung auch überholen. Die »Unberechenbarkeit« von Referenden erklärt sich manchmal daraus, dass eine politisch mobilisierte Bevölkerung unbekümmert um die Machterhaltungsinteressen der Berufspolitiker entscheiden kann. Die nationalen Eliten lassen beispielsweise in ihrem »europäischen Elan« nach, sobald mit dem Handlungsspielraum der nationalstaatlichen Regierungen – mit der Rolle des französischen oder des deutschen Außenministers oder mit der Bedeutung des Präsidenten, des Bundeskanzlers oder des Premiers – die eigenen Kompetenzen und Selbstdarstellungsmöglichkeiten auf dem Spiel stehen. Die eigentümliche Dialektik zwischen den Lernprozessen der Bevölkerungen und der Regierungen spricht dafür, dass die Blockade, die in der Entwicklung der Europäischen Union nach dem Scheitern von zwei Referenden eingetreten ist, nicht durch einen Konsens der Regierungen aufgebrochen werden kann. Vielleicht wird nur die gemeinsame Stimme der europäischen Völker, die in einem gleichlautend formulierten und gleichzeitig durchgeführten Referendum die Möglichkeit erhalten, ein radikales Votum abzugeben, den Zug wieder in Bewegung setzen.

Hinweise zu den Autorinnen und Autoren

Hauke Brunkhorst ist Professor für Soziologie an der Universität Flensburg. Zu seinen Publikationen gehören *Solidarität. Von der Bürgerfreundschaft zur globalen Rechtsgenossenschaft*, Frankfurt am Main 2002 (engl. Übersetzung Cambridge, MA 2005); *Einführung in die Geschichte politischer Ideen*, München 2000; *Hannah Arendt*, München 1999. Zuletzt erschienen *Rückkehr der Folter. Der Rechtsstaat im Zwielicht*, München 2006 (hg. mit Gerhard Beestermöller), und *Habermas*, Ditzingen, Leipzig 2006.

Nicole Deitelhoff ist wissenschaftliche Mitarbeiterin am Zentrum für interdisziplinäre Technikforschung der Technischen Universität Darmstadt und an der Hessischen Stiftung Friedens- und Konfliktforschung. Zu ihren Veröffentlichungen zählen »Theoretical Paradise – Empirically Lost? Arguing with Habermas«, in: *Review of International Studies* 31, 1 (2005) (mit Harald Müller); »Zu(m) Recht überzeugt. Die Errichtung des Internationalen Strafgerichtshofs zwischen Recht und Politik«, in: *Politik und Recht. Politische Jahresschrift*, Sonderheft 36, Wiesbaden 2006, und *Überzeugung in der Politik. Grundzüge einer Diskurstheorie internationalen Regierens*, Frankfurt am Main 2006.

Erik Oddvar Eriksen ist Professor für Politikwissenschaft am Zentrum für Europäische Studien (ARENA) an der Universität Oslo. Er ist der Leiter des RECON-Projekts der Europäischen Union zur Rekonstitution der Demokratie in Europa. Gemeinsam mit Jarle Weigård veröffentlichte er *Understanding Habermas. Communicative Action and Deliberative Democracy*, London 2003. Er ist Mitherausgeber der Reihe *Routledge Studies on Democratizing Europe*; zuletzt erschien dort *Making the European Polity. Reflexive Integration in the EU*, London 2005.

Nancy Fraser ist Henry A. and Louise Loeb Professor of Philosophy and Politics an der New School for Social Research, New York. Zu ihren ins Deutsche übersetzten Publikationen gehören *Widerspenstige Praktiken. Macht, Diskurs, Geschlecht*, Frankfurt am Main 1994; *Die halbierte Gerechtigkeit. Schlüsselbegriffe eines postindustriellen Sozialstaats*, Frankfurt am Main 2001, sowie *Umverteilung oder Anerkennung? Eine philosophisch-politische Kontroverse* (mit Axel Honneth), Frankfurt am Main 2003.

Rainer Forst ist Professor für Politische Theorie und Philosophie an der Johann Wolfgang Goethe-Universität Frankfurt am Main. Zu seinen Veröffentlichungen zählen *Kontexte der Gerechtigkeit. Politische Philosophie jenseits von Liberalismus und Kommunitarismus*, Frankfurt am Main 1994, sowie *Toleranz im Konflikt. Geschichte, Gehalt und Gegenwart eines umstrittenen Begriffs*, Frankfurt am Main 2003. 2007 erscheint *Das Recht auf Rechtfertigung. Elemente einer konstruktivistischen Theorie der Gerechtigkeit.*

Jürgen Habermas ist emeritierter Professor für Philosophie an der Johann Wolfgang Goethe-Universität Frankfurt am Main. Zu seinen Publikationen zählen *Strukturwandel der Öffentlichkeit* (1962), Frankfurt am Main 1990; *Theorie des kommunikativen Handelns*, 2 Bde., Frankfurt am Main 1981; *Faktizität und Geltung. Beiträge zur Diskurstheorie des Rechts und des demokratischen Rechtsstaats*, Frankfurt am Main 1992. Zuletzt erschien *Der gespaltene Westen*, Frankfurt am Main 2004, und *Zwischen Naturalismus und Religion. Philosophische Aufsätze*, Frankfurt am Main 2005.

Benjamin Herborth ist wissenschaftlicher Mitarbeiter am Institut für Politikwissenschaft der Johann Wolfgang Goethe-Universität Frankfurt am Main. Zu seinen Veröffentlichungen zählen »Die *via media* als konstitutionstheoretische Einbahnstraße. Zur Entwicklung des Akteur-Struktur-Problems bei Alexander Wendt«, in: *Zeitschrift für Internationale Beziehungen* 11, 1 (2004); „De-Europeanization by Default? Germany's EU Policy in Defense and Asylum«, in: *Foreign Policy Analysis* 1, 1 (2005) (mit Gunther Hellmann u. a.) und »Zur Politik der Grenzziehung. Eine Replik auf Andreas Behnke«, in: *Zeitschrift für Internationale Beziehungen* 12, 2 (2005).

Christoph Humrich ist wissenschaftlicher Assistent am Institut für Interkulturelle und Internationale Studien der Universität Bremen. Zu seinen Veröffentlichungen zählen »Kritische Theorie«, in: *Theorien der Internationalen Beziehungen*, hg. v. Siegfried Schieder und Manuela Spindler, Opladen 2003, und »Germany«, in: *International Relations in Europe: Traditions, Perspectives and Destinations*, hg. v. Knud Erik Jørgensen und Tonny B. Knudsen, London 2006.

Ingeborg Maus ist ehem. Professorin für Politische Theorie und Ideengeschichte an der Johann Wolfgang Goethe-Universität Frankfurt am Main. Zu ihren Veröffentlichungen gehören *Bürgerliche Rechtstheorie und Faschismus. Zur sozialen Funktion und aktuellen Wirkung der Theorie Carl Schmitts*, München 1976; *Rechtstheorie und politische Theorie im Industriekapitalismus*, München 1986, sowie *Zur Aufklärung der Demokratietheorie. Rechts- und demokratietheoretische Überlegungen im Anschluss an Kant*, Frankfurt am Main 1992. Zuletzt erschien »From Nation-State to Global State, or the Decline of Democracy«, in: *Constellations* 13, 4 (2006).

Harald Müller ist Geschäftsführendes Vorstandsmitglied der Hessischen Stiftung Friedens- und Konfliktforschung und Professor für Politikwissenschaft an der Johann Wolfgang Goethe-Universität Frankfurt am Main. Zu seinen Veröffentlichungen gehört »Arguing, Bargaining, and all that: Communicative Action, Rationalist Theory and the Logic of Appropriateness in International Relations«, in: *European Journal of International Relations* 10, 3 (2004). Gemeinsam mit Anna Geis und Lothar Brock hat er herausgegeben *Democratic Wars: Looking at the Dark Side of the Democratic Peace*, Houndmills 2006. Sein neuestes Buch ist *Weltmacht Indien*, Frankfurt am Main 2006.

Patrizia Nanz ist Professorin für Politische Theorie und Direktorin des Zentrums für Europäische Rechtspolitik (ZERP) an der Universität Bremen. 2006 war sie Fellow am Wissenschaftskolleg zu Berlin. Zu ihren Veröffentlichungen zählen »Global Governance, Participation and the Public Sphere«, in: *Global Governance and Public Accountability, Special Issue of Government and Opposition* 39, 2 (2004) (mit Jens Steffek); »Democratic Legitimacy of Transnational Trade Governance: A View from Political Theory«, in: *Constitutionalism, Multilevel Trade Governance and Social Regulation*, hg. v. Christian Joerges und Ernst-Ulrich Petersmann, Oxford 2006; »›Die Gefahr ist, dass das Politische aus der Welt verschwindet‹«, in: H. Arendt und P. Nanz, *Wahrheit und Politik*, Berlin 2006, und *Europolis. Constitutional Patriotism Beyond the Nation State*, Manchester 2006.

Peter Niesen ist Professor für Politikwissenschaft an der Technischen Universität Darmstadt. Er ist Autor von *Kants Theorie der Redefreiheit*, Baden-Baden 2005, sowie »Anti-extremism, Negative Republicanism, Civic Society: Three Paradigms for Banning Political Parties«, in: *German Law Journal* 3, 7 (2002), und Mitherausgeber von *Das Recht der Republik*, Frankfurt am Main 1999 (mit Hauke Brunkhorst). Zuletzt erschien »The ›West divided‹? Kant and Bentham on Law and Ethics in Foreign Policy«, in: *Rethinking Ethical Foreign Policy*, hg. v. David Chandler und Volker Heins, London 2006.

Thomas Risse ist Professor für Internationale Politik und Direktor der Arbeitsstelle Transnationale Beziehungen, Außen- und Sicherheitspolitik am Otto-Suhr-Institut für Politikwissenschaft der Freien Universität Berlin. Zu seinen Veröffentlichungen zählen *Cooperation among Democracies*, Princeton 1995; »›Let's Argue!‹: Communicative Action in World Politics«, in: *International Organization* 54, 1 (2000), und *Die Macht der Menschenrechte. Internationale Normen, kommunikatives Handeln und politischer Wandel in den Ländern des Südens*, Baden-Baden 2002 (mit Anja Jetschke und Hans Peter Schmitz). In Kürze erscheint *The End of the West. Exploring the Deep Structure of the Transatlantic Order* (hg. mit Jeffrey Anderson und John Ikenberry).

Thomas Saretzki ist Professor für Umweltpolitik an der Universität Lüneburg. Zu seinen Veröffentlichungen zählen *Jenseits des Regierungsalltags. Strategiefähigkeit politischer Parteien*, Frankfurt am Main, New York 2002 (mit Frank Nullmeier), und *Politik und Technik*, Wiesbaden 2001 (mit Georg Simonis und Renate Martinsen). Zuletzt erschien »Politikberatung durch Bürgergutachten? Konzept und Praxis des ›kooperativen Diskurses‹«, in: *Zeitschrift für Parlamentsfragen* 36, 3 (2005), sowie »Policy-Analyse und Politikwissenschaft«, in: *Politik der Integration: Symbole, Repräsentation, Institution*, hg. v. Hubertus Buchstein und Rainer Schmalz-Bruns, Baden-Baden 2006.

Rainer Schmalz-Bruns ist Professor für Politikwissenschaft an der Leibniz Universität Hannover und war lange Jahre Sprecher der Sektion für Politische Theorie in der Deutschen Vereinigung für Politische Wissenschaft. Zu seinen Veröffentlichungen gehören *Reflexive Demokratie. Die partizipatorische Transformation moderner Politik*, Baden-Baden 1995, sowie »Deliberativer Supranationalismus. Demokratisches Regieren jenseits des Nationalstaats«, in: *Zeitschrift für Internationale Beziehungen* 6, 2 (1999). Zuletzt erschien »On the political theory of the Euro-polity«, in: *Making the European Polity*, hg. v. Erik O. Eriksen, London 2005.

Jens Steffek ist wissenschaftlicher Assistent am Zentrum für Europäische Rechtspolitik an der Universität Bremen (ZERP). Zu seinen Veröffentlichungen gehören *Embedded Liberalism and its Critics: Justifying Global Governance in the American Century*, New York 2006; »The Legitimation of International Governance: A Discourse Approach«, in: *European Journal of International Relations* 9, 2 (2003) und »Assessing the Democratic Quality of Deliberation«, in: *Acta Politica* 40, 3 (2005) (mit Patrizia Nanz). Gemeinsam mit Claudia Kissling und Patrizia Nanz hat er herausgegeben *Civil Society Participation in European and Global Governance: A Cure for the Democratic Deficit?*, Basingstoke 2007.

Antje Wiener ist Professorin für Politikwissenschaft an der University of Bath. Zu ihren Veröffentlichungen zählen *European Citizenship Practice: Building Institutions of a Non-State*, Boulder, CO 1998; »Contested Compliance: Interventions on the Normative Structure of World Politics«, in: *European Journal of International Relations*, 10, 2 (2004). Gemeinsam mit Thomas Diez hat sie herausgegeben *Theories of European Integration: Past, Present and Future*, Oxford 2003. Zuletzt erschien »Soft Institutions«, in: *Principles of European Constitutional Law*, hg. v. Armin von Bogdandy und Jürgen Bast, Portland, OR 2006.